淳安年鉴

郭仲选题

（2017）

淳安县地方志编纂委员会　编

方志出版社
Publishing House of Local Records

图书在版编目(CIP)数据

淳安年鉴. 2017 / 淳安县地方志编纂委员会编. --北京:方志出版社, 2017. 12

ISBN 978-7-5144-2875-9

Ⅰ. ①淳…　Ⅱ. ①淳…　Ⅲ. ①淳安县－2017－年鉴

Ⅳ. ①Z525. 54

中国版本图书馆 CIP 数据核字(2017)第 321385 号

淳安年鉴(2017)

编　　者: 淳安县地方志编纂委员会

责任编辑: 宁　芳

出 版 人: 冀祥德

出 版 者: 方志出版社

地址　北京市朝阳区潘家园东里 9 号 (国家方志馆 4 层)

邮编　100021

网址　http: //www.fzph.org

发　　行: 方志出版社图书经销中心

电话 (010) 67110500

经　　销: 各地新华书店

印　　刷: 浙江新华印刷技术有限公司

开　　本: 787×1092　1/16

印　　张: 26. 75

字　　数: 638 千

版　　次: 2017 年 12 月第 1 版　　2017 年 12 月第 1 次印刷

印　　数: 001～800 册

ISBN　978-7-5144-2875-9　　定价: 120. 00 元

编　辑　说　明

1.《淳安年鉴》是中共淳安县委、县人民政府主办，淳安县地方志编纂委员会编纂的综合性地方年鉴。

2.《淳安年鉴(2017)》全面反映淳安县人民在2016年贯彻中国共产党的基本路线，坚持社会主义物质文明、政治文明、精神文明和生态文明建设取得的新成就、新经验，以及在前进中遇到的新情况、新问题。资料起讫时间：2016年1月1日至2016年12月31日。个别事件为反映其本末因果，时限有所突破。

3. 本年鉴采用分类编辑法，设33个类目，类目下设分目，分目下设条目(少数条目下设子目)。条目是反映情况和动态的主要形式。

4. 本年鉴大事记按时序记载。

5. 先进名录收录标准：县级以上劳动模范、优秀共产党员；县级以上文明单位、小康村；市级以上先进单位、先进个人、科技奖励、文艺奖励等。

6. 为形象反映淳安县经济和社会各项事业新成就，以期图文并茂，本年鉴刊载部分彩色插页。

7. 本年鉴稿件均由淳安县各乡镇和县级机关各部门(县一级公司)提供，并经各级领导审核，主要数据以县统计局提供为准。文后署作者姓名。《淳安年鉴》编辑部对全部稿件进行总纂。

8. 本年鉴的编辑工作得到全县各部门、乡镇和有关单位的大力支持，在此深表谢意。本年鉴在编印、出版中的疏漏之处，恳请批评指正。

9月22～23日，中共浙江省委常委、杭州市委书记赵一德（前右二）到淳安调研

9月23日，淳安县中国工农红军北上抗日先遣队纪念馆正式开馆

12月27～30日，中国共产党淳安县第十四次代表大会召开

6月7日，汾口客运中心站正式启用

6月9日，文渊狮城开园

10月19日，千岛湖悦榕湾度假村、千岛湖大桥至05省道入城口景观飘带等15个县重点项目集中开工

淳安县新兴产业发展再添新景。图为中植新能源汽车的整车下线

10月8~9日,2016年国际泳联10公里马拉松游泳世界杯赛、全国10公里马拉松游泳冠军赛、中国•千岛湖公开水域游泳公开赛在千岛湖举行

目　录

大事记

特　载

县情概览

中国共产党淳安县委员会

中国共产党淳安县纪律检查委员会

淳安县人民代表大会

淳安县人民政府

政协淳安县委员会

社会团体

法　治

军　事

旅　游

经济开发区

库区开发

农业

林　业

水利　水电

工 业

交 通

邮政 电信 供电

供销　贸易

财政　税务

金融业

经济管理

环保　国土

教　育

文化　体育

卫生 计生

社　会

乡 镇

名录和获奖成果

大 事 记

1月

4日，2016年县重点项目暨千岛湖自来水厂扩建工程开工。

5日，副市长戚哮虎一行到淳安县就杭州市《政府工作报告(征求意见稿)》和杭州市《“十三五”规划纲要(征求意见稿)》征求意见。

7日，市委副书记杨戍标到淳安县调研“三农”工作，副市长戚哮虎陪同调研。

8日，县人口与计划生育领导小组会议召开。

9～13日，2016千岛湖年货节在上海举行，近30家千岛湖农特产品生产经营户和旅游企业参加。

10日，杭州千岛湖商会第二次会员大会暨2016年年会在杭州召开。

11日，淳安县召开2016年“春风行动”动员会。

是日，淳安县召开安全生产暨春运工作会议。

12～16日，淳安县十五届人大五次会议、政协淳安县八届五次会议召开。

13日，淳安县召开人口计生、国土资源、环境保护工作会议。

是日，市考核组对淳安县的“五水共治”工作进行现场复核。

15日，淳安县下发《关于加强重大突发事件和紧急敏感情况报告工作的通知》。

18日，淳安县下发《关于建立千岛湖沿湖沿线综合巡查管理机制的通知》。

是日，淳安县组织召开茶叶区域公用品牌战略规划审查会。

是日，在省、市召开的应对寒潮和雨雪冰冻天气视频会议结束后，淳安县进行部署防范工作，并下发《关于做好寒潮和雨雪冰冻天气应对工作的紧急通知》。21日下午，淳安县以视频形式召开寒潮及雨雪冰冻天气应对工作会议。22日，淳安县再次召开应对寒潮及雨雪冰冻天气工作会议。21～22日，县四套班子领导督导寒潮及雨雪冰冻天气应对工作。

19日，市政府顾问高乙梁到淳安县调研水质保护和智慧旅游工作。

是日，淳安县召开离退休干部情况通报会。

20日，市考核组对淳安县一年来的整体工作进行综合考评。

21日，全县电子商务工作督察会召开。

是日，淳安县召开党外干部情况通报会。

22日，淳安县被环保部授予“国家生态县”荣誉称号。

22～27日，县四套班子领导分组走访慰问城区困难职工、困难劳模和农村烈军属、特困户、“三老一特”党员。

23～29日，县四套班子领导分组看望慰问县级老领导。

24日，淳安县春运工作全面启动。

25日，县政府召开第五次全体(扩大)

会议。

25～26 日，淳安县召开 2015 年度综合考评目标绩效专题评审会。

26 日，市委常委、常务副市长马晓晖，市委常委、副市长范辉到淳安县走访慰问困难家庭。

是日，县委常委会召开“三严三实”专题民主生活会。市委常委、常务副市长马晓晖到淳安县指导会议。

是日，淳安县召开下姜村产业发展专题研究会。

27 日，2015 年县级领导班子和领导干部年度考核工作会议召开，市委常委、余杭区委书记徐文光作重要讲话。

是日，省治水办到淳安县调研“五水共治”工作。

28 日，县四套班子领导分组看望慰问驻淳部队官兵和节日期间仍坚守岗位的一线工作人员。

29 日，县政府召开“三严三实”专题民主生活会。

2月

7～13 日，春节黄金周，全县共接待国内外游客 33.16 万人，实现旅游经济收入 3.45 亿元，同比分别增长 24.7%和 27.7%。

14 日，淳安县召开招商引资工作推进专题会。

15 日，淳安县印发《淳安县国民经济和社会发展第十三个五年规划纲要》。

16 日，县纪委十三届六次全体会议暨全县作风建设大会召开。

是日，淳安县举办 2016 淳安“重民生、谋发展”促进就业创业交流大会，当天共提供岗位 10028 个，进场人数达 4 万人次，成功达成就业、再就业、创业、来料加工、技能培训等各类意向 4127 人。

17 日，淳安县出台《关于加强淳安县规划编制管理的若干意见》。

是日，淳安县召开专题会议，研究国有企业发展和国资运行工作。

是日，杭州千黄高速公路有限公司正式挂牌运营，标志着千黄高速项目启动。

18 日，淳安县召开人大代表建议、政协委员提案交办工作会议。

22 日，河南省南阳市委书记穆为民率南阳市党政代表团到淳安县学习考察。省政协原主席李金明、杭州市副市长戚哮虎陪同考察。

25～26 日，副省长、省政协副主席黄旭明率相关人员到淳安县调研富丽乡村建设、农业产业发展、扶贫项目等工作。

25～26 日，台湾亚太文化创意产业协会专家团到淳安县考察。

26 日，淳安县出台《关于推进通过法定途径分类处理信访投诉请求工作的实施意见(试行)》。

是日，千岛湖水下古城 7D 影院娱乐项目开工。

27 日，淳安县召开千岛湖镇屏湖村富丽乡村提升工作研究会。

29 日，在全省“五水共治”工作电视电话会议上，淳安县被授予 2015 年度全省“五水共治”工作优秀县，捧回了象征浙江治水最高荣誉的“大禹鼎”。

3月

1 日，淳安县印发《淳安县教育资源整合优化实施方案》。

是日，淳安县政府与中国电信杭州分公司签订“十三五”信息化建设战略合作协议。

1～4 日，淳安县“无违建县”创建工作接受省考核组验收。

2 日，淳安县召开农村污水运维工作专

题会。

3日，全县党建工作会议召开。

是日，副市长戚哮虎到淳安县开展社区走访和“联乡结村”工作。

3～4日，全省村镇建设工作座谈会在淳安县召开。

4日，全县政法、武装、信访工作暨G20峰会维稳安保实战运行动员会召开。

是日，省考核组到淳安县考核千岛湖镇小城市培育试点工作。

是日，淳安县召开旅游市场环境秩序专项整治部署会。

是日，淳安县举办“喜迎G20·美化家园淳安先行”淳安县首届“农信杯”巧手扮靓农家庭院创意大赛活动。

7日，县党政军领导参加义务植树活动。

是日，淳安县召开新兴产业企业座谈会。

8日，淳安县成立全省首个区县级水上应急搜救中心。

8～9日，省委常委、杭州市委书记赵一德到淳安县调研。市领导许勤华、朱金坤、戚哮虎、何关新参加调研。

10日，县政府召开第四十八次县长办公会议。会议就农村土地承包经营权确权登记颁证、千岛湖水域出让网箱养殖合同到期退出、县机关事业单位编外用工管理等工作进行讨论和研究。

是日，市委常委、组织部部长张仲灿到淳安县专题调研石林镇茶园村富丽乡村建设和农村基层党建工作。

11日，全县经济工作会议召开。

是日，淳安县召开招商推介会，现场签约投资项目8个，涉及旅游、通信、电子商务、体育等产业。

15日，在全市“三改一拆”暨“两路两侧”“四边三化”工作部署视频会上，淳安县荣获“‘无违建县’创建行动优胜单位”、“‘两路两侧’‘四边三化’问题专项整治行动优胜单位”称号。

是日，省政府秘书长李卫宁到淳安县调研省级重点生态功能区示范区建设推进情况。

15～16日，省国土资源厅党组书记、厅长陈铁雄到淳安县调研“一乡一所”建设、“工作推进年”和“能力建设年”活动等工作。

3月17日，建筑体量7万余平方米的华联进贤湾JW万豪酒店项目正式开工建设。

18日，淳安县以视频会议形式召开全县农村工作会议暨“五水共治”、“无违建县”创建推进会。

是日，千岛湖茶叶区域公用品牌启用新闻发布会暨农旅融合中的“茶角色”高峰论坛在杭州召开。

21～23日，河南省淅川县人大常委会主任王培理率党政代表团到淳安县考察学习。

23日，首届中国浙江千岛湖国际摄影大赛评审会召开。

是日，市委常委、副市长范辉率队到淳安县专题调研千岛湖秀水金融岛相关规划建设工作。

是日，副市长项永丹到淳安县调研“三改一拆”、房地产去库存、交通建设等工作。

是日，市人大常委会副主任、市总工会主席郑荣胜一行到淳安县调研人大和工会工作。

24日，县政府召开第四十九次县长办公会议。会议就小额公共资源交易管理、扶持农村客运发展、解决离休干部历史遗留问题专项用房配售等工作进行讨论和研究。

是日，淳安县召开农村生活污水治理设施运行维护现场推进会。

26日，2016千岛湖乡村旅游推进年活动正式启动。

是日，淳安县召开专题会议，研究高铁新区产业规划。

是日，中国最顶级的全民自行车积分制

联赛——中国自行车联赛2016赛季开年首站在千岛湖开赛,来自全国各地的1000余名专业运动员和骑行爱好者参加比赛。

30日,淳安县召开深化改革领导小组会议。

31日,全省建设平安浙江工作会议暨G20杭州峰会维稳安保工作动员大会召开。淳安县连续第11年被授予"平安县"称号。

4月

1日,县安委会召开二季度工作会议。

5日,淳安县出台《关于扶持农村客运发展的实施意见》《淳安县小额公共资源交易管理办法》《淳安县涉河工程建设管理暂行办法》。

6～7日,副省长孙景森到淳安县调研交通工作。

7日,千黄高速公路淳安段工程可行性报告咨询评估技术交流会在陕西省西安市召开。

是日,淳安县召开2016年地质灾害防治工作会议。

8日,淳安县召开食品安全暨创建国家食品安全城市动员和峰会食品安全保障会议。

是日,淳安县召开防汛减灾暨季节性休渔、网箱整治工作推进会。

是日,杭州市深化基层党建"整乡推进、整县提升"工作推进会在淳安县召开。

是日,第八届千岛湖·鸠坑茶文化节暨茶树王开采仪式在鸠坑乡举行。

9日,淳安县举行2016·第二届千岛湖斗茶大会。

10日,2016千岛湖骑游大会举行。

12日,县科学技术协会第十次代表大会召开。

是日,县政府召开"营改增"试点工作推进专题研究会。

4月14日,市人大常委会主任王金财率部分在杭的全国、省、市人大代表到淳安县视察"五水共治"工作。市人大常委会副主任朱金坤、吴春莲、郑荣胜,副市长戚哮虎参加视察。

14～15日,县工会第十五次代表大会召开。

15日,全县旅游发展大会召开。

是日,在全省"三改一拆"工作推进视频会上,淳安县被省政府授予2015年度"基本无违建县"称号。

16日,2016千岛湖国际毅行大会举行,来自北京、哈尔滨、广州、上海等地近3000名毅行爱好者参加。

20日,淳安县召开2016年一季度经济形势分析会。

是日,淳安县农民合作经济组织联合会正式成立。

22日,淳安县召开杭黄高铁淳安段建设推进会。

23日,"舌尖上的千岛湖"淳安美食推广日暨系列美食活动发布会在杭州举行。

25日,千岛湖有机鱼供港首发仪式新闻发布会举行,600千克千岛湖有机活鱼首发香港。

是日,淳安县出台《淳安县机关事业单位编外用工管理办法(试行)》。

是日,市政协副主席叶鉴铭率杭州市"联乡结村"帮扶集团到文昌镇开展新一轮"联乡结村"帮扶工作。

27日,淳安县出台《关于柑橘灾后提升改造以及政策性农业保险扩面的实施意见》。

是日,县四套班子领导到县民兵训练基地开展军事日活动。

是日,淳安县召开农村文化礼堂建设工作现场会。

28日,淳安县召开"五一"庆祝表彰

大会。

是日，淳安县出台《淳安县2016年度深化改革工作实施意见》。

5月

5日，县政府召开第五十次县长办公会议。会议就“服务企业、聚焦发展”百日服务攻坚专项行动、重点项目“比学赶超”专项竞赛活动、重点项目“双清”行动、招商引资项目落地审计调查、临时救助、殡葬专项整治以及农村困难家庭危房改造等工作进行了讨论和研究。

是日，中国首档大型汽车趣味闯关秀节目《车神驾到》在淳安县开机。

6日，淳安县召开“两学一做”专题党课暨学习教育部署会。

是日，淳安县举行“聚力发展　引领新业态”2016淳安县招商引资项目签约仪式，成功签约43个精品项目，签约总额近24亿元。

是日，中央电视台《走进中国》栏目组到淳安县取景拍摄。

6～8日，淳安县举行2016年千岛湖春季房展会。

9～10日，中国共产主义青年团淳安县第二十二次代表大会召开。

10日，淳安县召开“两路两侧”沿线综合整治推进会。

是日，副市长戚哮虎到淳安县调研“富丽下姜”工作推进情况，并接待来访群众。

11日，全县“五水共治”暨千岛湖综合保护工程推进会召开。

12日，淳安县召开企业安全生产社会化服务工作现场会。

是日，市人大常委会副主任吴春莲到淳安县检查“五水共治”和大气污染防治工作情况。

13日，淳安县专题研究智慧环保推进情况。

14日，2016斯柯达HEROS中国自行车系列赛千岛湖·格兰枫度嗨单车公路自行车赛开赛。

16～20日，浙江省委党校2016年春季中青年干部培训一班二班学员到淳安县接受群众观教育。

17日，淳安县召开人才工作领导小组会议暨人才建设工程推进会。

是日，淳安县召开蚕茧收烘工作会议。

20日，淳安县召开“服务企业、聚力发展”力推十大工程专项行动动员会。

20～21日，中华全国供销合作总社党组副书记、理事会副主任李春生到淳安县调研供销合作社工作。

21日，千岛湖乡村休闲度假产品发布会在杭州举行。

24日，淳安县出台《淳安县临时救助实施办法》。

是日，淳安县专题督察防汛和地质灾害防治工作。

25日，淳安县召开平安护航G20誓师大会。

是日，淳安县出台《关于引导金融机构入驻珍珠半岛的实施意见》。

是日，市委常委、市纪委书记陈擎苍到淳安县调研“联乡结村”帮扶工作，并动员部署“两学一做”学习教育。

26日，市人大常委会副主任、市总工会主席郑荣胜到淳安县调研“联乡结村”和工会工作。

5月26～27日，市政协副主席何关新到淳安县就“创新扶贫开发机制，提升低收入群体自身‘造血’功能”课题进行调研。

27日，淳安县召开全面推广服务清单模式动员部署会。

29日，2016千岛湖国际铁人三项赛开赛，来自美国、英国、法国、加拿大、德国、日本等31个国家和地区的700余名运动员参加角逐。

30日,县政府召开第十七次常务会议。会议就全面落实宣传文化工作"四张清单"加快构建现代文化服务体系、支持大众创业促进就业等有关事项进行审议和研究。

是日,县政府召开第五十一次县长办公会议。会议就鼓励引进重大生产性招商项目的实施办法、千岛湖镇城市风貌管理办法等工作进行讨论和研究。

31日,省督查组到淳安县就"三改一拆"、"四边三化"和"五水共治"工作开展督查。

6月

1日,淳安县召开视频会议专题研究部署防汛工作。

3日,淳安县召开乡镇换届工作动员会。

是日,淳安县召开百日环保联合巡查工作推进会。

5日,淳安县举办2016年"6·5"世界环境日宣传活动。

6日,以"'五水共治'助力G20　小鱼治水保护母亲河"为主题的浙江省2016年水生生物"增殖放流月"杭州分会场启动仪式在淳安县举行,现场共投放黄尾密鲴、鳙鱼及中华鳖等近100万尾。

7日,淳安县召开绿道经济工程推进会。

8日,淳安县召开乡村干部工作交流会。

9日,"狮城归来"文渊狮城开园。

是日,"穿越千岛湖——梦想狮城"休闲游首航。

14日,淳安县召开G20农产品质量安全保障暨省级农产品质量安全放心县创建动员会。

是日,市人大常委会党组副书记、副主任朱金坤一行到淳安县走访看望部分在淳安的市人大代表。

是日,淳安县青年人才公寓正式启用。

14~16日,湖南省资兴市考察团到淳安县考察千岛湖大库养殖、渔政执法管理等情况。

16日,杭州市举行余延安同志先进事迹报告会。省委常委、市委书记赵一德参加会议并讲话,市政协主席叶明等副市级以上领导参加报告会。29日,淳安县举行余延安同志先进事迹报告会。

16日,全县来料加工工作会议召开。

17日,淳安县组织开展护航G20暨第十五个全国安全生产月咨询日活动。

20日,淳安县召开城市轨道交通规划建设工作研究会。

22日,淳安县召开民宿发展推进会。

23日,淳安县召开农村特色产业基地专题研究会。

24日,淳安县举行2016年千岛湖水上应急搜救演习。

27日,贵州省剑河县委副书记、县长肖金城率党政考察团到淳安县考察学习旅游产业、农业产业化、渔业资源管理等工作。

28日,市委常委、常务副市长马晓晖到淳安县重点检查G20峰会维稳安保工作。

30日,淳安县举行庆祝中国共产党成立95周年大会。

是日,副市长戚哮虎到淳安县走访慰问老党员和生活困难党员。

7月

1日,淳安县召开产业转型升级工程和产业园区提升工程推进会。

4日,淳安县印发《关于支持大众创业促进就业的实施意见》《淳安县困难残疾人生活补贴实施办法》《淳安县重度残疾人护理补贴实施办法》。

6日，淳安县出台《关于降成本、减负担、去产能全面推进实体经济健康发展的实施意见》《关于全面推进“三名”工程的实施意见》。

10日，在淳安县拍摄录制的央视《车神驾到》节目在央视财经频道首播，整档节目充满了千岛湖元素。

13日，淳安县召开上半年经济形势分析会。

14日，市人大常委会党组书记、主任王金财到淳安县调研指导G20峰会维稳安保、城乡统筹等工作。

是日，副市长陈红英一行到淳安县开展“联乡结村”工作，并调研“双下沉、两提升”及儿科医疗资源配置情况。

15日，淳安县召开2016年“无违建县”创建暨“两路两侧”“四边三化”大比武现场推进会。

16日，2016千岛湖乡村旅游推进年之“大墅底下好乘凉”乡村田园节活动正式启动。

18日，淳安县民间融资服务中心正式开业。

19日，市委副书记、政法委书记杨戌标到淳安县实地督察调研G20峰会维稳安保工作。

21日，淳安县举行地震应急预案桌面推演。

22日，淳安县杭黄高铁千岛湖站互通、淳开线与千威线连接工程、东北湖区旅游码头、茶园风情小镇开发等12个重点项目集中开工，总投资22.7亿元。

25日，淳安县第十五届人民代表大会常务委员会第四十六次会议审议通过了县长柴世民提请的人事任免议案。决定任命刘秀丽、吴东明为淳安县人民政府副县长。决定免去方建裕的淳安县人民政府副县长职务。

27日，县政府召开工作例会。

是日，全国深入推行科技特派员制度现场会在淳安县召开，来自科技部、教育部、共青团中央，及各省、市、自治区的50余人参加现场会。

是日，县四套班子领导赴舟山慰问“千岛湖舰”官兵。

28日，县四套班子领导慰问驻淳部队官兵和在高温一线工作人员。

8月

1～2日，副省长、省政协副主席黄旭明到淳安县调研加强农村惠农服务工作。

2日，全县G20峰会维稳安保实战工作部署会议召开。8日，淳安县部署G20峰会环境质量保障工作。12日，淳安县开展G20峰会森林火灾应急实战消防演练。16日，淳安县部署护航G20森林消防安保工作。23日，全县G20峰会维稳安保工作会商研判视频会议召开。25日，全县G20峰会维稳安保工作决战大会召开。

是日，省政协副主席王建满到淳安县调研“五水共治”、“两路两侧”、“四边三化”、千岛湖配水工程等工作。

5日，县政府召开第十八次常务会议。会议就加快推进医疗卫生事业发展、加强卫生人才队伍和学科建设、打造淳安教育“名校、名师、名校长”工程等有关事项进行审议和研究。

是日，县政府召开第五十二次县长办公会议。会议就环湖森林景观修复维护工作进行讨论和研究。

是日，淳安县召开全面禁现、严控扬尘工作推进会。

6日，淳安县举办中国名画家走进千岛湖采风活动。

8日，全县供而未用建而停滞投资项目推进专项行动领导小组(扩大)会议召开。

9日，2016年县政府为民办实事工程督

察推进会召开。

是日,副市长戚哮虎到淳安县调研下姜村建设、精品民宿等项目,并看望慰问结对困难户。

12日,淳安县召开居家养老服务中心建设工作推进会。

13日,淳安县举办首届"白云深处有人家"民宿体验节。

16日,淳安县召开考核工作专项推进会。

是日,湖南省资兴市党政考察团到淳安县考察千岛湖渔业资源保护及开发利用。

17日,淳安县专题调研县人大代表建议和县政协委员提案办理工作。

17～18日,省政协副主席孙文友到淳安县调研历史经典产业——茧丝绸产业发展工作。

18日,淳安县召开城市品质提升工程专题推进会。

23日,淳安县召开茶叶区域公用品牌战略规划验收会。

25日,淳安县召开固定资产投资督察推进会。

26日,国家发改委正式下发关于千黄高速公路淳安段项目的工可报告批复文件。

是日,淳安县召开千岛湖环境质量管理体系(千岛湖标准)研究会。

28日,淳安县赴新安江上游流域现场踏看水环境质量情况。

9月

6～8日,县四套班子领导分组看望慰问退休教师代表和一线教职员工代表。

8日,淳安县召开2016年定兵工作会议。

9日,淳安县举行第三十二个教师节庆祝大会。

是日,淳安县召开农村土地经营权确权登记颁证工作动员部署会。

13日,市委常委、常务副市长马晓晖到淳安县调研指导企业开(复)工和安全稳定工作,并看望慰问干部群众。

是日,省政府副秘书长陆建强率省政府督查组到淳安县督查"三去一降"等经济工作。

是日,杭州千岛湖千宇科技有限公司创新版挂牌,成为淳安县首家创新版挂牌企业。

13～14日,淳安县召开乡村旅游暨绿道经济工程推进现场会。

15日～9月23日,淳安县举办"才聚秀水　智推富民"人才活动周。15日,淳安县举办2016年高校毕业生人才交流大会,120多家企业进场,提供岗位500余个。19日,全县人才工作大会召开。19日,淳安县召开高层次人才座谈会。21日,淳安县举行2016中国·千岛湖青年创业创新大赛决赛。22日,淳安县首个市级大学生创业园开园,32家大学生创业团队正式入驻。23日,淳安县举行淳籍大学生走进淳安座谈会。

19日,杭州市农村污水设施运维管理工作现场推进会在淳安县召开,市政协副主席何关新参加会议。

是日,浙江旅游职业学院千岛湖校区举行2016级新生开学典礼,中澳国际酒店管理学院也于当日正式揭牌。

20日,杭州千岛湖鲟龙科技股份有限公司博士后工作站揭牌成立。

22日,淳安县召开平安创建工作推进会。

是日,全县环湖森林景观修复维护工作动员会召开。

22～23日,省委常委、市委书记赵一德到淳安县调研,市领导许勤华、陈擎苍陪同调研。

23日,淳安县中国工农红军北上抗日先遣队纪念馆正式开馆。省委常委、市委书记赵一德出席开馆仪式，并宣布纪念馆开馆。县委书记朱党其致辞。县长柴世民主持。嘉宾代表、江西省方志敏研究协会名誉会长方梅致辞。市领导许勤华、陈擎苍，县领导董毓民、赖明诚参加活动。

是日，县政府召开第十九次常务会议。会议就党员干部环境保护责任追究、乡镇党政主要领导干部自然资源资产责任审计、推进户籍制度改革等有关事项进行审议和研究。

是日，县政府召开第五十三次县长办公会议。会议就进一步明确农村集体土地上违法建筑暂缓拆除条件、进一步完善商贸服务业发展政策、加快发展体育产业促进体育消费等工作进行讨论和研究。

是日，淳安县出台《关于加快发展体育产业促进体育消费的实施意见》。

24日，杭州市“日勤于步　健康永驻”绿道健步走活动在淳安县启动。

26～27日，国家体育总局副局长高志丹到淳安县调研体育休闲产业发展情况。

27日，淳安县出台《关于推进户籍制度改革的实施意见》。

是日，全县“美丽庭院”创建工作现场推进会召开。

29日，淳安县召开紧急会议，专题部署国庆期间防台防汛、假日旅游以及小城镇环境综合整治工作。

9月30日，全县县乡换届工作会议召开。

是日，县四套班子领导参加烈士纪念日公祭活动。

10月

1～7日，“十一”期间，全县共接待国内外游客66.46万人次，实现旅游经济收入5.47亿元，同比分别增长8.16%和6.82%。

2日，淳安县出台《关于全面推行部门和单位主要负责同志“五不直接分管”制度的实施办法(试行)》。

8日，淳安县召开全县服务保障G20杭州峰会总结表彰大会。

8～9日，2016年国际泳联10公里马拉松游泳世界杯赛、全国10公里马拉松游泳冠军赛、中国·千岛湖公开水域游泳公开赛在千岛湖举行。

9日，淳安县召开“全国第四个老年节”庆祝大会。

是日，县四套班子领导分组走访慰问淳安县部分百岁老人。

10日，淳安县召开固定资产投资及重点项目建设专题研究会。

是日，淳安县召开招商引资工作推进会。

11日，省政协副主席陈小平到淳安县视察现代生态循环农业。

12日，淳安县出台《淳安县重大行政执法决定法制审查制度》。

是日，淳安县召开2016年度省市对县考核专项推进会。

是日，溧阳至宁德国家高速公路浙江省淳安段初步设计通过预审。

12日，市委常委、杭州警备区司令潘方敏率市级帮扶集团成员单位，到姜家镇开展新一轮“联乡结村”帮扶活动。

18日，在全省绿道工作会议上，淳安县被住建部正式授牌为“国家园林县城”。

19日，淳安县下发《关于进一步完善商贸服务业发展政策的通知》。

是日，千岛湖悦榕湾度假村、千岛湖大桥至05省道入城口景观飘带等15个县重点项目集中开工。

21日，淳安县出台《关于开展工业企业综合评价推动产业转型升级的实施意见》。

是日，淳安县召开“六五”普法总结表彰暨“七五”普法动员大会。

是日，淳安县召开第三次农业普查动

员会。

23日,淳安县举行2016“张米米”杯千岛湖龙舟大赛。

24日,淳安县召开“冲刺四季度　实现全年红”工作会议。

是日,副省长孙景森一行到淳安县调研农业农村发展工作情况。

24～25日,市政协主席叶明、副主席何关新一行到淳安县视察千岛湖引水工程,调研小城市培育试点工作。

26日,淳安县下发《关于建立行政机关负责人出庭应诉情况通报制度的通知》。

是日,淳安县召开庆祝浙江省第二十个环卫工人节大会。

27日,富春江新安江风景名胜区千岛湖分区三个单元详细规划通过预审。

28日,淳安县召开县域总体规划(2015～2030)中间稿专家评审会。

是日,淳安县召开小城镇环境综合整治行动专题研究会。

是日,贵州省黔西南州政府考察团一行到淳安县,考察学习千岛湖湖区综合治理的体制机制、主要做法以及保护与开发有机结合的先进经验。

28～30日,迎亚运“体彩杯”2016中国·杭州第十届环千岛湖公路自行车赛在千岛湖举行。

31日,淳安县召开领导干部会议,传达学习党的十八届六中全会精神,部署淳安县学习贯彻工作,并对下一步工作提出要求。

11月

1日,县政府召开第五十四次县长办公会议。会议就淳安县基准地价更新工作进行讨论和研究。

是日,淳安县召开四季度安委会、消安委工作会议。

是日,淳安县出台《关于推进农村特色产业基地村培育工程的实施意见》。

是日,总投资32亿元的千岛湖文化艺术园项目正式签约落户旅游度假区。

2日,杭州市城乡区域统筹发展第四区县协作组第二轮协作第一次联席会议在淳安县召开。市人大常委会主任王金财出席会议并讲话。市领导郑荣胜、张建庭、陈红英出席会议。

7日,杭州市验收组对淳安县“无违建县”创建工作进行初步验收。

7～8日,全省丘陵山区作物“机器换人”现场会在淳安县召开。

9日,省司法厅考核组到淳安县考核验收2016年省级“民主法治村”创建工作。

10日,在第九届中国会议产业大会上,千岛湖被授予“2016中国最具创新力特色会奖目的地”称号。

是日,淳安县举办液化石油气泄漏事故应急救援演练。

13日,首届中国千岛湖大健康产业发展高峰论坛举行。

14～19日,CSARA第十二届中国大学生健康活力大赛暨2017年世界大学生运动会艺术体操选拔赛在千岛湖镇举行。

16日,市人大常委会副主任项勤到淳安县调研。

17日,总投资15亿元的生态居项目正式开工建设。

18日,义乌淳安商会正式成立。

19日,全县领导干部会议召开,省委常委、杭州市委书记赵一德到会作重要讲话。市委常委、组织部部长张仲灿宣读省委、市委任免决定:黄海峰任中共淳安县委委员、常委、书记,免去朱党其的中共淳安县委书记、常委、委员职务。提名董毓民为淳安县县长候选人,提议柴世民不再担任淳安县县长职务。

21 日，淳安县第十五届人大常委会第四十八次会议召开，会议决定：接受柴世民辞去淳安县人民政府县长职务，决定由董毓民副县长代理淳安县人民政府县长职务，任命费林建为淳安县人民政府副县长，任命张宏光为淳安县人民政府副县长、公安局局长，免去郭东晓的淳安县人民政府副县长职务、凌军的淳安县公安局局长职务。任命杨勇为淳安县人民检察院副检察长。接受钱铖辞去淳安县人民检察院检察长、检查委员会委员职务。决定由杨勇副检察长代理淳安县人民检察院检察长职务。会议组织开展了宪法宣誓仪式，新通过任命的县人民政府代县长董毓民，县人民政府副县长费林建，县人民政府副县长、公安局局长张宏光，县人民检察院代检察长杨勇依次向宪法宣誓。

22～23 日，全省乡村旅游提升发展工作现场推进会在淳安县召开。

22～23 日，省人大常委会副主任袁荣祥到淳安县开展信访督查和进代表联络站活动。

24 日，淳安县召开 2016 年“无违建县”创建省级迎检工作动员会。

是日，省政协副主席王建满到淳安县专题视察小城镇环境综合整治工作。

27 日，2016 千岛湖马拉松赛举行，来自美国、日本等 17 个国家、地区的近 7000 名选手参加比赛。

是日，北京淳安企业商会成立。

28 日，淳安县召开全县领导干部大会。会议进一步传达贯彻中共十八届六中全会、省委十三届十次全会等会议精神，并部署全县学习贯彻工作。

是日，淳安县召开县关工委成立 25 周年纪念大会。

29 日，北京日报报业集团干部教育现场教学基地落户下姜村。

30 日，淳安县召开落实中央八项规定精神“回头看”工作部署会。

12 月

4 日，淳安县举办“12·4”国家宪法日主题宣传暨普法直通车启动仪式。

5 日，淳安县召开县四套班子谋划明年工作务虚会。

是日，淳安县召开智慧旅游推进会暨 2016 华数智慧产品展示会。

6 日，全省首个小城镇环境综合整治规划方案评审会在汾口镇举行。

8 日，“长三角”地区最长的在建隧道——杭黄铁路天目山隧道正式贯通，为杭黄铁路全线建成通车奠定了坚实基础。

是日，淳安县工商业联合会（总商会）第九次会员代表大会召开。

是日，中国工农红军北上抗日先遣队纪念馆红军长征胜利 80 周年纪念碑落成。

9 日，淳安县召开“省示范文明县城”创建工作部署会。

是日，淳安县组织开展森林消防地空联合实战演练。

13 日，省委副书记袁家军到淳安县调研农业农村工作。市委副书记俞东来陪同调研。

16 日，千黄高速公路淳安段工程全线征迁动员大会暨配套工程开工仪式举行。

是日，2016 年全国登山户外运动俱乐部年会在淳安县举行。

是日，建德市委书记童定干率建德市党政代表团到淳安县考察城市建设、富丽乡村建设、小镇特色旅游发展、绿道建设及杭黄铁路场站建设等工作。

17 日，淳安县首家民营二级口腔医院——淳安千湖口腔医院正式投入使用。

19 日，县政府召开第二十次常务会议。会议就社会保险基金保值增值运作方案、华鳞生物技术有限公司申请小客车直接配置指标、户口迁移暂行规定、推进残疾人全面小康进程、推进红十字事业发展等工作进行讨论和研究。

是日，县政府召开第五十五次县长办公会议。会议就加强新增违建管控、县农村信用合作联社股份制改革总体方案进行讨论和研究。

是日，淳安县出台《关于加快推进残疾人全面小康进程的实施意见》和《关于进一步健全残疾人康复和托养服务体系的实施意见》。

是日，市委常委、市纪委书记陈擎苍到中洲镇开展人大代表联系群众活动，听取基层人大代表和群众代表意见，并开展“联乡结村”、结对帮扶等工作。

21日，全县防范和处置企业拖欠工资工作会议召开。

是日，淳安县印发《淳安县人工影响天气作业实施细则》。

是日，淳安县高新技术企业座谈会暨千岛湖啤酒研究院授牌仪式举行。

23日，县政府召开第五十六次县长办公会议。会议就推进县属国有企业发展混合所有制经济、建立国企职业经理人、推进国有企业减员增效、学前教育新一轮三年行动计划等工作进行讨论和研究。

27～30日，中国共产党淳安县第十四次代表大会召开。28日，县第十四次党代会开幕，杭州市委常委、常务副市长马晓晖到会指导。

27日，淳安县印发《淳安县学前教育新一轮三年行动计划(2016～2018年)》。

是日，淳安县举办消防安全社区创建活动现场会。

29日，淳安县召开县中医院创建三级乙等综合性中医院动员大会。

特 载

坚定秀水富民路 建设康美千岛湖
为争当全国践行“两山”理论标杆县而努力奋斗

——在中国共产党淳安县第十四次代表大会上的报告

黄海峰

（二〇一六年十二月二十八日）

同志们：

中国共产党淳安县第十四次代表大会今天隆重开幕了。

这次大会的主要任务是：回顾总结县第十三次党代会以来的工作情况，科学谋划今后五年的目标任务，选举产生新一届县委和纪委班子，动员全县广大党员干部和人民群众，坚定秀水富民路，建设康美千岛湖，为争当全国践行“两山”理论标杆县而努力奋斗。

下面，我代表中共淳安县第十三届委员会，向大会报告工作，请予审议。

回顾五年探索实践
对淳安未来发展更加充满信心

过去的五年，在中央和省市委的坚强领导下，县委团结带领广大党员干部和人民群众，开拓创新、砥砺奋进，努力推进蝶变淳安、秀水富民，较好地完成了县十三次党代会确定的各项目标任务，成为国家重点生态功能区、省重点生态功能区示范区建设试点和“美丽杭州”实验区，初步走出了一条“绿水青山就是金山银山”的特色发展道路。

过去五年，是生态保护投入更大、举措更扎实的五年，生态优势日益彰显。始终把“护一湖秀水”作为最大的政治担当，举全县之力推进千岛湖综合保护，五年来共投入环保资金42.04亿元（其中“五水共治”投入32.93亿元），相当于地方财政收入的58.34%。治污能力大幅提升。完成城区截污纳管、农村治污设施建设、企业排污口整治等工作，在全省率先建立农村治污设施运维机制，基本实现治污设施县域全覆盖，城镇污水处理率、农村污水纳管率分别提高到94.6%、85%。环境综合整治成效显著。自加压力完成“五大整治”，全面管控沿湖项目开发建设，推进原生态保护、清洁乡村、生态修复、林相改造等工作，初步形成全域智慧监测体系。环境质量品牌再创佳绩。千岛湖出境水质持续保持Ⅰ类，成功创建国家级生态县，被列为首批国家级生态保护与建设示范区，获得全省“五水共治”大禹鼎，在全省生态文明建设总指数评价中名列第一。

过去五年，是拓展空间打基础、新兴产业快速兴起的五年，经济实力明显增强。据预测，2016年全县实现生产总值230亿元、地方财政收入17.3亿元，分别是2011年的1.63倍和1.82倍；城乡居民人均可支配收入为36700元、16100元，分别是2011年的1.65倍和1.71倍，整体发展水平走在全省26个加快发展县前列。产业结构持续优化。旅游经济对全县支撑作用进一步凸显，全县景区化深入推进，乡村旅游逐渐成为旅游经济新蓝海，年接待游客突破千万人次、旅游经济总收入突破百亿元。以大旅游引领的服务业年均增长13.8%(剔除房地产业增速达15.5%)，三次产业比重进一步优化为14.9∶35.1∶50.0。新兴产业蓬勃兴起。按照“无污染、小空间、高科技、资源型”要求，引进了大白鲸水岸城、微贷网、天天快递、中植新能源汽车、修正健康饮品等一批文创、总部、高端制造项目，产业转型升级按下了“快进键”。发展后劲不断增强。推进经济开发区业态转型、高铁新区基础建设，开辟汾口浪川城乡统筹产业示范区、界首和安阳区块等新平台，为未来发展留下了重要空间。加快淳商回归，扩大有效投资，五年来共引进项目694个，实际到位内资336亿元，全社会固定资产投资累计完成672亿元，年均递增15.0%。

过去五年，是城乡面貌大提升、农村发展方式加快转变的五年，富丽乡村建设初显成效。城乡统筹力度空前，五年间共投入58.8亿元，淳安的水更绿了、路更美了、山更彩了、城更靓了、村更净了。城乡环境更加整洁有序、温馨文明。珍珠半岛现代化新城初露雄姿，千岛湖镇撤村建居基本完成，秀水广场、滨湖景观飘带、珍珠广场暨中轴溪等重大基础设施建成投入使用，花海、微公交、公共自行车等新元素相继涌现，成功创建中国宜居城市、国家园林县城、全球绿色城市。中心镇、中心村、精品特色村建设以及“两路两侧”“四边三化”等整治成效明显，淳杨线展现出世界级景观道风采，姜家、威坪、石林、里商等一批滨湖山乡小镇呈现出独特韵味，成功创建全省首批“基本无违建县”。乡镇特色发展、区域联动开始起步。农产品“千岛湖”公用品牌利用率显著提高，电子商务、民居民宿、农旅融合园区等发展态势迅猛，乡镇节庆活动精彩纷呈，涌现出名优水果、中药材、中华蜂以及红色旅游、港湾运动等一批特色产业基地。城乡公建设施配套日趋完善。杭黄高铁淳安段建设快速推进，千黄高速配套工程启动建设，完成淳杨线改造、汽车客运北站等重大交通工程，建成一批农民转移集聚区，转移农民1.3万人。

过去五年，是民生事业迈新步、群众获得感明显增强的五年，发展软实力进一步提升。集中力量突破教育、卫生等短板。从增进群众福祉、增强发展软实力的高度，大力推进社会事业发展，出台教育和卫生新政，建成县职教中心、千岛湖镇六小、县一医院、中医院、妇保院等项目，实现民办中学、全日制高校零突破，在全省率先实现县级医院托管全覆盖，成功创建全国义务教育基本均衡县、省级卫生强县；实施文化礼堂建设、历史建筑修缮，“四大中心”即将投入使用，社会保障、养老服务体系逐步健全。人才建设取得新进展。制定出台人才新政，落实“一张床”等创新举措，培育了一批名师名医名家，在“国千”“省千”引进上实现零突破。社会保持和谐稳定。刑事发案数全市最低，群众信（电）访数量下降14.17%，圆满完成G20杭州峰会等重大活动维稳安保任务，省级平安县创建有望实现“十二连冠”夺取金鼎。

过去五年，是管党治党更严格、干部作风明显改进的五年，淳安团队建设不断进步。聚焦从严治党新要求，全面落实党建工作责任制。主题教育引路。先后开展群众路线、“三严三实”和“两学一做”专题学习教育，深入打造“幸福和美”宣传思想文化工作品牌，有效增强党员干部的思想政治意识。基层导向鲜明。出台基层党建“双基”决定，实施乡镇“双百分制”考核，开展“整乡推进、整县提升”行动，干部城乡双向交流形成共识，乡镇“两堂两室”建设、村主要干部报酬增长等关心关爱工作取得新进步，“领头雁”培育、党员链式管理、联系服务群众等工作得到新加强。从严治党有力。改革纪律检查体制，实现县直部门派驻监督全覆盖、乡镇纪委单列考核，落实“两个责任”，驰而不息正风肃纪，严肃查处一批党员干部违纪案件、问责一批“三不”干部，党员干部纪律规矩意识、干净干事作风进一步提升，基层政治生态明显优化。与此同时，统战、群团、老干部、人武等工作迈上新台阶，团结干事氛围进一步浓厚。

总之，过去的五年是砥砺前行的五年，是团结奋进的五年，也是硕果累累的五年。这些成绩，得益于省市委的正确领导，得益于全县各级党组织、广大党员干部和人民群众的群策群力、团结拼搏，得益于历届县委和老领导、老同志打下的良好基础。在此，我代表十三届县委，向所有为淳安发展作出贡献的同志们、朋友们表示衷心的感谢和崇高的敬意！

总结五年的探索和实践，我们积累了许多弥足珍贵的经验和启示，必须倍加珍惜、长期坚持。第一，保护环境是首要责任。保护一湖秀水是最大的政治担当和历史使命。必须坚定生态立县不动摇，高标准推进千岛湖综合保护，进一步彰显千岛湖生态价值，提振淳安人自信，让“以湖兴县富百姓、一湖清水惠下游”成为现实。第二，绿色发展是唯一出路。保护优先，发展为要。必须坚持以绿色发展引领创新协调、开放共享，增强战略定力、保持历史耐心，真正创造对这方水土负责、经得起历史检验的发展业绩。第三，富民惠民是根本目的。治县必先富民。只有富民惠民才能增强保护的自觉性积极性可持续性。必须凝心聚力落实富民举措、加快惠民步伐，让民生幸福的底色变得更加鲜亮。第四，改革创新是重要动力。作为生态文明建设示范区和实验区，既要坚定决心、坚韧意志，更要蹄疾步稳、整体协同推动重点领域改革创新，加快形成生态保护、生态发展、生态富民共融互促的体制机制和整体格局。第五，担当实干是关键保障。担当创造事业，实干成就梦想。必须坚持从严治党，深化干部作风建设，治懒治庸治散与关心关爱关怀并举，以目标、问题和效果为导向，促进党员干部担当实干、为民服务。

回首过去，我们自豪但不自满；展望未来，我们自信但不自大，在肯定成绩的同时，还应清醒看到工作中存在的短板和挑战：一是以千岛湖水环境为核心的生态保护压力越来越大。千岛湖水质面临富营养化加重风险，上游来水水质尚未根本改善，环保设施建设运维管理仍有待加强，特别是配水工程运行后，以及“两高”时代游客大量涌入，千岛湖保护压力将进一步增大，生态保护的专业性、精准性更需进一步提升。二是发展新旧动能转换仍需加快。传统工业遭遇天花板，水饮料产业发展处于瓶颈期，旅游产业链有待完善，农业品牌度提升不够，新兴产业发展处于起步阶段，国企体制机制有待进一步激活，固定资产投资特别是产业投资的可持续增长压力增大。三是县域内发展的不平衡性问题突出。乡镇尤其是偏远地区经济发展、社会事业和公共服务滞后，农村常住人口和产业空心化问题较为突出，富民路子和渠道不多。四是发展环境仍需进一步优化。改革攻坚突破不够，一些领域体制机制存有弊端。全员招商意识、钉钉子精神不足，办事难办事慢等问题依然存在。干部队伍中小进即满、中庸应付等思想较为突出，发展、担当、创新意识亟待加强。针对这些不足，我们要在今后工作中采取有力举措，着力加以改进和解决。

在找准方位中保持定力
在明确目标中强化使命

今后五年，是淳安高水平全面建成小康社会的决胜阶段。找准历史方位，才能明晰方向、科学谋划、接续发展。当前的淳安，正挺立在生态文明建设的潮头上。“普通的淳安县，特殊的千岛湖、光荣的先行区”，作为国家和省市生态文明建设发展的一系列示范区和实验区，跻身全省加快发展县第一方阵，淳安生态文明建设正走在省市乃至全国前列。“逆水行舟，不进则退”，特别是对照习近平总书记对淳安提出的“三个示范”要求，我们更要以最高标准、最严监管、最实举措不断加强生态保护和建设，始终争当全国生态文明建设的示范和标兵。当前的淳安，正追赶在生态致富、惠民富民的征途上。淳安为大局担当，为发展奉献。历届县委带领广大党员干部和人民群众，一直为追求幸福生活而不懈奋斗。虽然近年来城乡居民收入得以较快增长，但与省市平均水平相比还有差距，特别是优质化、均衡性的公共服务供给，与经济发达地区相比差距不小。我们要牢固树立“以人民为中心”的发展思想，坚定生态致富、惠民富民不动摇，努力让人民群众共享更好环境、更好发展、更好生活。当前的淳安，正奋进在迎接后峰会和“两高”时代的关键节点上。杭州将着力放大G20峰会和亚运会效应，加快城市国际化步伐，打造国际会议目的地城市和国际重要的旅游休闲中心，周边地区将面临着溢出效应的窗口期；杭黄高铁2018年开通，千黄高速预计2019年通车，淳安将真正成为世界黄金旅游线、中国生态景观线上的一颗璀璨明珠。在重大机遇面前，需要我们提前考虑、系统谋划、早作准备，在引进资本、产业、项目、品牌、人才等先进要素上抢到“头口水”、步入快车道。

基于上述分析和判断，今后五年工作总的指导思想是：以邓小平理论、“三个代表”重要思想和科学发展观为指导，深入贯彻习近平总书记系列重要讲话精神，统筹推进“五位一体”总体布局和协调推进“四个全面”战略布局，落实五大发展理念，坚定秀水富民路，建设康美千岛湖，着力构建康美环境、康美产业、康美生活三大体系，锻造康美团队淳安铁军，为争当全国践行“两山”理论标杆县而努力奋斗。

今后五年的总体目标是：县域总体发展水平进位争先。到2021年，生产总值超350亿元，地方财政收入超26亿元，在全省加快发展县中走在前列，康美千岛湖成为全国知名的县域特色品牌。千岛湖综合保护模式基本构建完成。生态保护、环境治理、资源节约水平进一步提升，千岛湖三个国控断面全年保持Ⅰ类水质，力争县内支流断面水质全部达到Ⅰ类，建成国家级生态主体功能区示范区，成为全国可借鉴可复制的湖泊型生态文明建设典范。康美产业体系基本形成。五年投资总量达到1000亿元以上，其中产业投资保持年均20%以上增幅，三产服务业占比力争达到60%，以生态、绿色为特征的康美产业真正成为富民强县的主支撑。城乡发展呈现新格局。城乡环境美丽颜值进一步提升，小城镇人口集聚度、产业辐射度进一步增强，内外交通衔接更紧密、进出更便捷，县域大景区成效全面显现。民生事业跃上新水平。城乡居民人均可支配收入年均分别递增11%和12%以上，社会事业、社会治理水平不断提升。从严治党迈上新台阶。党委总揽协调、领导发展的能力进一步提升，干部日常管理和监督机制更加系统科学，基层党组织的活力不断涌现，党风廉洁建设和反腐败工作取得新进步，党群干群关系更加密切。

实现上述目标，必须牢牢咬定"坚定秀水富民路，建设康美千岛湖"这一使命不放松。秀水富民路是淳安践行"两山"理论的路径战略，更是淳安人民的共同追求，要始终保持这一战略定力，不争论不折腾不动摇不懈怠，坚持一张蓝图绘到底、一届接着一届干。康美千岛湖是秀水富民战略的深化、丰富和提升，体现着战略方向、目标举措的传承性、时代性和创新性。建设康美千岛湖，是淳安立足自身比较优势、呼应供给侧结构性改革和生态化发展趋势、打响区域特色品牌的必然选择，是淳安保护与发展的最佳平衡点和最大公约数，更是生态致富、惠民富民的现实途径。今后五年，我们要以康美环境为引领、康美产业为主导、康美生活为目的，全力推动康美千岛湖建设，激励全县上下凝心聚力，共建共享美好环境和幸福生活，努力争当全国践行"两山"理论标杆县。

坚定秀水富民路　建设康美千岛湖

（一）提升康美环境，构建县域大景区。建设康美千岛湖，生态环境是优势，交通环境是前提，城乡环境是基础。

1．高标准推进千岛湖综合保护。按照"山水林田湖"系统保护要求，深化"五水共治"组合拳，争创"全省首批无污水直排县"，让淳安永葆天蓝地净、山青水秀。一要实施水土气共治。坚持城乡并举、水陆并进、建管并重、整转并推，进一步加强环保设施建设及运维，提升城乡控污治污能力，实施内湖库湾、河道溪流、入湖口等生态修复工程，全方位推进湖湾塘溪渠等水系整治，到2021年，力争城镇污水处理率达96%以上，农村污水纳管率达90%以上。开展砖瓦、养殖、矿山等行业规范整治行动，加快推进农村面源污染整治、土壤污染防治、护林复绿涵水等工程，严控削山挖砂、严控填湖填湾，从严保护好生态屏障。开展"五气共治"，推进节能减排，建设清洁能源示范区，环境空气优良率全年保持在90%以上。二要实施千岛湖环境质量管理规范。落实最严格的环境准入标准、污染物排放标准、环境监管标准、环境质量标准，全面建立起高标准系统性环境质量体系。加强环保科技支撑，推进智慧环保体系建设，提高生态安全预警应急处置能力。三要加强生态文明建设制度设计。推动土地利用、水功能区、风景区等多规融合，科学布局生态生产生活空间。积极争取全流域共保共投共享政策，建立自然资源资产责任审计、治污工程质量终身责任追究等制度。设立全民清洁日，深入推进清洁乡村、美丽庭院等各类环保竞赛，发动人民群众共建共享生态文明。

2．加快打造综合性立体化便捷式交通体系。要充分认识交通建设对淳安发挥绝版山水优势的重要性和紧迫性，全力构建内外衔接、综合立体的交通网络。一要加快重大交通基础设施建设。围绕"一环二横八射"对外交通路网和"七线五连"县内公路辅网，如期建成杭黄高铁、千黄高速，加快黄衢南至千黄高速接线项目研究和前期工作，力争开建通用机场等项目，完成枫常线、千威线等改造，构建县域和通达杭州市区两个"1小时交通圈"，实现"杭州－千岛湖－黄山"黄金旅游线一线贯通。二要打造有机衔接的综合交通运输体系。强化杭黄高铁站的区域性枢纽集散功能，建设环湖公路"四位一体"智能交通体系,推动充电桩、客运场站、物流中心布点建设,不断提高城乡交通便捷度。三要大力推进农村美丽公路建设。按照“一条公路就是一条景观带”的思路,完善停车、观景、消费等服务设施,推动“旅游公路”向“公路旅游”转变。

3. 持续提升城乡环境美丽颜值。发挥湖光山色的自然禀赋优势,彰显徽派文化与江南韵味交汇融合的风貌特色,着力打造生态美、形态美、业态美的美丽新城乡。围绕“整洁有序、温馨文明”,建设国际旅游小城市。实施精准规划,加强城市旅游功能规划布局,推动城市设计全覆盖和刚性执行,加快老城疏解和新城集聚,持续优化县城整体风貌和旅游休闲配套。实施精致建设,开展沿街沿湖综合整治、老旧小区和城中村改造提升,加快山地公园、城市绿道和特色街区建设,注重建筑增色、景观亮灯、森林彩化,创建浙江美丽县城、国家森林城市。实施精细管理,加快智慧城市建设,突出动静态交通畅通治理,创新物业管理方式,疏管结合整治柴间车库违规改变用途等问题,创建省文明示范县城,切实提升小城市综合品质。注重“产城人”融合,加强小城镇环境综合整治和美丽乡村建设。围绕“淳安韵味、乡土记忆、民俗风情、全域旅游”要求,巩固“三改一拆”和“无违建”创建成果,高标准推进小城镇“一加强三整治”,鼓励发展生态经济,丰富集镇业态,培育内生动力,打造一批具有千岛湖味道、“产城人”融合的宜居宜业宜游美丽小城镇。开展村庄规划设计、村庄生态修复、治危拆违攻坚等行动,不断提高农村通讯、水利、电力等基础设施建设水平,争创全省美丽乡村示范县。

(二)发展康美产业,加快生态富民。建设康美千岛湖,重在发展产业经济、富民经济、税源经济。

1. 构筑产业体系明方向。一是加快提升大旅游产业,打响“度假千岛湖”品牌。推动大旅游产业全域化、国际化、品质化、融合化、智慧化发展,全力建设产业链完善的国际休闲度假旅游目的地。深化全域景区建设,完善“一城一湖一圈两极多点”格局,巩固提升千岛湖景区核心品牌效应,推进东北、西北湖区及遂安列岛等新景点开发,在全国率先建成全域性绿道旅游网络。打造全时旅游产品,加快填补大型水上演艺、主题娱乐、冬季休闲等目的地产品空白,强化中高端旅游消费功能,补齐“夏热冬冷、昼热夜冷”短板,争创国家旅游休闲示范城市。提高旅游服务水平,完善城乡旅游接待设施,建立全县统一的智慧旅游平台,提升旅游环境、服务及管理国际化水平。到2021年,力争全县旅游接待人次超2000万(其中过夜游客超900万)、旅游经济总收入超200亿元。二是大力发展绿色农业,打响“有机千岛湖”品牌。实施特色农业小镇创建,努力打造全域有机农产品县。丰富产品体系,全面推进现代农业“两区”建设,推广林下经济模式,加快茶桑果竹等传统产业改良升级,积极发展油茶、中药材、中华蜂、鸠坑茶等特色产业,形成特色鲜明、丰富多样、安全优质的农产品体系。统一质量标准,制定千岛湖有机农产品标准,推广生态循环种养模式,提升科技惠农成效,建立健全农产品质量监管及可追溯体系。推动精深加工,深化“三位一体”改革,加大土地流转力度,加强农业企业、合作社以及家庭农场等主体培育,全力推进绿色生产及精深加工基地建设。做强品牌销售,加大“千岛湖”农产品区域公用品牌培育及推介力度,探索建立公用品牌管理和经营机制,促进农产品全产业链开发,打响一批具有千岛湖地理标志的特色农产品;积极开拓高端销售渠道,加快构建全域性电商平台及物流体系。三是大力发展康体养生产业,打响“养生千岛湖”品牌。以体验养生、康体疗养等产业为主体,打造全国湖泊养生基地。发展“医养经济”，积极引进知名医疗保健机构、高端养老品牌企业，加快中医药养生、健康管理、高端养老等行业发展。发展“游养经济”，深度开发养生游、美容游、慢生活体验等产品，争取各级疗休养基地落户淳安。发展“健养经济”，做大山地、水上、航空等运动产品，积极竞办亚运会项目，深化国家体育产业基地建设，以高端赛事引领康体运动经济发展。发展“食养经济”，依托生态农林果及中药材资源，开发研制食疗餐饮、绿色保健等产品，打造健康美食产业。四是大力发展高端制造产业，打响“智造千岛湖”品牌。加快发展高新技术产业，加大科技创新投入，引进培育新能源、新材料、运动休闲装备、精密制造以及物联网、云计算等高端项目，到2021年，全社会研发经费支出占生产总值比重、高新技术产业增加值占工业比重实现“两个翻一番”。大力发展水饮料产业，推进百亿水业基地建设，加快引进大型水饮料企业，积极鼓励现有企业整合提升，努力形成高品质的水饮料产业集群。积极推进传统产业“两化融合”，基本完成纺织、缫丝、服装等传统工业改造整合提升。五是大力发展总部、文创等新兴产业，打响“创意千岛湖”品牌。发展景区创业模式的总部经济，积极培育淳安本土企业总部，吸引大中型企业来淳设立区域性总部和研发、营销、结算等功能型总部，引进各类创投基金、股权投资基金、财富管理等机构，到2021年，总部经济税收达到5亿元以上。发展具有淳安特色的文创产业，充分发挥山水优势，挖掘新安文化、移民文化、海瑞文化、红色文化、民俗文化等地方特色文化，积极打造影视拍摄、艺术创作、婚纱摄影、动漫创意等文创基地，推动传统文化产业化、传统产品商品化；推进国际会展中心等建设，加快会展培训产业发展，到2021年，实现文创产业增加值60亿元以上。

2. 建好产业平台强支撑。构筑定位科学、形态多样、功能互补的产业平台体系。一要提升主平台建设水平。按照生态化、景区式、高效益的要求，推动产业主平台建设。经济开发区要加快规划调整及“四退四进”步伐，打造成为高端制造先导区、文创产业引领区、健康饮品集聚区、产城融合示范区；要加快推进敏迪项目建设，积极争取江东区块异地开发和帮扶政策，打造淳安在杭州的异地创业创新平台；要立足于稳妥有序推进，加快汾口浪川城乡统筹产业示范区基础设施建设，加大土地综合开发利用，发挥土地综合价值。旅游度假区要加快排岭半岛资源盘活以及进贤湾、界首区块开发建设，丰富文化创意、健康养生、运动休闲等旅游度假功能，打响国家级旅游度假区品牌。高铁新区要加快形成交通枢纽和旅游集散功能，发展以旅游度假、健康养生、高端制造、都市创业等为主的高端产业，打造淳安发展的新窗口。姜家产业区块要加快“乐水小镇”建设，打造千岛湖旅游副中心。同时，抓紧做好“两高”沿线以及环湖绿道沿线产业布局，加强资源管控及高效利用；推进乡镇功能区调功能、优产业、促融合。二要推进特色小镇建设。加快打造总部经济小镇、水饮料小镇、文创小镇等一批特色小镇，积极推进大学生创业园、移民创业园、电商园区、众创空间等平台建设，为创业创新提供良好环境。加快建设红色旅游、港湾运动、田园山乡、滨湖风情、书画摄影等特色乡镇，加速形成“一乡（镇）一业一特色”发展格局。三要加快项目招商落地。深入推进淳商回归工程，积极鼓励企业投资创办产业园区，强化平台招商、以商招商、产业链招商。定期编制招商地图，完善招商项目联审机制，健全服务企业长效机制，提升项目招商落地率和实效性。

3. 深化改革增活力。主动顺应形势发展变化，积极推动重点领域改革，向改革创新要活力。一要推进生态文明建设综合改革。

围绕国家重点生态功能区和千岛湖综合保护工程建设要求,改革调整不适应、不符合“生态保护优先、环境质量领先”的机构职能、产业类别、管理标准、政策体系和制度安排,并创新探索生态保护、生态发展、生态富民共融互促的特色发展道路。二要推进经济领域改革。探索建立以“亩产效益”为核心的综合评价体系,形成资源要素差别化配置机制;加快发展基金、债券、PPP 等新型投融资模式,推动投融资体制机制创新;择优引进战略投资者,推动国企实行混合所有制改革或股份制改造。三要推动政府管理改革。按照精减、扁平、高效原则,优化完善平台管理格局;围绕全域旅游新趋势,加快旅游管理一体化进程;按照“放管服”要求,不断深化行政审批制度改革,优化政务服务,激发市场活力。

(三)优化康美生活,提升淳朴安康品质。建设康美千岛湖,必须坚持惠民富民,让发展更有温度,让生活更有质感。

1. 加快“民富淳安”建设。着眼新时期人民群众对就业增收的强烈期盼,全力拓宽群众增收渠道。一要大力发展“百源经济”。根据淳安“人依源居”的独特地貌,提升和串联城乡统筹、富丽乡村建设成果,坚持总体规划、分步实施、政策聚焦、示范带动,完善美丽公路和绿道经济体系,培育一批民宿村、文创村、电商村、水果村、红色旅游村、手工艺加工村等特色村落,打造“一村一品、一源一特色”。二要深化农村产权制度改革。实施“三权到人户、权跟人户走”改革,建立全县统一的农村产权流转交易市场,鼓励发展物业经济,增加农民财产性收入。三要深化就业服务体系建设。加大职业技能培训,积极搭建求职用工交流平台,完善创业孵化体系,拓宽创业融资渠道,以创业带动就业。四要深化精准扶贫。加大产业扶贫、健康扶贫、教育扶贫、结对扶贫等工作力度,增强低收入群体自我发展能力。深化蔬菜平价供应等体系建设,发展社会福利和慈善事业,进一步兜牢民生底线。

2. 加快“文明淳安”建设。着眼新时期人民群众日益增长的多层次精神文化需求,加快文化惠民、教育利民。一要落实基层宣传文化工作“四张清单”,积极推进文化小康建设和基层文明创建,深入实施传统文化保护、文化礼堂建设、文艺精品创作等行动;突出最美风尚培育、诚信体系建设,常态化实施文明行为引导和志愿服务,提升群众文明素养。二要紧盯“全省一流、全市领先”目标,进一步改善办学条件,加强优质特色学校引进合作、联盟集团化办学,推广智慧教育,重视立德树人,培育名师名校名校长,实现公共教育优质发展、职业教育产教融合、社会教育有效提升,创建省教育现代化县。

3. 加快“健康淳安”建设。着眼新时期人民群众对健康服务的更高需求,加快发展卫生、养老、体育等事业。一要围绕综合医疗水平全省同类地区领先的目标,加快完善医疗卫生三级服务体系,加强医疗资源整合,推进三乙医院创建、民营医疗机构培育以及疾病预防控制、中医药事业发展,打造名医名科名院;强化居民大病保险、医疗救助,促进社会保险与商业保险相互补充衔接。二要积极应对人口老龄化,实施养老服务业综合改革,建立养老保障稳定增长机制,推广智慧养老服务,加快公办民办养老服务协调发展,实现村(社区)老年食堂服务全覆盖。三要实施小康健身工程,加强城乡体育设施建设,广泛开展全民健身运动,创建省级体育强县。强化食品药品生产销售监管,加强保健科普宣传教育,倡导健康生活方式。

4. 加快“法治淳安”建设。着眼新时期人民群众对公平正义、长治久安的热切期待,全面提升依法治县、平安建设和社会治理水平。一要落实党政主要领导法治建设第一责任,全面推进“七五”普法,营造尊法学法守法用法的良好氛围。发挥道德对法治的滋养作用，引导群众自觉履行法定义务、社会责任和家庭责任。二要深化"平安千岛湖"建设，实行社会风险隐患清单式管理，强化重大决策社会稳定风险评估机制，完善矛盾纠纷多元化化解、社会治安立体化防控体系。三要加强社会治理精细化，建设基层治理体系"四个平台"，加强社会组织培育建设，注重乡规民约的功效发挥。加强安全生产和防灾减灾救灾，提高突发性灾害应急处置能力。

落实"四个人"要求　锻造康美团队淳安铁军

事业发展，关键在人。要以落实习近平总书记对淳安基层党员干部提出的"四个人"要求为总纲，推动党要管党、从严治党，提升能力、激发干劲，锻造淳安铁军，展现康美风采。

1. 围绕"争当发展带头人"，狠抓能力强担当增活力。一要增强发展意识。以解放思想为先导，广泛开展"找短板、学标杆"和"争先进位、比学赶超"等活动，推动党员干部融入发展前沿、开阔视野眼界、增强紧迫意识，营造加快发展、争先创优的浓厚氛围。二要提升发展能力。着力推进好班长好班子好梯队建设，抓住"一把手"这个关键，注重优化班子能力结构，加强年轻干部、女干部、党外干部培养。突出干部队伍专业化建设，探索建立开放多元的干部培训体系，开展生态文明、经济管理、科技创新、法治建设、文化建设、社会治理等专题培训，选派优秀干部挂职锻炼、一线历练，培养乡镇"全科干部"，切实增强党员干部的开拓创新、实际操作、善抓落实能力。坚持党管人才原则，完善人才服务政策和留人机制，加大本土人才培养力度，引导淳安籍在外人才回归，探索假日式引才等柔性引才模式，创建市级人才生态示范区。三要激发发展活力。坚持激励与问责相结合、严查严处和澄清保护相结合，加大干部关心关爱力度，强化基层、实绩和人岗相适的用人导向，打破论资排辈、平衡照顾等隐性台阶，建立健全容错免责、澄清保护、能上能下、能进能出、问责再使用等机制，坚决查处造谣诬告行为，为担当者担当、让有为者有位；坚持问责是手段、问效是目的，重点治理"三不"问题，清除少数党员干部中"只要不出事、宁可不干事"的负面情绪。

2. 围绕"争当新风示范人"，狠抓党风促政风带民风。一要全面落实党风廉政建设"两个责任"，层层传导压力，落实"一岗双责"，坚持"一案双查"，推动从严治党责任落实。要把纪律和规矩挺在前面，保持执纪审查高压态势，改革监察体制，完善巡察制度，加大工程建设等领域的治理力度，坚决遏制工程违规转包分包、领导干部违规插手工程等突出问题，严肃查处基层贪腐及执法不公等问题；综合运用监督执纪"四种形态"，前移关口、抓早抓小，不断提高执纪审查的综合效果。二要持之以恒纠"四风"，防范查处各种隐形变异的"四风"问题，持续释放执纪必严、越往后越严的信号。打造廉洁高效政务环境，完善"四张清单一张网"体系建设，引导党员干部转作风、优服务、树新风，倡导实干至上、行动至上、马上就办、办就办好的干事风气。三要落实意识形态责任制，牢牢把握正确舆论导向，加强对网络媒体的管理，引导党员干部示范践行社会主义核心价值观，推动群众性文明创建活动，深入宣传学习余延安等先进人物事迹，弘扬主旋律，培育正能量，形成"幸福千岛湖、美丽淳安人"的良好风尚。

3. 围绕"争当和谐引领人"，狠抓制度强规范促团结。一要加强思想政治教育。以学习贯彻习近平总书记系列重要讲话精神为重点，常态化推进"两学一做"，完善党委（党组）理论中心组学习和领导干部讲党课等制度，引导党员干部自觉加强党性修养，严守政治纪律政治规矩，切实增强“四个意识”。二要规范党内政治生活。全面贯彻落实《党内政治生活若干准则》和《党内监督条例》，规范党的组织生活，善于“团结—批评—团结”，用好批评与自我批评这一武器。规范各级党组织议事规则，健全“三重一大”事项集体决策机制，完善党内监督体系，加强对权力运行的监督和制约。三要凝聚合力增进团结。充分发挥县委的领导核心作用，全力支持人大、政府、政协各司其职、分工协作，拓宽渠道、创新方式，紧密联系各界群众，认真做好统战、群团、老干部、人武等工作，着力营造风清气正、心齐劲足的干事环境。

4. 围绕“争当群众贴心人”，狠抓基层重引领强服务。一要打响“四个人”要求首提地品牌，按照“聚焦下姜、覆盖淳安、推广杭州、影响全国”的总体设计，深化理论研究，提升实践成果，加强基地建设，促进研究推广，努力把下姜建设成为省市乃至全国的干部培训教育实践基地，引领广大党员干部重温、领悟、践行“四个人”要求。二要全面把握“党建强、发展强”的新要求，深化大党建工作格局，探索推进“党建＋”工作模式，实现党建在中心工作、重点任务、关键环节等各领域的全面融入，推动基层党组织成为政治引领强、服务功能强的战斗堡垒。三要深化基层组织整乡推进、整县提升。加强“领头雁”培育、村级后备干部培养、流动党员教育管理和村集体经济发展，改进和创新联系群众方式，规范和健全基层组织运行机制，提升农村(社区)、机关事业、国企、两新党建水平，让党的旗帜在每一个基层阵地上高高飘扬。

同志们，过去的淳安奉献担当、砥砺奋进，未来的淳安波澜壮阔、前景光明，当前的淳安正呈现出绿意更盎然、美景不胜收、发展逐浪高、面貌日日新的崛起之势。让我们紧密团结在以习近平同志为核心的党中央周围，在省市委的坚强领导下，不忘初心、继续前进，创新实干、担当作为，坚定秀水富民路，建设康美千岛湖，为争当全国践行“两山”理论标杆县而努力奋斗！

名词解释

“两山”理论：“绿水青山就是金山银山”理论。

两路两侧：公路、铁路两侧。

四边三化：在公路边、铁路边、河边、山边等区域开展洁化、绿化、美化行动。

四大中心：由千岛湖文化综合体及科技大厦组成，包括青妇幼中心、文化中心、演艺中心、科技大厦四个单体。

一张床：将县城部分闲置机关办公楼房改建成单身公寓，提供给乡镇机关事业单位单身青年居住，保障其在县城有房可住。

国千、省千：“国千”指国家“千人计划”，建设一批海外高层次人才创新创业基地，用5—10年时间引进2000名左右海外高层次人才回国(来华)创新创业。“省千”指浙江省“千人计划”(海外高层次创业创新人才引进计划)。

乡镇“双百分”制考核：乡镇考核分为落实党建工作责任和经济社会发展目标考核两部分，实行“双百分”制考核。

“双基”决定：淳安县委《关于全面加强基层党组织和基层政权建设的决定》。

两堂两室：食堂、澡堂，办公室、寝室。

两个责任：党风廉洁建设党委(党组)主体责任、纪委(纪检组)监督责任。

“三不”干部：不担当、不作为、不落实的干部。

五位一体：经济建设、政治建设、文化建设、社会建设和生态文明建设构成的中国特色社会主义事业总体布局。

四个全面：全面建成小康社会、全面深化改革、全面依法治国、全面从严治党。

五大发展理念：创新、协调、绿色、开放、共享的发展理念。

三个示范:2005 年,浙江省委书记习近平在淳安指导先进性教育活动时提出,淳安要成为生态建设、欠发达地区跨越式发展和党的先进性建设示范。

五气共治:治理燃煤烟气、工业废气、汽车尾气、沙土尘气、油烟废气。

一环二横八射:"一环"指淳杨线(汾口至小坑坞)—淳开线(千岛湖大桥至汾口)—规划 330 国道淡竹至千岛湖大桥段(06 省道)—规划 330 国道(茶园至淡竹)—白小线(小坑坞—茶园)。"二横"指千黄高速和杭黄高铁。"八射"指枫常线(S218)、白小线、规划 S310(汾口至开化)、规划 S310(新淳线 05 省道)、S315(千威线)、S315(建淳线 06 省道)、规划 G330(临千线)、规划 G330(茶园至寿昌)。

七线五连:"七线"指鲍沈线、郑鸠线、杨璜线、儒上线、山上线、环叶线、富西线。"五连"指屏三公路、宋王线、潭唐公路、河隐线、佑瑶线。

环湖公路"四位一体"智能交通体系:由自驾、观光巴士、自行车、微公交组成的环湖交通体系。

一加强三整治:加强规划设计引领,整治环境卫生、整治城镇秩序、整治乡容镇貌。

一城一湖一圈两极多点:"一城"指县城,"一湖"指千岛湖,"一圈"指环湖休闲旅游度假圈,"两极"指姜家、文昌两大旅游集散中心,"多点"指多个乡村旅游点。

农业"两区":粮食生产功能区、现代农业园区。

"三位一体"改革:建立具有生产、供销、信用"三位一体"服务功能的农民合作经济组织体系。

两化融合:信息化和工业化的深度融合。

四退四进:退二进三、退小进大、退低进高、退弱进强。

PPP:是 Public-Private Partnership 的简称,即政府和社会资本合作建设公共基础设施的一种项目融资模式。

"放管服"改革:简政放权、放管结合、优化服务改革。

基层治理体系"四个平台":乡镇综治工作、综合执法、市场监管、便民服务四个平台。

监督执纪"四种形态":党内监督必须把纪律挺在前面,运用监督执纪"四种形态",经常开展批评和自我批评、约谈函询,让"红红脸、出出汗"成为常态;党纪轻处分、组织调整成为违纪处理的大多数;党纪重处分、重大职务调整的成为少数;严重违纪涉嫌违法立案审查的成为极少数。

四张清单一张网:"四张清单"指政府权力清单、企业投资负面清单、政府责任清单、政府服务清单,"一张网"指浙江政务服务网。

四个意识:政治意识、大局意识、核心意识、看齐意识。

基层宣传文化阵地"四张清单":基层公共文化服务重点项目清单、基层宣传文化机构和队伍建设清单、基层宣传文化阵地建设重点项目清单、基层宣传文化工作重点政策保障清单。

淳安县人民代表大会常务委员会工作报告

2016年1月15日在淳安县第十五届人民代表大会第五次会议上

淳安县人大常委会主任　余永青

各位代表:

我受淳安县第十五届人大常委会的委托,向大会作工作报告,请予审议,并请县政协委员和列席人员提出意见。

二〇一五年主要工作

一年来,县人大常委会在中共淳安县委的领导下,深入学习贯彻党的十八大、十八届三中四中五中全会精神和习近平总书记系列重要讲话精神,紧紧围绕全县工作大局,认真履行宪法和法律赋予的各项职权,顺利完成县十五届人大四次会议确定的各项目标任务。全年共听取和审议"一府两院"工作报告24个,作出决议决定13项,开展视察调研、工作评议、执法检查28次,任免国家机关工作人员71人次,为"秀水富民"战略实施和"法治淳安"建设作出了积极贡献。

一、服务发展大局,全力助推"秀水富民"

常委会紧紧围绕"秀水富民"十大工程和"美丽杭州"实验区建设,坚持发展导向,突出民生重点,加大监督力度,注重监督实效,努力推动全县经济社会发展和重点工作的有效落实。

深化"五水共治"工作监督,推进千岛湖保护。继续加大对千岛湖保护决议贯彻落实情况的监督,组织代表检查"清洁乡村"工程和农村、城镇污水处理设施运行情况,开展"已治理河流"主题监督活动,专题调研千岛湖生态环境保护管理工作,听取配水工程建设情况报告,审议森林彩化工程,作出加强环千岛湖绿道保护的决定,建议县政府争取配水工程扶持政策,建立共饮共投共保机制,优化污水处理项目规划建设和运行管理,科学实施森林彩化,强化环湖绿道周边生态管控,深入推进千岛湖保护工作。县政府进一步发挥"河长制"作用,强化"五水共治"项目督查,开展企业排污口、沿湖沿线、漂流景点、湖区采砂等多项整治,制定城区排水、绿道等管理办法,进一步强化千岛湖生态环境保护力度。认真落实省市大气污染防治和"四治"工作专项督查检查要求,突出城市扬尘和汽车尾气治理等重点,组织代表深入开展监督检查活动,推进政府"无燃煤区"建设和黄标车淘汰、烟粉尘治理等工作,建立健全建筑工地及渣土运输等规范管理机制,有效保持千岛湖空气质量持续向好。

突出财政经济工作监督,推进绿色产业发展。按照新预算法和全口径预决算监督的要求,依法审议财政预算执行情况和审计工作报告,审查批准2014年度财政决算,坚持审计结果公开,督促审计查出问题的整改,专项视察国有资本经营预算工作，指导乡镇人大加大财政监督力度，推动政府进一步规范预算行为，加强财政资金管理，全力服务和保障地方经济健康发展。高度关注“十三五”规划编制情况，主动提前介入，采取召开座谈会、上门走访等多种形式开展调研，认真听取和审议“十三五”规划纲要草案及编制情况报告，建议县政府以“五大发展”理念和“秀水富民”总战略为统领，围绕“十大工程”实施，突出重点，体现特色，科学谋划发展方向，合理制定发展目标，充分发挥规划的引领作用。依法审查政府重点投资项目计划安排情况，组织代表视察千岛湖国际酒店管理学院、国际商务度假中心、华通云数据中心、汽车客运北站等重点工程，听取和审议全县重点项目推进情况报告，开展重点项目档案执法检查，建议县政府做实项目前期，合理确定建设项目及规模，严格质量监管，确保项目保质保量建成。县政府深入开展“服务企业、聚力发展”百日服务攻坚专项行动和政府投资工程建设领域突出问题专项整治，全面督查梳理项目进展情况和存在问题，推进项目建设有序开展。专题调研民宿民居与度假村落发展情况，关注绿道经济发展，审议科技创新工作，推动县政府制定出台产业扶持政策，进一步优化创新创业环境，提升产业发展质效，推进经济转型升级。关注农村发展，组织代表视察农村集体“三资”管理和蔬菜瓜果产销情况，专题调研农村流通体系建设工作，督促政府规范农村集体产权交易行为，完善农村物流配送，发展电子商务，强化“农超对接”，加快乡镇农贸市场建设，促进农业增效、农民增收和农村发展。

注重民生保障工作监督，推进社会事业发展。对政府为民办实事工程从选题、实施到结果进行全过程关注和跟踪监督，专题审议实事工程进展情况，要求将实事办好、好事办实、力争当年见效，让广大群众有更多获得感。县政府高度重视、精心组织、强力推进，“千岛湖人游千岛湖”免收门票，76 所义务教育学校及 51 个乡镇幼儿园安装加热保温饮水设备，县内城乡居民基本医疗保险基层医疗机构门诊和住院报销比例分别提高到 40% 和 80%，城区公共自行车通借通还服务全面实施，农村饮用水工程建设取消乡镇村资金配套，群众真正得到实惠。审议和专题询问城区物业管理工作，建议加强对社区、小区业委会、物业企业的监督指导，明确部门职责，形成工作合力，着力解决物业保修金和物业专项维修资金管理使用、物业费收取、车库柴间出租、小区停车难等突出问题。持续跟踪检查蔬菜等大宗农产品价格调控意见的落实情况，督促县政府组建千岛湖蔬菜公司，积极对接县域农产品基地，塘边农贸市场、绿园蔬菜门店等相继投入运营，菜价调控初见成效。听取和审议养老服务体系建设情况报告，建议县政府加大资金投入，完善扶持政策，大力培育养老服务产业，加快养老服务事业发展。专题调研食品安全监管体制改革运行情况，视察民办教育发展和精神卫生工作，向县政府提出意见建议。

二、强化法律监督，促进依法行政和公正司法

常委会以深化司法监督专项活动、开展交通工作评议和检察官履职评议为切入点，认真履行法律监督职责，着力推进“法治淳安”建设。

开展交通评议，促进依法行政。对县交通运输局开展工作评议，全体代表和评议调查组采取召开座谈会、个别走访、问卷调查、专项视察等形式，就县交通运输局近年来的工作情况，广泛征求社会各方面的意见建议，面对面进行评议，实打实推动整改。县政府和交通运输局自觉接受监督，针对代表提出的 6 个方面 22 条评议意见，制定 78 条整改措施，对群众反映强烈的交通网络规划、农村道路改造、城市公交发展等问题进行重点整改,积极推进千黄高速前期工作,村道大中修补助标准从40%左右提高到70%,出台城市公交优先发展扶持政策,得到代表和群众的好评。

加强司法监督,促进司法公正。深入开展司法监督专项活动,成立专门小组深入政法部门、乡镇、社区、企业调研征求意见,组织代表中心组听取司法机关基层站所工作报告,约见基层站所负责人,要求司法部门认真对照检查,切实加以整改,促进司法机关和司法工作人员依法履职、公正司法。开展检察官履职评议,随机抽取3名检察官作为评议对象,通过案卷审查、听取意见、民主测评、当面评议、满意度票决等形式,对被评议检察官进行综合评价,同时对检察工作提出意见建议。县检察院和被评议检察官深受教育,认真抓好评议意见的整改落实,努力提升检察机关司法公信力。听取法院工作情况报告,组织部分代表旁听法院案件审理,推动审判机关提高审判质量和效率,切实维护司法公正。视察公安经侦工作,支持公安机关依法打击和防范经济犯罪,有效维护市场经济秩序。认真做好信访工作,高度重视涉法涉诉信访案件,全年共受理人民群众来信来电来访60件次,督促相关部门办理落实,着力维护人民群众合法权益。

夯实法治基础,推进依法治县。听取和审议依法行政工作情况报告,就加快法治政府建设提出意见建议。县政府进一步强化法治意识,健全完善科学民主决策机制,制定权力清单和负面清单,加大执法过错责任追究,扎实推进依法行政各项工作。坚持和完善常委会人事任免制度,强化干部任前法律知识考试、颁发任命书等工作,出台宪法宣誓办法,增强被任命干部的宪法意识和接受监督意识。坚持常委会学法制度,举办交通法律法规、行政诉讼法、预算法、食品安全法等法制讲座,提高领导干部运用法治思维和法治方式的能力。对县政府报送的扶持城市公交优先发展、食品安全基层责任网络建设等10件规范性文件依法备案审查,将讨论决定重大事项试行办法、加强环千岛湖绿道保护决定等3件规范性文件报请市人大常委会备案。配合省市人大做好浙江省旅游管理条例、杭州市第二水源千岛湖配水供水工程管理条例等立法调研和法规修订征求意见工作。

三、加强服务保障,支持和保证代表依法履职

常委会坚持把密切联系代表、发挥代表作用作为一项重要的基础性工作来抓,积极探索新形势下开展代表工作的有效途径,不断增强代表工作活力。

扩大代表参与,提升代表履职水平。开展以宪法为主要内容的法律学习主题活动,组织代表学习十八届五中全会精神,强化法律法规和人大业务知识培训,增强代表责任意识和履职能力。组织代表参加政情报告会,邀请代表列席常委会会议,参加交通工作评议、检察官履职评议、专项视察、执法检查、建议督办等活动,为代表知情督政、履行职责创造条件。全面深化代表联系选民工作,健全联络站活动机制,推动联络站活动制度化、常态化开展,省市县乡四级人大代表参与接待选民2800余人次,代表联络站服务群众、汇集民意、凝聚共识的阵地作用得到有效发挥。

拓展活动载体,激发代表履职活力。以代表“进选民门、知选民心、帮选民事”主题活动为总载体,统筹开展“五水共治和大气污染防治”、“转型升级组合拳‘十大工程’落实情况”、“查找基层群众办事审批难事项”、年收入4600元以下贫困人口脱贫视察核查等监督活动,参与代表3141人次,走访选民19198户,收集意见建议1324条,向党委政府提出合理化建议390条。组织代表视察省重点生态功能区示范区建设、杭黄高铁项目、农产品流通体系建设等重点工作。进一步深化和拓展代表约见活动，探索开展代表集体约见乡镇政府负责人，面对面提出意见建议，并当场听取答复，推动了一批群众关心关注的热点难点问题有效解决。深化代表履职测评工作，代表的主体意识和履职自觉性、责任感进一步增强。

优化督办工作，提升代表建议办理实效。坚持重点建议县政府领导领办常委会领导督办、不满意件重办等制度，听取和审议建议办理情况报告，加强与政府及各承办单位的沟通协调，首次组织县代表小组集体评议建议办理情况，有效提高了代表建议的解决率。县十五届人大四次会议255件代表建议全部办结，代表满意和基本满意率为100%，解决率达56.9%。加快农产品流通体系建设、恢复国土管理“一乡一所”设置等10件重点建议得到较好落实和解决。

四、践行三严三实，切实加强常委会自身建设

常委会以开展“三严三实”专题教育为契机，提振精神状态，转变工作作风，规范工作程序，注重统筹联动，不断提高履职能力和工作水平。

开展专题教育，深化作风建设。按照县委统一部署和要求，积极主动参与“三严三实”专题教育，认真学习贯彻党章党规党纪，进一步深化常委会主任会议成员联系代表、代表联系选民制度，巩固和拓展群众路线教育实践活动成果。坚持把调查研究贯穿于人大工作的全过程，圆满完成县委交办的重大课题调研，调研成果成为县委县政府决策的重要依据，一些意见建议转化为具体的政策措施。深入开展“十联基层”活动，积极参与政府投资项目和重点项目走访、“十大工程”督查、“服务企业、聚力发展”百日服务攻坚专项行动，帮助解决实际困难和问题。

重视制度建设，规范工作运行。制定常委会党组工作规则，坚持和健全民主集中制，进一步提高党组工作制度化、规范化、程序化水平。制定常委会讨论决定重大事项试行办法和清单，明确重大事项的范围边界、运行程序和责任追究，人大行使重大事项决定权的制度建设取得重要进展。与县委宣传部联合下发文件，进一步加强人民代表大会制度和人大工作宣传报道，努力构建和完善人大宣传工作格局。强化各项制度的落实和执行，有力保障了常委会及机关工作高效有序运转。

坚持上下联动，形成整体合力。认真贯彻落实中央18号文件精神和县委人大工作会议精神，优化人大干部结构，增强人大干部队伍活力。坚持常委会领导联系乡镇人大工作制度，深入基层指导乡镇依法做好代表补选，规范召开人代会会议，开展政府实事工程票决，探索财政预决算监督，努力推进乡镇人大规范化建设。自觉接受上级人大常委会的监督指导，加强工作交流和联系，注重学习借鉴外地人大的典型经验和成功做法，有力提升人大工作水平。

各位代表，过去一年县人大常委会所取得的成绩，是中共淳安县委正确领导的结果，是“一府两院”和各乡镇各部门各单位支持配合的结果，是全体县人大代表共同努力的结果。在此，我代表县人大常委会，向全体县人大代表、向所有关心支持人大工作的同志们表示衷心的感谢！

在肯定成绩的同时，我们也清醒地认识到，县人大常委会的工作与全面推进深化改革、全面建设“法治淳安”的要求，与人民群众对人大工作的殷切期盼相比，还有不小差距。主要是综合运用各项法定职权的能力亟待提高，监督工作的力度需要持续加大，建议质量和督办成效还需提升，与代表和群众的联系还要深入，履职工作的方式方法有待进一步创新,等等。对这些问题,我们将认真听取人大代表和社会各界的意见,切实加以改进,努力做得更好。

二○一六年主要任务

各位代表,党的十八届五中全会立足“四个全面”战略布局,鲜明提出了“十三五”时期我国经济社会发展的指导思想、根本原则、目标要求、基本理念、重大举措和重点任务,对于坚持和发展中国特色社会主义、实现“两个一百年”奋斗目标和中华民族伟大复兴的中国梦,具有重大的现实意义和深远的历史意义。中共中央以中发〔2015〕18号文件转发的《中共全国人大常委会党组关于加强县乡人大工作和建设的若干意见》,就加强县乡人大工作和建设提出了具体要求,是指导当前和今后一个时期县乡人大工作的纲领性文件,具有里程碑意义。要把深入学习贯彻十八届五中全会精神、中央18号文件精神作为当前和今后一个时期的重要政治任务,切实把思想和行动统一到中央的重大决策部署上来,坚持依法行使职权,充分发挥人大职能作用,确保“十三五”经济社会发展目标任务顺利实现,推动全县人大工作和建设与时俱进。

今年是“十三五”规划的开局之年,是本届人大常委会任期的收官之年,是县乡两级人大代表的换届之年,也是县乡人大建设的落实之年。常委会工作的指导思想是:高举中国特色社会主义伟大旗帜,认真学习贯彻十八大、十八届三中四中五中全会、习近平总书记系列重要讲话精神和中央18号文件精神,牢固树立创新、协调、绿色、开放、共享的发展理念,全面落实县委十三届十六次全会的总体部署,更加注重推进环境保护,更加注重促进富民惠民,更加注重推动法治建设,积极发挥地方国家权力机关在推进国家治理体系和治理能力现代化建设中的职能作用,为深入实施“秀水富民”、全面建成小康社会贡献力量。

一、增强监督实效,更好服务中心工作

紧紧围绕“秀水富民”战略实施情况和群众关心关注的热点难点问题,认真履行监督职责,努力增强监督工作实效。持续突出生态环境保护。跟踪督查千岛湖保护决议和环千岛湖绿道保护决定的贯彻落实,视察农村污水处理设施运行维护,关注千岛湖配水工程建设,调研农村生态文明建设情况,持之以恒推动千岛湖保护。高度关注财政经济运行。听取和审议政府预算执行、审计工作报告,审查批准财政预决算,审议政府重点投资项目、体育产业、电子商务发展工作,跟踪“基层群众办事审批难”意见整改落实,关注富丽乡村建设中的农庄、家庭农场、农业综合园区培育发展情况,开展旅游管理体制机制调研,促进新常态下经济平稳健康发展。积极推进民生保障改善。高度关注政府为民办实事工程,督查千岛湖蔬菜公司运行和农村流通体系建设,跟踪物业管理审议意见落实,调研县级公立医院改革情况,深化食品安全监管工作监督,力推民生保障难题有效解决。切实推动民主法治建设。依法决议普法教育工作,实施宪法宣誓制度,关注司法改革,听取检察院工作报告,开展妇女权益保障法执法检查,调研社会治安工作情况,举办常委会法制讲座,加强政府规范性文件备案审查,配合上级人大做好立法调研和法律法规草案征求意见工作,认真处理群众来信来访,营造良好法治环境。

二、依法组织选举,保障人民民主权利

根据法律规定,今年县乡两级人大代表将进行换届选举。常委会将在县委的统一领导下,严格政治纪律,严格依法办事,严格代表条件,确保换届选举工作顺利进行。2015年全国人大对地方组织法、选举法、代表法进行了修改,面对换届选举工作的新情况、新问

题，常委会将进行专题调研和分析，提出切实可行的选举工作实施方案，尊重和保障广大选民的民主政治权利。要通过换届选举，进一步完善人民代表大会制度，巩固国家基层政权，优化县乡两级人大代表的结构，提升代表素质，更好地适应新常态下人大工作的需要。

三、优化代表工作，发挥代表主体作用

组织代表进行十八届五中全会精神的学习，加强宪法法律和代表业务知识培训，提高代表依法履职的能力和水平。坚持和完善常委会主任会议成员联系代表、代表联系选民制度，以深化代表“进选民门、知选民心、帮选民事”活动为主抓手统筹推进各项主题活动，进一步发挥好代表联络站的功能作用，深化代表集体约见政府部门负责人、向选民述职、视察基层站所等工作，扩大代表对常委会活动的参与，更加注重听取和吸收基层代表的意见建议。坚持代表议案建议解决率50%以上不动摇，健全与“一府两院”的沟通协调机制，加强对重点建议、代表不满意件的督办，深化代表小组集体评议建议办理工作，提高代表建议质量和督办实效。

四、注重能力建设，提升常委会履职效能

根据中央18号文件规定，按照省市人大统一部署，加强组织建设，规范机构设置，优化干部队伍，切实抓好县乡人大基层基础工作。深入学习廉洁自律准则和纪律处分条例，持续贯彻落实中央八项规定和省市县委各项要求，继续抓好作风问题整改，不断巩固群众路线教育实践活动和“三严三实”专题教育成果。改进调查研究工作，提高常委会会议审议质量，加大人大新闻宣传和信息公开力度，不断提高常委会工作的制度化、规范化水平。深入推进“三型”机关建设，加强机关干部管理和培养工作，激发人大工作活力。密切与省市人大的工作联系，加强与其他地区人大的交流合作。强化与乡镇人大的联动互动，积极探索创新，总结推广经验，共同推动全县人大工作再上新台阶。

各位代表，新的一年，是全面建成小康社会进入决胜阶段的起始之年，新的目标开启新的希望，新的征程承载新的使命，让我们在中共淳安县委的坚强领导下，进一步坚定信心、振奋精神、依法履职、奋发有为，努力开创我县人大工作新局面，为“十三五”开好局起好步、谱写“秀水富民”美丽篇章作出新的更大的贡献！

政府工作报告

2016年1月13日在淳安县第十五届人民代表大会第五次会议上

县长　柴世民

各位代表:

现在,我代表县人民政府向大会作工作报告,请予审议,并请各位政协委员和其他列席人员提出宝贵意见。

一、2015年工作回顾和"十二五"规划执行情况

2015年是"十二五"规划收官之年,也是"秀水富民"战略实施的起始之年。一年来,县政府在杭州市委、市政府和县委的正确领导下,在县人大及其常委会和县政协的监督支持下,团结和带领全县人民,扎实推进省级重点生态功能区示范区、"美丽杭州"实验区建设,深入实施"十大工程",全力推动"秀水富民",较好地完成了年度目标任务。

据初步统计,2015年,全县实现生产总值210亿元,增长8.2%;财政总收入25.1亿元,其中地方财政收入17.1亿元,分别增长9.1%、8.7%;完成固定资产投资164.6亿元(含杭黄高铁淳安段项目),增长13.5%;城镇常住居民人均可支配收入33460元,增长9.5%;农村常住居民人均可支配收入14630元,增长10.2%。

(一)生态建设有力提升,秀水魅力不断彰显

以千岛湖综合保护工程为抓手,切实加大治水和环境整治力度,千岛湖出境断面水质保持Ⅰ类,PM2.5考核全省优秀,在年度公布的全省生态文明建设总指数评价中荣获第一名。

"五水共治"扎实推进。全年"五水共治"投入12.73亿元,荣获省"清三河"达标县称号,千岛湖被列入首批国家级生态保护与建设示范区和五个"中国好水"水源地之一。完成城区主干道、小区截污纳管工程建设,实现城区污水收集系统全覆盖。启动坪山污水处理厂扩建,建成威坪污水处理厂,姜家污水处理厂投入运行。新建成192个农村治污项目,治污设施已覆盖全县95%的农户,日截纳污水量2万余吨。开展湖区采砂船、货船整治,11艘采砂船、65艘货船拆解退出。集中开展湖区垂钓整治,出台垂钓新政。推行湖面垃圾市场化打捞。围绕"应纳尽纳、分级处置、提标排放",整治企业排污口171家。防洪水、排涝水、保供水和抓节水等工程全面推进。完成65座山塘水库、20公里重要堤防除险加固工程。

环境治理深入开展。扎实推进全国良好湖泊保护试点,完成全县环境功能区划方案和湿地保护规划编制,水功能区水环境功能区修编方案获省政府批复。积极推进绿化造林、森林抚育和病虫害防治,增划省级公益林29.7万亩,全县森林覆盖率、林木蓄积量居

全省第一。加大农业面源污染治理，实现液肥智能化配送、农药包装回收和农林废弃物综合利用。开展排污权初始交易登记。加大渔业资源保护，实施增殖放流 6048 万尾。扎实推进大气治理，1345 辆黄标车全部淘汰。深化清洁乡村、湖面垃圾洁化工程。开展 2 个乡镇、3 个村农村垃圾分类试点。开展媒体监督，建立环保网格化巡查监管机制，全年查处环境违法案件 16 起。

保护机制不断完善。召开全县环境形势分析会。完善"河长制"巡查、考核等机制，建立河道 APP 信息系统，实施河道水质每月监测。加快污染源在线监测、环境质量实时监测和水质预警监测于一体的千岛湖智慧环保平台建设，加强与上游安徽联动保护。

（二）产业结构持续优化，绿色产业加快发展

以实施产业转型升级、产业园区提升、绿道经济和淳商回归工程为载体，立足生态比较优势，着力构建绿色产业体系。

旅游服务经济稳步发展。全年共接待游客 1121.9 万人，实现旅游经济总收入 101.1 亿元，分别增长 11.6%和 12.0%。实现服务业增加值 99 亿元，增长 14.8%。华联云水格、星空帐篷酒店正式营业。姜家旅游文化教育综合体大学校区和安麓酒店项目启动建设。文渊狮城商业街、铂瑞酒店基本完工。千岛湖国际酒店管理学院建成开学。中国工农红军北上抗日先遣队纪念馆建成开放。桂花岛、蜜山岛完成改造，龙川湾国际垂钓中心投入使用。出台绿道管理暂行办法，启动十里水果长廊绿道样板段建设，建成源头、金西等驿站，环湖绿道被评为中国体育旅游十佳精品线路。精心举办国际露营大会、中国自行车联赛、千岛湖马拉松等秀水节系列活动。深入开展旅游环境秩序系列专项整治。成功创建全国森林旅游示范县。加快培育旅游商贸业态，完成千岛湖大排档改造提升，"依水筑"、"几荷"、星巴克咖啡厅等一批特色主题餐厅对外营业。台湾手工业礼品文创项目落户秀水街。根据央视大数据揭示，千岛湖被列为最受全国游客喜爱的旅游目的地。房地产、健康养生、物流业、金融保险、社区中介等服务业健康发展。

生态工业转型提升。全年实现规上工业销售产值 251 亿元，同比增长 2.0%。经济开发区"四退四进"初见成效，绿色数据小镇建设有序推进。杭州敏迪科技大厦启动建设。临岐等乡镇工业功能区推动集聚发展。全年完成工业投入 24.3 亿元，康盛锂电池项目一期建成投产，农夫山泉生产线技改、千啤公司自动化提升改造项目完成，实施清正生物保健品等 10 个"机器换人"项目。华通云数据中心一期建成运营，实现信息经济增加值 10.5 亿元，同比增长 12.5%。新增高新技术企业 6 家，实现高新技术产业增加值 7.3 亿元。珍珠半岛县级电商产业园正式运营，完成 400 个村农村电商服务站建设，全年新增电商主体 710 家，实现网上销售额 20.2 亿元，同比增长 60.5%。来料加工稳步发展，全年实现加工费 2.18 亿元。

生态农业提质提效。全年实现农业总产值 45.6 亿元，增长 6.3%。实现农业投入 4.96 亿元，比上年增长 1.37 倍。与省农科院签订战略合作协议，完成全县农业产业发展规划编制。实施香林桂雨等 8 个科技兴农示范点建设，启动 13 项重点农业科技项目攻关。与万事利开展蚕桑战略合作，联想佳沃大墅茶叶园、蓝城十八坞农业园等重大农业项目签约落户，瑶记山茶油、野娇娇鱼制品等项目建成投产。新建成姜家小标精品桃园、大墅兰纳庄园等 12 个农业园区，成功创建西南片省级现代农业综合区。建立县乡两级集体产权交易平台，全年流转土地 6608 亩。成立农民专业合作社联合社并纳入杭州市首批试点。启动鸠坑茶、中华蜂、淳安花猪等地方

品种保护开发工程,完成“千岛湖”茶叶商标收购,举办首届斗茶大会、千岛湖枇杷节等品牌营销活动和临岐覆盆子、枫树岭葡萄采摘等农事节庆活动,鸠坑毛尖、千岛玉叶龙井茶分获第二届中华茶奥会银奖、优胜奖,瑶记、常香果等山核桃获义乌国际森博会金奖。新增有机产品认证企业16家,淳牌有机鱼获得“港澳通行证”。

招商引资成效明显。召开首届淳商大会,成立上海淳安商会。加大精准招商力度,完善项目引进、落地服务机制,成功举办秀水节新兴产业项目洽谈会,新引进中植新能源汽车、玉郎巨星文创乐园、微贷网总部、西坡山乡民宿等项目143个,协议资金123.48亿元,到位资金64.15亿元,完成合同外资9833万美元,实到外资3547万美元。

(三)城乡统筹步伐加快,基础设施日趋完善

以实施城市品质提升、富丽乡村建设和高铁项目为重点,坚持建管并重,城乡环境不断优化。

城市品位持续提升。突出多规融合,完成县域总体规划修编纲要编制和土地利用总体规划调整完善。3个入城口改造和梦姑路等重要路段景观整治、美化工程完工,七彩阳光、龙门坑等地块花海建成开放。启动新安北路街景改造。龙门隧道复线完工。千岛湖文化综合体、科技大厦等项目扎实推进,马路村家居市场建成试营业。撤村建居基本完成年度预期目标,安置房分配等工作扎实推进。加强城市精细化管理,推行“三包五定一整合”城管新模式,开展工程渣土等专项整治,通过“国家卫生县城”、“省级文明县城”复评,成功创建国家园林县城。出台公交优先发展政策,实施100个光伏智能公交站棚改造,169辆纯电动微公交试运行,1000辆城区公共自行车投入运营。荣获“浙江省最具吸引力小城市”称号。

富丽乡村扎实推进。顺利完成中心镇、中心村、精品特色村和省美丽宜居示范村等城乡统筹项目建设。威坪、石林、瑶山等特色小镇建设初显形象。扎实推进“两路两侧”、“四边三化”整治。完成全县农业景观、森林彩化规划编制,实施森林彩化3038亩,创建省级森林村庄3个。实施富丽乡村示范培育计划,鳌山渔村项目开工建设,下姜村群众观教育实践基地初显成效,青溪山乡小筑等20个特色民宿项目签约落地,基本完成云里雾里、乡非云舍和左口桥西、石林茶园、金峰景山等民宿示范点、示范村建设。出台农村土地流转经营权确权登记、抵押贷款办法,在全市率先发放抵押贷款。完成村集体经济股份制改革。深化区县协作、联乡结村,全年到位市县两级帮扶协作资金1.55亿元,转移农户875户、2828人,农村家庭人均年收入4600元以下的贫困人口全部实现脱贫。深化“三改一拆”,坚持即查即拆,拆除违建26.1万平方米。建立健全“路长制”巡查、违法建筑有奖举报、农村建房“四到场”和“挂牌施工”等防违控违机制,落实沿湖沿线农民建房带方案审批,荣获全省“无违建县”创建先进集体。

城乡基础不断夯实。积极推进杭黄高铁淳安段建设,完成形象进度48.1%。完成高铁新区规划编制,征收土地1620亩,东北湖区旅游码头及场站周边配套开工建设。千黄高速项目水保方案获批,环评方案通过专家审查,完成项目公司注册。淳开公路梓桐接线工程、屏河公路改建工程、潭唐公路郑中段改建工程建成通车,千岛湖汽车客运北站投入运行。千威公路珍坞段改建、丰茂半岛连接工程、潭唐公路屏门至郑中段改建工程动工建设。启动新一轮城镇和农村电网改造,110KV珍珠变开工建设。

(四)社会事业全面发展,民生保障更加有力

以实施民生保障和人才建设工程为依

托,注重以人为本,全力提升民生保障水平。

社会事业协调推进。出台加强教育工作若干意见。完成国家义务教育基本均衡县复核。认定首批名校长、名师。建立农村特岗教师津贴制度。深入实施农村学校食宿改善和幼儿园提标工程。千岛湖建兰中学新校区建成开学。县级医院托管在省内率先实现全覆盖,全省优质医疗资源“双下沉、两提升”工作现场会在我县召开。成功创建省级慢性病综合防控示范县。县一医院专家楼、县二医院综合楼等项目主体完工。全面落实计生各项政策,人口计生主要指标执行良好。组建专业睦剧团。完成50处农村文化设施和15处农村历史建筑修缮。建成全县农村应急广播体系。成功创建国家体育产业基地。安阳乡被评为国家级气象灾害防御标准乡镇。与此同时,档案、民宗、外事、人民武装、国防动员、人民防空、住房公积金等工作得到加强,科协、老龄、工青妇、文联、红十字、关心下一代等事业健康发展。

民生保障日臻完善。推行智慧化就业服务,城镇登记失业率稳控在2.48%以内。完善基本养老和医疗保障办法,基层医疗机构门诊和住院报销比例分别提高到40%和80%,低保户住院自付救助比例提高到70%。开展大病保险,推行“智慧医保监管”,“两费收缴”实现银行代扣代缴。完善引才、育才、留才政策,培养高技能人才614人,鲟龙科技公司成功设立我县首家博士后工作站。建成保障性住房1067套,首批人才公寓交付使用。深入开展企业职工“双爱”活动,最低工资标准提高到每人每月1530元。健全农民工工资专户和银行直接拨付到户等机制。城乡低保标准分别提高到每人每月600元和480元。在全市率先实施残疾人意外伤害和重大疾病医疗商业保险,在汾口新设残疾人评定服务点。完善养老服务办法,完成104个城乡社区居家养老照料中心建设,新增养老床位500张。

社会秩序和谐稳定。加强治安防控体系建设,推进基层治理网格化、信息化。实施重大涉稳问题项目化监管,推进刑事案件速裁试点,平安创建有望实现“十一连冠”。开展信访督查“百千万”专项行动,实行纠纷前端治理,强化信访积案化解。加强食品药品安全监管,实现全县在校学生和农村集体聚餐食品安全责任保险全覆盖。开展地质灾害、养老机构消防安全等重点领域隐患大排查大整治,全县安全生产形势总体平稳。完善应急处置机制,健全防灾减灾体系,全力应对台风、强降雨等突发事件。

(五)民主法治深入推进,自身建设得到加强

以打造“为民务实清廉”政府为目标,全面加强政府自身建设,政务环境不断改善。

严格依法行政。坚持重大事项向县人大及其常委会报告、向县政协通报,主动接受县人大的依法监督和县政协的民主监督,255件人大代表建议、189件政协委员提案办结率达到100%,解决率分别达到56.9%和51.9%。十件实事顺利完成。积极落实政府常务会议学法、政府法律顾问制度,实现行政村(社区)法律顾问全覆盖。“六五”普法顺利通过市考核验收。启动综合行政执法改革,完成新一轮政府机构改革和国土资源管理“一乡一所”设置。扎实推进闲置土地清理,完成批而未供和低效利用土地处置2713亩。出台以绩效为导向的国有企业负责人经营业绩考核办法。

提升服务效能。深入开展十大工程“服务企业、聚力发展”百日服务攻坚专项行动,帮助企业解决问题820个。出台新一轮产业扶持政策,兑现企业扶持资金2.7亿元。设立农业和旅游文化产业基金。成立金融办,加快推动企业上市培育。设立5000万元企业转贷资金,建立企业金融风险化解协调机

制。推进“四张清单一张网”建设，建立投资项目行政审批联席会议制度，实施部门审批和中介服务连带考核等行政审批提速八项新举措，设立汾口行政服务分中心，努力破解基层群众办事审批难问题。深化商事制度改革，全年新增市场主体2522家。

强化廉政建设。全面落实党风廉政建设责任制，认真执行“八项规定”及省市作风建设有关要求，强化行政监察和审计监督，加大违纪违法案件查处力度。坚持勤俭办事，“三公”经费下降24.2%，严格“三资”管理。组织开展政府投资项目招投标专项整治活动。

2015年目标任务的顺利完成，为“十二五”规划目标的实现画上了圆满的句号。回顾过去的五年，我们坚持走“绿水青山就是金山银山”道路，坚持保护是首要责任，坚持全县景区化与城乡统筹互促互进，坚持把增进群众福祉作为工作的出发点和落脚点，经济实力显著增强，生态环境不断优化，城乡面貌明显变化，社会事业稳步发展。据初步统计，2015年全县生产总值比2010年增长58.7%；地方财政收入比2010年增长138.1%；固定资产投资比2010年增长124.6%。产业结构不断优化，三次产业比重达到15.3∶37.6∶47.1，服务业增加值比2010年增长88.5%，以旅游为龙头的服务经济成为全县首位经济，旅游经济总收入比2010年增长122.7%；规上工业企业销售产值比2010年增长70.4%；农业总产值比2010年增长47.0%。

各位代表，成绩来之不易，这是全县上下同心同德、克难攻坚、奋力拼搏的结果。在此，我谨代表县人民政府，向全县45万人民，向所有关心、支持和参与淳安经济社会发展，加快推动“秀水富民”战略实施作出积极贡献的同志们、朋友们，表示衷心的感谢和崇高的敬意！

在总结工作成绩的同时，我们更应清醒地看到在发展进程中还面临不少的困难和问题：生态环境保护特别是千岛湖始终保持Ⅰ类水体压力越来越大；县域综合实力不够强，传统产业转型还不够快，新兴产业发展刚刚起步，产业规模和效益的显现尚需时日；发展的不平衡性突出，乡镇尤其是偏远乡镇经济发展、社会事业和公共服务滞后，与群众需求还有较大差距；发展环境需要进一步优化，全县上下共享发展资源、共推发展的氛围还不够浓厚；干部队伍的发展意识、创新意识仍需加强，干事的活力仍需进一步激发。对此，我们必须高度重视，采取有效措施努力加以解决。

二、“十三五”时期总体奋斗目标

根据县委十三届十六次全会和《中共淳安县委关于制定淳安县国民经济和社会发展第十三个五年规划的建议》精神，今后五年淳安经济社会发展的总目标是：认真落实“创新、协调、绿色、开放、共享”五大发展理念，深入实施“秀水富民”战略，全力推进“十大工程”，打造世界山水公园、东方休闲名湖，高水平全面建成小康社会。

——生态文明达到新高度。千岛湖保护成效明显，出境断面水质持续保持Ⅰ类，生态环境质量保持全省一流、全市第一，建成国家级生态文明建设示范县，建立较为完善的生态文明制度体系。

——生态经济实现新跨越。在提高发展质量与效益的基础上，经济保持中高速增长，增速在全市排名前列，提前实现生产总值、人均生产总值、城乡居民收入比2010年翻一番，三次产业协调发展，三产比重力争达到60%以上。

——社会建设取得新进步。城乡均等的公共服务体系基本建立，社会保障更加健全，群众的幸福感、获得感明显提升。城乡美与人文美有机融合，群众文明素质和社会文明程度显著提高，“我是美丽淳安人、我家就在千岛湖”得到广泛认同，社会更加安定有序、温馨文明。

——治理能力迈上新台阶。重要领域和关键环节改革取得阶段性成果，体制机制更加健全，社会治理的制度化、规范化、程序化、信息化水平不断提高。法治淳安建设取得明显成效，群众权益得到有效保障。

上述总目标，是今后五年政府工作的指导原则和努力方向。要全面完成"十三五"的奋斗目标，需要我们坚定不移地走"绿水青山就是金山银山"发展道路，始终坚持保护第一、特色创新、统筹联动、开放融入、共建共享五个基本要求，保持历史耐心，增强发展紧迫感，以生态建设为主线，以富民惠民为根本，走秀水与富民共赢、保护与发展并进的特色之路。

三、2016 年工作预期目标和主要任务

按照"十三五"时期的工作目标和总体要求，2016 年要进一步在"秀水富民"战略的指引下，不断提高发展质量，加快发展步伐，为"十三五"开好局、起好步。2016 年我县经济社会发展的主要预期目标是：出境断面水质持续保持Ⅰ类水体标准；生产总值增长确保8%以上、力争 8.5%；服务业增加值增长13%以上；规上工业销售产值增长 8%以上；农业总产值增长 6%以上；社会消费品零售总额增长 12%以上；固定资产投资增长 8%以上，其中产业投资增长 20%以上；地方财政收入增长 8%以上；城乡居民收入分别增长 10%以上和 11%以上。围绕上述目标，2016 年着重抓好以下五个方面的工作：

(一) 坚持保护第一，强化综合施策，全力构建生态安全网

推动治污工程建设管理共抓。深入实施千岛湖综合保护工程，进一步扎紧口子，全方位提升保护水平。深化治污工程项目建设。完成企业排污口整治和坪山污水处理厂扩建，启动城区三座污水处理厂深度提标改造。完成汾口污水处理厂扩建提标和姜家镇污水管网建设。新建大墅、临岐等 11 个污水处理站。完成浪川芹川村、威坪唐村村以及汾口荷塘村等农居点和驿站治污工程建设，农村治污设施实现全覆盖。力争成为全省首批"无污水直排县"。完成采砂船、货船整治和西南、西北渔政站上岸。强化治污工程长效监管。出台城区污水处理绩效考核办法，建成污水处理数据中心，建立污染物排放在线监控系统。严格农村治污项目网格化管理，建立权责分明、绩效为先的运维机制。严格环保执法检查，严厉查处偷排、漏排等环境违法违规行为。

推动山水林田湖共治。进一步深化源头严防、过程严管、后果严惩，持续推进环境综合整治。严格原生态保护。深化植树造林，加强森林资源综合保护，推进省珍贵彩色健康森林示范县创建。实施汾口等乡镇湿地保护试点。规范采砂制砂经营行为。严格溪、河、石资源保护，对影响生态环境的到期小水电实施逐步退出。全面治理面源污染。实施沿湖内塘养殖、小沟小溪等综合治理，全面推进溪流禁渔，完成到期网箱养殖上岸。加强化肥、农药"两减"，开展关停养殖场生态修复。优化清洁乡村机制，推动城乡垃圾分类处置扩面。全面淘汰燃煤小锅炉。强化科学保护。深化与科研单位战略合作，开展千岛湖藻类生物量、食物网和安徽来水影响定量分析等重大课题研究。加快智慧环保平台建设，建成实时数据监测中心。推进光大环保能源项目建设。

推动上下游全流域共保。落实千岛湖及新安江上游流域水资源与生态环境保护综合规划，配合推进千岛湖配水工程建设，努力争取中央、省市加大千岛湖保护和生态补偿的力度。深化千岛湖上下游市县联动合作，实施上游来水 24 小时监测。优化乡镇交接断面考核办法，设立入湖主要溪流监测站。落实领导干部自然资源资产离任审计和生态环

境损害责任终身追究制度。

（二）坚持特色创新，深化产业融合，积极打造绿色产业链

推进全县景区化。主动对接杭州G20国际峰会和亚运会，完善旅游产品、营销、服务、管理和设施配套，加快推进旅游全域式发展，向国际化提升。提升湖区观光游。以品质提升为抓手，深化景区精细化管理，完善服务接待设施，规范经营和服务行为，切实提高游客满意度。深化经营体制改革，推进游船艇股份制改造。突出五大湖区游览主题，拓展湖区游览空间。做大中心湖区休闲游。挖掘东南湖区文化游。推进西南湖区综合开发，开通千岛湖镇到姜家的水上游览航线。加快东北湖区旅游码头和安龙森林公园建设。策划西北湖区旅游产品。以“穿越千岛湖”为主题，推动“湖区旅游＋”发展，形成湖区与酒店、湖区与水上运动、湖区与乡村体验等互融互动，实现湖区接待稳定增长。丰富城市休闲游。加快千岛湖国际商务度假中心项目开发，推进安龙树屋酒店、JW万豪酒店等项目建设。完成旅游度假区景观改造提升和旅游标识系统工程，积极争创国家级旅游度假区。推动万向高端休闲养生健康城和羡山高星级酒店集聚中心建设。加快牧心谷户外休闲运动基地项目开发。积极培育南景路休闲餐饮特色街区，鱼头广场建成开街。推进青溪新城求坑文创村建设。大千文化艺术馆、姜家文渊狮城建成开放，安麓酒店力争建成试运营。举办好自行车、游泳、马拉松等精品体育赛事，大力发展休闲运动、婚纱摄影、康美等特色旅游。大力推进乡村体验游。加快培育环湖A级景区旅游带，推进朱家一百照、桐子坞一桂溪、下姜一白马等乡村精品线路打造。美客爱途等一批民宿项目建成营业。启动千岛湖大峡谷等绿道支线配套设施建设，十里水果长廊绿道样板段建成开放。推进大墅房车露营基地建设。进一步丰富乡村旅游产品，全面开展“乡村旅游推进年”活动。提升旅游服务品质。进一步加强旅游行业监管，着力构建旅游环境长效管理机制。强化智慧旅游应用，建立旅游电商监测系统和乡村旅游综合平台，建成乡村景点3D地图、环湖骑行信息服务、咨询服务和应急救助体系。加大新兴服务业培育。积极发展研发设计、第三方物流、融资租赁等生产性服务业和物业经济、社区服务、批发零售、教育培训等生活性服务业。

提升生态工业。依托生态优势，依靠科技进步，积极发展无污染、小空间、高科技、资源型的生态工业。加强重点平台建设。深入实施产业园区提升工程，有效推进经济开发区“四退四进”、“腾笼换鸟”工作。积极推动南山区块业态改造。加大已批未供和已供未用土地清理力度，提高工业用地亩产贡献。加快推进杭州敏迪科技大厦建设。加强汾口浪川区块规划设计和项目引进。加快乡镇工业功能区集聚开发。做优平台配套和发展环境。扶持壮大优势企业。做强做大水饮料业，积极推进纺织丝绸资源型等传统经典产业转型升级、做优做特。实施农夫山泉新增生产线等技改项目80个，推进修正健康饮品等项目建设，中植新能源汽车等项目建成投产。积极推进小微企业三年成长计划，新增小微企业150家，完成个转企30家，新增规上企业3家以上。培育新兴特色产业。推进工业化和信息化深度融合，加快华通云数据中心二期建设，积极打造珍珠半岛绿色数据小镇。积极培育引进文化创意、总部经济等新产业。完善电商公共服务体系，新引进和培育电商经营主体500家以上，规上企业电商应用率达50%以上。鼓励企业自主创新，实现高新技术产业增加值增长15%。

提高农业效益。突出“品种、品质、品牌”的方向，推动农业组织化、规模化、产业化、品牌化发展。注重规模经营。优化农业服务体

系，组建农民合作经济组织联合会。完善土地流转交易平台，加大土地流转力度，推进安阳维果农业、金峰百照蓝莓等10个农业园区建设。突出主体培育。积极引进和培育品牌响亮、带动力强的农业龙头企业，抓好省农科院、万事利集团等重大合作项目建设，推动联想佳沃大墅茶叶园、蓝城十八坞农业园等项目早出成效。全力推动茶叶、水果、山核桃、毛竹、中药材等优势产业做大做强，大力发展林下经济，稳定蚕桑产业发展，建设中国优质茧原料生产基地。强化品牌营销。制定“千岛湖”区域公共品牌战略规划，积极举办农事节庆、农产品展示展销活动。推进鸠坑茶、淳安花猪等原种保护开发，成功创建全省首个中华蜜蜂保护区。整建制推进生态循环农业创建，成功创建国家有机产品示范区、省级农产品质量安全放心示范县。深化农旅融合。丰富农业园区、科技兴农示范点的涉旅功能，推动农业园区向A级旅游景区提升，打造一批农旅融合示范点。

（三）坚持统筹联动，注重富丽并重，深入推进城乡一体化

加快打造秀水名城。深入实施城市品质提升工程，突出主客共享、宜旅宜居，增加文化元素和美的元素，扎实推进省重点生态功能区小城市培育、美丽县城建设试点，启动森林城市创建，全力打造“整洁有序、温馨文明”的国际旅游小城市。提升老城品质。推进浪达岭高山支路改建、里联路至旅游码头接线工程等项目建设，完成千岛湖自来水厂扩建、渔港路延伸等工程。按照疏密有致的要求，实施千岛湖镇零星老旧小区品质提升工程，启动骑龙巷慢生活休闲街区改造项目，积极推进睦州大道、进贤大道及城区部分节点绿化景观提升工程。启动千岛湖大桥至05省道入城口景观飘带建设，完成城中湖景观飘带二期和梦姑路、城中湖南路路面大中修。推行城市公交智能化服务，完善城区公共自行车系统。稳妥做好撤村建居后续工作，科学有序推进区块规划建设。加快新城开发。基本完成千岛湖文化综合体项目。推进城东湖沿湖景观飘带建设，完成珍珠半岛景观改造。积极引进金融机构入驻。推进嘉凯城、玉郎巨星文创乐园、“大白鲸”水岸城、中轴溪特色商业街等项目建设，加快县级电商产业园、阿贝得跨境电商产业园等电商平台建设，加快产城融合发展。深化城市管理。推进综合行政执法体制改革，推动综合执法向乡镇延伸覆盖。推行老城新城一体化管理，建立重点路段、重点区域城市管理严管制度，打造智慧城管系统，实施全天候、动态化监管。规范市场文明经营。强化各方主体意识，提升物业管理水平。

着力建设富丽乡村。深入推进富丽乡村与生态保护、绿道经济、民生保障等工程建设的有机融合，加快农村产业发展、农民增收致富。提升集镇品位。完成汾口杨旗文化广场一期建设和姜家、临岐等集镇提升工程，推进威坪商业街工程建设，启动石林港湾运动小镇、里商滨湖小镇等建设。实施梓桐、浪川、宋村等乡镇集镇改造工程，推进金峰摄影之乡建设。做美农村环境。深化“无违建县”创建，拆除存量违法建筑，抓好拆后土地综合利用，实现新增违建“零增长”。做美淳杨线、千汾线，全力打造世界级景观道和环湖旅游圈。加强农村人居环境整治，深化清洁乡村工作，积极推进农业景观、森林彩化工程建设。做活农村业态。深入推进富丽乡村示范培育村项目建设，加强中心村、精品特色村业态培育。启动临岐镇浙西中药材交易市场、汾口镇农产品交易中心建设。强化农民主体意识，积极培育农村产业发展能人。加大农村闲置资源管理利用。推动民宿民居、电子商务、来料加工等业态快速发展。做准扶贫开发。建立完善低收入农户发现应对、赡养尽孝、动态监督等机制，实施产业、项目、政策等

精准扶贫、精准脱贫,努力消除市定标准贫困家庭。

完善城乡基础配套。深入实施高铁经济工程,加快推进杭黄高铁千岛湖站站房、广场及配套设施、千岛湖站互通等项目建设,完成核心区块房屋拆迁。千黄高速开工建设。推进05省道丰茂半岛连接线、潭唐公路屏门至郑中段改建、昌文公路临岐至紫槽岭段改建、千威公路珍坞段改建等项目建设。启动05省道千岛湖高铁站至千岛湖镇快速路及绿道工程。启动中洲镇政府至纪念馆公路拓宽改建、鲍沈公路改建工程。实施省“四个百万”工程建设,完成28座山塘水库除险加固工程,新加固中小河流治理堤防20公里,全面完成中央小农水重点县建设任务。启动110KV淳安变改造工程,开工建设110KV界首变,完成新一轮城镇和农村电网改造。加快智慧城市建设。

(四)坚持开放融入,力推创业创新,努力增强发展后劲

加大招商引资力度。坚持开放带动,加大力度,集中精力,切实加强优势产业的引进,力争全年新引进项目110个以上,到位内资60亿元、外资5000万美元。深入推进“淳商回归”工程。注重选商择资。发挥淳安比较优势,围绕构建大旅游、文化创意、高端制造、总部经济、品牌农业等为支柱的现代生态产业体系,积极引进优势产业项目。突出重点区块、重点地块,有针对性地开展精准招商。充分挖掘和有效利用现有山林、土地、厂房和国有集体资产,推动闲置资源招商。精心组织开展主题性招商推介活动。营造亲商氛围。推动招商资源综合信息平台建设,完善招商资源库、在谈项目库、客商信息库。实施亲商“绿卡”。加强异地商会建设,组建北京、义乌淳安商会。做足“以商引商”、“以企引企”文章。加快项目落地。优化招商引资考核体系,完善招商项目联合预审、在谈项目督查推进和招商引资共享机制,深化招商项目代办,推动签约项目早落地、早见效。

推动改革创新。深化重点领域和关键环节改革,不断创优经济社会发展体制机制。推进行政管理体制改革。全面实施不动产统一登记。完善公务用车制度改革。实施行政审批三级便民服务体系提升工程,启用县级行政审批服务新中心。深化行政审批制度改革,推进项目“模拟审批、并联审批”常态化,推广工业企业“零土地”技改项目不再审批模式。完善招投标制度,健全标前、标中操作机制,建立举报投诉、飞行检查、考核通报等标后监管举措。建立千岛湖沿湖沿线综合巡查管理机制。推进经济领域改革。按照购租并举的思路,深化住房制度改革,坚持综合施策,妥善化解库存,稳定房地产市场。推进国企改革,提升国企管理水平和经营效益。积极培育多层次资本市场发展,力争5家以上企业完成股改,努力实现主板、新三板市场挂牌企业取得突破。加大金融产品和服务创新,设立民间融资服务中心。推进“秀水金融岛”建设,打造产业基金集聚区,培育新税源。深化商事登记改革,严格落实“先照后证”,进一步调整工商登记前置审批事项目录,完善网上审批全程电子化登记。深化投融资体制改革,推进政府和社会资本合作,吸引社会资本参与公益性、基础性项目建设。推进农村综合改革。深化开展农村土地承包经营权确权登记。推动生态公益林收益权信托融资,扩大林权抵押融资渠道。启动小型农田水利工程产权制度改革试点,推进农村水利工程建设管理体制改革。深化供销合作社、农民专业合作社改革,积极构建生产、供销、信用“三位一体”的农民合作经济组织体系。

力促就业创业。扎实推进人才建设工程,积极鼓励大众创业、万众创新。优化就业创业环境。完善大众创业促进就业政策,搭建就业信息平台,突出解决高校毕业生、农村

富余劳动力和城镇失业人员就业再就业工作。整合培训资源，加强创业服务和网上创业培训。加大创业扶持力度，落实网创人员创业担保贷款等措施。加快推动新城科技大厦、高铁新区生物谷等创业平台建设。加大人才引进培育。落实人才新政十五条，积极探索柔性引才、假日式人才服务等模式，加大高层次人才引进，培养高技能人才600人以上。大力培育本土名师、名医、名匠，建立民间工艺产业化示范点2处以上。

（五）坚持共建共享，重视改善民生，着力增强群众获得感

均衡发展社会事业。深入实施民生保障工程，持续推进医疗教育、文化体育等事业均衡发展。着力优化医疗服务。出台加强卫生发展意见，深化医卫体制改革。健全公共卫生和爱国卫生工作机制。完善分级诊疗和院前急救体系，加强卫生信息平台建设，拓展智慧医疗服务功能。深化省市医院托管合作，实现优质医疗资源二次下沉乡镇全覆盖。积极引进社会资本，创办特色医疗机构。落实二孩政策，强化计生服务，推动人口均衡发展。持续提升教育质量。实施加强教育三年行动计划和教育资源整合工作。深化教育区域联盟建设，强化初、高中教学衔接，探索集团化办学，创建省级教育现代化基本达标县。完成南景幼儿园建设，实施青溪小学迁建、临岐镇小综合楼工程。努力丰富群众生活。深入推进文化惠民工程，认真抓好基层宣传文化工作“四张清单”落实。精心实施县博物馆布展工作，县图书馆(新馆)投入使用。继续实施“百千万”送文化下乡、“文化五进”和广电惠民服务，深化全民科学素质提升行动，不断提升市民文明素养。积极组织开展各类群众性文化体育活动。全力做好2022杭州亚运会项目竞办工作。启动民生档案数据库建设。认真做好民族宗教、外事、港澳台侨事务、气象、史志等工作。

健全民生保障体系。坚持普惠、公平、底线原则，推进社会保险和养老救助等基本保障扩面提质。有序推进机关事业单位养老保险制度改革。加强社保基金监管，完善企业“五费合征”政策，加快推动保障制度全覆盖向人群全覆盖转变。深化“双爱”活动，完善防欠薪联动协调机制，开展工资集体协商“集中要约行动”试点。稳妥实施公办养老机构改革，开展“智慧养老”试点，建成千岛湖养老服务中心和残疾人康复托养中心，逸和源·杭州千岛湖颐养中心项目完工。启用县新殡仪馆，开展殡葬整治。完善低保和临时救助办法，开展“综合减灾示范社区”创建，全力保障困难群众生活。

切实维护社会和谐。深化“平安千岛湖”创建，健全治安防控工作体系，完善多元化纠纷解决机制，全力做好G20国际峰会等重大活动安全维稳工作。压实信访工作责任，突出源头治理和依法规范，及时排查化解社会矛盾。严厉打击“地霸”等行为。严格落实安全生产责任，强化重点行业和领域监管，深化安全生产社会化服务。健全食品药品、特种设备监管机制，搭建市场监管智慧平台。完善应急处置体系，积极应对处置突发事件。继续抓好国防动员、人民武装、人民防空和国防教育，促进“双拥”、烈军属、退伍军人安置和伤残军人优抚工作。

认真办好民生实事。2016年县政府将办好以下十件实事：一是对我县老年人乘坐县内城乡客运车辆实行优惠政策，其中对全县70周岁以上(含70周岁)的老人实行免费，60－69周岁老人实行半票优惠；新建和改造提升40家居家养老照料中心，对管理规范、运营正常的给予3－5万元的运营补助。二是实施3个乡镇和60个村的自来水设施改造提升工程，努力提高农村饮用水保障能力。三是实施全民健身基础设施建设，建成千岛湖镇城区2个连片的篮球、羽毛球、网球

等球场项目,在汾口镇、威坪镇分别建成1个多功能运动场,建成国家登山健身步道一期工程,满足群众多元化健身需求。四是实施农村公路大中修245公里、安保工程60公里、病危桥改造16座、隧道照明增设12座提升改造11座,保障群众安全、便捷出行。五是持续改善农村生产生活条件,全年建设主林道100公里、辅助林道50公里,维修农村桥梁30座,建设农村生态停车场30个。六是加大城乡居民社会保障投入,城乡居民基本养老保险基础养老金由每人每月130元提高到每人每月150元。七是加快推进光纤进村入户工程建设,不断改善农村通信基础设施条件。八是深入实施村级文化设施建设提升工程,完成第七轮15处农村历史建筑和50处村级文化礼堂及文化场所修缮工程。九是投资5000万元,深入实施学校师生教学生活改善工程。十是优化引才、留才环境,创建市级大学生创业园,实现首批入园项目30个;改造三处闲置用房,为在我县创业就业的优秀人才提供180套以上的周转房。

四、进一步加强政府自身建设

围绕建设"为民务实清廉"政府的要求,新的一年,要进一步加强和改进政府自身建设,为加快实现"秀水富民"提供坚强保障。

注重厉行法治。坚持以法治理念、法治思维行使权力、处理矛盾、解决问题,切实做到事出有据、事出有法。自觉接受县人大及其常委会的法律和工作监督及县政协的民主监督,认真抓好县政府领导领办人大代表议案、政协委员提案办理,积极回应社情民意。深入推进政务公开,继续实行重大规划、重大项目、重要政策开放式决策。全面抓好"七五"普法,加强政府公务人员法制教育培训,强化行政执法监督,规范行政执法行为。

积极顺应改革。清醒认识发展进入的新常态,认真领会中央供给侧结构性改革等系列部署,积极稳妥研究措施,努力在去库存、降成本、补短板等方面加大工作推动力度。按照省级重点生态功能区、"美丽杭州"实验区的建设要求,进一步深化行政管理、经济领域、农村和投融资等方面的改革。积极推动创业创新,努力通过寻找新动力、培育引进新产业快速增长来抵消旧动力、落后产业的衰减,以质量和效益提升来对冲速度放缓,不断增强发展内生动力。

切实改进作风。积极鼓励干部敢于创新、敢于担当,要为担当者担当,让有为者敢为。认真落实上级关心爱护干部的相关政策。巩固"服务企业、聚力发展"专项行动成果,健全县领导联系企业、联系项目等制度,切实抓好新一轮产业扶持政策落实,及时协调解决企业发展中存在的困难和问题。认真践行群众路线,努力解决群众合理诉求。坚持立说立行,进一步落实"马上办、限时办、依法办"的要求,建立健全目标、责任、督查、考核"四位一体"机制,进一步优化政务环境。

强化规矩办事。全面落实党风廉政建设责任制,严格执行廉洁从政各项规定,勤政厚道、干净干事、坚守正道,推动干部肯干事、好共事、不出事。健全完善规划土地联席会议、城规委会议、项目审批联席会议、招管委会议、财审会议、编委会议等议事制度,进一步规范政府权力运行。加强行政监察和审计监督,严肃查处行政"不作为、乱作为、慢作为"问题。坚持厉行节约,注重节俭办事,努力降低行政成本。

各位代表,"十三五"是一个新起点,面对催人奋进的新形势、新任务,新的一年,让我们在县委的坚强领导下,紧紧团结和依靠全县人民,以更加饱满的热情、更加昂扬的斗志、更加务实的作风,再接再厉,奋发作为,为加快实现"秀水富民"而努力奋斗!

参阅资料一：

《政府工作报告》名词解释

1. **“清三河”达标县**：创建成为省“清三河”达标县是获得省“五水共治”大禹鼎的前提条件，是检验“五水共治”成效的考核性指标，旨在彻底改善各地水环境，切实提高市民生活幸福指数。“清三河”达标县要求辖区内无黑河、臭河、垃圾河，城市污水处理“三率”、城乡垃圾收集处置率、农村生活污水处理建制村覆盖率、社会公众满意度等指标达到验收要求。

2. **国家级生态保护与建设示范区**：生态保护与建设示范区是由国家发改委、环保部等相关部委于2014年出台的一套生态文明建设考核体系。根据国家发改委《关于印发生态保护与建设示范区的实施意见》(发改农经〔2014〕2115号)，2015年4月淳安县被列入首批创建名单。2015年8，月省发改委联合相关部门，下达了《淳安县生态保护与建设国家级示范区建设方案(2014—2020)》。

3. **河道APP信息系统**：是一款由浙江大学研发的手机客户端“河长制”信息化系统管理软件，软件全称“杭州河道水质”。该系统包括河道信息、河长信息、水质水情、投诉公示、在线反馈、签到巡查等功能，旨在通过信息化手段，充分发挥政务信息化管理的优势，更好地推动河长日常工作责任落实。

4. **“三包五定一整合”城管新模式**：“三包”即中队包区域、分队包路段、队员包责任区，“五定”即定人、定岗、定标准、定时间、定奖惩，“一整合”即整合各部门执法资源实行执法联动。该模式有效促进了城市管理的网格化管理、常态化管控和规范化执法。

5. **农村建房“四到场”**：指为规范农村建房管理，防止违法建筑发生，在农村建房“建筑放样、基槽验线、施工过程和竣工验收”四个环节，国土部门、住建部门及乡镇等工作人员必须到场进行审核把关。

6. **双下沉、两提升**：为深化医药卫生体制改革，优化医疗卫生资源配置，2013年9月浙江省启动“双下沉、两提升”工程，即引导城市优质医疗资源下沉和医务人员下基层，提升县域医疗卫生机构服务能力和群众就医满意度。

7. **智慧医保监管**：指根据医疗保险规则和业务指标，由智能审核系统对定点单位上传的数据进行全面审核，筛选出违规单据，对明确违规单据由系统按预定程序直接扣款，疑似单据由审核人员进行人工复审，并随业务的扩展，可推进至事前引导、事中监控的智能化监管。

8. **化肥、农药“两减”**：指通过综合运用植保、土肥及栽培技术，控制农药、化肥使用量，实现农药、化肥最佳使用效果，既减少农药化肥对生态环境的污染，又力求农作物稳产丰产。

9. **“四个百万”工程**：2015年1月，浙江省政府办公厅下发《关于加快推进高效节水灌溉工程建设的意见》，决定到2020年全省争取完成400万亩高效节水灌溉工程建设任务，其中坡耕地雨水集蓄旱粮喷灌、农业园区智能化标准型微灌、林园地经济型喷灌和水稻区管道灌溉各100万亩,为全省粮食安全和现代农业发展提供有力支撑,该工程也是推进“五水共治”,促进农业发展方式转型升级和节水型社会建设的有效抓手。

10. **模拟审批**:指投资项目在前置条件不完备时,由县审管委(办)牵头召集各审批职能部门,在“假设前置条件符合”的情况下对后续事项先进行审核审查,出具注有“模拟”字样的模拟审批文件,待前置条件完成并达到法定要求后,再出具正式审批文件,缩短投资项目审批时间,提高行政审批效率。

11. **工业企业“零土地”技改项目**:指工业企业在不涉及新增建设用地前提下开展的技术改造项目(其中包含扩建、改建、单纯购置等技术改造项目类型)。其项目新增建筑面积不超过用地范围内总建筑面积(计算容积率部分)20%或加层一层之内。“零土地”技改项目实行承诺验收制。项目环评、能评、规划许可、施工许可由原来的审批制改为承诺备案制。其目的是简化审批手续、节省审批时间,加快项目建设速度。

12. **秀水金融岛**:根据县政府与清科集团、杭州华清设计控股集团、杭州浙商旅游投资俱乐部有限公司签订的战略合作框架协议,利用建设集团在阳光路灵猫岛建设的物业资源,打造金融产业集聚平台,由合作方引进若干家基金投资机构入驻,努力使其成为创造淳安新税源和高端金融集聚的新高地。

13. **基层宣传文化工作“四张清单”**:是2015年省委宣传部按照中宣部、中央文明办、文化部等相关部委以及省委、省政府有关加强基层宣传工作的精神,在基层宣传文化工作中推出的“基层公共文化服务重点项目、基层宣传文化机构和队伍建设、基层宣传文化阵地建设重点项目和基层宣传文化工作重点政策保障项目”四项工作任务。

14. **文化五进**:指文化进乡村(社区)、进校园、进企业、进机关、进景区。这是文化部门为了满足群众文化需求,丰富群众文化生活,推进基本公共文化服务标准化建设的重要举措,包括文艺演出、讲座、培训、展览及图书服务等多种形式。

参阅资料二：

二〇一五年县政府为民办实事工程完成情况

1. 实施“千岛湖人游千岛湖”免收门票

完成情况：2015 年 2 月 15 日，县政府下发第 20 号简复单，自 2 月 16 日起，对公安机关登记在册的淳安籍常住居民，凭本县居民身份证享受“千岛湖人游千岛湖”免收门票政策，未持身份证的儿童凭随行监护人户口薄享受免票政策。全年共接待“千岛湖人游千岛湖”30888 人。

2. 加快“智慧淳安”建设

年度目标：推进景区、城区无线网络基础设施建设，实现景区、主城区主要街道和公共场所免费 WiFi 全覆盖。

完成情况：项目重点在主城区主要街道和公共场所建设 203 个 AP 点，实现广场、公园、夜游码头、车站、办事大厅、下姜村等热点区域免费 WiFi 全覆盖。经公开招投标，该项目由中国移动淳安分公司中标，已完成 203 个 AP 点建设并正式投入使用，同时张贴 i—Qiandaohu 免费 WiFi 标示，方便居民、游客寻找和使用免费 WiFi 网络。千岛湖景区无线 WiFi 项目于 2014 年完成并进入测试期，2015 年年初，完成项目验收，共设置了 122 个无线 AP 点，基本覆盖旅游码头、湖区景点、秀水街等游客较为集中的公共区域，与千岛湖镇主城区无线 WiFi 项目和杭州无线城市(i-hanghou)项目无缝对接，无需二次用户认证。

3. 加大城乡治污工程建设

年度目标：推动新安大街、新安东路等城区截污纳管工程，实现城区雨污分流、截污纳管全覆盖；完成 134 个行政村生活污水治理和 15 个集镇管网提升工程。

完成情况：城区截污纳管项目：项目涉及新安大街、新安东路、排岭北路、排岭南路等 11 个区块雨污分流与截污纳管，总投资 1.24 亿元，分四批施工，所有项目已全面竣工并通过验收。农村治污项目：原计划 2015 年完成 134 个行政村生活污水治理和 15 个集镇管网提升工程，在实施过程中结合实际把原计划列入 2016 年的 48 个村提前到 2015 年实施。2015 年计划实施农村治污项目 197 个(182 个行政村、15 个集镇)，其中浪川乡芹川村、威坪镇唐村村、大墅镇集镇暂缓实施；屏门乡集镇、界首乡集镇、鸠坑乡集镇已完工；王阜乡集镇纳入郑中村项目一并实施，原 2014 年暂缓实施项目汾口镇舒翠农居点、宋祁农居点纳入 2015 年实施范围，2015 年全县实际建设项目共 192 个(182 个行政村、10 个集镇)，总投资 4.53 亿元，设计受益农户 4.64 万户。所有项目全部完成预期目标，其中 185 个项目已全部完工。

4. 切实保障百姓饮水安全

年度目标：实施 60 个村自来水设施改造提升和 53 所义务教育学校校园饮水质量提升工程。

完成情况：自来水设施改造提升：实际实施了 100 个村(点)，项目涉及全县 23 个乡镇与青溪新城，受益人口 6.62 万人。工程建设内容主要包括新建取水堰坝 103 座、过滤池 137 只、新增提水泵站 13 座、蓄水池 92 只

5470立方米、敷设管道508公里、安装水表3297只及配套净化消毒设施等,新增供水规模5470吨/天。项目已完工并通过初验。校园饮水质量提升工程:该项目覆盖全县义务教育学校及公办幼儿园,总投资376万元,共安装完成254台加热保温饮水设备,已于2015年9月投入使用。

5. 推进城市交通拥堵治理,倡导绿色健康出行,建成通借通还的城区公共自行车服务系统

完成情况:千岛湖城区公共自行车系统项目(一期),包括骑行系统、前端设备、后台管理及停车棚站点等建设内容,项目总投资1100万元。2015年9月8日开始试运行,至2015年12月底,累计租车达到413398次,微信开户15571户,微信扫车301482次,办理租车卡2346张,接听咨询热线9999次,车辆调运3791次,车辆搬运47987次。

6. 加大农村道路改造

年度目标:实施农村公路大中修245公里、安保工程33公里、病危桥改造14座,农村公路隧道维修及照明增设7座;实施农村村道病危桥修缮30座,保障群众安全出行。

完成情况:农村道路改造包括县乡公路大中修、村道大中修、农村公路安保工程、农村公路病危桥改造、农村公路隧道维修加固及照明设施增设等5个子项目。目前,各项目都已完工,共完成投资24891万元。①县乡公路大中修,涉及老淳杨线、白小线、富西线、大上线、千威线等20条线路,实施里程108.24公里,投资8800万元。②村道大中修,涉及23个乡(镇)和青溪新城的59条线路,投资11959万元,实际完成大中修里程163公里。③农村公路安保工程,涉及23条线路,全部安排村道公路,实施路段都为通客车、通校车、通景区的三通路段和两会代表、委员反映比较强烈的临水、临崖高落差安全隐患路段,共实施了33.44公里,投资1100万元。④病危桥改造,共14座,其中县道1座,村道13座,投资1182万元。⑤农村公路隧道维修及照明增设,包括8座隧道照明和1座隧道维修,分别是临左线的神岭隧道维修加固和千威线的金岭隧道、泉岭隧道、上溪埠隧道,郑鸠线金竹岭隧道,潭唐线范村隧道,白小线大坞隧道,威前线伊畈隧道和临左线叶琪隧道的照明增设,投资1850万元。农村村道病危桥修缮:涉及22个乡镇的36个行政村,实际上共实施了45座农用桥梁修缮。截至2015年12月,千岛湖镇联丰村、汾口镇红星村等22个村的30座农用桥梁已完工并投入使用,文昌镇西河村、梓桐镇结蒙村等14个村的15座农用桥梁主体工程完工,计划春节前投入使用。

7. 实施汾口、威坪、姜家等18个乡镇新建农产品、电商、物流中转中心建设,改造提升乡农贸市场

完成情况:19个项目中,里商乡实行购买、租赁方式,2015年9月份交付,现已完成改造提升;富文、威坪、文昌、石林、界首、金峰等6个乡镇已完成主体工程建设;屏门乡农贸市场改造提升工程于2015年11月份动工,年内完工;其余10个乡镇年内也将完成主体工程建设;汾口镇项目为社会化投资,规划设计方案已完成,杆线迁移、电力改造等工程已进场施工。

8. 切实保障食品药品安全

年度目标:完善县食品药品检验检测中心功能,提升检验检测能力,全年开展食品药品检测5.2万批次,切实保障全县人民和广大游客的食品药品安全。

完成情况:检测能力提升工程:食品药品检验检测中心改造工程已完工,设备已完成招标,计划2016年1月完成设备安装调试和验收。食品药品检测:全年共定性抽检68386批次,定量抽检2557批次(不合格180批次),向社会公告21期。其中定量抽检餐饮具 614 批次，不合格 97 批次，合格率 84.2%；定量抽检餐饮食品 540 批次，无不合格食品；定量抽检生产流通领域食品 541 批次，不合格食品 41 批次，合格率 92.4%；定量监督抽检保健品 20 批次，全部合格；千岛湖、威坪、汾口等三个乡镇 8 个农贸市场共定性检测 38966 批次。定量监督抽检农产品 215 批次，其中基地蔬菜 80 批次、水果 35 批次、基地茶叶 30 批次、水产 10 批次、禽畜 10 批次、农药 10 批次、化肥 10 批次、兽药 10 批次、禽畜饲料 20 批次，全部合格。肉联厂生猪定性检测 5065 批次，其他生猪定性检测 16968 批次，种植业定性检测 7271 批次，水产定性检测 116 批次；定量监督抽检餐饮具集中消毒企业餐饮具 80 批次，全部合格；定量风险监测抽检 325 批次，发现有风险食品 33 批次。定量监督抽检林产品 20 批次，其中春笋 5 批次，山核桃 10 批次，油茶籽 5 批次，全部合格。评价性定量抽检 202 批次，发现不合格食品 9 批次。

9. 加大城乡居民社会保障投入

年度目标：提高城乡居民基本养老保险缴费档次的政府补贴标准，对缴费 500 元以上档次的补贴每人每年不低于 80 元；县内城乡居民基本医疗保险基层医疗机构门诊和住院报销比例分别提高到 40%和 80%，中医诊疗项目门诊报销比例提高到 45%；为全县年满 60 周岁及以上的淳安户籍老年人投保老年人意外伤害保险。

完成情况：①提高城乡居民基本养老保险缴费档次的政府补贴标准：2015 年 7 月 13 日，已出台《关于调整我县城乡居民基本养老保险政策》，明确：缴费标准设定为每人每年 100 元、500 元、700 元、900 元、1200 元、1500 元、2000 元 7 个档次，上述档次每人每年的政府补贴分别为 30 元、80 元、90 元、100 元、110 元、120 元、130 元。②县内城乡居民基本医疗保险报销比例提高政策：自 2015 年 1 月起已全面执行到位，全年城乡医保县内基层医疗机构住院报销比例提高到 80%，惠及 7408 人次，基金支出增加 189.61 万元；普通门诊报销比例提高到 40%，惠及 93.02 万人次，基金支出增加 282.97 万元；中医诊疗项目门诊报销比例提高到 45%，惠及 58.56 万人次，基金支出增加 155.05 万元。③老年人意外伤害保险：据调查统计，截至 2015 年 6 月底全县 60 周岁及以上老年人 8.9 万人，占总人口 19.38%；经市老龄办统一招标，中标单位为中国人寿保险股份有限公司淳安县支公司，保险期限：从 2015 年 7 月 1 日零时起至 2016 年 6 月 30 日二十四时止。截至 2015 年 12 月 31 日，共受理案件 308 件，全部结案，理赔金额 806416.39 元，其中意外死亡结案 25 件，赔付金额 252571.32 元。

10. 深入推进助残服务直通车扩面工作，启动高山富城区块县康复中心暨残疾人托养中心迁建工程

完成情况：助残服务直通车扩面工作：2015 年 6 月，助残服务直通车扩面工作完成，共发放“爱心手机”2528 部、工作机 6 部。采用信息平台、上门服务两种模式，实现助残服务全覆盖。截至 2015 年 12 月，助残服务直通车呼叫中心共接听来电 361 次，其中直接答复的工单 242 份，需交办相关责任人的工单 119 份，利用平台短信功能共发送助残信息 44000 余条。启动高山富城区块县康复中心暨残疾人托养中心迁建工程：项目位于高山区块，占地面积 10 亩，建筑面积 7000 平方米，总床位约 160 张。项目已于 2015 年 10 月 29 日开工，现进行地下室施工。

政协第八届淳安县委员会常务委员会工作报告

2016年1月12日在政协第八届淳安县委员会第五次会议上

政协第八届淳安县委员会主席　刘小松

各位委员:

我受政协第八届淳安县委员会常务委员会的委托,向大会报告工作,请予审议,并请列席会议的同志提出意见。

二〇一五年工作回顾

2015年,是我县深入实施"秀水富民"战略的起始之年,也是县政协务实创新、积极作为的一年。一年来,在中共淳安县委的正确领导和县政府的大力支持下,县政协常委会高举爱国主义和社会主义旗帜,坚持团结和民主两大主题,倾情履职,真情服务,着力打造"有为、活力、和谐"政协,较好地完成了县政协八届四次会议提出的各项任务,为推进"秀水富民"进程作出了积极贡献。

一、服务全县大局,倾力助推秀水富民

常委会始终紧扣县委县政府中心工作,在服务大局中主动融入,在推进发展中发挥作用。

围绕重大决策部署议政建言。八届四次会议期间,委员们围绕"两会"报告和事关全局的重大决策及工作部署,以撰写提案、大会发言、分组讨论等形式,广泛进行协商,积极建言献策。大会共收到提案289件,有28名委员作了大会发言,在此基础上,整理形成了《会议协商纪要》,为县委、县政府决策提供参考。围绕社会关注的热点问题,主席会议成员就社会治安防控体系建设、打造洁净县城、社会保障工作、高铁配套项目建设、民办教育和学校餐饮安全等内容进行专题视察,共向县委、县政府报送了7份视察报告。继续选派60名委员对10个机关部门开展民主监督,并就推进司法公开、企业排污口整治等重点问题进行跟踪督查,形成5份《民主监督建议书》,有效促进了相关部门工作的改进。

围绕绿道经济发展调研献策。主动呼应县委工作部署,年初就将"助推绿道经济工程"作为政协的履职重点。专门成立助推绿道经济体系建设工作小组,全面实施助推绿道经济发展三年行动计划。抓住我县绿道经济发展的关键性、前瞻性问题,深入开展调查研究,撰写《关于绿道经济的思考》,得到了县委主要领导的批示肯定和社会各界的广泛关注。常委会还组织广大委员深入23个乡镇、10多个部门和20多家企业,开展"培育绿道经济"专题调研,并形成了《我县绿道经济发展中存在的问题及对策建议》,提出要深化绿道经济认识,发挥市场主体作用,切实做好"绿道+"文章,不断提升绿道的经济、社会、生态效益，把绿道经济工程打造成为利民富民工程。一年来，政协领导和委员积极参与绿道规划论证和工作推进会议，广泛开展绿道沿线视察和督查活动，并认真借鉴外地成功经验，刊发了专题简报4期，助推了全县绿道经济的发展。

围绕五水共治开展监督视察。以三级政协联动为载体，深入开展"'五水共治'长效机制建设"专项集体民主监督活动。常委会组成6个视察组，就农村污水设施建设及运行维护情况进行明察暗访，在深入调研、现场督查的基础上，梳理形成《关于进一步做好农村治污设施建设及运行的建议》，并以视察情况反馈会的形式，面对面地向县政府及有关部门指出了部分项目存在"设计不符实际、建设质量堪忧、建后运维不到位"等问题，有针对性地提出了整改意见，引起了政府及相关部门的高度重视。一年来，广大委员全力助推"五水共治"，共开展监督视察活动40余次，委员参与680人次，实地查看行政村243个、河道240余公里，发现问题185个，提出整改意见62条，得到了省政协主席乔传秀的充分肯定。

二、发挥特色优势，扎实推进协商民主

常委会充分发挥人民政协协商民主重要渠道作用，开展广泛多层的协商议政，努力建睿智之言，献务实之策。

重大专题协商有序推进。协助县委、县政府制定实施年度协商工作计划，并以政协常委会议和主席会议为平台，紧扣关乎我县全局工作的重大事项开展专题协商，形成协商纪要报送县委、县政府。围绕我县"十三五"规划纲要的编制开展专题协商，有关合理制定指标体系、强化项目支撑、重视优势特色产业发展、提高县域经济发展水平等建议得到了重视和采纳。围绕《政府工作报告》(征求意见稿)开展协商，积极就生态保护、产业富民、改善民生等方面协商建言。围绕我县政府投资项目安排开展协商，就项目安排、项目建设、项目监管、绩效评估等方面提出了有质量、有价值的意见建议。

多层议政协商全面展开。充分发挥专委会基础作用，进一步完善沟通联系机制，先后就东北湖区旅游开发、推进农村金融发展、加强精神卫生工作等内容开展对口协商，形成协商建议成果6份，有关科学编制实施"十三五"电网建设、高品质开发东北湖区旅游等建议得到了县委、县政府主要领导批示肯定。积极推进界别协商，先后组织相关界别委员80人次就县政府拟出台的13个政策性文件进行深入协商，为政府科学民主决策提供民意支撑。深入实施政协委员列席乡镇部门班子会议制度，扎实推进基层协商民主。

提案办理协商扎实有力。进一步完善县领导领办重点提案、提案质量"双向互评"、征集联名提案等机制，继续实施以重点提案联合督办、难点提案会诊督办、提案办理上网公开、办理结果回访督查为内容的提案督办机制，着力提高提案办理实效。县政协八届四次会议立案的209件提案已全部得到办复，特别是《关于着力培育和发展环湖绿道经济的建议》、《关于进一步打造鸠坑茶品牌的建议》等一批重点提案得到了较好的办理落实，推动了有关政策完善和工作改进。专门研究制定《淳安县政协提案工作规程》，进一步提升政协提案工作的制度化、规范化、程序化水平。

三、强化民本意识，努力增进百姓福祉

常委会牢牢把握履职为民、资政为民，认真倾听群众呼声，客观反映社会问题，积极助推民生问题的解决。

顺应群众期待开展民主评议。围绕医疗卫生事业发展这一民生热点问题，专门对县卫计局卫生工作开展了5个月的民主评议工作。在评议过程中，组织广大委员深入基层走访调研，广泛开展民情调查，共召开各层面座谈会21个，参加座谈320人，个别走访约

谈80余人,问卷调查515人,收集意见建议1597条次。经梳理分析,归纳形成7大方面30个主要问题和14条评议意见。在此基础上,常委会本着高度负责的精神,及时督促卫计部门切实加强对医卫体制改革、医卫队伍建设、医疗资源布局、医德医风建设等方面问题的整改,取得了较好成效。

对接群众关切反映社情民意。注重发挥社情民意工作在服务民生中的重要作用。一年来,政协社情民意工作的成果运用取得了新突破,共收到有关教育文化、医疗卫生、环境保护、城市管理、就业创业等关乎群众切身利益的社情民意信息366条,经编辑整理,向县委、县政府报送专刊35期,增刊4期,转送部门46条,上报市政协5篇。其中,有关完善生态补偿机制等2篇信息被市政协转报全国政协;关于规划建设移民纪念馆、加快发展民宿民居、加强农村治污长效管理等18篇信息得到了县领导批示,为党委政府把握民生民情、化解基层矛盾、推进各项工作发挥了积极作用。

紧贴群众需求深化为民服务。扎实开展"委员活动日"活动,组织委员深入基层、深入一线,开展科技助民、医疗惠民、法律护民、文化利民、帮扶济民等为民服务活动,为基层群众排忧解难。继续发挥委员网上工作室功能,鼓励委员利用微信、微博等形式倾听群众呼声,疏导群众情绪,凝聚网络正能量。积极动员委员广泛参与扶贫帮困、捐资助学等社会公益事业,走访慰问困难群体,热情接待群众来访,帮助群众解决实际困难。据统计,一年来,县政协共举办各类服务活动42场次,活动惠及全县各个乡镇和社区,受到了社会各界的广泛好评。

四、把握两大主题,广泛汇聚各方合力

常委会始终坚持团结和民主两大主题,充分发挥政协纽带作用,努力做好团结各界、凝聚人心工作。

加强团结共事,凝聚各方智慧。坚持民主协商、平等议事原则,切实加强与民主党派、港澳台侨界、宗教界、新社会阶层等人士的交往交流,在增进团结中求得共识,在形成共识中促进团结。举办中秋茶话会、委员联欢会、新年茶话会和各类座谈会,加强与各界的联系,增进与各界的友谊,共同营造同心同德、同向同行的和谐氛围。注重发挥政协书画院、政协之友联谊会、政协企业家联谊会的积极作用,进一步密切与社会各界的交往合作,不断增强政协的凝聚力和影响力。

加强联谊交往,凝聚发展合力。拓宽委员界别活动,先后组织卫生、教师和农村等界别委员开展约谈活动,支持他们积极参政议政,知情出力。加强与外地淳籍委员的沟通联系,有效激发他们投资家乡、建设家乡的热情。注重发挥政协老委员、老同志的独特优势,协助做好反映民意、解疑释惑等工作。加强与上级和兄弟政协的联谊联络,积极配合全国和省市政协来淳开展调研活动,扩大与外地政协的工作交流,进一步提升淳安政协的社会影响。

加强人文交流,凝聚文化力量。发挥文史资料存史资政、团结育人作用,开展《淳安佛教》编撰工作,目前已收集到8万余字的原始资料。积极协助省政协到我县开展"送文化下乡"活动,组织参与省政协浙江百名乡贤评选和兰亭奖中小学生书法比赛,与安徽无为县和江西景德镇政协联合举办书画、陶瓷等文化交流活动,不断扩大淳安知名度。重视政协宣传工作,加强淳安政协网站建设,注重政协工作成效和委员履职典型宣传,有26篇报道在市级以上媒体刊登,展示了淳安政协的良好形象。

五、坚持固本强基,着力提高履职能力

常委会坚持以创新理念、务实举措大力推进政协履职能力建设,切实为政协工作注入新的活力。

切实加强思想作风建设。深入学习贯彻中共十八届三中、四中、五中全会和习近平总书记系列重要讲话精神，引导各界人士和广大政协委员统一思想，凝聚共识，不断夯实团结奋斗的共同思想政治基础。坚持以整风精神扎实开展“三严三实”专题教育活动，深入查摆问题，制定整改措施，落实整改责任，切实解决“不严不实”方面存在的突出问题，并制定出台《县政协党组工作规程》，扎实推进政协党组“三化”建设。

切实发挥委员主体作用。协商制定《政协委员履职管理补充规定》等制度，进一步规范委员履职服务与管理。完善委员动态调整机制，及时增聘 9 名在外淳商为特聘委员。首次尝试政协常委和工作组、联络组组长异地培训，继续推行“菜单式”委员轮训，先后邀请省市专家举办委员培训班 6 期，有效提升委员履职能力。一年来，广大政协委员积极响应县委号召，以“一线”精神状态，创一流工作业绩，徐东燕、方其风、黄沫云、王小华等 28 位委员被评为优秀委员，李美霞委员荣膺“2015 年全国劳动模范”荣誉称号。

切实强化机关服务保障。严格执行中央和省、市、县委关于党风廉政建设的规定，不断改进政协机关干部的工作作风，提高政协机关的工作效率、服务效能和保障水平，为政协工作顺利开展提供良好保障。积极参加“十大工程”、“十联基层”、“联乡结村”、“社区共建”、“在职干部返乡服务”等工作，在实践中锻炼机关干部工作能力，树立机关干部良好形象。

各位委员，同志们！一年来，中共淳安县委和县政府十分关心和重视政协工作。县委书记朱党其同志专题调研政协工作，并出席政协重要会议和活动。县长柴世民同志坚持每年向政协委员通报政府工作，并带头领办重点提案。一年来，县委、县政府领导出席各类协商会议 18 次，领办重点提案 9 件，对政协履职建言成果批示 30 余件次，充分体现了对县政协工作的高度重视，对县政协委员的充分尊重。

各位委员，同志们！过去一年县政协取得的工作成绩，是中共淳安县委正确领导和杭州市政协有力指导的结果，是县人大常委会、县政府大力支持的结果，是全县各乡镇、各部门和社会各方面积极配合的结果，是全体政协委员和广大政协工作者共同努力的结果。在此，我代表县政协常委会表示衷心的感谢！

在看到成绩的同时，我们也清醒地认识到履行职能中存在的不足和差距。主要是：委员的履职意识和履职能力需进一步提高；调查研究和建言献策的质量水平需进一步提升；协商民主的针对性和实效性需进一步增强；政协履职成果的反馈与转化机制需进一步完善。真诚希望各位委员和列席会议的同志提出宝贵意见，以使常委会更好地改进和做好工作。

二〇一六年工作任务

2016 年是“十三五”规划的开局之年，也是本届政协工作的收官之年。在新的一年里，我县政协工作的指导思想是：按照中共淳安县委十三届十六次全会的统一部署，紧紧把握团结和民主两大主题，牢固树立创新、协调、绿色、开放、共享五大发展理念，认真履行政治协商、民主监督和参政议政三大职能，全力服务发展大局、真情关注百姓民生，为推进我县“十三五”规划精彩开局，谱写“秀水富民”壮丽华章贡献智慧和力量！

根据上述指导思想，2016 年常委会重点做好以下工作：

一、把握新常态，进一步助推生态建设和经济发展

要按照县委的总体部署，主动顺应新常

态，积极谋划新思路，助推我县经济换档增速、转型升级，进一步提高发展质量和效益。

紧扣发展全局协商议政。根据县委十三届十六次全会确定的目标任务，紧紧抓住推动转型发展、建设全面小康过程中的重要领域和关键环节，加大协商力度，提高协商效果。要关注工业实体经济发展，重点在提升传统产业、培育新型业态、加大有效投入等方面开展多层次的协商议政；要关注生态文明建设，在饮用水源保护、建设生态农村等方面组织开展专题协商建言；要关注农业农村改革，特别是在农村集体产权制度改革、构建新型农业经营体系方面组织对口协商。

立足发展实际资政建言。始终在贯彻落实县委、县政府重大决策部署中想在前面、干在实处。要紧紧围绕基础建设、改革创新、产业调整等重点工作，积极在城乡一体化建设、高铁经济发展等方面开展参政议政，助推特色产业发展和城乡面貌改善。要围绕全县景区化建设，持续跟进绿道经济发展调研，助推绿道经济的培育、发展和壮大。要继续深化"'五水共治'长效机制建设"专项集体民主监督，持续关注农村污水处理设施运行维护及"河长制"落实情况，真正把助推"五水共治"工作进行到底。

聚焦发展环境强化监督。把推动工作落实和营造发展环境作为政协民主监督的出发点和落脚点，充分运用会议协商监督、专项集体监督、派驻小组监督、委员视察监督等方式，加大对我县重点部门和重点工作监督力度。要加大提案办理监督，改进督办方式，加大督办力度，推动提案更好落实。要围绕部门职能转变、行政审批改革、民主法制建设，组织委员开展专项工作监督、作风效能监督，进一步营造我县良好发展环境。

二、顺应新期盼，进一步关注共享发展和民生改善

要按照党的十八届五中全会提出的共享发展要求，把以人为本、关注民生贯穿于政协履职的全过程，真正让人民在共建共享发展中拥有更多获得感。

助推增收富民。进一步聚焦产业富民和群众增收等问题，综合运用专题调研、专题视察、专题活动等形式，就增强特色产业综合发展能力、推动农产品精深加工等方面开展资政建言，助推群众增收致富。进一步关注富丽乡村建设，助推村村通物流体系建设，深入研究"旅游＋"、"互联网＋"等新型业态与群众增收的结合途径。鼓励委员发挥优势和特长，带动和引领群众创新创业，在实现群众增收致富中发挥更大作用。

关注惠民保障。坚持履职为民，抓住人民群众普遍关心的养老服务体系建设、房地产业健康发展、城市交通网络建设、农村公共文化提升等问题开展视察建言，进一步提升民生保障水平。积极开展民主评议卫生工作"回头看"，持续跟踪评议意见的整改落实，助推医疗卫生体制改革，让发展成果更好地惠及全县人民。

主动为民服务。发挥政协在群众工作方面的独特优势和社会管理方面的重要作用，通过委员走访、调研视察等形式，更好地了解民情，反映民意，切实帮助群众解决生产生活中的实际问题。组织委员开展扶贫帮困、爱心救助等社会公益活动，真诚地奉献爱心，服务家乡，回报社会。

三、围绕新任务，进一步聚焦深化改革和社会稳定

要立足经济进入新常态、改革进入深水区的大背景，高举团结和民主的旗帜，凝聚社会各界人士的智慧与力量，为完成县委确定的改革发展新任务作出积极贡献。

增进思想共识。严格按照中共淳安县委十三届十六次全会的总体部署，进一步发挥政协"和合"文化的优势，切实把广大委员和社会各界人士的思想统一到实现秀水富民的宏伟目标上来。围绕群众思想认识的困惑点、利益关系的交织点、社会矛盾的易发点，协助政府做好释疑解惑、疏导情绪、化解矛盾、增进共识的工作，夯实社会各界团结奋斗的共同思想政治基础。

汇聚发展合力。进一步活跃民主氛围、丰富民主形式，利用政协组织的渠道和途径，促进各党派、无党派人士的合作共事，加强与各人民团体和社会各族各界人士的团结联系，支持他们更好地参政议政。着眼于扩大公民有序政治参与，建立和完善群众利益表达机制和公共决策参与机制，进一步提高政协工作的社会开放度和参与度，努力形成众志成城、共谋发展的良好局面。

扩大联谊交流。进一步扩大联谊交流，加强同外地政协及社会各界的联系，在更广的范围、更高的层次宣传和推介淳安。更好地发挥政协之友联谊会、企业家联谊会、政协书画院的作用，广泛开展联谊交往和文化交流。发挥文史工作“存史资政、团结育人”的作用，通过对传统文化的深入挖掘和研究，不断优化我县的人文环境。重视发挥政协委员和异地商会在招商引资、淳商回归中的重要作用，鼓励他们以商引商，吸引和带动在外淳安人返乡创业，实现人才回归和资金回流。

四、落实新要求，进一步提升履职能力和服务水平

要按照懂政协、会协商、善议政的要求，全面加强自身建设，不断提升履职能力。

坚持委员主体地位。完善委员学习培训机制，围绕委员需求精准提供培训，不断增强培训效果。强化委员履职服务，积极拓展履职平台，并坚持联系走访制度，增进委员对政协组织的认同感和归属感。严格委员履职考核管理，对委员5年来的履职情况进行“回头看”，并开展优秀委员和优秀履职成果评比表彰，进一步激发委员履职的积极性、主动性和创造性。

加强履职能力建设。适应人民民主发展的新形势，建立和完善界别工作指导机制，更加活跃有序地开展对口协商、界别视察等履职活动。完善专委会组织协调、视察调研、指导督办等工作机制，加强专委会与对口部门的工作联系，切实发挥专委会在政协工作中的基础作用。重视工作组（联络组）的活动组织能力、委员管理能力建设，增强委组之间的互动和交流，不断提升履职水平。

强化机关服务保障。加强政协机关干部队伍思想、组织、制度、作风和效能建设，不断改进工作作风，努力提高服务水平，进一步增强机关工作活力。优化内部管理制度，形成有序高效的机关运行机制，提高工作规范化和服务精细化水平，更好地发挥在政协履职中的参谋助手和服务保障作用。

各位委员，同志们！新形势赋予新使命，新时代开启新征程。让我们紧密地团结在以习近平同志为总书记的党中央周围，在中共淳安县委的领导下，进一步凝心聚力、求真务实、扎实履职，不断开创政协工作新局面，为加快实现“秀水富民”、高水平全面建成小康社会作出新的更大的贡献！

县情概览

·地理位置·

淳安县位于浙江省西部，地处北纬29°11′～30°02′，东经118°20′～119°20′。东邻桐庐、建德，南连衢江区、常山，西南与开化接壤，西与安徽休宁、歙县为邻，北与临安毗连。全境东西长96.80公里，南北宽94.40公里，面积4427平方公里，占全省总面积的4.35％，是浙江省地域面积最大的县。属杭州市，距杭州市区151公里。是著名国家AAAAA级风景区千岛湖所在地，又是浙江省政府批准的革命老根据地县。

·建置沿革·

淳安县历史悠久。在新石器时代就有人类活动。春秋属吴、越，战国属楚，秦时为歙县辖地。东汉建安十三年(208年)，孙权遣威武中郎将贺齐击山越，分歙县东之叶乡置始新县，治所在今淳安县威坪镇南3.5公里水域。又分歙县南之武强乡置新定县。治所在今淳安县西南仙居村附近。此为淳安、遂安建县之始。西晋太康元年(280年)，改新定县为遂安县。隋开皇九年(589年)，改始新县为新安县，并遂安、寿昌县入新安县。仁寿三年(603年)，遂安县从新安县分出复立。唐武德四年(621年)，遂安县移治狮城(今淳安县西千岛湖五狮岛)。隋大业三年(公元607年)，改新安县为雉山县。唐文明元年(684年)，复改雉山县为新安县。移治今淳安县西。开元二十年(732年)，改新安县为还淳县，永贞元年(805年)，避宪宗李纯名讳，改还淳县为青溪县。北宋宣和三年(1121年)，改青溪县为淳化县。南宋绍兴元年(1131年)，改淳化县为淳安县。1958年10月，淳安、遂安两县合并为淳安县，县政府驻排岭镇。

三国吴置新都郡，以始新县治为郡治。西晋太康元年(280年)，易新都郡为新安郡，始新县县治仍为郡治。隋开皇九年(589年)，废郡置州，属婺州。仁寿三年(603年)，置睦州，县为州治并属之。北宋属严州，南宋属建德府。元时，淳安、遂安属建德路；明、清属严州府；民国元年(1912年)，属浙江省；民国3年(1914年)，属金华道；民国24年(1935年)，属第五行政督察区；后又多次变更，至1949年，淳安、遂安两县改隶第四行政督察区。1949年5月，两县解放，初属建德专署，1950年，撤建德专署，改属金华专署，1955年划归复设的建德专署。1958年，撤建德专属，淳安属金华专属。1963年，淳安划属杭州市。

·行政区划·

2016年年末，全县设23个乡镇，其中，11个镇、12个乡，425个行政村、12个社区。全县总户数146838户，有户籍人口460664人，其中男233401人、女227263人。

2016年淳安县行政区一览表

表1

乡镇名称	面积（平方公里）	人口（人）	村委会		社区		居委会	
			个数（个）	名称	个数（个）	名称	个数（个）	名称
千岛湖镇	356	81833	22	屏湖村、茂畈村、井塘村、东汉村、金家村、进贤村、青溪村、周坑村、宋家坞村、马路村、云村村、富城村、东庄村、排岭村、联丰村、汪家村、宕里村、坪山村、前坞村、富泽村、农林村、淡竹村	9	西园社区、江滨社区、新北社区、南山社区、南苑社区、望湖社区、李家坞社区、施家塘社区、火炉尖社区	—	—
石林镇	144	4943	8	茶园村、千岛湖村、富德村、棠高村、双西村、岭足村、玳瑁村、西岭村	—	—	—	—
文昌镇	221	14343	16	东树坑村、卢家庄村、西河村、潭头村、下潘村、王家源村、丰茂村、栅源村、文屏村、浪洞村、西阳村、市畈村、文昌村、小西坞村、富山村、光昌边村	—	—	—	—
里商乡	276	11440	16	塔山村、燕窝村、江村村、村坑村、里阳村、鱼泉村、架子岭村、向阳村、武源村、五兴村、里商村、郎范村、大叶村、洞坑口村、石门村、石湾村	—	—	—	—
富文乡	151	8428	10	青田村、富文村、漠川村、聚璧村、燕坑村、章坑村、方家畈村、查林村、重坑村、六联村	—	—	—	—
左口乡	175	11664	11	桥西村、瑶村村、显后村、左口村、田里村、方家村、芳桥村、塘边村、雌龙源村、石岭后村、龙源庄村	—	—	—	—
金峰乡	150	6037	11	金源村、景山村、金峰村、殿峰村、百照村、锦溪村、五龙村、山后村、蒋岭上村、朱家村、安上村	—	—	—	—
临岐镇	222	20650	17	范村村、叶家畈村、临岐村、梅口村、吴峰村、仰韩村、新华村、高峰村、新溪村、里口村、审岭脚村、夏中村、半夏村、右源村、左源村、溪口村、五庄村	—	—	—	—
屏门乡	163	12622	15	将坑村、屏门村、佛岭后村、堪头村、项家村、丁家畈村、齐坑村、童家坪村、金陵村、秋口村、屏前村、小陵村、秋源村、上中村、隐将村	—	—	—	—
瑶山乡	112.4	9713	11	琅坑源村、爱国村、张家村、琅洞村、幸福村、贡坑村、何家村、富岩村、双共村、天坪村、岭后源村	—	—	—	—
威坪镇	301	48747	44	合富村、黄石潭村、流湘村、横石村、新茂村、西山村、长岭村、五星村、楼厦村、新联村、笔峰村、唐村村、坑下村、凤凰村、河村村、茶合村、洞源村、妙石村、贤茂村、叶家村、三坦村、安川村、杨家畈村、岭脚村、洪圻村、旗山村、琴坑村、横塘村、五丰村、株林村、三洲村、邵宅村、方宅村、青山村、联合村、厚屏村、蔗川村、考川村、杜川村、黄金村、汪川村、屏村村、蜀阜村、驮岭脚村	1	虹桥社区	—	—

续表 1—1

鸠坑乡	104	7881	9	中联村、乳洞村、星光村、赋置村、青苗村、金塔村、严村村、翠峰村、常青村	—	—	—	—
王阜乡	168	18185	18	金紫村、龙头村、管家村、长川村、柳塘村、何坪村、郑中村、新畈村、华坪村、王阜村、山川村、马山村、新合村、荷花坪村、横路村、金家岙村、闻家村、胡家坪村	—	—	—	—
宋村乡	80.16	6914	8	硖石村、青山口村、胡家畈村、镜洪村、宋村村、白云溪村、常锦里村、云港口村	—	—	—	—
姜家镇	206	26747	28	球山村、双溪村、上玉泉村、桂溪村、黄村桥村、霞社村、姜家村、龙川村、狮石村、银峰村、郭村村、霞五村、赤城村、浮林村、章村村、沈畈村、伊家坞村、木旺村、炉形村、石颜村、下玉泉村、孙家坞村、巨源村、庄源村、潘家村、夫畈村、双溪口村、白坪村	1	姜家居委会	1	—
梓桐镇	156	19099	19	西湖村、练溪村、慈溪村、并峰村、富石村、叶家庄村、黄村村、杜井村、杏富村、常宁村、胡江村、姜桐村、唐家村、卢家村、结蒙村、河联村、三联村、程家源村、尹山村	—	—	—	—
浪川乡	105.1	20244	19	源峰村、汇源村、狮古山村、浯溪村、裕丰村、鲍家村、大联村、联欢村、峰川村、大塘村、杨家村、新桥村、马石村、桃源村、占家村、洪家村、芳梧村、芹川村、全朴村	—	—	—	—
界首乡	121	9329	13	姚家村、康源村、新燕村、鳌山村、周家村、严家村、坎脚村、桐子坞村、施家坪村、松源村、燕上村、洋田村、玛璜村	—	—	—	—
汾口镇	237	55514	51	山头村、赤川口村、龙门村、三渡村、富占源村、强川村、红星村、天林庄村、舒翠村、杨旗坦村、祝家村、汾口村、章姚村、仙居村、翁川源村、龙山村、射墩村、茅屏村、云林村、鲁村村、桃林畈村、龙姚村、栗园里村、毛家村、百亩畈村、岭后村、荷塘村、龙源村、红旗村、富塘村、石峰村、峰溪村、交界村、宏鲍村、汪家桥村、汪家村、三底村、经门村、简门村、郑家村、宋祁村、寺下村、石畈村、西村村、三畈村、程店村、巧塘村、横沿村、陆乡村、宋京村、湛川村	1	杨旗社区	—	—
中洲镇	166.3	20217	19	叶村村、徐家村、中洲村、余家村、樟村村、苏家畈村、长埂村、左川村、乘风源村、厦山村、霞童村、李家畈村、畈头村、札溪村、洄溪村、双许村、木瓜村、枫林坞村、南庄村	—	—	—	—
大墅镇	163	14204	17	上坊村、寺林村、老岭村、桃林村、岭干村、儒洪村、栗月坪村、桃源凌家村、凤山村、高山村、下坑村、洞坞村、大墅村、大坞村、殊塘村、西园村、孙家畈村	—	—	—	—

续表 1—2

枫树岭镇	308	18662	28	下姜村、源塘村、枫树岭村、薛家源村、上江村、夏峰村、丰家源村、红光村、陈家源村、夏村村、伊川村、汪村村、窄坑村、铜山村、鲁家田村、木花坑村、大源村、横坑村、衍昌村、横山村、知心坑村、白马村、乳洞山村、大桥头村、周家桥村、凤凰庙村、陈村村、官川村	—	—	—	—
安阳乡	146	11621	15	昌墅村、山下村、黄家源村、上梧村、陈家门村、乌龙村、红山岙村、范家村、下栖梧村、五堡村、黄川村、安阳村、外畈村、桐川村、嵔岭村	—	—	—	—

·自然资源·

【概况】 淳安县属浙西山地丘陵区，由中低山、丘陵、小型盆地、谷地和水库组成。土壤分为4个土类、9个亚类、29个土属、40个土种，以红壤、黄壤、岩性土、水稻土为主。其中：红壤为县境面积最大的土属，全县有27.47万公顷(412.11万亩)；黄壤土3.68万公顷(55.26万亩)；岩性土6.14万公顷(92.14万亩)；水稻土1.82万公顷(27.25万亩)。土壤黏质占22.56%，砂质占28.41%，砾质占20.77%。土壤肥力中等，适宜种植水稻、小麦、玉米、六月豆等多种作物和各种经济林木。

矿产资源点多、面广、规模小。燃料矿主要有石煤、沥青煤；非金属矿主要有黄铁矿、磷矿、萤矿、耐火黏土、纬晶岩、大理岩和石英(脉)等；金属矿主要有磁铁矿、赤铁矿、锡铁矿、褐铁矿、铁铜锡矿、铜锌、铅锌矿、铜矿、锑矿、钨矿、汞矿、钒矿、钼矿、铍矿、毒砂矿等。按矿种分类，全县有燃料矿产15处、非金属矿产53处、金属矿产84处。

全县植被属中亚热带常绿阔叶林北部亚地带，为浙皖山丘青岗、苦槠林栽培植被区，全县森林覆盖率达65.00%，其中千岛湖内森林覆盖率达82.50%，生物种类繁多、资源丰富。已鉴定维管束植物1824种，蕨类植物35科69属126种，种子植物159科761属1698种。属国家保护植物18种；野生动物有兽类51种，鸟类224种，爬行类50种，昆虫类16目320科1800种；两栖类2目4科12种，鱼类有13科94种，属国家一级重点保护的野生动物有云豹、金钱豹、黑麂、中华秋沙鸭、白颈长尾雉5种，属国家二级保护的有猕猴、黑熊、穿山甲、水獭、大灵猫、金猫、河麂、鬣羚、海南鸦、鸳鸯、黑翅鸢、黑鸢、蛇雕、白尾鹞、赤腹鹰、松雀鹰、灰脸鵟鹰、普通鵟、大鵟、林雕、红隼、灰背隼、燕隼、游隼、勺鸡、白秋鹤、褐翅鸦鹃、领角鸮、斑头鸺鹠、鹰鸮、长耳鸮、仙八色鸫、雀鹰、苍鹰、白鹇、草鸮、短耳鸮、鼋、大鲵等41种。

【湖泊河流】 全县各河流统属钱塘江水系。境内溪河纵横、流向复杂、水系呈羽状。主要河流有新安江及其支流东源港和遂安港。新安江，又名徽港，1985年浙江省钱塘江河源河口调查考察确认新安江全长373公里，境内长82.69公里，主要支流有桐溪、六都源、鸠坑源、梓桐源、云源港、清平源和商家源；东原港又名进贤溪、富强溪，流长40.90公里，主要支流有十八都源、潭头源和琅洞源；遂安港，全长80余公里，主要支流有武强溪、凤林港、浪川溪、上梧五都源、上坊溪、丰家溪、龙泉溪和龙川溪。

·气象·

【天气概况】 2016年全县气温异常偏高、降水偏多,日照偏少。年平均气温18.3℃,属于历史第一高,年极端最低气温−7.1℃(出现在1月25日),最低气温≤0.0℃的低温天数8天;年极端最高气温39.3℃(出现在7月25日、7月29日、8月19日),极端最高气温≥35.0℃的高温天数有33天。年降水总量为1953.7毫米,年降水日数175天,其中降雪的天数为9天。年总日照时数1683.1小时。

1月20～23日、28日、31日均出现了降雪,其中20～23日降雪过程千岛湖镇最大雪深6厘米,其他乡镇10～20厘米,高山区30厘米以上。1月24～26日受强冷空气影响,出现了历史罕见的低温冰冻天气,其中25日最低气温−7.1℃,接近历史极值。此次过程全县受灾人口77548人,倒塌民房6间,直接经济损失19579.7万元,交通设施损失5550万元,汽车站取消班次927趟。农作物受灾面积4993公顷,经济损失9452万元,电网损失1160万元。3月10～11日出现一次寒潮过程,最低气温下降到0℃以下,过程降温幅度达到10.3℃,11日早晨的低温霜冻天气,导致部分乡镇茶芽被冻坏,茶叶出现了冻害。4月1日～26日和5月20～30日均出现了连阴雨天气,对农业生产造成较大影响。整体降水偏多,日照偏少,对蔬菜等的生长产生不利影响,同时土壤含水量偏多,病虫害多发。其中4月3日、4月26日、5月26日均出现了暴雨天气,导致部分地区出现山体滑坡、塌方等地质灾害。全县6月7日入梅,比常年略早(常年6月12日),7月1日出梅,比常年略早(常年7月4日),梅雨期24天,比常年偏多1天。全县平均梅雨量311.3毫米,其中淳安站302.4毫米,比常年偏少(常年349.1毫米),最大雨量中洲镇木瓜村460.3毫米。高频度的强降水使全县防汛防灾形势极为严峻。8月7～31日,连续25天无明显降水,大部分乡镇出现了明显旱情,其中东部和东南部乡镇出现重旱,南部乡镇出现了中旱。高温和干旱对农作物生长产生了较大影响,部分农作物旱死,水果萎蔫,产量和品质都有所下降。9月中旬受台风"莫兰蒂"影响,出现了一次暴雨日,为9月15日63.8毫米;下旬气温偏高,多日最高气温升至30℃以上,此外月末受台风"鲇鱼"影响,出现了小阵雨天气。10月降水偏多,日照严重偏少,有20天日照为0,10月中下旬几乎没有出现过完整的晴朗天气,全月日照时数仅为55.4小时,比常年同期偏少98.3小时,偏少59.4%。连阴雨天气导致单季稻质量下降,部分单季稻还未来得及收割就已经发芽,单季稻收割进度较慢,同时也对油菜播种、移栽等作物造成一定影响。11月7～25日出现了一次较为明显的连阴雨天气,对单季稻收晒、油菜播种和移栽造成一定影响,使得秋收冬种进度减缓。

【气象监测与服务】 2016年,淳安县气象局继续完善全县区域自动气象监测站网,全县自动站总数达106个、负氧离子监测站4个、大气电场仪8个、实景监控7个、闪电定位仪2个、土壤水分站5个。在全县各个中心村和特色村建成了100块气象信息电子显示屏,及时发布最新天气预报预警信息。同时也和海事局港航管理处合作进行千岛湖港航气象服务,进一步保证了港航安全。

气象要素对照表

表2

要素 年份	平均气温(℃)	降水量(毫米)	光照(小时)	雨日(天)	无霜期(天)	暴雨次数(次)
2016	18.3	1953.7	1683.1	168	287	7

续表 2

2015	17.7	2015.1	1503.9	168	287	7
历年	17.2	1515.1	1850.3	156	241	4

（项琼斐）

·水文·

【概况】 2016 年，淳安县水文站下辖中洲、管家、千岛湖、下洪、小毛岭、西岭、荷岭后、双溪口、仙人潭、金竹岭、百罗畈、瑶山、大墅、白马、樟村、陈家村、姜家、杜井、塔山等 19 个雨量代办站。其中中洲水文站负责观测雨量资料的同时观测水位资料，2010 年 9 月 1 日起，由于防洪堤建设，测站断面改变水位停测，计划于 2017 年中洲水文站改造完成后恢复观测。

全县重要小流域、小(1)型以上水库及部分小(2)型水库安装的雨情、水情自动采集系统运行情况良好。

【雨情】 2016 年，淳安县降雨属偏多年份，年平均降雨量为 2223 毫米，比多年平均降雨量偏多 25%。因受县境地域广、地形复杂的影响，时空降水分布不均，县西南部的枫树岭镇白马雨量站降水量为 2503 毫米，而在县中部下洪雨量站降水量只有 1936 毫米，两站相差达 567 毫米。全县最大 24 小时降水量出现在枫树岭镇白马雨量站，为 161.5 毫米。

【水情】 7 月 7 日实测新安江水库水位 105.30 米，为年度最高水位，比上年度最高水位高 0.28 米；3 月 31 日实测水位 98.20 米，为年度最低水位，比上年度最低水位高 0.14 米；水位年变幅 7.10 米，年平均水位 101.37 米。 （郑红日）

·国民经济和社会发展情况·

【经济总量】 全县实现地区生产总值(GDP) 232.85 亿元，按可比价格计算，增长 10.5%。其中第一产业增加值 34.29 亿元，第二产业增加值 81.66 亿元，第三产业增加值 116.90 亿元，分别增长 4.2%、6.3%和 16.0%。全县按户籍人口计算的人均 GDP 达到 50614 元，增长 10.3%。按国家公布的 2016 年平均汇率折算，人均 GDP 达到 7620 美元。三次产业结构比为 14.7∶35.1∶50.2，第三产业比重同比提高 2.8 个百分点。全县信息经济(智慧经济)实现增加值 12.29 亿元，按可比价格计算，增长 25.4%，占全县 GDP 的比重为 5.28%，比重较上年提高 0.42 个百分点。

【财政收支】 全县实现财政总收入 27.29 亿元，增长 8.7%，其中地方财政收入 17.36 亿元，增长 8.6%。全年地方财政支出 60.07 亿元，增长 18.7%，其中：社会保障和就业支出 7.17 亿元，增长 57.1%；城乡社区支出 6.08 亿元，增长 56.9%；交通运输支出 5.04 亿元，增长 22.5%。

【市场价格】 全县居民消费价格总水平比上年上涨 3.1%。八大类商品和服务项目价格呈“六升二降”格局(见表 3)。

表 3

项　目	2016 年
全县居民消费价格指数(上年＝100)	103.1
1. 食品烟酒类	108.6
2. 衣着类	98.4
3. 居住类	102.1
4. 生活用品及服务类	101.0
5. 交通和通信类	98.2
6. 教育文化和娱乐类	102.1
7. 医疗保健类	100.1
8. 其他用品和服务类	102.3

【市场主体】 年末，全县共有市场经营主体 19927 户，其中企业 6164 户、个体工商户

12995户、农民专业合作社768户,分别占总数的30.9%、65.2%、3.9%。2016年新增市场主体3061户,其中企业1062家,个体工商户1959户,农民专业合作社40户;新增市场主体比上年同期增长30.9%,其中企业、个体户及农民专业合作社分别增长40.3%、25.8%和60.0%。

【劳动就业】 全县城镇新增就业人数2986人,失业人员再就业2109人,其中就业困难人员再就业574人。城镇登记失业率控制在2.85%以内。全年共完成各类培训6848人次,其中职业技能培训3752人次,创业培训1175人次,文化创新产业培训355人次,失业人员适应性培训486人次。

【人口】 年末,全县总户数146838户,户籍人口460664人。在户籍人口中,男性233401人,女性227263人。其中千岛湖镇户籍人口82613人,比上年末增加524人。全县人口出生率11.52‰,人口自然增长率5.02‰。

【人民生活】 全年城镇常住居民人均可支配收入36708元,增长9.8%;人均生活消费支出20831元,增长9.0%。全年农村常住居民人均可支配收入16110元,增长10.1%;人均生活消费支出11056元,增长9.6%。

【社会保障】 年末,全县各类养老保险应参保人数378837人,已参保人数365577人,参保率达96.5%;全县各类医疗应参保人数459416人,已参保人数459094人,参保率为99.92%;工伤保险参保人数为88684人,比上年底净增1681人;生育保险参保人数为46513人,比上年底净增1991人;失业保险参保人数为48835人,比上年底净增3046人。

【社会福利】 全县有福利院、乡镇敬老院、民办养老机构等福利机构31家,机构养老床位3252张,供养老人997人;社会福利企业11家,在岗职工745人,其中残疾职工301人;全县共有18885人享受低保待遇。

【城市建设】 完成《千岛湖城市风貌规划导则》《千岛湖镇城市设计整合》等编制工作。科学开发利用城市地下空间10万平方米,推动骑龙巷休闲慢生活街区建设;加强生活垃圾分类处置,城区生活垃圾分类覆盖率达75%,垃圾密闭清运率达100%,城区生活垃圾和粪便无害化处理率达100%;完成排水管网清淤20公里,雨污分流改造11公里,改造积水点5处,增加抽水设备1000立方米/小时;新建城市道路3条6.06公里,建成停车位2790个。年末,全县建成区绿地率39.5%,建成区绿化覆盖率42.26%,城市人均公园绿地面积14.12平方米。

【公用事业】 全年全社会用电量12.16亿千瓦时,增长14.8%,其中一产用电0.12亿千瓦时,增长19.6%;二产用电6.87亿千瓦时,增长7.8%;三产用电3.01亿千瓦时,增长30.0%;城乡居民生活用电2.16亿千瓦时,增长19.8%。

【环境建设】 成功创建国家级生态县,被列为首批国家级生态保护与建设示范区,获得全省“五水共治”大禹鼎。南山、城西、坪山污水处理厂实现国家一级A标排放,完成47家企业排污口整治,城区污水处理厂污水处理率达94.6%,运行负荷率达84.6%,监督性监测合格率达100%;建成姜家、威坪两座集镇污水处理厂,并启动大墅污水处理厂建设;农村污水处理设施实现行政村全覆盖,农村治污设施出水水质检测合格率约95.36%,正常运行率100%。智慧环保平台投入使用,全年千岛湖水质整体优良,全湖水质符合地表水Ⅰ类水标准,出境断面始终保持Ⅰ类水质,全湖平均透明度为438厘米,符合地表水Ⅱ类水标准,营养状况为中营养,综合营养状态指数TLI值为30.8。完成96台小型锅炉淘汰或改造,完成率为100%,淘汰黄标车及老旧车456辆,关停8家高污染企业,清洁化改造5家混凝土企业,实施工地扬尘"5个100%"管理等措施。全年千岛湖整体大气环境质量优良,空气优良天数341天,空气优良率94.7%,PM2.5(细颗粒物)年均值为30微克/标立方米。

【农业生产】 全县完成农林牧渔业总产值48.02亿元,增长7.0%。其中,农业产值32.22亿元,增长6.1%;林业产值6.62亿元,增长10.0%;牧业产值6.67亿元,增长8.0%;渔业产值2.51亿元,增长7.0%。实现农林牧渔业增加值34.69亿元,增长4.3%。据粮食监测推算数据显示,全年粮食种植面积1.69万公顷,粮食总产量73425吨。茶叶产值6.68亿元,下降0.8%;蚕茧产量2649吨,下降28.8%;肉类18236吨,增长0.9%;禽蛋5702吨,增长2.3%。

【品牌农业】 开展淳安茶叶区域公用品牌发展规划,正式启用"千岛湖茶"区域公用品牌,千岛湖生态农产品精彩亮相省农博会等农产品展销活动,参展企业达200家次,获各类金奖22个。年末,全县有省著名商标10件、市著名商标29件和县知名商标46件;有省名牌产品8件、市名牌产品6件和县知名产品37件;有无公害农产品140个、无公害面积13万亩和绿色食品6个。

【美丽乡村建设】 成功举办第二轮区县协作第一次联席会议,落实区县(镇街)协作专项资金1亿元。下姜村成功创建AAA级景区,鳌山村A级景区雏形初显。园区、民宿产业快速发展,青田村美客爱途、王家源村乡非云舍、鳌山村淳香居、隐居芹川等精品民宿项目已建成营业。桃源凌家村兰纳、双溪村方盛、小标等农业园区建成开放,挂牌AA级景区。

【工业生产】 全年实现工业增加值66.42亿元,增长8.5%。实现工业销售产值330.13亿元,增长5.8%,其中规模以上工业销售产值262.95亿元,增长4.8%。规模以上工业实现新产品产值61.42亿元,增长46.8%;新产品产值率23.1%,比上年提高6.5个百分点。

【建筑业】 全年实现建筑业增加值15.32亿元,下降2.1%。全县有总承包和专业承包资质的纯建筑企业62家,完成建筑业总产值31.05亿元,下降1.9%;房屋建筑施工面积144.3万平方米,下降24.3%;房屋建筑竣工面积56.2平方米,下降47.7%。

【固定资产投资】 全县完成固定资产投资160.36亿元,增长6.0%,其中第一产业投资5.20亿元,同比下降2.9%;第二产业投资32.92亿元,增长28.3%;第三产业投资122.24亿元,增长1.7%。完成基础设施投资44.55亿元,增长4.0%。

【房地产业】 全县完成房地产开发投资39.65亿元,下降10.3%,占固定资产投资完成额的24.7%。房屋施工面积299.43万平方米,下降7.2%;竣工面积19.48万平方米,下降64.1%。全年商品房销售面积43.14万平方米,增长47.2%;实现商品房销售额36.59亿元,增长72.3%。

【贸易】 全县实现社会消费品零售总额80.90亿元,增长12.1%。按城乡分,城镇消费品零售额48.45亿元,增长12.5%;乡村消费品零售额32.45亿元,增长11.6%。按行业分,批发零售业零售额63.89亿元,增长12.0%;住宿餐饮业零售额17.01亿元,增长12.6%。实现自营进出口总额18377万美元,下降12.2%,其中自营出口16514万美元,下降8.7%;进口1863万美元,下降34.5%。

【招商引资】 全年实际到位资金(含外资)71.09亿元,增长7.0%,其中服务业到位资金46.02亿元,增长21.1%;工业到位资金19.40亿元,下降10.9%;实际到位外资1374万美元。

【交通运输】 全县公路总里程2707公里,其中高速公路13公里、省道57公里、县道790公里、乡道245公里、村道1602公里;有公路桥梁664座,其中农村公路桥梁635座、特大桥梁7座;有公路隧道78座,其中农村公路隧道56座。完成县乡公路大中修105公里、村道大中修140公里、联网公路30公里、农村公路安保工程60公里、病危桥改造16座、隧道维修加固11座、照明增设2座、边坡治理18处。“美丽公路”创建成效显著,淳杨公路先后被评为“全省最美绿化通道”、“全省十大最美绿化县道”和“省级精品示范道路”。千岛湖镇城区有公交线路10条,公交车89辆,其中21辆为清洁能源公交车,公交出行分担率为22.7%。汾口镇已开通公交车,共2条线路、6辆公交车。农村客运乘车减免政策顺利实施,在全省范围内率先对60~69周岁老人实行半票,对70周岁及以上老人实行免票政策。

【安全生产】 全年共发生生产安全事故23起,死亡23人。其中工业商贸领域发生5起,死亡5人,交通领域发生18起,死亡18人,事故起数与死亡人数均比上年有所下降。在G20峰会、乌镇互联网大会期间、元旦、“五一”、“十一”等重要及敏感时段,均未发生生产安全事故。

【旅游业】 全年共接待国内外游客1266.53万人次,实现旅游经济收入119.83亿元,分别增长12.9%和14.3%。其中乡村旅游接待游客486.9万人次,实现乡村旅游收入5.33亿元,分别增长18.8%和17.9%。千岛湖国际度假村、陆家埠酒店、品湖度假村、萨版纳度假酒店等项目稳步推进;城中湖水上娱乐、千岛湖鱼头广场、民福酒店等项目已完工。智慧旅游项目成果丰硕,千岛湖旅游大数据分析等平台取得国家版权局5项软件著作权,千岛湖希尔顿度假酒店、豆多旅行社等5家企业分别被评为“智慧酒店”“智慧旅行社”“智慧乡村”。完成千岛湖大峡谷等7条乡村绿道支线建设,累计建成绿道300余公里,制定了环湖驿站等级评定标准,并对25家等级驿站授牌。全年接待骑行游客超过100万人次。云里雾里、美客爱途、淳乡居等7家精品民宿建成开业,大众民宿提升审批快速推进,497家已通过验收,385家取得合法证照。

【金融业】 年末,全县金融机构本外币各项存款余额286.36亿元,增长6.1%,其中人民币存款余额284.86亿元,增长6.7%;金融机构本外币各项贷款余额186.68亿元,下降8.9%,其中人民币贷款余额186.60亿元,下降9.0%。

【教育】 年末,全县有普通高中5所,在校学生6031人;初中17所,在校学生9071人;小学58所,在校学生15699人;幼儿园36所,在园幼儿7753人;职业高中2所,在校学生3403人;特殊教育1所,在校学生33人。

【科技】 全年专利申请538件，增长34.2%，其中发明专利152件、实用新型专利270件、外观设计专利116件；授权专利291件，增长4.3%，其中发明专利19件，实用新型专利226件，外观设计专利46件。全年新认定国家高新技术企业6家，认定通过率100%，其中千岛湖啤酒成为全国第二家、浙江省唯一一家啤酒行业国家高新技术企业。磊鑫创业孵化园被认定为杭州市科技企业孵化器，实现我县市级科技企业孵化器的零突破。培育认定全省首家县级企业研究院——千岛湖啤酒研究院，培育省科技型企业8家。谷神能源、瑞声海洋仪器等3家企业创建市级企业技术研发中心。全县实现高新技术产业销售产值60.14亿元，增长15.1%。

【文化】 年末，全县共有文化馆（站）24个、公共图书馆19个（含乡镇分馆）、艺术馆1个，农家书屋437个、电影院2家。全县公共图书馆拥有藏书41万余册。完成年度49处村级文化设施建设、6处村级文化设施整合提升和第七轮、第八轮20处农村历史建筑修缮工程；建成30个农村文化礼堂和1个社区文化礼堂。威坪镇汪川村、千岛湖镇火炉尖社区分别创建为浙江省文化示范村和杭州市文化特色社区。完成县第一次全国可移动文物普查，共普查可移动文物1204件（套）。

【卫生计生】 全县有各类医疗机构316家，卫技人员2332人。2016年全县门急诊279.1万人次、住院5.96万人次，同比增长5.08%、9.96%；基层医疗机构门急诊147.4万人次、住院2601人次，同比增长6.0%、30.0%。努力实施"人才强卫"战略和"人才兴院"工程，现有正高职称45人（2016年新增12人），副高职称240人（2016年新增46人）；全县有各级各类名医27名，其中国家级基层名中医1人、杭州市基层名中医6人，县级百名拔尖人才28人。

全年上报出生5299人，同比增加1574人，增长42.26%，计划生育率97.55%。

【体育】 建成37公里（精品线路7公里）的安阳国家登山健身步道；完成千岛湖镇景秀区块综合球场、芳菲影珠阳光体育公园网球场综合改造及汾口、威坪两个综合球场等基础设施建设。成功举办中国·杭州环千岛湖国际公路自行车赛、千岛湖国际铁人三项赛、千岛湖马拉松大赛、国际泳联10公里马拉松游泳世界杯赛、全国10公里马拉松游泳冠军赛、第12届中国大学生健康活力大赛等重大赛事；组队参加市级以上举重、摔跤、轮滑、体育舞蹈等赛事，共获得292金、185银、143铜的好成绩。 （编辑 刘东山）

中国共产党淳安县委员会

·县委全委会·

【县委十三届十六次全体(扩大)会议】 会议于1月6日在千岛湖镇召开,出席会议的有县委委员、候补委员、纪委委员,县四套班子领导,法院院长、检察院检察长、人武部部长、副县级干部,副县级以上退休老同志,各乡(镇)党委书记、乡(镇)长,各部委办局(公司、行社)党政正职或主持工作的副职,部分党代表,工业企业负责人代表,省级以上农业龙头企业负责人,商贸旅游企业负责人代表,新社会阶层代表人士。会议的主要任务是:贯彻落实中共十八届五中全会和省市委全会精神,回顾总结2015年工作,审议通过《中共淳安县委关于制定淳安县国民经济和社会发展第十三个五年规划的建议》,研究部署"十三五"时期及开局之年的工作思路、目标和任务,动员全县各级党组织和广大党员干部,进一步解放思想、提升理念、积极作为,努力开创"秀水富民"新局面。县委书记朱党其作代表县委常委会作了题为"落实五大理念　推进秀水富民　为实现十三五精彩开局而努力奋斗"的报告。

【县委十三届十九次全体(扩大)会议】 会议于7月20日在千岛湖镇召开,出席会议的有县委委员、候补委员、纪委委员,县四套班子领导,法院院长、检察院检察长、人武部部长、副县级干部,副县级以上退休老同志,各乡(镇)党委书记、乡(镇)长,各部委办局(公司、行社)党政正职或主持工作的副职,部分党代表,工业企业负责人代表,省级以上农业龙头企业负责人,商贸旅游企业负责人代表,新社会阶层代表人士。会议的主要任务是:认真学习贯彻省市委全会精神,回顾总结上半年工作,研究部署补短板抓落实促发展工作,动员全县各级党组织和广大党员干部群众,为完成全年目标任务、确保走在全省26个加快发展县前列而努力奋斗。县委书记朱党其代表县委常委会向全会作了题为"补短板　抓落实　促发展"的报告。

【中国共产党淳安县第十四次代表大会】 会议于12月27～30日在千岛湖镇召开,出席会议的由全体党代表和特邀、列席人员。这次大会的主要任务是:回顾总结县第十三次党代会以来的工作情况,科学谋划今后五年的目标任务,选举产生新一届县委和纪委班子,动员全县广大党员干部和人民群众,坚定秀水富民路,建设康美千岛湖,为争当全国践行"两山"理论标杆县而努力奋斗。主要议程为:听取和审查中国共产党淳安县第十三届委员会工作报告;审查中国共产党淳安县第十三届纪律检查委员会工作报告;选举中国共产党淳安县第十四届委员会;选举中国共产党淳安县第十四届纪律检查委员会;选举淳安县出席中国共产党杭州市第十二次党代表大会的代表;开展代表提案工作。黄海峰代表中共淳安县第十三届委员会向大会作题为"坚定秀水富民路　建设康美千岛湖——为争当全国践行"两山"理论标杆县而努力奋斗"的工作报告。

【县委十四届一次全体会议】 会议于12月30日在千岛湖镇召开,出席会议的有县委委员39名、县委候补委员7名，县纪委委员列席会议。会议选举黄海峰、董毓民、董文吉、赖明诚、郑志光、姚伟明、徐恒辉、鲁连美、宋立新、许海波为县委常委，选举黄海峰为县委书记，选举董毓民、董文吉为县委副书记。会议通过了中国共产党淳安县第十四届纪律检查委员会第一次全体会议选举结果的报告。会议审议通过《中共淳安县委工作规则》和《中共淳安县委2017年工作要点》；讨论确定党的十九大和省第十四次党代会代表候选人初步人选推荐名单。

·县委常委会·

【县委常委会议】 2016年共举行常委会议29次，会议情况如下：

1月4日，召开县委常委会第76次会议，传达学习市委十一届十次全体(扩大)会议精神，研究县十五届人大常委会委员递补人选建议名单，研究"两会"有关事项，研究《关于加强人才开发推进人才建设工程的若干意见(试行)》《关于建立千岛湖沿湖沿线综合巡查管理机制的通知》，通报中发〔2015〕18号和浙委发〔2015〕21号文件精神。

1月20日，召开县委常委会第77次会议，县委各位常委，县人大、政协主要领导围绕"找短板、抓落实"主题进行发言。

1月26日，召开县委常委会第78次会议，县委常委会委员开展"三严三实"专题民主生活会，市领导马晓辉参加。

1月29日，召开县委常委会第79次会议，传达学习习近平总书记重要讲话和十八届中央纪委六次全会精神，研究组织部提交的有关事项，县纪委全会暨作风建设大会有关事宜，乡镇部门综合考评结果。

2月18日，召开县委常委会第80次会议，研究纪委、组织部、宣传部、统战部和群团组织的有关工作。

3月1日，召开县委常委会第81次会议，研究人武部及政法、信访口有关事宜、全县农村工作会议、全县经济工作会议有关事宜、研究《关于追授姚春妹、余延安同志为优秀共产党员的决定》和2015年度县管干部考核等次评定原则，传达学习全市组织工作会议、全市农村工作会议精神。

3月10日，召开县委常委会第82次会议，专题研究临岐镇工作。

3月29日，召开县委常委会第83次会议，通报有关人事安排，研究县管干部2015年度考核等次和有关文件。

4月14日，召开县委常委会第84次会议，研究纪委、组织部提交的有关事项。

4月22日，召开县委常委会第85次会议，研究2016年度机关部门、乡镇综合考评办法，研究组织部提交的有关人事工作和竞争性选拔工作方案。

5月4日，召开县委常委会第86次会议，研究《关于在全县党员中开展"学党章党规、学系列讲话，做合格党员"学习教育的实施意见》《县委常委会带头开展"两学一做"学习教育主要工作安排建议》《关于全县"两学一做"专题党课暨学习教育部署会的建议方案》《关于设立全县"两学一做"学习教育协调小组的建议方案》等文件。

5月25日，召开县委常委会第87次会议，专题研究大墅镇工作，研究组织部、信访局提交的有关事项，传达学习全市党建工作责任制推进会精神。

6月8日，召开县委常委会第88次会议，研究淳安县庆祝中国共产党成立95周年大会，研究组织部提交的有关"两优一先"、百佳干部和有关人事工作。

7月14日，召开县委常委会第89次会议，研究县委十三届十九次全体(扩大)会议报告及安排，研究组织部提交的《村级带富"领头雁"培育工程实施意见》，研究文化宣传四张清单及公共服务体系建设工作,传达学习《关于当前意识形态领域情况的通报》(中办发〔2016〕25号)文件和区、县(市)换届工作会议精神。

7月29日,召开县委常委(扩大)第90次会议,观看警示教育片《镜鉴》,进行区县换届动员,市委考察组组长施迎利参加。

7月29日,召开县委常委会第91次会议,研究组织部提交的有关事项。

8月16日,召开县委常委会第92次会议,研究《关于加快推进我县医疗卫生事业发展的若干意见》、《关于加强卫生人才队伍和学科建设的政策意见》和《关于着力打造淳安教育"名校、名师、名校长"工程行动计划》等文件,研究宗教有关工作,研究县乡两级人大代表换届选举有关工作,传达学习全市加强政府投资项目招投标监管工作会议精神和《中国共产党问责条例》。

9月7日,召开县委常委会第93次会议,研究认定"十佳"系列人才工作、全县峰会保障服务总结大会有关事项和《关于全面推行部门和单位主要负责同志"五不直接分管"制度的实施办法(试行)》。

9月20日,召开县委常委会第94次会议,研究组织部提交的有关事项。

9月21日,召开县委常委会第95次会议,研究组织部提交的有关事项。

9月22日,召开县委常委会第96次会议,研究组织部提交的有关事项和"七五"普法教育规划纲要。

10月20日,召开县委常委会第97次会议,研究县第十四次党代会有关事项、政协换届安排工作方案和纪委提交的有关事项。

11月19日,召开县委常委会第98次会议,传达贯彻市委书记赵一德在淳安送干部报到时的讲话精神,研究有关人事问题和县工商联换届人事方案。

11月24日,召开县委常委会第99次会议,黄海峰书记讲话。

11月28日,召开县委常委会第100次会议,研究组织部提交的有关事项。

12月7日,召开县委常委会第101次会议,研究县委巡察工作有关情况,公务用车改革有关事宜,研究《淳安县乡镇党政主要领导干部自然资源资产责任审计实施意见(试行)》和《淳安县党员干部环境保护责任追究办法(试行)》两个文件。

12月9月,召开县委常委会第102次会议,研究组织部提交的有关事项。

12月12日,召开县委常委会第103次会议,研究组织部提交的有关事项。

12月19日,召开县委常委会第104次会议,研究县十四次党代会有关事项。

·重要工作会议·

【全县重要工作会议】 2016年,县委、县政府召开的重要会议(以召开时间先后为序)有:

县重点项目暨千岛湖自来水厂扩建工程开工仪式,县委十三届十六次全体(扩大)会议,政协2016年新年茶话会,县人口与计划生育领导小组会议,县春风行动动员会,全县安全生产暨春运工作会议,县"两会",人口计生、国土资源、环境保护工作会议,市对县综合考评汇报会,县级领导班子和领导干部2015年度考核会议,县纪委十三届六次全体会议暨全县作风建设大会,千黄高速项目公司成立仪式,国有企业工作务虚会,"无违建县"验收汇报会,全县党建工作会议,全县政法信访、武装工作会议,2016年淳安县党政军领导义务植树活动,全县经济工作会议,淳安县外派挂职干部总结会议暨招商推介会,全县农村工作暨五水共治、无违建县创建推进会,县委理论中心组学习会,淳安县临湖地带项目情况汇报会,2016千岛湖乡村旅游推进年启动仪式，全县深化改革领导小组会议，县安委会二季度工作会议，县科协第十次代表大会开幕式，全县深化基层党风廉政巡查工作部署会暨"讲忠诚、补短板、解难题、促提升"活动座谈会，县工会第十五次代表大会开幕式，全县旅游发展大会，一季度经济形势分析会，2016 年县军事活动日，全县职工"五一"表彰大会，全县"两学一做"专题党课暨学习教育部署会，县委人才领导小组暨人才建设工程推进会，"服务企业、聚力发展"力推十大工程专项行动动员会，千岛湖乡村休闲度假产品新闻发布会，护航 G20 誓师大会，乡镇党委书记座谈会，全县乡村干部工作交流会，全县乡镇换届工作动员会，环境百日联合巡查工作推进会，千岛湖干部月讲坛，余延安同志先进事迹报告会，淳安县庆祝中国共产党成立 95 周年大会，半年度经济形势分析会，县委十三届十九次全体(扩大)会议，慰问驻淳部队和高温一线人员，全县 G20 峰会维稳安保实战工作部署会，"谈县情，话成长"县委书记与青年面对面主题宣讲，全县农村基层党建工作会议，考核工作专项推进会，全县第 32 个教师节庆祝大会，全县人才工作大会，中国工农红军北上抗日先遣队纪念馆开馆仪式，"十一"黄金周旅游服务保障工作会议，第 2 个革命烈士公祭日活动，全县县乡换届工作动员会，全县服务保障 G20 杭州峰会总结表彰大会，重大项目开工仪式，"六五"普法总结暨"七五"普法启动动员大会，"冲刺四季度、实现全年红"暨三季度经济形势分析会，第四区县协作组第二轮协作第一次联席会议，县四套班子领导务虚会，全县领导干部会议，千黄高速公路淳安段工程全线征迁动员大会暨节点工程开工仪式，"无违建县"创建考核验收汇报会，县第十四次党代会。

·议事协调和临时机构·

【县委新设立的议事协调机构】 2016 年，鉴于工作需要和人员变动，县委新设立和调整了一批议事协调和临时机构：

淳安千岛湖博物馆展陈布置工作办公室，千岛湖配水工程指挥部现场协调组，高铁新区建设工作领导小组，国有企业改革工作领导小组，淳安县规划展览馆展陈更新工作领导小组，淳安县创建服务业强县工作领导小组，淳安县乡镇换届工作督导组，淳安县农村文化礼堂建设工作领导小组，县委巡察工作领导小组，淳安县公共卫生工作委员会，淳安县委人才工作领导小组，淳安县农村生活污水治理工作领导小组，千黄高速公路淳安段工程建设推进指挥部，淳安县公务用车制度改革领导小组，淳安县乡镇换届工作领导小组。

·政研工作·

【主要工作】 县委政策研究室立足服务领导决策，重大会议文稿起草两大任务，紧紧围绕县委中心工作开展调研，参与了县十四次党代会、县委全会、党建工作会议、农村工作会议、经济工作会议等重要会议文稿起草的调研工作。 （吴　聪）

·组织工作·

【"两学一做"学习教育】 突出经常性教育抓好"学"。县级党员领导干部带头到基层联系点上党课 36 堂，带动乡镇部门主要领导、基层党组织书记上党课 3468 堂次，尤其是通过"板凳党课""微党课"等形式，营造善学、乐学氛围。突出问题导向抓好"改"。成立督导组对各单位推进 G20 服务、党员日常管理等工作开展全覆盖督导，建立问题清单、整改清单和责任清单，党员查摆出的 7.5 万余问题，基本完成整改。注重典型引领抓好"促"。隆重开展纪念建党 95 周年纪念活动，选树"两优一先”先进典型,弘扬“最美党员”先进事迹,营造学先进、赶先进的浓厚氛围。

【县乡换届】 把加强党的领导和把关作用贯穿全过程,高质量推进领导班子换届。把好考察识别关。采取先谈话推荐,再会议推荐的方式,提高推荐质量。开展换届考察专题业务培训,规范干部考察规程,推行考察“十一个必须”和“凡提四必”要求,严格“十部门联审”,考准考实干部。把好代表委员质量关。严格执行“六种情形人员不能推荐”标准,对代表委员结构、素质两项指标严格把关,严格“41条”标准,先后共对5071人次实施资格联审,发现问题521人次,为换届顺利进行打下坚实基础。把好选举保障关。按照“最高标准、最实举措、最严纪律”的要求,扎实做好县乡党代会、人代会和县政协会议的组织保障工作,新一届县乡党委、人大、政府和县级政协班子成员均高票当选,达到了选好班子、议好报告、绘好蓝图的目标,换届工作任务圆满完成。把好换届纪律关。深入贯彻中央“九严禁”换届纪律要求,压实换届风气责任。制定《淳安县换届工作纪律负面清单》,严格执行“四必看”“四必谈”“四必训”制度,创建网格督导、信访快速核查机制,始终保持高压态势,营造良好氛围,换届后未发生违反选风选纪问题。

【干部选拔】 坚持选拔干部三个导向:一是以德为先导向,选任干部注重品德和作风,综合运用干部考察中德的评价、作风评议、个人事项报告审核、诚信档案、联审记录及日常行为监测等成果,注重研判分析,对单位公认度不高、品行不良的干部,一律不予任用。二是实干业绩导向,注重考察干部在重要岗位、重点项目、关键时期主要表现,对在无违创建、撤村建居、杭黄高铁等重点工作中表现突出的61名干部予以提拔使用;对日常工作表现平平,经考察认为不适宜担任现职的6名县管领导干部调离岗位或改任非领导职务。三是基层历练导向,畅通城乡交流渠道,机关部门9名领导干部下派乡镇任职、23名干部提任乡镇副职;13名乡镇领导干部交流进城;9名村干部、大学生村官选拔到乡镇领导岗位。加大选派优秀年轻干部到乡镇重要岗位历练的力度,5名“80后”干部转任或提任乡镇重要岗位,6名“85后”干部提任乡镇副职。

【干部教育培训】 枫树岭镇下姜村是省级“群众观”教育基地,全年承办省市县级培训23期,突破2000人次。深化“墩苗”机制,选派年轻干部参与一线实践锻炼、一线督查、一线考核,31名年轻干部内挂到县内五大基地锻炼;县外,派出12名“80”后年轻干部到西湖区、滨江区、萧山区、江东杭千开发区进行为期一年的挂职锻炼。拓展干部教育平台,创新年轻干部教育培训机制,突出“90”后干部培训平台打造,强化“实战练兵”,推进年轻干部系统化培养。创办“青马学院”培训班,年轻干部踊跃报名参与,有效提升年轻干部动脑、动口和动手能力。

【干部日常监督管理】 着眼抓早抓小抓预防,抓好“四级预警”,实施“即时提醒”,强化对领导干部为官不为、个人事项报告等方面问题的监测预警和审核把关,倒逼干部遵规守纪、担当作为。对履职不力的4名县管干部实施三级预警,对干部档案审核推进不力的11名单位主要领导进行提醒,对2名工作不在状态的领导干部进行函询。在乡镇换届中,对查明存有学历存疑、个人事项报告瞒报问题的5名考察对象暂缓提拔。

【“双整”推进】 按照示范点、样板区要求,推动各领域党建工作全面进步、全面过硬。实施农村党建“十百示范”、机关事业“服务先锋”、国企党建“六好引领”“两新”党建“双强争先”等“四大工程”，实现县乡村各层面党建工作齐头并进。明确基本型、提升型、示范型党组织创建标准，出台农村、教育、卫计、国企、“两新”党建工作实施意见，各领域抓党建氛围更加浓厚，工作职责和要求更加清晰。坚持抓人促事，全领域打造“双整示范”，各领域党组织“自转”水平明显增强，下姜村、屏湖村等一大批基层党建示范点、精品带初见成效。

【基层干部队伍建设】 坚持选、育、管多措并举，基层干部队伍素质显著提升。创新开展村级带富“领头雁”培育工程。以“认定＋竞赛”形式，评定 209 个村级带富“领头雁”行政村，超额完成年度目标任务，选树一批县级“带富好标兵”“带富好班子”，村干部致富带富蔚然成风。持续深化第一书记管理。实现软弱落后村和重点帮扶村选派全覆盖，深化“五必到”等机制，确保第一书记主要工作时间和精力在村。扩规升级乡村干部比学赶超平台。坚持并深化乡村干部工作交流会，拓宽先进典型范围，全面升级交流形式，激励干劲、鼓舞士气。有条不紊做好村级组织换届准备，排查换届形势复杂村，调查摸底、专项整治、软弱落后党组织整转、组织设置优化、人才储备等七项选前准备工作。

【党员队伍建设】 深化“六评三定”、全程纪实等举措，严把党员发展程序，探索档案标准化建设，突出青年农民、一线工人、外出务工人员等领域，全年从严发展党员 362 名。完善党员固定活动日“十二条”规定，汇编形成特色案例，开展常态化检查。落实乡镇班子成员“点对点”到村指导机制，赴杭集中组织流动党员活动。建立党员组织关系排查网，联系“失联党员”118 名，减少“口袋党员”67 名。从严落实党费收缴专项检查工作，健全党费管理使用机制。落实党员先锋指数考评和党员党性分析民主评议工作，评出不合格党员 103 人。全覆盖推进党代表和党员违纪违法排查，终止代表资格、停止代表职务 41 人，处理严重违法违纪党员 262 名，起到“处理一批、教育一片，警示一批、提高一片”的效果。

【基层党建工作责任制】 健全县乡村“三级党建责任清单”，完善县四套班子党员成员党建责任清单，建立乡镇、部门党员领导班子成员抓党建工作问题清单和任务清单，深化村党组织书记党建责任制专项考核，让党建责任环环相扣、处处咬合。紧抓基层党建工作考核的“牛鼻子”，全面实行乡镇党委经济社会发展和党建工作责任“双百分”制考核，实现党建工作和中心工作同台考核、同频共振。落实“规定＋自选”模式，推动 106 个书记领办党建责任项目落实落地。

【人才工作】 “抓纲举目”，构建人才政策体系，研究出台《关于加强人才开发推进人才建设工程的若干意见(试行)》，以及人才分类认定管理办法等 10 项具体操作办法，形成“1＋10”人才政策体系，研究出台教育、卫生人才等公共服务人才引育意见。变坐等引才为敲门招才，探索以才引才、以“情”引才、大赛引才新路子，实现高层次人才和公共服务及紧缺人才招引双突破。推进人才新政落实，创设人才评价荣誉体系，探索评价引领、竞技提升、引智育才等本土人才提质新路子。实施高层次人才“绿卡”服务制度、县领导联系高层次人才服务制度，启用高层次人才驿站。建立乡镇青年人才县城“一张床”机制，利用老办公大楼改建人才公寓 137 间，首批 122 名青年人才摇号入住，得到市委书记赵一德的批示肯定。举办首届“人才活动周”，召开全县人才工作大会，开展教育名师工作室成果展示、百名科技人才服务基层等10项活动。成功创建市级大学生创业园。

【自身建设】 开设“两学一做”学习教育专栏,公开机关党员“一句话承诺”,接受干部群众监督,增强机关干部的自律意识和身份意识。坚持周工作行事历制、月部长办公会制、每月机关工作例会制,对省市组织部门及自身部署的重点工作、县委主要领导批办件,明确专人负责跟踪协调,办理进度每月定期汇总梳理,由部主要领导批阅,推动工作落实。全面推行“项目化”工作机制,明确年度目标任务的责任人、完成时限、质量要求,确保任务落实。着眼智慧党建,在全县组工系统推广使用“钉钉”软件,增强信息互动,提高工作效率。驰而不息抓宣传,在市级以上媒体用稿131篇,省市简报录用36篇;第一书记管理工作得到中央政治局常委刘云山、中央组织部部长赵乐际批示肯定;下姜村工作2次得到省委常委、组织部部长廖国勋批示肯定;探索建立乡镇公职人员城区“一张床”等5项工作获得省委常委、市委书记赵一德批示;“三类党课”抓实农村党员学习教育、石林镇落实茶园帮扶项目获市委常委、组织部部长张仲灿批示肯定。全年发布微信47期、122篇,每月编纂发布《淳安组工》信息4期,宣传乡镇、部门组工特色做法。 (周 娟)

·宣传工作·

【概况】 2016年宣传思想工作,紧紧围绕“幸福和美”主题,以文明淳安、文创千岛湖“两文”建设为重点,以“办好G20,当好东道主”为契机,突出服务政治、服务经济、服务民生主线,全力打造“幸福千岛湖、最美千岛湖、文创千岛湖”三品牌,为淳安经济社会发展营造良好氛围。

【思想理论武装】 开展“两学一做”、建党95周年、长征胜利80周年等主题教育践行活动;启动重大宣讲“六进”、“乡土宣讲团、板凳课堂”等面向群众的理论大众化宣讲,先后开展宣讲活动89场,听众10000多人次;开展典型人物和“最美淳安人”宣讲,累计宣讲37场,听众达18000余人。

【“富民千岛湖”解读】 围绕践行“绿水青山就是金山银山”主题报道,在国家及省市各类媒体推出相关报道200余条次,其中《人民日报》头版3篇,中央电视台《新闻联播》3条,省级主流媒体300余条次,市级媒体350余条次;与人民网、新华网、腾讯等新媒体开展合作,全年在主流新媒体刊载相关报道4000余条次。获新浪微博浙江区域“2016年十大政务营销奖”、腾讯大浙网“2016年品牌传播奖”。

【“美丽千岛湖”演绎】 先后推出“全国周边游最受欢迎旅游目的地——千岛湖”“乡村旅游文化年”“车神驾到”“走遍千岛湖——寻找醉美乡镇”等主题宣传活动6个,整合各类宣传资源展示千岛湖的最美元素。G20峰会期间,国家级媒体先后刊发反映淳安县发展的新闻报道9条次,千岛湖美景被收入《西湖》《相约浙江》等宣传片,并登上纽约时代广场,让淳安美出了国际范。

【“文化千岛湖”讲述】 在省市主流媒体挖掘宣传睦剧、麻绣等淳安国家级非物质文化遗产的报道3篇,刊发文艺角、文化公园等文化阵地建设报道20余篇,并大力宣传村晚、民俗等淳安文化活动,将淳安人民丰富多彩的文化生活展现在全省乃至全国人民面前。同时,县内媒体相继开设《青溪文化》《睦州非遗》等专题栏目,举办淳安方言土段子视频大赛等活动,并在新媒体平台不断推出新安文化、乡愁文化连载。

【“文明我先行”行动】 在城区制作公益墙景宣传5处，总面积1200余平方米，制作公益宣传广告100余幅，发放宣传册1000余份；开展首届“文明驾驶”挑战赛，参与人数达1300余人；深化礼让斑马线暨文明过马路、文明乘公交活动，确定6个“礼让斑马线”示范点和8个“文明乘公交”示范点，发放倡议书10000余份，1000余名志愿者参与劝导服务行动；举办农村美丽庭院、美丽阳台等创意大赛，营造温馨和美、幸福向上的文明环境。

【“最美风尚”引领】 挖掘展示“最美淳安人”143名，编撰出版《最美淳安人》书籍1500册，举办“最美淳安人”颁奖大会暨群众“文艺角”文艺会演活动，对274名“最美淳安人”进行表彰。制定《关心关爱道德模范实施意见》，建立关心关爱好人工作机制；开展最美典型宣传引领活动，推出胡海燕等5名典型人物报道310余条次，汪爱臣被评为“阿里天天正能量”132期感动人物，胡海燕、汪爱臣、吴勇等3人被评为“杭州好人”，余速被评为“浙江好人”、“中国好人榜”候选人。

【“群众文艺角”建设】 规范命名23个有基础、有特色的群众文艺活动场点，配建路灯十余套，配发移动音响23套，制作宣传折页5000余份，制定出台《群众文艺角管理办法》，确保群众文艺角规范常态运行。《人民日报》、中央人民广播电台、新华网、《浙江日报》等十余家媒体，先后推出文艺角报道20余条次，李家坞社区41名群众联名“上书”点赞“文艺角”建设，取得良好社会反响。

【文化礼堂建设】 圆满完成省对县农村文化礼堂考核任务，完成率达170.6%；完成2014年建设25个文化礼堂星级评定，界首乡严家村文化礼堂顺利通过四星级市级评定；制定《2016年农村文化礼堂服务菜单》，完成送戏160余场、送电影3100余场、送书4万余册、送展览6场；举办农村文化礼堂村歌擂台赛，评出金奖1个、银奖9个；对全县103个文化礼堂村宣传文化员进行分片培训，全面提升能力素质和水平。2016年，淳安县被评为浙江省农村文化礼堂建设先进县。

【文创政策编修】 对接省市文化创意产业发展规划，结合县十三五发展规划，编制下发《淳安县“十三五”文化创意产业发展规划》；以中央、省、市有关文创政策为依据，积极制定《关于进一步加快发展文化创意产业的实施意见》；整合环湖绿道、乡村旅游景点、民俗节庆等资源，编制《淳安县推进摄影产业发展三年行动计划》，推动全县摄影产业发展。

【文创活动开展】 开展“创意千岛湖”手工艺品设计大赛，吸引80余名县内外手工艺者参加，收到作品300余件，评出“十佳民间手工艺者”，组织参加第十届杭州文化创意产业博览会，淳安展区吸引观众15万人次，累计达成交易额10万余元，获“最佳策展奖”，举办第二届“最美·千岛湖”全国摄影大展，与中国摄影报社签订《摄影产业六年战略合作协议》，编印《行摄山水间，醉美千岛湖——淳安千岛湖摄影指南》，创建“淳安千岛湖摄影基地”，整合全县民宿民居资源，启动“千岛湖·我的家”民宿设计营造国际大赛。

【文创平台建设】 创建千岛湖秀水街文化创意产业园和文渊狮城文化创意园2个县级文创园区；创建三井尖运动休闲旅游示范基地等13个淳安县文化创意产业基地，启动省级文创特色街区创建，提升千岛湖秀水街园区，开展求坑文创村建设，完成园区规划、建设方案编制、园区周边绿化美化、入口标识建设，培育界首鳌山村等12个文创特色村,打造青溪新城文创楼,已有介客网络有限公司、全景摄影工作室等30余家文创企业签约入驻。

【文创服务机制】 完善文创项目补助机制,立项千岛湖鱼文化旅游等33个补助项目,兑现10个市文创专项资金立项扶持项目共97.5万元;建立工作服务机制,走访文创企业60余家,帮助指导解决问题50余项,探索以商招商机制,汇编《淳安县招商资源推介手册》,积极对接东方戛纳千岛湖国际电影小镇等项目30余个,签约韩流商业特色街等文创项目7个,拟投资4亿元,建立文创培训机制,举办全县文化创意产业发展培训班,建立文创城市客厅,推出文创沙龙5期,建立重点文创项目推动机制,推进千啤小镇、文渊狮城等重点文创项目建设;建立文创交流机制,以"两岸文创产业千岛湖培育基地"为平台,举办第14届海峡两岸文化创意产业高校研究联盟"千岛湖论道"活动,增强海峡两岸文创对话交流。

【网络空间建设】 成立网上舆情监测收集站,配备中青华云舆情监测自动抓取系统,发现舆情预警线索287条,启动网站安全检查专项行动,检查千岛湖新闻网、教育网等20家网站防护工作,完成千岛湖新闻网三级等保、千岛湖网二级等保评定,做好网站和微信公众号备案工作,登记备案网站181家、微信公众号50余个,推动网络空间清朗起来。以"淳安发布"微信公众号为主平台,建立"淳安发布厅"矩阵,开展G20峰会、建党95周年、长征胜利80周年等重大主题网上宣传121次,"淳安发布"粉丝量已有十余万,全省排名保持前5名。

【宣传意识形态基础建设】 制定《关于全面落实宣传文化工作"四张清单"加快构建现代公共文化服务体系的实施意见》,深化推进"基层工作加强年",积极开展"十百千"典型培育工作;推进宣传思想文化队伍建设,举办习总书记新闻舆论工作讲话精神培训、基层宣传文化干部培训等各类培训20余期3500余人次,不断提升宣传思想文化工作队伍的业务素养和战斗能力。 (管卫亮)

·统战工作·

【概况】 2015年,淳安县统一战线工作,认真贯彻落实中央、省、市委统战工作会议精神和县委十三届八次全委会精神,牢牢把握大团结、大联合主题,在变化中找亮点,在压力中挖潜力,凝心聚力,夯实基础,为推进"秀水富民"战略深入实施贡献力量。

【加强党的思想引领】 一是加强党委统一领导,落实统战工作制度。深化落实《中共淳安县委关于进一步加强全县统一战线工作的实施意见》,协助建立健全党委统一领导、统战部牵头协调、部门单位和人民团体各负其责的大统战工作格局。积极落实向县委常委会专门汇报统战工作情况等制度。二是结合基层党建工作,将党政领导联系走访重点统战成员制度与开展系列深入基层服务活动相结合。三是探索新阶层工作,促进队伍健康成长。将以非公有制经济人士为主导的新社会阶层人士作为重点团结对象,建立健全沟通交流机制。四是积极开展慰问联谊,强化党的政治引领作用,全年慰问抗战老兵、党外干部、党外知识分子等79人。邀请民主党派、无党派、社会新阶层、民族宗教人士代表、台属、侨眷、留学生家属代表150余人参加中秋、新年茶话会,联络感情,沟通思想。

【党外人士队伍建设】 一是配合县委做好党外人士的人事安排工作。为便于农村政协委员开展活动，及时将千岛湖镇等乡镇6位县政协委员调整到位；严格按照《党外干部工作联席会议制度》，加强党外干部的培养推荐，2015年，县委干部调配时，有两名非党县管正职调整到重要岗位，提拔两名优秀党外县管后备干部。二是扩大党外人士工作覆盖面。加强对民盟、农工党两个民主党派淳安支部的指导，做好思想沟通和交流。突出党外知识分子平台建设，在全县23个乡镇建立党外知识分子联谊分会，473名党外知识分子入会。淳安上报的《淳安县四措并举实现知联会组织乡镇全覆盖》材料被市委统战部采用并专报市委领导，市委副书记杨戌标作了“很好！望能在全市推广”的批示。三是加强统战理论培训，在杭州市委党校举办全县统战工作培训班，23个乡镇、部分重点部门单位的分管领导、部分党外领导干部共55人参加学习。

【基层民族宗教工作】 指导做好畲族文化品牌村建设，从规划入手帮助富泽畲族村启动“富丽乡村”示范村建设，促进农民增收，使该村2015农民人均纯收入达到15450元，超全县平均水平。促成淡竹民族小学与杭州市伊斯兰教协会、回族穆兴小学结成帮扶对子。开展“和谐寺观教堂”创建和“文明敬香”活动，全县136个宗教活动场所全部通过省市民宗部门“和谐寺观教堂”创建验收。全县依法登记的15处佛教寺院全部实现文明敬香。开展“同心同行　共建和谐”专项活动，防止宗教违法建筑反弹，巩固“无违建县”创建成果，顺利通过省市考核验收。发挥宗教文化独特作用，助力旅游经济发展。协助完成蜜山禅寺大中修工作，提升蜜山景点接待规模和禅宗旅游主题文化，支持千岛湖龙川湾禅修中心建设。全年，全县临时禅修点共举办禅修活动约20期，吸收禅修爱好者2000名。

【侨界联谊交流】 开展港澳海外联络联谊，组织杭州市港澳台海外人士公益基金会、杭城各大医院专家团队到王阜乡开展义诊进乡村活动；5月，组织11个国家海外华文媒体12位高层代表到千岛湖采风，通过近30家海外华文媒体对千岛湖美景进行了宣传报道；6月，协助省文广集团音乐频道、县旅游部门举办千岛湖首届单车成人礼大型公益活动，300余名海内外学生、家长及其亲友参与活动。以“侨”为“桥”助力新农村建设。全年，促成20家侨资企业与20个行政村结成帮扶对子，落实帮扶项目23个、资金145万元；发展“侨爱生态园”结对养猪农户46户，增收110余万元。鼓励侨界参政议政，侨界人士全年共提议案36份。甄选侨界代表组成淳安代表团，参加4月、5月分别举行的省、市归侨侨眷代表大会，其中1人当选为省侨联委员，2人当选为市侨联委员。

【对台交流】 2015年4月，收集千岛湖涉台景点，在台湾宣传千岛湖的自然、人文景观，提升千岛湖影响力。建立淳安县和南投县水里乡两地常态化联络沟通机制。深化两岸人员往来和各领域交流合作，全年邀请、接待来淳参访台胞十余批次。9月，全省首家由海峡两岸共同合作并落户大陆的文创项目——千岛湖文创礼品馆顺利开馆。11月，组织淳安文创协会参访团、旅游推介团赴台开展交流和旅游推介活动。2015年，淳安县荣获国家“两岸文创产业合作实验示范基地”称号。

【助推“淳商回归”工程】 指导异地商会建设，指导成立上海淳安商会和淳安新生代企业家联合会，并做好商会党建指导工作。2015年4月3日，协助县委、县政府成功召开首届淳商大会。430名县内外淳商代表与会，签约投资项目35个，签约总金额19.6亿元。推进淳商创业创新和回归工程，发挥商会在招商引资方面的作用，培育“县外淳安人经济”。春节期间在入城口竖起“为富民铺路，盼游子回家，千岛湖欢迎您回乡创业”巨型广告牌。与多个部门、乡镇联合开展“淳商省亲结对”活动，拓展招商资源。协助商务局制定《2015淳安鼓励浙商(淳商)回归招商项目手册》，规划生态农业项目15个、生态工业项目20个、服务业项目70余个。

(谢国成)

·党校工作·

【概况】 2016年，县委党校紧扣中央和省、市有关加强和改进新形势下党校工作的新精神、新要求，聚焦“红色领航秀水、智慧助推富民”目标定位，推进基地建设、主业主课、咨政科研、队伍建设等，办学特色日益彰显，社会影响不断扩大，综合评价逐步提升。全年共完成培训班次109期，培训学员12259人次，其中下姜基地办班64期6607人次，县外班次53期5221人次。全年累计社会宣讲105场，受众人员7968人次。

【干部培训】 根据县委下达的培训计划，党校主动联系协调各部门，圆满完成中青班、党校大课堂、专题研讨班等培训任务。全年共完成培训班次109期，培训学员12259人次。以党史党性教育为主题的“党校大课堂”讲学8期，效果良好。配强师资力量，新录用2名研究生学历教师。科学合理调配和使用现有人员，融通教师和后勤人员，做到人尽其才。强化师资库建设，推行“土洋结合”机制，全年外请教授、领导54人次。加强师资培训，全年组织教师10批55人次到井冈山干部培训学院、省市委党校、兄弟党校等参加教学培训，提升师资水平。起草《中共淳安县委关于加强和改进新形势下党校工作的实施意见(初稿)》和《领导干部到县委党校讲课的实施办法》，从顶层设计上切实推进党校各项工作。及时修订绩效考核管理制度，坚持新课试讲、集体备课，实施教师每月学习制度，努力提高教师素质。

【科研资政】 围绕党的理论政策、习近平总书记治国理政思想，组织教师开展调研，形成《基层党校干部培训现场教学的调研与思考》《专题式、梯度式设置和打造党章教育精品课程的实践与探索》《略谈精品党课的实践路径》等论文。以红色基地建设为龙头，推进彩色农业基地、旅游休闲基地、手工业加工基地、生态农林水产品基地等“五基地”建设的融合互促、合力发展，形成了下姜、中洲等地的生动“实践版”。围绕“十大工程”，突出党建研究、绿道经济、乡村旅游、电子商务、生态补偿、社会治理六个领域，开展资政调研。《绿道经济中产业布局与融合发展探索》《红色教育引领“秀水富民”思考》《迎接“两高”时代》等5条意见建议得到县委主要领导的批示肯定。

【群众观教育培训基地建设】 群众观教育培训基地品牌影响力实现从无到有，并正在逐渐扩大。下姜基地办班64期6607人次，其中县外班次53期5221人次，省委、市委党校中青班和处级公务员培训班等均到下姜进行培训。立足下姜作为四任省委书记基层工作联系点的丰富党性教育资源，在已有《习书记在下姜的小故事》访谈式教学的基础上，又相继推出“习总书记的群众观”“习总书记的“四个人”要求”“习总书记的下姜情怀”“绿水青山就是金山银山的淳安实践”4门新课程。下姜群众观教育培训基地已经成为北京报业集团干部教育培训基地、浙江省委党校现场教学示范基地、杭州市三色教学基地，挂牌为省妇女干部教育培训基地、杭州市青少年“三同”教育培训基地，与浙江省传媒学院建立

“校地”共建合作，下姜基地的知名度逐渐扩大。

【推行党课“六进”】 结合“两学一做”学习教育，开展党课进社区农村、机关部门、“两新”组织、学校医院、重点企业和重点工程活动，开发了“落实‘两学一做’推进秀水富民”“遵守党章党规争做合格党员”等课程。全年累计宣讲105场，受众7968人次，是近五年来外宣场次最多的一年，并受到《杭州日报》等媒体的关注和省委、市委党校的肯定。开展每月一次的教师学习会，组织开展了两次新课试讲，安排教师到文昌新农村、省旅游职业学员和高铁施工现场参观学习，推荐1名具有研究生学历的年轻教师到县委深化改革办公室挂职锻炼。 （卢合理）

·机关党务工作·

【概况】 2016年，县直机关工委下辖4个机关党委、19个党总支、149个党支部，共有机关党员2413名。

【学习教育】 以“两学一做”学习教育为契机，加大学习教育力度，提高机关党员学习教育实效。成功组织以“学党章、明党纪、守党规、知党史、懂党建知识”为主题的理论测试和知识竞赛；全面落实“书记讲党课、宣讲到基层”，举办机关党组织书记、机关党组织支部委员培训班；综合运用每季人文大讲堂、微型党课、知识竞答、实地参观、理论研讨等形式，增强学习的趣味性和针对性。

【党建理论研讨】 发动机关党员围绕机关党建如何“热起来”“实起来”“活起来”“强起来”开展思考和调研，总结经验，指导实践。申报两篇调研文章在杭州市机关党建理论研讨会上荣获优胜奖。

【机关党建整体提升】 针对机关党建普遍存在的“组织生活不规范”“运行机制不顺畅”“支部主体作用不强”问题，部署开展机关党建整体提升工作，特别是明确“三会一课”、党员固定日活动、党员先锋指数管理等党支部13项经常性工作，为发挥支部主体作用、提升支部战斗力提供依据和保障，推动各单位履行党建主责，抓好党建主业。

【组织建设】 按照《党和国家机关基层组织工作条例》要求，坚持公推直选，严格审查报批，规范开展机关党组织按期换届工作，规范党务干部配备，共有46个机关党组织进行换届和改补选。

【党员发展】 认真执行《发展党员工作细则》，按照“控制总量、优化结构、提高质量、发挥作用”的要求，把好发展党员培训关、政审关、考察关，把政治坚定、符合条件、群众公认的先进分子吸收到党员队伍中，全年培养入党积极分子53人，发展预备党员25人，预备党员转正24人。

【服务圆心】 部署开展“我为党旗添光彩、服务峰会当先锋”主题活动，发动机关党组织和机关党员积极投身平安护航、护容护水、文明出行三大行动，组织发动81家县级机关部门、国有企业2100余名党员干部到公交车站、公交车上、景区游船开展“定人、定岗、定责、定任务”的平安巡防，确保了公共交通运行平稳、安全、有序，机关工委被县委、县政府授予G20杭州峰会工作先进集体，4人分别被评为省、市、县服务保障G20杭州峰会工作先进个人。

【机关服务清单】 牵头联合县编委办、县审管办在38家机关单位开展机关服务清单全面推广工作。38家单位依据自身职责，仔细梳理群众需到窗口办理的公共服务事项429项，并为每个服务事项编制一张含设定依据、法定时限等全部要素在内的服务清单，向社会和群众公开。百姓办事只需凭一张服务清单就知道要带什么材料、要花多长时间、收费标准是什么，实现了“一单在手、办事不愁”。

【结对帮扶】 全面启动第三轮党员干部结对帮扶城乡困难家庭工作，全年共走访困难户3636名，送去慰问金220万余元，为困难家庭成员解决就业、就学、就医问题700余个。深入推进党员进社区报到服务、返乡报到服务工作，点亮“微心愿”，2400余名机关党员共认领开展了平安巡防、矛盾调解、物资捐赠、工作联系等1000余项服务活动，真正为群众办了实事、解了难事。

【身心健康促进工程】 针对“近年部分党员干部身体机能告警、心理疾病滋生，精神不振、状态不佳”的问题，面向机关党员干部推出“身心健康促进工程”，并尝试开展了机关工会趣味运动会、羽毛球乒乓球友谊赛、心理健康知识讲座等既能锻炼身体又能放松心情，既有趣味性又有启发性的文体活动，激发党员队伍干事创业的激情和活力，得到县委主要领导的肯定。

【党带群团】 坚持党建带群建，调整充实县直机关工会、团工委、妇工委的力量，组织开展登山、骑行、文明礼让斑马线、七一献热血等活动，充分发挥群团组织在激发活力、服务中心上的优势作用。

【党内关心、关爱和帮扶】 在“七一”、春节期间，对因病因灾造成生活困难的机关党员，中华人民共和国成立前入党未享受离退休待遇以及党龄在58年以上的机关老党员开展走访慰问，落实党内激励、关怀、帮扶机制，增强党员队伍的凝聚力和向心力。

【廉政建设】 发动机关党组织加强党员日常党纪党规教育，开展《中国共产党廉洁自律准则》《中国共产党纪律处分条例》学习，观看警示教育片，形成浓厚敬廉崇廉氛围。组织党务干部、重要岗位中层干部到临安参观廉政教育基地，实地接受“洗心”教育。开展廉政文化微作品创作、党纪在我心中征文活动，以文艺创作的形式深化遵规守矩意识，推荐申报的两篇文章被评为杭州市机关“党纪在我心中”优秀征文。

【监督执纪】 机关纪工委在县纪委和工委的双重领导下，认真履职，监督执纪，全年共查办5起机关党员违纪案件，其中，党内警告2人，党内严重警告2人，留党察看1人。

（余慧芳）

·老干部工作·

【概况】 县委老干部局为县委常设机构，内设办公室、服务保健科、活动教育科、关心下一代工作委员会办公室4个科室。下属事业单位有老年大学和老干部活动中心。2016年，全县共有机关事业单位离退休干部（职工）5253人，其中退休干部（职工）5163人（行政1417人，事业3746人），离休干部90人。在离休干部中，有县处级离休干部42人，有14名离休干部安置在本省外地，有2名离休干部安置在外省，有1名离休干部由外地安置在本县，有离休干部遗孀150人；在退休干部中，有县（团）级退休干部47人（其中副县以上退休干部26人），有局（乡）级退休干部387人。

【老干部党组织建设】 成立乡镇驻千岛湖城区老干部党总支部，下辖6个片党支部，拥有乡镇流动在千岛湖城区的党员210余人。至此，老干部局下设4个临时党总支部，33个党支部，共有流动党员760名。县委、县政府对老干部党组织建设高度重视，全面落实了驻杭支部和乡镇驻千岛湖城区临时党组织党员每人500元的活动经费。全年对64个老干部党支部进行了调整，使老干部支部工作始终保持旺盛的生命力。为加大老干部支部的工作力度，分类分层建立了“淳安县委老干部局”微信公众号和“淳安县驻杭离退休干部党总支”、“淳安离退休干部党建”工作群“三大平台”。

【思想政治建设】 建立完善“每月一会、每季一讲、半年一通报”为主体的学习制度，加强理想信念、政治理论、形势政策和政治纪律教育。及时向老干部通报县“两会”精神和县委、县政府重要文件精神，举办杭州“平凡的感动”先进事迹巡回报告会；同时就老干部关心的全国“双先”表彰大会，十八届三中、四中、五中、六中全会，“两学一做”“五水共治”等内容，邀请相关部门领导和党校老师等通报和辅导18次，请市管局、县农办、党史办、交通局等部门召开专题通报会13次；举办离退休干部党支部书记培训班；开展各类学习讲座21场。

【落实老干部待遇】 为进一步明确离退休干部们的政治生活待遇，使乡镇、部门的分管领导和离退休干部们都能知晓离退休之后的政治、生活待遇，老干部局结合县情把政治生活待遇归纳为12项政治待遇和9项生活待遇，并将其整理成对乡镇和部门的考核要求。同时，专门召集乡镇和部门的负责人会议和局乡级离退休干部会议对离退休干部应该享有的政治生活待遇进行解读。在此基础上，重点抓好3个方面的工作：一是通过召集老干部参加县委情况通报会、乡镇部门情况通报会、党组织活动、参观考察全县改革发展成果，落实离退休老干部们的知情权、话语权、监督权。二是落实老干部的生活待遇，加强离退休干部的“四就近”服务工作，按照零距离、全覆盖的要求，认真执行离休干部的“三必到”“五必访”制度，确保离退休干部“急时有人助、难时有人帮、病时有人管”。三是做好老干部的保健服务工作，认真开展“三检三养”工作，“三检”即组织46位县团级干部赴浙江医院和县一医院体检；组织362位局乡级干部赴县中医院健康体检；组织99位离休干部到县一医院健康体检。“三养”即：组织离休干部参加为期15天的避暑疗养；组织县级老领导的健康休养；组织局乡级干部赴杭州参观考察暨休养。同时全面落实好困难离退休干部的走访帮扶制度。

【文化养老】 老干部局把老干部活动中心和老年大学作为老干部的精神家园和文化阵地，着力增强“两个阵地”的服务功能，落实人文关怀，推进文化养老、不断丰富离退休干部精神文化生活。县老干部活动中心有诗词、书画、摄影等6个协会，会员700余人；县老年大学有书画、摄影、戏曲、国学等29个专业，36个班级，有学员970余人。针对离退休干部学习和活动的需求，大力推进活动中心和老年大学规范化、制度化建设，努力推进活动中心和老年大学的创新发展，为进一步弘扬教育成果，结集出版《诗词集》《书画集》《摄影集》三部作品集。11月初，在广场举办纪念红军长征胜利80周年暨第三届老干部金秋艺术节开幕式，受到了社会各界的广泛好评。与此同时，通过创办《老干部之友》广播栏目、《老干部工作微报》等，着力丰富文化养老的内涵，淳安县的老干部活动教育工作一直走在全市的前列。

【发挥老干部作用】 2016年，以服务大局为主线,扎实推进正能量活动。一是组团督察中心工作。在县委、县政府大力支持下,与县五水共治指挥部、环保局一起成立老干部清洁乡村工作检查团。由老干部组成的4个督查组对全县425个村进行了2次全面现场督查,乡镇综合环境得到明显提高,老干部的政治优势、威望优势、经验优势和作用得到了充分彰显。二是组织县级老领导进行了25次建言献策活动,提出了一大批宝贵的意见和建议。组织老同志深入基层调查研究,退休干部鲁建娟撰写的《关于我县企业职工技术创新助推秀水富民的思考》、杨水明撰写的《关于我县秀水富民应加快特色产业发展的思考》等调研文章得到了县委主要领导的批示。三是开展"助力G20,夕阳展风采"活动。举行"助力G20·银亮千岛湖"老干部助推秀水富民志愿行动启动仪式后,7支老干部志愿队陆续开展了相应的系列活动,如文体宣传队开展主题宣讲活动22次;平安巡防队到社区发放平安创建信息资料300多份;医疗救护队到村、社区开展专题讲座6次,并到人口聚集地为群众开展义诊活动等等。

【慰问帮扶老干部】 解决离休干部历史遗留问题。5月,为28户符合条件的离休干部及遗属在专项用房配售现场会选中房源。做好军转退休干部待遇的落实,通过列席一次全委会、召开八一建军节座谈会、开展一次慰问、做好一次体检等四方面的形式落实好军转退休干部的政治生活待遇。认真走访、慰问、帮扶老干部,结合春节、七一等重大节日和高温季节,走访慰问老干部;全年走访慰问生病住院和困难老干部385人次,定期结对走访帮扶离休干部527人次。

【阵地建设】 老干部活动中心开展"满意家园"建设,全年举办较大规模活动近20次,各类培训50余次,参加人数6000余人。组织老干部开展钓鱼、象棋、台球、乒乓球等比赛活动,参加人数2000余人次。组织开展送文化下乡活动:书画协会到威坪镇坑下村开展为民写春联活动;诗词协会通过参观新农村建设和企业进行实地采风创作,编成诗刊发送到有关部门。老年大学优化教师队伍,积极与教育部门协调沟通,争取到学科水平拔尖的专业教师4名,为传递更高品质的文化知识、锻造更具特色的文化品牌奠定基础。其次,优化课程,设置了时政、文史、书法等29个专业,36个班级,970余名老干部参加学习,根据老同志的喜好,新增"京剧教唱"课程,深受老同志的欢迎。再次,强化教学管理,每学期开学之初,都要召开教师和班长会议,部署有关工作,强化课堂教学管理,提升教学质量。

【关心下一代工作】 离退休干部对关心下一代工作倾心竭力,广泛组织中小学生开展学习"两史"、践行"三爱"、喜迎G20峰会主题教育活动。县关工委先后在淳安中学、汾口中学、千岛湖镇三小、金峰小学等学校安排主题宣讲活动20余场次,4600余名师生认真听取了主题报告。在全县70多所学校开展了"关爱明天,普法先行"青少年法制教育活动,邀请司法所工作人员为青少年进行法治教育。司法局关工委组织开展了面对青少年的法律援助活动,为G20峰会的成功召开创造良好的法治环境。县关工委关爱团联合县文化执法大队对网吧、报亭等文化场所进行巡查监督,为青少年营造健康成长的法治和社会环境。挖掘本地教育资源,发挥教育阵地优势。2016年,县关工委丰富和完善白马、王阜、中洲三地红色教育基地。其中,白马红色图书馆建设已初具规模,场馆布置基本到位,在汾口和大墅新建留守儿童俱乐部2家,全县先后建立了43家留守儿童俱乐部。扶贫帮困工作形式多样。通过开展福彩牵手、奋飞助学、区县结对、爱心援助等资助活动，受益学生达1000余人次，累计资助金额100万余元。

（叶学俭）

·机构编制工作·

【概况】 2016年，县编委办认真贯彻中共十八大精神，以习近平总书记系列重要讲话为指导。紧紧围绕“秀水富民”战略，全面完成淳安县机构编制管理各项任务，为县域经济和社会发展提供了有力的体制机制保障。

【综合行政执法部门体制改革】 根据《浙江省人民政府关于深化行政执法体制改革全面推进综合行政执法的意见》（浙政办发〔2015〕4号）和《关于推进综合行政执法改革工作的实施意见》浙编办发（〔2015〕21号）等文件精神，在广泛调研的基础上，草拟了《淳安县综合行政执法工作实施方案》，该方案已经省政府同意并批复。为推进这项改革，草拟了城市管理局（综合行政执法局）“三定”方案，待省、市牵头部门明确授权事项后，将及时提交报批“三定”方案。

【启动乡镇办事机构改革】 根据县委、县政府的决策部署，在广泛调研的基础上，形成了创新乡镇管理体制的“调整组织构架、生态保护优先、做大特色产业、优化公共服务、强化基层党建”的五点共识，提出完善乡镇办事机构设置的“乡镇定位差异化、机构数量差异化、设置理念差异化、设置方式差异化、职责定位差异化”的五个差异化改革举措。总体改革方案报请县委、县政府同意后，分别拟制了6个试点乡镇的具体实施方案，并于10月初指导和开展了试点工作。通过试点，已取得了“彰显了特色、精简了机构、明晰了职责、整合了资源、激活了队伍”五个方面的初步成效。其做法和经验先后被《浙江日报》《杭州日报》《浙江机构编制》《杭州市改革专刊》等报刊刊登。

【政务咨询投诉举报平台建设】 根据《浙江省人民政府办公室厅关于建设统一政务咨询投诉举报平台的指导意见》（浙政办发〔2016〕127号）和省政府政务咨询投诉举报平台整合建设工作电视电话会议精神，会同县信访局开展了政务咨询投诉举报平台建设工作。淳安县非紧急政务热线涉及26个热线平台31条热线电话。通过整合，建立统一政务咨询投诉举报平台，改变以往职能部门对投诉举报事项自我受理、自我办理、自我监督、自我评价的传统模式，实现统一接收、按责转办、限时办结、统一督办、评价反馈的业务闭环模式，提升了政府部门的服务效能。

【乡镇的“四个平台”建设】 根据《关于加强乡镇（街道）“四个平台”建设完善基层治理体系的指导意见》（浙委发〔2016〕69号）精神，积极稳妥地开展了乡镇综治工作、市场监管、综合执法、便民服务四个平台建设工作，拟定了以县委办、县政府的名义下发的《关于加强乡镇“四个平台”建设完善基层治理体系的实施意见》，并确定姜家镇为淳安县“四个平台”示范乡镇。

【推行“双随机”抽查监管工作】 按照《浙江省政府办公厅关于全面推行“双随机”抽查监管的意见》（浙政办发〔2016〕93号）和《杭州市人民政府办公厅关于全面推行“双随机”抽查监管工作的通知》精神，淳安县快速启动“双随机一公开”抽查监管工作，结合淳安县实际，确定发改局、经科局等26个部门开展“双随机一公开”抽查监管工作，在12月底前完成制定随机抽查事项清单、建立随机抽查对象名录库、建立执法检查人员名录库、制定随机抽查工作细则等相关工作。

【相关领域的体制机制改革】 一、拟制出台《淳安县机关事业单位编外用工管理办法》，规范编外用工的管理。二、制定经济开发区、旅游度假区、江东开发区、姜家产业区四个园区实行扁平化管理的改革建议。三、为推进西南片区旅游快速发展，制定千岛湖(姜家)旅游副中心管理体制改革方案。四、根据省司法体制改革工作要求，调整县法院、县检察院的机构编制管理模式，由分级管理调整为省统一管理。五、根据省委、市委对巡查工作的要求，完成县委巡察工作的机构编制事项。六、围绕卫生事业发展的需要，着手对县属医院实行编制备案制管理办法进行调研。

【"统一社会信用代码制度"改革】 为贯彻落实《国务院关于批转发展改革委等部门法人和其他组织统一社会信用代码制度建设总体方案的通知》(国发〔2015〕33 号)精神，在全县 300 余家机关、事业单位实施"四证合一"或"五证合一"的统一社会信用代码登记制度改革。经过集中申报，分类办理，完成 90%的证书发放。其中，发放事业单位法人证书 243 家，发放统一社会信用代码证书 76 家。

【出台权力清单和责任清单管理办法】 拟定《淳安县人民政府部门权力清单管理办法》和《淳安县人民政府部门职责管理办法》，并以县府办文件下发，为推进权力清单、责任清单、部门职责规范化管理奠定基础。

【完善县级部门权力清单和责任清单】 按照省政府办公厅《关于深化权力清单责任清单工作的意见》，淳安县 30 个部门将 2016 年度重点工作目标列入责任清单，并根据职责转变和简政放权进展情况，以及部门履职重点和主要工作任务变化，做好部门具体工作事项的清理规范工作。调整后，共有主要职责 495 项、具体工作事项 2030 项、事中事后监管 267 项、部门承担的基本公共服务事项 22 项、直接提供的服务事项 159 项。

【公布乡镇及经济开发区的权力清单和责任清单】 按照省政府办公厅《关于深化权力清单责任清单工作的意见》，县编制办和县审管办、县电子政务办开展了乡镇和经济开发区的权力清单和责任清单梳理工作。经过梳理并通过浙江政务网公布，23 个乡镇责任清单中，有主要职责 230 项、具体工作事项 943 项、职责边界 10 项、事中事后监管 230 项、基本公共服务事项 322 项、其他服务事项 276 项。经济开发区主要职责 14 项、具体工作事项 29 项。

【机构编制管理】 针对县国土资源局、市场监管局、城管局、机关工委、统计局、县委办公室、统战部、人力资源和社会保障局、人大办公室、旅游度假区、交通局、卫计局、审计局、公安局、文广新局等部门提出的机构编制事项及时进行办理答复。

【用编用职指标审批】 按照淳组〔2013〕15 号文件和总量控制的要求，严格机关事业单位的进人用编审批、中层职数使用审批工作。全年共审核进人用编指标 81 批次 754 名，中层职数 95 批次 407 名。结合近年来的工作实践，出台了进人用编指标审批工作的"八条规定"。

【实名制数据库管理】 按照人员增减进出编流程，督促各单位对新入编人员及时进行添加，对出编人员及时进行删减，对单位信息和个人信息发生变化的，及时进行修改和完善，确保实名制系统数据适时、准确。

【审核车贴发放额度】 根据车贴发放标准，

对全县354家车改单位4000余名车改人员的个人车贴发放额度，每月进行一次动态审核，确保不出差错，并及时将有关数据刻成光盘报送车改办、财政局和市民卡中心。每月累计审核390余万元，全年累计审核4600万元。

【机构编制监督检查】 上半年，组织开展全县480余家机关事业单位的机构编制信息和10000余名在职人员的个人信息的系统、全面核查工作，并对10个重点部门及其下属93家事业单位进行抽查。下半年，组织人员对260余家事业单位法人登记事项和业务开展情况进行普查和抽查。通过监督检查，推进了实名制信息库和事业单位法人登记管理工作的规范化。

【事业单位控编减编】 按照总量控制、增减平衡的原则，对全县近400家事业单位的定编、用编情况逐一进行排查摸底，对长期空编、职能弱化以及与周边县(市)相比编制明显偏多的事业单位提出了控编减编要求，同时加强民生保障事业方面的报批方案。

【事业单位登记】 根据国务院令411号《条列》的规定，及时做好2015年度267家事业单位法人年度报告的审核和网站上公示工作，同时认真做好日常管理工作。全年共办理事业单位法人设立登记8家、变更登记64家、注销登记5家，并按要求将登记许可在“中国淳安千岛湖”政府门户网站和《今日千岛湖》报纸上进行公告。

【中文域名、网站管理】 至2016年年底，全县共有申请注册的中文域名296个。针对注册后的使用率和使用效果，对中文域名的续费工作实施分类管理。全年对党政机关及乡镇人民政府的一级域名、部分自建网站的事业单位域名进行了续费。与此同时，通过排查摸底，完成全县49家自建网站单位的网站申请、挂标和确认工作。

【机构编制调研工作】 根据省市编办要求，完成县属医院和乡镇卫生院编制情况、乡镇机构编制情况、县群团组织基本情况、中小学教职工编制情况、法院和检察院机构编制情况的调研及资料填报工作。 (许　晶)

·史志工作·

【概况】 2016年，县委党史研究室全力实施“存史、资政、育人”职能，以“强作风、提能力、善创新、能作为”为要求，抓重点、找亮点、树看点，认真做好纪念馆运行、史料征集、史志编研、党史宣教、胜迹保护、红色旅游等工作。县先遣队纪念馆全年累计接待参观人员8.1万人，其中县外人员20%；接待15人以上团队700余个；累计讲解569场。先遣队纪念馆所在的红色茶山景区被核准评定为国家AAA级旅游景区。编撰出版《习近平书记联系淳安》《新安江水库移民遗留问题的解决》《中共淳安历史大事记》《淳安儿女》等书籍。编撰完成《中国共产党淳安党史》三卷的纲目初稿，完成《民国淳安县志》整理。出版发行《淳安年鉴(2016)》。协助配合杭州市志办做好《下姜村志》的出版工作。开展乡镇、村的文化历史挖掘整理工作，《淳安史志》开设《走进乡村》栏目，每期介绍若干个特色村的历史、人文、概况。借助党史教育服务中心平台，举办“红色情人节”“红色基因植根民间大使”“红色亲子游”等红色旅游活动，在纪念馆开展红军长征胜利80周年纪念碑揭碑仪式，协助做好淳安县烈士纪念日公祭仪式、浙江省纪念红军长征胜利80周年暨历史上的红军北上抗日先遣队学术讨论会等活动，开展地方党史、爱国主义宣传教育。向各机关、乡镇、学校、社区及村文化礼堂赠送《南下淳安》《中国共产党淳安历史(1909－1949)》《中国共产党淳安历史(1949－1978)》《红色瑶山》《古韵梓桐》《淳安史志》等一大批党史、地方志书籍。同时开展党史宣教工作,由本室干部为各类培训班及活动团队讲授先遣队历史、先遣队精神等课程,宣教面1万余人次。组织党员干部到纪念馆所在地厦山村走村串户,形成《纪念馆建设运行对当地发展的影响》的调研报告。《中国工农红军北上抗日先遣队的精神永放光芒》《浅论北上抗日先遣队在长征中发挥的作用和历史地位》入选浙江省纪念红军长征胜利80周年暨历史上的红军北上抗日先遣队学术讨论会论文集。向市级党史研究室争取资金40万元,完成金峰乡中共淳遂工作委员会旧址保护管理与开发利用工程、瑶山乡中共淳分昌工委遗址保护管理与开发利用工程。投入5.4万元,出版《红色瑶山》一书。

【金延锋到淳安调研党史工作】 2月16日,省委党史研究室主任金延锋到淳安县调研党史工作。金延锋听取了淳安县委党史研究室负责人关于2015年党史工作情况、2016党史工作思路及中国工农红军北上抗日先遣队纪念馆建设等工作汇报,参观了中国工农红军北上抗日先遣队纪念馆,实地考察了"茶山会议"旧址、方志敏临时住所、红军医院等革命旧址。金延锋充分肯定淳安的党史工作取得的成绩。指出淳安的党史工作一是得到了当地党委、政府的重视和支持,二是淳安党史部门工作思路清晰,三是淳安党史部门工作主动扎实,四是党史工作成绩显著。真正做到了"开门办史",达到了"地方虽小办大事、人手不多成效多"的工作要求。同时对淳安党史研究室提出要继续争取地方党委政府的支持,加强理论和业务知识的学习,进一步做好"开门办史",充分发挥北上抗日先遣队纪念馆平台作用,把它运营好、管理好,使其与千岛湖美丽的山水资源相辅相成,做成精品路线,挖掘红色资源,推广红色旅游。

【淳安县中国工农红军北上抗日先遣队纪念馆正式开馆】 9月23日,淳安县中国工农红军北上抗日先遣队纪念馆举行开馆仪式。浙江省委常委、杭州市委书记赵一德,杭州市委常委、秘书长许勤华,杭州市委常委、纪委书记陈擎苍,淳安县委书记朱党其,县长柴世民等各级领导,方志敏之女方梅、粟裕之子粟寒生等特邀嘉宾,先遣队经过的闽浙皖赣四省各个县、市的党史研究室代表,以及国内研究北上抗日先遣队有关历史的专家学者,淳安各部门、乡镇代表,共计150余人参加了开馆仪式。纪念馆占地8公顷,总投资6000余万元,主体建筑面积7274平方米,分为展览馆、研究中心、革命旧址三大板块。展览馆布展面积3732平方米,设计参观路线400米,参观时长60分钟,以"铁血军魂"为主题,通过"启程""征战""重整""浴血""新生""人物春秋"六大板块,以详尽、权威的史实和创新的展示手段,将中国工农红军北上抗日先遣队的行军路线、不屈斗争、英勇精神全面展现在观众面前,是一座集红色教育、廉政教育、国防教育和党史研究、干部培训、乡村旅游等为一体的综合性场馆。展馆于2015年底投入试运行,截至2016年8月底,接待6万余人参观。该纪念馆的建设将党史遗址保护利用与红色旅游的开展相结合,拓宽了旅游经济范围、提高了红色文化的建设水平,对宣传和研究红军北上抗日先遣队的历史有着十分重要的意义。

【纪念中国工农红军长征胜利80周年暨历史上的红军北上抗日先遣队学术研讨会】 9月23日,在淳安县中国工农红军北上抗日先遣队纪念馆举办纪念中国工农红军长征胜利80

周年暨中国工农红军北上抗日先遣队学术研讨会。此次研讨会由浙江省委党史研究室、杭州市委党史研究室和淳安县委共同举办。方志敏之女方梅、粟裕之子粟寒生等特邀嘉宾十余人，浙江、江西、福建、安徽省委党史研究室有关负责人，杭州市委党史研究室负责人，红军北上抗日先遣队经过的主要县（市、区）党史部门代表，杭州所属县（市、区）党史部门负责人，专家学者，论文代表等共计80余人参加研讨会。会上，对先遣队的历史地位、历史作用以及对后人的精神启示等进行了深入探讨，对传播红色文化、推进红色教育起到重要作用。（刘东山）

（编辑　严卫华）

中国共产党淳安县纪律检查委员会

【县纪委十三届六次全体会议暨全县作风建设大会】 县纪委十三届六次全体会议暨全县作风建设大会于2月16日召开。会议回顾总结2015年党风廉政建设和作风建设工作,研究部署2016年反腐倡廉工作和作风建设任务。县委书记朱党其出席会议并讲话,县委常委、纪委书记赖明诚代表县纪委常委会作题为“从严治党　挺纪在前　坚定不移推进党风廉政建设和反腐败斗争”的工作报告,会上还播放了作风建设视频短片,威坪镇、审管办、国资办3个单位分别围绕村干部监督管理、审批提速和招投标管理、打好国有资产保值增值攻坚战主题进行表态发言。县纪委委员、县四套班子领导,县人民法院院长,县人民检察院检察长,县人武部部长,县级巡视员,副县级以上离退休老同志,各乡镇、县属各单位县管领导干部,县纪委监察局机关、派驻机构中层以上干部,各乡镇纪委副书记、专职纪委委员,特邀监察员参加会议。

【严明党的纪律】 围绕推动县委、县政府重大决策部署的落实,加大监督执纪问责力度,坚决维护政令畅通。全县各级纪检监察组织开展服务保障G20峰会专项督查368次,发现问题130个,提出建议20条,问责6起17人,通报曝光1起7人。加强换届风气监督,严明县党代会和县“两会”期间有关纪律要求,开展乡镇换届纪律专项督导检查,建立换届信访快速核查机制,严把拟提拔考察对象、“两代表一委员”推荐人选审查关,营造了风清气正的良好换届环境。

【落实“两个责任”】 创新推行主体责任记实述绩制度,各乡镇部门党委(党组)、主要负责人及领导班子成员每季度进行主体责任落实情况述绩,探索试点主体责任“十个一”载体,确保依照清单履职尽责,情况记录全程留痕。不定期抽查上报记实情况,对落实主体责任记实述绩要求不到位的5名县管干部予以约谈。探索以县纪委全会形式听取主体责任情况报告,邀请“两代表一委员”、县特邀监察员代表进行现场评议,听取重点单位所有班子成员履行“一岗双责”情况汇报,现场点评并交办问题,层层传导压力。定期梳理汇总各乡镇、部门在落实“两个责任”方面存在的问题,及时抄送分管联系县领导,同时抄告相关单位,督促及时研究制定整改措施,限期落实整改。修订完善年度乡镇、部门党风廉政建设责任制考核标准,突出“两个责任”考核重点,强化日常检查考核。对落实“两个责任”不力的行为加大问责追究力度,全县共对9起11人实施了“一案双查”责任追究。

【深化作风建设】 2016年,全县各级纪检监察组织共开展正风肃纪明察暗访3720次,作风效能问责253人。全国“两会”期间开展贯彻执行中央八项规定精神情况检查,对23个乡镇和62个部门本级及下属村和单位财务账册进行了专项检查。开展落实中央八项规定精神“回头看”检查,对全县面上进行有针对性的督查。坚持对顶风违纪行为“零容忍”,全县共查处违反中央八项规定精神问题17起,处理党员干部26人。围绕服务保障G20峰会、“五水共治”、无违建县创建、政府投资项目等重点工作,开展大范围、高频次检查,深入整治“三不”问题,有力助推县委县、政府中心工作。全县就“三不”问题处理党员干部184人，下发“三不”问题典型案件通报5期。特别是严肃查处了“五水共治”环保监管工作中党员干部失职问题，处分问责12人，其中县管干部3人；查处了G20峰会维稳应急演练中党员干部失职行为，处分问责15人。督促推动实施公款竞争性存放，开展“小金库”专项治理。严明公车改革纪律规定，确保公车改革顺利实施。

【执纪审查工作】 2016年，全县各级纪检监察组织共处置问题线索773件，初步核实634件次，谈话函询160件次，了结457件次，立案303件；给予纪律轻处分213人、纪律重处分82人，严重违纪涉嫌违法被移送司法机关处理7人。重点查办了县府办原正局级组织员、应急办主任童月山严重违纪案，县交通投资有限公司副经理余严华严重违纪案，县水务公司经理方伟明等多人严重违纪窝串案等。用活用好监督执纪“四种形态”，综合运用党纪政纪轻处分、组织处理等手段及时进行处理。全县共问责和轻处分党员干部466人，占处理总人数的85.0%，“四种形态”的综合运用走在全市最前列。开展全县党纪政纪处分决定执行工作专项检查，发现并纠正问题7人，追缴多发钱款共计12.66万元。建立健全办案场所突发事件应急处置、执纪审查核实性谈话、信访谈话室使用管理等有关规定，定期开展安全检查，执纪审查安全有序。

【基层党风廉政建设】 围绕服务保障G20峰会、县乡换届等中心工作，全面开展涉纪信访积案“大排查、大化解”活动，创新完善领导包案、重点督办、协作办信、部门协调等信访办理方式，大力化解疑难复杂信访，全年涉纪信访持续大幅下降。2016年，县纪委共受理信访举报386件次，同比下降43.97%。在2015年率先全面开展农村基层作风巡察的基础上，进一步深化巡察工作，对23个乡镇和27个重点职能部门开展综合巡察，对国有企业、政府经济开发平台开展专项巡察。巡察共发现问题471个，其中问题线索125条，给予党政纪处分75人，作风效能问责75人。深入开展工程建设领域专项治理，严肃查处党员干部违规插手工程、以权谋私等行为。围绕基层党员干部侵害群众利益、小官贪腐等现象加强监督执纪，查处了一批有影响的基层干部贪腐典型案件，全年共立案查处农村党员干部219人，作风效能问责农村党员干部166人。

【反腐倡廉宣传教育】 结合“两学一做”学习教育，开展《准则》《条例》“一对一”宣讲，“板凳党课”讲党纪和党章党规党纪知识竞赛等一系列活动，利用网站、微信公众号等新媒体解读宣传新党纪条规，营造良好氛围，掀起学习热潮。聚焦党风廉政建设重点亮点工作，加大对外正面宣传力度，2016年在省纪委通报的媒体上刊发稿件近百篇，位居全省县、市（区）首位。特别是基层作风巡察、村级财务监管、“板凳党课”讲党纪等做法成效在《人民日报》等媒体刊登。大力开展已故优秀纪检干部余延安同志先进事迹的学习宣传，新华社内参《国内动态清样》《中国纪检监察报》、中新网等诸多主流媒体都对余延安同志先进事迹进行了宣传报道。成立余延安同志先进事迹报告团，先后走进省市纪委机关、全省11个地市进行宣讲，杭州市委以最高规格专题举行余延安同志先进事迹报告会，省委常委会专题研究余延安同志先进事迹学习宣传相关工作，省委专门下发在全省党员干部中开展向余延安同志学习活动的决定，中央纪委专程到淳采访挖掘报道余延安同志先进事迹，中共中央书记处书记、中央纪委副书记赵洪祝就学习宣传余延安同志先进事迹作出重要批示。全国首部以纪检干部为题材的长篇纪实报告文学《平凡的坚守——忠诚卫士余延安》出版发行,在广大党员干部中反响强烈。

【纪检监察队伍自身建设】 结合县乡纪委换届,选优配强领导班子,着力强化队伍建设。稳步推进县委巡察工作,成立县委巡察工作领导小组,及时选拔调配巡察机构干部,开展业务培训,县委巡察办和4个巡察组正式挂牌运行。按照上级统一部署,积极稳妥启动推进监察体制改革试点工作。制定实施派驻机构履职细则、廉情报告等制度,有效发挥派驻机构"探头"作用。2016年,各派驻机构共开展正风肃纪1292次、专项检查632次,发现问题679个,提出意见、建议624条,提醒谈话1381人次,党政纪处分20人,作风效能问责42人。巩固乡镇纪检干部专职专用成果,深化单列考核机制,推动乡镇纪委履职尽责。2016年,各乡镇纪委共查办案件203件,同比上升7.4%,特别是自主突破案件81件,同比上升76.1%;作风效能问责186人,同比上升5.1%,乡镇纪委执纪问责各项工作均居全市最前列。深入开展"讲忠诚、补短板、解难题、促提升"活动,着力补齐思想观念、能力素质、工作作风、制度机制等方面的短板。加大培训力度,实施项目化管理、"捆绑联动"机制,创新运用执纪沙龙交流研讨等载体,增强纪检监察干部履职能力。强化内部监督管理,对履职不力的纪检干部予以约谈,严防"灯下黑"。 (方秀珍)

(编辑 严卫华)

淳安县人民代表大会

·人民代表大会会议·

【县第十五届人民代表大会第五次会议】 2016年1月13～16日在千岛湖镇举行。会议应出席代表236名，因事因病请假6名，实到代表230名。列席人员184名。会议听取和审议了县长柴世民所作的县人民政府工作报告、县人大常委会主任余永青所作的县人大常委会工作报告、县人民法院院长陈奇策所作的县人民法院工作报告、县人民检察院检察长钱铖所作的县人民检察院工作报告。会议决定批准以上报告，并作出相应决议。会议审查和批准了县人民政府提交的《淳安县国民经济和社会发展第十三个五年规划纲要》、县发展和改革局《关于淳安县2015年国民经济和社会发展计划执行情况与2016年国民经济和社会发展计划草案的报告》（书面）及县财政局《关于淳安县2015年财政预算执行情况和2016年财政预算草案的报告》（书面）。会议还依法选举了洪明亮、王昌迪、余小兰、牟剑为淳安县人大常委会委员。会议收到代表提出的议案、建议190件，其中10人以上联名提出的议案3件，建议187件，这些议案、建议涵盖了经济、政治、社会、文化、生态文明建设等各个方面，其中涉及工业交通方面61件、规划城建方面21件、农林水方面28件、科教文卫体方面22件、国土环保方面12件、财政金融方面2件、政法民政方面8件、商贸旅游方面18件、劳动人事方面8件、供电通讯方面5件、其他方面5件。经大会主席团研究，认为所提的3件议案虽涉及面广，但内容具有一定的局限性，转为代表建议处理，同时对17件内容相近的建议归并为7件，并将此180件代表建议交县政府和有关单位办理。

·人大常委会会议·

【县十五届人大常委会第四十三次会议】 1月5日举行。会议审议通过了县人民政府县长柴世民提请的关于章启诚免职的议案，决定免去章启诚的淳安县人民政府副县长职务；讨论通过了县人大常委会主任余永青提请的关于胡慧璋辞去淳安县人大常委会委员职务的议案；讨论通过了县人大常委会关于接受王建新辞去淳安县第十五届人民代表大会代表职务的决定。会议分别听取和审议了提交县十五届人大五次会议的县政府、计划、财政和法院、检察院等五个工作报告，并提出修改意见；听取和审议了2015年县政府投资项目实施情况和2016年政府投资项目计划安排情况的报告、2015年县财政收支预算执行预计情况和2016年财政收支预算安排情况的报告，书面审查了县发改局、县国土资源局、县林业局、县民政局、县司法局、县移民局6个部门2015年预算执行情况的报告和县教育局、县农业局、县文广新局、县卫计局、县市场监管局、县安监局6个部门2016年预算编制情况的报告。听取和审议了提交县十五届人大五次会议的“十三五”规划纲要草案和县十五届人大常委会代表资格审查委员会关于县十五届人大五次会议代表资格的审查报告，确认县十五届人大五次会议实有代表236名。会议讨论通过了县十五届人大五次会议列席人员名单，并书面审查了2015年县人大常委会关于开展规范性文件备案审查工作情况的报告。

【县十五届人大常委会第四十四次会议】 3月17日举行。会议审议了县公安局《关于提请对淳安县人大代表余新华采取强制措施的请示》,并通过了《淳安县人大常委会关于许可对余新华采取强制措施的决定》;组织学习了《中华人民共和国农村土地承包法》,邀请杭州市农办改革指导处处长何宝飞作了专题辅导讲座。

【县十五届人大常委会第四十五次会议】 5月16日举行。会议组织学习了G20峰会维稳安保相关知识,邀请浙江警察学院治安系主任金诚作了专题辅导讲座。

【县十五届人大常委会第四十六次会议】 7月25～26日举行。会议审议通过了县人民政府县长柴世民提请的关于刘秀丽等人职务任免的议案,决定任命刘秀丽、吴东明为淳安县人民政府副县长,决定免去方建裕的淳安县人民政府副县长职务;审议通过了县人民法院院长陈奇策提请的关于任璀霞免职的议案,免去了任璀霞的淳安县人民法院立案庭副庭长、审判员职务;组织开展了宪法宣誓仪式,由新通过任命的副县长刘秀丽、吴东明依次向宪法宣誓;听取和审议了县审计局局长杨仁宽受县人民政府委托所作的《关于2015年度淳安县本级财政预算执行和其他财政收支情况的审计工作报告》;听取和审议了县财政局局长毛夏平受县人民政府委托所作的《关于淳安县2015年财政决算草案的报告》和《关于淳安县2016年1—6月份财政预算执行情况的报告》,批准了县人民政府提出的2015年财政决算;审议了县人民政府常务副县长董毓民提请的《关于2016年地方政府债务限额及新增债券预算调整方案的议案》,并批准了淳安县2016年地方政府债务限额及新增债券预算调整方案。

【县十五届人大常委会第四十七次会议】 9月29日举行。会议讨论通过了县人大常委会主任余永青提请的关于方四雷辞去淳安县人大常委会委员职务的议案和县人大常委会关于接受余新华辞去淳安县第十五届人民代表大会代表职务的决定;审议通过了县人民政府县长柴世民提请的关于方四雷等人职务任免的议案,决定任命方四雷为淳安县司法局局长,决定免去吕瑞琴的淳安县司法局局长职务,并组织新通过任命的县司法局局长方四雷向宪法宣誓。会议听取了县司法局局长方四雷受县人民政府委托所作的关于淳安县法治宣传教育第七个五年规划的编制情况及主要内容的汇报,审议通过了《淳安县人大常委会关于开展第七个五年法治宣传教育的决议》;听取了县人大常委会办公室主任王武杭关于2016年淳安县县、乡(镇)人民代表大会代表换届选举筹备情况的汇报。会议根据县人大常委会主任余永青提请的议案,审议通过了《淳安县人大常委会关于设立淳安县选举委员会的决定》和《淳安县人大常委会关于设立乡(镇)选举委员会的决定》,同时书面审查了2016年淳安县县、乡(镇)人民代表大会代表选举的实施意见,并通报了淳安县乡(镇)人民代表大会代表名额分配方案。

【县十五届人大常委会第四十八次会议】 11月21日举行。会议以电子表决器表决的方式,通过了县人大常委会主任余永青提请的关于审议柴世民辞去淳安县人民政府县长职务的议案,决定接受柴世民辞去淳安县人民政府县长职务。会议以投票表决的方式,通过了县人大常委会主任余永青提请的关于副县长董毓民代理淳安县人民政府县长职务的议案,决定由副县长董毓民代理淳安县人民政府县长职务;通过了县人民政府代县长董毓民提请的关于费林建等人职务任免的议案,决定任命费林建为淳安县人民政府副县长，决定任命张宏光为淳安县人民政府副县长、县公安局局长，决定免去郭东晓的淳安县人民政府副县长职务、凌军的淳安县公安局局长职务；通过了县人民检察院检察长钱铖提请的关于杨勇任职的议案，任命杨勇为淳安县人民检察院副检察长；通过了县人大常委会主任余永青提请的关于审议钱铖辞去淳安县人民检察院检察长、检查委员会委员职务的议案，决定接受钱铖辞去淳安县人民检察院检察长、检查委员会委员职务（须报经杭州市人民检察院检察长提请杭州市人民代表大会常务委员会批准）；通过了县人大常委会主任余永青提请的关于副检察长杨勇代理淳安县人民检察院检察长职务的议案，决定由副检察长杨勇代理淳安县人民检察院检察长职务。会议组织开展了宪法宣誓仪式，新通过任命的县人民政府代县长董毓民，县人民政府副县长费林建，县人民政府副县长、县公安局局长张宏光，县人民检察院代检察长杨勇依次向宪法宣誓；并组织学习了《浙江省信访条例》，邀请浙江省信访局综合调研处处长项义从作了专题辅导讲座。

【县十五届人大常委会第四十九次会议】 12月8日举行。会议审议并原则通过了县人民政府提请的《淳安县域总体规划（2015－2030）》的议案；听取和审议了县人民政府提请审议的《千岛湖环境质量管理规范（试行）》和《2016年预算调整方案（草案）》，决定批准了《千岛湖环境质量管理规范（试行）》及《淳安县2016年预算调整方案》；审议并通过了被提名推荐为县、乡两级人大代表候选人的人员辞去选举委员会职务的事项。

·常委会日常工作·

【专项工作审议和视察检查】 3月28日，县人大常委会主任会议听取和审议了县府办、县审管办、县市场监管局关于全县“基层群众办事审批难”整改情况的报告；4月6日，县人大常委会主任会议听取和审议了农庄、家庭农场、农业综合园区发展情况报告；5月11日，县人大常委会社会事业专业代表小组对农村污水处理设施运行维护工作进行了视察，实地察看了左口乡瑶村村、桥西村污水处理设施及左口乡农村污水工程运维工作站，并听取了县环保局关于农村污水处理设施运行维护情况的汇报；6月～3日，县人大常委会组织代表视察了开发区（青溪新城）管委会、高铁领导小组的重点项目，并于6月7日召开主任会议专题听取了这两个单位关于重点项目和政府投资项目建设情况的报告，审议了县发改局关于全县重点项目建设情况的报告；6月16日，县人大常委会主任会议听取和审议了体育产业发展情况报告；16日下午，县人大常委会社会事业专业代表小组对环千岛湖绿道保护工作进行了视察，实地察看了淳杨线绿道、百亩畈至浪川乡绿道支线，并听取了县旅委关于环千岛湖绿道保护工作情况的汇报；6月22日，县人大常委会财经专业代表小组对千岛湖蔬菜公司运行工作和新建的集农产品交易、电商、物流中转等功能于一体的乡镇农贸市场进行了视察，实地查看了千岛湖蔬菜公司塘边店和绿园店及金峰乡、左口乡农贸市场，听取和审议了县供销总社和县市场监管局相关工作情况报告；7月28日，县人大常委会组织社会事业专业代表小组对G20峰会食品安全保障工作进行了专项视察，实地察看了康盛花园小区门口固定场所无证小餐饮、浙江千岛湖海笛森生态食品有限公司、千岛湖农贸市场、吉华超市等，并听取了县市场监管局关于食品安全工作情况的汇报；9月14日，县人大常委会财经专业代表小组对电子商务发展情况进行了视察，听取和审议了电子商务发展工作情况报告。

【规范性文件备案审查】 按照《淳安县人民代表大会常务委员会规范性文件备案审查规定》的要求，县人大常委会依法开展规范性文件备案审查工作，对县政府报送的《关于明确农村集体土地上违法建筑暂缓拆除条件的通知》《关于印发小客车指标配置管理实施细则的通知》《关于印发杭州市基本养老保障办法淳安县实施细则》《关于扶持农村客运发展的实施意见》《关于印发〈淳安县小额公共资源交易管理办法〉的通知》《关于印发淳安县涉河工程建设及管理暂行办法的通知》《关于印发千岛湖水域出让网箱养殖合同到期退出工作实施方案的通知》《关于印发〈淳安县临时救助实施办法〉的通知》《关于印发〈鼓励引进重大生产性招商引资项目实施办法〉的通知》《关于印发淳安县困难残疾人生活补贴实施办法和重度残疾人护理补贴实施办法的通知》《关于支持大众创业促进就业的实施意见》《关于推进户籍制度改革的实施意见》《关于进一步明确农村集体土地上违法建筑暂缓拆除条件的通知》等13个规范性文件进行备案审查，严格维护法制统一。

【代表工作】 常委会充分尊重代表的主体地位，不断优化服务保障，激发代表履职活力。继续深化“进选民门、知选民心、帮选民事”代表主题活动，统筹开展“找短板、迎峰会，代表在行动”“‘五水共治’专项监督与大气污染防治执法检查”等监督活动，积极组织“服务G20，代表作表率”活动，努力推进代表主体作用发挥；加强代表培训，在全体人大代表中开展了“向‘最美人大代表’胡海燕同志学习”活动，进一步提高代表政治理论素养和为民服务情怀；针对乡镇人大主席、副主席新手较多、业务不熟、经验不足的情况，结合代表换届选举工作，多次举办乡镇人大主席、副主席集中培训班，不断提升乡镇人大干部的业务能力；加强对乡镇人大工作的指导，设立了微信群加强交流，实行了乡镇人大信息上报制度，全面推开乡镇政府的实事工程票决工作，拓展了乡镇代表包括县代表约见乡镇的班子成员等，推动群众关注的热点难点问题的解决；抓住了中央和省、市、县委下发文件、召开会议的机遇，积极取得县委、县政府领导支持，全县23个乡镇配全了人大主席，有12个乡镇单设了人大办公室，配备了专、兼职工作人员，乡镇人大工作力量进一步得到增强。

【建议督办】 县第十五届人大第五次会议期间，代表共提出议案及建议、批评和意见190件，最终合并为180件。经主任会议研究，决定将余期信等代表提出的《关于加强全县农村生活污水治理工程运维工作的建议》等10件建议作为重点建议。坚持县政府领导领办与常委会领导督办重点建议制度，加强与政府及各承办单位的沟通协调，通过中期督办、不满意件重办、专题审议、网上公开及考核等形式推进建议办理，并组织代表小组集体评议议案建议办理情况，切实提高办理质量与效果。在县政府及各承办单位的努力下，180件代表建议全部办结，实现办结率、面商率、满意和基本满意率3个100%，解决率达59.45%。

【代表换届选举】 在县委的领导下，根据法律规定和省市人大的统一部署，主持县十六届人大代表换届选举工作，并指导开展乡镇人大代表换届选举工作。县人大常委会从2016年7月启动换届选举准备工作，组成县、乡人大代表换届工作情况调研组，深入到乡镇、村、社区开展调研，全面把握新形势新情况新问题；建立机构、出台意见、动员培训，并于11月初全面展开，分组织准备、选民登记、推荐确定代表候选人、投票选举、代表资格审查等五个阶段进行，严格贯彻落实中央和省市委的文件精神，强化代表资格审查工作，严把代表入口关；经过各乡镇的精心组织和各选区的共同努力，至 12 月 17 日，依法选举产生了县代表 237 名、乡镇人大代表 1313 名，圆满完成了换届选举工作任务。

【自身建设】 按照县委统一部署和要求，组织常委会党组成员和全体机关干部认真开展“两学一做”学习教育，讲好专题党课，定期组织集中学习和专题研讨，积极参加党员固定日活动，牢固树立政治意识、大局意识、核心意识、看齐意识；进一步深化联系代表与群众、调查研究、政府重大项目监督、审议意见督办等工作制度，提高了常委会及机关工作的制度化、规范化水平；深入基层开展调查研究，积极指导乡镇依法做好县乡两级代表换届选举工作，规范召开人代会会议；认真贯彻落实中央 18 号文件精神，优化人大干部结构，增强人大干部队伍活力；继续坚持贯彻执行中央八项固定，自觉坚守纪律规矩红线，努力营造团结和谐的干事氛围，努力推进人大各项工作的落实。（姜海仙）

（编辑　严卫华）

淳安县人民政府

·重要会议·

【县政府常务会议】 2016年，共召开政府常务会议4次。5月30日，县政府召开第十七次常务会议。会议就全面落实宣传文化工作“四张清单”加快构建现代文化服务体系、支持大众创业促进就业等有关事项进行审议和研究。

8月5日，县政府召开第十八次常务会议。会议就加快推进医疗卫生事业发展、加强卫生人才队伍和学科建设、打造淳安教育“名校、名师、名校长”工程等有关事项进行审议和研究。

9月23日，县政府召开第十九次常务会议。会议就党员干部环境保护责任追究、乡镇党政主要领导干部自然资源资产责任审计、推进户籍制度改革等有关事项进行审议和研究。

12月19日，县政府召开第二十次常务会议。会议就社会保险基金保值增值运作方案、华鳞生物技术有限公司申请小客车直接配置指标、户口迁移暂行规定、推进残疾人全面小康进程、推进红十字事业发展等工作进行讨论和研究。

【县长办公会议】 2016年，全年共召开县长办公会议10次。

1月19日，县政府召开第四十七次县长办公会议。会议就2015年度考核奖励项目设置、2016年固定资产投资(重点项目)、产业投资、招商引资工作考核奖励办法和目标任务分解以及加强规划编制管理、教育资源整合优化等工作进行讨论和研究。

3月10日，县政府召开第四十八次县长办公会议。会议就农村土地承包经营权确权登记颁证、千岛湖水域出让网箱养殖合同到期退出、县机关事业单位编外用工管理等工作进行讨论和研究。

3月24日，县政府召开第四十九次县长办公会议。会议就小额公共资源交易管理、扶持农村客运发展、解决离休干部历史遗留问题专项用房配售等工作进行讨论和研究。

5月5日，县政府召开第五十次县长办公会议。会议就“服务企业、聚焦发展”百日服务攻坚专项行动、重点项目“比学赶超”专项竞赛活动、重点项目“双清”行动、招商引资项目落地审计调查、临时救助、殡葬专项整治以及农村困难家庭危房改造等工作进行讨论和研究。

5月30日，县政府召开第五十一次县长办公会议。会议就鼓励引进重大生产性招商项目的实施办法、千岛湖镇城市风貌管理办法等工作进行讨论和研究。

8月5日，县政府召开第五十二次县长办公会议。会议就环湖森林景观修复维护工作进行讨论和研究。

9月23日，县政府召开第五十三次县长办公会议。会议就进一步明确农村集体土地上违法建筑暂缓拆除条件、完善商贸服务业发展政策、加快发展体育产业促进体育消费等工作进行讨论和研究。

11月1日，县政府召开第五十四次县长办公会议。会议就淳安县基准地价更新工作进行讨论和研究。

12月19日，县政府召开第五十五次县长办公会议。会议就加强新增违建管控、县农村信用合作联社股份制改革总体方案进行讨论和研究。

12月23日，县政府召开第五十六次县长办公会议。会议就推进县属国有企业发展混合所有制经济、建立国企职业经理人、推进国有企业减员增效、学前教育新一轮三年行动计划等工作进行讨论和研究。

（方向玉）

·依法行政·

【落实行政决策机制】 坚持科学民主决策，注重决策的公开透明和合法性，涉及决策事项的县政府常务会议、县长办公会议议题，均通过政府门户网站公开征求社会各届的意见建议，书面送人大、政协征求意见，县政府研究议题时充分尊重合法性审查意见。2016年，在推进户籍制度改革等各项决策实施过程中，均通过网络公开征求意见，提高公众的知情权、参与权，取得较好的社会效果。同时，继续推行法律顾问工作，乡镇、执法部门基本实现政府法律顾问全覆盖。

【规范文件】 抓规范性文件审查备案，文件出台前，县政府法制办及时进行合法性审查，未经审查的文件不得提交县政府相关会议讨论。文件公布实施后，按规定向上级政府和同级人大常委会报送备案，全年向市政府和县人大常委会报送规范性文件备案13件。抓部门规范性文件三统一，完成部门报送的《关于印发淳安县预算单位银行账户管理暂行办法的通知》等6件规范性文件的登记、备案工作。抓文件清理工作，对需清理规范性文件提出修改意见，落实修改责任单位，明确完成时限，及时完成修改任务。

【诉讼复议】 全年，受理行政复议案件17件，承办以县政府为被申请人的行政复议案件3件，调解行政复议案件2起，达到案结事了、定纷止争效果。完成全县33家执法部门的45卷行政处罚案卷和43卷行政许可案卷的评查工作，查找问题200余个，审查各类合同文本20余件。

（郑炬清）

·信息公开工作和电子政务·

【政府信息公开】 全年，一是在县政府门户网站、信息公开平台和浙江政务服务网等平台公开信息40461条。其中，政府门户网站发布信息8204条，其中工作动态3597条、公示公告762条、政府采购1127条、公共服务746条、其他信息1972条；政府信息公开平台公开信息1866条，其中组织机构类98条、政策规范性类1106条、规划计划类45条、财政类81条、人事类78条、工程建设7条、实事工程1条、征地拆迁1条、应急管理1条、行政审批274条、保障性住房4条、食品药品安全23条、环境保护14条、安全生产14条、价格收费101条、公共企事业单位信息18条；浙江政务服务网淳安平台公开权力清单3513条、责任清单1117条、地理信息1781条、便民服务13492条、行政处罚结果信息10488条；二是在国土、气象、教育、人社等政府部门网站累计主动公开信息3080条，广播电视、报纸等媒体主动公开21206条；三是办理依照申请公开6件，其中3件为信件投递申请方式，3件为网上申请方式，办结率为100%。

【政务服务网建设】 一是做好县级部门权力清单和责任清单调整完善工作。其中，明确30家部门主要职责495项、具体工作事项2030项、事中事后监管267项、部门承担的基本公共服务事项22项、直接提供的服务事项159项，明确23个乡镇主要职责230项、具体工作事项943项、职责边界10项、事中事后监管230项、基本公共服务事项322项、其他服务事项276项；明确开发区主要职责14

项、具体工作事项29项。二是完成浙江政务服务网行政处罚事项实施工作,涉及30个部门的处罚事项2542项、裁量库梳理2375项。三是深化统一行政权力系统开发和应用,提升行政审批及其他行政权力、公共服务事项网上运行比例。月均办件约2800件,其中行政许可事项500余件,其他权力事项30余件,公共服务事项2200余件;截至12月底,办件总量7031件,其中网上申请办件量为458件,占比7%。四是实现个人公积金、社保信息查询等政务服务网app移动端接入。完成公安交警违法罚款、教育收费等重点项目统一公共支付平台的对接,交易16243笔,交易额181.3万元。

【电子政务云平台】 启动电子政务云平台建设工作,与华通、电信合作、分别搭建公有云和专有云。公有云平台部署人社局、教育局、机关事务局、国土局、旅委、审计局、卫生局、住建局、交易中心、公积金中心、电子政务办等单位的网站类型业务,开设云主机54台;私有云部署了行政权力、行政处罚、在线投资监管及数据交换等浙江政务服务网业务系统平台,开设云主机7台。

【视频会议系统】 按照省政府视联网建设的总体要求,建设全县统一的视联网基础传输网络和高清视频核心平台,覆盖县政府、部门和乡镇,上联省、市平台,实现省市县乡四级联网、视频会议、多方通话、视频监控等功能,共接入24个乡镇(含青溪新城)、31个部门及23个乡镇社会治理综合指挥室。

【信息化项目评审】 全年组织行业专家对信息化项目进行方案论证,共审核广播电视台直播车、虚拟演播室、图书馆数据中心、公安局350兆PDT数字集群通信系统、审管办商务大楼弱电智能化、交警大队电子警察系统、道路防控体系、城管局智慧城管、旅委千岛湖智慧绿道、卫生局分级诊疗信息管理系统等69个项目,审核资金达10664万元。

(方友军)

·人防工作·

【人防指挥通信建设】 全年认真做好防空警报器的日常维护管理和G20峰会期间的警报管控工作,组织“5.12”警报试鸣工作。开展人防专业队的整组、训练;做好单边带电台、移动指挥通信车和视频会议系统日常维护和训练。参加“杭州金盾～2016”跨区域指挥通信联合演练。

【人防工程建设管理】 抓好辖区人防工程的审批与建设,全年批建结建防空地下室5个,人防面积25344平方米;竣工防空地下室4个,人防面积17658.86平方米;人防区域新增机动车位349个。组织完成人防工程标识标牌安装工作。组织开展G20峰会期间全县人防设施安全隐患排查和“三清三查三确保”专项活动检查。

(胡　滨)

·外事工作·

【外事工作概况】 2016年,淳安县共办理因公出国(境)任务16批29人次。其中,自组团5批17人次,包括教育系统友好交流团1批2人次、国企参展及经贸团2批4人次、党政团2批11人次。参加省、市部门组团11批12人次。出访的主要内容为旅游促销、经贸洽谈、业务培训和参加国际会议等。全年接待重要来宾3批47人次。

【主要出访】 2016年10月16～21日,县政府副县长章传强带队赴厄瓜多尔基多市,参加第十一届全球人居环境论坛2016可持续

城市和人居环境奖颁奖盛典，千岛湖荣获“全球绿色城市”奖。（王淑萍）

（范军建　统稿）

·住房公积金管理与住房保障·

【住房公积金归集】 2016年，新增住房公积金建制职工1482人，净增正常缴存职工364人，年末建制单位1332户，建制职工38518人，其中，正常缴存职工28813人。2016年，住房公积金归集总额5.28亿元，比上年增长35.38%，其中，一般住房公积金5.24亿元，比上年增长36.63%；住房补贴1141.18万元，比上年减少了64.58%。年末归集余额11.48亿元，其中，一般住房公积金11.18亿元。

【住房公积金提取】 2016年，住房公积金提取总额3.75亿元，比上年增长18.30%。其中，职工住房消费提取3.13亿元，比上年增长20.85%。

【住房公积金贷款】 2016年，发放个人住房公积金贷款1267户，贷款总额4.73亿元，比上年增加150%。全年收回贷款本金4070万元，比上年减少62.49%，年末贷款余额12.96亿元，逾期贷款为0，户数逾期率为0.02%。住房公积金存贷比112.89%。2016年3月下文调整了住房公积金贷款政策：调整二手房贷款首付比例，放宽二手房贷款年限，放宽公积金异地贷款条件。

【公积金增值收益】 2016年，住房公积金业务收入4029.34万元，业务支出2689.18万元，增值收益1340.16万元，比上年减少57.31%。年末分配提取个人贷款风险准备金1340.16万元。

【落实竞争性存款政策】 2016年5月13日，分中心委托永盛会计师事务所完成了竞争性存款招投标工作。此次竞争性存款招投标共计1464万元，中标单位分别为农业银行淳安支行、建设银行淳安支行、工商银行淳安支行，所有存款已于2016年10月底完成存放工作。

【全市公积金一体化建设与宣传】 2016年10月8日，公积金一体化系统上线，实现了全市住房公积金“统一决策”“统一管理”“统一制度”“统一核算”以及杭州地区住房公积金通存、通兑、通贷，公积金缴存户通过全市各家网点、杭州公积金网站、杭州公积金微信号、“12329”电话与短信、浙江政务服务网以及支付宝均可查询公积金账户信息。同时，继续利用社区灯箱广告、电视、报刊、公交视频、新政策手册等平台宣传公积金新政策，扩大住房公积金的社会影响力。

【纳入审管办考核】 2016年5月，杭州住房公积金管理中心淳安分中心纳入审管办考核，窗口实行统一考核、统一管理。统一管理对窗口人员工作提出了更高的要求，且与分中心窗口一直以来的精细化管理一脉相承。统一管理实现分中心窗口统一考勤、统一着装、统一规范，极大地提升了分中心窗口服务形象，给群众营造了更舒心的办事环境。

（沈丹凤）

·国有资产管理·

【概况】 2016年，县国有资产管理委员会办公室（以下简称国资办）认真履行工作职责，着力提高国资监管工作水平，有效促进国有经济健康发展。至年末，全县国资系统各企业资产总额293.37亿元，比年初增长0.3%；负债总额232.29亿元，比年初下降0.48%；

净资产 61.08 亿元，其中归属国有净资产 58.56 亿元，比年初增长 3.3%；资产负债率 79.18%；国有资产保值率 103.30%。全年完成营业收入 27.15 亿元，利润总额 -6174.06万元，净利润-10263.20万元，其中归属于国有净利润-12389.65 万元。

【深化国企改革】 一是深化国企改革课题调研。围绕“如何进一步深化国资国企改革”的总课题和 4 个子课题展开调研。开展混合所有制改革专项调研，与茧丝绸总公司一起研究混合所有制改革的前期工作；与旅游集团共同做好旅游交通公司休闲游资产和船业公司的股份制改造前期相关工作；开展减员增效专项调研，指导水投公司深化人事机构改革，做好减员增效相关工作。二是完善改革配套政策。根据《深化国有企业改革实施方案》文件要求和国资国企改革需求，经县政府研究同意，出台《关于建立国企职业经理人制度的意见(试行)》《关于推进国有企业减员增效的实施意见(试行)》《关于县属国有企业发展混合所有制经济的意见(试行)》《淳安县国有企业公款竞争性存放及银行账户管理实施办法》等一系列改革文件，为全面推进改革工作“保驾护航”。

【国有企业财务决算审计】 组织开展 2015 年度国有企业财务决算及审计工作。对年度财务决算报表的编制、审核、报送等具体工作环节作出具体而明确的责任要求，针对近年来国企人员在财经纪律上屡次出现违纪违法事件，暴露出县属国有企业在企业内部控制制度、廉洁自律方面存在诸多问题，要求具体负责年报审计的两家会计师事务所高度重视年报决算的审计工作质量，严格落实全范围审计，关注审计重点。2016 年，推行新的企业会计准则，对专项审计报告样式作出适时调整，规定会计师事务所对审计单位的经营情况、资产财务结构、盈利能力、“三公”经费、新旧会计准则期初影响数、政府融资等方面情况须出具专项审计报告，对专项国资监管信息获取途经、质量要求作了尝试，丰富了国资监管手段。及时做好年报财务决算审计工作常规性工作。包括中介事务所审计工作汇报、年报审计问题及整改建议沟通落实工作、汇总汇报材料、分户材料编写、装订成册等方面工作。

【国有企业重大事项管理】 对国有企业提交的重大请示事项，注重现场调研，力求提取第一手资料，保证决策科学有效。如秀水街商铺对外招商、架子岭公开招租、金港大酒店公开招租、富溪林场阳山岛对外招商、金西驿站租赁等重大事项，都经过现场调研论证。全年累计办理企业请示事项 142 件，其中资产投资 33 件，涉及金额 4.5 亿元；银行融资及担保 12 件，涉及金额 60.98 亿元；资产出租 64 件，涉及金额 465.1 万元；资产处置 22 件，涉及金额 1758.68 万元；其他 11 件，涉及金额 5020 万元。此外，县政府转办事项 17 件。

【国企负责人业绩考核】 2016 年，在中介审计决算报告的基础上，对企业经营业绩考核指标的完成情况进行计算，深入调查分析影响企业经营业绩的相关因素，并进行相关因素调整，确保考核指标完成情况的真实、准确。对各企业的考核得分、考核绩效工资等进行测算，5 月底前，完成考核兑现。

【国有企业职工工资清算】 结合年度财务审计工作，对照年初批复的企业工资总额预算，对 2015 年度企业职工工资总额开展工资清算，严格按照文件规定进行工资清算批复，对企业超额发放的职工工资要求扣回，维护政府文件的严肃性。

【国有企业财务预算管理】 制定下发《2016年度国有企业财务预算编制工作实施意见》，对预算实施范围、预算报告内容、预算报送时间及相关工作要求作了明确的部署。根据中央八项规定、省委“六个禁令”、市委“三十条意见”和县委“二十条规定”等精神，着重加强对企业成本费用预算的控制，合理控制职工工资的刚性增长，严格控制三公经费支出。

【国有资产统计报表工作】 落实专人，严格把握工作质量，圆满完成市国资委组织的2015年度国有资产统计年报会审报送工作。按月及时做好企业快报编报工作，认真做好一级公司主要财务指标完成情况报告工作，每月对县属一级企业的生产经营状况、财务结构、重大政府投融资项目等主要财务指标，结合企业年度财务预算指标进行汇总分析，初步形成县一级企业国资运营的动态监控系统，为加强企业日常财务监管打下了基础。同时、做好企业“三公”经费月报告工作，及时反映了国有企业的“三公”经费专项治理情况。

【国有资本经营预算管理】 2016年是淳安县实施国有资本经营预算的第三年。按照省财政厅与县财政局的统一布置，淳安县各国有预算企业认真编制2016年度国有资本经营预算，并在编制过程中给予全程业务指导，同时，国资办尽量做好企业与财政预算主管部门的沟通协调，经过两上两下的编制程序，按时保质保量地完成了2016年度国有资本经营预算的编制工作。

【国有企业职工管理】 严格按照《淳安县国有企业招聘录用员工管理工作的意见（试行）》（淳政办发〔2007〕177号）文件要求，做好国有企业员工招聘工作，规范企业有序招人进人，既要求企业对急需的管理人员给予市场化运作，又要求企业建立以绩效为导向的现代用人制度。同时，为提高县属国有企业财务人员专业素质，专门组织6家国企财务人员到上海国家会计学院进行专业财务知识培训。

【专题调研补齐短板】 11月初，县委常委、副县长吴东明专门召集县国资办和6家单位主要负责人，围绕国企如何实现“扭亏为盈”，提高国有企业经济效益进行了深入分析研究，梳理现阶段企业发展过程中存在的问题和困难，确定短板，明确企业要打赢2017年“扭亏为盈”“决胜战”，必须在“存量、新业务、创新管理”三个方面下苦功，练内功，挖掘效益。

【国企基层党组织建设】 按照“整乡推进、整县提升”工作要求，县国资办根据国有企业特点，深入调研，反复论证，研究制定《2016年淳安县国有企业党委党建工作考核内容及评分标准》，规范国企党建工作。2016年年底，经六大国企党委自评、推荐，国资办成立考核小组，依据考评办法，对52个党支部进行严格考核，其中12个基层党组织达到“六好型”示范标准，为国有企业党建工作提升奠定良好的基础。

【县政府交办工作】 一、落实全县房产清查信息软件（国企模块）监制及录入工作。为确保国有房产清查登记软件国企模块满足县内国企需要，国资办先后5次组织软件公司和建设集团、旅游集团、工贸公司业务科室负责人，就软件功能模块、数据结构、管理要求进行集中讨论。10月底，专门组织全县50多家房产清查相关企业，召开国有企业房产信息管理平台数据录用培训会。12月底，县直属6家企业全部完成房产信息录用工作。二、完成县政府交办的资产评估审核工作。完成旅游度假区华联项目、小金山林场自驾车服务点、石林镇土地整改项目等14项涉及土地征收、收储、资产转让的资产评估报告审核工作,送审评估值32348万元,核减8万元,审定值32340万元。在审核中,国资办全程监督,事前介入,事中跟踪,事后复核,有效地避免了评估结果偏差过大。三、完成人大、政协提案预案交办事项。完成提案预交办事项176号《关于变更"中国工农红军北上抗日先遣纪念馆"产权、经营权的建议》、177号《关于加强我县文艺工作建设给予固定活动中心的建议》以及县委办〔2016〕第89号文件交办的人大、政协班子关于"加快国有企业发展,鼓励国有资本积极参与物流业发展"和"在景点公司、游艇公司等进行景点景区改造等基础设施投放时,明确社会资本的投资比例"4则事项的意见反馈。四、做好其他交办的具体工作。一对骑龙巷改造提升区块国有(集体)房产处置相关事宜,提出处置意见报县政府。二根据《全军工程建设项目和房地产资源管理专项整治的指导意见》及《军队空余房地产租赁问题整改实施细则》相关规定,与县人武部协商,向县政府提交委托经营资产情况及委托经营管理建议。三、对千岛湖水下古城7D影院项目众筹风险调研,形成分析材料报县政府。四、对白小线自驾骑游服务点资产移交的意见。五、对渔政休闲垂钓平台船处置意见。六、对国有企业融资和融资平台建设的意见。七、对千岛湖文化艺术项目资产租赁问题意见反馈。八、对姜家旅游副中心闲置资产调查。九、对沿湖沿线资产管理意见。

【机关党建】 2016年,县国资办党工委坚持把党的建设摆在首位,结合"两学一做"学习教育,认真贯彻落实党的各项方针政策,推进县国资办机关党建工作,不断提高党员的思想素质和政治觉悟,严格落实"三会一课"基本制度,确保"两学一做"学习融入经常,确保常态长效。加强党风廉政建设,年初印发《2016年度党风廉政建设责任制实施意见》,认真落实党风廉政建设责任制,强化干部职工特别是领导干部的廉政风险教育,全年共组织理论学习16次。认真落实民主生活会、述职述德述廉等党内监督制度和中央八项规定精神和省、市、县委有关规定,树立领导干部的良好形象。党工委积极配合纪委派驻第七纪检组对国有企业的巡查工作。按照县委、县纪委要求,牵头做好国有企业中央八项规定精神"回头看"的自查工作,做到事事有回复、件件有落实。加强学习型机关建设,以"二级理论学习中心组"为依托,将学习对象扩大到全办干部职工,通过专题讲座、交流座谈、观看警示教育片等多种学习方式,着重就中共十八大、十八届六中全会和县委全委会精神,以及《中国共产党党章》《准则》《条例》、习近平总书记系列重要讲话精神、国资监管政策文件等进行了深入学习,提高干部职工政治理论素养和专业理论水平。

【专项任务完成】 严格按照上级各有关部门要求,加强领导,周密部署,扎实做好各类专项工作:一是牵头做好国资系统各企业落实党风廉政建设责任制,推进惩防体系和廉政文化建设,以及党务公开等工作,配合做好工程建设领域突出问题专项治理;二是高度重视信访工作,全年办理信访件5件;三是严格按要求做好机构节能、依法行政、普法、电子政务、信息、档案、保密等其他专项工作;四是认真按要求做好在职干部"三认"、"干部返乡"和机关党员进社区等工作。

(章凌燕)

·行政审批·

【概况】 2016年,县审管办在围绕提速提效和公平公正的工作目标，深化“审批权力清单”、“政务服务网”和高效审批机制建设，开展工程领域专项整治，圆满完成全年各项工作目标任务。全年办事大厅进驻24家行政事业单位(其中本部办事大厅19个，县政府委托管理的社保分中心5个)，窗口办理各类事项42万件。

【“并联审批”和“模拟审批”】 建立“行政审批联席会议”，对项目审批过程中涉及多个窗口事项，尽量同时办理；牵涉到水域占用、土地等事项需报省、市有关部门审批的，将其中涉及县级审批的事项先模拟办理。通过并联审批服务方式，加快了高铁新区等10个重点项目的审批进度。

【“零地项目”承诺开工制】 完善“零土地”审批制度，由县经科局牵头出台《“零土地”技术改造项目立项备案操作流程》，对一些利用现有厂房进行技术改造、扩规或招商引资的项目，改变原先按部就班的审批流程，实行承诺一下就开工建设，加强事中、事后监管。2016年，全县进入“零土地”审批流程项目47个。

【开通“浙江政务服务网”】 推进“网上申请、在线服务、快递送达”的服务模式，实现130个审批事项可在网上办理。其中会计证办理实行网上申报，快递送达。推进“投资项目审批在线监管平台”建设，为平台后期项目数据导入和监管打好基础，逐步实现投资项目审批一窗受理、并联办理、电子监察，提高审批效率。

【“项目审批不予许可书面告知制”】 出台《实行涉审项目不予许可限期书面告知制度》，对通过预审的招商引资项目，审批部门凡是做出不予许可决定，须出具《不予许可书面告知单》，同时抄告项目单位、审管办和县纪委监察局，由监察部门对不予许可事项的合规性进行监察，规范行政审批行为。

【实施“金牌代办员培育计划”】 制定“金牌代办员培育计划”，加强全县项目审批代办员的组织联系，开展全县投资项目审批代办员培训会议。2016年，各平台、乡镇实行代办员代办项目72个。

【便民服务】 3月～7月，集中解决县人大交办的14件涉及货车通行、户籍办理、农村土地权证办理、城区业态规划等与群众生产生活密切相关的审批难事项，县审管办先后组织相关职能部门的工作人员到周边县、市、区考察，吸取经验，同时征求乡镇、部门意见，进行反复讨论研究，最后确定由职能部门出台审批政策，县审管办厘定审批程序。针对农村分户立户难问题，由国土资源管理部门调整“农村居民建房审批程序”，公安部门出台《农村居民分户补充规定》，通过调整政策，有章可循，有效解决了农村群众立户、分户互为前置而不能办理的老大难问题。

【汾口分中心建设】 5月，成立汾口分中心党支部，建立党员定期设点宣传服务制度。全年组织现场服务4次，发放服务指南1500余份。在分中心挂牌设立残疾人评定受理中心，单月10日在县二医院集中鉴定残疾人等级，全年受理残疾等级鉴定申请400余人次，发放残疾人等级鉴定书256本。

【行政服务中心搬迁准备】 积极与县机关事务局、建设集团对接，做好新行政服务中心大楼的装修装饰工作，提前谋划新大厅窗口进驻方案，上半年按照“应进尽进”原则，梳理出《公共服务事项目录》等搬迁准备工作。

【工程领域专项整治】 牵头制订《专项整治

行动》《进一步加强工程建设领域管理》等制度,参与县纪委监察局牵头的飞行检查工作。2016年,工程招投标项目783个,中标金额31.43亿元,节约资金3.89亿元;政府采购项目176个,中标金额1.98亿元,节约资金2306万元;土地招拍挂项目35个,中标金额9.22亿元;国有资产交易项目47个,交易金额7268万元;农村产权交易项目4个,交易金额711万元。

【招投标日常监督检查】 提交县政府出台《工程建设领域举报投诉电话制度(试行)》《在建工程飞行检查制度(试行)》。实施《中标企业约谈制度》,通过业主单位、施工单位和中介单位“三方谈话”的方式,防范和打击围标串标、租借资质、弄虚作假、违法分包、标后转标等行为。同时,开展评委专家和招标代理检查整治,落实评委专家和招标代理“一标一评”制和考核结果通报制。全年对17位评委专家考核扣分,对3名评审专家进行网上通报批评。

【设计方案、电力、船舶招投标管理】 针对设计方案、电力工程、船舶工程招投标分别出台补充意见,灵活处理竞争不充分、价格高、服务质量跟不上等难题。对设计方案采取“概念性”部分先行招标方式,船舶工程采用“有监督的竞争性谈判”,电力工程分设备、材料、安装、土建4类进行预算、让利,有效提高招标质量,节约政府资金。

【小额公共资源交易监管】 提交县政府出台《小额公共资源交易管理办法》,优化小额交易进场交易额度,细化小额交易监管程序。开展全县小额公共资源交易管理培训,组织到文昌镇开展现场观摩学习。加强全县小额公共资源交易项目日常检查,推进乡镇小额公共资源交易中心标准化建设,提高小额交易标准化服务。 (钱 民)

·综合考评工作·

【概况】 2016年,综合考评工作紧紧围绕“秀水富民”发展战略,以省、市对县考核工作为核心,以优化体系提升绩效为目标,突出重点,强化导向,创新举措,不断提升综合考评导向引领作用,着力推进县委、县政府战略决策和重点工作贯彻落实,各项工作取得较好成效。

【省对26县发展实绩考核】 2016年,是省对26个县发展实绩考核的第2年。考核以主体功能区划分为基础,根据26个县生态特点、区位条件、资源禀赋和产业基础,分两类各13个县考核,淳安县、文成县、泰顺县、磐安县、衢江区、常山县、开化县、龙泉市、云和县、庆元县、遂昌县、松阳县、景宁县13个县(市、区)列二类县考核。考核指标体系由常规性指标和动态性指标两部分组成,常规性指标由总体水平、绿色发展、民生保障、生态保护四大类指标组成,保持相对稳定,动态性指标根据省委、省政府有关重大决策落实情况进行设置。考核评定采取分类分档排列办法,考核结果与省财政补助挂钩,与要素配置挂钩,与干部使用挂钩。

【“美丽杭州”实验区单列考评】 根据《关于下达2016年度“美丽杭州”淳安实验区单列考评指标的通知》(杭考评办〔2016〕14号)文件,考核体系设置为发展指标、重要工作目标、领导考评、社会评价和特色创新。发展指标16项,其中生态保护类指标3项,生态经济类指标8项,改善保障民生类指标5项。重要工作目标12项,为生态文明建设(美丽杭州实验区工作)、“五水共治”工作、城乡区域统筹发展(新农村建设)、“三改一拆”行动、

"1＋6"产业体系推进、食品安全综合评价、G20峰会服务保障工作、人民武装工作、领导班子建设、党风廉政建设、社会评价意见整改目标、党委政府信息工作。年度特色创新项目为"实施富丽乡村建设工程，加快推进秀水富民"。2016年度淳安考评得分94.691分，考评等次与省对26个县考评结果挂钩。

【县级机关、直属单位综合考评】 2016年，全县列入综合考评的县级机关、直属单位共91家，其中绩效评价单位27家、目标管理单位39家、评议单位25家。绩效评价、目标管理单位实行目标考核、领导考评、社会评价、创新创优和倒扣分相结合，评议单位实行领导考评、社会评价及相关工作倒扣分相结合。2016年，创新实施乡镇部门捆绑考核，93个部门组团23个乡镇，设置9项捆绑考核内容，根据捆绑项目完成情况对组团部门考核计分。经考核评定，绩效评价单位中县发展和改革局、县交通运输局因连续3年优胜(满意)获优胜(满意)单位荣誉奖；县财政(地税)局、县住房和城乡建设局、县公安局、县水利水电局、县林业局、县人力资源和社会保障局、县农办、县民政局被评为优胜(满意)单位；千岛湖风景旅游委员会、县环境保护局、县教育局、县农业局、经济开发区(青溪新城)管委会、县城市管理局、县行政审批管理委员会办公室、县卫生和计划生育局、县经济信息化和科学技术局、县商务局、高铁新区被评为先进单位。目标管理单位中，县委宣传部、县委统战部、县委老干部局因连续3年优胜(满意)获优胜(满意)单位荣誉奖；县委办公室、县政府办公室、县纪委(监察局)、县委组织部、县委政法委、千岛湖传媒中心、县信访局、县国税局、县统计局、县司法局被评为优胜(满意)单位；县委党校(行政学校)、县直机关工委、县广播电视台、县移民局(库区投资公司)、县审计局、县文广新局、县妇联、县新安江开发总公司、县安监局获先进单位。评议单位中，县人大机关、县政协机关、县人民检察院、县人民法院、县农村信用合作联社、中国人民银行淳安县支行被评为优胜(满意)单位；杭州银行淳安县支行、县国资办、县公安消防大队、中国银行淳安支行被评为先进单位。

【乡镇经济社会发展目标考核】 2016年，乡镇考核分为落实党建工作责任和经济社会发展目标考核"双百分"制。落实党建工作责任考核由县委党建工作领导小组办公室牵头组织实施，考核结果与经济社会发展目标考核结果综合运用，两项考核同时获得优秀等次的，作为最佳乡镇班子候选对象，经民主评议后报县委常委会研究命名两个最佳乡镇班子；获落实党建工作责任考核优秀、良好等次乡镇，在经济社会发展目标考核奖基础上，分别给予10％、6％的上浮奖励；落实党建工作责任考核为未达标等次的，经济社会发展目标考核不得确定优秀等次。经济社会发展目标由发展指标、重要工作目标、个性工作目标、领导考评和加扣分组成，总分设置为120分，其中个性工作目标20分，实施乡镇间差别化设置，考核得分按权重计入总分。内容包括县委、县政府指令下达给部分乡镇差异性目标；各乡镇根据自身产业特点和发展定位，自主申报具有一定突破性、创新性和延续性的特色工作。根据考核评定，2016年乡镇经济社会发展目标考核获优秀等次的乡镇8个，依次为千岛湖镇、姜家镇、临岐镇、大墅镇、威坪镇、石林镇、文昌镇、枫树岭镇；良好等次的10个，依次为汾口镇、金峰乡、中洲镇、梓桐镇、左口乡、里商乡、富文乡、鸠坑乡、安阳乡、浪川乡；获达标等次的5个，依次为王阜乡、界首乡、瑶山乡、宋村乡、屏门乡。

【目标管理】 强化省、市考核目标督察，落实专门力量跟踪对接省、市对县考核工作,实施省、市对县考核目标分类管理机制,有序实施目标进度分档预警,增强动态管理实效;健全完善协调交流和定期走访工作制度,加强各考核项目、考核责任单位协调指导和日常跟踪,高效部署网上正面引导宣传,有序开展市民代表回访;注重考核分类压力、考核方式影响、实际执行进度等动态分析,出刊《情况专报》18期并获县委、县政府主要领导批示交办,有力助推省、市考核目标推进落实。突出重点目标跟踪督察。依托数字考评系统按月动态跟踪乡镇部门考核目标实施进展,根据目标实施进展情况形成情况通报;加强信息共享,借助大督察工作机制开展重点工作联合督察,有力推进考核目标落实。完善过程管理提升实效,将目标督察纳入乡镇部门共性考核内容,加强过程管理与年终考核间的转化运用,实现督考有机衔接、互为印证。深入实施现结现报,积极推进考核台账弱化减化,消减程序性考核内容,取消乡镇年终集中考核检查,有效服务基层单位考核减负。

(钱　炜)

·档案工作·

【档案接收与征集】 2016年,先后接收县民政局、县环保局、县卫计局等19家单位的8904件档案进馆,接收医院人口出生证明档案32953件。接收社会捐赠资料120册,其中家谱10种21册。从故宫购买宋代詹氏墨宝仿真件7幅,从民间征集并制作明代圣者仿真件3幅、中洲吴氏家宝长卷仿真件1幅。征集到淳安老照片、老票证245张。

【档案监督与指导】 依法履行档案监管职能,县档案局与县人大、县重点办联合开展"五水共治""无违建县""土地确权"等领域的档案执法检查,抽查6家县级以上重点建设项目档案。在行政村、社区开展规范化档案室创建工作,创省级行政村示范档案室16家、省级社区规范化档案室3家。

【档案信息化建设】 完成数字档案馆(二期)项目,馆藏档案数字化加工212万页,并通过验收。乡镇、社区全部建立数字档案室,其中创建省级示范数字档案室8家,省级规范化数字档案室3家。正式启动为期五年、总投资1千万元的全县民生档案数据库建设项目,2017年公安户籍档案和社保人事档案列入数字化加工。完成县公积金中心、司法局等8家单位的电子业务数据登记备份工作,备份数据总量约40GB。将馆藏档案数字化成果异地备份到杭州市档案局。

【档案宣传与培训】 充分利用《钱江晚报·淳安生活》等主流媒体,报道珍贵档案资料和档案工作动态。全年举办村级档案业务培训班6期、档案分管领导普法培训班1期、"五水共治"档案业务培训班1期、农村土地确权档案业务培训班23期。

【档案新馆建设】 县档案局协同建设集团积极做好新馆建设工作。新馆主体结构于7月完工,后期装修于年底接近尾声,设备采购招投标工作顺利完成,为2017年新馆开馆奠定基础。

【档案利用与窗口服务】 深化"异地查档、跨馆服务"工作,优化服务机制,提升群众满意度。充实1名窗口服务人员,加强窗口服务力量。全年接待社会各界查档7606人次,提供档案资料12168卷(册),出具档案证明(复印件)17898份,提供刻录光盘25个,刻录土地二轮承包光盘30个。 (江宣之)

·信访和“12345”工作·

【概况】 2016年，县信访局、县长公开电话受理中心，围绕服务保障G20杭州峰会，以县委、县政府提出的“捧金鼎、不出事”为总目标，以信访五项治理为抓手，信访工作取得明显成效。持续实现信访电总量下降，共受理交办信访事项5555件（批）次，同比下降29.65%，其中，来访201批411人次，来信747件次，来电（网上信访）4607件次。圆满完成G20杭州峰会、各级“两会”、世界互联网大会等重点敏感时期的信访工作任务。淳安县委、县政府被杭州市信访工作领导小组评为杭州市2016年度信访（“12345”）工作目标管理考核优秀单位；县信访局（县长公开电话受理中心）被浙江省委、省政府评为浙江省G20杭州峰会工作先进集体，被县委、县政府评为2016年度县级机关综合考评优胜（满意）单位；县信访局（县长公开电话受理中心）5名个人获得省级先进个人荣誉，4名个人获得市级先进个人荣誉，7名个人获得县级先进个人荣誉。

【强化信访工作责任】 县委、县政府与23个乡镇、43个重点部门签订信访和“12345”工作目标管理责任书，将信访和“12345”工作列入年度乡镇领导业绩考核和县级机关、直属单位综合考评重要内容，并实施乡镇、部门信访工作捆绑考核。突出源头防范治理和督察督办，完善《淳安县乡（镇）、部门信访和“12345”工作绩效考核评分办法》，压实信访工作责任。

【完善信访工作机制】 创新和完善信访工作机制，先后建立乡镇信访源头治理机制、“四位一体”县领导领衔处理信访事项工作机制、疑难信访五化解工作机制、信访组团竞赛工作机制、三级劝返工作机制、四级联防联控机制、“日提醒、周通报、月点评”精准督察机制、信息“双报告”制度和信访矛盾苗头双向排查机制等系列信访工作机制，并运用于信访工作实践，取得了较好成效。

【深化信访制度改革】 推进信访工作制度改革和信访法治建设，将信访纳入法治化轨道，通过法定途径分类处理信访投诉请求，将28家职能部门信访投诉请求清单3297条汇编成册。同时，加快推进浙江省统一政务咨询投诉举报平台建设，以县长公开电话和浙江省政务服务网为基础，整合各类政务咨询投诉举报载体，建设集政务咨询、投诉举报等功能于一体，统一、便民、高效的政务咨询投诉举报平台，实行统一接收、按责转办、限时办结、统一督办、评价反馈的业务闭环。

【畅通基层信访渠道】 制定落实信访源头治理指导意见，推进乡镇信访源头治理工作，23个乡镇均开通乡镇民情热线。全面加强乡镇信访力量、经费、场所、考核等方面的管理，及时在源头就地解决信访矛盾。乡镇民情热线电话累计接听受理15898件，办结15862件，办结率99.77%。

【化解信访积案】 全面梳理历年遗留信访案件，将161件积案建库立单，通过多渠道、多角度组织开展积案化解工作。全年化解信访积案122件，化解率76%，其中化解10年以上信访积案3件，5～10年的积案9件，3～5年的积案27件，1～3年积案83件。其中45件省、市、县三级信访积案，通过领导包案，化解40件，稳定5件，化解稳定率100%。

【服务中心工作】 县信访局全力参与和服务保障“五水共治”、“无违建县”创建、千岛湖镇撤村建居、杭黄高铁建设、千岛湖配水工程、金峰光大生活垃圾环保处理项目等重点工作、重点项目的推进。全年召开各类信访协调会、分析研判会 216 次,向县委、县政府报送信息快报 19 件、专报 21 件、信访情况分析报告 31 期。

【依法信访宣传】 大力开展依法信访宣传,通过开展"12345"服务进社区、华数电视宣传、印制发放宣传资料等途径,对国务院《信访条例》、《浙江省信访条例》等信访法规政策进行宣传解读,营造依法信访氛围。同时,县长公开电话受理中心与县广播电视台合办《民情热线～连接 12345》栏目,借助电视媒体,丰富督察督办形式,加大督察督办力度,提高县长热线为民服务绩效。

【干部队伍建设】 运用集中学习、小班化培训、个别跟班、外出考察、区域交流等多种形式,广泛开展形式多样、效果明显的干部培训锻炼提质工程,全县信访干部在 G20 峰会等重大活动的信访稳定工作中得到了充分锻炼,工作责任心、主动性、为民服务和攻坚破难能力显著增强。 (赵予东)

·机关后勤服务·

【概况】 2016 年,淳安机关事务管理局认真贯彻中共十八届五中全会精神和习近平总书记的系列重要讲话,以发展有新思路、管理有新举措、服务有新提升为指导思想,实施后勤精细化管理,改善干部职工工作和生活环境,开创机关事务管理工作"廉洁、务实、优质、高效"的新局面,荣获县 G20 杭州峰会工作先进集体。

【青年人才公寓房建设】 利用房产清查成果,实施人才关心关爱工程。此工程列入 2016 年县委"十大工程"、县政府为民办实事工程。机关事务局负责单身公寓改建和后续管理服务。积极筹划、主动协调,成立推进和监管小组,抽调精干力量现场跟进协调监管,按程序开展各项工作,协调县科技局、县科协和县卫计局于 2 月底前完成搬迁工作。3 月初,组织施工单位进场施工,按招投标要求完成空调、家具的采购。青年人才公寓于 6 月中旬完成施工改造,提供 137 套人才房。6 月 14 日,机关事务管理局会同县委组织部和团县委举行青年人才公寓启用仪式,县委副书记、常务副县长董毓民,县委常委、组织部部长姚伟明、县人大常委会副主任何建法参加启用仪式,通过摇号和签署协议,完成 130 余位青年干部的人才房分配和入住工作。9 月 20 日,骑龙宾馆回收到位,提供 62 套人才房。机关事务管理局会同组织部研究制订单身公寓管理办法、入住条件,按照"五年周转、购房退出"的原则,对单身公寓实行统筹使用和统一管理。

【政府资产管理】 县政府大院路面改造,为了不影响到县政府大院 14 家单位的正常工作秩序,机关事务局主动与施工单位协调,事先做好准备工作,将路面浇筑主体工程的时间调整到周末。干部宿舍楼维修,南苑 5 幢原房屋阳台整体加固。经过与住户、施工单位和设计单位多次沟通,于 10 月 20 日进场施工,年底完成。综合楼室院子地面修整,6 月中旬完成项目设计和预算编制,利用周末完成主体维修。国有房产管理,6 月完成国有房产软件系统初验,录入管辖范围内的房产数据,进入运行调试阶段。乡镇"两堂两室"建设,3 月下旬,由机关事务管理局班子成员带队分两组展开乡镇"两堂两室"现状的调研,对各乡镇的"两堂两室"建设规范的需求进行初步摸底汇总,5 月制定乡镇"两堂两室"建设配置标准,下发相关推行管理办法。7 月初,分管领导带相关工作人员对各乡镇的需求再次进行逐一核实。

【重点项目协调】 机关事务管理局作为四大中心商务大楼建成投入使用的管理单位,在项目建设开始就积极参与,重点做好三项工作。一是牵头建立由发改、财政、审计、建管等相关管理部门组成的项目专项工作组,定期组织召开会议,对建设项目的方案评审、招投标管理、装修工程模式、装修标准、建设投资规模等事项进行研究,为县政府决策建言献策,提供建议。全年,共牵头召开协调会议68场,协调处理工程建设问题369个,提出合理化建议186条。二是发挥纽带作用。加强与建设单位和使用单位的对接联系,将各使用单位意见及时整理上报县政府和建设单位,将县政府有关精神指示及时准确反馈给各单位,做好上传下达工作。建设集团商务大楼项目,3月组织装修施工单位进场,重点做好装修材料及设备配件进场验收工作。完成大楼弱电项目招标工作,并于6月组织进场施工。"四大中心"专项装修项目,6月研究确定青少年活动中心科技馆、文化移民博物馆的设计单位及设计费价格。完成"四大中心"空调主机和智能控制系统的招标工作。成立"四大中心"青少年活动中心科技馆、文化移民博物馆、图书馆项目领导小组,并确定项目推进议事成员。三是做好节能产品推广应用。规定大楼的照明灯具采用LED等高效照明灯具、用水器具必须选用节水性器具。采购节能型空调、电梯,在源头上抓好节能。

【服务保障G20峰会】 9月,在G20峰会期间,强化思想认识、完善保障方案、细化明确职责、落实有关措施,开展"护航平安千岛湖,党员干部当先锋"活动。一是统一思想认识。为确保G20峰会活动绝对安全,多次召开班子会扩大会、党员会和全体工作人员工作部署会,传达G20峰会维稳实战部署会精神,认真部署G20峰会期间的平安巡防工作,严查脱岗离岗现象,要求所有机关工作人员保持手机24小时畅通。在全体职工中开展"护航平安千岛湖,党员干部当先锋"活动,在急难险重任务面前,充分展现党员干部"平时工作看得出、关键时刻站得出、任务面前敢担当"的精神风貌。二是完善保障方案。成立局G20峰会应急处置工作领导小组,局长严建国任组长,副局长徐开颜、王令任副组长,科室负责人汪定文、宋艳华、商霞琴、朱梦茵和杨骅任组员。设立值班电话。在局办公室设立24小时值班电话和值班传真,制定应急值班值守计划表,责任到人,加强G20峰会期间应急值班值守。制订计划方案。研究制订《县级机关事务管理局G20期间应急值班值守计划表》《县级机关事务管理局公共交通平安巡防方案》《县级机关事务管理局重点部位值班安排表》《县府大院安保系统升级改造方案》《车辆单双号限行保障方案》《G20峰会期间食堂饮食保障计划》等方案。中层以上人员为各点的负责人和小组长,担任应急值班主班,及时处置突发情况。三是细化明确职责。落实"主要领导负总责、分管领导负主责、当班人员直接负责"制度,加强请示报告,加强对G20峰会期间应急值班值守和突发情况处置、紧急信息报送等工作检查指导,及时发现纠正存在的问题或不足。在保障方案计划中,明确重点部位、主要责任人和具体责任人,层层传导压力,使大家将压力转化为动力,领导干部主动沉到一线,靠前指挥,亲力亲为。完善值班执勤的登记统计,认真登记各类信息,建立工作台账。记录好平安巡防登记本,详细记录值班人员、时间、地点、值班情况等信息;应急值班登记本,详细记录值班人员带班领导,值班主、副班,时间,值班情况处置等信息。领导带相关工作人员,对管辖范围的物业、安保、消防等安全生产综合情况,进行随机检查。对检查中发现的问题限期整治,明确相关责任人。认真查阅综合检查登记表,对记录检查参加人员、时间、检查部位、存在的问题、整改责任科室等信息一一核实。四是落实相关措施,确保峰会维稳安保和平安巡防工作任务的完成,提出相关措施。召开全员会议,传达各级相关文件和会议精神,进行保密教育和宣传,部署开展系列活动。开展慰问高温一线工作人员暨安全生产综合检查,由分管领导带机关相关工作人员分两组分别进行,建立检查登记台账。深入开展"三认"活动。利用走访、慰问,了解结对对象的家庭基本情况、愿望和需求,送上组织的慰问和关怀。做到"走进家、见到面、交好心",真正掌握实情、掌握动态,做到底数清、目标明、措施实。结合县府大院的安保系统进行升级改造,安装人员门禁和车牌识别系统,提升安保防范能力。召开管辖范围的物业、安保人员会议,利用人员门禁和车牌识别系统,加强管辖范围的安保工作。加强重点部位住夜值守。在规划大楼、社保大楼、综合楼等、交流房和人才公寓等重点部位,统一安排人员住夜值守。在完成服务保障G20峰会中,机关事务管理局被评为县级先进单位,1人被评为市级先进个人,2人被评为县级先进个人。

【党日活动】 结合机关事务工作特点,组织党员学习党章、党规、党纪、习总书记系列讲话精神。开展社区支部共建、廉政专题教育、"两学一做"专题党课、专题民主生活会、为困难群众送温暖等党员集中活动,做到年初有计划、每月有主题、活动有特色。深化结对帮扶、党员进社区、干部职工返乡服务等活动。全年组织走访慰问2次,资助帮扶资金24587元。组织春风行动捐款22150元。

【公务接待】 坚持制度先行,严格审批,严控标准,严抓服务,全年接待来宾343批9875人次。参与各类会议、活动的后勤保障工作14次,提供服务7000余人次,重大活动包括互联网安全与治理论坛、第二届千岛湖斗茶大会、首届中国浙江千岛湖国际摄影大赛、"车神驾到"节目录制、区县协作、全省乡村旅游提升发展推进会,及杭州市"两路两侧"、"四边三化"专项整治大比武等重要会议。

【精细化管理培训和比武】 创新发展思路,实施后勤精细化管理。从后勤从业人员素质培训入手,于3月12日邀请杭州旅游职业专修学校副校长、浙江省旅游文化研究会副秘书长、浙江图书馆文澜讲坛客座教授叶建华,讲授职业道德、服务品质和服务精细化管理等内容。3月19日,邀请国际注册高级礼仪培训师、国家二级心理咨询师严进英教授,讲授职业形象、职业素养、沟通礼仪、接待礼仪和接待服务经典案例分析等内容。5月14日,专门邀请杭州消防专家,对大院、综合楼、规划和社保大楼所属单位的分管领导和安全员、物业从业人员及机关事务管理局全体工作人员进行消防安全知识培训。举办技能比武。4月23日,在千岛湖中等职业学校,县机关事务管理局举办淳安县首届机关事务管理系统食堂菜肴烹饪比赛,20个乡镇和15个县级有关单位的41名厨师参加比赛。会同县交通局、县人社局和县总工会,举办淳安县"迎G20峰会汽车驾驶员职业技能大赛",倡导和推行"安全驾驶"和"绿色驾驶"理念,增强汽车驾驶员安全驾驶、节能减排和服务意识。

【节能工作】 抓好日常节能监督检查、能耗数据统计分析等日常工作,同时,重点做好三方面工作。一是抓节能产品应用推广,3月完成垃圾分类宣传和节能产品推广,下发宣传资料1500份。四大中心和商务大楼完成空调招标工作,落实由空调为主线的楼宇智能化系统的节能产品应用。6月，完成LED灯具采购，完成LED灯具改造工作。二是抓垃圾分类。上半年对县府大院、综合楼、规划展示中心、社保大楼等办公楼宇的大楼垃圾分类进行3次自查，准确率在95%以上。三是抓管理范围，将二级单位纳入管理，根据省、市工作要求，委托软件公司对现有的能耗数据申报软件进行升级，录入二级单位能耗数据管理平台相关数据。四是抓示范单位创建，完成十三五规划期间四大中心和商务大楼，两个国家级节约型公共机构示范单位创建申报工作。

【物业管理】 做好县府大院、综合楼、规划展示中心、社保大楼等办公楼宇的安全管理、停车场管理、设施设备运行管理、卫生保洁、水电能耗统计等工作，对县府大院门禁系统和监控系统进行提升改造，县府大院实行物业保洁、绿化维护的整体服务外包，实行规范化管理。完成县统计局、县直机关党工委、县卫计局等单位的办公用房的调整。全年完成物业零星维修2000余项，管辖范围内房产安全隐患排查3次，完成屋面防汛维修清理等工作。修改和完善了规划大楼、社保大楼日常零星维修申报制度、县府大院门卫保安管理制度和考核办法等管理制度措施。实施监管考核，对各岗位人员的到岗情况、履职情况、工作标准等多方面进行量化考核。根据考核办法，对规划大楼采取罚款5000元1次。建立例会制度，每月初召开一次由业务科室及各驻点负责人、物业公司负责人参加的物业管理人员例会，总结上月工作，部署下一个月的重点工作，通报相关考核结果。整治停车管理，规范县府大院和社保大楼的停车秩序，统一组织划箭头，实施车辆按车位规定方向停放。完成社保空调智能控制系统技改并投入使用。

【食堂管理】 2016年，县机关事务局管辖的3个食堂共保障用餐65万余人次。根据工作需要，对机关食堂5名工作人员的工作岗位进行调整。加强外包食堂的监管，采取不打招呼、直奔一线的方法进行随机检查，抓好饮食卫生工作，邀请县市场监督管理局对食堂餐具进行检测。按照合同约定，开展就餐满意率调查，对托管方实施考核。开展机关食堂副食品询价议标，开展市场调研，按规定对机关食堂的蔬菜、水果、肉类、水产需求进行询价议标。

【车辆保障】 落实每季1次的安全教育制度，对车辆的维修、装饰、违章、行驶里程、耗油等9项内容进行一车一档管理，降低车辆运行成本。加强公务用车管理，实行公车定点停放，全年为全县性集体公务活动提供用车800次，安全行车约120万公里。完成2016中国自行车联赛、淳安首届斗茶大会、首届淳商大会等全县重大活动的车辆保障任务。

【会议服务】 加强会务监管，对视频会议、全县性会议等重要活动，由责任科室实行跟踪服务，注重服务规范化、精细化和标准化。要求会议服务人员做好会前服务筹备、会中服务标准、会后工作小结。及时召开会务工作分析会，对会务服务中出现的问题及时梳理，认真分析典型问题和原因，制定相应的改进措施。加强音控管理，全面掌握各个会议室的设备和连接顺序设备的工作原理及如何排除故障。注重设施设备的日常检修和维护，每周对会议室的所有设施设备进行常规检查和调试，确保音控系统万无一失。2016年，机关事务管理局负责管理的4个会议室共接待会议300余场10000余人，圆满完成2016年县“两会”及全县经济工作会议、全县农村工作会议及县纪委全体扩大会议等全县性重大会议的会务保障工作。

【闲置资产处置】 做好闲置资产统一处置工作,实行用验分离的采购流程。2016年,共完成物资采购33批次122件,采购金额13万元。完善固定资产管理制度,完成物资入库验收、登记、移交及转移工作,定期组织资产清查盘点,做到账实相符,实现电子化管理。

【推进车改】 按照车改工作要求,组建机关公务用车服务平台及执法执勤用车管理平台,牵头制定《淳安县公务用车平台组建管理办法》;参与拍卖后的公车过户工作;参与审核车改单位实施报告。

【公车公司管理】 强化对公车公司和重大投资、采购、合同、人事工资、大额资金运转、业务运作、经费使用和财务状况的监管。实行月报告制度,公司每月10日前向管委会报送上月的会计报表和财务情况说明书。充分发挥共产党员的示范带头作用,凭借工会的力量,强化民主管理,构建民主之家,增强公司的向心力和凝聚力。2016年,公司出车4900车次,安全行驶约160万公里,实现营业收入400余万元。 (汪定文)

(编辑 严卫华)

政协淳安县委员会

·全体会议·

【八届五次会议】 于2016年1月12～15日在千岛湖镇召开。会议听取和审议了县政协主席刘小松所作的《政协第八届淳安县委员会常务委员会工作报告》和县政协副主席吴仙菊所作的《政协第八届淳安县委员会常务委员会关于八届四次会议以来提案工作情况的报告》。与会人员列席了淳安县第十五届人民代表大会第五次会议，听取并讨论了县长柴世民所作的《政府工作报告》和其他报告。会议审议通过了《政协第八届淳安县委员会第五次会议提案审查情况报告》和《政协第八届淳安县委员会第五次会议决议》。会议期间，共收到委员提案267件，经审查立案192件，26名委员作了大会发言和书面发言。杭州市政协副主席叶鉴铭到会祝贺。县委书记朱党其在闭幕式和大会发言上分别作重要讲话。

·常委会议·

【八届常委会第二十六次会议】 于1月12日在千岛湖镇召开。县政协主席刘小松主持会议。会议协商同意王瑛姣、吴丁洪、钱尼万、徐新勇辞去县八届政协常务委员职务。会议协商通过部分政协委员调整事项。

【八届常委会第二十七次会议】 于1月13日在千岛湖镇召开。县政协主席刘小松主持会议。会议协商同意政协常委候选人建议名单，并提交大会酝酿讨论。会议协商同意八届五次会议选举工作相关事宜，并提交大会讨论。会议协商通过《淳安县政协常务委员会2016年工作要点(草案)》。会议还听取了各讨论小组对《政协第八届淳安县委员会常务委员会工作报告》和《政协第八届淳安县委员会常务委员会关于八届四次会议以来提案工作情况的报告》讨论情况的汇报。

【八届常委会第二十八次会议】 于1月14日在千岛湖镇召开。县政协主席刘小松主持会议。会议听取了各讨论小组对八届政协常务委员候选人建议名单，总监票人、总计票人、监票人建议名单酝酿情况和《政协第八届淳安县委员会第五次会议选举办法(草案)》讨论情况的汇报。会议协商同意吴仙菊辞去县八届政协副主席职务。会议听取了各讨论小组对《政府工作报告》《“十三五”规划纲要(草案)》《政协第八届淳安县委员会第五次会议提案审查情况报告(草案)》《中国人民政治协商会议第八届淳安县委员会第五次会议决议(草案)》等报告、文件讨论情况的汇报。会议协商同意《政协第八届淳安县委员会第五次会议提案审查情况报告(草案)》和《中国人民政治协商会议第八届淳安县委员会第五次会议决议(草案)》，并提交大会审议。

【八届常委会第二十九次会议】 于8月30日在千岛湖镇召开。县政协主席刘小松主持会议。会议协商通过县政协常委会调研报告《以绿道为载体，促进我县农产品向旅游商品转化(讨论稿)》和《关于进一步推进“淳商回归工程”的建议(讨论稿)》。会上，还就全力服务保障G20峰会，精心组织好政协委员换届，善始善终、保质保量完成政协年度工作进行了部署强调。

·日常工作·

【政协常委会专题调研】 继续落实助推绿道经济发展三年行动计划,年初即成立课题组,深入绿道沿线乡镇、企业及农户广泛开展调查研究,形成了调研报告《以绿道为载体,促进我县农产品向旅游产品转化》,得到县委主要领导的批示和肯定。县政协还专门制定出台《淳安县政协联系基层抓点做样助推绿道经济发展实施意见》,通过抓点做样,以点带面,为全县绿道经济的发展积累成功经验。3月以后,政协常委会还围绕"淳商回归工程",实地视察了部分回归企业,走访了部分异地商会和淳商企业,召开了有关部门、乡镇、商会、企业等不同层面的座谈会,形成了《关于进一步推进"淳商回归工程"的建议》,有关强化组织保障、创优发展环境、推动良性发展等意见、建议得到县委的重视和采纳。

【政协主席会议专题视察】 4月21日,县政协主席会议成员专题视察淳安县教育基本现代化创建工作,向县委、县政府提出《关于扎实推进我县教育基本现代化创建工作的建议》;8月3日,县政协主席会议成员专题视察淳安县林业旅游发展工作,向县委、县政府提出《关于进一步促进我县林业旅游发展的建议》;11月10日,县政协主席会议成员专题视察我县养老服务体系建设工作,向县委、县政府提出《关于进一步加强我县养老服务体系建设的建议》;11月17日,县政协主席会议成员专题视察淳安县城市管理工作,向县委、县政府提出《关于进一步加强我县城市管理工作的建议》。

【委组调研视察】 相关委组自选课题,深入调研,参政建言。7月,提案工作组向县委、县政府提出《关于深入推进千岛湖综合保护工程的建议》,城建工作组向县政府提出《关于进一步深化"文明淳安"建设的建议》;8月,社法工作组向县政府提出《关于进一步做好我县城乡低保工作的建议》;10月,千岛湖联络组向县政府提出《关于进一步做好我县农村风貌和历史文化保护与利用的建议》,文史工作组向县政府提出《我县发展摄影产业的优势及路径探究》。

【对口协商】 6月1日,县政协召开"房地产开发"对口协商会议,向县政府提出《关于进一步促进我县房地产业健康发展的建议》;7月14日,县政协与县人民检察院就查办和预防职务犯罪工作开展专题协商会议;8月26日,县政协召开"农村公共文化设施建设"对口协商会议,向县政府提出《关于加强农村公共文化设施建设的建议》。

【咨询约谈】 3月17日,县政协开展企业界委员约谈活动,实地走访微贷网、丰凯实业、中植新能源、谷神能源、野娇娇、瑶记等企业,并举行座谈。5月9日,县政协开展卫生界委员约谈活动,组织委员赴临安市学习考察民宿民居和生态文化建设工作。9月8日,县政协组织教师委员视察文渊狮城及龙川湾旅游发展情况。

【提案工作】 县政协八届五次会议共收到提案267件,经审查立案的192件。其中,已经解决的102件,占53.1%;部分解决的42件,占21.9%;列入计划拟解决的38件,占19.8%;留作参考的10件,占5.2%。提案面商率、委员满意和基本满意率、办理结果上网公开率均达到100%。《关于加强政府投资项目和资金管理,提高投资项目效益的建议》等13件提案被确定为重点提案,《关于借鉴台湾经验加快千岛湖特色民宿发展的建议》等20件提案被评为优秀提案。

【社情民意信息】 共收到事关全县经济发展、环境保护、教育文化、医疗卫生、交通治堵、食品安全等民生热点社情民意信息308条,先后向县委、县政府编报《社情民意反映》专刊33期,增刊5期,转送部门41条,上报省市政协5篇。其中,有关巩固提升蚕桑产业、重视我县列入国家重点生态功能区应对工作、加快淳安县电子商务发展等21条信息得到了县领导批示,为党委政府把握民生民情、化解基层矛盾、推进各项工作发挥了积极作用。

【专项集体民主监督】 根据省、市政协部署,县政协持续深化开展"三级政协联动、万名委员同行、助推完善和落实'五水共治'长效机制"专项集体民主监督活动。活动中,专题开展了县政协"五水共治"民主监督"万千行"活动和"美化家园·清洁家园"专项民主监督工作,并形成相关督察报告报市政协以及县委、县政府。一年来,广大委员全力助推"五水共治",共开展各类监督视察活动30余次,组织全体委员600余人次,实地查看行政村245个、河道350余公里,提出整改意见110条。

【民主评议"回头看"】 就2015年民主评议县卫计局卫生工作专题开展"回头看"。通过座谈交流、问卷调查、实地走访等,认真了解县卫计局对政协民主评议意见建议的整改落实情况,并就人才队伍建设、医疗资源下沉、鼓励民营医疗机构发展以及县委政策意见落实情况再次针对性评议建言。

【民主监督员工作】 继续选派60名委员对10个机关部门开展民主监督,并就加强基层市场监督管理、检察院公诉队伍建设等重点问题进行跟踪督察,形成4份民主监督建议书,有效促进了相关部门工作的改进。与此同时,选派委员参与作风效能暗访、政风行风评议、"五水共治"督察等监督活动,督促乡镇部门进一步改进工作作风,推动工作落实。

【服务基层】 继续深化推进"委员活动日"活动,启动日活动在姜家镇举行。在随后的一个月中,组织委员深入基层、深入一线,开展科技助民、医疗惠民、法律护民、文化利民、帮扶济民等为民服务活动,为基层群众排忧解难。积极动员委员广泛参与扶贫帮困、捐资助学等社会公益事业,走访慰问困难群体,热情接待群众来访,帮助群众解决实际困难。据统计,一年来,县政协共举办各类服务活动40余场次,活动惠及全县各个乡镇和社区,受到社会各界的广泛好评。

【团结联谊】 注重发挥政协统战功能,切实加强与民主党派、港澳台侨界、宗教界、新社会阶层等人士的交往交流,着力增强包容性、扩大团结面。坚持以政协委员为主体,以政协之友联谊会、政协企业家联谊会为平台,举办中秋茶话会、委员联欢会、新年茶话会、委员约谈会和各类座谈会,不断增强政协的凝聚力和影响力。积极传承和弘扬政协文化,编辑出版《淳安佛教》文史资料。加强政协书画院建设,积极举办"丹青G20"书画摄影比赛,与嘉善县政协联合举办书画交流展,进一步宣传淳安,推介淳安。

【自身建设】 深入开展"两学一做"学习教育活动,切实加强党风廉政建设,争做合格党员。自觉接受县委对政协工作的领导,做到重要议题、重大事项主动向县委请示汇报,始终与县委、县政府思想同心、目标同向、工作同步。开展"十佳政协委员""十佳民主监督员""十佳政协提案""十佳社情民意信息"评选活动,进一步调动委员的履职积极性。围绕打造"学习型、服务型、廉洁型"政协团队,积极推行精细化管理,内强素质、外树形象,进一步提升服务保障水平。积极参与G20峰会维稳安保、城乡组团竞赛、党员固定活动日、联乡结村、“三认”服务、社区共建、在职干部返乡服务等中心工作,密切联系群众、积极帮扶解困,切实在实践中锻炼机关干部,树立政协干部良好形象。（严黎琳）

（编辑　严卫华）

社会团体

·淳安县总工会·

【概况】 2016年,全县共有12家总工会,经济开发区总工会、千岛湖镇总工会、文昌镇总工会、临岐镇总工会、威坪镇总工会、鸠坑乡总工会、姜家镇总工会、梓桐镇总工会、浪川乡总工会、汾口镇总工会、大墅镇总工会、枫树岭镇总工会。12个乡镇工委,16个部门工会工作委员会。

【组织建设】 4月,召开县工会第十五次代表大会,选举产生县总工会新一届领导班子,明确淳安工会今后五年的发展方向和奋斗目标。着力抓好工会组建工作,对全县25人以上的企业开展调查摸底,下发《关于在全县工会中开展规范化标准化建设年活动的通知》,在姜家镇和江滨社区召开工会建设的现场会。举办4期企业负责人和工会干部工会知识和民主管理知识培训。

【素质教育】 围绕全县经济社会发展,制定出台《关于提高职工素质增强创新能力的实施意见(试行)》,成立淳安县总工会职工教育培训中心,开展职工技能培训,抽出2个月时间培训学员1126人次。全年举办比武竞赛92场次,表彰职工经济技术创新60项。

【文体活动】 举办两场全县工会干部技能运动会,吸引200多名工会干部参加,通过比赛增进工会干部之间的交流,基层工会累计举办职工文体活动163场次,参与职工16000多人次。举办2016年“劳动美·生活美”全县职工摄影、书画作品大赛,共有1237名职工参加,评选出200幅参展作品。

【各类先进评选】 7月,开展首届“千岛湖工匠”评选,以年龄控制在60周岁以下,在淳安从事本专业技能工作不少于10年,仍在一线岗位上直接从事生产、技术、研发等工作,具有他人不可替代的绝技绝活,或创造了在同行业中公认的先进操作法,提高了劳动生产率,产品质量创造了同行业最高水平等为原则,认定十位“千岛湖工匠”,除了授予“千岛湖工匠”荣誉称号之外,每人得到一定经济奖励,对符合相关条件的工匠,拟推荐评选杭州市五一劳动奖章。全年,经县总工会共推荐,共有22个个人和集体获得省市五一劳动奖状或被评为省、市劳动模范、模范集体,50个个人和集体被评为县级先进职工之家、优秀工会工作者、工人先锋号。

【职工保障】 建立帮扶专项基金,加大对困难建档职工帮扶力度。2016年,申请参加规定病种门诊医疗互助单位347家,参加职工人数18191人,同比增长98%。金秋助学、外来职工返乡、一线职工免费体检和疗休养工作都取得新的成绩。会同旅委进行职工疗休养基地推荐,服务县委人才工作,举办2场青年职工联谊活动,服务青年人才350余人次。

【工会规范建设】 大力推进职代会、职工董监事会、厂务公开制度,积极拓展“3+X”的职工民主管理渠道。上半年,会同人社等部门开展督察活动,深入企业进行业务指导,顺利完成检查工作。

【特色工作】 会同县委组织部、县委党校组织举办了3场工会干部民主管理培训班和工会规范化标准化建设业务培训班。组织工会干部前往衢州,现场参观淳安县人在外地创办的杭州千岛湖鲟龙公司工会,学习他们工会的工作规范化标准化建设经验。为实现“工会组建全覆盖、工会工作全规范、工会关爱全标准”总目标,切实把工会工作落到实处,最广泛地把职工群众组织起来。县总工会领导班子通过对淳安在外企业排摸、走访、调研,批复同意江东杭千扶贫开发区管理委员会在外地建立工会组织,让淳安在外地的企业职工也有自己的“娘家”。(胡春槐)

·共青团淳安县委员会·

【概况】 2016年,在县委和团市委的正确领导下,团县委深入贯彻落实中央、省委、市委党的群团工作会议精神和共青团改革要求,围绕县委“坚定秀水富民路,建设康美千岛湖”目标,保持战略定力,从服务党政中心、服务团员青年和团的自身建设等方面开展工作。

【理想信念教育】 为坚定全县青少年跟党走的理想信念,在青少年中广泛开展“我的十四岁集体生日”、“十八岁成人礼”、少先队“示范队室”评选、少先队活动课优秀案例评选和“我是美丽淳安人,我家就在千岛湖”等淳安县中小学生理想信念主题教育实践活动。举行“谈县情、话成长”县委书记与青年面对面主题宣讲活动,“这片美丽的土地需要你们”成为萦绕在淳安青年心头最动情、最感人,也最富感召力的话语。

【巩固网络阵地】 推进网上共青团建设,加大“青春淳安”微信公众号建设力度,全年共发表思想引领性文章150余篇,累计吸引粉丝2.4万人,总阅读量突破50万人次。建立青年人才公寓微信群和党团组织,并积极开展破冰之旅等文化活动。

【拓宽联系青年渠道】 实施“1+100”团干部直接联系青年制度,建立淳安籍各高校学子群30个、各乡镇青年微信群23个,覆盖青年15000余人。组建民宿“帮帮团”,前往青年创业者家中开展一对一帮扶。

【志愿者服务】 实施“党建+志愿”社区楼道邻里互助志愿服务项目6个,组织志愿者为中国自行车联赛等大型赛会提供3700余人次14088小时的志愿服务。实施千岛湖星级环湖绿道志愿服务站项目,一期评出三星级以上服务站24家。开展“无违章挑战赛”等社会化活动,吸引1200多人,提升青少年和全社会文明素质。全力服务保障G20峰会,全方位推进平安巡防志愿者工作,牵头招募、组建、管理淳安县2万余名平安志愿者队伍,并开展大走访、大比武、大培训等活动。组织开展“办好G20　志愿我先行”志愿服务八大主题行动和青年文明号“建功G20”四大主题竞赛活动,营造浓厚服务氛围。

【校地合作】 深化与浙江传媒学院的合作,以浙江传媒学院派员到淳挂职为契机,联系对接相关资源,确定以“四大基地”打造为合作目标,以“一村”“一台”为合作主阵地,全方位、宽领域、多维度地开展校地合作工作。

【服务青年创业成长】 组建青淳达人社等一批青年社会组织,举办“淳安团青迎G20公益大Party”、暑期亲子秀大赛等青年喜闻乐见的活动。成立“青马学院”,面向1986年以后的在职在编年轻干部招生,234人参与选拔,50人成为首期学员,完成始学教育、青年领导力等单元课程。与县委人才办等单位联合举办中国·千岛湖青年创业创新大赛,吸引

130多支团队参赛，筛选出一大批适合淳安县产业发展导向的项目和人才。深化千名返乡大学生农村电商创业三年行动计划，摸底培养人选107名，并开展培育工作。

【帮助青少年】 积极对接省青基会、省爱心事业基金会，筹集争取各类助学金40余万元。发挥青少年活动中心校外教育作用，推进社区青少年俱乐部建设，完成新宫方案深化设计，吸引8000余人次参加培训和活动。推进青少年权益保障工作，未成年人保护委员会、预防青少年犯罪专项组和青少年法律援助工作站深入开展"12355"心灵花园工作，开展法制进学校活动和"青少年维权岗"创建。

【自身建设】 一是深入学习团中央改革精神，组织贯彻团中央改革方案，学校共青团改革精神，省第十四次团代会精神等。二是强化团的组织建设，召开共青团淳安县第二十二次代表大会，选举产生新一届团县委领导班子。完善全县23个乡镇和8个部门团(工)委换届，创新成立县纪委团委等3个直属团组织。三是持续改善团干部队伍作风。举办首期中学团干部培训班，开展机关内部"三严三实"暨团干部健康成长大讨论民主生活会、"大脚走基层"主题实践活动等，锤炼团干部作风。深入开展"两学一做"学习教育，加强组织生活和教育管理。实施直属团组织团干部季度记实述绩制度，促使各级团委班子形成干事的合力。 （宋小鹏）

淳安县妇女联合会

【概况】 2016年，全县共有基层妇女组织502个，其中乡镇妇联23个、县属单位(部门)妇委会(妇工委)43个、行政村妇代会425个、社区妇代会11个；创建省级巾帼文明岗1个、县级巾帼文明岗6个。县妇联行政人员编制5名，在职人员6人；下属股所级事业单位(县来料办)人员编制4名，在职人员4人；下属股所级事业单位(县妇儿工委办)在编在职1人。

【来料加工】 2017年上班第一天，县妇联即在千岛湖广场举办来料加工专区，开设麻绣、缝手套、缝鞋帮等4个加工表演项目，组织17家来料加工企业参与招聘，提供就业岗位328个，达成企业用工意向226人，来料加工用工意向800余人。利用"领头雁"工程和特色产业示范村创建契机，培育村干部来料加工经纪人，评选来料加工领头雁标兵3名、来料加工领头雁15名，创建来料加工特色产业示范村3个。开通"巾帼贷"业务，向全县经纪人发放无抵押、低利率的创业贷款800余万元。6～10月，组织300余名经纪人举办业务知识和电子商务培训；在富文、梓桐、鸠坑、里商、威坪等乡镇开展流动培训，800余名妇女参加了套笔、串珠、缝帽子等加工技能的学习；挑选10名乡镇妇联主席分5期赴义乌轮岗培训；组织优秀经纪人参加义博会，意向接单200余万元，拓展来料加工市场。11月中旬，举办第四届来料加工"笔舞笔赛"技能大比武活动，开展"十佳来料加工经纪人"和"三十强加工能手"评选活动。全年持续开展来料加工户籍化、规范化、项目化、网络化和标准化等"五化"管理，促进来料加工稳步发展。全年新培育经纪人117人，辐射带动从业人员4.5万人，发放加工费2.2亿元，实现较好的经济和社会效益。

【美丽庭院创建】 全年以"庭院＋"文章为创建载体，开展"院内有小景、院外有大景"富有特色的美丽庭院创建工作。3月，在界首乡鳌山村举办全县首届"农信杯"巧手扮靓农家院创意大赛，以此推行、引领和指导全县各乡镇举办40场美丽庭院创意大赛暨现场推进会。年中，在枫树岭镇下姜村公开征集农户家风家训谏言，邀请书法家书写农户家风家训谏言并制成牌匾挂在农户堂前，同时将部分家风家训统一设计制作成宣传牌立于村内。9月下旬，在临岐镇召开全县美丽庭院创建互看互学现场推进会，指导临岐镇发动创建户利用当地特色经济作物，在房前屋后种植黄精、白芨、三叶青、钱胡等中草药，既可观赏，亦可创收。全年建成县级“美丽庭院”示范村14个、“美丽庭院”培育村11个、“美丽庭院”示范户990家；评选产生“最美庭院”一等奖10个、二等奖20个、三等奖30个。

【开展特色节庆活动】 “三八”节，在千岛湖广场开展《中华人民共和国反家庭暴力法》宣传活动，发放宣传资料3000余份；指导乡镇妇联举办《中华人民共和国反家庭暴力法》专题讲座50场次，听课妇女18000余人次。母亲节，开展寻找“最美妈妈”活动，召开大会通报表彰由评委会和网络投票共同评选产生的10位“最美妈妈”和10位“淳安好妈妈”，进行先进事迹宣讲。“六一”节，在大墅镇中心小学启动“亲情暖冬·移动4G伴成长”项目，为全县9所留守儿童小学争取100台移动4G智能手机和近2万元的毛毯、围巾等物资，推行留守儿童定期与父母面对面“交流”；在石林镇中心小学举办FM104.5女主播电台“大山里的奥运会”，活动主办方向石林镇中心小学留守儿童俱乐部赠送18000元的体育器材，县妇联向该校捐赠6000元的爱心善款。

【关爱留守妇女儿童】 年初，制定下发《关于认真做好2016年全县困难离任村妇代会主任关爱工作的通知》，指导乡镇妇联有针对性地开展帮扶关爱工作；积极向上级妇联争取关爱资金9.6万元，走访慰问23个乡镇和青溪新城近百名困难退任村妇代会主任及部分困难妇女，为每人送去500元慰问金。充分利用市妇联“美丽基金”，全年扶持女大学生8人，每人每学期3000元；援助困难“两癌”患病妇女41人，每人3000元；同时，邀请武警杭州医院专家团队6人为千岛湖镇城区及农村的200名妇女进行“两癌”免费筛查。11月，邀请杭州市家庭教育讲师团专家，联合县教育局在城区各小学、幼儿园及社区举办“父母大课堂——十万家庭亲职教育知识大巡讲”活动，举办21场家教知识专题讲座，2000余名家长参加。

【巾帼志愿者服务】 在全县437个村(社区)妇代会中建立巾帼志愿者服务队，全面推进“天使守望·情暖邻里”巾帼志愿者服务活动，成立服务队429支，招募巾帼志愿者2585名，全年服务群众上万人次。首建“秀水大妈团”，G20峰会期间，在千岛湖镇社区组建“秀水大妈团”，组织招募在家不愿闲着、热心助人、与人和善的社区40～60岁妇女，义务巡防，为街坊四邻保平安，为社区安保服务贡献余热；共招募248人，开展巡防1200余次。首试家庭讲习所，在千岛湖镇、临岐镇、枫树岭镇3个乡镇行政村(社区)推行家庭讲习所，由村(社区)妇代会主任任讲习所所长，县、乡镇妇联干部兼任副所长，巾帼志愿者轮流担任开课主持人，开设识字扫盲、来料加工、手工技艺等妇女喜爱的课程，以实际行动贯彻落实习总书记“注重家庭家教家风”重要指示精神。

【妇联组织自身建设】 5月，组织召开“两学一做”专题党课暨学习教育部署会，县妇联机关党支部全体党员、乡镇妇联主席和县属单位妇委会主任共80余人参加，县妇联主要负责人给与会人员上了“两学一做”专题党课，与全体党员干部分享习总书记“注重家庭、注重家教、注重家风”三个注重的理解和体会；首次举办由县管女领导干部和乡镇妇联主席、部门妇委会主任共同参加的全县女领导干部培训班，搭建平台，促进女领导干部在培养女干部方面充分发挥“传、帮、带”的作用。7月，召开乡镇妇联半年度工作会议，学习传达县委十三届十九次全体（扩大）会议精神；总结上半年工作和布置下半年工作。10月，县妇联、县委党校联合在中洲红色教育基地和下姜群众观教育培训基地举办全县妇联干部培训班，并带领参训人员赴衢州江山实地学习美丽庭院创建经验，各乡镇妇联主席、县级机关部门妇委会负责人共50余人参加培训。

【县妇联第十五届六次执委（扩大）会议】 4月1日，县妇联第十五届六次执委（扩大）会议在海外海二楼宴会厅召开，县妇联第十五届执委委员、各乡镇妇联主席（副主席）、县属各单位妇委会主任或主持工作的副主任，以及县妇联全体机关干部参加会议。千岛湖镇江滨社区党委书记、杭州市最美人大代表胡海燕在会上就自身先进事迹作了宣讲；余小兰主席代表常委会作工作报告。

（方慧君）

·淳安县科学技术协会·

【概况】 2016年，县科协坚持“四服务一加强”职责定位，围绕“秀水富民”总战略，全力做好各项服务工作。主管14个学（协）会，有会员3045名，其中老科技工作者协会和反邪教协会为直属协会；设乡镇（含青溪新城）科协24个，有会员6448名；另有企业科协7个，有会员730名。全县有注册科普志愿者327人。2016年，县科协荣获杭州市科协服务科技工作者先进单位。农函大淳安分校被评为浙江省农村致富技术函授大学先进分校。

【县科协第十次代表大会】 4月12日，召开淳安县科学技术协会第十次代表大会，全县各条战线142名代表出席会议。大会审议通过余建成同志代表第九届委员会所作的工作报告，选举产生淳安县科协第十届委员会，为顺应科协系统深化改革的要求，本次大会还选举产生三名兼职副主席。县委、县人大、县政府、县政协四套班子主要领导及分管联系科协工作的县领导8人出席开幕式，县委书记朱党其代表县委在开幕式上讲话，杭州市科协主席郑健波亲临大会并讲话。县委副书记、常务副县长董毓民在大会闭幕式上作讲话。县委领导和市科协领导对淳安县科协五年来的工作给予充分肯定，同时对今后五年科协工作提出要求。

【科学知识普及】 在《钱江晚报·淳安生活》开设《这科我爱学》栏目，刊登科学知识试题6期；在《今日千岛湖》开设《科技信箱》《科普之窗》等科普栏目；在城市屏媒上全天候滚动播出科普知识；与卫计局联合刊发《健康教育科普专刊》；在电视台、华数有限电视栏目定时播放科普小视频，每月更换内容；制作科普和反邪教专题宣传片，借助“电影下乡”平台，在乡镇、学校、社区宣传100余场；开通科普微信公众号“科普微点”；在公交车车载电视上播放科普和反邪教知识，每天4000频次。联合县人社、水利、林业等部门继续做好科普挂图的研发工作，全年共印发挂图6000余套、3万余张。

【科普阵地】 会同县机关事务局、团县委全力做好县科技馆的前期设计、方案论证等工作。流动科普馆改造提升，增加无人机和机器人项目，先后在宋村乡、王阜乡、屏门乡、临岐镇、瑶山乡、文昌镇巡展，参观人数8000余人次。在临岐中学新建“智能机器人”主题科普馆。新建新北社区、南苑社区、姜家中心卫生院科普宣传栏。

【优秀论文评选和农职评】 开展淳安县第十次自然科学优秀论文评审活动，评出县一等奖10篇、二等奖15篇、三等奖16篇、优秀奖60篇。开展淳安县第十四次农职评工作，全县206名农民获得技术员以上技术职称，其中技术员88人，助理技师94人，技师19人，高级技师5人。

【科普宣传周活动】 9月中下旬，在全县范围内开展以“创新放飞梦想，科技引领未来；才聚秀水，智推富民”为主题的第30届科普宣传周暨“百名科技人才服务基层”活动。9月21日，在大墅镇组织大型科普宣传、科技咨询服务活动。举办电子商务、心理健康、民居民宿、实用技术培训及老科学家科普讲座、校园科技节等活动。全县有100余个单位10500余人参加活动，举办培训班和讲座21场，受训人数3488人次，展出科普展板510余块，义诊咨询1822人次，发放各类科普资料15000余份。

【科技支农服务】 邀请杭州市农科院茶叶研究所所长余继忠博士和浙江省中药研究所教授级工程师江建铭分别到大墅镇、枫树岭镇进行白茶、中草药种植培训，200余名种植户接受了培训。应临岐镇中药材产业发展需求，保持与丽水林科院的密切联系，指导黄精等中草药的种植，专门邀请黄山市新安医学研究中心专家到临岐镇指导中药材产业发展。

【院士专家工作站】 多次走访清正生物和鲟龙科技两家院士工作站建站单位，收集和了解两家建站企业科技服务方面的需求以及院士工作站运行情况。协助千岛湖啤酒有限公司向市科协申请专家工作站建设，并协调建站相关事宜。

【全民科学素质工作】 制定《淳安县全民科学素质行动和科学技术普及实施方案(2016—2020年)》。农办开展农函大培训，提升农民科学素质，全年培训1500人次。教育局通过举办校园科技节、课外科普活动、流动科普馆巡展的科普征文等一系列活动提升青少年群体科学素质；在市科协的支持下，先后邀请中科院老专家讲师团名誉团长钟琪和陈洪教授到淳安县建兰初中、淳二中和梓桐初中开展科普讲座，共有1200多名学生及家长聆听了讲座。县人社局通过就业培训等提升城镇劳动力科学素质。县委组织部通过干部月讲坛的科普讲座、干部科普知识竞赛等形式提升干部科学素质。妇联和千岛湖镇通过社区科普讲座、健康知识讲座、来料加工培训等形式提升居民群体的科学素质。

【创全民科学素质工作先进乡镇】 千岛湖镇、姜家镇、浪川乡成功创建县级全民科学素质工作先进乡镇(淳政办发〔2016〕126号)。汾口镇成功创建杭州市全民科学素质工作先进乡镇(杭科组〔2016〕2号)，并被省科协命名为浙江省基层科普示范单位(浙科协发〔2016〕24号)。

【学(协)会工作】 全县有4个学术项目被列为县级重点学术项目立项，有2个学会作为县级能力提升建设项目立项。县蚕茧产业协会被中国科协、财政部授予全国科普惠农兴村先进单位。12月14～20日，组织开展“中国科协会员日”活动，各学(协)会走访慰问本学会会员。

【老科技工作者协会】 为纪念老科技工作者协会成立十周年，编印《协会调研文章选编》。12月28日，召开老科技工作者协会成立十周年座谈会，省市老科协、县领导及相关部门领导30余人参加座谈，朱宝华理事长代表老科技工作者协会作了《发挥余热有作为　奋力进取十周年》报告，回顾老科技工作者协会十年来的主要工作成就，省老科协副理事长安志云、市老科协理事长朱荫湄、淳安县副县长费林建到会讲话。活动期间，组织70余名会员赴北上抗日先遣队纪念馆和下姜村群众观教育基地参观考察。老科技工作者协会全年完成调研报告6篇，其中《深入推进农旅对接引领秀水富民的探讨》《机器换人，节本增收，秀水富民——浅析我县农业机械化发展中的问题及对策》《关于推进石林休闲运动港湾小镇建设为争创服务业强县实现秀水富民当示范的思考》3篇调研文章得到县委书记朱党其的批示。

【反邪教协会】 围绕G20峰会，会同县防范办开展“护航G20，反邪保平安”系列宣传活动。7月，召开二届三次理事会，对二届理事会的部分理事、常务理事进行调整。成功创建金峰乡景山村农家乐、威坪镇亲水平台公园、千岛湖龙川湾景区和富文乡青田村4家单位为杭州市反邪教警示教育阵地。在全县103家农村文化礼堂中开展反邪教宣传活动，并发放各类反邪教宣传资料。

（徐剑锋）

·淳安县残疾人联合会·

【概况】 2016年，淳安县有持二代残疾证残疾人16008人，其中，农业户口14940人；非农业户口1068人。残疾类别分为视力残疾1950人、听力残疾2206人、言语残疾107人、肢体残疾8002人、智力残疾1349人、精神残疾1267人、多重残疾1127人。2016年，淳安县残疾人联合会（以下简称县残联）在区、县（市）残联工作目标考核中被杭州市残联评为优秀单位。

【出台惠残系列政策】 2016年，淳安县先后出台《关于推进残疾人全面小康进程的实施意见》《关于进一步健全残疾人康复和托养服务体系的实施意见》《淳安县残疾人事业发展十三五规划》《关于促进残疾人按比例就业的实施意见》《困难残疾人生活补贴实施办法》《重度残疾人护理补贴实施办法》《淳安县残疾儿童基本康复服务与补贴制度实施办法》等7个指导性、政策性惠残文件。

【残疾人基本生活保障】 从2016年1月1日开始实施《困难残疾人生活补贴实施办法》和《重度残疾人护理补贴实施办法》，全年有16923人次（其中困难补贴10823人次，护理补贴6100人次）残疾人享受困难补贴和护理补贴政策，发放补贴金共3988万元。2016年12月开始，残疾人最低生活保障标准由原来的农村480元/月提高到594元/月，城镇600元/月提高到660元/月，全县7362名残疾人纳入低保，占持证残疾人总数的47.6%。121户残疾人家庭享受“普惠加特惠”危房改造补助金21.95万元。3651名（不含低保对象）重度一、二级残疾人及1户多残家庭减免有线电视视听费92.01万元。

【残疾人康复】 2016年，全县721名残疾人享受白内障复明、助听器验配、助视器验配、假肢安装、髋关节置换等康复服务；33名残疾儿童得到普及型辅助器具适配和听力语言、脑瘫、孤独症、智力康复训练等抢救性康复服务，1名听障儿童得到人工耳蜗手术救助；邀请省、市专家为残疾儿童开展康复训练评估1期；免费发放轮椅、拐杖等基本型康复辅具451件；在持证残疾人中开展疑似严重精神障碍患者排摸工作，41名疑似重性精神疾病和4名肇事肇祸倾向患者得到后续治疗;115 名困难家庭精神障碍患者得到 3000 元/人/年的春风行动救助;694 名贫困精神残疾对象免费服用基本抗精神病药物;6 名严重精神障碍患者享受 2400 元/年补助;新建省级残疾人社区康复示范站 7 家,举办 1 期全县社区康复业务培训班;推进基层责任医生签约服务工作,2190 残疾儿童、精神残疾人和“三瘫一截”等成年重度残疾人纳入签约服务范围。全年下拨康复服务经费 300 万元。

【托安养工程】 截至 2016 年年底,全县建有托养机构 21 家,小康阳光庇护中心 17 家(其中市级 14 家,省级 3 家),全县集中托养残疾人 220 人,下拨托养护理补贴经费 223.4 万元。

【残疾人创业就业】 2016 年,规范残疾人扶贫基地、创业能手验收、申报工作,广泛发动残疾人发展种养业、加工业和服务业,培育扶持省级扶贫基地 3 个、市级 9 个(新建 1 个),巩固和发展县级残疾人扶贫示范基地 35 个、创业能手 75 名,安置残疾人就业 416 名,辐射带动残疾人家庭就业、增产增收 800 户;开展农村实用技术和职业技能培训 11 期,培训残疾人 805 名;组织残疾人参加省、市相关技能培训 42 人,3 人获省、市级技能竞赛三等奖。做好残疾人个体就业的开办费、养老保险费、贷款贴息的政策性资金扶持,全年下拨就业创业资金 307 万元;依法做好按比例安置残疾人就业保障金征收核定,全县 143 家企业安置残疾人就业 241 名,地税代征残保金入库 1125 万元,同时 20 人以下的 278 家微小企业减免残保金 45.94 万元。

【残疾人教育培训】 2016 年,92 名残疾学生和残疾人家庭子女得到 23.55 万元的就学补助,14 名贫困残疾学前儿童得到 3.9 万元省级福利彩票公益助学金,为 17 名残疾大学生减免学费、住宿费;在姜家镇文渊狮城举办 1 期残联工作者业务知识培训班,邀请县委党校何晓莲老师及市委党校老师授课,县乡残联分管领导、残联干部、专职委员 62 人参加培训;举办 1 期盲人定向行培训班。

【残疾人困难救助】 开展第十七次“春风行动”慰问活动,慰问低保残疾对象 3035 人、残保对象 1071 人,共发放慰问金 205.3 万元;开展“送清凉”慰问活动,慰问困难残疾家庭 152 户,发放慰问资金 7.6 万元;开展临时救助工作,救助困难残疾对象 126 人,发放救助金 11.83 万元。

【医疗救助】 2016 年,实施残疾人重大疾病、住院医疗和意外事故保险,80 名残疾人获得意外保险赔偿 47.7 万元。向杭州市残疾人福利基金会申报“生命阳光·爱心救助”项目 44 户,发放救助资金 22.92 万元。

【基础设施建设】 县残疾人康复(托养)中心整体迁建主体工程和室内装修工程于 2016 年 12 月通过竣工验收,康复(托养)中心的运营单位淳安康复医院通过公开招投标取得运营主体资格,中标价(成交价)为第一年人民币 92 万元。

【无障碍设施进家庭】 2016 年,淳安县承担残疾人家庭无障碍改造任务数 20 户,实际完成 35 户,其中 20 户每户平均补贴 6000 元,15 户每户平均补贴 3000 元,补助资金共 16.5 万元。残疾人家庭无障碍改造工作包括进出门坡道改造,残疾人轮椅通道、门户改造,地面硬化,安装马桶、座便椅、沐浴椅、高靠轮椅、多功能床、扶手、闪光门铃等。

【残疾评定和残疾人证办理】 2016 年,县残联会同县卫生局组织开展集中评残 18 次、上门肢体评残 44 次、下乡精神评残 13 次，共为 2600 人提供评残服务，符合评残标准办理残疾人证 1763 人，其中 248 人变更残疾等级和类别。全年死亡残疾人 538 人。为方便汾口及周边乡镇的残疾人办理残疾人证，2016 年，在汾口二院设立残疾人残疾等级评定点，为肢体、听力、言语、视力障碍患者提供评残服务 6 次，350 人，其中符合评残标准，办理残疾人证的 262 人，缓解了偏远地区残疾群众鉴定难、办证难问题。此项目被县列为特色创新项目，副市长戚哮虎批示：淳安县残疾人等级评定中"服务便民、管理规范"。

【助残服务直通车】 2016 年，对千岛湖镇、威坪镇、汾口镇、浪川乡、大墅镇、姜家镇、临岐镇新增人员及其他 17 个乡镇（含青溪新城）持证残疾人进行助残服务直通车"爱心手机"扩面发放，共计发放"爱心手机"7338 部，实现淳安户籍所有持证残疾人（在托养院托养残疾人除外）爱心手机发放达到全覆盖。

【助残服务与文体活动】 利用全国助残日、国际残疾人日等重大节日，开展残疾人事业宣传。联合县文广新局开展为县康复医院送电影活动；联合县卫生局、预备役团卫生队到浙江康盛博爱制冷元件有限公司为 130 名残疾职工开展免费健康体检服务；在梓桐镇举办助残通扩面暨梓桐镇"爱心手机"发放仪式；邀请市残联委派省、市康复机构 6 位专家到县开展机构康复训练评估；指导县肢残人协会开展以"体验无障碍，实现融合梦"为主题的第七次全国"肢残人活动日"活动；举办淳安县两场残疾人专场招聘会；组织残疾人参加杭州市第二届聋人太极扇赛、柔力球比赛、首届残疾人"唱响自强　唱美杭州"歌咏大赛；组织开展送文艺下乡活动 6 场次，期间还到县培智学校、托养机构等地开展各类助残活动；按省、市残联要求输送徐可航等 8 人到省、市参加相关训练及比赛。

【维权服务】 2016 年，接待处理残疾人信访件 35 次，办结率 100%。法律救助 26 次，化解信访积案 2 件。举办一期残疾人普法培训班，参训残疾人 200 人。

【残疾人数据动态更新】 全县调查底册共有残疾人 14899 人。2016 年 8 月，完成残疾人登记 14081 人，完成率为 94.51%，其中入户登记 13889 人，电话登记 192 人，入户调查率为 98.64%，电话调查率为 1.36%。9 月 30 日，经市残联审核通过。

【专职委员选聘】 2016 年，增设千岛湖镇、汾口镇、威坪镇专职委员岗位。12 月，对缺编的威坪镇，缺岗的临岐镇、鸠坑乡、石林镇，通过公开招聘方式，补充招聘 4 名残疾人工作专职委员，同时县残联机关调配 1 名残疾人工作专职委员到千岛湖镇残联工作。

【区县帮扶协作】 加强与萧山、西湖区残联的区县帮扶协作工作，落实帮扶资金 90 万元，其中，萧山区残联落实帮扶资金 40 万元，西湖区残联落实 50 万元康复帮扶项目。

（余胜平）

·淳安县文学艺术界联合会·

【概况】 2016 年，县文联有作家、戏剧家、音乐舞蹈家、美术家、书法家、摄影家、民间文艺家、影视家 8 个文艺工作者协会，有会员 602 名，其中市级会员 111 名、省级会员 62 名、国家级会员 18 名。

【文艺阵地】 一是完善网络文艺平台。2016 年，"淳安文艺"微信公众号结合八大协会的艺术特色,融文字、图片、影像等艺术形式,推出了"本土文艺作品""淳安文化守望者""淳安方言土段子视频大赛""千岛湖警风"等系列专题,展示艺术成果,讲好淳安故事,"淳安文艺"微信公众号正逐渐成为宣传淳安风土人情的有较大影响力的文艺平台,省文联党组书记田宇原在全省文联工作会议上专门点名表扬。二是办好《千岛湖》杂志。坚持宣传淳安,展示淳安的办刊宗旨,力推本土文学,在文学低迷形势下,狠抓人才精神状态和作品质量,坚持作品文学性和原创性,全年发行4期。三是用好千岛湖宣传橱窗。利用橱窗临街、临湖的地理优势,紧跟读图时代潮流,发挥县摄影协会优势,分别展出"山水临歧·魅力新镇"摄影大赛、金峰乡第六届乡村摄影大赛、摄影师眼中的淳安睦剧等专题摄影作品。同时,还围绕县委、县政府中心工作,展出"最美人物"系列,立体宣传淳安。

【文艺赛事】 2016年,县文联单独或与相关部门单位举办的文艺活动主要有以下几方面:1.与县广播电视台、县档案局联合举办淳安方言土段子视频大赛,每月评出10件入围作品在"淳安文艺"微信公众号同步展播。经过半年的作品征集和初评,共有60件作品进入终评,38件作品获奖,其中一级收藏作品3件、二级收藏作品5件、三级收藏作品10件、优秀作品20件。2.与高铁新区管委会、文昌镇人民政府、县文广新局、县传媒中心共同举办"畅想高铁时代、唱响高铁精神"第三届"锦山秀水千岛湖"文学暨新故事创作大赛。3.与县委宣传部、千岛湖建设集团联合主办"排岭记忆·街巷印象"老照片、故事征集活动,共评出36篇获奖作品,其中一等奖1名、二等奖3名、三等奖6名、优秀奖26名。4.与临岐镇人民政府联合举办"富丽乡村、魅力临歧"书法、美术作品大赛,共收到作品210件,评出一等奖4件、二等奖8件、三等奖12件及优秀作品20件、入展作品56件,并在县乡村旅游文化节开幕当天展出。5.与县委宣传部、县直机关工委联合举办第三届"廉洁淳安,你我同行"廉政文化微作品征集活动,择优向上级选送作品40件,其中漫画32件、微电影和微视频8件。6.与县文广新局联合举办"淳安文化·睦州记忆"淳安县摄影大赛,评出一等奖2件、二等奖5件、三等奖10件、优秀奖15件。7.与姜家产业区块管委会、市影视家协会联合举办"耕耘十载,狮城归来"微电影、书画、摄影大赛。12月2日,其书画摄影展在千岛湖艺术馆开展。8.与县总工会、县千岛湖传媒中心联合举办"劳动美·生活美"全县职工摄影、书画大赛,经评审,共选出获奖作品164件,其中摄影作品88件、书法作品50件、美术作品26件。

【人才培养】 2月29日～3月1日,举办学习习近平总书记文艺工作座谈会讲话精神专题研修班,全县各文艺家协会理事、部分骨干会员等共130余名学员参加培训。县委常委、宣传部部长董文吉出席开班仪式并作动员讲话。4月27日,与金峰乡中心小学结对,举办"书画名家进校园"活动,教孩子画画、练书法。8月10日,"王佑贵书法工作室"成立仪式在秀水街"淳安人家"举行,县委书记朱党其,县委常委、宣传部部长董文吉,县人大常委会副主任何建法,副县长章传强,县政协副主席徐月焕参加成立仪式。朱党其为工作室揭牌,董文吉致辞。在成立仪式上,王佑贵作了题为"大草经典形势分析和技法训练"的专题讲座。8月11～15日,在威坪镇妙石村茶合生态园文艺创作基地举办"寄情翰墨"2016年书法封闭训练活动,全县20余名书法爱好者、书法教师参加训练。10月27日,邀请书法名家丁仲元到淳安讲座,县书法家协会会员和各行业的书法爱好者40余人聆听讲座。举办首届十佳文艺人才评选,经申报推荐、组织评审、政审公示、评审委员会评审等环节，詹黎平、施桂英、方有禄、潘咏霞、吴德昌、王北苏、汪银贵、汪黎明、欧阳小惠、蔡斌10人被评为“十佳文艺人才”，并在9月19日的全县人才工作大会上受到表彰。根据《淳安县本土人才提质计划实施办法(试行)》(县委办〔2016〕79号)文件精神，首次对2016年1月4日以后加入国家、省、市级文联下属文艺家协会的会员发放文艺人才培养资助经费，有12人享受津贴，发放津贴共计5.2万元。

【文艺交流和作品展示】 4月1～2日，组织县摄影协会及相关农庄负责人赴松阳采风，学习摄影产业与民宿民居携手发展经验及做法，助推淳安乡村旅游建设及摄影产业发展，并写出如何打造淳安摄影产业的调研报告。

4月23日～24日，与临歧镇人民政府、浙江诗人微信公众平台联合主办“诗意浙江·走进临歧”活动暨世界读书日诗歌朗诵会，来自浙江11个地级市的60余名诗人和作家参加了活动，整个活动收到诗歌作品160余首、散文8篇。与萧山区文联共同举办“湖水之韵”——萧山、淳安书画交流展，4月27日在千岛湖艺术馆开展，共展出两地书画作品60件，萧山30余名书画家及当地的书画爱好者参加了开幕式并举行了交流笔会。11月2日，在萧山开展，县政协副主席徐月焕及淳安书画家一行30人参加了交流展。5月18日，与县委宣传部、千岛湖梅地亚君澜度假酒店联合举办“技进乎道”——国美风六人作品展，即王曦、汪秀南、郑维坤、范雷、唐全明、程浙山六位艺术家在中国画领域的创作成果，百余名书画爱好者观展。8月19日，为迎接G20峰会，促进书画摄影交流，与县政协、县政协书画院、嘉善县政协、嘉善县政协书画联谊会、嘉善县文联共同举办“丹青G20”嘉善、淳安书画摄影作品联展，共展出书画摄影作品120余幅，并举行了交流笔会。9月30日，与县委宣传部共同举办“如兰人生”洪勳中国画作品展，共展出洪勳中国画作品87件，涵盖了其自抗日战争时期至二十世纪九十年代的代表作。10月19日，组织书协、美协、摄协骨干会员赴江苏省吴江市、苏州市创作采风。11月3～5日，组织县作家协会、县影视家协会、县民间文艺家协会会员共10人赴江西崇仁县、乐安县采风，并与当地的文艺家进行座谈交流。10月27日，与浙江省美术家协会、县委宣传部联合主办“近悦远来”江来柱、寿觉生、李永胜、李云雷、于波、洪晓辉美术作品展。12月16日，为展示淳安艺术家的创作实力和艺术风采，在杭州画院举办“湖上行风”淳安县美术作品展，共展出县美协会员作品60幅。

【服务基层】 2015年，县文联坚持“围绕中心，服务大局”的工作思路，不断加大基层服务力度，打造文艺品牌。1月12日，为弘扬梓桐镇特色文化、营造重视书法、尊重文化的氛围，结合即将到来的新春佳节，与杭州市书画院在梓桐镇杜井村联合举办“家家飘墨香、户户送春联”暨市、县、镇书画笔会交流活动。1月18～19日，为营造临岐镇乡村旅游文化节氛围，宣传当地山水分光和人文风情，组织县书法家协会、美术家协会共60余名会员到临歧镇梅口、吴峰、仰韩、夏中等村开展采风活动，通过艺术的形式助推乡村产业发展和富丽乡村建设。1月25日，与县委宣传部、县政协书画院在千岛湖西园广场联合举办“贺新春、迎猴年”送春联活动，县书法家协会、县老年大学书法研究会的30余名书法家和10名少年儿童书法爱好者现场为群众写春联2000余幅。3月15日，为助推千岛湖啤酒小镇建设，组织部分文艺家到千岛湖啤酒有限公司采风，围绕“如何融入淳安地方文化元素、提升啤酒小镇品位”出谋划策。5月23日，协助市文联共同组织文艺志愿者到梓桐镇杜井村开展文艺志愿服务活动，为当地百姓进行书法、美术、舞蹈、剪纸等培训，拍摄全家福，并送去精彩的文艺演出，受到群众的热烈欢迎。积极参与屏湖村农家乐提升工作，邀请杭州潘天寿设计公司首席设计师韩琪为乡韵农庄整体建筑风貌、软装风格、文化内涵的提升提供技术指导。配合规划展览馆更新展陈资料，收集展现精品民俗、节庆活动、千岛湖新十景等特色风光的照片。

【主要艺术成果】 2016 年，淳安县各艺术门类文艺创作取得丰硕成果，主要作品有：作家协会詹黎平诗歌作品在《中国诗歌》《文学港》等杂志发表近百首；戏剧家协会的小戏《心愿》获“中华颂第七届全国小戏小品曲艺大展”银奖；音舞协会施翔作词，余远作曲的《千般宠爱只为你》在“唱响千岛湖”原创歌曲全国征集活动中荣获银奖；美术家协会叶荷章美术作品入展“纪念中国工农红军长征胜利 80 周年全国名家书画大展”；书法家协会汪银贵书法作品入展“第八届中国书法新人新作展”；摄影家协会方长建摄影作品《绝招》入展中国第 16 届国际摄影艺术展、胡建明摄影作品《水下古城》获浙江省第十六届摄影艺术展金奖；民间文艺家协会汪兆兵的 7 篇民间故事在省、市级刊物发表；影视家协会纪录片《山水瑜伽》获杭州市广播影视纪录片项短纪录片政府一等奖。

【机关建设】 2016 年，县文联强化服务意识，努力推进机关作风建设。一是加强党建工作，严格落实“三会一课”，全年组织召开支部委员会、支部党员大会各 2 次，开展集中学习 20 余次。对照责任清单，党组书记领办重点项目 1 项，查找党建工作问题清单 3 项，落实任务清单 5 项，班子成员落实任务清单 8 项，推动了中心工作的有效开展。抓好党员的学习教育，增强党员的党性意识。组织党员开展学习党章、党规、《习近平关于严明党的纪律和规矩论述摘编》、《习近平谈治国理政》、中共十八届六中全会精神等内容。组织开展余延安、姚春妹、颜志定先进事迹学习活动。为配合推进余延安先进事迹学习宣传，特邀请原县美协副主席陈起轰创作以余延安事迹为内容的漫画作品，组织作协骨干会员撰写《平凡的坚守——忠诚卫士余延安》一书读后感。强化党员服务意识，树好党员干部形象。扎实开展“党员进社区”和干部返乡报到工作，认真开展访贫问苦活动。组织党员到结对村富文乡方家畈村进行访贫问苦，慰问困难户，为村里解决水利工程资金 20 余万元。参与县机关党工委组织的下姜村困难家庭精准帮扶活动，认领一户困难户。积极开展“党员集中活动日”活动，认真开展服务 G20、护航 G20 活动，组织党员干部到社区、公交车展开展平安巡防活动。全年圆满完成组织人事、纪检、机关党支部、老干部、普法、综治、计生、信访、社区共建等各项工作目标。

（胡慧敏）

·淳安县红十字会·

【概况】 2016 年，淳安县红十字会下辖卫生、学校、直属机关、志愿服务 4 个工作委员会，23 个乡镇红十字会，有团体会员 59 个，有“省级红十字示范学校”1 所、“市级红十字示范学校”10 所、“市级红十字优秀青少年”2 人、红十字志愿者 310 人。县红十字会 2016 年被评为杭州市红十字志愿服务工作先进单位。2016 年，县红十字会按照《中华人民共和国红十字会法》和《中国红十字会章程》规定，召开理事会、常务理事会(扩大)会议。

【出台红十字事业发展《意见》】 2016 年出台《关于推进红十字事业发展的意见》(简称

《意见》),明确县财政每年"按户籍人口每人0.5元的标准安排人道救助经费,逐年提高,至2020年,达全县户籍人口每人1.0元的水平"。根据意见精神,将红十字人道精神宣传纳入社会主义核心价值体系宣传教育范畴,营造"人人可慈善"的社会环境,共同推进红十字事业健康发展。县红十字会按照意见要求整合资源,统筹安排备灾救灾仓库物资。

【依法治会】 以开展"两学一做"主题学习教育为契机,在红十字会党员干部中开展党性教育、警示教育,筑牢思想道德防线。建立红十字会干部作风评议机制,通过召开征求意见会、问卷调查等形式,对红十字会干部进行作风评议,主动接受群众监督,不断改进作风。在建立各项制度的基础上,对捐赠管理制度、固定资产管理制度、财务管理制度、内部日常工作岗位职责等等各项工作制度进行了修订,形成《工作制度手册》,使各项工作有章可循。加强公信力廉政建设,对接受的捐赠款物及使用情况,通过千岛湖门户网站、县红十字会网站,及时公开捐赠款物的接受与使用情况、年度决算和预算情况信息,完善监督机制,提升红十字会工作的公信力。

【救灾救助】 2016年,建立健全自然灾害应急响应机制,制订淳安县红十字会突发自然灾害应急处置预案。通过建立应急预案、健全制度、成立红十字救援志愿队,确保在重大自然灾害和突发公共事件中快速、有效、规范开展工作。在元旦、春节期间,开展红十字"博爱送温暖"救助活动,为因灾、因病特困家庭以及人体器官和造血干细胞捐献者家庭202户发放救助金16.5万元。在"5·8"世界红十字日、"六一"儿童节、中秋节等节日期间,关心关爱病残孤老等群体,给他们送去红十字的温暖。县红十字会全年募集捐款100.98万元,发放救助款87.30万元,救助困难群众1653人次。

【救护培训】 2016年,红十字会把应急救护培训作为淳安县红十字工作的特色品牌加以培育,扎实开展救护培训进社区、进农村、进学校、进机关、进企事业单位"五进"活动,在人民群众中广泛普及救护知识与技能。为公安、消防、旅游等重点行业和G20平安志愿者等重点对象提供救护性培训百余场,开展救护培训和红十字"救"在身边公益培训。推荐2名优秀救护培训师参加综合考核,获得第二批浙江省红十字一级救护培训师,全县省一级救护培训师达到3名。结合从业人员资格证发放和年检,依法组织相关从业人员进行应急救护培训,根据浙江省红十字会关于印发的《中国红十字会应急救护培训标准化工作手册(试行)》实施方案的通知精神,开展标准化工作要求培训,明确各项要求并逐步抓好落实,建立应急救护培训基地,全年全县红十字救护培训普及9096人次,占户籍人口的2%以上。

【生命关爱】 2016年,县红十字会精心组织,通过主题活动、"五进"活动、公益活动等多渠道提高造血干细胞捐献认知度,凝聚社会各方力量。利用千岛湖广场献血点和"5·8"世界红十字日、"世界急救日"期间,开展捐献造血干细胞志愿报名登记、采样宣传动员活动。全年完成捐献造血干细胞志愿采样入库49人,实现遗体捐献1例。在充分尊重家属意愿的基础上,及时宣传报导捐献者故事,传播正能量并增进社会公众对捐献知识的了解,打造生命关爱工作新亮点。全县累计完成造血干细胞采样入库369人,实现造血干细胞成功捐献4人,人体器官(组织)捐献9例,遗体捐献1例。

【志愿服务】 开展红十字"我与G20有约"系

列活动。组织志愿者参加“服务保障 G20,红十字志愿在行动”活动。组织志愿者定期开展“服务 G20,文明出行引导服务”。与团县委联合开展服务 G20 志愿者救护培训,提高志愿者综合服务水平与服务能力。淳安县育才学校空巢老人志愿服务项目,列入省红十字会培育计划的红十字志愿服务项目,通过对空巢老人开展红十字志愿服务,解决空巢老人子女外出打工、工作的后顾之忧,开展系列博爱帮困、养老护理活动,先后上门服务 22 次,出动志愿者 219 人次,发放慰问品折价 1800 元,发放慰问金 10000 元。充分发挥红十字会学校工作委员会作用,全县学校红十字会认真开展各类红十字青少年主题活动、落实初中生救护培训工作,结合学校德育教育开展红十字志愿服务活动。

【人道传播】 创新红十字人道传播方式,树立“传播先行”的思想理念,自觉把传播人道理念与宣传弘扬社会主义核心价值观相结合。开展红十字知识进机关、进社区、进企业、进学校、进农村活动,使红十字人道理念深入人心。通过红十字公益广告、红十字网站、QQ、微信公众号、县政务信息平台等及时做好宣传,拓宽自媒体、新媒体等媒介传播渠道,创新红十字文化传播运行机制。全年在中国红十字网站或刊物发稿 5 篇,在《浙江红十字报》、红十字网站发稿 15 篇,在《杭州红十字报》、红十字网站发稿 20 余篇,在淳安电视、今日千岛湖、淳安发布等主要媒体宣传报导红十字活动 20 余次。以“世界红十字日”“世界急救日”等各类红十字纪念日,结合防灾减灾知识竞赛、现场救护普及培训、红十字广场志愿服务等活动,进行红十字基本知识、红十字精神宣传和人道传播,发放宣传资料 3 万余份,不断提升红十字会的影响力、知名度和美誉度。加大各类先进人物、典型事例的宣传力度,讲好红十字好故事,传播红十字好声音,弘扬社会正能量。　（方华美）

·淳安县工商业联合会·

【概况】 2016 年,县工商联认真贯彻落实习近平总书记系列讲话精神和县委“秀水富民”总体要求,围绕服务保障 G20 峰会这个中心,积极发挥作用,狠抓工作落实,为推进“淳商回归”、促进“两个健康”发挥积极作用。全年发展新会员 14 家,全县会员数达 445 家,其中团体会员 21 家,个人会员 74 人,企业会员 350 家。县工商联被评为 2016 年“杭州市工商联系统综合先进单位”。

【工商联第九次会员代表大会】 12 月 8 日,县工商联第九次会员代表大会在千岛龙庭酒店召开。县委书记黄海峰、县长董毓民、县人大常委会主任余永青、县政协主席刘小松及县领导章滑美、贾林建、胡敏等人参加会议。县委书记黄海峰代表县四套班子在开幕式上作重要讲话,对过去五年县工商联取得的各项成绩给予充分肯定,对县工商联今后工作提出三点希望和要求。大会听取并审议了王新华代表八届执委会作的工作报告。

【选举工商联第九届领导班子】 县工商联第九届会员代表会议选举产生执行委员 71 名,在工商联第九届第一次执行委员会会议上,按照《中国工商业联合会章程》要求,选举产生新一届领导班子:主席王新华,副主席方森炎、吴高胜、陈平华、陈汉康、邵树兵、林瑾、郑晓峰、姜华军、洪爱金、祝培文、姚宏、钱尼万、黄兴、黄雅琴 14 人。

【理想信念教育】 11 月 8 日举行“守法诚信、坚定信心”非公经济人士理想信念现场教育会,30 余名非公经济人士代表先后到枫树岭镇的下姜村和中洲镇的中共工农红军北上抗日先遣队纪念馆参观学习，引导他们坚定信念，树立信心。

【参政议政】 在县“两会”期间，县政协工商联界别委员提交提案26件。其中，“关于建立智慧监管推进食品安全工作的建议”等3个提案被列为县政协重点提案。县工商联副主席黄雅琴代表县政协工商联界别作了题为“关于加强培育我县新生代企业家队伍的建议”的大会发言。

【政治安排】 2016年，县政协换届，工商联界别推荐24名政协委员，比上届增加5名；市工商联换届，县工商联推荐1名副会长、3名常委、4名执委。非公经济代表人士政治地位得到有效提升。

【成立异地淳安商会】 按“淳商回归”工程要求，县工商联与上海、义乌淳安商会筹备组密切联系，及时跟进了解商会筹备情况，帮助商会筹备组做好班子组建、注册登记、材料准备、会员吸收等工作，先后5次到现场指导筹备工作。11月18日，义乌市淳安商会正式成立；11月27日，北京市淳安商会正式成立。至年底，淳安县已有异地淳安商会7家。

【成立淳安县中洲商会】 6月26日下午，淳安县中洲镇商会在中洲镇厦山村成立，并召开第一届商会理事会议。该商会由中洲籍或祖籍中洲的商企人士共同筹建，现有会员103名，理事成员17名。商会成员们联合注册的杭州千岛湖中洲实业投资发展有限公司在会上宣布成立。

【创建“五好工商联”】 按照浙江省“五好县级工商联”创建标准，逐步规范和完善了机关5项工作制度，促进机关干部养成良好作风。赴临安、桐庐等地学习“五好工商联”创建经验，赴义乌市工商联、宁波市镇海区工商联、骆驼街道商会等地区学习商会先进工作经验。11月按照省联要求，提交了创建申请表和申请报告，成功创建浙江省“五好县级工商联”。

【新生代活动】 6月17日举办“2016新生代、新经济、新动力——杭州市百名新生代企业家走进千岛湖”活动。邀请各县、市、区近130名新生代企业家参加，创潮汇徐明、初灵信息洪爱金、千岛湖啤酒郑晓峰、清正生物陈平华、豆多电子应强、马小奇实业汪云南、乐创会卢艳峰、迪际网络李君林、博采网络胡小飞等新老企业家“共话传承、共谋发展”。此次活动不但促进了淳安年轻企业家与外地年轻企业家的交流，也大大提升了千岛湖的知名度和美誉度。《中华工商时报》对该活动进行了大篇幅的报道。

【淳商走访】 完善和落实领导班子联系服务对象、“周二固定走访服务日”等制度，并将此作为领导干部“双强双比”考核的重要评价指标。班子成员走访异地淳安商会18次、淳商企业120余家，淳商200余人；结合执委以上企业家开展送“生日祝福”活动，实现执委以上企业走访全覆盖。

【淳商服务】 将2016年确定为“优化服务淳商年”，以创新服务手段、丰富服务内容、提升服务质量为目标，提高县工商联服务非公企业和非公经济人士水平。淳商服务中心及时更新淳商信息库，积极通过商会开展招商推介活动，为在外淳商提供多种服务百余次，获得广大淳商好评。

【加强宣传】 与电视台、传媒中心等新闻媒体合作，赴宁波、上海、深圳等异地商会参访20余名优秀淳商，加大宣传力度，做好“我是

美丽淳安人　我家住在千岛湖”淳商宣传栏目,用优秀淳商的典型事迹教育广大非公经济人士;办好《淳商》杂志,2016 年出版 4 期,介绍 46 位淳商及其企业;创建“淳商”微信公众号,及时向商会传递淳安县重点工作、项目推进、活动动态、招商项目等信息,通过“淳商”微信公众号发布富文乡“人和庄园”整体出售信息,引进上海客商,交易额达 1108 万元。

【落实补助资金】　按照县财政局、县工商联联合制定的《关于下达 2015 年淳安县异地商会工作经费补助资金的通知》(淳财行〔2016〕234 号)文件要求,5 月为杭州、深圳、宁波、上海、乐清 5 个异地商会拨付工作补助资金 80 万元,全面落实异地商会工作经费补助资金。

【履行社会责任】　引导非公经济人士积极参与扶贫帮困、捐资助学等公益活动,杭州千岛湖商会党支部、上海淳遂众慈公益基金会、县新生代联谊会等捐资助学金 50 余万元。组织广大工商会员全力支持,配合保障 G20 峰会、“五水共治”、无违建县创建等中心工作。

(方雅倩)

(编辑　严卫华)

法　治

·政法委及综合治理·

【概况】 2016年，全县平安、综治、维稳、反邪教工作紧紧围绕服务保障G20杭州峰会和平安建设“夺金鼎”两大重点，突出工作理念、方法手段、举措机制创新，全力开展基础排查、矛盾化解、重点守护、面上整治、主题教育、法治建设等专项工作，出色完成G20杭州峰会维稳安保工作任务，全面夯实综治工作基层基础，平安建设连获十二届“金鼎”杯。

【维护稳定】 履行职能，全面投入G20杭州峰会的备战、实战，圆满完成有史以来持续时间最长、涉及部门最多、参战人员最多的维稳安保工作。在实战中强力推进实名制，排摸底数，夯实反恐基础。以基层基础网格化大排查专项行动为载体，围绕“人、房、物、事、组织”等基本要素重点，开展“洗楼洗房”式网格化大排查，全面掌握反恐基础底数。共排查液化气钢瓶10.91万个、民宿等重点留宿场所487家、房屋25.1万套、场所部位9639处、从业人员5.2万人。强化矛盾化解人员管控。坚决落实项目化监管、领导包案、专题会商、挂牌督办等工作举措，成功化解25件重大涉稳问题中的23件，化解成功率92%；对重点管控对象全部进行分类研判和交办稳控。高度关注撤村建居、金峰光大项目、进藏退伍兵、民师、电影放映员等群体动态，对排查获取的422条不稳定因素逐一进行分析汇总，落实化解稳控措施。强化重点场所部位安防，全面开展群防群治管控。按照“做实专职、壮大兼职、发动志愿者”工作要求，坚持“属地管理”“谁主管谁负责”原则，组织专职巡防队员756名、兼职巡防队员5364名、平安巡防志愿者22153名，对全县各乡镇、村(社区)、集镇开展平安巡防。抽调1911名机关党员干部和职工，充实到交通、旅游、供水等十七大领域687个重点场所部位，开展“定人、定岗、定责、定任务”的精准平安巡防，做到重点部位有人守、重点物品有人控、情报信息有人报、突发事件有人处。严格落实“三认”走访和进杭安检措施，切实提高管控能力，严把出城关口，不定期对长途汽车站、旅游包车、寄递物流企业安检情况进行监管督导，力促各项工作措施落实到位。决战期间，对全县1244班次入杭车辆、3.8万人次旅客、13.5万件行李全部进行了安全检查，拦截危化物品1235件。

【综合治理】 综治工作坚持源头治理、系统治理、依法治理、综合治理齐头并进，不断夯实综治基层基础。全面加强社会治安防控体系建设，对“110”社会应急联动中心平台软硬件进行升级改造，建立“同一平台、统一协调、快速处理、及时反馈”的运行体系。大力推进社会治安防控体系建设，积极组建街面巡逻防控、视频监控安防、实有人口和重点人口管控以及虚拟社会管控网络。全年新增治安监控点306个，整合青溪新城、旅委、建设集团等社会监控资源128个，完成千岛湖镇城区153个“标改高”工作，有效提升全县社会治安防范的能力和水平。深化“互联网+综治”建设。按照省综治办统一部署要求，扎实推进县、乡(镇)两级社会治理综合指挥平台建设，在规划展示中心建成集指挥大厅、研判室、工作室、值班室为一体的县级综合指挥平台，23个乡(镇)全部建成乡(镇)级综合指挥室;健全完善“浙江省平安建设信息系统”,开通账号561个,有效推广应用“平安通”移动终端1211个、“平安浙江”APP1.08万个,搭建了全民参与社会治理和平安创建渠道。深化“网格化管理”工作。将全县23个乡镇、435个行政村(社区)划分调整成1034个网格,对每个网格根据人口数、地域面积、管理难度等实际情况配备网格长1名和网格员若干名,明确网格长(员)收集上报信息、开展平安巡防、调处矛盾纠纷、开展政策宣传、做好民生服务等五大工作职能,实现了网格管理规范化。深化矛盾纠纷排查化解工作。优化“大调解”工作体系顶层设计,完善人民调解、行政调解、司法调解、仲裁调解等调解组织,建立涉农、涉企、涉交通等17个专业调委会,构建多元化矛盾纠纷排查调处工作机制。一至三季度共调处各类矛盾纠纷4914件,调处成功率99.78%。开展社会治安重点地区排查整治和“两小区”创建工作,综合分析各辖区社会治安状况,确定2个市级(千岛湖镇新北社区、青溪新城前坞村)、1个县级(汾口镇杨旗坦社区)和21个乡镇级社会治安重点地区,通过集中整治、暗访检查、考核验收等工作举措,如期实现摘牌目标,转为长效管理。

【平安建设】 健全工作机制,突出“四率”重点,着力打造“平安千岛湖”,构建和谐富丽新淳安。突出责任制落实,围绕省委平安考核工作要求,坚持“谁主管谁负责”原则,层层签订综治、维稳、信访、安全生产四大责任制,建立健全“分层次、分系统”目标管理体系,将“平安县”考核任务分解到56个责任部门,“平安乡镇”分解到42个主管部门,形成全县平安建设“一盘棋”工作格局。推进基层系统创安活动,深入开展“平安网格”“平安村”等25个基层系统平安创建,着力延伸平安创建工作触角,构建以“一村一域平安”促全县“大平安”工作模式。健全完善长效工作机制,坚持每季督导检查、重大事项牵头协调、重大隐患约谈、平安创建领导小组例会等工作制度,全年共开展督导检查4次,牵头协调48次,督导整改隐患问题48处。加大平安建设宣传力度,加大平安创建宣传的经费投入,着力开展多种形式多种途径的宣传活动,努力提高宣传效果,全年共制作画册1部,发放小扇子、雨伞、环保袋、三折页等宣传品5万余件,发放平安宣传信16万份。

【司法改革】 协助司法改革工作,健全完善执法监督、涉法涉诉信访、刑事速裁等工作机制。狠抓执法监督,建立健全预防冤假错案工作机制,加大案件评查力度,通过自查、小组评查、总结剖析等多种形式,突出程序、实体、法律文书重点,全年共评查案件12件,整改问题17个。推进涉法涉诉信访处置,贯彻落实中央和省、市政法委要求,组织政法各部门深入开展涉法涉诉信访案件办理,全力推进6件历史遗留积案化解工作。同时,认真坚持每季例会制度,不间断地开展矛盾纠纷大排查,强化集中研判和处置,确保涉法涉诉信访案件即时发现、即时解决。全面推进刑事速裁远程视频办案工作,根据杭州市政法委关于全面推进刑事速裁远程视频办案工作意见要求,全力协助政法各部门解决远程视频办案工作涉及的资金、装备、人员、场地等问题,建成法院、检察院、看守所三方远程办案系统。全年通过远程办案系统办理案件129件,大大提高了审理效率,节约了办案成本。

【队伍建设】 以开展“两学一做”教育实践活动为契机,坚持严字当头,强化正风肃纪,努力使政法团队再上新台阶。强化思想教育,根据上级统一部署,通过“一把手”上党课、党组中心理论组学习、党员固定活动日、“两学一做”知识竞赛等活动,掀起“两学一做”新热潮。全面落实党支部“主体责任”、“第一责任人”责任和班子成员“一岗双责”责任清单，持续抓好中央八项规定精神的贯彻落实。继续开展示范教育、警示教育、岗位廉政教育、廉政党课教育等活动，深化廉政风险防控体系建设，建立中层干部廉政档案，督促机关党员干部自警自省自律，严守党纪党规，拧紧党员干部思想“总开关”，提升队伍防腐拒变能力。二是认真履行政法干部协管职能。加强与政法各部门的联系和沟通，强化队伍管理，着力提高政法干警准确把握大局、驾驭复杂局面、严格依法办事、做好群众工作等方面的能力。全年全县政法委机关和全县政法干部队伍氛围好，干劲足，无严重违法违纪问题。加强政法委自身建设，强化党委政法委的“带头表率”作用，以“照镜子、正衣冠、洗洗澡、治治病”的总体要求，及时发现、着力纠治发生在党员干部身上的不正之风，切实把政法团队的风气搞端正。同时，特别要在整改突出问题、践行教育活动中身先士足，作出模范表率。

（罗德华）

·公 安·

【概况】 2016年，淳安县行政区域面积4427平方千米，户籍总人口46.06万人，登记流动人口2.99万人。年实现生产总值232.85亿元，财政总收入27.29亿元，其中地方财政收入17.36亿元，城镇常住居民人均可支配收入36708元，农村常住居民人均可支配收入16110元。2016年，淳安县公安局(以下简称县局)内设综合管理机构1个、执法勤务机构17个、派出机构8个、监管场所2个，有民警399人、公务员1人、职工22人、辅警482人。2016年，县局围绕G20峰会安保工作，加强机制手段创新，夯实基层基础建设，完善警务实战机制。狠抓责任落实，做好稳控工作，完成重大警卫任务6批、大型群众性活动56场的安全保卫任务。全年，共受理报警2.87万起，同比下降1.1%；立刑事案件2377起，同比下降23.8%，其中盗抢骗刑事侵财案件立案2063起，同比下降24.7%；破获各类侵财案件713起，命案、“五类”案件、“两抢”案件均实现“发一破一”，移诉各类犯罪嫌疑人654人，同比下降23.8%。构建重点区域巡逻防控网络、社区农村群防群治网络、天域智能防范网络、单位内部防控网络、实有人口管理网络和虚拟社会防控网络六张网络。率先推出偏远农村派出所与交警一体化警务运行机制。升级警务站成立界首“夫妻警务站”。监管医疗专业化工作模式被省厅介绍推广，并得到公安部监管局的认可。加强廉政教育，从严治警，文化育警，关爱民警。2016年，县局被命名为省G20杭州峰会工作先进集体，G20杭州峰会安保工作组荣立集体二等功；县局被省厅评为全省公安队伍正规化建设优秀单位、全省公安队伍正规化建设示范单位，连续14年获得全省执法质量优秀单位。县看守所实现27年安全无事故。全年，10人被省委、省政府评为先进个人，11人被市委、市政府评为先进个人，20人被县委、县政府评为先进个人，立功受奖集体4个、个人356人。

【马晓晖到县局慰问民警】 9月13日，市委常委、常务副市长马晓晖在县委书记朱党其，县委副书记、县长柴世民，县委常委、县公安局局长凌军及县委办、县府办等部门负责人的陪同下，到千岛湖派出所和千岛湖中心旅游码头等地，调研指导G20杭州峰会后的安保工作，并慰问公安民警和工作人员。

【叶寒冰到淳安帮扶和调研】 12月13～14日，省厅副厅长、市委常委、市公安局局长叶寒冰在市局党委委员、办公室主任李雄飞及相关单位部门负责人的陪同下到宋村乡开展“联乡结村”帮扶活动，并到县局和千岛湖派出所调研指导公安工作。副县长、县公安局局长张宏光,县局班子成员及相关部门负责人参加帮扶、调研活动。

【石小忠到县局调研指导工作】 5月12日,省厅党委委员、副厅长石小忠在网警总队长丁仁仁及相关业务科室负责人的陪同下,到县局调研指导网警、国保工作。县委常委、县公安局局长凌军,县局领导胡国宏、邵新华、余小阳及县局国保大队、网警大队负责人参加调研。

【毛善恩到县局调研指导工作】 5月26日,省厅党委委员、副厅长毛善恩率高速总队队长何卸洪、政委丁建忠及杭州支队支队长王国校到淳安县局调研指导交通管理和出入境管理等工作。县委常委、县公安局局长凌军,县局领导胡国宏、汪新明、邵新华、王武及县局有关部门负责人参加调研。

【杨军到县局慰问困难辅警】 6月29日,市局党委委员、纪委书记杨军在驻市局纪检组正处级副组长应剑平等陪同下,冒雨到青溪派出所、巡特警大队看望慰问困难辅警。县委常委、县公安局局长凌军,县局党委委员、纪委书记韩柏友及政治处负责人陪同慰问。

【徐柏林到县局检查指导工作】 2月3日,市局党委委员、副局长徐柏林在特警支队副支队长颜国新、治安支队副支队长王国军、网警分局副局长董晓军、消防支队副支队长何正红的陪同下,到县局检查指导工作。提出抓好"两节""两会"安保、增强行业管理、公共安全监管、应急备勤等工作要求,并部署金峰光大项目维稳安保工作。

【金洪亮到县局检查指导工作】 2月3日,市局党委委员、交警支队支队长金洪亮在交警支队党委委员、政治处主任闫春雷,办公室主任金渊,事故对策处处长许士德等处室负责人的陪同下,到千岛湖大桥春运服务站、宋村乡和公路巡逻四中队,检查指导春运交通安全管理工作并帮扶慰问。

【朱党其到县局慰问安保民警】 9月4日,县委书记朱党其,县委副书记、常务副县长、政法委书记董毓民在县委办相关负责人的陪同下,到县局看望慰问在G20杭州峰会安保维稳工作一线的公安民警。

【柴世民调研服务保障G20工作】 4月13日,县委副书记、县长柴世民到千岛湖镇新北社区警务室和城郊派出所专题调研社区警务和网格化管理服务保障G20杭州峰会工作。县委常委、县公安局局长凌军,县人武部政委李卫东和县两办、综治、信访、武装、宣传、团建及千岛湖镇等单位主要负责人参加调研。

【大型活动安保】 县局科学谋划部署,精心组织实施,狠抓责任落实,完成2016中国杭州千岛湖自行车联赛、千岛湖国际铁人三项赛、国际泳联10公里马拉松游泳世界杯赛、"五一""十一"黄金周等大型群众性活动56场的安全保卫工作,累计出动警力7000余人,同时完成重大警卫任务6批,确保安全,万无一失。

【群体性事件管控】 县局关注涉及千岛湖引水工程、金峰乡垃圾焚烧发电厂建设、撤村建居、704工程等群体的动态信息,强化风险评估、落地查控,做好突发事件应急处置准备,严防发生规模性群体性事件,会同党委、政府做好稳控工作。13名重点人员情况稳定,撤村建居群体未出现群体上访苗头。

【重点人员管控】 3月29日，县局制发《进一步加强重点人员管控的实施意见》，确定重点人员分层级管理和管控相关措施。深化重点人的基础排查工作，对498名重点人员按照“一个重点人员、一套管控班子、一项管理对策、一份管控档案”的要求，落实区域联动，部门协同分类分级管控制度，达到“四个一”(即一人一级、一人一策、一人一责、一人一档)的要求，形成重点人员有人管、有报酬、有成效的局面，做到“底数明确、班子知晓、管控有力、档案清楚”，实现“淳安人不滋事”的G20峰会工作目标。

【重点事稳控】 县局对金峰维稳项目、撤村建居维稳项目实行专案经营，两大专班实行集中办公，实时掌握情报信息，加强宣传教育工作，依法严厉打击违法犯罪。至年底，打击金峰涉稳项目违法犯罪嫌疑人12人，其中刑事拘留1人，行政处罚11人。现场维护辉照山、浪达岭区块项目和里联区块重点项目推进秩序，做好胡清红房屋拆除现场安全保卫。

【重点物管控】 严格把好审批关口，加强检查和监督涉及危化物品单位的管理，重点做好民枪的统一管理，关键节点时期杭黄铁路工程爆炸物品暂停使用、就地封存。7月1日上午，县局在文昌镇文昌村上荷坞地块集中销毁废旧炮弹25枚、猎弹22发、雷管63发、炸药0.4千克、塑料导爆管1159.5米，确保G20峰会安保期间不炸响、不出事。

【情报工作】 构建一张“耳聪目明，为我所用”的情报搜集网，做到情况清、底数明。开通网上有奖举报平台，搜集各类线索2845条，其中市局采用405条，省厅采用143条，公安部采用22条。同时，做好上级流转的线索指令的落地核查工作，全年核实线索101条，消除一批治安隐患。

【惩治通讯(网络)诈骗犯罪】 县局强理念，转方式，优手段，发挥打击犯罪的传统优势和吃苦耐劳拼搏精神，形成主要领导重视长期抓、分管领导负责具体抓、刑侦大队引领牵头抓、警种合成协同抓的局面，惩治通讯诈骗犯罪。全年，连续惩治以“办理高额信用卡”“汽车租赁”“改签机票”“冒充领导”“代运营模式”等方式为诈骗手段的通讯(网络)诈骗团伙6个，抓获犯罪嫌疑人115人。县局荣获2015年度全市打击通讯(网络)诈骗案件优秀技战法一等奖，刑侦大队副大队长向善亮被评为2016年至2017年度全国刑侦情报研判能手。

【重点整治】 抓住邮政寄递、歌舞娱乐、民宿民居、水电油气、交通枢纽等重点要素，分层次、分条线开展主题式、对抗式整治。通过层层传导落实主体责任、定向约谈整改、依法严管严查等多手段措施，开具反恐罚单7张。对全县旅馆处罚81家，共177人，查处无证旅馆10家，取缔10家，拘留5人，吊销特种行业许可证2家。在全市第一个完成二代证读卡器的安装工作，民宿民居住宿登记系统安装全覆盖，旅游码头、水之灵等重点部位、重点单位人防、物防、技防设置提升改造总投入数百万元。

【护航G20系列行动】 开展“拼搏”“冲刺”“清雷”“夏季治安整治”等系列行动，集中清查368次，出动警力3500余人次，共诊察人员13.83万人，采集核查信息1.58万人，专家会诊量达1485人；诊察机动车2.78万辆，采集信息2307辆，采集各类线索1.75万条。打击侵财犯罪、黄赌毒恶等，全年破获侵财案件713起，新抓获侵财犯罪嫌疑人293人，惩治通讯(网络)诈骗团伙6个，抓获涉案犯罪嫌疑人115人；侦破涉毒犯罪团伙2个，查处吸毒人员95人。共抓获涉黄赌犯罪嫌疑人

61人,惩治涉黄团伙2个9人、涉赌团伙10个48人。惩治恶势力团伙2个,抓获涉恶犯罪嫌疑人15人。

【党委成员实施“八个一”举措】 4月,制定确立党委班子成员聚焦峰会“八个一”举措,局党委每周召开一次G20峰会安保工作例会,听取峰会安保专班工作汇报,研究峰会安保工作。每月利用业余时间听取一次峰会安保工作,利用夜间或周末听取实战单位一次峰会安保工作汇报。按照一月一总结、一月一部署的要求,定期组织局属各单位召开峰会安保推进会,点评部署,同时落实各单位峰会安保工作。班子成员每月深入联系所队,与民警同吃同住,了解基层工作情况,利用夜间组织召开民警座谈会,听取意见、建议。坚持每人包办一起疑难复杂案件、事件,每人督导一名重点人员管控。坚持每人联系一名重点或困难民警,做到“一对一”的重点帮扶和困难救助,实现后进变先进。坚持每人为联系所队办一件实事。在此过程中,累计征求建议110余条次,为基层民警解决实事46件,化解一批疑难信访案件。

【反恐维稳重点工作】 依据防范标准,检查防范漏洞,督促整改隐患,县局反恐办对重点目标单位检查指导136次,累计提出防范整改建议51条。峰会决战阶段反恐办联合统协办,开展明察与对抗式暗访相结合,专题督察全县寄递、住宿、公共交通等行业以及事关民生的水、电、油、气等重点单位,发现问题73处,制作成视频短片,在县委专题会议上播放,通过县纪委调查介入,对落实“110”社会应急联动责任不到位的责任人予以追责,县供电局、移动公司、水务公司、长运液化气、枫树岭电厂、长途车站、汽车北站一次性反恐防范整改经费投入均在10万元以上,县行政中心、旅游综合管理处、旅游集团一次性整改经费投入均在50万元以上。

【防范宣传】 围绕“识恐、辨恐”和“自防、疏散”主题,先后整理《中华人民共和国反恐怖主义法》和公民反恐防暴、消防安全实用手册,开展社会面的防范宣传3次,发放宣传卡片4200张、手册840册、海报78套468张,调动群众主动参与反恐工作的积极性。先后指导重点目标和内保单位46家开展反恐、消防安全演练。

【平安护航G20峰会誓师大会】 5月25日,县局联合县政法委在千岛湖广场举行平安护航G20峰会誓师大会。大会有公安民警、特警、武警、消防、乡镇、部门机关、保安、民兵预备役、社区、志愿者、妇联、老干部代表组成的12个人员方阵600余人和警用摩托车、消防救援车、武警指挥车、特警防爆车组成的车辆方阵4个。会上为12个方阵代表颁授战旗,县局政委何慧代表县公安局表态发言,县委书记朱党其代表县委、县政府讲话,县委常委、县公安局局长凌军带领全体参战单位方阵集体宣誓。

【集训G20峰会安保应急处突盔甲队】 6月28~29日,县局举行应急处突盔甲队集训活动,参加集训盔甲队员50人。严格按照处置群体性事件的训练标准,采取封闭式军事化管理。强化盾牌警棍术,盔甲服的穿戴与携行,轻装、重装防暴战术队形以及盔甲队与防暴车、警犬协同作战等警务技能的操练,并在29日下午举行处置群体性事件演练。

【各类业务培训】 2~8月,县局相继组织实战民警开展涉警舆情处置、大情报业务、指挥调度应用、涉外交通事故处理、安检盘查、反恐应急处突和增援警力等业务培训20余期。同时,培训辖区重点行业单位开展反恐防范和应急处突能力，提升社会面防控工作水平。

【赴杭增援峰会安保】 县局根据市局峰会安保指挥部《峰会安保抽调警力通知》要求，于7月13日、8月5日、8月25日先后分3批共挑选135名民警增援交警支队、西湖分局和萧山分局，参加一线G20峰会安保工作，并成立临时党支部3个，圆满完成各项增援任务。

【夯实执法基础建设】 围绕“人、案、物”等执法基本要素，推进集执法办案、案件管理、物证管理“三位一体”的执法管理中心建设，配齐配强“1＋N”专（兼）职法制员队伍，实现执法办案全要素、全流程、集约化、精细化管控。全年完成9个派出所和4个业务大队的执法管理中心建设。

【提升民警执法素质】 开展送教上门、专题研讨、集中培训、参加庭审、组织案卷质量找茬比赛、“十佳十差”典型案例评选等活动，提升执法主体素质。全局民警除新录用的外，都通过基本级执法资格考试，全局取得中级执法资格288人，通过率为71.8%，取得高级执法资格47人，通过率达到11.7%，均列全市前茅。同时，抓业务警种和中层干部办案，主要业务警种带头办理新型、疑难复杂案件，每季度通报中层干部办案进度和质量。

【严格执法监督】 改进执法质量考核评议方式，日常考评和年终考评相结合，法制部门考评和业务警种线上考评相结合，全年组织执法质量考评3次，评查各类案件160件，核查未破未结案件180件，检查执法办案区27个。每案必核绝对不诉案件和行政复议、诉讼案件，共发执法建议书6份。按照“四个一律”的要求，狠抓办案区安全隐患整改，防止出现刑讯逼供、涉案人员非正常死亡等问题；发挥“公安视频督察系统”作用，定期开展视频网上巡查，重点监控动手动脚、单人讯问等重点执法问题，并每月通报巡查情况。开展疑难复杂案件专项清理，专项清理和挂牌督办疑难复杂案件37起，采取分管局领导监督、办案单位领导主办、网上排名通报等措施，已办结33起，办结率达89.2%，提高执法效能，减少信访投诉。

【后勤保障】 强化基础保障，提升装备、设备、办公等硬件建设。启动汾口派出所、交警中队营房新建工程，综合勤务指挥室改造工程，县公安局指挥、备勤楼修缮及警营文化建设工程等10项工程，为基层各派出所以及直属业务大队改善民警办公、生活条件，为民警营造良好的办公、生活环境，解决基层单位实际困难。为民警更新单警装备513套、执法记录仪227个。

【科技保障】 推进科技强警工作，完成PDT350兆数字集群系统建设、千岛湖派出所弱电建设、移动警务通设备采购应用、高清视频会议指挥调度升级改造和水警、威坪派出所、临岐派出所综合勤务室改造工作。新建治安监控点350个，新开通治安监控点274个。整合社会视频监控资源，将276个监控点全部接入县局视频共享平台。协调信息中心加强对政府投资类视频监控建设方案的评审把关，建议数字城管、环保、水利等部门投资承建的视频监控采用租赁方式，由运营商投资建设，建设完成后统一纳入公安监控专网汇聚平台。全年整合数字城管各类监控93个。

【DNA实验室投入运作】 5月底，县局DNA实验室初步建成并调试使用，6月21日正式投入运作。DNA实验室共计投入资金550余万元，占地300余平米，包含功能区11个。至年底，受理案事件117起，各类检材590余份,获取有效DNA比对数据55份,通过DNA数据库直接比中案件15起,认定犯罪嫌疑人8人,认定未知名尸体身源1人,甄别疑难警情3起,在侦查破案、证据固定等工作中初显成效。

【千岛湖派出所新营房投入使用】 5月25日,县局举行千岛湖派出所新营房揭牌仪式。新营房总建筑面积7163平方米,投入基建经费2800万元,工程历时2年。新办公楼设有民警办公区、办案区、服务窗口和生活区,配备执法办案中心、案管中心、视频监控中心、民警活动室、阅览室、健身房、食堂、宿舍,功能齐备、设施先进。

【户籍档案数字化正式启动】 6月底,县局户籍档案数字化项目正式启动运行,项目投入经费173.6万元,时间2年,加工数量为280万页。至年底,共完成户籍档案数字化加工页数40余万页。

【禁毒工作】 开展"扫雷"专项行动,强化禁毒各项工作措施,推进禁毒各项工作,确保杭州峰会期间淳安籍涉毒人员不滋事惹事、不发生涉毒负面舆情事件。开展禁毒宣传、缉毒破案、社区戒毒帮教等,全年侦破涉毒案件11起,移送起诉涉毒犯罪嫌疑人28人;查处涉毒行政案件57起,查获涉毒违法人员121人次;缴获各类毒品60余克,铲除罂粟317株;中小学生等重点人群近万人接受面对面的禁毒教育,禁毒社会化工作规范有序。

【交通管理】 抓住事故"控大"和城区"保畅"两大工作重心,补短板,促提升,落实各项交通管理措施,推进公路交通安全防控体系建设。全县交通安全形势持续平稳,共受理道路交通事故报警1.32万起,同比上升7.2%,上报道路交通事故113起,死亡22人,受伤124人,直接经济损失55.3万元;交通事故四项指数实现12年"零增长",连续7年未发生一次死亡3人以上较大道路交通事故。全年共查处各类交通违法行为38.38万起(含非现场26万起),饮酒后驾驶377人,醉酒驾驶145人,行政拘留266人,吊销机动车驾驶证143本,暂扣驾驶证2832本,一般程序案件736起,立刑事案件184起,移送起诉169人,交警大队车管所被评定为全省一等县级车管所。

【监所管理】 强化监管措施,改善监管配套设施。投入96万元,安装人脸识别系统、冷风机,看守所山体四周建造山体围栏。投入200万元配备心电图机、B超机、X光机等大型医疗设备。医疗专业化工作模式被省厅介绍推广,并得到公安部监管局的认可。强化日常管理,健全安全大检查、狱情分析、联席会议、防暴预案演练、大课教育、谈话排摸、心理咨询等常规性的工作制度。加强值班所领导对民警每日工作情况的监督检查,加大管教对在押人员的谈话教育密度和提高安全耳目的使用效果,保证每个监室、每个在押人员的动态、思想都能全方位、全时段地被掌握和控制,做到底数情、情况明、控得住,将危险扼杀在萌芽状态,实现"27年安全无事故,队伍零违纪"。

【网警工作】 网站安全及重要信息系统安全管理,全年共签订责任状863份,上门检查892人次,查出各类漏洞及隐患5476个,发放整改通知书856张,实行昼夜不间断监控,采取最严措施确保绝对安全。对辖区所有网站舆情管控均落实100%信息审核,从源头控制舆情的发酵。G20峰会安保期间,化解处置舆情53起,其中及时控制和处置9月1日峰会召开前夕"红袖章"负面舆情。

【水上治安】 结合社会视频监控巡查，整治景区环境。严厉打击各类“拉客”“宰客”“野导”以及从中衍生的寻衅滋事、敲诈勒索、强迫交易、阻碍旅游执法等行为，行政处罚“野导”6人。提高突发性事件的处置能力，对景区从业人员进行反恐、安保培训，开展反恐应急演练。落实水上检查站查控措施，利用手机微信建立“水上安保”群，负责核查船员及每日旅客身份信息，确保及时发现、拦截和消除安全隐患。全年共受理报警187起，立刑事案件9起，立治安案件14起，移送起诉9人，行政处罚11人，调解纠纷55起。

【消防管理】 突出网吧、歌舞娱乐、医院等公共场所的消防安全，组织人员密集场所消防安全专项治理，在民宅聚集、厂房密集的村集体、规模企业组建义务消防队，推广农村消防手抬泵。推行消防重点单位户籍化上网管理、“五查两加强”工作措施，提升安全生产、火灾事故预防处置能力，消防火灾形势总体平稳。

【优化平安网格】 强化建网、管网、并网、联网四大工程，完善平安网格机制建设，做到网格划分上和网格员的物建量化均衡、科学摆布。明确网格员“五大员”职责，即警情干预员、纠纷调解员、防范宣传员、情报信息员、活动保卫员，形成多方位的保障机制。依托乡镇行政村联动定补，对网格员出勤的，由乡镇、行政村按务工补助，有条件的中心村、特色村，实行半职业化运作。强化县局一事一补，出台工作规范和奖励办法，设立100万元的平安网格奖励基金。结合网格员日常基本工作职责，推出网格员职责“十句话口诀”，全县有网格员3818人。全年网格员参与处置、化解矛盾纠纷1600起，累计上报情报信息6000余条，通过网格员发放宣传防范资料2.3万份，排摸上报各类安全隐患1200余处，做到辖区底数清、情况明、信息灵，为县局打防管控提供支撑。

【强化“135”快速反应圈】 按照“屯警街面、动中备勤、武装处突”反恐防暴工作要求，建立以巡特警为主力，防控机动队、属地派出所、交警中队为增援，边界卡口辅助力量为补充的梯队处置机制，形成车站、码头、商场等重点部位“135”分钟处置圈。治安防控机动队落实24小时街面武装巡逻勤务，采用亮灯驻守、沿线车巡、下车步巡、设卡检查等形式，加强反恐重点部位的巡查管控，在重点时段、重点路段、重点地区，会同武警、森警开展联勤联防，齿刺虎防暴车驻守，警犬巡逻队步巡，增强震慑力。

【开展廉政教育】 5月4日，县局组织民警代表90余人，赴中洲茶山中国工农红军北上抗日先遣队纪念馆开展廉政教育暨五四运动九十七周年纪念活动。参观红军坟、茶山会议旧址、方志敏和粟裕等人起居处及临时医院旧址，观看“江南第一家”的浦江县郑义门廉洁动漫片。部分新提拔中层干部代表、新警代表、辅警代表作交流发言。县局党委委员、纪委书记韩柏友围绕“服务G20峰会安保，锻造铁纪警队”主题给民警上廉政党课。

【从严治警】 聚焦G20峰会安保维稳，严格监督检查，狠抓《杭州市公安机关民警日常违规行为记分办法》执行，改进工作作风和规范日常管理。全年，共开展各类督察检查795次，出动警力1680人次，发现和纠正各类问题526个，提出督察建议350条，编发、转发督察通报65期，督察记分416人次513.25分，发放《公安督察建议书》5份，效能通报问责3人，为推进工作提供政治和纪律保障。

【文化育警】 建设派出所综合勤务室，推进派出所“五小”工程建设，建成以新安文化、青溪文化为主导的千岛湖派出所、青溪派出所“样板”，组织公安文联、摄影协会公安分会开展兴趣活动，刊印《警风》作品集，收录民警优秀文字、摄影作品，完善警营文化室、休闲吧、俱乐部的建设，让民警在工作之余有所学有所乐。

【关爱民警】 县局致力维护民警合法权益，完善帮扶慰问机制，组建服务小分队，科学安排民警调休，开通民警就医绿色通道。全年办理民警维权案件33起，慰问因公受伤民警及困难民警126人，累计发放慰问金39万余元，上门服务20余次，为民警预约绿色就医30余人次。建成心理干预工作室，健全心理训练、心理咨询、危机干预“三位一体”工作体系，强化民警职业防护教育、心理健康教育，邀请省厅心理健康服务小组开展战时心理健康辅导上课3场次，走访慰问参战民警、辅警、学警1100余人。

【社会治安防控“铁桶阵”】 结合淳安县“天然布袋”的独特地理优势，按照“全面设防、一体运作、精确制导、有效防控”的要求，推进全方位、全时空、全覆盖的立体化防控体系建设，提高社会治安防控能力。以强化“大指挥”为重点，建好全县公共指挥和“110”指挥平台；以增强“快处置”为核心，强化防控机动队建设、“135”分钟控制圈和卡口建设；以突出“高精尖”为目标，深化情报建设、采集、研判、应用4个环节；以完善“多联动”为导向，强化警调衔接机制，强化队所合作机制，做强合成作战机制，完善部门联动机制五级合成；以突出“全覆盖”为目标，构建重点区域巡逻防控网络、社区农村群防群治网络、天域智能防范网络、单位内部防控网络、实有人口管理网络和虚拟社会防控网六张网络。初步实现降报警、少发案、快处置、强打击、优秩序的目标。

【夫妻警务站】 1月，县局升级警务站，在界首乡试点的基础上，建立界首“夫妻警务站”，让热心基层工作的民警和家属一起经营“夫妻店”。4月27日，《杭州日报》报道姜家派出所“夫妻警务站”。6月16～19日，中央电视台一12社会与法频道《道德观察》栏目到县局姜家派出所界首夫妻警务站采访。

【破获叶某某故意杀人案】 5月21日，县局青溪派出所接报一起失踪警情。事主叶某某，男，30岁，淳安县大市人，称其妻余某5月20日下午外出后未回家且失去通讯联络，求助派出所帮忙查找。接警后，派出所按失踪人员处置工作规范开展调查。经视频查档等，发现情况与报警事主陈述有出入情形，并将此情况上报县局主要领导，县局即组成专案组，启动失踪刑人员疑似命案的侦查机制，开展全方位调查，确定为一起杀人案件。经查，于25日凌晨1时许，在沿湖一半岛处发现余某尸体。经审查，犯罪嫌疑人叶某某如实供述因家庭琐事，临时起意于5月20日下午在经营的小饭店内勒死妻子，后于次日凌晨运尸掩埋的犯罪事实。

【破获系列通讯诈骗案】 4月28日，事主徐某某到县局报警称其于2015年4月16日收到一条办理高额信用卡的短信，其信以为真，陆续向对方提供的账号汇金额15.33万元，事后发现被骗。接警后，县局成立专案侦破小组，围绕犯罪嫌疑人所使用的银行卡资金流开展侦查工作。5月16日，在湖南新化县抓获湖南籍犯罪嫌疑人4人，同时缴获用于诈骗的银行卡134张、手机卡2张、现金4万元，破获系列案件8起。

【破获特大“冒充领导”网络诈骗案】 10月13日，县局接到蒋某报警称其被人冒充领导诈骗17万元。接到报警后，县局民警立即展开调查，发现作案人系通过盗用QQ方式诈骗。经调查、排摸、跟踪、蹲点、守候，逐步掌握以钱某、赵某为首的网络诈骗团伙情况。10月28日，在云南省红河州和河南省郑州抓获以钱某、赵某为首，马某、王某、何某组成的网络诈骗团伙归案。经审查，该团伙自2016年7月始，通过各种途径诈骗金额200余万元。

【杭州“9·30”专案侦办】 11月8日上午，在省市公安机关的统一部署协调下，县局组织警力180余人，在杭州滨江等地对“9·30”专案县局牵头侦办的多处窝点和犯罪嫌疑人驻地实施集中抓捕收网，捣毁以代运营模式组织实施网络诈骗的3家公司窝点5处，抓获犯罪嫌疑人95人，查扣涉案计算机120余台、合同等书证一批。经审查，涉及案件近800余起，案值1500余万元。

【侦破特大组织领导传销活动案】 4月27日10时40分，方来菊等人报案称：2013年4月至2015年9月期间，有上百名淳安人被诱骗至安徽滁州从事“自愿连锁经营业”，又名“1040阳光工程”传销活动，陈某某等人是该传销组织的高层组织、领导者。该传销组织要求以“谎言邀约”的方式，以投资国家秘密项目获取高额返利为诱饵，将亲朋好友诱骗至安徽滁州，然后轮番洗脑，要求参加者申购21份共6.98万元，然后发展下线，根据直接或间接发展人员的数量和缴纳的份额作为计酬或返利依据，吸引更多的人加入该传销组织，至今陈某某等40余人已经达到高级经理级别的管理人员。接警后，县局即调查取证，并抽调民警成立专案组，经过查证，涉案人数达200余人，涉案金额达1100余万元，抓获犯罪嫌疑人11人。

【侦破特大非法吸收公众存款案】 3月14日9时30分，郑德田到县局报警称：2015年2月始，其经“泰富投资”负责人方某某的介绍，在月利息2分、3分的诱惑下，分6次共投资45万元到“潼关中联新能源有限公司”。在返利数千元后，发现被骗，45万元本金未收回，要求公安机关帮助追回损失。接警后，县局即调查取证，抓获犯罪嫌疑人方某某、杨某某、李某某等3人，该三人为牟取非法的高额手续费，通过推介会、聚会、会餐、口口相传等形式向县内不特定的中、老年投资者推介潼关新能源光伏发电站项目投资，以高额利息为诱饵，非法吸收50余人资金共计1100余万元，造成损失近900万元。

（汪晓芳）

·检 察·

【概况】 2016年，县人民检察院按照县第十三次党代会精神和县十五届人大历次会议关于检察工作的决议，紧紧围绕“秀水富民”发展战略，深入践行绿色司法理念，深化品质检察实践，全面忠实履行宪法和法律赋予的职责，各项检察工作全面协调发展。

【推进环保检察】 2016年，县人民检察院结合千岛湖水资源和生态环境保护的现实需要，制定《发挥检察职能加强千岛湖水资源和生态环境综合保护的实施意见》，加大环保检察力度；与法院、公安、渔政等单位就千岛湖非法捕捞水产品罪适用条件达成意见，统一执法标准；联合环保局出台《关于加强环保领域行政执法与监督协作配合工作的意见》，开展专项行动，增强环保检察合力；严查环保相关工程建设领域的职务犯罪，针对汾口镇石材加工行业污染环境的情况撰写预防调查报告。

【加强维稳安保】 2016年，县人民检察院以服务 G20 峰会维稳安保为契机,制定维稳安保工作方案,各部门积极配合,开展大排查大整治行动,做好舆情监控、侦查引导等工作,有效排查办案风险、信访风险等隐患,对重点工程出现的安全隐患及时发出检察建议;落实值班备勤制度,做好安全防范和突发事件预案等工作,确保内部安全;全院主动参与公交安全志愿者服务,维持公交安全。县人民检察院被县委评为平安护航 G20 先进集体,9 名干警分别被评为省、市、县三级平安护航 G20 先进个人。

【捕诉工作】 2016 年,县检察院全年共批准逮捕 170 件 250 人,提起公诉 406 件 611 人。做到每案必提、严格审查。完善捕诉衔接机制,侦监、公诉部门共同讨论案件,共同介入重大、敏感案件,依法引导侦查,做到所办案件"捕得准、诉得出、判得了",提高了案件质量;坚持宽严相济,不捕 24 人,不诉 56 人,向法院建议适用刑事速裁程序 173 人;公诉部门努力拓展未检工作新领域,首次对一起聚众斗殴案中的 2 名未成年人作出附条件不起诉,确保未成年人能在学校接受教育中改过自新;与企业共建未成年人观护基地,提供了案后帮教平台,提升了办案效果。

【查办和预防职务犯罪】 2016 年,县人民检察院主动应对新刑诉法实施后带来的挑战,坚持以信息收集主动化、初查工作精细化、侦查审讯谋略化来提升侦查能力,全年立案查办贪污贿赂案件 11 件 11 人,其中现职县管领导干部 1 人,并首次在办案中运用指定居所监视居住强制措施。全年共介入安全生产责任事故调查 6 起,对相关责任人员追究刑事责任 2 起,对 3 家事故责任单位及主管部门进行约谈。全年有针对性地开展一系列预防工作,开展涉农扶贫领域专项预防调查、"诚信发展・检察伴你行"和基层组织换届选举期间的预防宣讲等活动。

【诉讼监督】 2016 年,县人民检察院全年共立案监督 8 人,其中 4 人被判三年以上有期徒刑,1 人被判 10 年以上有期徒刑,追诉漏犯 6 人,口头或书面纠正违法行为 10 次,办理民事执行监督案件 5 件、行政执法监督案件 9 件。积极推进律师参与化解和代理涉法涉诉信访案件工作,和县司法局共建法律援助中心检察院工作站,全年共办理刑事申诉案件 5 件,均息诉息访。针对刑罚执行不规范行为发出检察建议书 14 份,办理羁押必要性审查 17 件、财产刑执行监督 25 件,办理的 1 件财产刑执行案件和 2 件羁押必要性审查案件分别被省、市人民检察院评为优秀案件。

【规范司法办案行为】 2016 年,县人民检察院严格执行刑事证据采证审证、非法证据排除和客观性证据审查制度,规范法律文书制作、出庭公诉用语、案件办理流程等工作,进一步完善司法办案标准体系建设。积极开展保障律师会见权和依法文明办案两个专项整改活动,制定《关于保障律师权利促进文明规范办案的规定》,依法保障律师会见、阅卷和知情等权利,并严格规范侦查行为,全面落实讯问犯罪嫌疑人同步录音录像制度。主动开展案件质量评查和执法行为检查,全年共开展规范司法专项检查和重点案件备案审查 41 次,通过案件评查发现并纠正不规范行为与办案瑕疵 40 余处,对 33 件案件进行流程预警。

【推进司法体制改革】 2016 年,县人民检察院认真落实司法体制改革的各项制度,做好人员分类管理工作,将检察人员划分为员额制检察官、司法辅助人员和司法行政人员,第一批员额制检察官顺利通过遴选并确定。深入推进办案机制转变,落实司法责任制改革办法和检察官权力清单，突出检察官相对独立的办案主体地位和相应责任，强化对办案活动的监督，确保检察官对所办案件终身负责。推进以审判为中心的诉讼制度改革，加大对检察官侦查引导、案件审查、出庭公诉等能力的锻炼，提高诉前主导、审前过滤和庭审指控的能力。高度重视司法改革背景下的队伍稳定工作，密切关注干警思想动态，落实谈心谈话制度，加强教育引导，确保改革期间队伍不散、人心不乱。

【接受外部监督】　2016 年，县人民检察院主动接受人大监督，完善并落实向人大及其常委会定期汇报工作机制，积极就司法改革推进情况等工作向人大常委会作专题报告。加强与人大代表的沟通联系，在作出重大决策、推进检察改革时，认真听取人大代表的意见、建议，完善发展思路、破解司法难题，推动检察工作科学发展。加强与政协民主监督员、人民监督员的工作联系，定期向政协民主监督小组通报检察工作，协助县司法局做好人民监督员的换届选任工作，积极组织政协民主监督员、人民监督员参加庭审观摩、业务培训、座谈交流等活动。深入推进“阳光检察”，拓宽检务公开范围，积极探索“互联网＋”时代下检察宣传新方法，运用新媒体等平台加大宣传力度，使检察工作更好地融入时代发展要求，更好地满足人民群众需求。

【思想作风建设】　2016 年，县人民检察院认真开展“两学一做”主题教育活动，将理想信念植根于检察干警内心；落实党风廉政建设“两个责任”，履行“双岗双责”，做到业务工作和纪律作风两手抓、两促进；支持并配合派驻纪检组开展监督执纪问责工作，落实纪律作风专项教育整顿活动的要求，深入学习党章党规及警示教育典型案例，全面排查纪律作风问题，守牢纪律规矩底线，全院干警司法为民、公正司法的理念得到提升，检察工作得到党委和上级院的肯定，全年有 6 人被市院和县委记功表彰，9 人得到县委嘉奖。

【专业素养提升】　2016 年，县人民检察院深入查找工作中存在的短板，把提升队伍素能、提高办案效率放在突出位置，制定人才培养计划，加大对青年干警和业务人才的培养力度，鼓励干警参加司法考试和高层次学历教育，组织干警参加分类培训、岗位练兵、业务竞赛等活动，强化青年人才和业务尖子的培养力度，3 名干警荣获全市检察机关先进称号，4 篇理论研究成果受到上级院表彰。同时，为提升队伍在新形势下做好群众工作的能力，通过联乡结村、送法下乡等活动，安排干警深入基层，倾听群众意见，使检察工作更加贴近群众，检察干警更加接地气。

【检务保障】　2016 年，县人民检察院不断强化政工党群、办文办会、保密机要等工作，建成非涉密网、远程办案系统等信息化项目，完善物防安保和车辆管理措施，创新在网上实现请销假、派车等便捷举措；履行法警协助办案、维护信访秩序等职能；完善检察服务大厅功能，做好文书公开、行贿档案查询、接待律师等工作，全面提升服务保障司法办案的档次和水准。　　　　（严巧莉）

·审　判·

【概况】　2016 年，县人民法院深入学习贯彻中共十八届五中、六中全会精神，紧紧围绕司法为民、公正司法主题，忠实履行宪法和法律赋予的职责，各项工作都取得了明显成效，为淳安县经济平稳发展、社会和谐稳定提供了有力的司法保障。全年新收各类案件 9446 件，审执结 9442 件，同比分别上升 16.67％和 18.9％。一线办案法官年人均结案 269 件，同比增加 43 件,个人最高结案达 449 件,主要办案质量、效率、效果指标始终保持良好运行态势。

【刑事审判】 严惩刑事犯罪。新收各类刑事案件 408 件,同比下降 22.58%,审结 414 件(含旧存),同比下降 22.91%,判处罪犯人数 648 人,其中判处故意伤害、强奸、“两抢一盗”、寻衅滋事、“黄赌毒”等严重危害社会治安犯罪 171 件 302 人,贪污、受贿、渎职等职务犯罪 15 件 16 人,盗伐滥伐林木、盗捕鲢鳙鱼等破坏环境资源犯罪 12 件,交通肇事、危险驾驶等破坏交通秩序犯罪 159 件 159 人,网络电信诈骗犯罪 8 件 23 人。坚持人权司法保障,完善证据裁判规则,依法落实“宽严相济”刑事司法政策,对当庭取得被害人谅解的则依法适用和解程序予以从宽处理,适用非监禁刑罚 384 人。对轻微刑事案件适用刑事速裁程序,简化审判流程,缩短办案期限,提高审判效率。

【民商事审判】 妥处民商纠纷。新收各类民商事案件 5596 件,同比上升 15.52%,审结 5727 件(含旧存),同比上升 23.56%,解决诉讼标的总金额 15 亿 9757 万元,同比上年增加 3 亿 5153 万元。重民生保障,维护特殊群体合法权益,审结婚姻家庭、人身损害赔偿及劳动报酬、医疗纠纷等涉民生案 1067 件。重环境优化,促进房地产建筑市场健康发展,审结商品房买卖、房屋质量及建设工程纠纷等案 171 件。重诚信引导,保护市场交易安全,审结买卖、租赁合同、民间借贷、金融借款、担保追偿等案 3292 件。充分发挥多元化诉调衔接作用,快速分流化解简易民商事纠纷,调处纠纷 1420 件,民事可调撤率达 86.17%,努力实现案结事了。

【行政审判】 化解行政争议,新收各类行政诉讼案 75 件,同比下降 36.97%,审结(含旧存)97 件,同比上升 0.03%,其中受理涉“撤村建居”、“无违建县”创建等中心工作案件 58 件。依法履行司法审查职责,共审查非诉行政案 15 件,裁定准予强制执行 15 件。深化行政案件协调工作机制,就行政机关存在问题及时协调沟通,较好地缓解了行政机关与行政相对人的矛盾,经协调并实现行政相对人主动撤诉 29 件,撤诉率达 29.9%。积极推动行政首长出庭应诉制度落实,行政机关负责人出庭应诉率达 84.1%。保持与行政机关的良性互动,及时向行政机关反馈审判工作中发现的问题,大力宣传新行政诉讼法,促进行政机关运用法治思维、法治方式实质性化解行政争议,推进法治政府建设。

【执行工作】 力破执行难题。新收各类执行案 3345 件,同比上升 29.8%,执结 3182 件,同比上升 20.3%,执行到位金额 2.557 亿元。作为列入首批基本解决执行难法院,县人民法院调整优化执行工作模式,加大惩治拒执、逃废债行为,开展“秋日风暴”等专项执法行动,采取对阻碍执行的案外人、被执行人实施罚款、拘留等处罚措施,加快“解难”进程。通过媒体公开曝光、限制高消费、限制出境、限制贷款等信用惩戒方式,敦促失信被执行人主动履行。全年共通过网站、微信曝光 170 名老赖,在全国法院失信被执行人名单库中录入失信被执行人 1134 人。健全联网查控平台,继续落实 24 小时备勤制度,成功抓获布控被执行人 344 人。

【服务重大决策】 聚焦 G20 峰会维稳安保,全面排查涉稳风险案件,严格落实稳控措施,强化信访案件的预警督导,完善涉案舆情的监控跟踪,通过逐件研判和化解,全力护航峰会。密切关注“撤村建居”、“无违建县”创建、“杭黄高铁建设”等重点工作在司法层面的反映，主动参与县委、县政府及有关部门组织召开的法律论证会，增强司法服务的精准性和实效性。依法稳妥审理房屋及土地征收、违章建筑拆除过程中出现的聚众闹事等案件，充分发挥审判的引导和示范效应。

【保障企业良性发展】 主动运用市场思维和法治方式对涉诉企业差异化司法处置，坚持有扶有破原则，主动走访企业、组织协调尽力促成执行和解，帮扶有市场前景的困难企业渡过难关、恢复生产，对确无帮扶价值的企业，及时引入破产程序。全年共受理杭州千岛湖玉丽酒店、珍珠半岛酒店等破产案2件。审慎审理、执行涉阳光水岸、新概念等楼盘及雅洁纸业、祥虹纺织等企业系列案件，慎用司法强制措施，尽可能维护企业的正常生产经营。

【参与社会法治管理】 深化矛盾纠纷多元化解，加强诉调对接，在诉前成功化解各类纠纷26件，以支付令形式审结劳动纠纷案件171件。参与全县重大涉稳、信访问题处置，引导涉诉信访问题在法治轨道内解决，化解重复信访15件，信访化解率达83.7%。依法对具有严重人身危险性的精神病人决定强制医疗，参与社区矫正、缓刑回访、监外执行考察等，重点加强对未成年人犯罪的回访考察和帮教管理，改进外地籍被告人平等适用缓刑和社区矫正延伸工作，充分发挥司法活动法制宣传教育功能，提升群众法律意识。

【利民举措】 推进由诉讼服务大厅、诉讼服务网络、“12368”诉讼服务热线组成的“三位一体”诉讼服务体系建设，打造“一体化、低成本”综合性诉讼服务平台。深入实施立案登记制，严格做到有案必立、有诉必理，切实保障当事人诉权，自立案登记制实施后，案件受理量达14911件，当场立案率达99.87%。实行微信、短信、电子邮件送达，开展巡回办案，开通网上案款缴退费系统，方便群众诉讼。全面实施“零佣金”网络拍卖，实现所有拍品上网拍卖，全年共146件案件拍品进入网拍，网拍成交率达100%，成交金额达2亿4976万元，为当事人节省拍卖佣金651.66万元。实行案件繁简分流，扩大民商事案件简易程序适应范围，有效提高司法救济的及时性。加强对妇女、儿童、老年人、残疾人等弱势群体的司法保护和救助，全年为当事人减、免、缓缴诉讼费6.12万元，为困难当事人、刑事被害人落实司法救助金43.8万元。扩大刑事案件被告人指定辩护范围，为74名未成年人及经济困难、可能被判三年以上有期徒刑的被告人指定法律援助律师。

【司法公开】 全面推进审判流程、裁判文书和执行信息的“三大公开”平台建设，方便当事人在网上查询案件的审理、执行进度和裁判结果，2016年度裁判文书上网公开率达98%。开通法院门户网站、公众微信号、新浪微博，召开新闻发布会，通报司法典型案例，让公众及时获取实时司法资讯。通过新浪微博直播庭审实况，推进庭审活动“零时差”公开，最大限度保障人民群众的知情权和监督权。

【法院软件建设】 对审判法庭进行高清数字化改造，全面开展以庭审全程同步录音录像、审判语音识别系统代替书记员手工记录的庭审记录改革，提升审判质效。完成高清数字法庭功能改造，并在县看守所建立远程数字法庭，通过法院、检察院和看守所三家互联互通，实现刑事速裁案件三方远程快速审理。加快诉讼档案数字化进程，为当事人提供自助查询服务。完成汾口、威坪法庭及机关办公大楼的功能提升改造，诉讼服务中心大楼投入使用，满足现代司法工作需求。

【队伍建设】 深入开展"两学一做"学习教育和队伍建设年活动,强化干警政治规矩和大局意识。注重法官素质养成,不断提高干警业务水平。加强干警梯队培养,优化干部队伍结构。深化党风廉政建设,敦促干警时刻坚守公正廉洁底线。落实中央对干预案件进行记录问责的"两个规定",实现全程留痕,保障司法人员独立公正办案。建立法官与律师阳光互动机制,通过座谈、律师评法官等形式听取意见、建议,不断规范司法行为。紧紧抓住司法责任制改革这个"牛鼻子",稳步推进法官员额制、人员分类管理、法官职业保障等基础性改革工作,不断提升法院队伍的专业化、职业化水平。根据省高院统一部署,严格执行法官员额比例和法官入额标准,完成首批30名员额法官的遴选工作,使优秀审判资源集中到审判一线,确保司法的公正、廉洁、高效。

【接受监督】 加强与人大代表的日常联络,实行院长定向联络人大代表工作,及时办结人大代表意见、建议。主动邀请人大代表参加座谈、视察法院、旁听庭审,认真听取意见、建议,促进法院工作不断提升。高度重视与政协委员的联系联络,加强日常互动,认真办理政协提案。严格执行政协民主监督制度,主动通报法院工作,征求意见、建议。重视公众和媒体的社会监督,拓宽接受监督渠道,加强民意沟通。实施"人民陪审员倍增计划",探索适度分权陪审机制改革。支持、配合检察机关依法履行法律监督职责,建立经常性工作联系机制,坚持邀请检察长列席法院审判委员会案件讨论制度。高度重视检察机关对生效裁判提起的抗诉,认真对待检察建议,及时纠正工作中存在的问题,共同维护司法公正。

(余利明)

·司法行政·

【概况】 2016年,淳安县司法局紧紧围绕县委、县政府中心工作,主动作为,创新创优,在社区矫正、人民调解、法律服务、普法宣传等各项工作中都取得较好的成绩。特别是在"护航G20"维稳安保及启动"七·五"普法两大重点工作中成效显著,有关经验做法相继在杭州信息《今日要情》第106期,省厅、市局以及《杭州日报》《人民法治》杂志等主流媒体刊发。全年,司法行政系统涌现出了一批先进集体和个人。司法局被评为2011～2015年全省法治宣传教育先进单位、2016年度司法行政工作综合督导优秀单位、杭州市2015年度综治维稳工作先进集体、杭州市司法行政系统服务保障G20峰会先进集体、淳安县2016年度综合考评优秀(满意)单位、淳安县服务保障G20杭州峰会先进集体,县局社区矫正科获得"杭州市社区矫正工作二级安全单位"称号,县局千岛湖司法所、姜家司法所、汾口司法所被评为全市司法行政系统服务保障G20峰会先进集体,县局威坪司法所、汾口司法所分别被评为浙江省五星级规范化司法所和浙江省四星级规范化司法所,浙江泽道律师事务所被评为全省法律服务"三改一拆""五水共治"工作成绩显著单位,完满完成金峰乡五龙村2016年度省级"民主法治村"创建任务。肖殿伟被评为杭州市"六五"普法先进个人,方四雷获得全市司法行政系统服务保障G20峰会个人三等功,余红卫、赵华军获得全市司法行政系统服务保障G20峰会个人嘉奖,项卫红、徐银根、陈晓柳、姚志刚、张承进被评为全市司法行政系统服务保障G20峰会先进个人,舒清被评为2011～2015年全省法治宣传教育先进个人,余秋华、汪信文被评为省级服务保障G20峰会先进个人,方贝、方宗仁、余娟娟被评为市级服务保障G20杭州峰会先进个人，季宏岩被评为杭州市十佳法律援助工作者、余红卫被评为杭州市司法行政系统信息工作先进个人、程一平、汪向华被评为淳安县“六五”普法先进个人，汪向华、汪信文被评为浙江省明星司法所长，肖殿伟、王晓婷、徐军被评为淳安县服务保障G20杭州峰会先进个人，方宗仁获得个人三等功，徐英被评为百佳干部（淳安先锋），童雪被评为2016年度全市司法行政系统法治政府建设先进个人，王晓婷被评为“最美政法人”、吴文书被评为浙江省基层法律服务工作者协会2016年度专门（专业）委员会工作先进个人。

【社区矫正】 2016年，县司法局将社区服刑人员的管控工作作为重中之重，是服务保障G20峰会必须啃下的“硬骨头”。充分认识社区矫正监管安全形势的严峻性和复杂性，牢固树立大局意识、忧患意识和责任意识，以服务G20峰会安保为契机，成立“平安护航G20”领导小组，认真检视社区矫正工作存在的突出问题和薄弱环节，全力投入社区矫正和安置帮教工作。做到人员大走访全面到位，以重点人员管控工作为主抓手，全面开展基层人员大走访活动，实现社区服刑人员大走访三个100%的目标，即定期完成社区服刑人员的家庭、工作单位、所在村（居）的走访，全方位掌握服刑人员的思想动态；重点落实归正人员的排摸走访，完成所有归正人员的情况核实，并建立健全工作台账；加强村（居）矫正工作站检查走访，促进工作站职能从“有形覆盖”向“有效覆盖”的转变。1～10月，先后走访社区服刑人员1750人次、归正人员7623人次、社区矫正工作站437个，实现人员走访3个100%。依托社区矫正指挥中心视频监管系统，每月一次对全县社区服刑人员开展视频点验，每年一次开展联合点验。7月21日，县司法局会同县委政法委、县人民公安局、县人民检察院、县法院对全县7个司法所的所有社区服刑人员进行视频点验教育。点验展示汇报活动过程中，工作人员规范着装、组织严密、程序到位，社区服刑人员纪律严明、队列整齐、精神饱满、报告内容规范，较好地展示了点验活动的规范性和严肃性。通过集中点验教育提升社区服刑人员的在刑意识、遵规守纪意识，形成严抓严管、护航G20的浓厚氛围。按照上级司法行政机关要求，峰会决战阶段，即8月28日～9月6日，全县社区服刑人员必须到司法所“一日三见面三报告”并记录在案，实时掌控其动态情况。为更好地落实决战阶段社区服刑人员的教育管控措施，县司法局创新工作思路，与县人社局联合在8月28日～9月6日的决战阶段为239名社区服刑人员举办8个SYB创业培训班，其中千岛湖镇3个班，其余每个中心镇各1个班。SYB意为“创办你的企业”，着重为参训人员提供创业思路、财务管理、市场调研等有针对性的创业知识培训，取得创业合格证书的人员，符合条件的，还可获得贴息创业担保贷款30万元，培训班既解决管控难题，又落实帮扶职责，为社区服刑人员提供了创业优惠政策，一举数得。

【人民调解】 县司法局以大排查、大培训、大化解为载体，将人民调解工作作为构建和谐社会的“第一道防线”和维护社会稳定的基石。结合辖区开展“大排查”活动，实现纠纷排查全覆盖，通过排查重点人，及时掌控社区服刑人员、归正人员的活动轨迹和思想状况，重点排查因矛盾纠纷可能引发报复社会、威胁公共安全的人员。彻底排查近三年未调解完结的矛盾纠纷，特别是对社会造成重大影响，容易引发群体性事件的矛盾。加大对“撤村建居”、“三改一拆”、“五水共治”、“杭黄高铁”建设等重点项目的服务保障力度，对土地征用、房屋拆迁、劳动争议等涉及群众利益的领域重点排查。共开展各类排查1725人次，排查出矛盾纠纷3127起。7月开始,县司法局组织业务科室负责人及律师、村级法律顾问等法律工作者,以分期、分批、分片的方式,对全县各乡镇司法所长、行政村调委会主任、安置帮教工作站负责人、法律援助联络员开展了专项业务培训,受训人员1029名。培训围绕服务保障G20峰会这一圆心,对“五水共治”“三改一拆”、杭黄高铁建设等中心工作中易发矛盾纠纷的成因、化解措施等进行深入解析,有效提升基层人民调解员依法化解纠纷、提供法律服务、做好安置帮教工作的能力和水平,实现本地区矛盾纠纷“不上交、不升级、不蔓延、不转移、不输出”,夯实基层农村护航G20维稳基础。根据矛盾激化程度实行分类化解,提高矛盾化解率,实现矛盾纠纷“不升有降”的目标。积极协调有关部门,集中调解历史遗留和长期未得到有效解决的疑难纠纷,联合当地党委、政府,全力攻克对社会影响大、阻碍重点项目推进、容易引发群体性事件的重大疑难矛盾纠纷。同时,积极发挥组团式调解的作用,成功调处淳安锡铁矿103名矿工集体讨薪事件、汾口镇村民因“三改一拆”搬迁房屋纠纷自服农药闹访事件、杭黄高铁天目山隧道闻家斜井施工导致王阜乡闻家村和金家畲村共200多户出现不同程度的墙体开裂事件、骑龙巷居民房屋买卖纠纷等重大矛盾纠纷603件。10月底,成功组织调解杭黄高铁文昌站第二标段民工意外溺亡纠纷。截至12月,全县共化解各类矛盾纠纷6491件,其中重大矛盾纠纷1090件,调解成功6480件,成功率99.7%。与上年同期案件总数9880件相比下降34.3%,实现矛盾纠纷“不升有降”的目标。

【法治建设】 2016年是“七五”普法工作的开局之年,在“六五”普法圆满收官的基础上,通过分层次召开座谈会,深入基层调研,广泛听取各方意见、建议,为起草“七五”普法规划提供准确、全面、有针对性的素材。全面围绕依法治国主题,结合法治淳安建设实际需要,深入研究未来五年面临的新形势、新任务和法治宣传教育的主要目标、主要任务、重点对象和要求、工作方法和措施、保障机制等问题,发挥法治宣传服务民生、服务经济社会发展和促进社会和谐稳定的作用,精心制定全县“七五”普法规划,并以县委、县政府名义召开“六五”普法总结表彰暨“七五”普法动员大会。推进社会化大普法格局。普法工作成为相关执法部门一项基本职能工作。厘清理顺部门法律法规,明确责任界限,督促协调部门法律法规宣传,围绕“谁执法谁普法”,强化各部门普法主体责任,突出执法和普法相结合、常态宣传和集中宣传相结合,有步骤有计划地向执法对象、管理对象、服务对象等开展普法教育活动。全面开展“省级民主法治村”“重点工作项目化普法”等各类创建活动,推动多层次多领域依法治理,提高社会治理法治化水平。深入推进“法律进机关、进乡村、进社区、进学校、进企业、进单位”实践活动,形成整体工作合力,促进社会化大普法格局的实质落地。探索法治宣传新阵地,在推动社会面普法宣传的基础上,全面推进法治文化阵地提质、创新发展。发挥广播、电视、报纸等传统媒体在普法中的主阵地作用,不断丰富法治宣传的内容和形式。举办“护航G20普法在行动”法律六进擂台赛,要求各司法所为村两委干部上一堂普法课,为乡镇干部进行一次法治宣传,为青少年组织一次普法杯校园法治演讲比赛,为留守儿童开设一堂“春泥护花、快乐度假”暑期法治安全讲座。活动开展以来,共举办法治讲座169次,为群众提供各类法律咨询32000多人次,发放资料29000份。通过多层次、多领域、多元化的法治宣传活动,全面展示“法治淳安”良好形象。积极发挥“民主法治村”创建带动作用,按照“一地一品”的原则,因地制宜、因时而宜地推出个性化举措，加大法治文化基地培育力度，争取打造一批既有地方特色，又有广泛指导意义的普法特色品牌。开展普法宣传月活动。结合“七五”普法全面启动之机，与县委宣传部、教育局、县文广新局联合制定《关于组织开展“普法宣传月”活动》的工作方案，着手开展“百场法治宣讲”和“百场法治电影进农村”活动，依托“普法讲师团、普法志愿者、法律服务队、矛盾纠纷化解服务队”四支队伍，全面开通普法直通车。结合“12·4”国家宪法日主题宣传活动，举办一台以法治宣传为核心的文艺演出，打造全媒体普法体系，把法治宣传教育列入大众传媒的重点宣传计划和内容，依托千岛湖新闻网普法频道、淳安电视台《以案说法》栏目和淳安普法微信公众号三大平台，使新闻媒体成为广大人民群众学习法律知识、获得法律服务的重要渠道。为适应信息化迅速发展的趋势，注重运用网络、微博、微信、手机等新兴媒体开展普法教育，努力增强普法工作的吸引力、感染力和影响力。

【法律服务】　2016年，全县律师为基层政权组织、工农群众提供多项法律服务。参加“撤村建居”、“无违建县”创建、“五水共治”、“光大投资项目”等重大项目和重点工程专题研讨分析会及论证会20余次，涉及金额1.2亿元；为姜家镇人民政府征迁农村集体土地纠纷和宋村乡宋村村集聚点联排房工程建设事后处理提供法律意见；审查县政府重点招商引资项目和重要民宿民居项目协议，涉及金额9000万元；担任县政府、千岛湖镇政府和国土局的代理人，参加“撤村建居”诉讼140件。派出公证员赴现场办理“三改一拆”保全证据公证5件；办理青溪新城宕里村农居房分配公证4次，涉及安置农户97户。立足县情，实现法律顾问县域全覆盖，通过创新法律顾问服务模式、健全法律顾问考核体系、规范法律顾问队伍建设，扎实推进公共法律服务体系建设，取得了显著成效，全县、乡(镇)、村三级法律顾问实现全覆盖，为乡镇党委、政府重大决策、重大项目，村(社区)依法治理提供坚强的法律保障。此项工作得到了省厅、市局的充分肯定。律师、法律工作者积极参与基层普法，实现法治宣传教育全覆盖、零距离，《浙江日报》《杭州日报》等主流媒体先后报道淳安县村级法律顾问工作。加大法律援助力度。1月至9月，“12348”专线共接待来电来访1904件2075人次，比上年同期增加40.11%。全县共办理法律援助案件360件，比上年同期增加37.56%，为困难群众节约诉讼代理费213.1万元，帮助受援人挽回经济损失或者取得利益454.98万元，其中涉及农民工讨薪案件52件，涉及讨薪金额44.16万元。特别是为杭州千岛湖泰利电器有限公司35名职工讨回20余万元工资的群体性讨薪案件，开通绿色通道免经济困难审查，即时指派承办人办理，并与县人民法院联合办案，仅19天就迅速、高效、顺利地将这起讨薪案件办结，取得了良好的社会反响。

【队伍建设】　一是扎实开展“两学一做”学习教育活动。成立“两学一做”学习教育协调小组，为顺利开展学习教育提供了组织保障。全局党员干部统一思想，提高认识，着力解决自觉“学”的问题；结合实际，拉高标杆，着力解决主动“做”的问题。开展纪念建党95周年系列活动，听取“七一”专题党课教育，组织全体党员参加“两学一做”理论知识测试，并组队参加县直机关工委举办的“两学一做”知识竞赛。同时，县司法局还开展了“先锋党员”“先进支部”“党员先锋岗”“党员亮身份”评比竞赛活动，营造风清气正的工作氛围。二是强化作风建设长效机制落实到位。先后出台《县司法局纪律督察记分办法》《县司法局二〇一六年岗位目标考核办法》和工作月督查制度,以严密的制度、严明的纪律、严格的督查有效保障了全局各项工作抓好落实。切实强化党风廉政建设。严格落实中央八项规定、省委“28条办法”等有关规定和党风廉政建设责任制,深入开展示范教育、警示教育、岗位廉政教育,提高党员干部防腐防变能力。认真履行“一岗双责”,把党风廉政建设和反腐倡廉工作纳入目标管理,确保全局党员干部坚守勤廉。三是积极组织新一轮中层干部竞聘上岗。10月,开展了中层干部竞聘上岗,拟定《中层干部竞聘上岗实施方案》,报县委政法委、县人社局、县委组织部审批后实施。竞聘共提供21个中层岗位,符合竞聘条件的干部踊跃报名参加竞聘,10月12日,进行竞岗演讲。最后经党组研究,确定21名中层干部拟任人选,其中中层正职15名,中层副职6名。公示期满,对拟任中层正职上报县委政法委、县委组织部、县人社局等部门审批,由局党组聘任。通过竞聘,县司法局新一轮中层干部平均年龄37周岁,其中80后13人,女干部8人。为了促进全局人才资源的合理配置,这次竞聘上岗遵循群众路线、公开竞争、德才兼备等原则,以“三严三实”为导向,突出“忠诚、干净、担当”的中层干部标准,坚持“能团结、懂业务、强实干、会管理、重廉洁”的中层干部基本要求,通过竞聘上岗,优化干部队伍结构,增强干部队伍活力,激发干部干事热情,为促进司法行政事业发展提供强有力的组织保障。（童　雪）

（编辑　严卫华）

军 事

【概况】 2016年，淳安县人民武装部（简称县人武部）紧紧围绕党在新形势下强军目标，认真贯彻浙江省军区、杭州警备区党委扩大会议精神，坚持以“两学一做”学习教育为主线，以整风肃纪为基调，以铸牢军魂为统领，转变作风，振奋精神，狠抓落实，各项工作落地见效，国防动员建设稳步推进。思想政治建设成效显著，坚持用党的创新理论武装干部职工头脑，按照年度理论学习总体计划，重点抓好中共十八大和十八届三中、四中全会精神，深入推进“两学一做”学习教育。班子成员围绕“学党章、守规矩、鼓干劲、求作为”主题开展学习交流，党员在党小组会上人人进行对照剖析。全体党员在支部党县大会上结合自身岗位进行了庄严宣誓，在部务公开栏张贴党委成员和党员干部的承诺表。组织干部职工收看《筑梦路上 1921～2016》。利用淳安县红色文化资源，组织干部职工和民兵70余人赴枫树岭镇白马参观“红军标语墙”，组织全体干部职工赴淳安县中洲红军北上抗日纪念馆参观学习，重温入党誓词，重走红军路，坚定党员的共产主义理想信念。深入开展军事斗争准备，通过党管武装述职、双重领导、过军事日、专题会议等制度的学习，推动军事斗争准备工作的深入，重点抓好干部骨干培养和民兵训练工作。坚持按纲施训、科学组训，重点抓好机关干部、专武干部和民兵骨干3支队伍建设。在民兵训练基地，组织全县基干民兵技能强化集训。按警备区正规化建设要求，积极向县财政申请资金支撑，在全县23个基层武装部推开“两室一库”规范化建设，全县23个乡镇民兵营连“两室一库”和“一部一室”（民兵营连部、民兵活动室）基本建设到位，按标准配备物资器材，具备基本功能。安全管理工作重点认真落实安全责任制，年初，全员签订安全工作责任书，在干部职工中反复强调要时刻保持清醒头脑，每月进行安全形势分析和安全隐患排查，着力抓好“十三个严防”的落实，重视加强八小时以外人员管理，对探亲休假、外出学习人员进行临行前教育，定期打电话提要求。严格车辆管控，杜绝干部违规用车、违规开车。加强安全保密经常性教育和“十条禁令”学习，不漏一人、一机、一盘，组织机关保密办公排查和基层武装部保密清查，继续与公安、驻军建立网络安全协作机制，严密防范网络泄密，规范维稳处突和治安联防的力量运用。

【“两学一做”学习教育】 4月27日，在省军区动员部署和警备区再动员的基础上，部党委第一时间专题召开会议研究，成立领导小组，部署学习教育具体安排，制定《“两学一做”教育整顿实施意见》《“两学一做”专题教育整顿集中学习教育实施计划》等文件。部长、政委分别讲授题为“守规矩讲党性从学党章开始”和“党章为什么是共产党员的必读之本”辅导报告，帮助大家全面了解党章的精神实质和内涵要义，引导党员干部深刻领会习主席系列讲话精神，立起党员标杆。在教育活动中，全体党员在支部党员大会上结合自身岗位进行庄严宣誓，并在部务公开栏张贴党委成员和党员干部的承诺表。

【革命传统教育】 组织干部职工收看电视专题片《筑梦路上 1921－2016》；组织干部职工人人抄写党章，通过抄写党章加深对党章内容的记忆；要求每人写一条党性格言，作为自己的座右铭，以学习党的知识、提升党性修养。利用淳安县红色文化资源，组织干部职工和民兵70余人赴枫树岭镇白马“红军墙”参观学习，进一步弘扬老一辈无产阶级革命家追求真理、坚持原则、实事求是的优良作风。结合“两走两感”和建党95周年纪念活动，组织全体干部职工赴淳安县中洲红军北上抗日纪念馆参观学习，重温入党誓词，重走红军道路，坚定做合格党员的决心和信心。

【民兵组织整顿】 2016年，县人武部通过调研、专题部署、检查验收、小结讲评等环节，扎实做好民兵组织整顿工作。上半年，县政府和县人武部共同拟制下发《关于做好2016年民兵组织整顿工作的通知》。随后部领导带领机关人员利用1周时间对全县23个乡镇进行拉动点验。在点验中各乡镇高度重视，到点率较高。

【军事训练】 坚持按纲施训、科学组训、以考促训狠抓军事训练质量，重点抓机关干部、专武干部和民兵骨干3支队伍，组织1期专式干部军事技能和武装业务强化培训。5月下旬，在民兵训练基地组织全县基干民兵技能强化集训，135名民兵接受了技能强化训练。

【民连正规化建设】 按警备区正规化建设要求，积极向县财政申请资金支撑，在全县23个基层武装部推开“两室一库”规范化建设，11月，在千岛湖镇召开本级规范化建设试点观摩，全县23个乡镇民兵营连“两室一库”和“一部室”(民兵营连部、民兵活动室)基本建设到位，按标准配备物资器材，基本具备作战组训功能。

【服务“G20”峰会安保】 为了确保G20峰会安保任务圆满完成，全县出动民兵1000余人次。在杭州西湖景区，淳安县派出200名民兵，于8月21日进驻青龙山，担任守山、封控任务；60人加入杭州备勤分队，于8月31日驻上城天水街道担任备勤任务，主要在武林广场及天水街道巡逻查控；备勤人员30人，于8月28日进驻南泥湾训练基地，主要担负辖区内幼儿园的安全防卫；城区巡逻人员30人，配合公安对主要交通要道进行巡逻盘查；23个乡镇各组成1个30人的民兵巡逻队，根据各乡镇的需要和围绕重要目标进行巡防；旅游集团、开发公司水上巡逻分队各组织30人，围绕水上安全，对重点水域进行巡防。执行G20峰会安保任务期间，涌现了一批不计得失的优秀先进个人，临岐镇民兵鲁山成在亲人去世情况下，坚守岗位，表现出色，荣立三等功。

【民兵信息网建设】 抓好《民兵情报信息工作制度》《民兵情报信息员工作手册》《民兵情报信息工作奖办法》等规章制度的落实。设立民兵情报信息工作专项经费10万元，主要用于补助奖励发放、器材设备采购、给每名队员购买意外伤害保险等。每年给信息员发放500元的补助，对提供有价值信息的，给予50～1000元不等的奖励，调动民兵情报信息员履行职责。

【国防教育】 做好新形势下国防教育，加大国防教育进党校、进学校、进乡村(社区)的工作力度，通过县委宣传部、县电视台等单位的协助，在当地媒体建立“八一”光荣榜，开辟国防教育专栏，会同县委宣传部、县教育局、县传媒中心建立县国防教育专题网站，实现国防教育手段现代化，促进国防教育的常态化。

【完成征兵任务】 年初，着手兵源潜力调查，全县设兵役登记站24个，开展兵役登记，兵役登记率在90%以上。张贴征兵公告1000余张。协调新安大街的店面71块LED和260辆的士LED顶灯播放征兵宣传影片和标语，营造了参军光荣的良好氛围。体检期间，县人民医院、县中医院由2名副院长带队，抽调骨干医务人员，配合县人武部副部长魏群和后勤科职工进行体检，县人武部部长、政委全程督导，全县23个乡镇的征兵对象通过目测初检后，合格人员进入全面体检。最后经县人武部、县公安机关、基层乡镇、县级医院、定兵联席会议共同把关，确保兵员质量。

【安全管理】 严格落实每月一课的法纪教育和安全常识教育，突出抓好“条令学习月”活动，认真组织干部职工学习条令条例和法规知识，干部职工遵章守纪意识明显增强。认真落实每月安全形式分析和安全隐患排查制度，重点抓好重要时节和敏感时期安全清查排查和季节性事故案件预防。按照省军区、警备区的要求，突出抓好人、车、枪、弹、密、财等管控。严格落实不定时抽点制度，狠抓人员“两个以外”的管理。落实车辆制度化管理和门卫管理。加强安全保密工作，严格落实每天对涉密载体和文件进行登记。

【财经“五个领域”专项整治】 3月上旬，对照省军区和警备区的相关指示精神，开展“五个领域”专项整治，全面查纠违规问题，逐一挂单销账。警备区召开动员部署后，部党委立即召开专题分析会，对照“五个领域”规定要求，逐条开展研究并定制整改措施。至年底，公务接待方面涉及整改金额65039元，已全部足额上交；公车使用上，停止发放驾驶员每月津贴（县里标准400元/月，包含150元的洗车费），并按要求对超标准发放给驾驶员的各类补助补贴重新收回，共清退不合理支出12250元。按照省军区统一标准，对历年超标准的伙食费进行补缴，共收缴5750元，停止发放职工津贴27070元。同时，积极稳定干部职工情绪，引导干部职工客观看待问题，振奋精神，把心思和精神集中到当前各项工作上来，以更高要求和标准，投身到国防动员事业中来。 （余祝华）

（编辑　严卫华）

旅　游

·千岛湖风景旅游委员会·

【概况】 2016年,淳安县共接待国内外游客1266.53万人次,实现旅游经济总收入119.83亿元,同比分别增长12.89%和14.25%。全年千岛湖景区接待游客223.08万人,同比增长1.56%,实现门票收入1.94亿元,同比下降10.88%;乡村旅游接待游客486.9万人次,实现乡村旅游收入5.33亿元,同比分别增长18.8%和17.9%。千岛湖风景旅游委员会被评为服务保障峰会市级先进集体,旅游咨询服务中心被评为杭州市劳动模范单位,千岛湖荣膺2016中国最具创新力特色会奖目的地,成功入选国家通用航空旅游示范工程旅游区。

【旅游发展大会】 4月15日,在水之灵召开"迎接高铁新时代,打造旅游新经济"主题的旅游发展大会,杭州市副市长张建庭、县四套班子领导、各部委领导和旅游经营单位负责人约530人参加了会议。浙江工业大学之江旅游学院院长梁雪松和西坡山乡度假酒店集团运营总经理刘杰作千岛湖旅游发展专题讲座。县长柴世民对千岛湖旅游新兴产业十大领军人物进行了表彰,对全县首批14家民宿进行了授牌,千岛湖8个旅游行业协会负责人进行了"温馨文明服务"宣誓,县委书记朱党其作全县旅游发展主题报告,副市长张建庭作了重要讲话。

【城区民宿经营管理】 制定出台《关于淳安县城区民宿审批的指导意见》,为全省首创。意见明确了城区民宿界定,设置了经营用房、消防安全、治安安全、卫生安全、环境保护、食品安全、规范管理七大类38条开业条件,规定了联合验收的方式和统一编号、挂牌的要求。截至2016年12月底,共审批通过2家。

【台湾青年学生游学团参访千岛湖】 5月21日,参加"华夏文明·薪火相传"台湾各大院校的青年学生代表一行50人到千岛湖参观访问。此次活动促进了海峡两岸旅游交流,使游学团了解千岛湖独特旅游资源,增强对华夏文明与"两岸一家亲"的认同感。

【旅游产业规划】 6月21日,牧心谷、红叶湾、遂安列岛3个景区建设方案通过省建设厅审查同意。10月19日,《淳安县旅游产业发展规划修编》通过县城规委会议评审。12月29日,经县政府研究同意,印发《淳安县"十三五"旅游业发展规划》。

【风景名胜区规划】 10月27日,富春江—新安江风景名胜区千岛湖分区《中心湖景区—金峰区块详细规划》《东北湖景区—环左公路、05省道沿线详细规划》《中心湖景区—排岭半岛区块详细规划》3个单元通过省住建厅评审。

【县重点投资项目】 千岛湖天屿国际度假村完成酒店装修工程的30%,室外市政、管网完成60%,启动部分乔木种植,完成投资额5000万元;千岛湖陆家埠酒店主体结顶,完成投资额5800万元。

【A级景区创建】 6月23日,组织开展A级景区创建培训,加快培育环湖A级景区旅游带。12月20日，红色茶山、芹川古村及钓鱼岛3家景区被评为国家AAA级景区。12月30日，东山尖运动森林公园、金紫尖龙潭峡谷漂流、兰纳休闲观光园、方盛农乐园、千岛秀丝绸文化园及千岛湖甲鱼文化创意园6家景区被评为国家AA级景区。

【特色小镇建设】 1月26日，浙江省特色小镇规划建设工作联席会议办公室将姜家乐水小镇列为第二批省级特色小镇培育名单。姜家镇对照指标要求，全力补齐短板，小镇建设取得明显成效。12月15日，杭州千岛湖乐水小镇申报进入第三批省级特色小镇创建对象名单。

【民宿】 积极推行大众民宿联合审批制度，2016年，民宿验收通过510家，床位数8753个，建成并营业精品民宿及乡村精品酒店12家。全县民宿共接待住宿游客148.3万人，实现客房收入1.59亿元，带动餐饮及农特产品销售收入1.74亿元，成为农民增收致富的重要渠道和乡村旅游的特色增长点。

【保障G20峰会服务】 7月15日，召开旅游行业"迎峰会、优服务"接待动员大会，全面部署G20峰会服务保障工作。深入开展旅游行业"温馨文明"行动，推荐5家G20峰会备用接待酒店，组织旅游从业人员开展G20峰会服务规范、接待礼仪、应急救援等服务保障系列培训1万余人次，安排游船、景点、码头、停车场平安巡防人员788人，夜班值守人员达36人。G20峰会期间，千岛湖景区接待游客10.78万人，同比增长85.57%。G20峰会服务保障工作得到浙江省委常委、杭州市委书记赵一德批示肯定，被评为服务保障峰会市级先进集体，涌现出省级先进个人2名、市级先进个人1名、县级先进个人3名。同时，将峰会经验固化提升，形成"善待游客十条"。

【智慧旅游】 5月1日，千岛湖游船无线WiFi项目建成运行。11月25日，淳安县智慧旅游最大的项目——千岛湖旅游云数据中心项目通过省局信息中心验收。12月5日，淳安县召开智慧旅游推进会暨2016华数智慧产品展示会。12月20日，启动县域电子地图覆盖项目建设。12月23日，全国首个政校合作的网络与信息安全实践基地——浙江大学网络与信息安全实践基地授牌仪式在浙大玉泉校区举行。12月30日，姜家镇、希尔顿度假酒店、喜来登度假酒店、海外海假日酒店、豆多电商5家单位被评为全市第二批智慧旅游示范企业。

【旅游咨询服务体系】 12月7日，通过公开招投标，完成城区8个旅游咨询亭委托运营工作，推进市场化运行。2016年，全县17个咨询点现场共接待游客255249人次，其中境外游客2800人次，电话咨询44754起，网络咨询14584起，千岛湖旅游、杭州及周边旅游折页、节假日旅游指南现场发放32万余册，通过驻场企业提供酒店预订等服务1.5万人次。

【旅游人才培育】 启动旅游人才管理改革试验区建设。制定年度人才培训计划，全年完成培育4500人次以上，认定游船驾驶员高级工1名、驾驶员技师37人、轮机技师13人。引进324名大学生到高星级酒店见习，留用率在10%以上。建立高层次人才旅游绿卡制度，选树"最美旅游人"个人29名和团队1个。

【旅游区厕所建设】 截至2016年年底，淳安县共新建、改扩建旅游区厕所46座。同时，为进一步加强人性化服务、解决特殊游客群体的如厕需求，2016年年底，制定《进一步加快第三卫生间建设的实施方案》。

【出境旅游业务】 11月29日,国家旅游局批复千岛湖蓝天国际旅行社经营出境旅游业务。千岛湖蓝天国际旅行社成为淳安县首个获得经营出境旅游业务资质的旅行社。编写全域旅游导游词,制定精品特色酒店等标准,新认定9个旅游资源访问点。

【安全管理】 6月17日,启动游客中心G20安保设施升级改造工程,该项目历时两个半月,于8月20日交付使用,改造后的游客中心拓展了1700平方米的安检空间,达到了"人人过安检、物物过安检"的标准和要求。在小长假、黄金周、旅游旺季及G20峰会期间,开展全县行业节前安全大检查,消除安全隐患。升级码头维稳安保设施,启用旅游互动信息屏、游船播放系统、窗口IP应急广播系统及景区信息推送屏等。实行漂流景点联审联检制度,在景点沿线安装视频监控并与公安联网,严把漂流安全关,开漂6条,全年无安全事故。

【景区规范管理】 深化景区精细化管理,出台《千岛湖景区佣金规范自律公约》《千岛湖风景区游船、休闲艇空调使用规范》,加强日常监督管理力度,有效提升了游船艇服务质量。峰会期间,未发生1起游船艇服务投诉。启动游船艇股份制改造,推动游船艇企业对接资本市场,以增强市场竞争力。

【市场监管】 建立旅游目的地环境秩序管理联动工作机制,出台《关于进一步加强淳安县旅游目的地环境秩序管理的实施意见》,印发28个涉旅部门和属地乡镇的旅游目的地综合监管责任清单,并纳入年终考评,形成齐抓共管、长效治理的新局面。千岛湖景区实行网格化巡查机制,错时工作。全年查扣"黑车"56辆,罚没款56万元;查处"黑船(艇)"案件23起,罚没款2.56万元;查处"野导"案件6起,其中行政罚款2起、行政拘留4起;查处不明码标价案件3起,罚款2000元;查处商业贿赂、不合格旅游商品等案件6起,罚款7.5万元;查处无证从事导游业务案件1起,查处使用伪造导游证案件1起。10月9日,国家旅游局发布"十一"假日旅游"红黑榜",千岛湖景区获评"浙江省旅游市场秩序最佳景区"。

【国家级风景名胜区执法检查】 11月22日,住房城乡建设部(简称住建部)部城建司副司长朴凤兰率专家检查组到淳安县开展国家级风景名胜区执法检查,省建设厅丁夏君、市旅委副书记孙喆参加检查,副县长郑志光汇报整改工作情况,顺利通过住建部的执法检查。

【服务技能培训】 8月22日,成功举办"迎峰会、优服务"2016淳安县导游服务技能大赛,有效激发广大导游人员爱岗敬业、不断学习的热情,全面提高导游员的综合素质和服务质量,共评选出10名金牌导游员、10名优秀导游员和19名优胜导游员。12月2日,举办2016年淳安县景区(点)讲解员职业技能培训,105名讲解员参加。

【星级酒店评定】 1月,召开淳安县高星级酒店座谈会,县内已建成开业的11家高星级酒店、2家主题酒店和在建的4家高星级酒店代表共18人参加座谈会。千岛湖饭店通过市饭店星评委的四星级复评;12月,杭州市旅行社品质评定委员会对淳安千岛湖友好旅行社开展四星级旅行社评定。

【旅游品牌宣传】 8月25日,G20峰会开幕前期,千岛湖旅游广告投放美国纽约时代广场大屏,吸引全球眼光,随后全球网络媒体跟进报道千岛湖旅游资源。8月11日，启动“G20下一站，杭州千岛湖”网络主题活动，截至8月31日，共招募20位国际旅游达人和20位国内旅游达人组成跨国组合，于9月24～25日到千岛湖体验，活动吸引国内外540余家新闻媒体转载报道。在油管(Youtube)等平台建立千岛湖旅游专栏，实现千岛湖度假资源实时分享和互动。12月24～25日，推出个人脸书(Facebook)“20国青年圣诞节同游千岛湖”活动，通过个人脸书传播，提升千岛湖旅游品牌影响力。9月21日，霸王嗨游千岛湖活动正式启动。活动邀请明星孙坚、伊一作为代言人，共40余人畅游千岛湖并发布相关微信微博体验游记。截至10月底，微博话题累计阅读648.6万人次，微博热门话题排进前十位。

【疗休养旅游活动】　9月19～22日，赴温州、台州、嘉兴、宁波四地召开“世界山水公园、东方休闲名湖”千岛湖疗休养专题推介会，并走访了五芳斋、镇海石化、星星集团、温州银行等企业。2016年，淳安县共接待疗休养团队游客量9万人。11月13～18日，杭州市旅游委员会组织淳安、萧山等9个县(市、区)赴南京、合肥、济南开展杭州秋冬旅游产品促销，现场推介本地丰富的旅游资源和产品，效果显著。

【会奖旅游推介会】　11月7～10日，赴广州、北京召开会议会奖旅游推介会。11月10日，在第九届中国会议产业大会上，千岛湖被授予“2016年度中国最具创新力会奖目的地”荣誉称号。

【旅游节庆活动】　2016千岛湖年货节活动以“好生态、好水源、好年货”为主题，按照“把节办到城市去，把客引到乡村来”的新思路，从2015年12月中旬开始预热宣传，2016年元旦集中推向市场，一直持续到农历新年。采取线上线下相结合、商圈社区相配套的“四轮”联售机制，两天吸引近15万人次光临，营业额9万余元，进一步活跃了千岛湖旅游淡季市场。9月10～12日，2016中国国际名城经典汽车拉力赛·千岛湖站开赛，千岛湖被授予经典名城大奖，巡礼线路被授予经典线路大奖。10月14～16日，G20峰会之后的首个西博会杭州市民休闲节举行，16日为淳安主题日，国家级非物质文化遗产——睦剧、淳安竹马等民俗表演让杭州市民大饱眼福。10月29～30日，举办2016千岛湖单车成人礼活动，将单车骑行与成人礼融合，丰富了千岛湖骑行文化。

【乡村旅游推进年】　出台《淳安县乡村旅游推进年活动奖励办法》，根据活动成效和影响力，给予5至30万元的奖励，调动各乡镇积极性。全年共举办28个精品活动。乡村旅游推进年启动仪式在央视新闻联播播出，央视财经频道对下姜兴旅富村进行了跟踪报道。通过乡村节庆带动，将游客引向全县城乡，乡村旅游成为旅游经济的新蓝海。

【乡村旅游项目】　将乡野资源转化为旅游产品，开发农事体验游项目。包装马兰头、金银花等野菜野花采摘的农事体验旅游项目，并形成了千岛湖首部野菜谱。积极搭建平台，组织旅行社与农户直接对接，共同策划组织制作腌菜、制作萝卜干、打麻糍等农事体验产品。3～5月，共接待农事体验游团队100多个，游客3000多人。从事农事体验游的农家乐、农户旅游收入月均增收2000多元。

（倪淑娟）

·旅游集团·

【概况】　2016年，千岛湖旅游集团有限公司

(以下简称集团)实现营收2.65亿元,同比增长31.5%,完成国资下达目标的136%;利润总额−1901.44万元,在2015年减亏1000万的基础上再减亏1069.56万元,为2018年实现"扭亏为盈"目标奠定坚实基础;完成旅游项目投资2.2亿元,入库投资额1.7亿元,完成年度任务的130%;招商引资到位资金1.23亿元,完成年度目标的350%;融资到位资金6.9亿元。

【项目建设完工】 县重点项目茶园风情小镇的36都乡宿摄影主题酒店建设完工;龙川湾景区知青展示馆建设完成,90公社国际禅修中心主体建筑基本完工;西南湖区综合开发项目方案获省住建厅原则性通过。此外,城中湖景观飘带二期完工,旅游码头提升改造完成,卡丁车项目建成营业,界首竹里观景点建设完工,建成5家36都乡宿酒店,完成600客位的游船建造。

【新兴产业开发】 成功推出"梦想2号"特色休闲游,千岛湖休闲游、夜游同比增长60%;水之灵演艺同比增长32.5%;千岛湖大排档品牌效应逐步显现,全年共接待顾客20万人;建成木屋、房车、集装箱、知青、摄影等5家主题鲜明、特色各异的乡宿酒店,36都乡宿品牌初现雏形;开通"穿越千岛湖"梦想狮城文化体验游;开通上海、黄山、杭州等地旅游直通车。

【资源整合产业链】 深度整合龙川湾、石林、水之灵、桂花岛、36都酒店等内部资源,并将36都乡宿酒店纳入集团统一营销,进一步扩大统一营销产业链。推出酒店+景点、休闲游+景点、景点联票等组合产品,开展水之灵包场、景点促销月等推广活动,实施点对点的精准营销。

【混合经济改造】 按照县领导提出的集中优质资源尽快上市的要求,将六统一游船艇与休闲游船区分开来,着力推进休闲游资产与船舶资产的整合上市,达成旅游交通公司的休闲游资产与船业公司的股份制改造协议,完成"千帆旅业"名称预核准,已上报县政府审批。创新"游运"模式,打通旅游客运渠道,与上海蜘蛛行科技公司共同组建千岛湖旅游集散中心公司,加快推进千岛湖旅游集散中心及环湖绿道集散点建设,实现千岛湖客运从交通工具向旅游产品的华丽转身。

【供给结构改革】 一手抓招商引资和对外合作,一手抓自主项目品牌建设,着力推进旅游业供给侧结构性改革。完成千汾线所有驿站的对外招商,实现淳安县第一个康美产业落地,第一个APP文创项目千岛湖时空之旅穿越广场(7D影院)即将开放,第一次与境外合作打造玉郎动漫园,成功引进汉景酒店、法蓝酒店、海洋馆、德克士等项目。同时,从传统产业向文创等新兴产业转变,实施旅游产品、旅游商品、演艺品牌、乡宿品牌等文创"四大"工程,推进文创项目17个,创建文创产业园1个、文创产业基地4个。

【管理创新多样】 更新发展理念,从重建设到重运营、扩规模到重创意、资产运作到资本运作、自建自营到共建共营转变。优化考核机制,实施以利润总额为主的考核模式,推行更加激励和约束的经营绩效考核和风险金考核,进一步下放管理权限,下属企业负责人主动性充分发挥。灵活经营模式,对36都乡宿酒店、城中湖旅游、画舫夜宴等市场化程度高的产品引进职业经理人。创新人才招培,从高校直招大学生22名,与浙江旅游职业学院、安徽省黄梅戏艺术职业学院等开展"校企"合作,建立实习实训基地1个,定向委培12人。

【环境民生先进】 做好G20峰会保障，推行“四全”模式，集团辖区实现“双零”目标，集团被评为县级先进集体。推进“五水共治”，实施党员“三宝”，完成“厕所革命”，80%以上景点厕所达到AAA标准，景区污水“零”排放实现常态化。强化普法力度，集团被评为“六五”普法先进集体，秀水街经营公司被评为市反邪教“六进”先进基层单位。重视社会民生，积极参加“春风行动”，结对镇村、社区共建，农村指导员蹲点村和下派第一书记、第二书记村帮扶，解决帮扶资金13万元。健全帮扶机制，对21名困难职工和100余户农村困难群众和困难老党员开展慰问，发放慰问金12万元。

【产业富民双带动】 充分利用集团资源优势，着力推进“线上线下”双带动，旅游富民排头兵作用有效呈现。线上打造“农旅产业园”，与新美大、“一块去”等建成千岛湖目的地馆，建成O2O体验馆，带动372家农特产品销售，实现“农旅融合”电商线上交易额7680万，同比增长240%。免费举办电商夜校6期，培训商户237人。线下组建绿道运营公司，开通环湖观光巴士，构建交通、平台、驿站、产品四大体系，实现11个乡镇、120多个资源点的串联成线，有效带动乡村旅游发展和农民创业致富，成为淳安县旅游发展的新引擎和旅游富民的新纽带。

【文化惠民双发展】 文化节庆树品牌，积极参与“乡村旅游推进年”活动，成功策划了临岐镇“花田喜事”、枫树岭镇“枫情下姜”、大墅镇“大墅底下好乘凉”、千岛湖镇“畲族文化节”等12场乡村旅游节庆活动，圆满完成了“蓝精灵”“县政协联谊会”“歌颂祖国”等16场节庆活动。睦剧传承亮篇章，完成《白蛇前传》《花为媒》《秦香莲》等5部大戏和《南山种麦》《金山银山》《八个大嫂》等16出小戏，其中新编创睦剧表演唱《金山银山》、睦剧歌曲《下姜情》被评为杭州市文化精品工程。开展送睦剧下乡等公益演出60余场，水之灵剧场“月月有睦剧”演出，累计接待群众5万余人。创意活动引反响，创新“旅游+农户”发展模式，推出“当一年农民，交一户农民朋友”主题系列活动，累计吸引300余人参加。

（方勇飞）

·旅游度假区·

【概况】 2016年，千岛湖旅游度假区以争创国家级旅游度假区为主线，以破解发展要素、补齐项目短板为抓手，紧紧围绕全年工作目标，全力抓好产业招商、项目推进、环境提升、品牌创建等工作，取得了较好的成效。全年，度假区完成固定资产投资12亿7941万元，完成率102.4%；完成产业投资12亿3911万元，完成率102.4%；完成政府政府投资4030万元；完成率100.8%；完成招商引资10亿9082万元，完成率103.89%；完成服务业限上单位增加值2亿元，实现现价增长36.7%。

【招商引资】 选择重点地区、重点城市和重点客户进行“敲门招商”，先后赴深圳、北京、上海、江苏、杭州、湖州、义乌、建德等地区开展招商活动，并积极参加各类大型资源推介会5次，完成特色招商项目5个(分别为淳安千岛湖龙鼎文化科技有限公司、杭州千岛湖安誉酒店管理有限公司、杭州千岛湖向禹酒店管理有限公司、杭州千岛湖星岛印象酒店管理有限公司、淳安智慧旅游产业股权投资基金管理有限公司)；成功引进以文化为元素，集休闲、体验、展示于一体的大型文化旅游项目千岛湖文化艺术园项目，该项目填补文化旅游业态的空白，有产业层次高、辐射能力强的特点；与鲁能集团界首项目签订战略框架协议。

【项目建设】 度假区全年共有社会投资项目30个,其中重点项目5个。众安新世界酒店完成室内精装修和景观绿化工程,并积极做好试营业前的相关准备工作;逸和源·颐养中心已于9月底竣工并试运作,正在办理土地相关手续;品湖度假村已完成室外景观绿化,并启动样板房装修;悦榕湾度假村完成联排主体工程的40%(全市重点项目推进现场会在悦榕湾项目现场举行);三特牧心谷项目完成项目方案深化,已于11月20日进场施工;华联JW万豪酒店根据审计署意见进行相关手续办理。

【存量项目推进】 度假区共有14个供而未用、建而停滞项目。截止年底,供而未用、建而停滞项目处置率达100%,开工和复工率达40%,完成了县委、县政府下达的工作任务,并在全县带动存量项目破题。华美、比华利、大千、人和项目已重启复工;清心山庄、蓝德、教育综合体已明确下步推进计划;其他存量项目都在有序推进中。

【基础配套】 度假区全年共实施政府投资项目6个。半岛绿道驿站及天清岛截污纳管工程、旅游标识系统一期工程、界首变电所场地平整工程等项目到12月底已基本完工;凤凰岛改造提升工程、安龙道路接线边坡维护工程等项目按要求有序推进。特别是困扰度假区十年之久的排岭半岛双回路供电已有了明确的推进方向,已启动前期手续办理。在加快基础配套设施建设的同时,度假区不断完善绿道、驿站的接待和服务能力,全年共接待骑行游客42万人次,占全县的60%。并已接待国土资源部、国家体育总局、浙江省人民政府、省政协、浙旅集团等多批中央、省、市领导考察体验。

【环境提升】 完成3个区块沿湖沿线150余处环境卫生、乱搭乱建、乱堆乱放现象的集中整治,拆除违章搭建8处,拆除总面积700余平方米,整治环境脏乱差130余处,及时完成了20余项交办单的整改,完成率100%,投入专项整治资金150余万元,园区环境得到明显改观。同时,在“无违建县”“沿湖沿线”工作动态及简报通报中,整改完成率和整改完成质量都排在前列。

【品牌创建】 2016年,度假区在省级旅游度假区考核中获得优秀等次;被评为杭州市现代服务业重点类集聚区、淳安县G20峰会保障先进集体、淳安县先进基层党组织、杭州市工会先进职工之家等;继续抓好国家级旅游度假区创建工作,做好创建氛围营造、标识系统完善、度假区总规编制、智慧旅游度假区打造、软硬环境提升等工作。已将申报书上报至国家旅游局,有望在下次国家旅游局启动创建时成功创建。 (王泽宇)

(编辑　陈晓丹)

经济开发区

·经济开发区(青溪新城)管理委员会·

【概况】 2016年,淳安县经济开发区(青溪新城)(以下简称开发区)完成规上工业销售产值134.89亿元,同比增长5.62%,贡献度占全县的51.3%,较上年增长1个百分点;完成财政税收收入7.32亿元,同比增长6.93%,对全县财政总收入的贡献率上升到26.8%;全年招商引资任务为县外资金25.2亿元(其中市外资金14.5亿元,浙商资金5亿元),外资2000万美元,实现到位内资26.3亿元(其中市外资金14.5亿元,浙商资金7.01亿元),同比增长5.8%,完成全年目标任务;完成固定资产投资35.18亿元,其中政府投资5.98亿元、产业投资29.2亿元,且社会投资与政府投资比为5∶1,投资结构持续优化,社会投资成为园区资本投入的主要支撑。

【企业销售产值】 2016年,面对持续存在的经济下行压力,开发区主动适应、引导、把握经济发展新常态,全力顶住压力,全面开展服务企业百日攻坚行动,先后开展区内重点企业、高新企业及三大产业企业座谈会共计8次,还采取了班子成员联系包干重点工业企业工作机制,实实在在为企业解决问题130余个,把完成全年经济指标任务牢牢扛在肩上。全年实现规上工业销售产值134.89亿元,占全县的51.3%,与上年同期相比,逆势增长5.62%。经济运行保持在合理区间内,运行态势企稳向好,实现了"十三五"的良好开局。值得指出的是,区内以新产业、新技术、新商业业态、新模式、新产品、新服务为代表的高新技术产业,继续保持较快增长。区内省级高新技术企业数增长到了10家,销售产值达到13.88亿元,同比增长10.89%。

【招商引资】 2016年,开发区坚持以"盘资源、重生态、新业态"为招商主线,突出资源优势,抓招商引资转型。进一步健全年度重点招商项目班子成员认领机制,各班子成员认领2～3个重点招商项目,明确各项目月度招商目标,针对重点在谈项目实际进度以及存在的推进难题,安排专职招商人员奔赴企业,进行蹲点跟踪推进。成功引进修正健康饮品生产、"大白鲸"水岸城、中南钢结构总部、"生命云"产业园、北汽汽车媒体、康迪新能源汽车研究、智能净化器设备生产、电动汽车控制系统研发与生产等水饮料、总部经济、高端制造、文创旅游等各类项目13个,协议总投资约15亿元,可实现年上缴各类税收2亿元以上。全年完成到位内资26.3亿元,(其中市外资金14.5亿元,浙商资金7.01亿元)同比增长5.8%,完成全年目标任务。

【项目推进】 2016年,开发区共有新建和续建项目56个,其中政府投资项目18个,工业技改项目22个,服务业项目16个,总投资36.95亿元,这当中,列入县重点项目12个,县重点预备项目3个,其中13个项目全部按照任务目标节点推进,大中坪山酒店、嘉凯城城市客厅2个项目因规划调整和公司改制,进度有所滞后。县重点项目中尤其是文化综合体和科技大厦,主体工程已完成,内部专业装修工程已由各部门分别推进,预计各个场馆明年将陆续面向市民开放。同时,开发区开展了"供而未用建而停滞"项目集中推进行动,共摸排出“供而未用”项目19个、“建而停滞”项目9个,明确整改举措、开工复工节点计划,2016年年底实现开工、复工15个项目,开工、复工率在50%以上。

【产业转型】 2016年,开发区通过政策引导、优化服务等举措,以“四退四进”“腾笼换凤”为抓手推动企业转型升级,并取得了一些成效。“新三板”上市打响“第一枪”。开发区全力推动企业多层次利用资本市场工作,制定工作计划,明确激励政策,逐企开展业务培训和对接。11月,区内浙江旭光在“新三板”成功挂牌。水业基地建设正式启动。经过前期大量的调研和对接,已与农夫山泉达成公识,并委托农夫山泉启动大地水业基地的规划设计工作。产业转型升级取得新成果。千岛湖啤酒小镇项目一期基本建成,2017年将投入运营;中植新能源汽车建成,并投入试生产;谷神新能源项目一期正式投产;清正生物与洋河集团成功合作,走上了快速发展的捷径。

【基础设施】 2016年,开发区以珍珠半岛为核心向周边辐射,强化青溪新城城市风貌的美化。完成珍珠半岛景观提升工程及秀水大道珍珠半岛至城中湖大桥沿湖景观工程。完成珍珠半岛至城中湖绿道骑行系统建设,实现与城区绿道接轨贯通。完成沿湖景观飘带千啤段工程及绿道工程,成为千岛湖又一个休闲漫步、绿道骑行的沿湖景观飘带。完成新城睦州大道节点景观改造提升工程,全面提升坪山区块高速出口至鼓山口绿化景观效果。四是塑造城市生活配套区。完成千岛湖文化综合体、科技大厦建设,各个场馆2017年陆续面向市民开放。

【征地拆迁】 2016年,社会事务部共主持或参与8个重点项目的征地工作,共征地14.67公顷,签订协议167份,搬迁20余座墓坟。完成宕里村整体拆迁任务,完成了219户的签约、120户312人的回迁,完成5.93公顷征地工作,提前完成县里下达的征迁“双清”任务。完成千黄高速等省、县重点项目的征地拆迁工作,如期完成红线内28户农户、2.27公顷土地征收,6墓13棺坟墓搬迁。同时,完成4.8公顷富文口县弃渣点的土地征收等。农居点建设全力推进,完成宕里A、B、C区块农居点114个地基建设,宕里A区块室外工程;完成云村石夫岭、丰家山农居点82户的统建房建设,启动室外配套工程;完成坪山、前坞农居点室外配套工程,为迁建农户回迁打下基础。征地农民回迁有条不紊。完成4个村99户共221套公寓房的安置,完成农居房安置230户。

【农村经济】 壮大村级集体经济,马路村装饰市场正式开业,资金投入超过2亿元;扶持民居民宿发展,上年有91家民居民宿验收通过;做强做大来料加工,新发展3家来料加工企业;帮扶救助困难群体,5个行政村有71户农户享受最低生活保障,160名残疾人享受残疾人基本生活保障,上年完成危房改造补助2户,春风行动慰问132户,临时救济21户;关心关爱妇女、老人,为育龄妇女免费开展“三查”服务,查环查孕600余人,环孕检率在75%以上。 (童星林)

·江东杭千(扶贫)开发区·

【杭千扶贫园区】 杭州大江东普凯物流园项目有序推进。完成普凯项目9.42公顷土地出让工作;完成杭州明浦供应链有限公司的企业注册等五证办理及施工许可等三证办理工作;完成国税征管地迁移工作(由大江东迁移至淳安县);完成初步设计评审、现场勘察、土方填挖、围墙设置等前期工作。该项目于

2016年9月正式开工建设，桩基施工已全部完成。土地出让获得新收益。通过向大江东管委会的争取，解决恒科二期土地出让差额收益款归属淳安县问题。大江东财政局返还款已达4880万元，除去归还银行贷款及利息4660万元，净收益达220万元。政策落位问题达成初步共识。9月，大江东管委会副书记、副主任詹国平率相关部门负责人赴千岛湖与淳安县主要领导进行对接协商并达成实行分税制的初步意向。

【敏迪项目板块】 先后完成土地挂牌工作，把容积率由2.8提高到3.8，同时争取土地出让金边交纳边部分返还，提高了资金使用率。另外，完成项目立项，土地证、用地规划许可证办理，各单位的招投标和概念性方案同步委托编制工作。同时完成设计、交评、环评、节能、图审等单位的招投标和设计深化方案的编制。在2月22日和4月6日分别通过县人民政府和西湖区人民政府的设计方案评审。在10月19日领取施工许可证，10月25日如期开工，项目入库工作顺利完成。基坑止水帷幕和土体加固工程已全部完工，三轴桩机已顺利拆卸退场。桩基完成400根，完成率约42%。完成产值约2000万元，加上支付的设计、监理、规费等费用，已完成累计产值约5700万元。

【招商引资】 3月11日，牵头组织开展派杭挂职干部招商推介会，邀请近50家企业150余人参加，会上，意向签约项目8个。之后，赴上海、太仓、宁波、绍兴等地开展敲门招商活动，通过上门走访和跟踪洽谈，虚拟招商工作取得阶段性成果。目前为止，签订意向投资协议1个——浙江元亨通信技术股份有限公司，该公司有意向租赁敏迪大厦2000平方米，作为项目行政、研发、销售总部。完成注册办理程序企业3家——铭企实业、有山投资管理、创志联。同时，完成新增到位资金1500万美元，完成淳商回归项目1个。

【在杭挂职人员管理】 2016年，全县选拔12名干部分别派到西湖、滨江、萧山3个区的相关单位进行为期一年半的挂职锻炼。按照淳安县委组织部要求，江东杭千开发区承担对12名挂职干部的日常管理工作。一年来，集中活动4次，编写《我在都市学》挂职动态1期，完成招引项目1个(杭州湖兴生物科技公司落户千岛湖，注册资金310万元)，完成虚拟招商企业注册3家，完成课题4个——西湖小组课题《我县产业政策比较优势分析》、滨江小组课题《我县康养产业的发展与思考》、萧山小组课题《乡村旅游的发展和业态布局》、江东杭千小组课题《淳安异地发展如何抓突破》。

【管理机制建设】 淳安县政府明确敏迪公司由江东杭千开发区对其实行封闭运行。实行“双挂职”工作制度。为提高工作效率，使敏迪员工尽快融入开发区，打通人员身份，打破隶属界限，上半年实行了第一轮“双挂职”工作，建立工作周报制度。进一步完善考勤制度。设置职能科室。为明确工作职能，调整并建立相应科室，同时还选定一批素质较好的人员担任科室负责人进行试用。建立开发区党支部和开发区工会组织。(徐丽梅)

·姜家产业区块·

【概况】 2016年，姜家产业区块紧紧围绕县委“秀水富民”总战略，立足绝佳山水和深厚人文，以“旅游+文创”为抓手，着力打造集运动休闲、乡村度假、文化体验、健康养生于一体的特色产业集聚区，有效推进旅游副中心和乐水小镇建设，倾力构建千岛湖旅游新的增长极。

【千岛湖旅游副中心项目】 2016年，姜家产业区块牢牢抓住千岛湖旅游副中心建设这个主载体，持续拉高标杆，全面抓好落实。姜家产业区块以服务企业、服务项目为抓手，实行定期例会集中服务、定期上门主动服务、金牌代办员跟踪服务。2016年，文渊狮城旅游综合体、云水江南、西坡山乡度假酒店等高端项目加快推进。文渊狮城旅游综合体总投入约8亿元，是水下古城的“重生”。云水江南项目总投资约30亿元，年底项目已投资3700余万元，酒店样板房已完成，正在进行室内装修和土地平整。此外，老虎岛魔幻灯光秀项目、大型水主题乐园项目、枕湖沙洲项目、机床厂文创园项目、墨香湖东侧景观飘带等一大批旅游项目正在洽谈招商中。

【打造“风情小镇”】 旅游基础设施不断完善，姜家产业区块先后投入6.2亿元资金对姜家集镇主城区和规划区实施旅游城市基础设施整体改造，全区路网全面形成，并且在全县率先实施主城区上改下、立面整治等工作。集镇及周边新增3处生态停车场，增加车位500余个，“狮城在线”航班正式投运，环湖巴士、微公交站点建设已完工。景点景区加快开放，奎文塔、狮城文化博物馆、龙川湾和甘坞房车营地等景区建成开放，使得姜家充分发挥山水、区位与人文等资源优势。6月9日，文渊狮城商业街正式开园，中秋及国庆长假游客爆满，截至11月，共计接待游客12万余人。9月13～14日，全县乡村旅游暨绿道经济工程推进现场会到文渊狮城考察。11月23日，浙江省乡村旅游现场推进会议在文渊狮城举办。餐饮住宿业蓬勃发展，姜家镇拥有酒店18家、民宿38家、农家乐7家、各类餐饮店近50家，酒店和民宿床位共计950张，至2017年上半年，预计还将新增床位500余张，床位数累计达到1500张。

【全省乡村旅游推进会】 11月22～23日，浙江乡村旅游提升发展工作现场推进会在淳安县召开，省、市、县旅游局领导和嘉宾共100余人到姜家参观36都乡宿酒店、文渊狮城，并且在文渊狮城铂瑞酒店瀛山书院宴会厅召开现场推进会议。这是淳安县首次举办全省乡村旅游推进会，使得姜家成为乡村旅游示范新的爆发点。

【“耕耘十载，狮城归来”十周年系列活动】 2016年是姜家产业区块成立十周年，为展现产业区块成立十年来姜家风云巨变，制作了《耕耘十载，狮城归来》十周年纪念画册，以图文并茂的形式总结、回顾区块的科学谋划、项目建设、产业发展、特色活动等事迹，记录了区块从“工业园区”向“以旅游、休闲、度假和生产开发建设为特色的高品位生态型综合产业发展区块”转型的全过程。在充分挖掘整理狮城文化的基础上，姜家产业区块整合了本地的民俗文化风情，在成功举办两届狮城庙会的基础上，于6月9日成功举办第三届“狮城庙会”暨文渊狮城开街仪式，浙江省旅游集团党委书记、董事长方敬华，县委书记朱党其，县长柴世民参加开园仪式，并参观了文渊狮城。庙会内涵丰富，主要有“狮城味道”古城美食节、“狮城在线”首航仪式、龙川湾景区“奔跑吧青春”等特色活动，这是姜家建镇以来，规格最高、内涵最丰富、最具震撼力的一次活动，“狮城庙会”将成为全县乃至全市一个知名的节庆文化活动品牌，将对本地方经济发展产生长久而深远的影响。12月，与县美术书法摄影协会协同举办了“耕耘十载，狮城归来”淳安县书画摄影微电影作品大赛。通过前期广泛发动，征集稿件，反复筛选，确定了110余幅作品入展，这次参展的书画摄影微电影作品，内容丰富、风格各异，集中展示了县书画摄影爱好者的最新成就，这也是淳安县聚全县书画摄影作者之力，服务区域文创产业发展的有效尝试。

【姜家“特色小镇”】 为发挥技术优势，服务区域发展，区块与镇政府实行镇区联动机制。通过领导、人事、决策、信息、服务和资金“六联动”，加大重点工作的推进力度。抽调两位骨干成员参与镇政府的工程项目建设和“双清”工作，并且投资700万元建设直街(二期)工程，为集镇建设解决相关重点问题，共同推进省级特色小镇建设。为保证文渊狮城顺利开街，全省乡村旅游现场推进会顺利召开，区块和镇政府通力合作，在组织协调、安全保障、环境卫生等方面做了大量工作。

【招商引资】 整合招商资源，扩大对外推介，依托深厚的文化和山水资源，致力于将资源优势转化成产业优势和经济优势，深入整合并包装推出枕湖沙洲、自驾车营地和墨香湖水上乐园等十余个招商项目，并编印1000份《乐水小镇，狮城姜家》招商手册。充分利用第三届狮城文化周系列活动进行宣传推介，通过招商推介会，吸引客商60余名，达成投资意向项目3个。多次赴杭州与杭州新天地文化有限公司商讨老虎岛和水岸一体化项目，并达成投资意向。制定了《关于建立招商引资项目代办员制度的通知》，为招商引资项目提供金牌代办服务；扎实推进“服务企业、聚力发展”百日服务攻坚行动，走访企业59家，反映问题企业数50家，发现困难问题139个，现场解决困难问题139个，现场解决率100%。加大基础投入，优化投资环境，为进一步盘活墨香湖山水文化资源，打造墨香湖运动休闲区，投入4000万元，建设姜家拦水坝及船闸工程，进一步完善该区基础设施，提升投资价值；投入1800万元，推进供电110千伏1557线迁移和直街(二期)道路等工程，不断提升姜家风情旅游小镇市政园林品质，进一步优化投资创业环境。 (汪永明)

(编辑　陈晓丹)

库区开发

·库区综合开发·

【概述】 2016年,新安江开发总公司实现营业收入2.3亿元,实现利润总额3013万元。招商引资工作到位资金3900万元,完成特色招商项目4个。

【林渔资源保护】 开展幼林抚育、苗木培育、库湾管理、林渔联防、病虫害防治、产学研合作等常规工作,全年无重大森林火灾、林地被侵占和林木被盗伐案件发生。按省林业厅要求开展现代国有林场建设,被评为浙江省国有林场改革工作先进集体和浙江省现代国有林场。以G20杭州峰会森林消防安保工作为圆心开展各项工作,被评为G20杭州峰会森林消防安保工作先进单位。践行"保水渔业",投放大库鲢鳙鱼种111万公斤。首次向管辖的55个库湾投放各种鱼苗120余万尾。

【林场改善工程】 投入1100余万元,完成国有林场扶贫中央补助5个项目建设;投入260余万元,完成6.1公里林道、2个配电工程和1个农村饮用水提升及喷滴灌工程建设。投入300余万元,完成8处污水处理工程建设并通过验收。完成公司办公危楼拆除和重建方案评审工作。

【农业园区建设】 十八坞蓝城项目完成相关资产移交,配合做好项目规划、土地农转用办理、项目公司注册等工作。燕山钟岭坞精品花卉基地完成土地平整和项目初步设计等工作。姥山休闲果园示范园列入县级农业示范园区项目,已完成道路建设,码头附属设施用房工程正在施工。抓好柑橘基地冻后恢复工作,生产柑橘400余万公斤,出口75万公斤。

【休闲旅游项目】 上江埠驿站主题酒店、架子岭驿站完成租赁和并进入装修阶段;龙涧温泉康养园实现温泉钻井勘探出水,完成竹林步道建设及果蔬区栽种培育等工作;金山小居精品酒店即将受让土地并开展室内装修;燕语小院完成项目建设并对外营业;神龙湾特色酒店全面接管经营并改造了道路;东山尖运动森林公园获批AA景区,春节前已对外试营业;姥山森林体验岛完成6公里庆龄漫道建设,水上航线已获批;签订叶琪总部经济项目投资协议;启动森林公园总体规划修编工作,完成公园面积修正及经营范围调整方案初稿。森林公园被列为第一批全国森林康养基地试点单位。

【园林绿化】 林业工程公司积极争取到安麓酒店、万向悠然山别墅、汪家源十里长廊等园林绿化及养护工程,签订绿化工程合同1920万元;林业勘察设计业务实现收入96万元;市政工程资质当年申报当年取得。全年实现产值2617万元,净利润225万元。

【品牌营销】 全年销售鱼货316万公斤,同时实现香港特区常态化销售;通过开设淘宝店、顺丰冷运、进驻大型连锁超市等措施,拓宽销售渠道;全力维护权益,"鱼味馆"商标成功注册;整合鲜冻技术与加工设备的千发任天公司成立,淳鱼分割鲜冻加工项目正常运营;千岛湖钓鱼岛成功创建AAA级景区;淳乡居民宿项目对外营业。

【建设服务】 完成二期(全省首只)养老专项债券发行工作,筹集资金6.9亿元。对捕捞队和渔政站污水处理设施进行改造提升,有效解决湖面经营企业污水入湖状况。做好“两路两侧”“四边三化”等工作。

【帮扶结对】 对内强化慰问帮扶、权益保障、素质提升等工作,开展职工体检、疗休养、文体竞赛、困难职工慰问、承包户帮扶等活动,累计支出100余万元。对外积极回报社会,开展帮扶结对、党建互助、文明单位结对、春风行动、慈善一日捐、党员集中服务日、城乡组团竞赛等活动,落实帮扶和慰问资金、实物80余万元,累计开展服务350余人次,为民办实事56件。 (孙邦建)

·移民局·

【概况】 2016年,淳安县移民局(以下简称移民局)围绕“秀水富民”总目标,开拓创新,各项工作成效明显。及时发放国家大中型水库移民后扶资金,其中直补人口82874人,发放资金4972.965万元;项目扶持36909人,发放资金1550.178万元。为提高库区移民生活水平、完善库区基础设施建设、促进库区社会和谐发展得到保障。

【项目管理】 项目管理是服务水库移民的重要载体,移民局在村级移民项目管理中,采取“三议二公开一监督”的阳光机制,加强民主管理。使移民项目建设从提出到立项,从公开招投标到项目质量监督,从项目验收到资金结算各个环节,都尽可能吸引移民群众参与,体现移民群众意志,做到移民群众满意。认真做好编制和下达移民后期扶持、结余资金、创业致富资金年度实施计划,并按要求上报浙江省、杭州市备案。以提升绩效为核心,加强政策引导,结合资金审批制度改革,创新项目管理方法,简化工作流程,减少项目变更,加快项目的实施进度和资金拨付,实现移民资金累计结报率在85%以上。

【资金管理】 严格落实责任,确保周转金回收工作,全年运用多种手段回收移民周转金和有偿扶持资金240.4万元;依法管理,保障移民资产安全,通过加强资产租赁管理,规范资产租赁行为,共收取固定资产使用费490万元。在移民资金管理上,出台《淳安县水库移民专项资金项目扶持管理暂行办法实施细则》,严格按实施细则拨付资金,并加强监督检查。除内部监督外,还积极配合省、市移民办和县级审计部门对资金进行审计检查,及时发现问题并进行整改。

【创业致富】 大力扶持具有造血功能的村级物业楼、来料加工等美丽家园项目212个,投入资金4107.636万元;扶持百万元以上产值的农产品、水果基地项目31个,投入资金550.7万元。积极推进文昌移民创业园区工程建设,年度投入资金3000万元,项目一期工程建设于12月底保质保量竣工验收。与临岐镇政府合作,投入移民专项资金200万元,建设年交易额达到1.5亿元的淳北中药材市场,为当地移民提供一个中药材信息流通、零售经营、大宗批发的快捷平台,增加当地移民的经济收入。

【库区维稳】 建立信访机制,积极做好信访接待,深入库区,认真开展库区矛盾纠纷排查工作。全年共接待移民群众政策咨询110人次,5人以上群体上访18批97人次,上级信访部门转办件15件,本局信访件12件,来电访及举报投诉等18起。赴省、进京上访为零,杭州G20峰会、国庆节等重要时间节点移民群体均保持稳定。主动帮扶困难移民,制定《淳安县大中型水库移民困难临时救助实施细则》,对因病因灾等突发事件致贫的移民群众实施叠加救助。将移民信息与扶贫部门贫困户信息进行对接,为7534户17468人贫困移民人口建档立卡,实行一户一档,实施精准帮扶。

【移民文化】 弘扬淳安地域文化,全力推进移民纪念馆建设。落实专人负责,与相关单位一起赴江西省外迁移民村开展移民纪念馆布展素材征集工作,积极组织力量向社会征集移民老物件和移民小故事,2016年共征集到各类移民老物件资料照片百余张,出版《移民故事》3000册。纪念水底的家园、万千移民的巨大付出和来之不易的建设成就。

【招商引资】 全年共参加5次外出招商活动,完成实际到位资金2700万元,超过目标任务1200万元,特色招商项目1家,圆满完成招商引资工作目标。 (余文琪)

(编辑 陈晓丹)

农 业

·农村经济经营管理·

【概况】 2016年,淳安县实现农村经济总收入450亿元,同比增长12.6%;农民人均纯收入14811元,同比增长11.1%;村集体可支配收入11139万元,同比增长11.7%;村集体人均可支配收入完成289元,同比增长11.6%。

【农民减负工作】 积极落实村级公益事业一事一议筹资筹劳及财政奖补制度。2016年全县10个乡镇15个村列入省市级财政"一事一议"奖补项目,总投资998万元,获得省市财政奖补资金306.91万元,其中省级财政奖补资金200万元,市级财政奖补资金106.91万元。继续开展农民负担监管阳光行动,严禁各种不合理收费和集资摊派,坚决纠正违反政策规定加重农民负担和不落实惠农政策的各种行为,有效维护了农村和谐稳定,促进农民持续增收,顺利通过省、市监管部门对淳安县减轻农民负担工作的考核。开展全县农民负担监测户3600户的跟踪监测、业务辅导,做好杭州市在淳安县7个乡镇168户市农经信息户监测,5个乡镇、10个村、50户农户、3家农民专业合作社、15家家庭农场的"212163"农民负担动态监测工作,并运用监测成果建立农民负担信息数据库。

【村集体经济发展】 2016年,重点推进45个县级立项经济薄弱村(省级1个村、市级44个村)项目,总投资2478.78万元;立项村2016年实现经营性收入村均8.65万元,占其他村平均数11.80万元的73%;实现可分配收入村均22.84万元,占其他村平均数27.74万元的82.3%。省级2016年扶持淳安县13个物业经济项目县拨付到村补助资金288万元。市级2016年扶持淳安县19个物业经济项目县拨付到村补助资金338.3万元。县级2016年项目拨付第一批补助资金390.84万元;补助经营性收入249个村每村3万元,计747万元。两项合计1137.84万元,有力地促进了全县村集体经济发展。

【村级三资管理】 出台了《淳安县农村集体经济组织资金资产资源管理制度》、《关于农村集体三资管理制度、农村集体产权交易管理办法相关内容补充说明的通知》和《关于推行村集体经济组织建设项目"阳光工程"实施意见》等制度,非生产性开支、支出审批、工程项目资金、资产资源等方面管理更具指导性和可操作性。加强乡镇、农村、集体三资管理队伍建设,按照每7个村1名的标准,全县共配备了59名三资管理服务中心会计,县财政每人每年补助3.5万元。乡镇农经站负责人享受中层干部待遇。加快三资网络监管平台建设,实现县乡村三级联网,完成80%村原始票据扫描录入三资监管系统,逐步实现三资监管公开化、透明化。2016年,通过县、乡两级农村产权交易平台完成交易89笔,交易金额2646.18万元。完成60个重点村换届审计工作;全面检查了425个村的招待费情况,2016年,全县村级招待费42.88万元,下降58.47%。

【农村改革】 2016年,继续推进土地流转经营权抵押融资,拓宽农业融资渠道。全年共为16家农业规模经营主体办理了土地流转经营权证,涉及土地流转面积146.07公顷,其中有16家农业经营主体以土地流转经营权证抵押融资，总额达2240万元，有效解决了规模经营主体融资难问题。

·农业产业发展·

【概况】 优化产业政策服务。根据《关于加快生态农业产业发展的实施意见》(淳政发〔2015〕6号)和相关配套的项目资金管理办法开展三农扶持工作，组织相关项目申报，充分发挥新政策推动力。积极兑现2016年山区经济发展专项资金项目、农业产业项目等扶持补助资金5061万元。深化农业企业服务，深入开展"服务企业、聚力发展"百日服务攻坚专项行动，分组深入全县242家农业企业走访座谈，帮助农业企业解决土地、资金、技术、品牌等共性、个性发展问题315个，解决率和满意率都达到了优秀，有力增强农业企业发展的信心和动力。

【特色产业基地村建设】 2016年，特色产业基地村建设顺利推进，经行政村申报、乡镇初审、相关部门审核验收评定，千岛湖镇屏湖村、金峰乡百照村、界首乡鳌山村、中洲镇南庄村等58个行政村已被命名为淳安县2016年度农村特色产业基地村。"一乡一业、一村一品"的特色块状经济新格局初步形成。

【县院合作】 县院合作项目初见成效。2016年，13个项目共引进新品种50余个，项目实施面积约26666.67余公顷，项目组专家先后累计60批100多人次到项目基地蹲点调研和技术培训指导，组织各类农作物栽培、管理技术和示范培训30余场，受训人员1800多人，发放各类资料2000余份。全力推动茶叶、水果、山核桃、毛竹、中药材等传统优势产业做大做精。

【农业龙头企业】 2016年，各级农业龙头企业共124家，其中国家级2家、省级6家、市级38家、县级78家。2016年，新增农业龙头企业7家，市级2家、县级5家。2016年，实现销售收入171.57亿元、利润3.18亿元，分别比2015年增141.57亿元、8000万元。吸纳当地劳动力就业10144人，发放农民工工资1.65亿元。分别比2015年减少2310人、5700万元。

【家庭农场培育】 出台了《关于加快生态农业产业发展的实施意见》及《淳安县示范性家庭农场认定管理办法》，积极引导有稳定生产规模且符合条件的农业经营主体登记注册家庭农场。截至2016年年底，全县注册登记的家庭农场272家，其中2016年新增78家，共培育省级示范性家庭农场4家、市级示范性家庭农场13家、县级示范性家庭农场15家。

【农民专业合作社培育】 截至2016年年底，全县正式登记的农民专业合作社达776家，其中2016年新注册36家，已进行基本信息备案的617家。开展合作社年报统计的468家，合作社成员数30083人，注册资金47555万元。按行业划分，种植业319家，林业65家，渔业14家，畜牧业26家，服务业11家，其他33家。农民专业合作社共联结基地面积16564.93公顷，拥有注册商标117个，通过农产品质量认证84家，获市级以上名牌产品的农专社24家。2016年，培育国家级示范性合作社1家、市级规范化合作社5家、县级规范化合作社6家。

【土地流转】 截至2016年年底，通过出租、转让、互换、入股等形式，全县年土地流转面积累计达4440公顷，比上年增加253.27公顷，占家庭土地承包总面积约38.7%，其中10亩以上规模经营面积达3960公顷，占总流转面积的89.2%。同时,进一步加强了淳安县农村土地承包经营权流转信息化建设工作,对信息平台相关信息进行了更新完善,借助互联网推广土地流转。2016年,县土地流转信息平台共发布土地流转招商信息51条,涉及土地流转面积296.5公顷。

【农产品品牌建设】 开展淳安茶叶区域公用品牌发展规划,正式启用"千岛湖茶"区域公用品牌并向全国推出,品牌口号为"一叶知千岛",开展千岛湖品牌系列水果包装形象策划设计,全县有"千岛湖"商标许可使用企业80家。举办第二届千岛湖斗茶大会、品牌新闻发布会、千岛湖山茶油推介会等品牌宣传活动,各乡镇举办特色农事节庆活动近40期。千岛湖生态农产品精彩亮相国内有影响力的农产品展销活动,参展企业达200家次,获各类金奖22个,其中农盛合作社的千岛湖富硒米获"浙江最好吃稻米"称号,农友牌千岛湖龙井茶获"中绿杯"名优绿茶评比金奖第一名,万岁岭牌千岛湖红茶获国际名茶评比特别金奖,野桦香公司获得义乌森博会最佳展位奖。新增制修订县级农业标准3个,新增完成市级农业标准示范项目4个;新增省著名商标2件、市著名商标4件和县知名商标5件;新增6家农业企业的8个产品通过SC认证,被评为国家有机产品认证示范区;新增无公害农产品10个、无公害农产品面积718.27公顷和绿色农产品1个。

【农村实用人才培训】 农村实用人才总量20380人,其中市、县、乡三级各有908人、6028人、13444人,总量比上年度增加1858人。农村实用人才总量约占全县人才总量的1/3。淳安县首次开展职业农民培训认定工作。共组织蚕桑、山核桃两个产业培训班4期,参训学员221人,取得国家职业技能资格证书学员185人。在大墅镇岭干村和姜家镇双溪口村新建两处竹制品手工艺产业化加工示范点,培训竹制品手工艺新人20名,依托第三届千岛湖斗茶大会同期举办"千岛湖龙井茶手工茶炒制比武活动",评出"金茶王"奖、"银茶王"奖。

·城乡统筹发展·

【概况】 2016年是城乡统筹第二轮的开局之年,在总结第一轮成功经验的基础之上,着力落实统筹城乡产业、城乡生态、基础配套、公共服务、民生保障、帮扶结对"六大措施",全年实现农业产值48.77亿元,同比增长7.10%;实现10万元以上的农业投入6.52亿元,同比增长21.87%;实现农村常住居民人均可支配收入16110元,同比增长10.1%,低收入农户家庭人均纯收入10392元,同比增长18.92%;村级集体经营性收入5014万元,增长14.03%,继续加大对淳安县农村建设的投入,使淳安县的城乡面貌更具魅力。农民增收的步伐更加坚定。

【区县协作】 成功举办了第二轮区县协作第一次联席会议,落实区县(镇街)协作专项资金1亿元,千岛湖文化综合体、浙西中药材市场、坪山污水处理厂扩建工程等项目顺利实施,临岐镇中心小学综合楼、大墅镇敬老院修缮等3个民生项目,中洲镇农贸、电商、物流三合一市场等25个产业发展项目全面竣工。推进了浪川乡芹川村历史文化村落保护、敏迪地块共建等重点项目,深化电子商务培训协作、党建协作、"10100"助学协作、农产品品牌共建协作、旅游协作、民生改善等重点协作。持续推进就业协作,正月初九举办劳动力就业招聘大会,现场400余家企业提供的近万个岗位,吸引了两万余名求职者和创业者前去寻找就业创业新机,并有4127人成功达成就业再就业、创业等各类意向。推进产业协同,引进雅柏家具等产业协同项目,到位资金41165万元。深化社区协作,派出10名农村“领头雁”代表赴西湖区外桐坞等社区学习交流。

【农民转移集聚】 2016年,农民转移集聚工程共转移农户1016户3211人,经过乡镇申报,新农公司、农民转移集聚办公室、县财政局审核,农民异地转移安置补助资金126910640.83元。其中汾口镇、威坪镇、姜家镇、大墅镇、临岐镇5个中心镇共转移858户2723人,补助资金115006768.78元;里商乡里商村、临岐镇溪口村、汾口镇横沿村、汾口镇茅屏村、金峰乡景山村、枫树岭镇白马村、梓桐镇杜井村、文昌镇潭头村、界首乡严家村、中洲镇中洲村、中洲镇余家村、安阳乡下栖梧村、浪川乡大联村等13个中心村共转移155户479人,共补助资金11514158.35元;自购商品房安置转移户共3户9人,补助资金389413.7元。已顺利入住,做到了应补尽补。

·富丽乡村建设·

【概况】 完成富丽乡村“4+9”示范村建设工程、汪家源十里水果长廊精品示范线、中洲茶山红色旅游精品示范线、70个生态修复村、50个村庄环境整治、51个村农村停车场、36个村的48座农业桥梁、茅屏村“杭派民居”示范村、2015年度鳌山市级历史文化村落保护利用重点村等项目建设;启动百源经济规划、朱家市级历史文化村落保护利用重点村等项目。出台了《淳安县农村现代民宿业扶持项目实施方案(试行)》(淳政发办〔2015〕73号)等政策文件。

【百源经济】 启动百源经济建设工程,完成百源经济总体规划。百源经济是2017年度县委、县政府重点工程,根据“人依源居”的地理现状,按照“总体规划、分步实施、政策聚焦、示范带动”的要求,通过富丽乡村、小城镇综合整治、绿道经济等联动推进,提升城乡统筹、富丽乡村等建设成果,培育一批水果源、民宿源、文创源等特色鲜明的“百花源”,形成集群融合、优势突出、生态高效、“一源一特”的农村经济发展格局。

【富丽乡村示范培育村】 富丽乡村示范培育村建设工程总投资1.2亿元,共实施197个子项目,围绕保障民生和服务产业两大任务,实施完成了下姜、鳌山、富泽、桥西、王家源、茶园、青田、驮岭脚、双溪、横沿、南庄、乌龙、桃源凌家、屏湖14个村产业发展、环境整治、文化建设和美丽庭院示范培育等项目。通过培育建设,富丽乡村示范培育村建设成效明显,社会经济、人居环境显著提升,现代民宿、休闲农业、农产品电商等农村新业态大步迈进。如休闲农业产业,桃源凌家村兰纳、下姜村三大园区、双溪村方盛、小标等农业园区已建成。其中兰纳农业园2016年接待采摘游客约2.8万人次,营业收入100余万元,同比增长300%。乡村旅游产业,下姜村举办了“雅墅下姜”民俗节、萤火虫主题旅游节、葡萄采摘节等节庆活动,富泽村举办了畲族文化节,大墅镇桃源凌家村举办了“大墅底下好乘凉”等一系列节庆活动,有效推动了乡村旅游的发展。其中,下姜村通过改造提升成功创建AAA级景区。

【精品线路和区块】 完成汪家源十里水果长廊精品示范线、千中洲茶山红色旅游精品示范线项目建设并通过市级考核验收。计划总投资600万元,主要实施停车场、堤防修复、边坡治理等基础设施提升项目,立面改造、庭院改造、绿化美化等环境整治项目,标识标牌、游步道、亲水平台等公共服务项目。

【历史文化村落】 完成鳌山市级历史文化保护与利用重点村项目建设并顺利通过市级考核验收;启动了朱家市级历史文化保护与利用重点村创建,市级财政计划补助500万元,建设周期为两年。

【村庄整治】 启动并完成23个乡镇的70个、村市级村庄生态修复建设项目、50个县级村庄环境整治项目,总投资2685万元,其中市财政投入1685万元,县财政投入1000万元。通过村道硬化、路灯亮化、公厕建设、停车场、绿化美化等项目建设,提升村庄人居环境,完善农村基础设施。

【为民办实事】 完成23个乡镇的36个村的48座农用桥、51个村的农村停车场建设项目,财政投入1500万元。通过农用桥、农村停车场建设,切实保障了村民生产生活通行安全,逢年过节交通出行畅通。

【民宿民居】 完成县级精品民宿建设任务7个,分别为云里雾里放鸽子店、蓝马驿站、湖边民宿、乡井茅庐、下姜壹号、果儿熟了、知馨苑,总投资1364万元,其中县级补助资金341.9万元。

【专项资金投入】 各级财政投入美丽乡村建设的资金达到12598.9万元,(包括富丽乡村示范培育村4132万元、精品线路和区块600万元、农用桥梁1000万元、环境整治提升1000万元、农村停车场500万元、市级生态修复1685万元、杭派民居500万元、历史文化村落740万元,其他美丽乡村建设资金2441.9万元)。其中省财政专项资金投入931.9万元,市财政专项资金投入4735万元,县财政专项资金投入6932万元

·帮扶工作·

【概况】 2016年,农村扶贫工作以“秀水富民”为引导,在省市各级高度重视和各帮扶集团无私援助下,深入推进“联乡结村”帮扶活动,着力实施“低收入农户奔小康”工程,顺势引导下山移民转移集聚,精心组织,真帮实扶,取得了可喜的成绩。2016年,浙江省委、省政府继续开展结对帮扶活动,由省供销社和拱墅区康桥镇、祥符镇、半山镇、上塘街道组成的帮扶团组结对帮扶淳安县的千岛湖镇、枫树岭镇、石林镇、威坪镇、王阜乡5个乡镇所属26个村;杭州市委、市政府共22个市级帮扶集团,帮扶联系县22个乡镇;淳安县也继续由30位县领导牵头组成的23个县级帮扶集团,分别结对23个乡镇。省、市、县46个帮扶集团全年共到位结对帮扶资金6974.1万元,其中省级到位130万元,市级到位5992.6万元,县级到位851.5万元。实施帮扶项目458个。通过开展“联乡结村”共建活动,全县低收入农户人均年收入达到10392万元,增长幅度18.9%,全县425个结对村农民人均纯收入也都比上年增加400元以上。

【省级帮扶专项资金】 2015年10月30日、2016年7月27日安排淳安县欠发达地区中央财政扶贫补助资金248万元。2015年10月30日和2016年3月28日安排淳安县省级财政专项扶贫资金1037万元,其中易地搬迁补助资金67万元,低收入农户发展资金957万元;项目管理费13万元。全年,省级财政共安排淳安县扶贫专项资金1285万元。

【市级帮扶专项资金】 全年市级财政共安排淳安县扶贫专项资金4466.43万元。其中“联乡结村”专项资金3345.2万元(领导专项资金2110万元,革命老区和少数民族专项资

金1200万元，项目管理费35.2万元)，下山集聚补助资金400万元，低收入农户增收扶持资金210万元，农村清洁能源(光伏发电)扶贫资金478.23万元(下达5个扶贫重点村项目)。

【县级帮扶专项资金】 安排帮扶项目及扶持资金605.67万元，其中，低收入农户子女助学补助资金135.67万元，县级"联乡结村"领导专项资金230万元，县领导"十联基层"帮扶专项资金240万元。

【下山移民工程】 全县完成市级下山移民223户750人，下达补助资金300万元；完成省级扶贫重点村异地搬迁集聚农户275户952人，下达补助资金533.12万元。集聚率达98%。

·农业科技·

【基层农技推广体系改革与建设】 为农业部项目，总投资80万元。项目建设5个省级现代农业科技示范基地，培育农业科技示范户545户(其中粮油22户、茶叶277户、水果109户、蔬菜81户、食用菌27户、畜禽26户、中药材3户)；组织66名基层农技人员参加科研院校知识更新培训；围绕粮油、茶叶、水果、蔬菜、食用菌、畜禽六大主导产业，推广新品种110个，主推新技术38项，增产增收效果明显。开展水稻高产科技攻关，最高亩产922公斤，再创淳安县历史新高。

【杭州市农业丰收奖项目】 集成推广先进适用农业技术，2016～2017年度粮油、茶叶、水果产业立项实施市农业丰收项目4项，2015～2016年度实施的茶叶、水果、蚕桑3项农业丰收项目通过验收。

【县农业产业技术创新与推广服务团队】 粮油、茶叶、水果、蔬菜、食用菌、畜禽6个县级农业产业技术创新与推广服务团队，组织开展技术攻关、试验示范、推介观摩、培训活动，产业技术团队专家对接基地、大户，力推新技术、新品种、新模式、新设施。

【整建制推进生态循环农业发展】 2016年，淳安县继续推进整建制创建的各项工作，圆满完成了各项创建目标，初步建立了化肥农药减量增效、畜禽养殖排泄物利用、死亡动物无害化处理、农作物秸秆利用与禁焚、废旧农膜和肥料包装物回收处理的长效运行机制。7月，通过省农业厅组织的中期评估验收。10月，省政协副主席陈小平率省政协委员视察了县生态循环农业发展工作，并对该项工作做了高度评价。副省长孙景淼、副市长戚哮虎也先后对淳安县生态循环农业发展作了相关批示，肯定了淳安县创建工作。

【农业面源污染治理】 2016年，继续推进淳安县农业水环境治理的各项工作。全县共建立统防统治核心示范面积4820公顷，推广商品有机肥1.3万吨，推广应用测土配方施肥面积24006.67公顷，完成沼气大出料维护1003只，新增沼液利用量8.16万吨，减少化肥使用量239.5吨，减少农药使用量9.118吨，回收废弃农药包装物683万件(个)、回收率在95%以上、处置率100%。

【农业废气管控】 在G20峰会期间，编制了《淳安县G20峰会期间秸秆综合利用与控制农业氨污染专项工作方案》。组建农业废气管控巡查小组，做好县废气管控工作，顺利完成了保障任务。

【液肥配送体系运维】 液肥配送服务体系的运行，为县畜禽养殖业排泄物的资源化利用提供了新的技术手段，全年利用液肥配送服务体系配送液肥2万余吨，取得了很好的社会生态效益。

【淳安县农广校】 浙江省农业广播学校淳安分校于2016年在中药材强镇临岐镇开设中草药生产专业，招收新生44名。2014级茶叶专业44名学员完成全部学业，于2016年6月取得毕业证书。截至年底，在校生共86人。

【新型职业农民培育】 2016年是淳安县全面实施新型职业农民培育工程的第一年。举办了生产经营型果树、蚕桑专业培训班各1个，学员共106名；专业技能型果树、蚕桑专业培训班各1个，学员共115名。合计培育新型职业农民221名。

【农业专业技术人员继续教育】 组织15名乡镇责任农技员参加杭州市农业局举办的基层农技人员素质提升培训班，组织5名农技员参加市农业局举办的知识产权和转基因知识培训班；组织农业局农技人员参加省农业厅举办的现代农业科技远程培训大讲堂远程培训3期，每期有40余人参训；组织县级农技员参加农业部举办的农技人员知识更新培训第1～20期远程培训班，参训400余人次。推荐4名农技干部参加了浙江大学远程教育农业推广专业本科学习。

（严华建、唐春富、蒋新民）

·农产品质量·

【农产品质量安全监测】 2016年，开展了农业部、省、市、县四级例行监测，省级茶叶、柑橘、中药材等农产品的专项监测，以及省级示范合作社、名牌农产品的跟踪监测。全年完成定量检测937批次，合格率99.89%，其中蔬菜442批次、食用菌2批次、粮油10批次、水果168批次、茶叶78批次、铁皮石斛5批次、畜禽产品108批次、水产品56批次、投入品51批次。完成快速定性检测25613批次，其中果蔬类13129批次，合格率99.94%；生猪和屠宰场12396批次，合格率100%；水产品88批次，合格率100%。不合格农产品处置率100%。

【农产品质量安全认证】 2016年，新增无公害农产品产地12个、无公害农产品10个、绿色食品1个。完成复查换证无公害农产品38个。

【杭州市农产品质量安全保障项目】 2016年，浙江淳安新洲制茶有限公司1家企业通过品质农业创建审核，获得奖励资金8万元；淳安小标农业开发有限公司实施的"'黄芝山'水蜜桃标准化示范推广"和杭州千岛湖方盛农业开发有限公司实施的"姜家十里长廊猕猴桃标准化示范"通过2016年杭州市农产品标准化推广示范项目验收。

【农业标准化生产程度】 2016年，农作物种植标准化生产程度64.57%；畜禽标准化生产程度68.09%；渔业标准化生产程度97.6%。

（杨佩贞）

·产业信息·

【省级"一区一镇"】 淳安县临岐中药材特色农业强镇列入第一批省级农业产业集聚区和特色农业强镇创建对象名单。

【智慧农业】 建成科兰铁皮石斛仿野生种植智能控制示范园等3个市级智慧农业示范园，实施县级智慧农业示范园项目1个，即"基于农业物联网技术的食用菌、葡萄园智慧农业系统建设"。

【良种保护】 安排800万元专项资金用于淳安花猪、鸠坑种茶、中华蜜蜂、农作物等原生态物种保护,落实良种保护项目7个。

【现代园区建设】 建成淳安县大墅高银现代农业示范园等10家县级现代农业园区,新建大棚面积1.73公顷、喷滴灌面积201.62公顷。

(葛一舟)

·农业执法·

【“绿剑”执法行动】 3～5月和7～10月开展“绿剑”系列集中执法行动,累计出动执法人员335人次,检查农资经营网点和农产品生产基地284家次,通过执法检查和抽检等手段发现违法行为9起,立案查处违法行为9起(包括4起简易程序),其中农药案3起、肥料案4起、兽药案1起,农产品1起,没收(收缴)肥料40公斤、农药18公斤,已结案9起,罚没款9406元。违法行为查处率100%,结案率100%,无行政复议和行政诉讼。

【农资质量监管】 全年抽检农业投入品122批次,其中种子16批次、农药38批次、肥料31批次、兽药15批次、饲料和饲料添加剂22批次。122批次的样品检测结果显示,不合格批次有6个,不合格批次均已立案查处。

【农业法律法规宣传培训】 开展农业法律知识宣传活动2次。3月,参加放心农资下乡宣传活动,共发放资料800份,接受咨询人数260人次。在放心农资下乡宣传活动中,组织农资企业优惠供应农用物资8万余元,为农民节约资金2万余元。9月,开展“送法进农户、送法进企业、送法进校园”的三进活动,在威坪镇初级中学开展1次植物检疫校园宣传活动,发放资料600余份,在主要集镇悬挂宣传横幅7条,发放各种宣传资料800余份。举办重大植物疫情防控培训班1期,累计培训人数40人次。

【植物检疫防控】 2016年,受理种子调运检疫19批次5390公斤,苗木产地检疫100万株,调运检疫121批次910.56万株。设立各类疫情监测点12个,建立柑橘溃疡病综合防控示范区1个,示范区面积40公顷。开展梨病、加拿大一枝黄花、扶桑绵粉蚧、黄瓜绿斑驳花叶病毒病等各类疫情普查,投入普查人力1300余人次,普查面积为7020.5公顷,各级投入普查经费18.53万元,铲除加拿大一枝黄花0.34公顷。开展植物检疫专项执法行动,共出动检疫执法人员20余人次,检查企业6家,检查种子15批次17350公斤,市场检查苗木6批次67.5万株。

(余廷贵　刘界文)

·农　机·

【农机总动力稳步提升】 截至2016年年末,县农机总动力307058千瓦,比上年略有增加。其中柴油机124621千瓦、汽油机21834千瓦、电动机160603千瓦。农业机械原值达33086万元。拥有耕作机械1650台,种植、收获及收获后机械118台,山地轨道运输车6条;新增茶叶和林果业机械2319台;引进首台无人植保机、首台果园植保喷雾机、首台猕猴桃选果机、首辆汽油式轨道运输车。

【农机推广与培训】 全年举办拖拉机安全教育培训班、无人植保机新机具现场演示会、水稻全程机械化生产、农机管理技术人员继续教育、茶叶生产全程机械化等培训班6期,培训相关人员937人次。2016年10月13日,农业部农机化司副司长孔亮、副处长刘小伟等一行到淳安调研农机工作;11月7日,浙江省农机局局长王建伟等一行到淳安县调研农机工作；11 月 7～8 日，全省丘陵山区作物“机器换人”现场会在淳安县召开。

【农机监理】 全年检验拖拉机 307 台，受理外省级拖拉机信息登记 110 台，备案外省籍拖拉机驾驶员 87 名。免费实地检验机具 180 台。举办拖拉机驾驶员培训班 2 期。受理拖拉机报废申请 62 台。

【农机补贴】 2016 年，全县补贴购置各类农业机械 2495 台套，享受中央及地方财政补助资金总计 828.1 万元。（冯玉琴）

·农村能源·

【农村户用沼气池大出料维护项目】 项目被县政府列为政府投资项目。全年完成农村户用沼气池大出料维护 1085 只，完成计划任务。

【太阳能热水器推广】 全年累计推广太阳能热水器 18975 台，计 37949 平方米，年节约清洁能源 6830 吨标煤。

【沼肥利用推广】 2016 年，全县共新增沼肥利用 8.16 万吨，利用农作物面积达 1586.67 公顷。

【小型沼气工程建设】 2016 年，在 5 个农业企业基地新建小型沼气工程 5 处，合计 250 立方米。（程建明）

·植保土肥·

【市级中低产田改造项目】 淳安县 2016 年度共实施市级中低产田改造示范项目 6 个，实施总面积 333.7 公顷，项目总投资 507.3 万元，其中市财政补助 445 万元，县财政补助 62.3 万元。项目主要完成工程措施：新建排水渠 630.5 米，新建灌溉渠 13679.3 米，新建机耕路 12711.2 米。项目区开展种植绿肥、秸秆还田等生物改良措施 217.2 公顷，推广测土配方施肥、综合防治等农艺措施 260 公顷。

【春季农村统一灭鼠】 2016 年春季农村统一灭鼠工作在全县 23 个乡（镇）425 个村范围内展开，共实施农田统一灭鼠面积 8221.4 公顷，农户统一灭鼠 10.4 万户，免费供应鼠药（0.5%溴敌隆母液）72 公斤，共投放毒饵 7.3 吨，共计挽回粮食 2936 吨。

【测土配方施肥】 2016 年开展推广农作物测土配方施肥面积 24000 公顷，施用配方肥 4005 吨。完成标准农田 4 个土壤肥力长期定位监测点及 22 个土壤肥力动态监测点的地力监测工作。完成农业“两区”污染监测常规点 9 个、综合监测点 2 个的布局和监测工作。完成水稻、果树、蚕桑、茶叶等肥效对比试验 8 个。完成土样采集 300 个，化验土样 300 个，测试项次 1800 项，植株样品 30 个，测试项次 90 项。

【标准农田质量提升工程】 2016 年，淳安县组织实施 2012 年、2013 年度续建项目标准农田质量提升地力培肥工程 1231 公顷，以山区河谷平原田畈和山区低丘田畈为主，其中二等三级田有 411.15 公顷，占 33.4%，二等四级田有 819.85 公顷，占 66.6%，农业生产能力较低。通过项目的实施，项目区地力水平明显提升。（姜铭北 李晓星）

·种 子·

【种子市场质量监管】 完成 2016 年度省、市下达的市场种子质量抽检16个样品批次的检查工作,年出动执法人员48人次,联合县农业执法大队,年出动执法人员48人次,检查种子经营企业40余家,检查经营档案40余个,检查标签数量82个,扦取种子样品16个,主要抽查作物有杂交玉米、杂交水稻、油菜及蔬菜种子,所抽样品合格率100%。主动联系种子生产商,为淳安县种子经营户提供种子市场信息,确保县主要农作物品种种子的供给。同时,通过编印发放《种业新颁布法规汇编》、《千岛湖日报》全文刊登新《中华人民共和国种子法》、举办新《中华人民共和国种子法》培训班等形式,加强新《中华人民共和国种子法》等法律法规宣传。

【农作物区试工作】 全年完成9组农作物新品种区试,参试农作物品种达96个。国家区试甜玉米1组14个品种、糯玉米2组24个品种;省级区试甜玉米1组11个品种3个重复、糯玉米1组12个品种3个重复、普通玉米区试2组16个品种3个重复;省勿忘农种业公司的普通玉米试验1组10个品种2个重复;市级水稻区试1组9个品种2个重复。

【作物新品种展示】 2016年,开展品种展示的有18组,具体作物鲜食春糯玉米(11)、鲜食春甜玉米(11)、普通春玉米(10)、鲜食春大豆(7)、普通秋玉米(16)、鲜食秋甜玉米(5)、鲜食秋糯玉米(4)、粟(2)、高粱(20)、茄子(6)、番薯(10)、马铃薯(11)、油菜(10)、甘蓝(3)、西瓜(3)、优质米(8)、旱稻(12)、西兰花(2)等,参加展示的品种达158个,为农作物新品种的推广应用提供了科学依据。

【救灾储备种子】 2016年,实际储备粮食作物常规种子10.15万公斤,其中,常规水稻种子1万公斤、杂交玉米种子3.5万公斤(折合常规种子8.75万公斤)、蔬菜种子0.08万公斤(折合常规种子0.4万公斤);完成了上级业务主管部门下达的8万公斤种子储备任务。平时认真做好储备种子的正常更新和日常管理,确保储备种子量足质优。

【农作物种质资源保护】 为做好种质资源保护工作,努力做好临岐右源旱粮基地建设和种质资源原生境保护工作。在基地中,着重做好淳安县本地农家品种的展示、提纯、繁育以及相关的栽培试验等、并开展好旱粮作物品种的展示示范工作,各项工作有序推进。同时,认真抓好农作物品种原生境保护工作,2016年共安排了20个点进行本地农家品种的原生境保护工作,涉及农作物品种有50余个,有效地保护了淳安县的本地农家品种。搜集整理淳安县农作物地方品种简介,内容包括粮食、油料、蔬菜三大作物44个地方品种的介绍。 (吴东林)

·粮 油·

【概况】 2016年,全县粮食播种面积16850公顷,比上年减少135.33公顷,降幅0.8%,总产73425吨,比上年减少0.1345万吨,降幅1.8%。其中,小麦面积284公顷,平均单产139公斤,总产592吨,面积增22公顷,单产减2公斤,总产增38吨,面积、总产增幅8.4%、6.86%,单产减幅1.42%;马铃薯面积720.73公顷,平均单产289.15公斤,总产3126吨,面积减107.13公顷,单产增2.15公斤,总产减345吨,面积、总产减幅12.94%、12.22%,单产增幅0.75%;蚕(豌)豆面积108公顷,平均单产143.2公斤,总产232吨,面积减19.07公顷,单产减1.8公斤,总产减44吨,减幅分别为15.01%、1.24%、15.94%;玉米播种面积7479.6公顷,平均单产329.7公斤,总产36995吨,面积增1312.67公顷,单产减0.3公斤,总产增6433

吨，面积、总产增幅21.05%、21.29%，单产持平；番薯播种面积3042公顷，平均单产320公斤，总产14600吨，面积减1008.8公顷，单产增5公斤，总产减4540吨，面积、总产减幅24.9%、23.72%，单产增幅1.59%；全县水稻播种面积721公顷，平均单产508公斤，总产9220吨，面积减409.4公顷，单产增9公斤，总产减2901吨，面积、总产减幅25.28%、23.93%，单产增幅1.8%；油菜面积6749.73公顷，平均单产129公斤，总产13061吨，面积减269.07公顷，单产减5公斤，总产减1049吨，减幅分别为3.83%、3.73%、7.43%。

【粮食生产功能区建设】 2016年，新建县级粮食生产功能区217.13公顷，涉及11个乡镇31个粮食功能区，超额完成省下达计划指标140公顷。全年粮食生产功能区建设总投入1065.75万元，其中省级79.75万元、市级256万元、县级600万元。完成汾口镇水南畈46.67公顷市级水田类粮食生产功能区、临岐镇右源20公顷旱粮类粮食生产功能区的升级创建工作。截至2016年，淳安县已建功能区面积2123.8公顷，完成省下达淳安县2000公顷粮食生产功能区建设总任务的106.19%，建设数量188个。其中省、市级粮食生产功能区13个，面积791.93公顷。

【水稻高产攻关】 2016年，开展水稻高产攻关，取得了较大成效，其中汾口镇石畈村的种粮大户余诗群的一块面积0.07公顷、品种为甬优12的高产攻关田，亩产达到了922.04公斤，荣获全县高产攻关状元。

【淳安稻米品牌首获金奖】 在由省种植业管理局、浙江农业之最委员会办公室、浙江农业博览会组委会办公室联合主办的“2016浙江好稻米”评比活动中，淳安县文昌农盛粮油专业合作社生产的“清野”牌“千岛湖富硒米”被评为“2016浙江好稻米”金奖产品。在现场品尝活动中，经过评委的舌尖品鉴，“清野”牌“千岛湖富硒米”再次力拔头筹，获“最好吃大米”荣誉。

（余建忠　何爱珍）

·中药材·

【概况】 2016年，全县中药材生产总面积5593.33公顷，与上年相比持平；总产量5390吨，与上年相比减少了9.9%；总产值2.358亿元，与上年相比增加了6.7%。

【落实县中药材产业发展政策】 2016年，落实中药材产业基地建设项目补助政策，经验收合格符合补助政策的中药材产业基地8个，实施主体实际投资共794.01万元，补助152.35万元。

（张　薇）

·蔬菜(食用菌)·

【概况】 2016年，蔬菜播种面积9100公顷，总产量24.5万吨，产值约5.26亿元；全年生产食用菌规模约1935.65万袋，预计产量9883.96吨，产值约9561.23万元。其中，黑木耳255.5万袋、香菇403.5万袋、秀珍菇367万袋、杏鲍菇612万袋、其他菇类约297.65万袋。

【市“菜篮子”基地建设项目】 新建云梯田高山蔬菜基地、狮城粉碎中心，改建提升杨建威叶菜生产功能区、沪阳农业、梅源食用菌、淳珍食用菌等基地，投入建设资金503.27万元，财政补助资金277.55万元。

【县生态农业产业发展基地项目】 改建提升太马坪蛹虫草和淳安县新桥食用菌等产业基地2个，总投入建设资金262.65万元，新建蛹虫草种植温控室1200平方米，硬化菇棚地面4500平方米、建设配套设施钢架外架棚1800平方米、电线及配电设施2000米、灯带2500米,购置灌装机、过滤机、中草药粉碎机、空调、虫草架等配套设施和液体菌种。

【“三新”技术推广应用】 举办蔬菜、食用菌技术培训班3期,培训乡镇农技人员及规模基地、生产大户200余人次,发放技术资料120份。推广应用蔬菜嫁接育苗、生物调节剂土壤消毒、番茄有机基质无土栽培技术,开展桑果枝栽培食用菌、黑木耳“二改二提”菌棒安全越夏、“两网、一板、一灯、一缓冲”秀珍菇虫害防治模式等食用菌生产技术示范。取得“一种防止虫害并提高秀珍菇出菇率的方法”等发明、实用新型专利11项。

【G20峰会食材保供】 杭州千岛湖沪阳农业开发有限公司的杏鲍菇产品成功入选G20峰会食材名单,成为杭州市地区唯一食用菌产品保供基地。由市、县、乡三级监管员组成监管小组,从8月1日起24小时全程驻点监管,8月27日～9月5日配送杏鲍菇4.22吨。

【县内首家三级菌种场】 以省级现代农业发展(现代种业发展)项目为依托,投入建设资金97.6万元,建成三级菌种年生产能力20万袋的菌种场。 (潘飞云)

·水　果·

【概况】 2016年,全县水果生产总面积8416.93公顷,总产量107734吨,总产值44153万元,分别比上年减0.87%、12.34%、2.17%。

【生态水果基地建设】 2016年,全县新建生态高效水果基地面积212.74公顷,其中柑橘39.33公顷、枇杷25公顷、桃56公顷、杨梅24公顷、梨2.67公顷、葡萄12.67公顷、猕猴桃18公顷、其他35.07公顷。完成提升改造面积539公顷,其中淘汰更新64.2公顷、提质增效467.53公顷、高接换种7.27公顷。

【品牌建设】 在2016年杭州市优质蜜梨评比活动暨优质蜜梨生产培训班上,淳安县锦溪水果专业合作社选送的优质蜜梨荣获金奖,淳安县金峰茅坪果蔬专业合作社选送的优质蜜梨荣获银奖。在2016年杭州市精品葡萄评比活动中,淳安县千岛湖葡萄开发有限公司选送的巨峰葡萄荣获金奖,淳安千岛湖水月湾葡萄专业合作社选送的金手指葡萄荣获银奖。淳安县千岛湖葡萄开发有限公司选送的巨峰葡萄荣获2016年浙江省精品葡萄评比活动银奖。

【全国桃流胶病综合防控及避雨栽培技术培训会】 2016年6月6日,全国桃流胶病综合防控及设施避雨技术现场观摩暨桃技术培训会在淳安召开。会议由国家桃产业技术体系杭州综合试验站和浙江省农业科学院园艺研究所主办,淳安县农业局和姜家镇人民政府协办。国家桃产业技术杭州综合实验站的成员,淳安县各乡镇水果技术指导员、生产企业负责人、种植户等,共计百余人参加了此次培训会。浙江省农科院副厅级院领导张明生、浙江省种植业管理局副局长徐云焕、淳安县人民政府副县长郑志光等领导到会表示祝贺。

(江雪芳)

·茶　叶·

【概况】 2016年,由于倒春寒影响,县茶叶产量产值略有减幅。据统计,全年茶叶产量4345吨,产值65250万元,与上年相比产量减4.09%,产值减3.19%。其中,名优茶

3338.55 吨，产值 61738.7 万元，分别比上年减 5.15%和 3.33%。

【技术推广与培训】 以鸠坑种选育、无性系良种茶推广、良种良法应用、名茶连续化清洁化加工、红茶加工、茶园肥药双控等为主要内容，强化面上的技术培训工作，与市、县农业科教部门合作，邀请省、市茶叶专家指导，组织、参与技术培训班 12 期，培训技术骨干、茶农 700 余人次。全县无性系良种茶园面积 9018.67 公顷，比上年新增 72 公顷，无性系良种茶覆盖率 46.9%；全县各类名茶机械总数 25546 台，全县机制名茶产量 3403 吨，产值 62700 万元；全县完成优化改造茶厂 308 家；推广建立了 10 条名茶连续化加工流水线。

【产业升级】 以中央现代农业生产发展资金茶产业提升试点、市纯农户增收工程、县产业政策等项目的实施为抓手，充分发挥茶叶龙头企业的积极性，应用当前名茶连续化加工、优质茶机采、茶叶绿色防控等新技术、新手段，做好新技术的应用示范；加快茶园道路等基础设施的改造完善，做好加工茶厂的清洁化改造，夯实和提升茶叶生产基础，推进产业升级。

【鸠坑有机小镇建设】 在鸠坑源区域茶园以全面禁用化学农药、除草剂为突破口，重点推进有机茶园认证、有机化栽培模式应用、茶园有机肥施用、茶树绿色防控技术应用、茶厂清洁化改造等，实施茶园统防统治面积 133.33 公顷，安插色板 80000 片，发放有机肥 200 吨，完成有机认证（含转换期）茶园 66.67 余公顷。

【品牌管理与宣传】 在 2015 年调研、座谈的基础上，确定淳安“千岛湖”作为县茶叶区域公用品牌。在县委、县政府的重视下，围绕新品牌战略的实施，2016 年春，品牌活动精彩纷呈，塑造了“千岛湖”茶品牌的良好形象，县农业局积极配合完成一系列工作。一是完成了“千岛湖茶叶区域公用品牌启用新闻发布会”、“2016·第二届千岛湖斗茶大会”等县政府主办的茶事活动，积极协助里商、鸠坑举办了千岛湖龙井茶（里商）体验节、2016 第八届千岛湖：鸠坑茶文化节等活动；以支持单位身份参加了 2016 浙江绿茶（西宁）博览会。同时积极组织企业参加各类名茶评比活动，在浙江绿茶博览会名茶评比中获金奖 1 个，在第八届“中绿杯”中国名优绿茶评比中获 4 金 4 银，在 2016“浙茶杯”优质红茶推选活动中获金奖产品 1 个。 （李 继）

·畜 牧·

【畜牧业生产概况】 据畜牧定点调查，2016 年，全县生猪年末总存栏 11.9 万头，同比减 11.76%；出栏 14.8 万头，同比减 1.52%。家禽存栏 49.57 万羽，同比减 11.26%；出栏 51.32 万羽，同比减 20.63%。牛存栏 0.26 万头，同比增 22.90%。羊存栏 0.54 万只，同比增 35.58%。兔存栏 0.02 万只，同比增 10%。蜂存栏 22000 箱，同比增 10%。全年肉类总产量 12424.87 吨，同比减 2.32%。

【重大动物疫病防控】 落实免疫、监测、流调、消毒等各项防控措施，禽流感、口蹄疫、猪瘟、鸡新城疫、高致病性猪蓝耳病和小反刍兽疫 6 种重大动物疫病免疫密度均达 100%，使用各类疫苗 221.87 万头份（毫升）。监测养殖场（点）266 场次，出动人员 850 人次，采集禽、猪、牛、羊、犬等血清样品 6970 份，监测抗体水平全部达到了农业部规定的 70%以上。动物防疫巡查纳入制度化，共收报乡镇疫情巡查报告 1650 份；动物标识及疫病可追溯体系建设有序推进,全县23个乡镇和有关饲养场共105台移动智能识读器上网操作运行,累计上传生猪防疫、检疫等追溯信息61.97万条(头)次。

【动物检疫监督】 开展动物检疫证章标志管理提升行动,规范检疫管理,全面实行检疫电子出证。全年产地检疫生猪7.52万头、家禽7.52万羽、蜜蜂2978箱、马6匹、猪头122吨、禽产品25.27吨。事先备案调入活禽108批次7.75万羽,活猪112批次6620头,猪肉280批次1244.45吨,禽肉5批次110吨,调入动物及产品备案率达100%。开展6个专项行动,组织执法检查95次380人次,检查单位500家次,下发责令整改通知书23份,办理动物卫生监督执法案件23起,罚没款17120元。

【畜产品安全监管】 开展养殖环节违禁药品检测,采用生猪瘦肉精快速金标法,共进行盐酸克伦特罗、莱克多巴胺、沙丁胺醇监督检测8232头。完成省、市畜产品药物残留检测抽样110份样品,其中猪尿样82份、禽类12份、投入品16份;县食安办50份,其中猪尿样30份、禽类20份。

【畜禽屠宰监管】 严格定点屠宰监管,强化乡镇屠宰巡查,确保上市肉品质量安全。县肉类加工厂全年屠宰生猪2.29万头,屠宰检疫检验2.29万头,定点屠宰检疫检验率达100%,开展宰前瘦肉精自检1113批次4120头,自检比率在18%以上,监督抽检393批次756头,检测结果全部为阴性。监督指导无害化处理病害生猪29头及其内脏产品4146公斤,检出病害动物及产品无害化处理率100%。实施畜禽定点屠宰企业改造提升项目,对县肉类加工厂污水处理设施进行改造,通过改造,污水日处理能力由原来的70吨提高到150吨。实现屠宰生产污水处理率100%,有效保护了生态环境。

【动物尸体无害化处理】 开展淳安县冬春病死畜禽无害化处理专项监管行动。巡查养殖场60家、屠宰场1家,发放张贴《淳安县病死畜禽无害化处理告知书》65份,签订《淳安县病死畜禽无害化处理承诺书》61份。审核上报2016年3月至年底养殖环节病死猪无害化处理补助数量5459头。出台《关于印发淳安县死亡动物集中收集和无害化处理实施方案》(淳政办发〔2016〕127号),启动县"统一收集、集中处理、保险联动、智慧监管"长效监管机制建设。该体系建设采取分步实施、稳妥推进方式。第一阶段22个收集点建设,列入2017年政府投资项目建设,并于2017年启动运行。2018年1月,开始推行县内每个乡镇至少建立1个公共收集点和所有畜禽规模养殖场建立自行收集点,全面实行死亡动物跨区域处理。建立县农业局死亡动物无害化处理管理中心,并在每个收集点安装网络电子监控,实现智慧监管。将死亡动物统一收集、跨区域无害化处理与政策性养殖保险相结合,实现保险联动。

【动物卫生监督体系建设】 淳安县动物卫生监督所派驻机构千岛湖、汾口和威坪3个动物卫生监督分所和检疫申报点运行良好。实施生猪定点屠宰场企业检疫监管条件改造提升项目,对工作生活环境条件以及检疫工作室、水电等设施进行了改善。每个动物卫生监督分所派驻县畜牧兽医局兼职兽医人员2人,配备电脑出证设备一套,检疫、采样和扑杀工具1~2套,全县聘用协检人员24名,产地检疫程序规范,检疫台账记录完整,全部实行电子出证。

【项目建设】 5家养殖场完成"菜篮子肉禽

蛋奶应急保供基地建设”项目；2家合作社完成“中华蜜蜂标准化活框养殖示范推广与推广应用”项目；1家合作社完成“中蜂在果树授粉中的应用技术开发与示范”县院合作项目；1家养殖场完成“2016年重大动物疫病防控补助”项目；1家养殖场完成“2016年度杭州市标杆美丽生态牧场”项目；1家养殖场完成“农业废弃物(蚕沙)资源化利用示范”项目；8家养殖场完成“2016年淳安县生态农业产业发展畜禽生态养殖”项目；实施“淳安县农业科技项目——翻毛鸡养殖推广示范”项目，培育5家翻毛鸡养殖示范户，打造翻毛鸡特色养殖产业；2家养殖场实施“淳安花猪和中华蜜蜂”良种保护项目。

【品种保护】　为保护地方优质种质资源，配合金峰乡完成中华蜜蜂保种场建设和保护区划定工作，中华蜜蜂保种场和管理用房已建成，保护区标识标牌制作建设已完成，已取得一级种蜂场资质；淳安县茅山淳安花猪种业有限公司和杭州千岛湖蜂业科技有限公司千岛湖种蜂场两家省级资源保种场，已向省农业厅提交保种方案，签订保种协议，明确保种目标；完成对浙江光大农业科技发展有限公司种畜禽经营许可证申报现场审验工作。

【宣传培训】　通过中央电视台《走遍中国》、杭州电视台《杭州新闻联播》等栏目宣传中华蜜蜂保种场、农旅结合新牧业等畜牧业转型升级典型；为提高从业人员业务能力与水平，采取多种形式开展农技人员知识更新培训、畜产品安全、畜禽屠宰、病死猪无害化处理等培训6批次，受训人员536人次。发放相关宣传资料730余份。

【畜禽养殖业污染整治工作】　为巩固畜禽养殖污染治理成果，启动杭州千岛湖养殖有限公司等5家畜禽规模养殖场关停退养工作，已完成退养5家，预拨补助资金1400万元，其他后续工作正在有序推进中；结合业务工作要求，开展综合巡查和跟踪督察2次，落实乡镇巡查、县级督察的长效监管机制；会同县环保局组织开展联合专项督察1次；参加“环保百日”为主题的执法联合巡查行动1次；开展省智慧畜牧业云平台建设，实施线上视频实时监控；全面开展畜禽养殖污染扩面整治(以整治5～50头散养生猪为重点)；全面落实公示制度，全县所有畜禽规模养殖场(户)，必须在门口醒目位置设立公示牌，主动接受社会的监督。

(刘荣平　杨小春　余爱珍　徐旭敏)

·名优产品·

【千岛湖龙井】　1982年，淳安县茶叶技术人员在鸠坑良种的基础上，结合西湖龙井的工艺创新开发了扁形名茶“千岛湖龙井”。“千岛湖龙井”选用一芽一叶初展芽头为原料，最大不过一芽二叶，要求嫩匀成朵，芽长于叶，取料精选细挑。再经过精心炒制后，其外形扁平光滑，挺直尖削，黄绿鲜润；嫩香持久，栗香明显；滋味鲜醇甘爽，浓甘耐泡；汤色嫩绿明亮；叶底肥厚成朵，嫩黄明亮。“千岛湖龙井”是浙江省十大名茶之一，荣获省部级以上荣誉60余项。

淳安23个乡镇皆产“千岛湖龙井”，2016年，全县生产“千岛湖龙井”2818吨，产值48513万元，分别占全县名茶产量、产值的84.4%和78.6%。

【千岛湖毛尖】　“千岛湖毛尖”由鸠坑乡茶农于20世纪80年代创制，加工原料以鸠坑群体种为主，采摘时间一般在3月下旬至4月上旬，特级千岛湖毛尖的采摘标准为一芽一叶初展为主，芽叶长度为2～3厘米，芽叶匀整,不夹带杂物、鱼叶、蒂头及碎片。其外形细嫩紧结,色泽嫩绿,白毫显露;香气清高,隽永持久;滋味浓厚,鲜爽耐泡;汤色嫩黄,清澈明亮;叶底黄绿,厚实均齐。

"千岛湖毛尖"是浙江省名茶之一,为消费者所推崇。1985年,被农牧渔业部评为优质产品,被商业部评为全国十六大名茶之一,1986年,被评为浙江省名茶;2002年,获"中国精品名茶博览会金奖";2008年,在"中绿杯"全国名优绿茶评比中荣获金奖第一名;2010～2016年,在各种博览会连续荣获金奖。2016年,全县产"千岛湖毛尖"92.55吨,产值1520.4万元。

【千岛湖银针】 "千岛湖银针"属针形绿茶,由宋村乡于1997年创制。千岛湖银针以单芽为主,含少量一芽一叶初展芽叶。其外形似松针,匀直有锋苗,圆壮而挺秀,色泽翠绿,汤色嫩绿明亮,滋味鲜爽甘醇。冲泡杯中嫩芽悬立杯底,仙姿神态。2003年、2004年分别获上海国际茶文化绿茶类优质奖和中国新品名茶博览会金奖。2005年,被评为淳安县名牌产品。2016年,全县产"千岛湖银针"331.8吨,产值8477万元。

【千岛湖红茶】 鸠坑种为首批国家级茶树良种之一,抗性强、适应性广,适制工夫红茶,品质优良,产量较高。千岛湖红茶以鸠坑种为原料。其条索紧结肥壮多毫,色泽乌润,汤色红浓,香气高而鲜甜,滋味浓厚,叶底肥壮尚红。近年来,"千岛湖红茶"市场日益扩大,为消费者所喜爱。2016年,全县产"千岛湖红茶"65吨,产值967.5万元。

【千岛湖枇杷】 淳安枇杷在新中国成立前多为零星种植,1959年新安江水库建成后,气候条件十分有利于枇杷的种植,开始品种引进,成片种植。20世纪80年代,随着农村产业结构调整,淳安枇杷得到较快的发展,至2000年年底,全县有枇杷面积387.7公顷,产量1534吨。2000～2016年,淳安出台农业产业扶持政策,对连片种植枇杷基地进行补助,新种和嫁接换种的规模面积快速增长。2016年,全县枇杷面积达973公顷,产量近5000吨,品种有软条白沙、白玉、大红袍等。

淳安所产枇杷称"千岛湖枇杷",其果面光洁,茸毛新鲜,皮薄易剥,果大肉嫩,汁多味甜,为消费者所喜爱,2009年获"全国十大优质枇杷"称号。

【千岛湖水蜜桃】 水蜜桃是淳安众多精品水果中种植历史最为长久的品种,早在新中国成立前,农户就有零星种植水蜜桃的习惯。千岛湖水库建成后,水蜜桃得到了一定的发展,青溪黄桃在杭州及当地小有名气。2000年以后,依托千岛湖旅游业的发展带动,水果产业发展势头强劲,涌现了一批规模化、标准化的水蜜桃生产基地。2016年,全县水蜜桃种植面积达1000公顷,产量1.2万吨。品种分早、中、晚三大系列,采摘时间从5月一直持续到10月。

淳安产水蜜桃称"千岛湖水蜜桃",素以个大形美、色艳香浓著称,受到业界专家和消费者的普遍好评。2012年后,"千岛湖水蜜桃"连续在浙江精品水果展销会上斩获金奖。

【千岛湖柑橘】 淳安农民有房前屋后零星种植土橘的习惯,产量不多。20世纪80年代,淳安柑橘开始成片发展,90年代后,淳安柑橘实施"稳定面积,调整结构,优化品种,提高品质"的发展方针,柑橘产业获得长足发展。2016年,全县柑橘面积近4700公顷,总产量5.13万吨。主要品种有特早熟、早熟、中晚熟温州蜜柑,椪柑,橙,柚等。

千岛湖柑橘柔软化渣,风味浓甜,香气醇厚,在省内外有较高知名度,2002年被中国

(浙江)柑橘博览会组委会评为金奖,2004年、2009年连续被省农业厅、省柑橘产业协会评为浙江省十大名牌柑橘,2007年获“浙江名牌产品”称号,2011年、2012年连续获得中国农产品品牌博览会优质农产品金奖,2011年荣获浙江农业吉尼斯柑橘擂台赛椪柑和杂柑类金奖。

【淳前胡】 前胡为多年生草本,高30～120厘米。根圆锥形。茎直立,单一,上部分枝。基生叶和下部叶纸质,圆形至宽卵形,长5～9厘米,2～3回三出式羽状分裂,最终裂片菱状倒卵形,不规则羽状分裂,有圆锯齿;叶柄长6～20厘米,基部有宽鞘,抱茎;顶端叶片生在膨大的叶鞘上。复伞形花序,顶生或腋生,总伞梗长7～18厘米,不等长,无总苞,小总苞片条状披针形,有缘毛;花萼5,短三角形;花瓣白色,广卵形或近于圆形,先端有向内曲的舌片;雄蕊5,花药卵圆形;子房有毛,花柱2枚,极短。双悬果椭圆形或卵圆形,光滑无毛,背棱和中棱线状,侧棱有窄翅。花期8～10月。果期10～11月。

前胡有白花前胡和紫花前胡之分。其根入药,性微寒,味苦辛,具有散风清热、降气化痰功效,主治风热、咳嗽等症,为中医常用药材之一。淳安产前胡历史悠久,早在清代就有记载,广见于《淳安县志》等历史文献中。根据《淳安县志》记载,淳安盛产白花前胡,以根黑柔软、头大尾长、粗壮味浓见长。在中药行业享有较高声誉,在业内有“淳前胡”之称。

改革开放后,为响应国家中药材保护和发展规划,在全县大量培养种植。2016年,全县前胡产量1200吨,产值5040万元。

【淳覆盆子】 覆盆子,为蔷薇科植物华东覆盆子的干燥果实,具有益肾固精缩尿,养肝明目之功效,常用于治疗遗精滑精、遗尿尿频、阳痿早泄、目暗昏花。覆盆子为藤状灌木,高1.5～3米;枝细,具皮刺,无毛;单叶,近圆形,直径4～9厘米,两面仅沿叶脉有柔毛或几无毛,基部心形,边缘掌状5深裂,稀3或7裂,裂片椭圆形或菱状卵形,顶端渐尖,基部狭缩,顶生裂片与侧生裂片近等长或稍长,具重锯齿,有掌状5脉;叶柄长2～4厘米,微具柔毛或无毛,疏生小皮刺;托叶线状披针形。单花腋生,直径2.5～4厘米;花梗长2～3.5厘米,无毛;萼筒毛较稀或近无毛;萼片卵形或卵状长圆形,顶端具凸尖头,外面密被短柔毛;花瓣椭圆形或卵状长圆形,白色,顶端圆钝,长1～1.5厘米,宽0.7～1.2厘米;雄蕊多数,花丝宽扁;雌蕊多数,具柔毛。果实近球形,红色,直径1.5～2厘米,密被灰白色柔毛;核有皱纹。花期3～4月,果期5～6月。

淳安产覆盆子历史悠久,早在清代就有记载,广见于《淳安县志》等历史文献中。淳安所产覆盆子个大质优,为医家所喜爱,素有“淳覆盆子”之称。改革开放后,为响应国家中药材保护和发展规划,同时为增加农民收入,扩大经济作物的品种和种植范围,经县政府推动,在全县各乡镇大量培养种植。近年来,临岐镇建设了覆盆子采摘基地,并举办了首届覆盆子采摘游活动,覆盆子成为了淳安县主要中药材之一。2016年,全县覆盆子产量250吨,产值4250万元。

(编辑　陈晓丹)

林　业

·林业生产·

【概述】 2016年,全县林业工作紧紧围绕“秀水富民”发展战略和林业“双增”目标,认真贯彻落实省、市林业工作会议及县“两会”精神,开拓创新、克难攻坚、扎实工作,林业发展取得了新成绩,全年实现林业总产值110.34亿元,其中一产产值30.06亿元、二产产值8.22亿元、三产产值72.06亿元,并获得“浙江省国有林场改革工作先进集体”“G20杭州峰会森林消防安保工作先进集体”“全县综合考评优胜(满意)单位”等多项荣誉。

【全民义务植树】 牢固树立“绿水青山就是金山银山”的新发展理念,围绕林业“双增”目标,深入开展植绿行动。3月7日,县党政军领导带头在鼓山工业园区开展义务植树活动,拉开全民义务植树序幕。以“两路两侧”、“四边绿化”、珍贵彩色树种造林为重点,全县设立义务植树基地48个,完成义务植树18.75万人次,植树60.63万株。

【营造林生产】 完成营造林生产2726公顷,其中造林180.33公顷,迹地更新498.8公顷,有林地补植44公顷,有林地和灌木林地封育244.13公顷,森林抚育1264公顷,四边绿化65.4公顷,育苗5.67公顷,零星种植423.67公顷。出台全省首个县级《珍贵彩色树种省赠送苗管理办法》,向全县22个乡镇98个村900余户赠送珍贵树苗23.12万株,繁育省定点采购珍贵树苗18万株。

【森林村庄建设】 启动“浙江省森林城市”创建工作,新建千岛湖镇茂畈村、进贤村、宋家坞村3个省级森林村庄,枫树岭镇下姜村创建为浙江省首批“森林人家”特色村。

【千岛湖森林彩化工程】 2016年,完成建设面积260.47公顷,完成县计划的108.5%,涉及9个乡镇3个国有林场24个村,种植北美枫香、檫树、银杏、千年桐、映山红等35个树种共18.65万株。启动环湖森林景观修复维护靓丽通道52行动,对淳杨线、千汾线、入城绿道、千威线、昌文线5条环湖主要通道沿线的森林景观进行维护修复,工程总长200公里,完成除芒任务66.93公顷。开展杭黄高铁、千黄高速入城森林彩化提升工程规划,开展世行贷款林业项目的外业调查、环评报告编制、可研报告编制等工作。

【特色产业】 2016年,新发展毛竹148公顷、山核桃227.33公顷、油茶149.67公顷、珍贵树种253.8公顷。木本油料提升项目顺利开展,完成油茶良种新造林33.33公顷,香榧良种推广33.33公顷和香榧基地抚育63.33公顷,油茶基地抚育374.67公顷,山核桃基地抚育46.67公顷。林道建设被列为2016年县政府为民办十件实事之一,全年建成林区道路主干道100公里、辅助道50公里。组织12家林产品企业、合作社参加第九届义乌森博会,“常香果”牌山核桃、“野花香”牌山核桃、“瑶记”牌山茶油、“千岛仙谷”牌铁皮石斛等4种林产品获金奖,“泽润百草”牌泽润百草茶系列、“千岛露珠”牌茶油、“瑶记”牌山核桃、“方腊”牌山核桃、“林居里”牌千岛玉叶茶叶、“千岛高峰”牌花卉生态基质等6种林产品获优质奖。开展食用林产品"三大一严"专项行动，完成食用林产品安全定量抽样检测145批次，新建山核桃森林食品基地41.33公顷。全年山核桃产量6407吨，产值6.75亿元；竹产业总产值4.15亿元；油茶产量7717吨，产值2.55亿元。2016年，林下经济规模达39333.33公顷，实现产值76.37亿元。

【生态公益林建设】 2016年，完成5933.33公顷市补公益林小班因子、地形图核对、协议书重新签订等复核工作，及时上报核减国家级生态公益林46.27公顷、省级公益林0.4公顷。

【林业技术推广】 "铁皮石斛、金线莲、黄精等林下中药材种植关键技术研究与示范""油橄榄品种及关键配套技术引进与示范"院县合作项目进展顺利。开展送科技下乡186次，完成林业科技培训129期，培训林农4660人次。

【林业科研项目】 林业科技项目12项，其中省级项目3项，分别是浙江省珍贵彩色森林经营模式研究与集成示范（与浙江省林科院合作），油橄榄品种及关键配套技术引进与示范（与省农科院作物与核技术利用研究所合作），金线莲、黄精等林下中药材种植关键技术研究与示范（与省农科院亚热带作物研究所合作）。完成标准化推广示范项目：有机山核桃标准化示范与有机油茶标准化示范项目。

·森林资源保护·

【林地管理】 积极做好杭黄高铁、杭州配水工程等重点建设项目林地审批服务工作，全年办理林地审批30起，面积58.53公顷。强化县际合作，与安徽省休宁县、歙县就插花山有关林权登记等事宜到安徽进行多次沟通协商，出台会议纪要予以明确。调处山林纠纷5起，面积23.87公顷。

【野生动植物保护】 围绕"依法保护鸟类建设美丽浙江"主题开展"爱鸟周"暨野生动物保护宣传月活动，全年收缴各类野生动物768只（头），侦破特大非法狩猎相思鸟案件，查获红嘴相思鸟260只，救助海南鳽、大鲵、穿山甲、白琵鹭等国家保护动物12只。扎实开展古树名木保护工作，首次将151株500年以上的一级保护古树按"一树一策"进行保护。千岛湖湿地、千亩田山地沼泽湿地、枫树岭水库库塘湿地3个湿地列为省级重要湿地。

【创建省级自然保护区】 启动"千岛湖磨心尖省级自然保护区"创建工作，拟建面积6000公顷。

【林木采伐】 落实森林资源"双增"目标责任制，继续将森林覆盖率和森林蓄积量作为生态保护指标列入县对乡镇考核。县政府下达全年采伐限额239072立方米，实际采伐林木94110立方米，占采伐限额的39.4%。积极做好森林资源动态监测更新工作，据《2015年杭州市森林资源与生态状况公告》，2015年县森林覆盖率为75.21%，森林面积33.3万公顷，活立木蓄积2159.48万立方米，森林蓄积2141.71万立方米。按照省重点生态功能区示范区建设奖励政策，争取省政府生态奖励资金1.37亿元。

【木竹运输】 加大木材检查执法力度，检查木材运输1416起、3.18万立方米，查扣违章木材289起、材积396.39立方米，木材变价及罚没款48.25万元。

【林区治安】 围绕“平安林区”创建,深入开展“利剑行动”“铲毒禁毒”“非法占用林地”等专项行动,全年办理案件123起,其中刑事案件8起、行政案件115起;铲除罂粟2451株。淳安县获“2015年度平安林区县”称号。

【森林病虫害防治】 完成山核桃干腐病、松材线虫病等8种森林病虫害的监测调查,监测面积21.97万公顷次。病虫害发生面积3786.67公顷,防治作业面积11633.33公顷。组织7个乡镇28个单位开展山核桃病虫害统防统治,作业面积2126.67公顷。针对松毛虫爆发的实际,分区施策防治松毛虫,其中赤眼蜂防治1066.67公顷、挂灯防治3673.33公顷、生物农药防治4213.33公顷,达到了“保城区、保景区”的预期目标。加大外来松木执法检查力度,查处外来松木案件105起、处罚款31.15万元。开展松材线虫病疫情监测,监测面积18.13万公顷次,镜检分离485份样本,未分离到松材线虫,初步确认淳安县未发生松材线虫病。

【森林消防】 森林消防继续实行网格化管理制度,相继出台《关于进一步加强冬季防火工作的紧急通知》《关于全县党员干部带头禁放烟花爆竹的通知》《G20峰会淳安县森林消防安保工作实施方案》等文件和县、村两级森林消防队伍考核办法,明确工作职责和奖惩措施,实现峰会期间“零火情”。出台墓区森林火灾隐患综合整治政策,落实113万元专项资金,对1024个墓区芒秆杂草进行清理,落实人员值守。在墓区新建森林消防水池51只、水桶210只、燃烧房200座。开展智慧护林,全县24个乡镇建立护林员GPS手机定位考勤系统,通过网络实时监督。编制《2017—2019年三年森林消防建设计划》,三年计划投入2168万元。全年共发生森林火灾2起,过火面积23.27公顷,受害森林面积5.19公顷,烧毁林木蓄积558立方米。

·林业改革发展·

【林权登记改革】 全县林权登记职责按省、市、县要求统一划转到县国土资源局不动产登记中心。继续推进林权抵押贷款和林权流转,新培育丙级森林资源资产评估机构1家,全年共办理林权抵押贷款登记12宗、1975万元,林地经营权流转登记13宗、75.93公顷。

【国有林场改革】 国有林场完成招商引资到位资金4300万元,是任务数的187%,其中市外资金3200万元,是任务数的308%。通过招商,富溪林场与北京青普公司合作开发阳山岛,合作期限40年。投资580万元的许源农业渔业项目完成基地管理用房等建设任务。强化局属站场“五水共治”工作,开展国有林场办公、宿舍、出租房屋、林区岛屿及沿湖沿岸环境整治,严格管控污水排放。淳安县林业总场获全省第一批“现代国有林场”称号。

【“最美森林系列”评选】 组织参加省市最美森林系列评选活动,其中东山尖获评“浙江十大秀峰”,淳杨线获评“浙江十大最美绿化县道”,千岛湖镇睦州大道获评“浙江十大最美入城大道”,大墅镇、石林镇富德村获评“杭州十大最美竹乡”,瑶山乡天坪村获评“杭州十大特色竹乡”,茶山古道获评“杭州最美森林古道”,富溪林场获评“浙江省生态文化基地”。

【林业宣传】 林业宣传工作卓有成效,全年录用发布稿件1108篇,被《人民日报》、《中国绿色时报》、《中国林业》、《浙江日报》、《浙江卫视》、《浙江新闻客户端》、《浙江林业》、《杭州日报》、、杭州网、钱江晚报、浙江林业网、"天堂山水"、"淳安发布"和"今日千岛湖"等多家媒体采用。淳安县林业局被评为2016年度杭州市林业水利局"天堂山水"门户网站信息宣传工作先进单位。（张旭君）

（编辑　陈晓丹）

水利　水电

·水利建设·

【概况】 2016年,淳安县水利工作主要围绕山塘水库除险保安、农村饮水安全工程、重要堤防加固工程建设为重点,继续抓好农村河道整治工程、高效节水喷微灌工程和小型农田水利设施建设。全年完成各类水利工程437处,累计完成土石方256万立方米、砼44.4万立方米,总投资2.91亿元。主要建设内容有:水库除险加固工程5座(龙姚水库、庙岭坞水库、洪家坞水库、吉家坞水库、幸福水库),万立方米以上山塘除险加固13座,万立方米以下山塘综合整治10座;重要堤防加固工程20公里,农村河道综合整治工程70公里;高效节水喷微灌面积828公顷,堰坝工程53座,新建修建灌排渠道107公里;新扩建农村饮水安全工程100处,受益人口6.6万人。通过工程建设,旱涝保收面积173公顷(农水部分),改善农田灌溉面积332公顷(农水部分),治理水土流失面积7.04平方公里。

【水库山塘除险加固工程】 完成5座水库、13座万立方米以上山塘、10座万立方米以下山塘除险加固,累计完成土石方25.4万立方米、混凝土0.9万立方米,总投资3176万元。

【河道整治工程】 实施农村河道整治工程70公里。在枫林港、云源港等流域19个乡(镇)疏浚、堤防加固70公里。投资2240万元,清淤疏浚158995立方米,砌石32000立方米,砼21104立方米。整治效果明显,农田、村庄分别达到了抵御五年一遇、十年一遇的洪水标准。

【重要堤防加固工程】 千岛湖镇、姜家镇、汾口镇、中洲镇、威坪镇、文昌镇、临岐镇、安阳乡、梓桐镇、浪川乡、左口乡、屏门乡、瑶山乡、里商乡、富文乡、石林镇等16个乡(镇)实施重要堤防加固工程,新建加固堤防20公里,完成投资3200万元。开挖土石方41.4187万立方米,砌石12.6712万立方米,砼6.8475万立方米。

【农村饮用水建设工程】 按照轻重缓急的原则,投资3500万元在全县23个乡镇与青溪新城的94个村(点)实施饮用水提升改造工程,改善农村饮用水安全人口5.98万人。建设内容主要包括新建堰坝121座、过滤池102只、蓄水池74只,铺设管道401公里,新建抽水泵站6座及配套净化消毒设施等工程建设内容。　(汪增辉　胡新军　何贵平　何海澎　童文旭　余绵德)

·水电建设·

【概况】 2016年,完成增效扩容改造水电站1座(中洲镇洄溪水电站),改造后装机容量950千瓦,增加125千瓦。截至2016年年底,全县建成投产的水电站共104座,装机容量143905千瓦。全年小水电发电量37405万千瓦时,较上年减少8.3%;发电收入18185万元,较上年减少9.1%。

【安全生产大检查】 4～12月,对全县水电站进行了年度安全生产大检查。从检查情况看,全县水电站总体形势平稳,部分电站日常管理工作有所改善，总体情况看，以往电站日常管理中存在的主体意识不强、安全认识不到位、规范化意识淡薄、基础管理薄弱、重生产轻管理等一系列老问题仍然没有得到彻底解决。针对各电站存在的问题，相应提出整改意见。

【水电站星级创建活动】 按照星级创建的要求，对水电站各项建筑物、设备、管理行为进行考核打分，按总分高低分别评定三、二、一星级水电站。2016 年，参与考评的为 99 座水电站，其中三星级水电站有 12 座，二星级水电站有 17 座，一星级水电站有 69 座，另外 1 座水电站由于大坝建筑物未进行安全认定，被定为无星级水电站。

【水电站安全生产标准化建设】 2016 年 5～7 月，省水利厅、市林水局、县水利水电局组织的评审小组，分别对淳安县 2015 年度开展安全生产标准化创建的 9 座水电站（唐村水电站、云溪一级水电站、云溪二级水电站、衍昌水电站、宋家埠水电站、林家坞水电站、岭干水电站、陈家坞水电站、麟振桥水电站）进行达标评审，9 座电站均被评为标准化单位。2016 年，全县有 6 座水电站开展达标创建（铜山一级水电站、铜山二级水电站、下坂水电站、云港一级水电站、云港二级水电站、云港三级水电站），11 月，经市林水局、县水利水电局组织评审，6 座电站均被评为标准化单位，至此，全县 19 座装机容量 1000 千瓦及以上的水电站全部完成第一轮达标创建。

【水电站增效扩容改造】 根据水利部、省水利厅的统一部署，淳安县编制了《淳安县农村水电增效扩容改造方案（2016—2019 年）》。“十三五”期间，县开展 8 个水电站增效扩容改造项目，改造前装机容量 34810 千瓦，改造后装机容量 40160 千瓦，增加 5350 千瓦，改造总投资约 6300 万元。2016 年，完成洄溪水电站改造工程，装机容量 950 千瓦；启动枫树岭水电站增效扩容改造工程，装机容量 36000 千瓦。

【生态水电示范区建设】 实施中洲镇生态水电示范区建设项目，治理木瓜水库、洄溪、庆丰水电站生态治理，主要建设内容包括木瓜水库放水及监控工程、生态堰坝、防洪堤、河道清淤、电站环境整治等，工程总投资 538 万元。

【水电站从业人员岗位资格培训】 11 月，组织全县 15 名水电站从业人员参加省水电管理中心举办的水电站从业人员岗位资格培训班。经培训考核，15 人均取得岗位资格证书。

（王连春）

·水政监察·

【水政宣传】 以“3·22”世界水日和“中国水周”活动为载体，联合局各科室，认真开展形式多样、内容丰富的宣传活动。组织悬挂宣传横幅 50 余条，张贴主题宣传画 120 余张，制作 36 块水利建设成果宣传展板进行巡回展，发放水法律法规有关宣传资料 3500 余份；在全县 23 个乡镇、425 个行政村全面开展“水利科普知识进乡镇、村”活动。拍摄制作水利宣传专题片，提升市民改善水环境的意识，进一步保障水生态，从源头保护千岛湖水资源。

【河道采砂】 会同县海事部门，组织实施千岛湖湖区采砂船和货船退出市场及污水收集系统改造工作，继续保留的 6 艘采砂船，均按照海事、环保部门要求安装了污水处置设施。加强对农村河道采砂规范管理，将水利项目建设开挖砂石及利用情况纳入项目竣工验收内容,并进行重点监管。共查处两起借水利工程项目建设之际实施违法采砂案。

【采制砂整治】 联合县国土、环保、巡查办等部门对全县砂石业开展集中整治大排查。各乡镇均加大辖区内砂石业整治力度,共清理制砂场原有砂石料93000余立方米,拆除制砂设备7套,复垦土地8400余平方米。

【“河长制”工作】 按照省、市“河长制”工作部署,会同县“五水共治”指挥部对全县所有河道610块“河长制”公示牌信息内容进行统一标准更新。同时对淳安县4条县级、84条乡级河道“河长制”工作落实情况多次开展检查,并将存在的问题下达整改意见、限时督办。

【占用水域管理】 在沿湖涉水建设项目占用水域、弃渣入湖等方面严格管理,定期进行检查,尤其对2014年中办督查的重点项目进行重点监督检查,防止新的违法行为发生。同时,积极配合国家审计署对进贤湾华联项目中办督察前占用水域行为进行深入调查,并积极应对省委办公厅对千岛湖临湖建设项目的督查。开展沿湖沿线涉水情况专项检查工作。对全县所有沿湖乡镇及青溪新城建设项目占用水域情况、渣土入湖情况、河道非法采砂行为、擅自取水等逐一进行实地踏勘核查,重点检查有无占用水域及审批情况,对建设项目涉及占用水域的现状拍摄影像资料,制作电子档案并进行调查处理。开展涉水违建整治工作。根据省、市、县“无违建县”创建工作要求,结合“五水共治”、“四边三化”、美丽乡村建设、涉水彩钢房(棚)整治等,积极配合乡镇和相关部门全面拆除河道管理范围内的违法建筑,尤其是严重影响防洪安全、水工程安全和饮用水安全的违法建筑,全面提升县河道防洪安全、居住生态、休闲经济三大功能,促进河道长效管理。

【水政执法】 充分利用水利信息化巡查系统,加强了对全县84条主要河道的巡查,共巡查乡镇河道57次。通过巡查,及时制止水事违法行为,其中发出责停通知书18份;立案查处水事案件5起,结案3起,罚金2.15万元,及时妥善处理各类信访20余起。

【水资源管理】 进一步规范水资源管理工作。严格取水许可审批,规范落实建设项目水资源论证制度和取水设施验收工作。加强与行政审批科和水政巡查大队协调配合,开展水资源监督检查21次,发出取水许可限期办理通知书15份,取水计量设施限期整改通知书1份。全面开展计划用水工作,2016年下达计划用水量4087万立方米。取水监控设施得到巩固提升,全年新建战点4个,改造升级站点41个。规范水资源费征收工作,全年征收水资源费1071万元。落实最严格水资源管理制度。深入贯彻落实最严格水资源管理制度,切实抓好用水总量控制、用水效率控制和水功能区的纳污控制,水资源保障能力稳步提升,水环境明显改善,有效保障了经济社会的可持续发展。2016年,淳安县在全市考核中三大类8项考核指标全部达标,考核成绩为良好。开展节水型社会创建工作。根据省市上级部门统一安排,淳安县为浙江省第二批节水型社会建设试点县,2016年成立全县节水型社会建设工作领导小组及下设办公室,完成《淳安县节水型社会建设工作方案》编制,并通过县政府批准实施。同时,全面推进节水型载体建设工作,2016年,创建省级节水型企业2家、省级节水型灌区1个、县级节水型单位17家。完成农村饮用水保护范围划定工作。为切实加强农村饮用水水源地保护工作,2016年,对全县20处日供水量200立方米以上的农村供水工程的水源地开展保护范围划界工作。

【水土保持】 严把审批关，确保水土保持方案通过优化水保方案审查制度、强化项目现场踏勘制度、实行水保方案的质量管控制度审查，切实保证水土保持方案编制质量。2016年，审查水土保持方案报告书9个，报告表11个，登记表备案19个，征收水土保持补偿费73.41万元，落实防治责任范围108.84公顷。探索新模式，加强水土保持监督管理，全面加强在建生产建设项目的监督检查，逐步实现监管的制度化和规范化，全年累计开展水土保持监督检查60余次，验收生产建设项目24个，有效促进水土保持方案的编报和落实。防治结合，开展小流域水土流失综合治理。2016年启动淳安县枫树岭丰家源小流域水土流失综合治理工程，投资概算为277.95万元，项目主要由堤防工程和坡面水系治理工程组成，综合治理面积7.04平方公里。 （俞发康　钱立军）

·灾情·

【"6·1""6·28"强降雨】 主汛期先后遭遇7次明显的降雨过程，其中"6·1""6·28"两次强降雨过程对淳安县造成较为严重的影响。据统计，全县洪涝灾害损失(包括需治理的地质灾害点)共计12685万元。受损山塘8座、水库1座；冲毁防洪堤22.675公里；受损或冲毁堰坝共49座617.5米；冲毁或受损渠道10.984公里；受损蓄水池19座、管网18.852公里；水利损失4289万元。全县农村公路水毁235处，其中路面受损7975平方米，水沟受损2626米，塌方127340立方米，挡土墙倒塌31015立方米，路基损毁10033立方米，圆管涵倒塌348米，盖板涵倒塌25平方米，安全设施损毁32米，边坡治理3.95万立方米，交通总损失2168万元。农田受灾1359.87公顷，成灾面积274.13公顷，绝收面积101.77公顷；栏舍损毁63间，死亡牲畜2头，死亡禽类106只；大棚及农业设施损毁6.37公顷。农业经济总损失1487.68万元。全县因灾损毁房屋414户，总面积2.79万立方米，经济损失1200万元。

【"尼伯特""鲇鱼"台风】 3次台风外围影响淳安县，其中14号台风"尼伯特"、17号台风"鲇鱼"带来了充沛的降水。全县防台风工作尽早部署，措施落实到位，全县未发生明显灾情。 （郑红日）

·水　文·

【概况】 2016年，淳安县水文站下辖中洲、管家、千岛湖、下洪、小毛岭、西岭、荷岭后、双溪口、仙人潭、金竹岭、百罗畈、瑶山、大墅、白马、樟村、陈家村、姜家、杜井、塔山等19个雨量代办站。其中中洲水文站负责观测雨量资料的同时观测水位资料，2010年9月1日起，由于防洪堤建设，测站断面改变水位停测，计划于2017年中洲水文站改造完成后恢复观测。淳安县水文站负责全县雨情、水情的搜集、分析和整编，积累县境全年水文资料，为防汛防旱、水利水电工程建设及其他经济建设提供服务。全县重要小流域、小(1)型以上水库及部分小(2)型水库安装的雨情、水情自动采集系统运行情况良好，2013年山洪灾害调查评价及非工程措施完善项目于2015年完成。为县防汛防旱指挥、决策及时传递雨、水情信息和实现水库科学调度提供准确依据。

【雨情】 2016年，淳安县降雨属偏多年份，年平均降雨量为2223毫米，比多年平均降雨量偏多25%。因受县境地域广、地形复杂的影响，时空降水分布不均，县西南部的枫树岭镇白马雨量站降水量为2503毫米，而在县中部下洪雨量站降水量只有1936毫米，两站相差达567毫米。全县最大24小时降水量出现在枫树岭镇白马雨量站，为161.5毫米。

【水情】 2016年7月7日实测新安江水库水位105.30米，为年度最高水位，比上年度最高水位高0.28米；3月31日实测水位98.20米，为年度最低水位，比上年度最低水位高0.14米；水位年变幅7.10米，年平均水位101.37米。 （郑红日）

·淳安县水利水电投资有限公司·

【生产经营】 根据各流域雨、水情特点和规律，利用现代技术，完善测报系统建设，科学调节库容。积极协调上级电力部门，优先安排发电负荷，及时调整发电时段，提高水资源利用率，确保有序调度。截至年底，全年合计上网电量1.76亿千瓦时，销售收入8172万元，利润3979万元，税收1200万元，再创历史新高。

【安全生产】 按照安全生产标准化创建三年规划，对照标准化要求，全面进行查漏补缺，建章立制，规范运行，着力抓好各项整改，铜山梯级电站被评定为农村水电站安全生产标准化单位。同时加大创建投入，对林家坞、白马梯级等电站进行巩固提升，对林家坞、铜山、枫树岭大坝进行安全鉴定，并完善大坝监测体系，确保了安全生产和运行管理。

【岗位组合】 对所属枫树岭、白马梯级、铜山梯级、林家坞等电站，共设置值长岗位18个、运行人员岗位39个。根据岗位设置、上岗条件、本人意愿填写双向选择意向表，对站长、值长、运行人员进行双向选择，实现工作岗位优化组合，为企业运行管理创造了条件。

【工程养护】 积极培育发展水利工程物业管理市场主体，注册成立了淳安县水利工程养护管理有限公司，承接山塘、水库、水闸、泵站、农村供水工程、水电站和水文测站等10类工程标准化维护管理，全县首批65座小(2)型以上水库养护管理工作已经全面展开，已取得了较好的社会效益，为2017年的防洪防汛奠定了基础。

【资质报批】 依托公司专业技术优势，筹建水利水电工程建设公司，开展各类专业技术人员考试，向上级有关部门申报专业资质，不断拓展经营范围。从根本上解决人员过多、人浮于事、产品单一的问题，凝聚人心，拓展发展空间。

【旅游开发】 在抓好电力生产的同时，利用所属水库、山林、闲置房产等资源，加强与外来资本合作，初步确定了枫树岭、霞源休闲旅游项目开发的框架协议。重点开发休闲垂钓、户外运动、精品酒店、农事体验等综合休闲项目，带动当地休闲运动产业发展，增加农民收入。

【报废重建】 整合利用现有资源，实施洄溪电站报废重建，装机由765千瓦提高到950千瓦，年平均发电量由164万千瓦时提高到310万千瓦时，2016年4月完成重建任务，并正式投产发电，安全运行水平有了较大提高。

【增效扩容】 争取上级水利部门支持，将枫树岭水电站增效扩容改造已列入“十三五”规划技改项目，包括机电设备、110千伏线路、水库大坝及配套设施等，总投资4935万元。改造后，机组容量由2×1.6万千瓦增容到2×1.8万千瓦，设计年平均发电量将增加1409万千瓦时。增效扩容改造正在有序推进。

【“四边三化”改造】 实施铜山梯级电站附属设施改造，对厂区围墙、道路、外立面等进行更新。对枫树岭电站厂区绿化进行美化，清理进厂道路两侧杂草，补种景观植物，更新厂区草皮。充分利用水库清淤淤泥弃渣，把水库清淤与水库扩容、改田造地、改善土壤、“四边三化”相结合，实现了经济效益和社会效益双丰收。

【水库清淤】 因水库运行多年，库区淤积量较大，水域面积减小，一定程度上影响了水库生态环境。通过公开招标，对水库砂石资源拍得580万元和争取补助200余万元。这是该水库建成24年来首次进行的“大扫除”，库区清淤量达30万立方米。清淤完成后，使库区水面面积和水体质量有明显提升。

【生态供水】 为助力下姜村新农村建设，对下游河道实施生态供水，在每年7月16日至次年2月16日，共7个月枯水期，每天下放生态流量0.87立方米/秒，保障河道供水和改善水体质量。生态电站建成以后，根据河道有水流、有清水的要求，将生态供水更加常态化。

【生态电站】 结合枫树岭电站改造，规划建设坝下生态电站和梯级堰坝，提升河道驻水能力和景观效果。在洄溪电站报废重建过程中，按照电站标准化建设要求，全面实施生态电站建设，争取县水利资金进行室外改造，既恢复了原有的风格和特色，又达到了现代化厂房建设标准。

【保障G20峰会】 以护航G20峰会为已任，重点抓好管理中心、电站厂房、水库大坝等部位管控。对城区5个公交站点，严格巡防检查，确保上、下车安全有序。峰会期间，共安排平安巡防175人次，圆满完成了峰会保障任务。水投公司和枫电公司被评为G20杭州峰会服务保障先进单位，1人被评为市级先进个人，2人被评为县级先进个人。

【土地收储】 认真贯彻落实县委决策部署，投资1.6亿元完成珍珠半岛土地收储，及时开展企银沟通，确保资金按时到位，将土地收储工作上升为政治使命和社会责任，转化为高度的政治自觉和行动自觉，突出强化国有企业的使命担当。

【结对帮扶】 把帮扶解困作为体现社会责任的有力举措，为界首乡松源村、大墅镇洞坞村两个帮扶村各提供帮扶款10万元，帮助派驻第一书记村梓桐镇富石村建设农村广播项目，开展社区、帮扶村、库边村、返乡服务、退休职工、“1＋X”等困难群众及党员慰问等。全年共落实各类帮扶资金70余万元，受到了群众的普遍欢迎。　　（潘自鑫）

（编辑　陈晓丹）

工　业

·工贸公司·

【概况】 2016 年,淳安县工贸资产经营有限公司(以下简称公司)实现营业收入 5278 万元,利润总额 605 万元;招商引资完成到位资金 2310 万元,其中市外资金 1996 万元,完成县下达指标的 154%和 200%;引进千岛湖三典伴咖啡厅,完成特色招商任务。

【文昌纸厂职工安置房建成】 为配合县政府高铁站建设和文昌村的搬迁改造工作,2015 年 4 月,文昌纸厂职工安置房异地选址动工,该项目总投资 600 万元,建筑面积 1997 平方米,规划住宅 30 套。2016 年 4 月,通过竣工验收,6 月组织原文昌纸厂近 30 位老职工进行公开摇号选房,并正式交付使用。

【汾口"泰和苑"商住楼项目建设】 汾口镇最大老城区改造项目——"泰和苑"商住楼于 2015 年 11 月正式开工建设,该项目总投资 5300 余万元,建筑面积 1.3 万平方米,2015 年 12 月开工建设,2017 年元旦正式开盘,首批 51 套住宅、15 间营业房已预售约 70%。

【工贸大楼建设前期准备工作】 完成原香料厂地块工贸大楼立项审批、设计方案审批、地质灾害评估、设计等前期准备工作,2017 年 1 月进行边坡治理,4 月正式开工建设。该项目计划投资 1000 万元,建筑面积 3325 平方米,设计为七层商业办公楼,其中一、二层为商业用房,三至七层为办公用房。

【铜山尾矿库闭库工程】 2016 年年初,铜山锡铁矿正式停产,完成矿区资产盘点清查后,7 月底,与原承包商办理资产移交手续,11 月正式启动尾矿库闭库工程,积极推进矿山生态恢复治理和土地复垦工作。

【县肉类加工厂改造经营】 2016 年,县肉类加工厂经历了义乌华统猪肉冲击导致屠宰量急剧下降、承包人中止协议等不利因素,全年屠宰量 22600 头,比上年减少 16000 头。10 月后,该厂通过改造屠宰设施、提升屠宰质量、加强广告宣传、市场挂牌销售等有力措施,屠宰量稳定回升,经营状况稳中向好。

【国有资产保值增值】 抓好资产租赁,稳定租赁收益,公司全年组织公开物业拍租 15 次,成交 95 处,租金收缴率达 100%;完成小额维修工程共计 222 项,投入资金 26.9 万元,确保物业正常经营和使用;严格执行小额公共资源交易管理规定,健全申报审批手续,共进行 53 项交易,经 12 次领导班子会议研究决定,交易金额 160 余万元,涉及工程、监理、设计、设备采购、房屋加固、供电安装等内容。

【蛟池地块开发经营】 浙江科兰农业开发有限公司铁皮石斛通过有机认证,累计建成大棚 9.7 万平方米,实际种植铁皮石斛 8 万平方米,种植果树 8 公顷,累计投入 4000 余万元。该公司计划用 5 年时间把蛟池基地打造成最自然、最养生、最山水的 AAAA 级度假养生综合体。

【维护安全稳定】 专营商品供应安全有序,民爆物品运储销环节经营安全,供应正常;县肉类加工厂出厂猪肉合格卫生。开展安全生产大排查，重点消除矿山及尾矿库、民爆仓库、烟花爆竹仓库、建筑工地、地质灾害点等地的安全生产隐患，重点做好公司范围危旧房普查、违章建筑拆除、边坡治理等安全隐患整治工作。完成原文昌纸厂生活区、新安大街38号、炉峰路24号、新安大街4－5号等处地质灾害治理工程，完成烟花爆竹仓库维修工程、新安大街88号房屋加固工程，确保群众的生命及财产安全。

【结对帮扶活动】 积极主动做好社会帮扶工作，作为牵头单位组织帮扶集团成员单位认真开展“联乡结村”“一户一策一干部”等结对帮扶活动；动员企业和职工积极参与第17次“春风行动”活动，企业和个人捐款共计10.95万元。（关静雯）

·经济信息化和科学技术局·

【概况】 2016年，淳安县实现工业销售产值330.13亿元，其中规模以上工业企业实现销售产值262.95亿元，同比增长4.8%。实现规上工业增加值53.76亿元，同比增长10.6%。新增规上工业企业6家。

【企业融资】 全年帮助79家企业转贷126次，资金5.4亿元，组织政银企对接2次，同时与建行筹建“助保贷”业务，设立“风险池”，解决企业贷款融资困难，降低企业融资风险。研究制定工业企业服务组“服务企业 聚力发展”百日服务攻坚专项行动实施方案，明确了工作要求和工作内容。共走访企业196家，其中反映困难或问题的企业179家，征集到问题401个，解决率为100%。帮助企业拓展市场。组织企业外出参加中国国际丝绸博览会、食品博览会、装备博览会等展会，同时与参展装备企业进行对接，帮助企业拓展市场，提高产品知名度；组织企业经营管理者和乡镇分管经济工作的领导开展人才素质培育班2期，不断提高经营者管理能力；组织企业高管和业务骨干外出培训。打造企业服务平台。利用淳安食品饮料企业公共服务平台（杭州市中小企业服务平台淳安分平台）举办“中小企业服务日——淳安专场”活动，帮助县内中小企业对接政策、资金、人才。

【上级项目资金情况】 新增市级以上科技发展项目29项，其中省级6项、市级23项，共争取上级资金1526.2万元，其中康盛股份的“微经钢管多管路热处理、高防腐集成装备的研究开发”获杭州市科技进步奖。新增市级以上高新技术企业5家，其中国家重点扶持高新技术企业3家申报（复审）；新增市级以上企业高新技术研发中心3家，其中，浙江谷神能源科技股份有限公司新认定为省级高新技术企业研发中心；新增省科技型企业10家；新增市级专利示范（试点）企业3家。

【县级科技政策】 出台新的科技创新产业政策《淳安县科技企业孵化器和众创空间认定管理办法》（淳经科〔2016〕22号）进一步优化科技创新创业环境。引进6名紧缺专业浙大博士生到淳安县4家急需技术人才的企业挂职锻炼。落实兑现2015年度企业研发经费补助399.83万元、县科技企业种子资金429万元，促成产学研合作项目5个，落实产学研、创新券及专利补助资金74.45万元。

【农业科技】 全年共申报省、市科技项目29项，立项29项。其中省科技特派员6项，市科技特派员10项，杭州市（因素分配）农业与社会发展科研入库项目13项。新增省农业科技型企业2家，市农业科技型企业5家。由县推荐的王年金获得省农业科技先进工作者荣誉。7月27日，深入推行科技特派员制度现场会在淳安县召开,科技部和教育部、林业局、共青团中央、银监会、供销合作总社、全国妇联、粮食局等科技特派员,农村科技创业行动协调指导小组成员单位有关司局负责人参加会议。上午,与会代表在淳安县枫树岭镇下姜村考察了浙江省科技特派员助推精准扶贫、精准脱贫的成功经验。下午进行会议交流,科技特派员管理部门代表、派出单位代表和科技特派员代表交流了科技特派员管理、选派和服务经验。科技部农村司司长马连芳作了重要讲话。

【信息经济】 淳安县实现信息经济增加值12.29亿元,同比增幅25.4%;实现信息经济主营业务收入36.81亿元,同比增幅32%。全县纳入信息经济统计的规上(限上)企业24家,涉及电子信息制造业、云计算和大数据、物联网、信息软件、互联网金融等十二大产业。2016年,淳安县"两化融合"发展指数为78.97,位列一类地区第28位,相比2015年的74.76提升了4.21,从全省二类地区上升到一类地区,农夫山泉杭州千岛湖饮用水有限公司和杭州千岛湖啤酒有限公司列入了2016年杭州市工厂物联网和工业互联网试点项目。

【智慧应用】 淳安县有序推进智慧环保二期、康诺邦、华通云二期等5个杭州市"一号工程"项目。"数字淳安"、智慧医疗、智慧交通、智慧旅游等智慧应用的普及力度进一步加大,淳安县被省经信委列入省农村信息化示范区试点名单。光纤进村入户工程是2016年政府为民办十件实事工程之一,已完成全县425个行政村光纤入户工程,实现了光网全覆盖,提高了全县的网络基础设施建设。

【专利申请】 全年专利申请538件,增长34.16%,其中发明专利152件、实用新型270件、外观设计专利116件;授权专利291件,增长4.30%,其中发明专利19件、实型新型专利226件、外观设计专利46件。

(李达)

·商　务·

【概况】 2016年,县商务局围绕县委、县政府中心工作,立足自身经济发展职能,积极谋划,勇于创新,较好地完成了各项经济指标和发展任务。2016年,淳安县共引进浙商创业创新项目23个,实际到位资金10.11亿元。新引进招商引资项目135个,县外和市外实际到位资金分别是71.09亿元和29.36亿元;新引进"淳商回归"项目46个,实际到位资金5.42亿元。共承接产业转移项目62个,总计转移资金27.63亿元。实现社会消费品零售总额80亿8981万元,比上年同期增长12.1%,增幅在杭州13个县(市、区)中列第2位。完成服务业增加值116.9亿元,同比增长16%,增幅居7个县市第2位。全县实现网络销售额295528.44万元,同比增长40.19%。入县电商统计监测平台的电商户数共1215家,比上年增加505家。

【健全招商引资政策】 制定出台《关于鼓励引进重大生产性招商引资项目的实施办法》《关于建立千岛湖"亲商卡"制度的通知》等优惠政策,充分发挥政策导向作用,吸引外来投资者落户淳安。

【创新"零土地"招商】 努力破解土地要素制约瓶颈和发展空间不足等难题,利用闲置资源,深化绿色项目招引,全年共排摸闲置资源365处,其中国有闲置厂房、大会堂、学校、卫生院等68处约18.6万平方米,社会闲置资源54处约43.3万平方米。并按区域位置、资源概况及招引方向等属性重新定位包装，建立闲置资源库，绘制分类资源分布图，为精准招商推介奠定基础。

【推进山海协作工程】 2016年，有杭州市上城区、下城区等8个区县经合办与淳安县青田村、漠川村等10个村结对帮扶，帮扶资金达254.8万元，其中拱墅区经合办与王阜乡胡家坪村结对，下达帮扶资金任务为15万元，实际到位资金114.8万元，用于村农副产品交易市场二期建设及地质灾害边坡治理，改善村庄基础设施，促进当地经济发展。

【兑现财政贴息补助】 2016年，淳安县共有9家企业获得省、市山海协作财政贴息补助，补助资金达212万元，较2015年的120万元增长77%。其中，县山海协作职业技能实训基地和淳安千岛湖逸和源投资管理有限公司分别获得省级补助资金80万元和50万元，有效地激发了山海协作企业在淳安县投资发展的积极性。

【“聚力发展”新兴产业签约大会】 4月，举办“聚力发展 引领新业态”新兴产业签约大会，共签项目43个，包括“淳商回归”项目15个，总投资额24.43亿元，预计新增税收3亿元。

【“淳商回归”工程】 大力推进“淳商回归”工程，与深圳、上海、宁波等地淳安商会保持密切互动，发挥商会和行业协会“以商引商”“以企引企”的作用，并与中国露营地行业协会、全球中小企业联盟等有国际性影响力的行业机构达成合作意向，并在协会活动上有针对性地开展宣传推介。

【B20峰会商务对接和志愿服务活动】 大会期间，共发放招商手册200余份，接待国际金融协会、普华永道、完美世界等总计93家客商和媒体机构(其中中企58家、外企32家、媒体机构3家)，并与其中的香港豪都国际、亨通集团、沙龙电影、重庆融协等7家企业保持了良好的互动交流，邀请客商赴淳考察投资。

【第二届世界杭商大会创客大赛千岛湖专场活动】 10月，第二届世界杭商大会创客大赛——《创客梦想赢》千岛湖专场活动在杭州国际博览中心举办，会上，向200余家优秀杭商代表和40余名创投企业代表重点推介淳安的招商环境。

【争创全省首批“服务业强县”】 自省里开展服务业强县培育工作以来，及时拟定《淳安县争创全省首批“服务业强县”行动方案》，收集整理申报的台账资料，撰写创强实施方案，在规定时间内较好地完成了阶段性工作任务，淳安县成功被列入浙江省“服务业强县”试点地区。

【服务业发展机制】 制定《关于明确服务业重点产业推进组联席会议工作机制的通知》《关于完善淳安县发展服务业领导小组的通知》等制度，具体划分中，将“1+8”改为“1+9”工作协调机制，改变了过去一个产业组多个单位牵头的模式。

【编制发展规划】 启动了《淳安县“十三五”现代服务业发展规划》《淳安县康美产业规划》研究编制工作，科学谋划淳安县服务业的未来发展路径，引领服务业良性发展。

【2015年度服务业发展引导资金】 根据《关于进一步促进现代服务业发展的实施意见》(淳政发〔2015〕4号)文件精神，依照《淳安县服务业发展引导资金管理办法》(淳服办

〔2015〕8号)文件要求,经县发展服务业领导小组办公室会同县财政局、县统计局及各产业推进组联合会审并经过现场确认,兑现2015年度服务业发展引导资金1339.34万元,进一步推动发展一批服务业建设项目和重点产业。

【电商活动】 县级各部门根据自身职能积极举办各类电商活动,通过开展"首届山核桃电商节""2016杭州国际电商博览会"等活动,并引入网红直播的新模式,逐渐打通直播新媒体助推农产品上行的新渠道。

【商贸餐饮推广】 以商贸活动促市场消费,餐饮美食方面首次走出县门赴杭城举办淳安美食推广活动,吸引中新社、新华网、腾讯、新浪、网易、今日头条等20多家媒体作了报导;指导家电企业、汽车协会组织举办家电购物节和汽车展销活动;组织举办了首届电商年货节,2天现场销售额40余万元,取得了良好效果。

【2015年度招商引资奖励】 根据县委、县政府发文的《关于开展招商引资特殊贡献奖评选活动的通知》(县委办〔2013〕28号)和县工信局联合县财政局下发的《关于招商引资引荐者奖励的实施办法(试行)》(淳工信〔2013〕20号)文件精神,经引荐者自主申报、审核确认等程序,确定2015年度招商引资引荐者奖励人员43人次及奖金共114.2万元,确定2015年度招商引资引荐贡献奖6人,共49万元,并对奖励人员和奖金进行了公示和兑现。

【电商补助政策】 通过企业申报、核对汇总、实地验收,共兑现上年度电商扶持政策资金1147万元。

【基层组织建设】 深入贯彻"两学一做"主题实践,强化周一工作例会工作机制和局机关"读书畅谈会"活动,以及"三会一课"、党员固定活动日等载体,全年组织在党员活动日期间开展服务企业活动3次,深入野娇娇、阿帕其、猴子啃苹果等企业走访。探索开展"党建+电商""党建+餐饮"非公党建活动。

(汪　辉)

(编辑　陈晓丹)

交 通

·交通基础设施建设·

【概况】 2016年,共承担政府投资项目27个(其中县重点项目7个),包括杭黄铁路年度计划在内,总投资30亿元。

【杭黄高铁淳安段】 该线路东起杭州东站,向南及西经浙江省杭州市、萧山区、富阳区、桐庐县、建德市、淳安县,安徽省绩溪县、歙县,接轨于皖赣双线铁路工程新建黄山北站。整条铁路建筑长度265.244公里,杭州至黄山运营长度287.375公里,其中浙江省境内184.748公里。设计时速为250公里每小时,是一条客运专线铁路,杭州东站至黄山北站行驶时间为70分钟。整个项目估算投资为367.93亿元,项目建设工期为4年。其中淳安段建筑长度为53.658公里,沿途经过富文乡、文昌镇、左口乡、屏门乡、王阜乡等5个乡镇和15个行政村。2016年,淳安段隧道共开挖45公里(总长47公里),桥梁成桥3770米(总长4632米),累计完成投资38.2亿元,形象进度达67.8%。

【千黄高速淳安段】 千黄高速淳安段路线全长51.47公里,起点衔接拟建的溧阳至宁德国家高速公路安徽段,沿线主要经过威坪镇、宋村乡、金峰乡、汪宅、左口乡、青溪新城6个重点区域,终点接杭新景高速公路千岛湖支线,是溧阳至宁德高速公路的组成部分,采用双向四车道高速公路标准建设,全线设收费站6处(1处省界主线收费站及威坪、宋村、汪宅、千岛湖北、千岛湖东5处互通收费站)、金峰乡设停车区1处,估算总投资96.13亿元。工可报告8月16日获国家发改委批复,项目正式落地,12月16日召开了全线征迁动员会暨配套工程开工仪式。

【潭唐公路屏门至郑中段改建工程】 本工程位于淳安县屏门乡和王阜乡,包括主线和齐坑接线,实际建设里程共计25.248公里。主线设计起点设于屏门乡初级中学门口与潭唐公路临岐至屏门段终点顺接,终点位于王阜乡郑中村与刚建成的郑中段改建路段起点相接,主线全长19.093公里;主线采用部颁《公路工程技术标准》(JTG B01－2014)二级公路标准建设,设计速度40公里/小时,路基宽度按8.5米设计,桥梁宽度为8.5米,隧道净宽按9.5米设计。主线共设隧道3座、大桥2座、中桥5座、涵洞72道。该项目于2016年2月25日开标,3月24日正式开工建设,累计完成投资2.13亿元,预计于2019年3月底完工。

【S302省道丰茂半岛连接线工程】 本工程从文昌火车站经丰茂半岛至奎星桥,路线长8.39公里,其中桥梁1511米/9座,隧道950米/4座,路基总宽17.0米(含绿道)。设计时速60公里/小时,二级公路技术标准。概算总投资64527.16万元。该项目于2016年11月24日开标,项目总共有9个标段,该次招标进场的有主线的3个路基土建标、1个监理标、1个设计标,剩余4个标段(路面、交安、景观绿化、隧道机电)根据项目进度要求陆续进行招标和进场工作的安排。项目于2016年12月8日正式开工建设。

【淳开线与千威线连接线工程】 本项目主线

起点平交接淳开公路约 K6+600 处,路线向西北方向傍山沿湖布线,路经珍坞村、五坑村,终点在千威公路约 K13+000 处并顺接千威公路,主线长 2.675 公里。项目总投资 9517.72 万元。路基计划工期 12 个月。截至 12 月底,路基工程已完成部分路段的清表、开挖、路基填筑、截水沟的施工;桥梁工程已完成 3 根桩基;隧道工程完成了进洞口、出洞口的边仰坡开挖、护拱的浇筑、出洞口的管棚等。累计完成投资额约 2500 万元。

【山下至上梧线乡道公路拓宽改建工程】 淳安县山下至上梧线乡道拓宽改建工程起点平接老淳杨公路安阳乡山下村,按照三级公路标准建设,路线基本利用老路布线,终点至安阳乡上梧村,全长 4.175 米。路基宽度 6.5 米,其中行车道 2×3.0 米,硬路肩 2×0.25 米。项目总投资 2382.2 万元。2015 年 11 月 12 日工程开工建设。2016 年 10 月 31 日工程完工。

【小型政府投资项目】 2016 年,淳安县实施农村公路大中修 245 公里(其中县乡公路 105 公里,村道公路大中修 140 公里)、安保设施 60 公里、危桥改造及维修 16 座、隧道照明增设 12 座、隧道照明维修 11 座、桥梁的定期检查 140 座、农村联网公路 30 公里、杭黄高铁施工便道拓宽工程、农村公路水毁应急抢险工程、排岭半岛绿化养护灌溉管网增设工程、淳开线、上江埠大桥及接线工程环保验收整改等 12 个项目。累计投资 36150 万元。

·交通行业管理·

【城市公交线路】 配合客运北站、西站的启用,优化调整了 k1、k2、k4、k7、k8 公交线路,分别对线路进行了线路延伸、班次进行了增加;完成了省市治堵办下达的更新 10 辆公交车的任务,新能源汽车占比 100%。

【农村客运优待人群乘车优惠政策】 自 2016 年 4 月 20 日起,针对淳安县户籍的 60~69 周岁老人、淳安县户籍 70 周岁以上(含 70 周岁)老年人、伤残军人、二级及以上残疾人员等优抚对象,凡是乘坐县内的农村客运班车都享受福利性半价、免费乘车。截至 2016 年年底,县二、三级网络道路运输总客流量近 300 万人次,优待总人数 107 万人次,共为优待人群减免乘车费约 5854334 元。

【保障 G20 峰会系列整治活动】 以开展交通运输行业安保工作相关应急演练、加大交通运输安全生产隐患排查整治力度、继续推进"平安交通"创建和相关整治为手段,加强交通运输行业安全生产管理工作,保证 G20 峰会期间交通运输安全平稳有序。G20 峰会安保工作开展以来,淳安交通系统共开展各类应急演练 13 次;累计检查企业 219 家(次),发现安全隐患 481 条,整改隐患 481 条,整改率为 100%;查处各类违法违章行为 237 起,罚款 815855 元。

【公路路政管理】 2016 年,淳安路政大队共查处违法案件 427 起,拆除违章建筑 25 平方米,清理堆积物 2474 立方米;拆除非公路标牌 25 块;整治马路市场 11 个;收取公路赔(补)偿费 236382.5 元;查处违法超限运输车辆 178 辆,卸载 4723.21 吨,处罚金额 302355 元。

【安全生产知识宣传】 淳安交通运输局以开展"安全生产月"活动为载体,积极组织各类安全知识培训,借助媒体及公共场所广泛开展安全宣传活动,配合上级部门组织开展"安康杯"知识竞赛和安全知识征文等活动。2016 年,全系统共组织各类安全生产知识培训25次，开展各类安全咨询活动9次，发放安全宣传资料5000余份，接待前来咨询人员300余人次。接受安全知识和技能培训1200余人次，安全管理人员培训233人次。

【执法检查和规范行政处罚】 2016年，全系统共受理行政许可149件，准予许可149件，不予许可0件。其中，运管处136件，公路段6件，港航（海事）处7件，行政许可事项办理均能严格按照法律法规规定运作。开展专项执法检查行动，对公路“治超”、运输市场整治、安全生产领域的执法活动，按规定实施现场与非现场检查，发现问题及时予以纠正，检查情况作出通报，促进了规范行业执法工作。截至2016年12月底，全系统共办理行政处罚案件362件，罚没款总额99.25万元。其中，运管处68件、罚没款58.9万元，公路段178件、罚没款30.24万元、卸载货物4723.21吨，港航（海事）处116件、罚没款10.11万元。全年未发生行政诉讼或行政复议情况。 （汪 璐）

（编辑 陈晓丹）

邮政　电信　供电

·邮　政·

【概况】　2016年,淳安县邮政分公司共有职工209人,其中,A类合同工80人,B类合同工23人,劳务承揽工68人,劳务派遣工6人,劳务外包工32人。有退休职工74人。大力实施“金融业务、农村电商业务、寄递业务”三个一把手工程,扎扎实实强基础,突出重点抓金融,优化结构创效益,改革转型促发展,统筹兼顾建和谐,实现了各项业务欣欣向荣的发展。全县邮政业务总收入为3472.42万元,同比增长20.35%。其中,金融业务收入为1722.70万元,快递包裹业务总收入为170.52万元,函件业务总收入为285.68万元,集邮业务完成257.91万元。

【金融业务】　2016年,全县金融业务收入为1722.70万元,完成年计划目标的104.41%,同比增长14.37%。余额总规模为10.57亿元,2016年净增1.64亿元。全年累计完成标准保费为16297.06万元,全年完成率为116.41%;累计达成期交1475万元,全年完成率为141%;累计完成中邮期交734万元,全年完成率为100%;累计完成中邮长期险45.1万元,全年完成率为100%。淳安分公司是全市第一个达成全年保险“四项全能”的县分公司。2016年度大理财完成总体情况良好,全年基金销量2150万元,有效销量74万元;理财保有量8040万元,有效销量8134万元。

【邮乐购站点】　2016年,淳安邮政以“工业品下乡、农产品进城”为服务目标,紧紧围绕县政府推进电商发展的要求开展工作。农村电商邮乐购站点全年累计建站261个,其中,标准站250个,示范站点2个,邮乐购站点已实现全县覆盖。发展邮乐网会员11861名,其中有效会员占比92.4%;完成批销1418笔,批销金额38.25万元。1月,组织全县邮掌柜开展了“携手猴年　再创辉煌”年货品鉴会,完成批销订单80余笔,实现销售额约21万元。8月,组织全县邮掌柜开展了“思乡月”品鉴会,完成批销订单55笔,实现销售额15.6万元。11月底,组织全县邮掌柜开展了“邮乐购年货节订购会”活动,评选并表彰了年度“进销存之星、代购之星、批销之星、便民服务之星”等优秀邮掌柜,完成批销订单67笔,实现销售额18万余元。同时,依托“邮乐网千岛湖馆”电商平台和“淳安邮政”微信公众号,与县农办、县商务局、县电商办等单位合作策划3次农产品进城项目,线上销售千岛湖农特产品,县邮政局还提供“产品包装设计”“打包运输”“仓储管理”“客户服务”等一条龙服务。

【特色农产品进城项目】　淳安县邮政部门联动帮扶,组织市场经营部、电子商务局、包裹业务局成立帮扶小组,做足前期准备工作:抽调人员前往鸠坑乡柑橘基地,帮助橘农挑选柑橘,包装上车。包裹业务局通过邮运车将整箱的柑橘发往县邮件处理中心,再根据网络订单当天发往目的地。电子商务局负责平台设计工作。在“邮乐网千岛湖馆”上推出千岛湖鸠坑乡柑橘销售活动,设计微信推文,发布在“淳安邮政”公众微信号,发动全公司员工在微信朋友圈进行宣传推广,扩大影响力。共计销售配送柑橘2600余箱,23700余斤柑橘,帮助农民实现销售额57800余元。淳安邮政组织机关部室、专业公司、投递等部门组成邮政助农帮扶小队，前往淳安县王阜乡菊花生产基地，帮助花农打包、包装菊花，再通过邮运车运回县局邮件处理中心，包裹业务局根据网络订单当天发往目的地。在产品包装方面，为了满足不同客户的需求，将菊花包装成12克装带自封口的、50克装手拎牛皮纸袋的、52克装牛皮罐装的、100克礼盒装的，以提高产品附加值，扩大市场需求。在产品销售方面，通过邮乐网千岛湖馆线上平台和杭州邮政微信商城进行宣传销售，扩大金紫尖菊花的销路，累计销售配送野菊花15240份，销售额达11万余元。淳安邮政积极组织人员策划"临岐山核桃"农产品进城项目销售，通过淳安邮政微信公众号推文发布，在邮乐网千岛湖馆平台采取预售方式，共计销售2520余罐，销售金额5万余元。

【包裹寄递业务】 2016年，淳安邮政完成包裹寄递业务收入170.52万元，其中，快包业务收入149.59万元，同比增长75.14%。"双11"期间，共计包裹收寄15000余件。2016年，共签订代投协议客户共13家，其中国际件1家。对农村支局包裹快递业务实行了绩效考核，加大了农村支局的业务指导和培训支撑。抢抓重点区域、重点市场、重点客户，夯实客户基础。农村区域以临岐、汾口、威坪、大墅4个中心集镇为重点区域，以小型电商、小型农特加工企业、微商为重点客户，以服务和价格为优势，抢占农村区域小电商、微商寄递市场。

【邮务类业务】 2016年，传统函件业务不断探索、拓展、创新，全力打造邮政广告媒体业务，实现了函件业务又好又快发展。1～12月，函件业务累计完成收入285.68万元，完成年计划目标的103.88%。集邮业务累计完成收入257.91万元，同比增长207.18%，完成年计划目标的303.43%，其中，借助G20杭州峰会的营销契机，成功销售G20邮品215万元，淳安局是浙江省内唯一被纳入的"全国函件产品收入规模上升较多的五大县市之一"的县局单位。直邮广告类业务累计收入完成26万元，其中，开发了G20峰会旅游地图项目，共谈成12家协议单位，实现收入约20万元。联合县交通警察大队共同印制了《中小学生安全教育读本》，由交通警察大队出资，分公司负责设计、印制，总计3.5万本，共计收入10.3万元。淳安邮政坚持创新引领，以商演项目为切入点，6月中旬举办了一场《蓝精灵总动员》商演活动，吸引了2000余名小朋友和家长到场观演。

【财务管控】 对企业房产、资金、存货和成本等资源进行梳理盘点，加大整合和盘活力度，集中优势资源重点向"三个一把手工程"倾斜。围绕构建以利润为核心的财务管理体系要求，加大对效益贡献的考核力度，指标体系突出体现以利润为核心的政策导向。通过严格执行合同收账期、督促收缴欠费、及时停止不良信用客户收寄、加强考核欠费责任人等一系列措施，缓解资金压力。由于欠费及集团加大对集中资金收缴比例等因素，当前企业日常经营性现金流非常紧张，要在加强专业核算、加快效益业务发展的同时，加快用户欠费回收，严格控制并压缩资本性支出，加大资产盘活力度。

【内控管理】 2016年，为提高工作效率，理顺部门职责，淳安邮政对职能部室、专业公司的部门职责进行重新整合和细化。同时，完善优化了公司管理制度、工作制度、考核制度，先后出台了《问责办法》《班组长以上管理人员办法》《房屋出租管理办法》《机动车辆及驾驶员管理办法》《周例会管理制度》《请假报告制度》等规章制度，严肃了工作纪律，规范了员工的职业行为。设立了党委办公室，配备兼职党务工作人员一名。为健全淳邮代理金融全面风险管理体系，提升专业风险管理能力，成立了风险管理委员会，明确议事规则。为规范分公司出租房屋管理工作，成立了房屋出租管理领导小组。

【人力资源管理】 2016 年 5 月，在市公司的统一组织下，淳安邮政完成了管理人员双向竞聘工作，共精简了 17 名管理人员，实现了管理岗位的平等晋升，打通了员工晋升与退出通道，实现人力资源的优化配置。为建立一支结构优化、梯次合理的后备人才队伍，加大了部门与部门之间、部门与专业之间、机关与基层之间人员交流的力度，同时，派出了两位年轻有为的机关管理人员到基层一线去淬火锻炼。

【G20 安全生产管理】 6 月，组织机关部分人员开展了消防安全和逃生演练活动，员工进一步了解了消防安全知识，使用灭火器材设备的能力有所提高，消防安全意识有所增强。6 日，组织全体营业人员，各邮政支局负责人，市场经营部、包裹业务局全体人员召开 G20 峰会期间寄递安保誓师大会。8 月 5 日，组织全体驾驶员召开 G20 交通安全学习例会，分公司领导和 30 余名准驾人员参加了会议。12 月 26 日，邀请县交警大队警官上一堂交通安全警示教育学习课，县分公司各部室、专业公司负责人，全县邮政驾驶员，共 40 余人参加会议。2016 年杭州 G20 峰会期间，淳安邮政严把收寄关，并圆满完成了 G20 峰会保障任务，为全县邮政收寄安全工作做出了巨大的贡献。峰会前期，下发了《关于进一步加强快递包裹收寄安全验视工作的通知》《关于重申 G20 峰会邮件收寄规章制度的通知》，对 G20 峰会期间全县邮件收寄安全、通信质量、服务质量工作提出明确要求，并做具体安排。严格落实全县邮政营业收寄点实名登记制。规定邮政营业网点负责人每日必须跟营业员一同检查、验视收寄，对收寄邮件采取了验视加复检的双重保险措施，确保所有邮件安全收寄。2015 年 6 月以来，市场部对全县邮件收寄点进行不定期的现场试寄检查和非现场监控检查。还聘请第三方（县行风监督员）对全县邮政营业网点包件收寄验视制度落实情况进行测试检查，并对检查出的问题及时进行通报与整改。对全县收寄点的监控进行全面检查，更新整改了全县 9 处中心乡镇收寄点的监控，对达不到公安规定的监控时限要求的收寄点，全部停止收寄。

【普遍服务和窗口服务】 为全面提升窗口服务水平、展示淳安邮政企业新形象，2 月，对窗口服务人员的着装、文明用语进行了统一和规范。4 月，市场经营部协同服务质量监控中心对全县承担普遍服务的 36 个网点、支局(所)的普遍服务功能进行现场和非现场的摸底排查，对全县邮政窗口服务质量、投递环节、邮件收寄等内容进行重点检查，并融合业务指导和培训，做到了送教育培训到一线。在检查中发现的违规行为，公司及时做出通报和严肃处罚。同时，积极参与市公司组织的营业、金融岗位大练兵、技能大比武等竞赛系列活动，不断提升窗口服务水准。

【社会帮扶】 组织开展淳安县第 16 次春风行动，单位和个人共捐款 31000 元；面向全体职工开展“为民办实事”意见征求活动，结合职工的意见和建议，为梓桐支局、临岐支局建设了职工食堂，解决了农村网点人员“吃饭难”问题；局领导亲自带头开展新春慰问、夏季高温慰问、暖心家访等活动。

【“智慧城市”服务】 2016 年，淳安邮政积极贴近政府，为打造千岛湖“智慧城市”建设添墨加彩，新建了20个信息化、智能化E邮站，实现了千岛湖镇住宅小区的全覆盖，并被越来越多的市民所熟知、青睐，成为康美千岛湖的一道亮丽风景线。7月，在千岛湖镇城区、威坪镇、临岐镇、大市镇等10个邮政营业网点设立了爱心饮水点，为高温天气下浴汗奋战的环卫工人免费提供清凉饮用水和休憩场所。 （何思靖）

·中国电信淳安分公司·

【概况】 2016年，中国电信股份有限公司淳安分公司（简称淳安分公司）有合同制员工100人、外聘员工130人；下设3个部门、1个室、1个中心、7个支局。截至2016年，完成有效主营收入8505万元，完成率为100.5%，同比增长5.42%。其中宽带收入完成2637万元，完成率为101.97%；流量收入完成1150万元，完成率为109%；同比增长36%；新兴业务收入完成2850万元，完成率为101.24%，同比增长27.26%。

【市场营销】 为有效推进营销活动的力度，淳安分公司要求各支局、网格定期开展“微三扫”，每次活动要求提前一周列出计划、明确目标、做好评估。公司组织的营销活动中，固化执行动作，综合支撑部门自觉深入支局，发现问题，落实责任，督办解决，提升支撑响应速度。各支局结合区域实际，摸索出了形式多样的创新举措，成效显现。通过公司全体员工的共同努力，圆满完成上级公司下达的各项工作任务，宽带净增指标3400户，完成5871户，完成率达172.7%；高清itv净增指标7300户，完成12322户，完成率达168.8%；itv净增指标7350户，完成9413户，完成率128.1%。占比从2015年年底的25.4%提升至96.80%。

【营维一体营业厅】 2016年，新建全网通卖场3家，沃商千岛湖天翼卖场、淳安十字街天翼卖场、汾口众旭杨旗天翼卖场，均为商圈内新建。完成了中心营业厅改造，分为卖场及营业厅。新建网格厅3家，新安东路营业厅、秀水营业厅、文昌营业厅。在建网络厅3家，新安网格厅、鼓山网格厅、新北网格厅。全县7个支局分成13个网格，全部按营维一体模板签订承包协议，并完成人员配置和网格店建设，不断完善网格厅管控制度，网格人员已熟练掌握精准营销工作流程，接单率、在岗率、成功率不断提升；红包套餐顺利实施，翼支付生态圈建设稳步启动。

【打造翼支付生态体系】 为接应杭州分公司翼支付生态体系建设，营造C网差异化发展环境，着力推动红包套餐全面发展，淳安分公司建立了社区（统包）经理和后向商家紧密联动关系，作为返乡营销的据点，通过周末现场指导绑卡，帮助商家炒店，实现了合作共赢，经营单元全员实现翼支付红包套餐破零，为返乡营销奠定了基础。至年底，发展后向商家809户，翼支付活跃用户达8860户，基本实现了城镇TOP商家数、一村一店、一小区一店、一网格一店后向商户签约数的预期发展目标。

【“电信节”营销】 淳安分公司携手宏兴家电在汾口镇开展“电信节”营销，借助电视机优惠活动，将itv+节目包、宽带、融合套餐等产品进行了包装，实现产品多元化营销，拓宽销售路径，通过itv免费体验向用户倡导“智慧家庭，全家畅享”的新生活理念。并创新推出针对在外工作淳安老乡的“淳安乡情关爱礼包”。1月16～18日，来自7个支局的8支参赛队伍展开实战PK赛，各营销小组在当地支局人员的带领下，分别进入预先划分好的营销片区，实施上门营销、拦截营销，凡是进用户家里营销的都会送上一瓶洗洁精，为用户送上节前温暖。新增itv137部、宽带76户、分享55户、抢先看包年23户，销售电视机礼包23台、乡情礼包14户，取得了丰硕成果。

【单元实质性承包】 淳安分公司快速接应市公司关于前端划小和实质性承包工作部署，成立了支局承包领导小组，下达了“支局实质性承包竞标方案”，鼓励一线员工积极报名参加竞标。为使员工对竞标政策和经营方向更加明了，公司还对竞标报名者进行了培训，根据竞标方案，公司对竞标报名者进行了资格初审，将初审合格者报领导小组审核通过，并对符合竞标条件的人员名单进行了公示，确保竞标公开、公正、透明。1月8日，淳安分公司2016年度经营单元实质性承包竞标会如期举行，14位来自经营一线的员工依次走上演讲台，参与7个支局和政企中心的新一轮实质性承包竞标。

【酒店完美联盟首期微推会】 1月12日下午，淳安分公司在千岛湖半岛商务酒店举行酒店完美联盟首期微推会，酒店完美联盟是中国电信在全国范围内针对酒店行业统一推出的一种创新型业务合作模式，对提升酒店服务档次，加快酒店信息化发展，塑造现代化酒店新形象具有很大的促进作用。淳安县紫豪宾馆等16家中小酒店负责人、酒店客户经理参加会议。

【临岐镇政府移动办公系统上线】 临岐镇政府下设6个综合性办公室和3个社会公益事业中心，为了更好地服务公众、提升企业管理效率，临岐镇政府需要一套可以随时、随地、随手使用的办公自动化系统。协调政企部制订了一套以手机终端上的智能客户端为载体，使用移动分组通信网络与服务器系统进行连接，将企业内部信息化应用系统扩展延伸到移动终端，搭建可移动化应用的信息系统，帮助用户摆脱时间和空间的限制，随时随地接入企业信息系统，享“自由自在”的信息化办公，满足企业高效决策、快速审批的需求，提升企业整体执行力。2015年12月中旬，淳安分公司顺利拿下了4G乐享169套餐67户的团购单。

【首单医疗影像云服务项目成功签约】 淳安分公司接应省、市公司战略部署，加快创新业务发展，特别把全力打造“三朵云”摆到了更加突出的位置，为增强快速反应速度，对管理架构进行了调整，在政企部专门成立了行业信息化支撑中心，牵头全县行业信息化应用商机抓取和服务支撑，网运部政企支撑中心跨前一步，把工作中心推进到政企项目前沿，结合客户经理组成虚拟项目组，开展专项攻坚行动，公司领导加强客情走访，牢牢把握政府项目的主动权，为稳步推进“三朵云”提供了强有力的支撑。淳安分公司和淳安县中医院成功签订医疗影像云服务合同。合作双方议定，淳安分公司将依托中国电信医疗影像云平台的服务规则，向县中医院提供医疗影像数据的存储、调阅等影像云服务，并提供使用咨询、业务投诉、故障申告、受理、预处理、影像云平台和业务故障处理、售后等相关服务。该项目是杭州本地网七县市的首单成功签约，标志着在全力打造“三朵云”项目上取得了实质性突破。

【智慧校园成功签约】 6月，淳安分公司成功与汾口小学、汾口初级中学签定了《智慧校园整体战略合作协议》。随着“互联网＋”浪潮的兴起，对学校信息化建设提出了更高要求，淳安分公司迎来了拓展智慧校园市场的机遇。2016年，淳安分公司继续加强客户走访，在对淳安县汾口小学、汾口初级中学电信翼校通用户的走访交流中，了解到学校在信息化建设方面的需求，淳安分公司向市公司校园中心提出支撑需求，制作了有关智慧校园、桌面云、移动互联网等新兴技术手段在学校信息化建设中运用的方案，并上门向两所学校进行专题宣传推荐。该方案以“翼校通”“电子校徽”“开放课堂”“朗朗课堂”“教育itv”等信息化平台应用为切入点，结合产品演示，深入浅出地为校方讲解智慧校园产品给学校教学工作带来的便利，并根据两所学校不同的需求分别制定了个性化解决方案。通过充分、细致的工作，淳安分公司分别与两所学校签订了《智慧校园整体战略合作协议》。

【网络支撑建设】 全年完成LTE室外基站建设261个，室分16个，完成建设目标的101.89%，本地网排名第一；完成WIFIAP安装245个，电信4G信号覆盖率同比增长50%，城区覆盖率在运营商中领先。加快城域网扩容，双平面出口带宽扩容至120G，itv出口扩容至20G，县域内10个汇聚点全部完成双万兆上联割接，确保宽带品质领先地位，网络安全大大提升。全年共完成FTTH能力新增36400线，光宽带占比达到97.1%，超额完成95%的目标。全年建设包括公安、村级等监控点位340个，公安监控标改高164个点位。配合政府完成淳杨线、千汾线、中心镇等线路上改下工作；完成传统语音交换退网及弱机型退网工作。线路建设方面，完成新建项目53个、续建项目177个，立项金额4355.67万元，基础网络承载能力进一步增强。

【完成重点隐患整治割接】 因淳杨线道路改造，电信线路临时迁改后，千岛湖至大市、里商、石林方向的中继主干光缆大多是在山上、路边临时布放，光缆传输存在重大隐患。上江阜大桥至大市上改下割接涉及影响大市支局机房环路，青溪支局的许源、里商、石林接入网机房，里商机房的一平面、二平面，及C网的B设备、三合基站、小坑坞基站、许源林场基站、江村基站、阮家源基站、许源基站、燕窝基站。涉及割接工作点位13处，光缆210芯，跳纤124条，是淳安分公司成立以来工作量最大、施工最复杂、影响面较大的一次光缆割接。为确保通信畅通，淳安分公司做足了前期准备工作，成立了割接领导小组和工作小组，设立了4个割接组、3个跳纤测试组、1个监控组和1个应急保障组，制定各工作小组详细工作内容，明确割接现场总指挥、割接现场负责人及各割接点组长，任务落实到人，保证割接过程万无一失。在27日凌晨1:10分割接正式开始，凌晨5:30分与监控中确认所有电路恢复，6:20分清理现场完毕，割接顺利完成。所有电路恢复通信，消除了千岛湖环湖北线的通信隐患，为G20峰会提供保障。

【开展G20应急预案演练】 6月24日，淳安分公司组织开展保障G20应急预案演练，演练模拟112机房强电入侵引发火灾案情，检验紧急情况下现场指挥、有序撤离、扑灭火灾、通信抢修、恢复秩序等能力，在各部门应急行动小组的紧密配合下，演习取得圆满成功。淳安分公司作为G20峰会三级管控单位，切实落实大院安全整治，完善大院门卫制度，针对峰会保障要求，制定了防汛、防火、反恐及网络信息安全等一系列应急预案，并开展清单式演练，查漏补缺，不断完善，确保四个“万无一失”落实到位。

【强化基础管理】 公司领导带头深入基层，亲临支局“精三扫”和光改现场调研指导工作，了解员工思想动态，帮助协调矛盾，解决实际困难。开展专项审计整改，建立内控长效机制，清单式梳理2013年以来审计发现的问题，逐项核查整改情况。规范对外合同协议、优惠、报销等项目的制度流程,成立采购小组、招投标小组等各专业小组,对车辆维修、物资采购、废品拍卖、房屋出租、广告制作等项目实行比价议价,并由各专业 小组讨论决定,堵塞流程漏洞。强化队伍建设,优选 3 名人才,优化中层干部队伍,培养后备干部 12 人、市公司中级骨干 6 人、初级骨干 19 人,C 转 B1 人。树立安全意识,排查整改安全隐患 89 项,更换灭火器 100 具、消防水带 10 条,安全生产投入 33 万元,全年无重大责任事故。

【工会换届选举】 7 月 28 日,淳安电信工会召开五届一次职工(会员)代表大会。大会审议并通过了《淳安分公司第五届工会组织换届选举办法》,经过 32 名职工代表的无记名差额投票,依法选举产生了第五届委员会和新一届经审委员会,在全体代表的共同努力下,会议顺利完成了全部议程。

【党建基础工作】 建立健全各项规章制度,确保党建工作规范有序执行。公司党委先后印发了一系列加强党建文件,进一步修订完善了"党委会议制度"、"党员积分制管理"和"党员固定活动日"等党委议事制度,将"三重一大"事项列入党委会议事范围,党费补交按时到位。完善基层党支部区域覆盖,各党支部通过法定程序选举产生了新一届支委会,圆满完成支部换届选举,对没有正式党员的 3 个农村支局实行党建指导员制度,由党委成员各自挂钩,弥补党建空白。制定党建工作责任制清单,切实落实"一岗双责",包括党委主体责任、党委书记第一责任、分管领导责任、党委委员责任、党支部责任、党支部书记责任、党支部委员责任,并下发规范文件,严格执行。

【"两学一做"教育常态化工作】 认真落实上级党委统一部署,印发"两学一做"学习教育方案,制定学习教育推进计划表,明确具体学习书目和学习要求,并严格按照计划步骤组织研讨学习,全面完成了年初制定的学习任务。利用每月召开的中心组理论学习会和建党 95 周年庆祝大会,围绕"两学一做"中心内容,党委书记和班子成员带头讲授专题党课,并邀请党校老师授课。在党委成员带动下,各基层支部也各自组织党员每月开展集中学习,46 名党员骨干撰写了"树理想守信念争先锋"主题体会文章,全体党员发表了"两学一做"学习教育百字感言。开展学习贯彻十八届六中全会精神,分别对会议公报、准则、条例组织专题学习,认真解读和领悟六中全会的十二个关键词,准确把握全会的精神实质。组织参与县委纪念建党 95 周年大型演唱会,与社区党支部联动开展文明共建活动,开展"党旗在我心中"、重温入党誓言、"三亮三比三争创"等主题活动,党委成员以身作则,带头示范,佩戴党徽和员工一起现场营销和光改服务,全年共开展党员固定日活动 40 多场次,党组织的战斗堡垒作用和党员先锋模范作用在经营活动中得到进一步彰显。

【平安企业建设】 落实"党政同责,一岗双责,失职追责"制度,对各类应急预案、网络信息安全、反恐防暴、门卫管理等制度进一步完善,责任分解落实到岗到人。推进安全标准化建设,班组长以上管理人员全部通过安全培训,持有安全管理上岗证,线务员、电工等特殊工种全部通过学习考试,持有登高证、准驾证、电工证等,做到持证上岗,依法管理。加强常规性安全检查,及时排除安全隐患,包括对外协单位的检查整改,共发现安全隐患 89 项,基本完成整改,更换灭火器 100 具、消防水带 10 条,全年隐患整改资金投入 33 万余元。为完成 G20 峰会保障任务,根据年初制定的峰会保障方案，开展清单式检查整改，落实政企客户保障、重要局站保障、光网提质、网络提质、无线提质、资源清洗等“六大计划”执行，确保峰会保障期间通信畅通。

【关爱职工活动】 实施“送温暖”工程，开展“三八”节女员工慰问、“五一”节劳模慰问、夏季高温慰问活动；持续做好做实“五必访、五必贺”、困难员工生活补助、医疗爱心互助、金秋助学等关爱帮扶工作；做好重要节日、G20峰会等重大活动慰问关爱服务；开展满意食堂、当家菜、开心菜园和文明宿舍评比活动。落实关爱举措16项24条，形成文化、幸福、素质、健康“四大工程”的关爱体系。安排在职员工和退休员工共281人体检，增加体检内容，体检标准从2014年的460元提高到580元；安排员工疗休养50人次、各级荣誉休养4人次；组织各类有益身心健康的文体活动，丰富员工业余生活。修订完善女工特殊利益保护办法，提高女工卫生津贴；为全体女职工(共74名)办理县总工会女职工特殊疾病医疗互助。　　（蒋文红）

·中国移动淳安分公司·

【概况】 2016年，中国移动通信集团浙江有限公司淳安分公司(以下简称淳安分公司)内设综合部、市场部、政企部、网络部4个部门，以及城区、汾口、威坪3个区域营销部，有营业厅11所，员工92人。2016年，出账收入1.774亿，较2015年增长6.5%。通话用户达到23.1万户，通话市场份额77.56%。2016年，完成82个4G基站建设，实现淳安主城区和重要乡镇4G信号全覆盖。

【网络通信保障】 网络规模再上台阶，顺利完成各项工程建设任务。淳安共有2G宏站878个，室分73个；TD宏站167个，室分34个；完成LTE宏站建设695个，室分64个；自建有线宽带信息点4.3万个；4G网络建设如期完成82个站点的建设和开通工作。深覆盖打造精品网。实现光纤接入基本覆盖全县，实现“村村通”光纤到户工程，加快“信息高速公路”建设。网络保障工作再谱新章。圆满完成G20峰会各专业重点保障任务。圆满完成千岛湖马拉松赛、浙江省乡村旅游提升会议、千岛湖大墅乡村旅游节、千岛湖“白云深处有人家”民宿体验节、千岛湖环湖自行车赛、金峰乡光大环保能源项目等十余项重要活动的通信保障。

【运营支撑能力建设】 2016年，有线宽带建设信息点4.5万个，累计信息点12万个，累计发展用户16581户，有线宽带覆盖行政村136个。淳安县共有移动自有渠道6家、合作加盟厅5家、签约渠道77家、直供专营渠道22家，联通渠道共计15家，电信渠道共计25家，移动专营占比为73.33%，核心渠道占比58.67%，有效渠道份额仅有60.78%，相对竞争对手占有领先优势。自主优化完成富文、许源村、老宋村、叶家等15个站点的设备改型和全改定，对应村庄的信号覆盖改型明显，弱覆盖投诉得到有效解决。

【智慧家庭生活】 从传统新业务的存量维系和新媒体业务的拓展两手抓，创造智慧生活新价值，传统业务中彩铃业务累计12.8万户，来电助手累计5.3万户，天气预报累计2.7万户，手机报累计1.5万户。新业务不断拓展，惠生活累计1067户。2016年，淳安分公司依托淳安县“智慧经济”发展方向，突出千岛湖智慧旅游发展主线，重点抓住淳安县委、县政府为民办十大实事中涉及行业信息化应用的民生工程。全年新增信息化项目18个，移动互联网业务正不断延伸到市民日常生活中的方方面面。淳安分公司与淳安县第一人民医院携手成功完成对下姜村远程医疗服务站的试点。远程医疗设备利用“互联网+”模式,村民无论在自己家中还是田间地头都可通过平板电脑或手机,与县第一人民医院的专家进行实时连线,进行健康咨询、医疗信息、自助服务、远程会诊,最大限度地合理配置医疗资源,解决看病难问题。

【政府项目建设】 2016 年,淳安分公司深入推进政府合作,全年累计完成信息化项目合同 17 个。在智慧旅游方面,完成千岛湖游船无线 WIFI、姜家镇无线 WIFI、中州镇无线 WIFI、威坪镇无线 WIFI 等项目,积极推进全省第一个集视频监控、无线 WIFI、大屏发布系统、客流统计系统等于一体的千岛湖智慧绿道信息化项目建设;在视讯方面,完成公安交警安全防控体系三期项目、数字城管监控、以及视联网等项目建设;在行政执法终端方面,完成公安、交警务通、城管通、监管通、综治通、司法 E 通等系列行业执法终端应用项目;在民生方面,完成淳安县助残服务直通车项目全面扩面,淳安全县 15000 余名残疾人和工作者都拿到了助残通手机终端。其中,2014 年和 2015 年,淳安分公司与县残联向 7 个乡镇的残疾人发放了 7670 部手机终端,警残疾人工作者发放了 535 部智能终端。2016 年,浙江移动再接再厉,与县残联深度合作,对剩余 17 个乡镇的残疾人发放 4G 手机智能终端 7370 部。让淳安县残疾人不出家门即能解愁分忧,为他们带来最便捷、最完美的服务。

【信息化项目】 公司紧紧围绕县委、县政府“智慧经济”主线,重点关注旅游、民生、教育、政务、交通、公安城管六大领域,统筹资源,充分发挥行业优势,使移动信息化项目在六大领域内均取得较好的发展,实现了移动信息化助力淳安经济发展的良好目标。2016 年,信息化项目累计合同金额 1500 余万元,同比提升了 50%。

【企业文化】 2016 年,中国移动面对形势变化带来的新机遇、新挑战,以大视野、大战略为指引,践行“走在前列、实干担当、励精图治、创新有为”十六字,勇做“攻城拔寨的先行者,改革创新的实践者,稳健发展的主导者”,促进公司经营业绩稳定增长,努力开创公司“十三五”发展新局面。优秀的企业文化是企业的灵魂,是企业长盛不衰的根基。在摸索和实践的道路上,淳安分公司秉承集团公司“正德厚生　臻于至善”的核心价值观,以上级公司“品质移动”为标,传承“善知善行,惟和惟新”工作文化,结合淳安“秀水富民”的地区文化特色,通过“实践、认识、再实践、再认识”的不断进步、提升的过程,坚持以“灵动”铸魂,为建设“康美千岛湖”出一份力。公司荣誉创建喜获丰收。2016 年,内部公司成功创建浙江省“最美春泥团队”、杭州市巾帼文明岗、淳安县巾帼文明岗等荣誉,内部荣获省企业文化示范单位。同时荣获 G20 杭州峰会服务保障工作先进个人、G20 杭州峰会服务保障工作先进个人千岛湖镇个人荣誉称号。

【社会扶持】 企业与社会共进退、谋发展,以员工满意、客户满意、股东满意为宗旨,承担社会责任,热心公益活动,用实际行动诠释大爱无疆,彰显移动企业形象,取得了精神文明建设的丰硕成果。根据县政府及上级公司的要求,结合公司实际,组织开展春风行动捐款,员工积极捐款。公司党、团组织自发地与梓桐小学贫困孩子结对助学,已坚持 4 年以上,并做好省市公司爱心资源的传递。积极响应县政府要求,开展党支部与梓桐镇三联村困难家庭“结对帮扶”走访慰问活动,进行“七一”和高温期间贫困老人结对 7 户。公司组织“移动 4G 伴成长”留守儿童关爱活动,为大墅镇中心小学、里商乡中小、王阜乡中小、枫树岭镇铜山完小等学校送上了 100 台免费的 4G 智能终端以及配套的 SIM 卡和话费补贴。同时,积极服务社会,设置 8 个移动爱心清凉解暑站,为环卫工人提供休息场所,开展“315”服务、“两会”服务、就业大会服务、社区服务、文明出行志愿活动。　（方海霞）

（编辑　陈晓丹）

供销　贸易

·供　销·

【概况】　淳安县供销总社(以下简称供销社)有基层供销社6家、独资(控股)企业6家、参股企业7家,在服务三农和促进淳安社会经济发展中发挥了积极作用。截至2016年年末,共培育发展中华全国供销合作总社重点龙头企业2家、省级骨干农业龙头企业2家、省三星级文明规范市场1家、县重点工业企业2家,发展农民合作社112家,其中国家级示范社7个、省级示范社13个、市级示范社17个、县级示范社21家。2016年,全社实现经营总收入3.32亿元,与2015年持平;汇总利润1318万元,同比下降12.18%;所有者权益11077万元,同比增长7.3%。在全省供销社系统县(区)基层供销社考核中,被评为2016年度全省供销社系统综合业绩考核特等奖、全省供销社综合改革先进单位、全省供销社现代农业服务体系发展先进单位。

【供销社改革和农合联组建】　2016年4月底,在全省率先完成农合联组织架构,组建成立片区和县级农合联,吸收会员380名,其中农民会员304名;组建农合联执委会"一室五部一公司",县供销社机关由原"一室三科"调整为"一室四科",县供销社与农合联执委会实行"一套班子、两块牌子"运行体系,全力构建"生产、供销、信用"三大合作服务体系。在构建生产合作服务体系上,依托农业、林业等职能部门,加大对技术、机械具有比较优势的农民专业合作社、家庭农场、农业龙头企业等农业经营主体的示范培育力度,构建"公司+农户"的生产合作服务体系。2016年,建成汾口仙川水稻、姜家小标桃园、千岛方盛农业、文昌农盛粮油4个农技(农机)服务示范网点和汾口林业技术服务网点。在构建供销合作服务体系上,抓好1个县级综合营销平台、6个片区基层供销服务站点和23个乡镇购销服务网点建设。引进合作伙伴,投资500万元组建淳安农合信息科技有限公司,在周坑口农批市场启动了以农产品展示展销和农产品电商为主的县级综合服务平台建设。其中农产品电商服务启动运行,10～12月实现销售500余万元,农产品展示展销中心完成设计方案招标。片区基层供销服务站点中,临岐建成并投入使用;威坪完成了资产托管经营,农贸市场开张营业;姜家基层供销服务站点农贸市场进驻运行。乡镇农产品购销服务点中,里商、枫树岭、白马、威坪4个购销服务点已建成运行。在构建信用合作服务体系上,与县信用联社签订战略合作协议,推进以资金互助会、"三位一体"融合贷农合联信贷产品、农信担保为主的三大金融服务抓手建设。在构建"三大合作"服务体系的同时,创新"联合与合作"载体建设,加大与全县农业经营主体的联合与合作力度。建立"1+6"农合联代理服务中心;分片区建立了7个农合联会员微信交流群,协同举办了小标桃园第二届水蜜桃采摘节、千岛方盛第二届有机猕猴桃采摘节等活动;组织召开农业经营主体座谈会,开展会员之间基地对接交流,帮助会员解决产业发展、资金、销售等方面难题;组织参加各类品牌展示评选活动。

【为农服务组织建设】　以振兴发展薄弱社、基层社改造重组、专业合作社规范发展等举措,大力推进为农服务组织建设。全年新建2

家专业合作社，发展6家专业合作社联合社，规范提升11家专业合作社；成功创建1家国家级专业合作社、4家市级规范化专业合作社和10家县级专业合作社。新建6家村级综合服务社、4家三类经营服务综合体、10个电商服务站，提升11家经营服务综合体。农友茶果、大市百乐坪果蔬、金狮峰茶果三家专业合作社荣获“2016中国农产品好品牌500强，千岛湖红姑娘无核柿专业合作社入选中国50佳合作社，农友茶果专业合作社“里商”品牌入选中国30佳合作社品牌。杭州千岛湖金溢农食用菌专业合作社为2015年度生态循环农业示范企业。

【茶叶经营服务建设】 2016年，茶叶市场春茶交易量3100吨，交易额10.4亿元，平均交易单价335元/公斤，实现茶农增收1240万元；杭州千岛玉叶茶业公司实现销售收入2000万元，同比增长20%；新洲制茶销售茶叶5090吨，实现销售收入5100万元；千岛玉叶服务中心完成包装62400盒，包装量14268公斤。同时深入挖掘“千岛湖茶”品牌影响力和价值，通过名优茶开发、茶品类调整、奖项评选等活动，着力推进茶产业发展方式从“外延扩张”向“内涵提升”转变。选送参评的千岛湖龙井茶和千岛湖红茶分别荣获2016“中绿杯”和2016“浙茶杯”金奖。积极参加千岛湖第二届斗茶大会、千岛湖龙井茶品牌推介会等活动，提升“千岛湖茶”市场知名度。

【社会化服务】 发挥农资供应主渠道功能，保障全县农业生产农资需求，2016年供应各类农资12471吨；创新农资服务方式，累计建成实体和网络庄稼医院17家，拥有坐诊医生12名，积极开展测土配方施肥用药、统防统治、植保诊断、新肥新药新技术推广等服务，2016年接受农户问诊300余次，诊断面积133.33公顷。巩固提升日用消费品网络，延伸服务链条，提升服务水平，全年实现连锁业务收入2.45亿元。千岛湖蔬菜公司新开500余平方米的绿园店，进一步放大蔬菜公司平抑菜价功能。

【“两学一做”学习教育和社会帮扶】 5月6日，县供销社党委召开“两学一做”学习教育动员部署会议，5月18日下发供销系统实施意见，对“两学一做”学习教育进行了全员发动和工作部署。全年组织党员集中学习10次，开展专题讨论3次，查摆党员问题113条，领导讲党课12堂，系统99名党员作出争做合格党员承诺。举办“我的心中我的党”为主题的演讲比赛和“两学一做”知识竞赛，确保全体党员学习到位。开展党员服务群众系统活动，8个支部累计开展固定活动78次，党员参与活动总计658人次；机关党员到社区报到服务每人完成2次，累计34人次，报到率100%；15名在职干部全部完成全年4次返乡报到服务。开展“你的情意由我来送达”中秋关爱行动，慰问左口乡留守老人和空巢老人；重阳节到威坪楼厦村慰问老人；连续14年慰问现已97岁高龄孤寡老人毛春兰；“七一”期间，开展第三轮结对帮扶，为左口乡左口村、芳桥村17户农户送去慰问金6800元；加强社区共建，帮助南山社区解决党建经费19500元。 （钱利君）

·茧丝绸总公司·

【概况】 2016年，全县有21个乡镇224个村有1.01万养蚕农户，桑园面积4133公顷，其中投产桑园3706公顷。淳安县茧丝绸总公司全年累计发放蚕种67656张，生产蚕茧2467吨，蚕茧产值11497万元，蚕桑总产值13516万元，平均张产39.2公斤，平均茧价每50公斤2172元。同比2014年，蚕种减17515张，减幅20.6%；生产蚕茧减1067吨，减幅 28.7%;蚕茧产值减 3675 万元,减幅 32%;蚕桑总产值减 4501 万元,减幅 25%;平均张产减 4.5 公斤,减幅 10.3%;平均茧价每 50 公斤增 129 元,增幅 6.3%。蚕桑产业总体呈下滑态势,但在今后较长时间内仍将是县农村经济重要组成部分。

【民间融资服务中心】 淳安县民间融资服务中心成立。由公司发起组建的淳安县民间融资服务中心有限公司于 7 月 18 日顺利开业。该公司是经县政府批准成立的全县唯一一家民间融资市场运营机构,公司的成立有利于加强对民间融资的引导和规范,充分发挥民间融资积极作用,拓宽实体经济融资渠道,有效缓解小微企业融资困境,也为公司转型升级迈出了实质性的一步。精简机构,竞聘上岗。为提高工作效能,促进公司和全县蚕桑产业的又好又快发展,将原机关 8 个科室调整为 5 个部,并组织开展中层干部竞争上岗的聘任用人制度,机构精简,能者上,办事效率效能得到显著提升。

【蚕桑产业基地】 2016 年年初,公司提出了探索推进"品牌企业+精品原料基地"经营模式,同时大力实施"10+10+100"工程,依托 3 个省级特色优势农产品生产基地、9 个市级都市农业蚕桑示范园区,按照"整合一批、稳定一批、提升一批"的要求,通过转包、租赁、土地入股等形式,推动成片桑园向专业大户、蚕农专业合作社、家庭农场集中,要求建设核心区桑园面积达 500 亩以上的规模化示范区 10 个、700 亩以上的规模化家庭农场 10 个,培育年产茧达 500 公斤以上的养蚕大户 100 个。全年共建成了 10 个农场式的生产基地,共流转桑园 46.67 公顷土地,完成桑园种植,部分投入使用;年产茧超 500 公斤养蚕大户 595 户。

【"十天养蚕法"】 2016 年,全县共建立 76 个标准示范点,其中一星 15 个、二星 26 个、三星 19 个、四星 12 个、五星 4 个,全年参加示范点饲养的蚕种有 15647 张,产茧量达 630.6 吨,蚕茧产值 2759 万元,平均张产 40.3 公斤,比全县平均提高 1.1 公斤,实现蚕农增收节本 369.9 万元(其中茧款增加 123.6 万元,节约成本 246.3 万元),初步达到了"突出重点、扶强扶优"的目标。2016 年,主抓技术培训和检查指导两项工作,请总站技术人员和高星级示范点负责人讲解技术要点和实践心得,同时组织相关人员按照标准严格检查验收,"十天养蚕法"管理进一步规范。

【晚中秋病虫害防治】 受到多雨天气的影响,晚中秋茧桑螟灾害严重。面对灾情,公司全体干部员工众志成城,积极采取应对措施,在预判并召开桑树病虫害防治会议和准确监测发布病虫害情报的基础上,将工作前置,在工作预案制定、病虫情报、防治宣传、桑园统防统治、发种时间协调等方面进行妥善安排。2016 年桑园统防统治共防治了 5 次,防治面积累计达到 1200 余公顷。成立 4 个技术服务工作小组下基层指导各总站和茧站,通过座谈会、进村入户指导、张贴宣传单等多种形式加强宣传,并通过农民信箱和淳安电视台黄金时间段播放病虫害防治信息提醒,有效提高了蚕、桑病虫害防治效果,积极与县财保的工作人员协调,到现场核实情况,帮助蚕农尽可能挽回损失,晚中秋蚕桑保险赔付 300 余万元。

【蚕茧市场管理】 2016 年,国务院下文决定取消鲜茧收购资格认定行政审批事项,对县蚕茧收购市场造成一定的冲击,但在县政府的高度重视下,公司与各乡镇、部门通力合作,密切配合,切实做好市场管理协调,按照《中华人民共和国合同法》积极做好蚕农劝返工作。通过政府重视、部门支持、措施得当、茧价到位，全年蚕茧市场管理成效显著，实现鲜茧收购资格证书放开后的开门红，全县仅威坪片有少量外流，上茧收购率在99%以上。

【“桑旅融合”】 进一步推进农场果桑采摘游。配合双溪村规划设计了双溪村蚕桑文化园。在下姜村新建蚕桑文化生活馆，通过科普蚕桑知识、体验养蚕过程、展示蚕丝用品及蚕桑保健品等方式宣传蚕桑文化。2016年“五一”劳动节期间顺利开馆，自开馆以来，接待了省、市、县等各级领导以及丝绸蚕桑界同仁和外地游客，为下姜村景区建设增添了一道靓丽的风景，受到一致好评。

（吴茂东）

·淳安县烟草专卖局(分公司)·

【概况】 2016年，卷烟批发销量1.37万箱；实现卷烟销售总额5.09亿元；实现利税1.25亿元。经济运行上出现销量微降、结构提升情况，在行业转型发展的新常态下，淳安县烟草专卖局专注市场状态调优，落实新品培育，推进降本增效，同时继续为地方财税增长作出积极贡献。全年无安全生产事故、党风廉政考核事件及影响企业稳定事件发生，企业管理继续保持稳定、和谐。

【市场监管】 2016年，以全面监管的态势加强市场监管，着力惩治涉烟违法犯罪，维护正常市场秩序，落实差异化监管法，进一步推进内管委派组的内管监督，扎实有效推进市场监管工作。通过开展精益专卖课题攻关等，持续开展市场联合检查、错时检查、卡口检查等，全年共计查获各类涉烟违法案件96起，同比上升87.23%；顺利办结2015“8·8”互联网销售假冒卷烟网络案，查获2016“3·25”互联网销售假冒卷烟网络案，卷烟打假破网相关品管圈（QC）课题荣获全国烟草行业质量管理成果发布二等奖殊荣，课题小组获得“全国优秀质量管理小组”荣誉称号。

【依法行政】 积极推进政府信息公开和行政许可定期公示；严格行政许可审批程序，完善政务服务体系；有效加强烟草零售许可证后续管理，完善许可证退出机制。按照《烟草专卖许可证管理办法》和《淳安县烟草制品零售点合理布局管理办法》的相关规定，共受理行政许可事项577份，其中，新办零售许可证189份，不予许可33份，变更许可26份，到期办理延续许可240份，歇业许可82份，停业许可4份，个转企许可2份，恢复营业许可1份。通过日常监管，对长时间关门、未进货的卷烟零售户维护到擅自停业区，停业一年以上未办理手续的公告后注销、领取许可证后连续6个月未营业（未进货）公告后注销共计243户。

【基础管理】 紧密结合淳安烟草工作实际，以建设“精和淳烟”为目标，持续提升各项基础管理工作。不断深化管理体系建设，在分层分类对标上下实功夫；强化企业内部精益管理，探索推进机关员工绩效管理；持续加强财务规范管理，月度现金流预算准确率保持在98%～102%；扎实推进安全生产管理，圆满完成安全生产标准化岗位达标工作，全年安全无事故，连续两年被全省烟草商业系统评为安全保卫先进单位；有序推进信息化建设，全年无信息安全责任事故；企业差旅费、办公费、业务招待费、会议费均实现大幅下降。

【队伍建设】 进一步优化队伍结构、激发队伍活力，实现人才支撑发展的作用。通过抓优秀人才引进，完成新进大学生的录用和培训;扎实开展“两学一做”专题学习教育,组织多场次学习教育活动,领导班子带头讲党课,各支部分别召开高质量的组织生活会,积极以学促做,确保作风得到改进;抓素质技能提高,分层开展培训活动,确保了全员技能、素质的再提升;抓企业文化建设,不断完善“一园两室”建设,发动党团工妇组织开展多元化集体活动,重点做好廉政文化宣导,员工队伍活力有所提高。

【规范制度】 做好严格规范重点工作,确保权力规范运行。开展常态化正风肃纪工作,严查工作执行力不强、侵害群众权益、工作作风不正、廉洁纪律不严等方面问题;严控权力运行,加强“三重一大”、议事规则等制度的宣贯,落实执行情况自查,积极接受上级巡视检查,确保权力运行规范;规范办事公开,进一步完善办事公开程序,推进民主管理,确保职工知情权实现,增强干部员工参与办事公开民主管理自觉性;落实法治建设,强化案件、合同审核,开展普法宣传活动,多种形式、多种载体促进行业法律法规得到普及。

(高　腾)

(编辑　陈晓丹)

财政　税务

·财　政·

【概况】　2016 年，淳安县实现生产总值 232.85 亿元，按可比价格计算，比上年增长 10.5%。其中，第一产业增加值 34.29 亿元，增长 4.2%；第二产业增加值 81.66 亿元，增长 6.3%；第三产业增加值 116.90 亿元，增长 16.0%。三次产业结构比 14.7∶35.1∶50.2。按户籍人口计算，人均生产总值 50614 元，增长 10.3%。全县财政总收入 27.29 亿元，增长 8.7%，其中一般公共预算收入 17.36 亿元，增长 8.6%。全县一般公共预算支出 60.07 亿元，增长 18.7%。按现有财政体制计算，全年财政收支平衡。

【财政收入】　优化收入结构，一般公共预算收入占财政总收入比重为 63.6%；税收收入 15.55 亿元，占一般公共预算收入比重为 89.6%。强化税收分析预测，加强税源管理，实施税源专业化管理，重点税源监控企业从 260 户增加到 300 户，重点税源企业入库税收 8.01 亿元，占税收收入比重为 62.3%。提高征管效率，优化税警协作，管查互动，推行团队式、约谈式稽查，实施“双随机一公开”机制，全年查补入库税费 1308 万元。规范非税收入监管，加强票据和结算专户管理，全年累计征收非税收入 16.81 亿元，其中政府性基金收入 15.01 亿元。强化社保基金预算管理，完善社保补贴实施办法，强化社保缴费基础数据比对和风险推送，组织社保基金收入 10.89 亿元，增长 51.1%。

【支持创新经济发展】　支持科技事业发展，制定科技创新发展专项资金管理办法，全年科技事业支出 10670 万元，增长 8.1%。加大扶持力度，规范政策审核兑现流程，加大财政奖励扶持力度，全年拨付涉企财政扶持资金 2.14 亿元。落实税费优惠政策，减征或降低社会保险费，全年减免各项税费总额 1.91 亿元。服务中小企业融资，全年提供中小企业转贷服务 126 户次，累计转贷资金 5.41 亿元，缓解企业融资困难，促进金融市场有序稳定。运作产业基金，农业产业基金完成对 4 家农业龙头企业的投资，计 2700 万元。

【促进城乡统筹发展】　全年落实城乡统筹建设资金 10.13 亿元。完善城乡基础配套。支持和鼓励社会资本进入基础设施和社会事业。加大城乡基础设施投入，支持杭黄高铁、潭唐公路屏门至郑中段改建工程、千岛湖公共体育设施工程等城乡配套设施建设；保障千岛湖文化综合体、科技大厦、千岛湖汽车客运北站等城市建设资金。推进富丽乡村建设，落实区县帮扶协作资金，促进薄弱村发展，原 345 个经济薄弱村全部实现收入超 10 万元。推进支农体制改革，联合 9 部门制定《淳安县财政支农体制机制改革三年行动计划》和《淳安县落实财政支农领域“两个一般不”改革示范试点工作实施方案》，健全支农资金管理体系。

【保障民生事业支出】　全年民生保障和社会事业支出 45.56 亿元，占当年公共财政新增财力比重为 75.4%。支持教育事业发展，全年教育支出 8.89 亿元。保障教育经费投入，提高义务教育学校生均公用经费补助标准。落实农村特岗教师津贴、农村学校食宿改善和幼儿园提标工程资金。支持文化体育事业发展,全年文化体育与传媒支出10885万元,增长56.8%。完成55处农村文化设施和19处农村历史建筑修缮。保障国际毅行大会、中国自行车联赛、千岛湖马拉松、千岛湖水上运动嘉年华等体育赛事活动开展。促进医疗卫生事业发展,全年医疗卫生投入5.24亿元,增长13.3%。制定公立医院床位运营补助办法,推进乡镇卫生院医疗设备标准化建设。保障县级公立医院和基层医疗机构基本建设、设备更新、医疗资源"双下沉"和信息化建设。加快社会保障体系建设,全年社会保障和就业支出7.21亿元,增长57.1%。完成1308套保障性住房建设,城乡低保标准分别提高到660元和594元。新建和改造居家养老照料中心155家,推动居家养老体系建设。加大城乡居民社会保障投入,城乡居民基础养老金标准从每月130元提高到每月150元。

【生态环保事业投入】 全年生态环保建设投入12.82亿元,保障城区、农村、湖区治污资金。率先建立"五位一体"农村治污设施运维机制,获得全省"五水共治"优秀县"大禹鼎"。实施湖区垂钓整治,推进湖面垃圾市场化打捞。淳安县成功创建全球绿色城市、国家森林旅游城市,被纳入国家重点生态功能区。

【财政管理改革】 深化预算管理,落实新《中华人民共和国预算法》,一般公共预算、政府性基金预算、社会保险基金预算、国有资本经营预算实行全口径预算管理,并首次指导乡镇预算编制,夯实预算基础数据。落实部门预决算信息公开制度,64个预算单位全部完成信息公开。清理整合财政资金,整合使用补助资金12.03亿元,有效形成资金合力。组织实施县级行政事业单位公款竞争性存放和预算单位银行账户招标管理,19家预算单位通过招投标方式实施公款竞争性存放67342万元。强化预算指标、用款计划管理,严格预算执行过程监督审核,规范财政支出行为。推进数字财政建设,制定民生财政地图、预算执行监控系统、财政支出项目库三项应用详细方案,开通统一公共支付平台,将非税收入缴费正式接轨互联网。强化政府性债务管理,把握政府债务管理政策,优化债务结构,新增地方政府性债券11亿元,政府债务规模控制在规定限额内。

【财政监督管理】 加强政府投资项目监管,预算审核实行现场踏勘制,开展委托审核项目质量抽查管理,提高预算审核实效。全年完成政府投资项目预算审核978个,涉及资金43.83亿元,核减不合理资金1.59亿元。强化预算绩效管理,组织实施绩效评价项目89个,涉及财政资金24.82亿元。实施年度财务会计监督检查27家,发现违规问题资金2437万元。加强政府采购监管,加强政府采购活动现场组织管理,组织采购活动313次,采购预算金额3.52亿元,中标金额3.12亿元,资金节约率11.9%。加强国有资产监管,建立行政事业单位闲置资产统一调配机制,大幅提升资产利用率。加强改制企业剥离资产审核,严防国有资产流失。加强预算单位财务监管,完善国库集中支付制度,全年国库集中支付资金42.46亿元,预算单位公务卡结算支出1508万元。严控"三公"经费支出,严格落实厉行节约政策,健全"三公"经费长效管理机制,全县66家县级预算单位全部向社会公开"三公"经费预决算信息,全年"三公"经费支出下降18.2%。加强会计人员培训及管理,组织农村财会人员支农政策培训452人次,实施会计从业资格换证工作,完成换证327人,完成会计人员继续教育3805人。开展财政专项检查,组织开展往来款、差旅费、津补贴、小金库、财政资金安全、"无违建县创建”专项资金、农村污水处理项目补助资金、执行中央八项规定回头看等专门清理检查，对执行财经纪律不规范的单位责令认真落实整改。

【乡镇财政规范化建设】 全县23个乡镇财政总收入2.65亿元，占全县财政总收入比重为9.7%；乡镇公共财政预算收入1.50亿元，占全县公共财政预算收入比重为8.6%；乡镇公共财政预算支出20.29亿元，增长28.7%，乡镇财政滚存结余0.28亿元。开展乡镇与部门组团竞赛，全面消除财政收入100万元以下乡镇。推进乡镇财政公共服务平台信息化建设，33项涉农民生补助资金纳入乡镇公共财政信息系统软件管理。探索“一卡通”与“市民卡”相关联，实现平台民生资金发放全覆盖。加强乡镇财政所会计队伍建设，招录乡镇财政人员充实基层财政会计队伍。

【干部队伍建设】 注重干部培养，组织实施服务强手、理财好手、查账高手、征管能手“财税四手”评选，提升干部综合业务技能。开展“青春沙龙”21期和“干部讲坛”9期，调动干部积极性和创造力。丰富文化建设，挖掘财税核心文化，各楼层及走廊布展财税廉政文化。县财政(地税)局当年获县级机关部门综合考评优胜(满意)单位第一名。

（唐　华）

·地方税务·

【概况】 2016年，地税部门组织各项收入24.84亿元，增长15.7%。其中，税收收入12.85亿元，下降2.2%；非税收入11.99亿元，增长43.9%。社会保险基金收入10.89亿元，增长51.1%。

【收入特点】 收入结构持续向好，地方税(除所得税)累计入库10.43亿元，税收占比81.2%。三大主体税种齐增长，占地税税收比重为63.1%，其中，营业税入库4.30亿元，同口径增长42.1%；企业所得税入库1.85亿元，增长0.6%；个人所得税入库1.89亿元，增长33.3%。第三产业税收占比提高，结构更加合理。第一产业入库642万元，下降20%，占比0.5%；第二产业入库4.65亿元，下降14%，占比36.2%；第三产业入库8.14亿元，增长6.3%，占比63.3%。

【全面实施税制改革】 “营改增”是深化财税体制改革“重头戏”，4月30日顺利完成3612户营业税纳税人基础信息资料平稳移交，联合国税为596户企业举办政策辅导会，上门走访辅导重点企业72户，征收营业税4.30亿元。

【“金税三期”】 紧紧围绕省市局“金三”优化版工作要求，成立领导小组，做好前期准备，清理基础数据12万条，组织两次人海压力测试，完成双轨运行过渡，10月8日成功平稳运行。

【创新落实“大征管”】 构建征、管、控、查“四位一体”现代化税收征管体系。加强日常税源管理，夯实征管基础信息，创新开展“三送二问一核”，核实纳税人信息1200余户，与国土部门交换土地登记信息2646条。完善规范税务登记注销管理，审核注销登记360户。强化税源深度管理，降低税收流失风险，重点开展纳税辅导、纳税评估和政策宣传，补缴税费548万元。

【实施稽查“双随机”】 发挥税务稽查“以查促管”功能，探索开展稽查“双随机”制度。强化稽查主业，选案工作实行外分离，重点检查案件由选案办推送，全年共对219户纳税人实施了税务检查，入库税收1308万元。

【重点税种税源管理持续发力】 强化重点税种税源管理，创建和谐征纳环境，重点税源企业入库税收7.9亿元，占地方税收比重为61.5%。企业所得税汇算清缴率达到100%。个人所得税全员全额明细申报达到95%，258家行政事业单位清理补缴个税4055万元，同比增长3061万元。年所得12万元以上自行申报人数1191人，增长了13.7%。股权转让税收前置评估审核292户。加强已完工房地产项目土地增值税清算，入库土地增值税1.23亿元，同比增长59.4%。

【国地税合作】 共同制定《国地税合作工作任务分工和时间进度表》，定期召开工作联席会议，共同组织"税法宣传月"和"五一专项服务"等活动，联合完成税收宣传35次，委托国税代征部门征税费，大厅互设窗口，互派人员，互派干部挂职锻炼，联合采集第三方涉税信息1.5万条。

【税收法治】 贯彻落实推进依法治税各项要求，成功创建首批浙江省法治税务示范基地。落实行政决策机制及干部学法用法制度。梳理税收权力清单，规范权力运行，深化简政放权，全面取消非行政许可审批。加强大要案审理及行政处罚案件报备工作，防范执法风险。开展执法督察自查和交叉检查，完成省局、市局疑点推送执法督察，规范执法行为。健全税收司法保障体系，建立法院民事执行与地税部门税费征缴协作机制，保障税费征管，通过个案协作机制共分配入库税款9.36万元。

【纳税服务】 落实《浙江地税纳税服务规范》，执行"首问责任制""补正承诺制"。开展便民办税十大"春风行动"，提供全方位办税服务。联合银行推出税易贷、税银贷产品，为14家小微企业授信717万元，当年发放贷款517万元。完成1879户企业纳税信用等级评定。举办"税企杯"乒乓球、羽毛球、网球邀请赛，开展"聚焦营改增试点、助力供给侧改革"税收宣传活动。召开行业专题辅导会、税费政策专题讲座，联合国税开展新办企业涉税业务培训。通过网上办税平台、网站、报刊、电视、广播、微博、微信发布税收政策。

【干部队伍建设】 优化干部配置。严格中层干部选拔任用工作程序，新提拔任用中层干部4名，其中中层正职2名，中层副职2名；新录用公务员6名、事业人员3名。注重干部培养。组织实施服务强手、理财好手、查账高手、征管能手等"财税四手"评选，提升干部综合业务技能，3人获杭州市局"岗位业务技能比武能手"荣誉称号；修改岗位责任制和干部个人评优考核办法，激发干部工作主动性；组织"青春沙龙"21期和"干部讲坛"9期，调动干部积极性和创造力。丰富文化建设。落实疗休养工作制度，保证干部职工身心健康；组织全局第二届职工趣味运动会，展现广大财税干部职工激情活力和团队风采；挖掘财税核心价值，在各楼层及走廊布展财税文化。推进"两学一做"。开展手抄党章和收集好家风好家训活动；组织全局人员开展G20平安巡防和值班值守专项行动；落实党风廉政建设和国际形势专题讲座教育，营造"两学一做"良好氛围。深化效能建设。坚持"严管就是保护"理念，落实党风廉政建设层级负责机制，深化科室单位党风廉政建设；县地税局获杭州七县(市)绩效考核第四名；县财政(地税)局获县级机关部门综合考评优胜(满意)单位第一名。 (王宝军)

·国家税务·

【概况】 2016年,县国税局组织入库税收收入134139万元,完成年度计划108773万元的123.32%,同比增收33423万元,增长33.19%;剔除营改增新扩围四大行业收入24590万元,同口径税收收入合计109549万元,完成年度计划的100.71%,同比增收8833万元,增长8.77%。完成县财政总收入口径税收收入123459万元,同比增长35.33%,增收32230万元,占比45.24%;完成县地方财政收入口径税收收入54644万元,同比增长44.83%,增收16914万元,占比31.47%。

【税收优惠】 2016年,县国税局加快各类减免退税的审核审批,继续实施按月退税,及时足额将各项优惠政策落实到位的政策。全年累计办理各类减免退税31083万元,同比增长14.66%,占全年税收总收入的23.17%。其中各项减免税14514万元(鼓励高新技术减免税1268万元,促进小微企业发展减免税1956万元,支持三农减免税2556万元,支持金融资本市场1336万元,节能环保减免税1410万元,改善民生减免税3452万元,支持其他各项事业减免税2536万元),同比增长30.98%;增值税转型固定资产进项抵扣7459万元,同比增长19.49%;出口退税9110万元,同比下降6.9%。

【增值税】 2016年,全县增值税入库90679万元,同比增收29912万元,增长49.22%。剔除新扩围营改增24590万元,同口径增值税入库66089万元,同比增收5322万元,增长8.76%。主要增长点:一是新扩围营改增因素。2016年新扩围营改增增值税入库24590万元,属于净增收入,对增值税增长的贡献率为82.21%。二是商务服务业和橡胶制品业大幅增长。商务服务业入库增值税6355万元,同比增收5719万元,增长近9倍。商务服务业增长主要原因是从2015年8月起,淳安县引进微贷网平台下的服务业企业近40家,2016年入库增值税4498万元,同比增收4379万元。橡胶制品业入库2876万元,同比增收1773万元,增长160.89%。

【企业所得税】 2016年,全县共入库企业所得税36462万元,上年同期为32922万元,增收3540万元,增长10.75%。增收因素主要有:一是存在一次性因素增收。康盛股份有限公司收购一家融资租赁有限公司,国税局及时扣缴了一笔额外的非居民企业所得税4346万元,净增4346万元,占企业所得税收入总增长额的122.77%。二是重点企业增收。农夫山泉(淳安茶园)入库企业所得税6834万元,同比增收3572万元,增长110%倍。三是微贷网平台下的锐拓(杭州)互联网金融信息服务有限公司、千微(杭州)科技有限公司分别入库2430万元和889万元,上年同期为零,净增3319万元。企业所得税下降明显的是批发业、金融业和房地产业。批发业共入库3659万元,同比减收3423万元,下降48.33%。金融业共入库3549万元,同比减收2011万元,下降36.16%。主要是农村信用合作联社同比减收2193万元,下降46.2%。房地产业共入库2198万元,同比减收3515万元,下降61.52%。

【消费税】 2016年,全县入库消费税3815万元,同比减收276万元,下降6.75%。原因为消费税纳税大户千岛湖啤酒有限公司销售收入下降,入库消费税3756万元,同比下降5.72%。

【车辆购置税】 2016年,全县入库车辆购置税 3183 万元,同比增收 247 万元,增长 8.41%,在排量 1.6 以下(含)的小车减半征收优惠政策下车辆购置税有所增长,主要原因是 2016 年 4 月新成立的浙江宗海物联网发展有限公司在 2016 年购进新车 300 多辆,缴纳车辆购置税 593 万元。

【金税三期上线】 2016 年,县国税局成立金税三期上线工作办公室,设立 7 个工作组,制定了业务、舆情、系统切换、突发事件、技术 5 个方面的应急预案。在办税服务厅按照新旧系统 1∶1 的人员配置设置 9 个窗口,实行局领导按周带班的现场管理模式。从 8 月开始,安排金税三期上线工作加班 860 余人次,特别是 G20 峰会期间,在每天安排 84 名干部职工参加峰会平安巡防的基础上,每天有近 40 名干部在巡防后参与数据补录、业务验证等工作加班,共清理数据 20675 条,为金税三期上线打下坚实的基础。经过连续加班加点,10 月 8 日,金税三期顺利上线。

【国地税征管合作】 2016 年,县国税局和县地税局推进税收征管体制合作。完善组织领导,成立由常务副县长任组长的全县深化国地税征管体制改革领导小组,统筹协调各项工作。内部强化督查督办,一把手领衔,每季召开分析会,及时查漏补缺,补齐短板。明确任务清单,根据《国地税合作规范》2.0 版、3.0 版制定县级层面工作任务清单,分解落实国地税合作工作任务,通过国地税联席会议,由国、地双方联合确定责任部门和时间进度表,压实责任,层层落实。增强社会影响,联合县地税局开展国地税合作宣传标语征集活动,收到来自全国十余个省 1000 多条作品;连续 9 年联合举办"税企杯"乒乓球赛,扩大税收宣传影响力;共同向地方党委政府汇报国地税合作开展情况。截至 2016 年年底,在《深化国税、地税征管体制改革方案》的 62 项市、县级改革项目中,已完成 55 项,在 51 项国地税合作项目中,已经完成 44 项。

【营改增】 2016 年 5 月 1 日起,营改增试点全面扩围,建筑业、房地产业、金融服务业和生活服务业由传统缴纳营业税改征增值税。县国税局共接收营改增纳税人 3654 户,其中一般纳税人 219 户。截至 12 月 31 日,县国税局共征收新扩围四大行业营改增增值税收入 24590 万元,对全县国税收入增长的贡献率为 73.57%。新扩围营改增中,建筑服务营改增 9298 万元,占比 37.81%;销售不动产营改增 8114 万元,占比 33%;生活服务业营改增 3074 万元,占比 12.5%;金融服务营改增 2289 万元,占比 9.31%。

【重点行业税收】 2016 年,全县重点行业总体税收大幅增长,各行业增减差异加大。全年累计入库 3000 万元以上的十大重点行业总计入库税收 111397 万元,同比增收 31142 万元,增长 38.8%,占总税收比重为 83.05%。其中最大行业酒、饮料制造业增长稳定,增幅为 7.68%;第二大行业批发零售业略有增长,增幅为 2.94%;房地产业、商务服务业、建筑业、电气机械制造业、金融业、橡胶和塑料制品业增幅分别为 86.91%、1059.28%、2022.97%、175.74%、9.38% 和 168.31%;电力生产供应业和交通运输业则分别下降 6.33%和 14.03%。

【重点企业】 2016 年,全县纳税申报户数为 8300 户,其中年纳税 50 万元以上的 242 户,同比增加 97 户,增加的企业 85%为 2016 年新扩围营改增企业。纳税 50 万元以上企业共入库税收 114275 万元,比上年增长 30.14%,占总税收比重为 85.19%,比上年下降 2 个百分点。其中 1000 万元以上企业 15 户,比上年增加 1 户,入库税收 70585 万元,比上年增长 8.85%，占总税收比重为 52.62%，比上年下降 11.76 个百分点。其中淳安县航母企业农夫山泉共缴纳税款 35536 万元，增长 0.9%。

【外贸出口税收】 2016 年，全县办理出口退(免)税认定企业 75 户，单证齐全累计申报出口额 14897 万美元，同比下降 14.65%，申报审核退(免)税额 13669 万元人民币，同比下降 9.93%。其中商贸企业申报出口额 4279 万美元，同比下降 10.59%，申报审核退税额 3220 万元人民币，同比下降 8.21%；生产性企业申报出口额 10618 万美元，同比下降 16.18%，申报审核退(免)税额 10449 元人民币，同比下降 10.46%。2016 年，共办理出口退税 9110 万元人民币，同比下降 6.9%，全年未办理调库。截至年底，应退未退税额 113 万元人民币，审核通过免抵税额未调库 22922 万元人民币。

【完善内控】 2016 年，县国税局全面落实规范性文件清理工作，不断促进执法规范，持续推进税务行政审批制度改革，加强重大税务案件审理工作，从细化岗位职责、规范流程入手，以税收执法管理信息系统为依托，加强日常监督管理，深入推进执法督察。2016 年，共开展 4 个督察项目，完成税收执法督察文书数 19 份，补征税款 141.28 万元。

【税收宣传】 2016 年，县国税局对外联合地税在《今日千岛湖》开辟税收宣传专栏，每月发布 4 期税收政策解读；在《钱江晚报》、淳安发布、电视台等及时进行重点工作专题宣传，确保税收新政及时传递到位。对内加强科室协作，定期召开税收政策宣传辅导会，每月编辑《最新税收政策解读》；分类开展税收政策培训，提高培训效果，不断提高税务干部的执法准确性。

【纳税服务】 2016 年，县国税局加强办税服务厅现场管理。充实人力资源，营改增后，增加 2 个综合服务窗口，通过中介购买服务的方式增加了 6 名志愿者，同时请地税派 2 名干部到国税办税服务厅，协助办理代开发票、涉税咨询以及外经证办理等基本事项。坚持领导干部大厅值班制度，每天安排一名局领导和两名综合科室、管理科室人员到办税服务厅值班，维护办税服务厅秩序，协调解决问题。完善工作机制，实施首问责任、限时办结、预约办税、延时服务、“二维码”一次性告知、24 小时自助办税等机制，提高办税效率。

【增值税发票风险应对】 2016 年，县国税局抓好增值税发票风险应对工作。按要求开展防范虚开发票工作，辅导疑点企业 540 户，发现疑点企业 11 户，核查企业 11 户，共查补税款 85.85 万元。开展增值税发票使用管理情况专项检查，筛选出纳税人 1230 户时，1500 条发票使用信息进行核查，查补税款 13 万元。做好国家税务总局下发的风险清单核查，涉及县局共有 10 个批次，涉及纳税人 17 户，涉及发票 214 份，完成全部核查任务，补缴税款 140 万元。

【税源基础管理】 2016 年，县国税局加强税源基础管理，推进“五证合一、一照一码”和“两证整合”工作。全年“五证合一”新办工商登记 1567 户，工商变更登记 2980 户；“两证整合”新办 232 户，换证 23 户。做好企业所得税核定征收工作，完成核定户数 634 户，核定征收面达 21.08%。严格把握企业所得税申报率和准确率，申报率和准确率都为 100%，年度企业所得税预缴率达到 77.38%，首次完成省市局绩效考核预缴率 70% 的目标。同时强化非居民企业税收管理，办理非居民纳税人源泉扣缴代扣代缴 160 户次，代扣代缴税款 4595.88 万元。

【税收风险管理】 2016 年,县国税局强化税收风险控制管理,加强信息管税,强化风险防控。推动涉税信息共享。通过金税三期系统、县政府党政信息网、网格化管理系统等平台、国、地、税双方共享 6270 条涉税信息,联合采集第三方涉税信息 15580 条。强化风险防控,开展风险分析应对,共对 204 户风险纳税人采取应对措施,入库税款 1332 万元,调减留抵金额 88 万元,弥补亏损金额 1400 万元。

【争先创优】 2016 年,县国税局积极开展争先创优活动,在杭州市国税局"三十佳"评比中,黄巧龙和机关一支部分别被评为十佳党员和十佳党支部,人教科科长余彬被评为县级优秀党务工作者,局党组成员、纪检组组长汪新强主讲的"两学一做"党课在杭州市"三个最佳"活动中被评为"最佳微型党课",收入核算科科长詹黎平家庭荣获"第二届全国书香之家"。市、县两级机关工委多次到县局召开现场会,组织人员前来参观学习。

【干部培训】 2016 年,县国税局制订干部教育培训计划,全年共组织和选派干部参加各类教育培训 60 余场,培训干部职工 773 人次。有 1 名干部通过了省局推荐报考的 2016 年硕士研究生考试,1 名干部通过了市局遴选干部考试,1 名干部在市局"岗位大练兵业务大比武"活动中获征管评估类第三名。

(詹黎平)

(编辑 陈晓丹)

金融业

· 中国人民银行淳安县支行 ·

【概况】 2016年，全县金融机构紧紧围绕县委、县政府中心工作，认真贯彻稳健货币中性的政策，有效促进了淳安经济平稳较快发展。截至2016年年末，全县本外币各项存款余额286.36亿元，比上年增加16.50亿元，增长6.11%；各项贷款余额186.68亿元，比上年减少18.35亿元。

【存款增长稳定】 截至2016年年末，全县金融机构本外币各项存款余额286.36亿元，同比增长6.11%，增速比上年同期上升2.6个百分点。2016年全县各项存款新增16.50亿元，同比多增7.35亿元。经济存在增长压力，企业扩大生产经营和新增投资动力不足，留存银行资金有所增多；财富通等存款类产品投放市场，缩小了存款理财产品的收益差距，理财产品对存款分流作用减小。从存款主体看，住户（个人）、非金融企业、广义政府存款“增减不一”。主要表现为：住户存款增长较快，12月末，住户存款150.65亿元，同比增长11.42%，比年初增加15.44亿元，同比多增4.60亿元；非金融企业存款平稳增长，12月末，非金融企业存款70.21亿元，同比增长3.86%，比年初增加10.77亿元，同比多增5.92亿元。广义政府存款下降。12月末，广义政府存款65.00亿元，同比下降2.25%；比年初减少9.66亿元，同比多减3.17亿元。从期限结构看，存款活期化明显。2016年，活期存款累计增加20.12亿元，较上年同期多增15.65亿元；定期存款累计增加6.09亿元，较上年同期少增5.14亿元。

【贷款运行企稳】 截至2016年年末，全县本外币各项贷款余额186.68亿元，同比下降8.95%，增速比上年同期下降9.08个百分点。贷款增速快速下滑的最主要原因是地方政府债务置换和不良贷款处置较多，2016年，共置换政府债务28.11亿元，共处置不良资产4.61亿元，分别是2015年的2.81倍和2.02倍。此外，经济下行导致企业有效需求不足、部分客户提前还款，以及信用事件多发导致银行风控加强、贷款投放偏于谨慎也是贷款增长低迷的重要原因。从期限结构看，住户消费类中长期贷款大幅增加，2016年增加12.06亿元，同比多增5.32亿元。主要是刚需购房意愿提升，个人住房贷款投放较多，2016年，累计新增购房贷款7.92亿元。非金融企业及机关团体中长期贷款减少较多，2016年，累计减少23.68亿元，同比多减21.12亿元，地方政府债务置换是中长期贷款大幅减少的主要影响因素。

【金融服务】 积极营造适宜的货币金融环境，通过印发《货币信贷工作指导意见》，召开金融联系会议以及日常“窗口指导”等，积极贯彻落实稳健的货币政策，稳步实施宏观审慎评估（MPA），着力引导金融机构保持信贷总量平稳增长。以实施宏观审慎评估为抓手，合理评估两家法人金融机构定价行为、信贷政策执行、运用央行资金和遵守存款准备金政策等情况，引导法人金融机构保持信贷的总体平稳增长；加大对供给侧改革的金融支持，制定下发《关于金融支持淳安县五大特色支持产业发展的实施意见》，明确信贷政策重点，引导金融机构积极支持供给侧结构性改革。在全县金融系统开展“金融服务供给侧结构性改革年”和“金融服务企业百日行动”等专项活动，全力帮助企业解决“融资难”问题，行动期间累计解决企业问题197个，落实资金2.94亿元。灵活运用货币政策工具，通过开展信贷政策导向效果评估、农业和小微企业贷款风险补偿考核，引导金融机构优化信贷资源配置，扩大小微企业信贷投放；充分发挥经济金融决策的参谋作用。立足淳安实际，着眼发展大局，加强对重点问题的调查研究，当好参谋，推动当地政府部门进一步完善金融政策。支行班子成员分别带队走银行、进企业、下乡村，全面掌握淳安经济金融运行中的困难，研究提出解决措施。2016年，围绕“融资难”、县域金融生态、农村支付环境等问题开展了调查研究，并积极向淳安县委、县政府提出政策建议，推动政府部门出台了《进一步营造良好金融生态环境促进淳安县经济金融健康发展的实施意见》，出台了金融基础设施奖励引导资金使用办法，进一步完善了转贷基金、农业贷款损失补偿专项基金管理使用办法等。

【普惠金融】 加大对重点领域、薄弱环节的金融支持力度，开展比例考核，对考核达标的县域法人金融机构实行比同类金融机构低1个百分点的存款准备金率，共释放可贷资金9589万元，增加了法人机构信贷投放能力。积极向上级行争取支农和扶贫再贷款政策支持，2016年，累计发放支农和扶贫再贷款1.5亿元，惠及企业30家，惠及农户499户，推进农村信用体系建设。做好农户信息采集和“三信”创建工作，加强对信用村(社区)、信用乡(镇、街道)的跟踪监测、动态管理，开展农村信用体系建设成果宣传，进一步扩大“三信”创建工作的影响力。改善农村支付环境，按照市场主导、行政推动、重点突破、协调推进的思路，继续推进农村“易(e)支付工程”。2016年，全县办理银行卡助农取款4.8万笔，金额2825万元；办理现金汇款5.85万笔，金额8452万元；代理缴费9.51万笔，金额763万元。提升人民币管理和国库服务水平，完善小面额人民币供应机制，确保辖内小面额现金供应，顺利完成普通纪念币兑付发行工作。加强金融消费权益保护工作。以反假货币、反洗钱、征信等与百姓密切相关的内容为重点，开展常态化的下乡村、进企业、走校园、上街头宣传活动，切实提高城乡居民维护自身合法权益的意识和能力。

【金融管理】 加强日常风险监测和评估，加强对涉贷出险企业、逃废债企业和银行信贷资产质量状况的监测分析，重点监测分析涉贷出险企业后续处置和银行资产质量变化情况。持续关注雅洁纸业、祥云祥虹等出险企业的处置情况；开展县域逃废债企业监测分析。开展执法检查和综合评价，2016年，共开展执法检查11次；对辖内全部14家银行业金融机构2015年度依法经营情况开展综合评价。净化金融市场环境，开展多形式、广渠道治理电信网络新型违法犯罪集中宣传，组织整治非法买卖银行卡信息专项行动，进一步加强支付结算管理，防范电信网络新型违法犯罪，落实个人银行账户分类管理制度，切实改进个人银行账户服务，整治非法买卖银行卡信息。(郑剑锋)

·浙江银监局淳安办事处·

【概况】 截至年底，淳安县银行业本外币各项贷款余额186.68亿元，比年初减少18.35亿元，同比下降8.95%，增速比上年同期下降9.08个百分点；本外币各项存款余额286.36亿元，比年初增加16.5亿元，同比增长6.11%，增速比上年同期上升2.6个百分点；不良贷款余额3.7亿元，比年初下降了0.8

亿元，不良贷款比例1.96%，比年初下降了0.21个百分点。

【"双转双赢"金融服务】 办事处切实引领辖内银行业开展"双转双赢"主题活动，做到有方案、有重点、有督导、有考评，深入推进银行业金融与经济互为引领转型升级，再创经济金融"双赢"新局面。重点推进辖内银行业批量授信、创新信贷还款方式，着力推进授信总额联合管理中适度授信。2016年，新增信用贷款8亿元，成为最主要信贷增长点；实施还款方式创新八大品种，惠及辖内20%的企业信贷客户，既降财务成本，又简化信贷流程；发文要求辖内银行业与企业共克时艰，凡是收回再贷的都要创新还款方式，凡是创新还款方式的都必须降低企业负担。最新问卷调查显示，淳安县银行业金融服务企业满意度100%，超过96%的企业表示非常满意。

【风险防控】 全力推进授信总额联合管理机制建设，做到零起点、全覆盖，实现"三个结合、三个目的"。至2016年年末，淳安辖内已实现授信总额联合管理企业为180户，监测、预警联合惩戒逃废债主体分别为51个、28个，组建债委会2家。深入督导银行业以还款方式创新为切入点，牵动信贷风险设别、计量、分类、控制等精细化管理。三次现场督导、两次约见谈话，督促建信村镇银行加强法人治理，完善高管职责，强化岗位与流程制约。积极推进农村信用社股份制改革，并及时下文或现场提示信用联社相关风险，持续监管信用联社打包出售的不良资产。参与开展建行淳安支行运营条线"清雷防险"专项检查，发现并督促整改六大类22个问题。按季监测并通报辖内银行业内部控制与主要风险状况。

【消费者权益维护】 深入调研，协调沟通，促成县有关部门取消房地产抵押登记的人为障碍与违规收费。68家网点设立消费者投诉电话，受理并圆满处置相关投诉12起。大力推进网点布设、智能服务、批量授信和"支农支小"，小微贷实现"三个不低于"，金融服务更加普惠化、均衡化。组织并深入督导银行业广泛开展金融知识宣传。督导辖内银行业所有网点理财销售专区和"双录"设施正式运行。

【管理】 实行教育、监督与内控常态化三大管理。积极开展"两学一做"等主题教育以及集体学与自学活动，设立监管行为举报电话，适时开展谈心谈话提醒以及批评与自我批评，不断排查并整改风险与问题，完善内部控制，全面强化党风、作风与廉政建设，做到遵纪守法，作风严实，廉洁自律。完善"双转双赢、非现场监管、现场监管"三大平台。切实搭建主题活动，监测分析报告风险，开展三项调查，参加四次现场检查，派出7人次150个工作日，科学实施多方联动，传导监管政策，缓释监管压力，提升监管效能。

（王卫国）

·中国工商银行股份有限公司淳安支行·

【概况】 2016年，中国工商银行股份有限公司淳安支行(以下简称工行淳安支行)年末各项存款余额25.25亿元，比上年减少0.73亿元；表内外各项融资余额19.77亿元，比上年减少9.66亿元；各项业务收入1亿元，比上年减少0.42亿元；不良贷款547万元，比上年减少861万元。

【金融服务】 围绕供给侧结构性改革，主动优化信贷结构，加大产业转型升级重点领域融资投放，努力为实体经济发展提供更好的金融服务，全年累放流动资金贷款78634万元,办理银行承兑汇票贴现 58691 万元,开立银行承兑汇票 19480 万元;加强网络融资的投放,推广个人网上质押贷款和个人及公司网贷通业务,使客户一周 7 天 24 小时全天候办理提款,这种随用随贷、随有随还的方式,降底客户费用成本,方便用户应用体验,有效支持小微企业和个体工商户的发展。

【风险管控】 全面加强风险管理。开展内控合规“基础强化年”主题活动,以案例分析、违规操作事例为切入点,弘扬“人人关注风险防范、人人参与内控管理”的良好内控文化,教育和引导员工增强风险防范意识和风险识别能力。

【安全管理】 加强资金和重要事项的审核,重点关注营业网点安全管理,履行“一米线”管理,保护客户隐私,认真核实客户身份信息,特别是办理大额汇款、网银注册等业务必须是客户的真实意愿,关注员工工作质量和言行举止,防止有违反规章制度或不利于资金安全的情况发生。邀请第三方公司对网点开展服务规范的驻点培训,建立灵敏高效、全天候响应的应急反应机制,确保在第一时间妥善处理各种突发事件,加强对客户投诉的管理和把控。针对日益严峻的通信诈骗和外部欺诈形式,深入开展安全生产隐患排查治理工作,全面落实《营业网点安全管理规定》。强化广大员工的安全教育,明确保安员勤务工作职责,确保防范诈骗宣传到位、巡查到位、劝阻到位。

【互联网金融】 客户交易习惯和业务渠道结构正在发生巨大变化,网点客流量和自助设备业务量呈现下降趋势,大量由柜面承担的交易结算业务正向自助渠道和移动金融迁移,根据柜面业务、自助分流、互联网金融的发展趋势,做好人员调配工作,实现网点现场服务“时间无空白、区域无死角、客户无遗漏”的目标。

【网点环境整治】 对 3 个网点、2 个离行式自助银行和 3 个自助服务点的所有区域进行图片收集,编制成《网点环境专项治理纪录表》,从营业环境规范化和员工形象统一化入手,从中找出差距和不足,服务环境、服务态度、服务效率等关键问题实现了显著改观的目标。

【社会帮扶】 积极参加社会公益活动,在国卫复评、文明创建、危房整治、组团竞赛、维护交通秩序等活动中明确任务和时间节点,安排专人管理,在结对帮扶、平安创建、社区共建、春风行动中及时汇报,克服困难,展现了干部员工扶危济困、爱心捐助的良好风貌。

(叶建成)

·中国建设银行股份有限公司淳安支行·

【概况】 截至 2016 年年底,中国建设银行股份有限公司淳安支行(以下简称建行淳安支行)全口径存款余额 29.87 亿元,一般性存款余额 29.76 亿元,全年新增 1.24 亿元。企业存款余额 19.38 亿元,全年新增 1.45 亿元;个人存款余额 10.38 亿元,全年负增长 0.22 亿元。各项贷款余额 15.25 亿元,全年贷款负增长 9.68 亿元。公司类贷款余额 4.7 亿元,全年负增长 8.19 亿元;个人贷款余额 10.56 亿元,全年负增长 1.49 亿元。全年实现中间业务收入 1784 万元,2016 年信贷资产质量管理的压力继续增大,至 2016 年年底,不良贷款余额 12363 万元(为个人贷款),较年初减少 6946 万元,不良率 8.1%,全年实现账面净利润 5435 万元。

【存款项目融资】 2016 年,存款竞争性存放给淳安淳安建行存款营销带来巨大的挑战，全年因存款竞争性存放而净流失的存款达到0.8亿元。支行在此环境下积极优化客户结构，拓宽存款来源，全年对公存款日均新增1.16亿元，时点存款新增1.45亿元，日均和时点新增均位居四行第一，且在四行中唯一保持存款正增长。同时，加强了业务创新，积极推进租赁等多样化的融资模式，继续支持政府项目建设。2016年6月，为淳安县交通发展投资有限公司办理了以“环千岛湖绿道”为标的的县域至高铁站快速道融资租赁业务7亿元，当年实现投放2亿元。

【服务中小企业】 深化银行和相关部门合作，搭建银政平台。继2015年“税易贷”平台搭建后，密切联系县经科局，搭建了“助保贷”平台，为优秀小微企业解决了融资难问题。同时，陆续推出了上市贷、循环组合贷、小微快贷等小微企业信贷产品，信贷产品实现了客户通过网银自主支付，随借随还，避免了繁琐的业务流程，降低了客户的融资成本。2016年9月，支行3个网点全部开通了“工商注册通”业务，依托网点资源，为新设小微企业提供工商注册登记咨询、申报、领照和银行开户等一站式综合服务，完成了30多户企业注册。通过组合不同类型的现金管理产品，为各类型的客户提供高效便捷的“外包资金管家”现金管理服务方案，加大了单位对公结算卡的推行，2016年共发放了200多张结算卡，新开账户覆盖率在80%以上，为越来越多的客户提供了便利。在个人业务服务方面，还为学校缴纳学费量身定制“善微付”产品，创新支付方式，大力推广“快贷”业务，及时推出了装修分期以及车位分期业务等适合不同客户需求的新产品、新服务。

【风险内控】 在风险内控方面通过落实“合规官”制度及进行“信贷文化建设”活动，加强内控合规制度的执行力，强化监督、整改、问责，明确个人岗位不可触碰的底线。通过对内部规章制度的梳理修订，使制度规章与时俱进，做到有章程、有效力、能执行，并将合规管理、风险管控、不良处置、反洗钱等工作纳入年度考核，强化了制度执行的约束力。同时，不断提升精细化管理水平，认真落实信贷业务操作规程和审批操作规程，提升风险经理平行作业质量，把“三查”工作做深做细，提高新发放贷款质量，从源头遏制不良贷款发生。认真做好银监局对淳安建行“清雷防险”专项检查的整改工作，有效地化解业务发展中存在的风险隐患，提升风险管控水平。调整了不良资产压降领导小组，加大了对个人类不良贷款的处置力度，切实提升清收效果，强化了运用法律手段维护银行债权，争取出现一笔就诉讼一笔、处置一笔。加强与开发商的沟通协调力度，提高开发商对住房贷款履行担保的责任意识，在楼盘准入上，采取定量分析和定性分析相结合的方式，严把楼盘准入关，从源头上防范风险楼盘的产生，2016年，收回“天鹅山随园”楼盘3笔大额不良贷款。

【党风廉政】 认真落实党委主体责任和纪委监督责任，领导班子通过专题学习习总书记系列重要讲话读本，召开行领导班子“三严三实”专题民主生活会，紧紧围绕“严以修身、严以用权、严以律己，谋事要实、创业要实、做人要实”要求，查缺补漏、巩固成果，确保支行在思想上、政治上、行动上同党中央，同上级行保持高度一致，奋发有为地推进支行各项业务的稳步发展。深入持续开展“两学一做”专题教育活动，召开党员大会，集中学习《关于新形势下党内政治生活的若干准则》和《中国共产党党内监督条例》，组织观看《永远在路上》专题教育片，并将其作为2016年党员教育活动的另一项重要内容，开展党员与群众结对子帮带活动,每位党员结对 1～2 名群众。认真落实党风廉政建设责任制,成立了纪检小组,定期召开工作例会,并定期向支行党总支进行专题汇报,以及举办“纪委书记上讲堂”暨行领导讲案例活动,定期开展员工行为排查。

【安全运营】 贯彻落实“谁主管、谁负责”的指导原则,进行制度化管理,坚持从人防、物防、技防、队伍建设等方面入手,牢筑安全保卫工作的基础,通过制度约束和检查监督,强化了员工的安全防范意识。2016 年,重点围绕防抢、防盗、防诈骗的应知应会等内容定期组织安全员进行消防、防暴、防抢等多种形式的演练,不定期布置防抢防诈骗相关工作,组织了二次全行员工防金融诈骗暨消防安全知识培训,抓好敏感期和重大节假日的安全管理。认真组织开展防电信诈骗工作,2016 年未发生通过柜面转账的各类诈骗,通过自助设备的诈骗次数下降了 50%。2016 年,支行荣获杭州市“平安金融”单位称号,也是淳安县金融系统唯一一家获此殊荣的单位。

(胡长祥)

·中国农业银行股份有限公司淳安县支行·

【概况】 2016 年,中国农业银行股份有限公司淳安县支行(以下简称农行淳安支行)以科学发展观为指导,正确把握国家宏观调控政策,认真贯彻落实上级行决策部署,突出党建,强抓业务,严控风险,立足县域,做好“服务三农”文章,支持当地经济发展。至 2016 年年末,全行本外币各项存款余额 40.94 亿元,各项贷款余额 12.86 亿元。

【三农服务】 2016 年,充分利用新闻媒体、乡镇挂职、惠农通服务以及网点优势,积极宣传农行优势产品和服务三农的优惠政策,持续做好三农服务;强化涉农理财产品、村级账户的营销、金融自治村的建设,推进农户建档工作,扩大农户购房贷款范围,有效提升农行产品在农村市场的覆盖率,真正为农户送去贴心的金融服务。

【风险防控管理】 强化精细化管理建设,主动开展“三化三铁”、“三化三大达标”和平安金融单位建设;深入推进“三线一网格”管理,强化员工行为管理,严格执行信贷政策,切实防范信贷风险;加强反洗钱工作,开展消防、防抢防暴预案演练,全面提升风险防控水平。

【企业文化】 加强企业文化建设,深入开展“两学一做”学习教育,深化基层党支部建设,认真落实爱国卫生、计划生育、综合治理工作,积极参加公益捐款、联乡结村扶贫、双百结对共建文明等社会公益活动。

(管建辉)

·淳安县农村信用合作联社·

【概况】 2016 年,淳安县农村信用合作联社(以下简称联社)下辖 35 家网点,其中营业部 1 家、信用社 12 家、分社 22 家。在职员工 391 人。截至 2016 年 12 月末,各项存款余额 91.5 亿元,当年新增 7.09 亿元,增幅 8.39%,存款市场占有率 31.95%;各项贷款余额 65.34 亿元,当年新增 6.11 亿元,增幅 10.31%,贷款市场占有率 35%,其中涉农贷款余额 57.08 亿元,当年新增 6.75 亿元,增幅 13.41%;五级不良贷款余额 14214 万元、不良率 2.18%;资本充足率 12.64%,核心资本充足率 11.54%;实现各项收入 52065 万元,实现账面利润 10074 万元;全年缴纳国税 4185 万元、地税 538.64 万元。

【“整村授信、整村批发”工作】 “整村授信、整村批发”工作主要内容是进一步做好“普惠快车”系统中客户信息的采集与录入工作，加快推广应用“普惠快车”和“小微专车”系统，实现对30万元以上对私贷款和500万元以下小微贷款进行同步的评级和授信，切实优化业务办理流程；分析第一轮考核中存在的漏洞，在第二轮考核中进行完善和修订，将时点考核调整为按旬考核等，提升“整村授信、整村批发”工作的实效。12月末，个人贷款户数和个人贷款覆盖面分别为24746户和20.91%，分别比年初上升6757户和5.71个百分点；30万元以下个人信用贷款户数占30万元以下个贷户数的79.69%、余额占62.13%，分别比年初增加了13.15户和16.23个百分点；个贷户均余额由年初的23万元下降为19万元；贷款市场占有率由年初的28.89%上升至35%。

【金融服务】 在推动转型发展方面，引导全县信用社全力保障地方经济转型发展资金需求，主动对接县内重大、重点建设项目资金需求，向杭黄高铁、汾口新农村建设等一批事关全局、带动性强的重点建设项目发放贷款3700万元。在支农支小方面，做实民生金融，助力低收入农户脱贫，缓解企业融资困难。投放重点为个人生产生活贷款，其中助学贷、爱心卡等帮助低收入农户贷款3710万元，“公司＋农户”模式小微企业扶贫贷款4274万元，个人购房贷款71138万余元，个人贷款余额(不含信用卡)470634万元，比年初增加65759万元，增长率16.24%；争取人民银行扶贫再贷款5000万元，累计受益农户户数170户，受益的各类组织、小微企业户数9户，先后向中华鳖、野娇娇等涉农企业办理转贷和新增贷款9914万元，缓解了其收购农产品过程中存在的季节性资金短缺问题；调整小微企业贷款利率定价，把现金流、信用等级、违约情况等做参数，贷款利率直接与这些参数挂钩，现金流多、信用等级高的小微企业贷款利率相对降低，降低了小微企业融资成本。在金融产品创新和应用方面，推出“三位一体”融合贷，对在联社开户的农合联成员授信面达100%，贷款余额1.78亿元；推出“应收账款质押贷款”，拓宽小微企业贷款的担保物范围，贷款余额750万元；推出“巾帼贷”，助力女性创业，贷款余额173万元；推出“税银贷”，从税务部门获取辖内小微企业和个体工商户的纳税信息和纳税信用评价结果，向2家小微企业提供170万元信贷资金；无形资产抵质押贷款进一步推广，土地流转经营权、商标专用权、林权等抵质押贷款余额5800万元，“转贷基金”、“滚动融资”等多种还款模式应用扩面增量，续贷资金达3.8亿元。千岛湖馆入驻商品达128种，丰收e支付用户数达9184户，丰收e支付交易笔数22094笔，交易金额33.81万元。

【社区银行】 选定汾口社为网点转型试点基层社，出台汾口社单列式绩效考核办法，从信贷流程再造、人力资源优化、绩效考核优化、丰收驿站打造、优化网点渠道布局、网格化管理和CRM系统应用、联络员队伍建设和银村合作等8个方面探索实践。在汾口社网点转型建设试点的基础上，选取“柜员分流”和“网格化管理”两个项目重点推进。制定了《网格化视图建立实施办法》和《移动平板业务实施细则》。在试点成功和制度完善的情况下，所有行政区划的网格全面建立。

【控源头化存量】 强力贯彻“控大放小”信贷理念，对大额贷款进行清单式管理并制定压缩计划。全县800万元以上个人贷款和2000万元以上企业贷款由年初的57823万元下降到36715万元，余额和户数分别下降了21108万元和12户。加大不良资产化解和处置力度。制定不良清收“雷霆行动”方案，对2015

年年末存量五级、四级不良余额控制和表外不良资产清收制定清收控制目标,考核指标细化到各信用社,与全体人员挂钩考核;每月不定期开展不良清收碰头会,重点关注城区两家网点的不良清收进展情况;及时召开全县信用社不良贷款清收分析会,逐户分析清收方案,督导清收进程;加强司法拍卖与司法执行,保全中心人员与执行局工作跟踪每周不少于4个工作日。12月末,保全中心共立案104起,涉案金额42273万元,其中已经判决金额37463万元,已申请执行94起,已执行到位12432万元。全县共清收盘活存量不良贷款14463万元,五级不良贷款和不良率分别为14214万元和2.18%,分别比年初下降3210万元和0.76个百分点,不良快速“双升”势头得到遏制。

【内控风险】 开展内控常规审计。对石林、浪川、青溪和临岐4家信用社内控制度建设与落实情况实施了评价审计,对审计中发现的问题下发整改通知书4份、提出整改意见83条。非现场审计,充分发挥计算机辅助审计系统的作用,做好风险数据、频繁交易账户、员工行为管理审计。实施专项审计,先后开展流动性风险、信贷资产风险分类、新增不良贷款、电子银行业务、反洗钱、已核销贷款、丰收小额信用贷款等专项审计。做好风险排查,开展重点领域风险排查,在存款、贷款、票据业务、理财业务、资金业务等领域组织各部室开展自查和抽查;做好“两加强、两遏制”回头看自查和检查,对近几年的检查、内控评价、整改等情况进行回头看,对未及时整改或整改未到位的进行督导;开展快速出险大额贷款风险排查,对发现的问题进行整改,并对相关责任人员进行处罚。

【护航G20峰会】 开展“红袖章”大巡防活动,组建13个平安巡防队伍,对各办公大楼、营业场周边、自助银行、自助机具等区域以及UPS、中心机房网络、ATM/CRS设备巡查,发现和解决问题18个;开展网格化,重点人、物、事等不稳定因素排查整治,对各网点营业场所、业务库、自助银行(机具)、运钞安全开展现场检查、暗访及监控非现场检查15次,发现和整改问题隐患5条;开展反恐防暴突发事件预案演练比赛,内容涉及营业场所发生持枪抢劫、群体性聚众滋事恶意挤兑事件、消防灭火疏散及运钞车遇交通事故等13类突发事件。

【“两学一做”学习教育】 组织开展“六个一”活动,即组织一轮专题党课、开展一次党史教育、重温一遍入党誓词、做出一次专项承诺、开展一次专题讨论、慰问一批老(困难)党员,迎接建党95周年。各党支部围绕在新任务新考验面前“五个能否”开展学习讨论,并作出“模范履职承诺”。通过前期的“两学”,每个党员撰写学习心得体会。“七一”前后,组织党员认真学习《习近平出席庆祝中国共产党成立95周年大会并发表重要讲话》;组织党员到爱国主义教育基地参观,接受一次党史党性教育;组织党员重温一次入党誓词,激励党员在自己的平凡岗位上充分发挥模范带头作用;开展“党员干部结对帮扶城乡困难家庭”活动,中层以上干部给结对帮扶对象送去慰问金和实物;组织党员学习《中国共产党问责条例》,促使广大党员干部牢固树立党章党规党纪意识。同时,理顺党组织关系,将隶属乡镇党委的9个信用社党支部调整到联社党委管理,对党支部设置进行调整,由原来12个调整为14个,其中机关党支部分设第一党支部、第二党支部。

【人才培养】 每月举办一期“管理与创新大讲堂”,联社领导、中层干部、中层后备共58人参加培训;选拔8名优秀员工参加第二期百优青年员工培训班；选派3名中层干部（后备）到乡镇、团县委挂职锻炼；举办客户经理（信贷人员）培训班，聘请名师讲授《法律风险防范与不良资产化解》，进一步提升信贷人员的依法合规意识；建立后备人才档案和职业生涯发展规划书，确定信用社（部室）负责人为后备人才的职业导师，负责后备人才成长计划制定、过程沟通辅导、成长评估等工作；制订《人力资源转型建设三年（2016年—2018年）规划》，推进人力资源转型。

【工作考核】 开展部室绩效例会，建立综合体现员工个人能力、岗位价值和工作绩效的薪酬体系。员工薪酬由“行员等级工资＋岗位等级工资＋岗位绩效工资”组成。行员等级工资是为体现员工个人综合素质差异，鼓励员工个人能力积累与提升而设置。岗位等级工资体现岗位标准劳动的相对价值差异。岗位绩效工资按个人绩效与所在单位绩效考核结果支付。制定了《绩效薪酬延期支付暂行办法》，对联社风险有重要影响的中层干部、客户经理、会计主管等人员的绩效薪酬实行延期支付。

【体制改革工作筹备】 根据省银监局、省农信联社的有关股改工作安排，在县委、县政府的领导下，从2016年11月初开始，启动了股份制改革相关准备工作。充分征求意见，向法人社员、自然人社员、在职员工、退休内退员工、县政府及人行、银监等利益相关者发放征求意见函2098份，同意股改的占征求对象总数的100％，达成改革共识。开展可行性研究，形成了《关于组建浙江淳安农村商业银行股份有限公司可行性研究报告》，召开相关会议形成统一意见，分别召开党委会、职工代表大会、理事会和社员代表大会，审议通过相关股改工作议案，并形成决议。县政府召集相关部门召开了联社股份制改革专题会议和筹建工作领导小组会议，县政府向省政府报告《淳安县农村信用合作联社股份制改革总体方案》，并印发《关于成立浙江淳安农村商业银行股份有限公司筹建工作领导小组的通知》。开展清产核资工作，以2016年9月30日为基准日，聘请浙江同方会计师事务所有限公司和浙江中远资产评估有限公司对联社全部资产、负债及所有者权益情况进行了清产核资、资产评估。 （徐文威）

·广发银行淳安支行·

【概况】 截至2016年年末，广发银行淳安支行（以下简称广发淳安支行）共有在职职工13人，全年各项存款余额38000万元，其中，对公存款余额23300万元，储蓄存款余额14700万元；各项贷款余额8900万元，公司贷款余额8000万元；人民币日均存款余额33521万元，完成年度计划的75％；总营业收入407万元。

【优势产品宣传】 广发银行的信用卡为中国银行业发行的真正意义上的第一张信用卡，具有较高的知名度。支行把信用卡的发行作为业务拓展的重点，同时与3户商家合作，组织开展各类优惠促销活动，活动经费达11万元。

【案件防控】 为做好案防工作，广发淳安支行明确全行内控防案工作要求和工作制度。广发淳安支行与各部门负责人及员工签订综治、安全、消防、风险防控等责任书，进一步明确各部门负责人为内控案防第一责任人，全面承担案防职责。抓好廉洁文化建设，广泛开展职业道德教育、案防教育、警示教育、岗位廉洁教育等主题性活动。

【党建工作】 认真做好“两学一做”党员教育

工作，定期召开党员大会，组织学习和上好党课，在党员中开展创先争优和“三个一”活动，过好党员的“政治生日”。组织开展内容丰富的党员活动，前往淳安县枫树岭镇白马乡参观红军北上抗日先遣队烈士纪念碑，聆听中国工农红军北上抗日先遣队的英勇事迹，重温入党誓言。

【队伍建设】 支行每周一定期召开行务例会，交流沟通工作情况，指出存在的问题并分析解决。每周二晚定为各部门的学习日，组织学习相关规章制度、分析讨论案例情况通报。定期组织技能比赛，提高业务操作水平。在员工中开展凝聚力工程，制定员工思想政治工作和八小时外管理工作规定，开展经常性的管理工作。为增强员工体质和凝聚力，增进员工之间的交流，积极组织员工每个星期六早上登天屿山等各项活动。

【社会责任】 支行始终把关爱公益、热心慈善、回报社会作为企业发展宗旨。2016 年，积极响应地方政府号召，募集“春风行动”款 4100 元，人均捐款数在县级单位前列。

（支行办公室）

·浙江稠州商业银行股份有限公司杭州淳安支行·

【概况】 浙江稠州商业银行股份有限公司杭州淳安支行（以下简称稠州银行淳安支行）有从业人员 34 人。截至 2016 年年末，各项存款余额 63157 万元，较年初新增 11916 万元；各项贷款余额 57142 万元，较年初增 33746 万元；全年总营业收入 1964 万元，实现账面利润 621 万元。全年无经济案件和重大责任事故发生。

【平安护航 G20】 在杭州 G20 峰会期间，稠州银行淳安支行根据总分行的工作布署，井然有序地开展各项工作。专门成立工作领导小组，并制定 G20 峰会应急预案，确保突发事件能够快速应对，确保峰会期间全天候正常值班，及时掌握工作动态，柜面人员要求执行“标准化七步曲”服务，每日做好巡检工作，确保便民物品充足；遇特殊群体、特殊事件冷静对待，妥善处理突发事件，G20 期间无投诉事件及案件的发生。

【支持小微，服务三农】 逐年加大对小微、三农企业的倾斜力度，最大限度促进金融资源的优化配置，帮助小微企业和农户稳步经营、扩大生产，实现了经济效益和社会效益的双丰收。推出新产品——市民贷，该产品手续办一次，五年不还本，贷款金额可达 1000 万元，最长还款期限 20 年。始终坚持“支持中小企业、服务个私经济”的市场定位。

【标准化服务建设】 建行业务拓展和产品创新的同时，稠州银行淳安支行服务客户的软硬件建设也迈上了新台阶。扎实开展员工的业务和服务培训，建立支行服务质量评价体系，服务内训师扎根网点，有效带动网点形成比学赶超局面，力争在 2015 年被评为中国银行业文明规范服务四星级网点的基础上更上一台阶，使网点综合服务水平得到全面提升。

【企业文化建设】 倡导“争淳安荣耀、创稠行风采”的企业文化精髓，这是全行员工共同信守的基本信念、职业道德及精神风貌；坚持以人为本，丰富文化管理的内涵，激励员工工作激情，增强内部凝聚力和外部竞争力，热心社会公益事业，2016 年，结合“稠行进万家”活动，走入文昌福利院、文昌养老院、宋村小学等看望老人和留守儿童，通过各类服务树立企业形象，不断提高品位，提升在当地的美誉度。

（方　敏）

·杭州银行股份有限公司淳安支行·

【概况】 2016年，杭州银行股份有限公司淳安支行(以下简称杭州银行淳安支行)各项存款余额14.27亿元;各项贷款余额12.94亿元。资产质量继续保持较好水平，不良贷款率仅为0.15%。全年实现净利润5123万元，上缴各项税收558万元。

【小微金融服务】 为解决客户融资成本高的问题，杭州银行淳安支行在杭州银行系统内首家推出“无缝对接”式借新还旧续贷业务。前三季，支行办理“无缝对接”借新还旧业务6笔，累计1280万元;为缓解客户贷款到期一次性还款压力，支行推出“分期贷”业务，至12月底，发放期限为10年的小企业抵押分期贷业务509万元;另外，还推出了“税金贷”、小企业年审制。努力服务小微企业，降低企业融资成本。

【个人金融服务】 2016年，杭州银行淳安支行继续推广移动金融站，走进园区，走进社区，走进校区，为企事业单位员工、社区居民及在校师生送上便捷、周到的金融服务，同时也把各种金融知识带到他们身边，使期学会理财，提升防金融诈骗能力。全年上门服务单位52家，共受理信用贷款客户625户，全年累计发放信用贷款3.3亿元，走进社区服务13次，共销售理财18亿元。

【文明规范服务】 通过开展“VIP窗口”“爱心窗口”“弹性窗口”等形式，为客户提供个性化、差异化服务，持续提升服务水平和质量，展示品牌服务形象。支行先后开展“戴党徽　亮身份　做合格党员”及“品质服务季”活动。服务G20峰会，开展党员周末轮值大堂经理活动，接受客户询访，提升服务水平。2016年被评为杭州银行文明规范服务示范网点。

【党建工作】 以“两学一做”学习教育为载体，以“三会一课”制度为抓手，以理论武装为先导，扎实推进学习型党组织建设。深入开展“社区金融　党员先行”活动。为了实现党建工作与社区金融的有机结合，通过拓展零售社区，拓宽零售金融的广度和深度，支行党支部与千岛湖西园社区签订共建协议，与西园社区广场党支部一同组织党员专题教育活动，加强金融知识宣传，以宣传带动营销，推动社区金融发展。

【企业文化】 加强企业文化建设，营造良好氛围。依托和支持群团组织，开展诸如读书、登山、采摘、骑行、征文等形式多样的文体活动，培养员工积极向上、紧密团结、相互配合的团队精神，营造良好的团队氛围。

(方莉芬)

·中国人民财产保险股份有限公司淳安支公司·

【概况】 2016年，中国人民财产保险股份有限公司淳安支公司(以下简称淳安支公司)内设8个部门，外设汾口营业部、威坪营业部、千岛湖营销服务部、威坪营销服务部、汾口营销服务部、临岐营销服务部、大市营销服务部、姜家营销服务部8个部门，合同制员工69人，其中ABC类员工52人;农村协保员50人。完成签单保费11506万元，同比净增1087万元，增幅10.34%，完成计划的100.85%，市场份额12月行业报表为54.21%。全年赔款支出6085万元，简单赔付率52.89%，同比增长4.87个百分点，综合赔付率59.15%，同比上升10.75个百分点。分别被中国人民保险集团股份有限公司和浙江省党建协调委员会评为先进基层党组织，被杭州市分公司评为先进集体。

【队伍建设】 调整组织架构，甄选培养有能力、有责任的青年后备干部，对本级9个部门及6个农村营销服务部负责人公开竞聘，共有23名员工报名参加部门负责人和营销服务部经理岗位的竞聘。电子商务部与客户服务部合并办公，加强对前台业务数据的控制和管理。理顺内部管理人员分工与布局，提高支公司发展合力。高度重视职工培训工作，组织参加总公司理赔定损员、核赔员、承保核保员考试和市公司综合柜员考试，开展“两学一做”党员教育学习活动，完善党支部建设，联合淳安人民人寿公司召开全体党员大会，经无记名投票，选举产生新一届支部委员会。

【三农服务】 政府搭台推进，借助农网平台加强农村网点建设，持续做好农险承保、大灾理赔服务工作。淳安县政府专门下发淳政办〔2016〕46号文件，农险财政兜底，新增柑橘、葡萄两项政策性保险，共开办农险15个品种。认真贯彻国务院“两加强两遏制”文件要求，全面排查政策性业务合规情况，逐一排查未承保农户数据，组建12个服务小组协同县农办人员，奔赴各乡镇村，现场宣传承办，将县委、县政府惠农政策送至千家万户。全年共承保油菜农户99547户，风险保障3819.82万元；承保小麦农户6575户，风险保障504.92万元；大棚保险66户，风险保障1595万元；签发大棚蔬菜保险11户，风险保障29.98万元。在遭遇严重的低温雨雪冰冻天气和晚秋蚕病虫害大面积集中爆发情况，支公司迅速做好查勘赔付工作。

【业务拓展】 适应转型，控制成本，提高效益，车险费改和营改增提出新要求，跟进政府及企业单位重点工程项目，巩固重点项目，加强部门沟通协调，持续与信用社联系合作，加大银行代理业务考核力度，代理保费300余万元。加强与县旅游集团、县航运公司、县水投公司、县长运公司、县交警大队、县教育局、县农办等相关部门的沟通联系。持续统保全县医责险192万元，再次中标全县农村聚餐和学生食品安全保险，枫电财产险、校责险、老年人意外险、残疾人意外及重大疾病保险等大客户大业务保持稳定。开展非车险分散性业务试点，组织全体人员走进农村和社区，挨家挨户上门做宣传、办理学幼险，协调联系公安交警部门取得支持，全员“扫村进巷”，在汾口镇试点开办电瓶车三者责任保险，收取保费50余万元，提供风险保障3亿余元，加强与人保寿险、人保健康互动合作，实现保费220万元。

【社会帮扶】 积极参与地方社会共建，持续做好春风行动、结对扶贫威坪屏村，开展“3·15”消费者权益保护宣传，冠名第七届“人保财险杯”围棋名人战，作为县级文明单位冠名首届“文明驾驶”无违章挑战赛，积极响应文明礼让劝导活动志愿服务，为G20杭州峰会的召开营造良好的交通环境。助力“中国人民保险国学希望教室”公益活动，与淳安县宋村小学结对，并为全校学生捐赠了国学书籍、运动服、足球、篮球等体育用品。

（吕丽萍）

·中国人寿保险股份有限公司淳安县支公司·

【概况】 2016年，中国人寿保险股份有限公司淳安支公司(以下简称人寿淳安支公司)全年实现新单保费10149万元，同比增长1733万元，增长率为21%，业务新增人力600余人，新增主管17人，超额实现全年预算指标。

【个险业务】 本级分部首年期交保费达成率127%，标准保费达成率139%，十年期保费达成率104%，短期险缺口30%。农网分部以重点主管的成长带动量的增长，十年期达成96%，短险方面农网达成94%，两项指标年底也都通过业务考核达成最终收官。较2015年同期相比，本级三项期交指标均有30%以上的增长。农网在首年期交及十年期两项指标增长度上也都有100%以上增长。除同期对比，在全年指标对比方面，两分部也均大幅提升。

【团险业务】 老年人保险，2016年7月1日起，淳安县民政局、各乡镇、行政村分别为60岁以上老人投交意外伤害险，投保老人9.5万人，覆盖率达100%。拓展农村小额保险，由上年的8个行政村拓展为12个村。将计生家庭保险从上年的18周岁扩面到25周岁，保费规模从上年的20万元增至近140万元。及时做好学平险前期准备工作，如期于9月底圆满完成学平险保费收缴服务工作，同比增长52.78万元，增幅12.99%。

【银保业务】 实现趸交保费3848.14万元，完成年度目标任务的171.79%。

【队伍建设】 不断拓展人力队伍，全年增员525人，清虚416人，目标在册630人。本级年初人力322人，在册365人，2016年新增留存人力206。农网年初人力176人，在册195人，2016新增留存人力117。主管年初人力37，主管人数54人。扩大主管队伍，年初淳安个险1位处经理，2位资组，6位高组，27位组经理。截至年底，1位高处，3位处，5位资组，8位高组，36位组经理。

【市场营销】 2016年，淳安支公司积极与建行、农村信用社等渠道做好2016年一季度企划方案，迅速启动规模业务，进一步密切双方合作关系，明确业务发展目标，调动了银行广大职员的销售积极性，通过多个渠道两个多月的努力，率先完成规模保费，为全年业务目标的完成打下了良好的基础。同时，淳安支公司还十分注重拓展政保业务的渠道，主动对接地方政府和有关职能部门，使政保业务稳步推进。

【服务建设】 2016年，淳安支公司短险赔款1482.19万元，赔付率为67%，并做到理赔全流程影像，配合市公司客服人员量化考核，把理赔全流程影像推行到位，从3月开始就做到所有理赔案件柜面受理接案、录入、扫描、结案、归档全流程操作，减少理赔案件打包市公司受理环节，提高理赔效率。同时配合上级公司向农网优质业务员推广微信理赔，现场教业务伙伴如何在手机微信上为客户申请理赔、上传理赔资料，做到微信快速理赔。加强营业厅的窗口服务管理，严格常态化考核，确保客户对窗口服务的高满意度。同时，加强客户信息清理，全县集团趸交客户信息整改量达14960条。在2015年已完成53.91%的基础上，利用业务员对接各个乡村，将完成率提高到86.42%。在公司经理室和团险渠道的全力支持和通力配合下，做最后冲刺，目标完成率为100%。

【社会责任】 2016年，支公司在继续给全县政协委员、县人大代表免费赠送一份人身伤害险的同时，为270位被评为“最美淳安人”的各界先进模范人物和参加G20安保服务的全县志愿者在上岗执勤期间免费提供人身意外伤害保险。同时，组织员工积极参加结对帮扶、春风行动等慈善活动。

【党群工作】 以“两学一做”学习教育为主线，抓好党组织建设，在完成“规定动作”的基础上,发动领导带头学,并通过民主生活会,开展批评与自我批评,找差距,摆问题,定措施,增强班子战斗力。在党员和员工中分别开展"三个一"活动,加强党建工作,丰富活动内容,扎实开展党建活动,党员干部充分发挥先锋模范作用。以党建带动群团建设,积极开展有益于员工身心健康的文体活动,全年合理安排登山、读书征文、硬笔书法、智力游戏竞赛等活动各1次。(支公司办公室)

(编辑　陈晓丹)

经济管理

·发展和改革·

【2016年国民经济和社会发展计划执行情况】 2016年，在县委的正确领导下，在县人大及其常委会和县政协的监督支持下，全县上下积极适应引领发展新常态，全面实施“秀水富民”，加快推动“十大工程”，经济社会发展稳中有进，较好地完成预期目标任务。

【经济总量稳步增加，产业结构持续优化】 2016年，全县实现生产总值232.85亿元，增长10.5%。产业转型升级步伐不断加快，三次产业占比优化为14.7∶35.1∶50.2，服务经济对全县支撑作用进一步突显。全年实现财政总收入27.29亿元，增长8.7%，其中地方财政收入17.36亿元，增长8.6%。

【服务经济稳步发展】 全年实现服务业增加值116.90亿元，增长16.0%，服务业对地区生产总值增长的贡献率达到78.3%，首位度不断提升。特色旅游市场持续升温，全年共接待游客1266.53万人次，实现旅游经济总收入119.83亿元，分别增长12.9%、14.3%，其中乡村旅游接待游客486.90万人次，实现乡村旅游收入5.33亿元，分别增长18.8%、17.9%。消费需求平稳增长，全县实现社会消费品零售总额80.90亿元，增长12.1%。电子商务快速发展，建成农村电商服务站150个，发展电商主体505家，实现网上销售额29.55亿元，其中旅游电商实现交易额4.92亿元，增长15.5%。企业利用资本市场进程加快，旭光电子科技股份有限公司在新三板成功挂牌。房地产市场保持平稳，商品房销售面积43.1万平方米，销售额36.6亿元，分别增长47.2%、72.3%，商品住宅去化周期为11个月，价格基本稳定。

【生态工业转型提升】 全年实现规上工业销售产值262.95亿元，增长4.8%。高新技术产业较快增长，实现高新技术产业增加值14.39亿元，增长32.1%，新增市级以上高新技术企业5家。信息经济发展步伐加快，实现信息经济主营业务收入36.81亿元，智慧医疗、智慧绿道、智慧环保等智慧应用推广取得显著成效。工业平台优化拓展，“1+3”生态工业发展格局形成，经济开发区“四退四进”有效突破，乡镇工业功能区整合加快推进，浙江贝欧、皓坚汽配、金石生物等项目投产。

【生态农业平稳增长】 全年实现农业总产值48.77亿元，增长7.1%。山核桃、蔬菜、食用菌等农产品实现稳产增收，中药材等农产品生产效益良好。规模化经营加快推进，全年新增土地流转面积4230亩，农业新型经营主体不断涌现，新增市级农业企业2家、县级农业龙头企业5家，新增家庭农场78家。农旅产业融合加速，建成汾口、大墅等彩色农业基地，举办乡村旅游推进年系列节庆活动，打造富文美客爱途、界首鳌山淳乡居、里商放鸽子等一批精品民宿，桃源凌家兰纳园区、下姜葡萄基地、姜家小标园区等农业园区初具农业景区和休闲观光功能，姜家十里水果长廊绿道样板段建成开放。品牌化建设力度加大，实施“千岛湖茶”区域公用品牌战略，举办第二届斗茶大会、临岐第二届覆盆子节等品牌营销活动，成功创建国家有机产品认证示范区,推进鸠坑茶、中华蜂、淳安花猪等地方特色原种保护。

【有效投资稳步增长】 全年完成固定资产投资160.36亿元,增长6.0%。其中基础设施投资完成44.55亿元,增长4.0%。千岛湖自来水厂扩建、坪山污水处理厂扩建、千岛湖南景幼儿园等项目完工。产业投资完成78.02亿元,增长21.5%,中植整车装配试车场综合楼建成,文佳农业休闲阳光餐厅、涵皓汽车配件项目完工,华麟生物灌装生产线一期投产。房地产投资完成39.65亿元。

【重点项目扎实推进】 省重点建设项目汾口大道完成投资6040万元,完成年度投资计划的100%。14个市重点实施项目共完成投资22.5亿元,完成年度投资计划的111%,按计划有序推进,其中6个重点预备项目中,潭唐公路屏门至郑中段改建工程已于5月提前开工建设。58个县重点实施项目共完成投资52.4亿元,完成年度投资计划的107%。5月以来,开展重点项目"比学赶超"竞赛活动,1月、7月、10月举办3次大型重点项目集中开工活动,共集中开工29个项目。

【城乡环境不断提升】 以打造整洁有序、温馨文明的国际旅游小城市为目标,扎实推进省级重点生态功能区县城小城市培育试点工作。老城有机更新成效明显,出台全省首个县级城市风貌管理办法,完成重要路段和入城口景观提升改造。新城产城融合步伐加快,青溪新城"四大中心"主体完工,珍珠广场、滨湖景观飘带、七彩阳光花海等一批城市配套建成开放。富丽乡村建设扎实推进,5个中心镇、30个中心村、47个精品特色村面貌有力提升,完成下姜村民宿业态培育、界首鳌山村渔街配套建设、富泽村村庄环境整治等项目,下姜村、桥西村、茶园村、青田村、屏湖村发展成为民宿集聚村落,农村产业结构由单一的传统农业向多元融合产业方向转变。

【生态环境持续优化】 千岛湖出境水质持续保持国家Ⅰ类,被纳入国家重点生态功能区,并成功创建国家生态县、全球绿色城市、国家森林旅游城市。坚持深化千岛湖综合保护工程,出台环境质量管理"千岛湖标准",建立健全临湖项目联合审查监管、项目占用水域管理等制度,实施"一巡多功能"巡查,强化沿湖沿线管控。全力推进"五水共治",夺得浙江治水最高殊荣"大禹鼎";城区建成污水管网22公里,截污纳管率达到94.6%;农村污水处理设施实现行政村全覆盖,污水处理率达到100%;完成47家企业排污口整治;景点、游船艇污水全部实现收集上岸处理。深入实施环保"引智工程",建设污水处理终端在线监控系统并投入使用。巩固提升农村环境面貌,深化"清洁乡村",实施12个乡镇生活垃圾分类,优化乡镇交接断面考核办法。

【民生保障日趋完善】 全年实现城镇常住居民人均可支配收入36708元,增长9.8%;实现农村常住居民人均可支配收入16110元,增长10.1%;居民消费价格总指数上涨3.1%,总体平稳可控。就业创业扶持政策不断完善,城镇登记失业率控制在2.63%以内。社会保障水平不断提高,城乡低保标准分别提高到每人每月660元、594元,全面消除家庭人均年收入低于4600元的贫困现象。城乡基础养老金提高到每人每月150元,基层医疗机构门诊、住院报销比例分别提高到50%、80%。建成796套保障性住房,832套公租房完成选房。

【社会事业协调发展】 教育资源优化均衡,有效改善农村中小学、幼儿园教学生活条件,成功创建千岛湖镇一小等5所省义务教育标准化学校,创建国家义务教育发展基本均衡县。医疗卫生优化提升,实施医疗服务“双提升”工程,“全面两孩”政策稳步推进,人口计生主要指标执行良好,柔性引进50余名省、市医学专家长期在淳服务,实现23个乡镇县级医疗资源下沉全覆盖,被列入浙江省13个综合医改先行先试地区。文化体育事业繁荣发展,精心实施县博物馆陈列布展,完成55处村级文化设施建设和15处农村历史建筑修缮,成功举办多种类型的大型会议、展览、论坛,被授予2016中国最具创新力特色会奖目的地,精心组织举办中国自行车联赛等系列品牌赛事。

【“十三五”规划纲要编制工作】 准确把握现实情况、宏观背景和发展趋势,突出项目支撑,体现三次产业协调发展、城乡统筹发展、绿色可持续发展和民生保障,及时做好对上汇报,广泛征求意见,规划纲要于2016年2月经县第十五届人大第五次会议审查批准,由县政府印发实施。认真做好季度经济形势分析和26个加快发展县的经济指标对比分析。

【产业转型升级工程和服务企业百日攻坚专项行动】 履行2016年十大产业转型升级领导小组办公室职责,配合督察各单位落实目标任务。履行“服务企业、聚力发展”百日攻坚专项行动牵头职能,共走访企业3048家,梳理出各类问题总计3910个,协调解决问题共计3701个,问题解决率为95%。回访有问题或困难企业2301家,发出企业问卷2301份,收回2187份,回收率为95%,满意率在98%以上,实现提出问题企业回访全覆盖。

【扩大有效投资,强化项目监管】 及时下达政府投资项目计划,将全县163亿元分解落实到40个责任主体,完善政府投资项目月报制度,每月对项目进展情况进行梳理汇总,对未完成月节点计划目标的项目进行督察通报。严格政府投资项目工程概算审核管理和政府投资项目工程变更管理,全年审核95个政府投资项目工程概算,送审概算投资31.9亿元,审定概算投资30.8亿元,净核减1.1亿元,核减率3.4%。

【扎实推进省市县三级重点项目】 2016年58个县重点实施项目共完成年度投资计划的107%。其中14个市重点实施项目完成年度投资计划的111%,1个省重点项目完成年度投资计划的100%。2016年1月下旬,50个县重点实施项目年度目标任务及月节点计划由县政府文件下发,每月对项目完成情况进行红黄旗通报。全年组织三次大型重点项目集中开工活动,共集中开工29个项目。

【金融服务监管有新突破】 培育多层次的资本市场发展,旭光照明于2016年9月底挂牌新三板,千宇科技于2016年9月成功挂牌浙江省股交中心创新板。成功组建淳安县民间融资服务中心,注册资金5000万元,2016年7月18日正式运行。淳安县新安江开发总公司二期养老专项债券于2016年5月获批,11月成功发行。每季度就防范处置企业资金链和担保链风险开展排查工作,对辖内两家小贷公司和农合社资金互助会开展日常监管,定期上报监管报告,并不定期组织现场检查和非现场检查。

【积极推进PPP项目】 会同财政、审管办等部门起草《淳安县推广政府和社会资本合作的实施意见》报县政府。梳理汇总淳安近期可推进和下一步推进的PPP项目库。

【推进信用体系建设】 设置“信用浙江”和

“信用杭州”查询平台，完成淳安县公共信用信息平台(一期)的搭建，形成省市县三级查询平台，一期归集了淳安县8个部门、近百万条数据。在“信用淳安”网页上传守信红名单和失信黑名单。会同市场监管局出台《淳安县食品安全金融征信体系建设试点实施方案》，在食品安全等事关民生的重点领域率先推行信用惩戒。

【扎实推进中心镇工作】 2016年，安排5个中心镇及枫树岭镇共31个项目，其中新建21个、续建7个，年度计划投资4.41亿元。截至2016年年底，累计投资4.29亿元，完成年度投资计划的97.16%。

【积极申报市级特色小镇】 “千岛湖啤酒小镇”及“千岛湖绿色数据小镇”入围参评杭州市第二批市级特色小镇。“千岛湖啤酒小镇”啤酒体验馆、千啤大街、啤酒花园、啤酒温泉酒店等项目已基本完工。

【有序推进车改工作】 新一轮公车改革按期完成，并从2016年12月开始执行新的车改政策，实现公务用车数量大幅压缩，行政成本明显降低，确保全县整体节支率达到7.5%。在上一轮车改的基础上，新增了县四套班子领导、公检法、城管等单位作为新的参改对象。

【纳入国家重点生态功能区】 2016年9月，国务院批复国家发改委，将淳安县纳入新增的国家重点生态功能区，使淳安享受省级财政转移支付和中央财政转移支付等优惠政策，淳安的生态环境保护项目、生态流域治理项目均能享受国家级的资金补助。此外，根据要求编制淳安县产业准入负面清单，有利于淳安产业转型升级、保护水资源与生态环境。

【做好中央专项基金和世行贷款申请工作】 2016年，完成第七批中央专项建设基金的申报前期工作。杭黄铁路千岛湖站及配套设施项目总投资8.32亿元，拟申请专项建设基金1.2亿元，该项目已列入省发改委初步入选名单。世行贷款各子项目的可研、环评等报告的招投标已经结束，正按照世行要求开展各项报告的编制工作。

【夯实粮食安全体系建设】 作为牵头单位，切实履行职责，落实粮食安全责任制，分解工作任务，明确粮食播种面积、粮食总产量、土地保有量以及各项扶持政策和保障措施，确保完成粮食安全各项考核目标。把握粮食市场行情，如期完成年度粮食轮换进出库任务。中心库三期项目如期竣工，中心库仓容增加3000吨，达到3.78万吨。全县粮食仓容达到4.107万吨。

【加强价格监管，深化价格改革】 落实上级清费减负政策，出台部分企业用气、用水、用电优惠差别价格政策，预计年减轻企业负担1400余万元。统一县内两家管道燃气公司居民管道天然气销售价格，主城区价格下调0.4元/立方米，建立了阶梯价格制度。调整居民污水处理费标准，对高污染高水耗企业，实行差别化水价政策。开展各类专项价格检查，维护企业和群众的合法权益，及时处理电商企业的价格举报。

【争取国家省市县资金及政策支持】 第二批6.9亿元的企业债券11月发行，发行期7年，票面利率3.84%，比同期银行贷款利率下浮20%以上。民间融资中心7～12月融资1.03亿元，运行良好。2016年共争取到国家、省、市项目各类资金7025万元，其中申报重点流域水污染防治2016年中央预算内投资项目2个，获得中央资金1630万元。

【市场价格】 2016年,居民消费价格总水平运行相对平稳,居民消费价格指数(CPI)同比增长3.1%,涨幅比上年高0.7个百分点(基期数据调整,拉动同比涨幅扩大),高于全国2.0%的涨幅,也高于全省1.9%的涨幅。

2016年度淳安县居民消费价格指数情况表

表4

月份	环比%	同比%	累计比%
1月	101.1	101.8	101.8
2月	101.7	103.1	102.5
3月	99.8	102.8	102.6
4月	99.8	103.1	102.8
5月	99.4	102.6	102.7
6月	100.9	103.5	102.9
7月	100.4	103.8	103.0
8月	99.9	103.4	103.0
9月	100.2	103.3	103.1
10月	100.1	103.6	103.1
11月	99.9	103.4	103.1
12月	99.7	102.8	103.1

八大类商品和服务价格指数表

表5

八大类	同比	八大类	同比
一、食品烟酒	108.6	三、居住	102.1
粮食	101.9	(1)水	100.0
食用油	107.2	(2)电	100.0
鲜菜	118.9	(3)燃气	97.8
畜肉类	113.9	四、生活用品及服务	101.0
禽肉类	102.6	五、交通和通信	98.2
在外餐饮	126.8	六、教育文化和娱乐	102.1
二、衣着	98.4	七、医疗保健	100.1
		八、其他用品和服务	102.3

(聂道大)

·市场监督管理·

【概况】 2016年,县市场监管局在县委、县政府的坚强领导下,在上级部门的有力指导下,全县系统干部职工团结拼搏、奋发有为,紧紧围绕G20峰会保障圆心,立足提速提效重点,进一步优化服务,强化监管,规范管理,各项工作都取得明显成效。

【峰会保障圆满完成】 为保障G20杭州峰会的顺利召开,按照"四个满意"、"四个最"的工作要求,突出"安全、环境、服务"三条主线,对县农夫山泉企业生产的供会食品实行生产过程全程驻点监管、全程跟踪押送;G20峰会保障整个阶段,安排精干力量驻局值班值守,实施局所联动,确保应急事件和消费纠纷得到及时妥善的处置;保障最后阶段,全局202名干部职工赴各路段、6个公交车站点、12个农贸市场和5个液化气充装点等驻点进行巡访监管,同时对游客聚集、投诉聚焦的区域,开展全天候高频次巡防,实现了保安全、保满意的目标。此外,做好液化气、快递行业、火柴销售、成品油市场等相关整治工作,开展为期5个月的"亮剑保峰会"系列整治严打,组织"诚信经营树形象,放心消费迎峰会"示范创建活动,认定诚信经营示范个体户300家,景区1个,经营示范街1条,商场、市场各1家,优化了消费环境。

【商事改革持续深化】 继续深化商事登记制度改革,扎实推进"五证合一、一照一码"工作,全面落实个体工商户"两证"整合,积极推进全程电子化登记,成功争取外资企业、股份有限公司登记权限下放,同时加强政银合作,运用工商注册通服务企业发展,立足简化住所登记、放宽名称限制,开展个性化服务,助力企业做大做强,有效激发投资创业热情。

全年累计换发“五证合一”新版营业执照5975户，换照率达到87.60%，个体工商户“两证”整合784户，办理股份公司变更及备案5起，办理外资企业登记2起。全年全县新增市场主体3261户，其中企业1137家，个体工商户2085户，农民专业合作社39户，市场主体总量同比增长了40.32%，创历史新高，尤其是民宿民居、电子商务企业数实现了翻倍增长。

【助企强企成效显著】 全面推进“小微企业三年成长计划”，新增“个转企”企业114户，兑现“个转企”奖励640余万元。继续开展“当好店小二、服务小微企业”活动，完成111家小微企业走访，发放优惠服务券33万余元，帮助小微企业解决实际问题121个。拓宽企业融资渠道，引导企业股权资本化运作，综合运用股权质押、动产抵押和商标权质押等多种手段，缓解企业融资难题，共办理股权出质登记63件、动产抵押登记50件、商标权质押登记4件、助企融资19亿元。全年新增省著名商标2件、市著名商标7件，新认定县知名商标单位10件、县名牌产品9件，新增有效注册商标510件，全县有效注册商标量达到3120件。新增省“守合同重信用”AAA级企业3家、AA级8家、A级13家，2家企业获评淳安县政府质量奖。推进“浙江制造”品牌建设，确定康盛股份、旭光照明为示范创建企业。《温室大棚火龙果标准化种植示范》《桑枝秀珍菇标准化生产示范》获得市级标准化科研项目立项，为企业争取扶持资金25万元。发布3项新标准，其中《千岛湖茶》系列标准首次统一了“千岛湖”茶的加工要求和技术指标。

【国家有机示范县成功创建】 在做好“企业认证、基地扩张和品牌宣传”的同时，更加注重整合宣传，深化行政指导，开展县域有机产品质量监测，确保有机产品质量安全，进一步做好了服务、深化文章。年底，顺利获得“国家有机产品认证示范县”称号，成为第二批国家有机产品认证示范区中浙江省仅有的两个区(县、市)之一。淳安县有机创建工作成为全国典型，吸引了云南普洱、山西石楼、安徽旌德等地到淳安考察学习，4月在山东峡山湖有机产业发展国际论坛上，局领导作交流发言，12月，在北京召开的全国有机示范区创建工作会上，县领导作典型交流。截至2016年年底，全县有机认证企业总数达到66家，认证证书87张，认证证书总数占杭州地区的35%以上，成为杭州地区乃至全省认证企业最多、规模最大、产业最全、产值最高的县(市)。

【市场监管不断强化】 2016年，全县安全形势总体良好，未发生涉及市场监管的安全事故。加强基层食品安全协管员考核，落实相应报酬，开展乡镇食安办规范化创建，有7个乡镇通过了考核验收，组织基层食品安全从业及协管人员培训50余场，培训人数6000余人次，基层责任网络作用得到有效发挥。继续开展食品安全责任保险，以政府购买服务的方式为在校学生和农村集体聚餐的食品安全购买保险。强化难点问题治理，加大餐桌安全治理力度，完成2009家餐饮服务单位的食品安全监督量化分级管理工作，量化分级管理率100%。强化监督抽检，高分通过县级食品检测资源整合工作验收，完成青溪所和汾口所食品安全快检室建设。同时新创2家省放心市场，建成7家快速定性检测室，并免费向公众开放，检测能力进一步提升，全年共抽检食品1679批次，合格率95%，抽检各类药械保化产品209批次。

【监管方式加快转型】 探索以信息化手段实现智慧监管，打造“五可阳光餐饮”监管新模式，全县42家大型以上餐饮单位、73家学校食堂、10家重点涉旅酒店、10家食品生产流通企业等监管对象安装监控系统，实现实时监控，同时在淳安中学试行“阳光厨房”线上公示。加强食品行业信用监管，在29家食品生产企业中推行食品安全金融征信体系建设试点工作。针对食品小作坊实行备案管理，出台《食品生产加工小作坊监督管理办法》，对12家小作坊完成登记备案，对62家无证小作坊实施取缔。出台《农村食品流动摊贩备案管理办法》，加强对农村食品流动摊贩的管理。针对老百姓关注的电梯安全，全面推行“一梯一档一公开”管理模式，提升监管水平。开展企业信用信息公示，企业年报率91.47%，个体工商户年报率92.86%，外资企业年报率86.84%，农民专业合作社年报率83.60%，年报工作走在全市前列；在全县范围内实行企业年报“双随机”抽查，共抽查企业491家，发现问题企业9家。全县434家企业和121家农民专业合作社被列入异常名录。

【执法维权持续加力】 全县共立案查处各类案件452件，罚没款327.7万元，其中食品案件90件(其中大要案59件)，罚没款106万元，没收并销毁食品3000余千克，移送公安案件1起，办案数、罚没款创历史新高，被市质监局评为执法打假成绩显著单位。集中力量开展“三小一市场”、“三大一严”、假冒伪劣、广告合同、民生计量、特种设备、旅游市场等专项执法整治30余次，有力地查处一批违法违规行为，形成了震慑效应。同时积极开展助企维权行动，帮助企业线上线下打假，先后远赴东北、江苏、浙江永康、杭州等地开展针对千岛湖桶装水、电子商务“阿帕奇”、“千岛湖鱼味馆”品牌的打假行动，有力地维护品牌企业利益。推行市场监管、消费维权“不关门”制度，全天候24小时值班值守，全年受理处置各类申诉举报753起，处置率100%，满意率98%以上，为消费者挽回经济损失144.27万元。

【中心工作担当有为】 全年办理人大建议、政协提案12件，见面率、满意率均为100%，办结率67%。受理来信来访、12345交办件160余件，处置率100%。2016年，超额完成招商引资任务4000万元。在“五水共治”“三改一拆”“小城市培育”“两路两侧”“文明指数测评”“国卫复评”等中心工作中，积极作为，获得了县委、县政府的好评。多名外派在各指挥部、督查迎检办、农品办、第一书记村的干部也充分展示了市管形象，体现了担当作为。全局各党支部认真开展帮扶结对活动，全年共落实帮扶资金20余万元。

【干部队伍不断规范】 全县系统深入开展“两学一做”学习教育，进一步强化组织建设和党风廉政建设，党建引领作用进一步发挥。推进规范化市场监管所创建，青溪所完成四星级创建，建立基层快检室2个。出台《关于贯彻落实主要负责同志“五不直接分管”制度明确分工及要求的通知》《“三重一大”事项决策制度(试行)》《干部行为规范》《财务管理》等制度，制度进一步健全，内部管理逐步规范。强化日常作风纪律督察，成立纪检监察室，聘请政风行风监督员，定期、不定期开展督察工作。全年对4名工作人员进行了问责、诫勉谈话，形成了一定的震慑作用。

(李明勇)

·审　计·

【概况】 全年共完成审计项目20个，查出管理不规范金额49003万元，违规金额29万元，提交审计工作或调查报告22篇，得到县领导批示16篇，推动政府及有关部门制定相关制度13项，上报各类信息22篇，其中《中国审计报》录用1篇，《中国审计》《浙江审计》各录用1篇，《杭州政务》内参采用1篇。

【审计问题的整改落实】 根据全年度审计工作情况，于10月中下旬召开审计工作落实专题会议，会上对审计发现的各类问题进行公开。另一方面推动整改结果公开，明确被审计单位的主体责任和审计机关的监督责任，制定标准规范审计公告、内容和形式，将上年度相关审计查出的主要问题及整改落实情况编印成册，并在一定范围内发放，做到审计整改结果信息公开。各单位严格按照《关于进一步加强审计整改工作的意见》(淳政发〔2015〕1号)要求，明确审计整改责任，配合开展审计整改督促检查，实现从“独角戏”到部门“大合唱”的大转变。同时加强与纪检部门的互联互通，实施审计整改考核机制，实现了从“你分管”到“我也管”合署办公的大转变。县纪检部门依据审计结果及问题的严重程度建立了“蓝、黄、红”三色预警体系；组织部门把审计局纳入提拔拟任干部“十部联审”单位，并将经济责任审计结果纳入干部提拔考察内容，通过运用审计整改结果，实现从“要我改”到“我要改”的大转变。

【同步审计项目的落实】 按照全口径政府性资金审计“全覆盖”的总体要求，组织国家审计、内部审计、社会审计力量，对22家一级预算单位、26家二级预算单位、29家学校、6家一级国有公司2015年度的公务支出公款消费情况进行了专项审计。县政府主要领导在审计报告上作出批示，并多次亲自召集四办主任会议对审计提出的问题进行专题研究部署，督促相关问题的整改落实。2015年11月至2016年2月，对淳安县2015年保障性安居工程进行跟踪审计。通过实地审计，助推住建、民政等职能部门，对经济适用房等申报购买情况进行了一次全面清理，从而进一步核实摸清了全县经济适用房申报购买情况。通过整改，补差价13户，清退64户。抽调多名业务骨干参加浙商回归审计、“五水共治”和饮用水及水污染防治专项审计。组织各对口职能科室分别对本县招商引资政策、医疗废弃物处置、饮用水保护和水污染防治等情况进行跟踪审计，结合省厅审计项目一并实施，做到“两不误、两促进”。

【热点难点问题的破解】 开展县本级2015年度财政预算执行审计与全部政府性资金专项审计调查，结合旅游专项资金、物业专项维修资金管理情况和乡镇财政决算等专项审计调查，强化对重点资金、重点项目和全部政府性资金的审计监督，摸清了县本级全部政府性资金的家底，并对县发改局、县民政局、县国土局等6家部门预算单位进行专门审计。通过审计，促成相关部门将1.8亿元资金纳入了预算管理；县财政部门及时盘活了存量资金3.72亿元，对国库间歇资金共11亿元实行了竞争性存放。按照县经济责任审计联席会议的要求，2016年共安排经济责任审计项目10个，共查出管理不规范金额24539万元。2016年，共完成政府投资审计项目686个，送审金额22.66亿元，净核减额2.46亿元，净核减率为10.86%。3月，成立3个审计组，深入全县各乡镇开展小额工程招投标管理专项审计调查，全面了解乡镇小额工程招投标管理的真实情况和问题。通过专项审计共完善招投标制度7项，批评教育8人，免职村干部2人。6～9月组织实施了2011～2015年招商引资项目落地情况专项审计调查，审计工作以工商、税务、供地等大数据采集分析为依托，重点审查28个招商责任主体135个项目，并于9月中旬向县政府作了审计情况专题汇报。通过实地审计，第一次系统、全面地掌握了招商引资工作的底细，为完善招商引资机制、优化招商服务提出了一些可行的建议，得到了县政府领导的高度评价。根据审计建议，县委、县政府相应出台了《关于进一步完善招商引资分成机制的通知》(县委办〔2016〕123 号)和《关于建立千岛湖“亲商卡”制度的通知》(县委办〔2016〕127 号)两项制度。

【抓好“两学一做”学习教育】 建立并坚持机关学习制度，认真落实每月一次集体学习、定期自学、理论与业务知识考试等一系列制度规定，全年共组织集体学习 13 次、专题培训 4 次、理论研讨 4 次、心得体会交流 3 次、理论测试 3 次，干部职工的综合素质得到明显提升。通过扎实开展上级审计部门组织的“审计整改落实年”、“三创三评”和县委、县政府开展的各类评先评优活动，党员的先锋模范作用和先进性，在完成各项审计任务中得到充分发挥。在 2016 年的省、市同步项目和“上审下”项目中，审计人员自觉取消节假日和公休日，发扬“五加二、白加黑”精神，优质高效完成各项工作任务，充分展示了审计干部的良好风范，受到上级审计部门和县委、县政府的一致好评。深入开展“返乡服务”“结对帮扶”“支部共建”“党员进社区”等活动，通过扶贫济困送温暖、向贫困老党员献爱心活动和组织党员干部到帮扶村体验生活等方式，进一步坚定党员干部艰苦奋斗、勇于奉献的信念，年初确定的 10 件实事全部圆满完成。同时抓好与结对联系村帮扶、党建工作“双联系”，落实项目资金 10 万元，开展对困难家庭结对慰问，落实慰问金 1.2 万元。

(徐根平)

·统　计·

【统计监测分析】 重点围绕 GDP、工业增加值、服务业增加值、固定资产投资、社会消费品零售额等重点指标加强统计监测、预警和分析，向有关部门提供针对性和实用性强的咨询建议。加强省对县考核指标监测，每季度搜集整理本组县市区的指标完成情况。2016 年撰写 15 篇监测分析文章，7 篇得到县委主要领导的批示。

【统计成果宣传】 做好《淳安统计月报》创新工作，每月在《淳安统计月报》上公布工业、服务业、投资、社零等指标乡镇、部门完成情况排名。同时扩大《淳安统计月报》发放范围，将全县规上工业、限上服务业企业纳入发放范围。2016 年，累计发放《淳安统计快报》1 万余册。

【统计改革强力推进】 按照省、市统计部门的工作部署，试点开通城乡居民收入调查样本户收支电子记账工作，做好小微企业、特色小镇“三新”企业、“四众”企业等统计监测制度的落实。

【体育产业统计调查】 创新开展体育产业统计调查核算工作，以测算县体育产业地增加值，为《淳安县“十三五”体育产业发展规划》的编制工作提供翔实的数据支撑和统计业务支持。

【民情民意调查】 围绕关系群众切身利益的热点、难点问题，开展旅游消费、食品安全、“五水共治”、“七五”普法、文明指数测评、平安浙江等多项民意调查，涉及调查对象 3000 多人次，撰写调查报告 2 篇。配合县考评办做好市对县综合目标考核群众满意度调查工作。

【第三次农业普查工作】 先后完成第三次农业普查县、乡、村三级农业普查机构组建工作，落实县农普办工作场地和工作人员，积极和财政协调，落实相应的工作经费；做好乡村两级“两员”选调和培训工作，并于11月初在威坪镇开展第三次农业普查全过程试点工作，培训和锻炼普查人员。12月初，分两批对乡镇和村级普查人员进行全面的业务培训。

【开展统计分组服务活动】 由局领导带队，分组对乡镇和部门进行统计指导和服务，每月联系1次，每季度上门服务1次。探索建立乡镇、行政村、社区和企业4个层面的统计点，作为全县基层统计工作基础建设的示范，明确每位干部必须深入不少于5家企业和5个行政村走访调研。全局干部共走访了100多家企业和40多个行政村，加强统计基础建设。

【统计普法和稽查】 在“3·18”综治宣传日、4月全县普法宣传月等活动中，对统计法律法规进行广泛宣传，发放统计法宣传资料2000余册。组成3个稽查组，围绕工业、能源、服务业、固定资产投资等重点行业，对各乡镇、企业等基层单位开展统计稽查，共稽查30家企业，并对2家企业进行行政处罚。

【统计教育培训】 先后10次举办专题培训班，对固定资产投资、规上工业、限上服务业、批零住餐业、粮食生产监测等统计人员进行统计业务和法制培训，参训人员近600人次。邀请市局政策法规处负责人为全局执法人授课，提高执法人员的业务能力和水平。2016年，举办5期统计人员继续教育培训班，培训人数达900人。

【统计队伍建设】 结合“两学一做”，实施“五个一”学习制度，组织党员干部集中学习12次。先后组织党员干部参观学习下姜新农村建设点、中洲镇红军北上抗日先遣队纪念馆等。完善制度建设，把解决问题与制度建设紧密结合起来，对全局各项规章制度再次进行清理，修改完善制度3项。积极开展结对共建和党员进社区服务工作。

【加强党建工作】 深入帮扶结对村梓桐镇黄村调研，确定帮扶项目，为该村争取项目资金8万元，发放困难群众慰问金2万余元。抓好农村第一书记下派工作，深入指导帮扶工作，为该村解决建设帮扶资金2万元。在职党员全部到社区进行报到，报到率100%，领办活动项目40多项，组织党员干部参加共建社区活动3次。（吴旭娟）

·安全生产监督·

【概况】 2016年，共发生事故23起，死亡23人，受伤5人。未发生较大以上事故，G20峰会期间、元旦、“五一”、“十一”等重要时段及敏感时段安全稳定，安全生产形势总体持续保持平稳、有序的态势。

【强化责任落实】 逐级落实安全生产责任，县政府与23个乡镇、37个部门签订安全生产责任书，各乡镇、有关单位与本辖区、本行业企业签订责任状，企业与重点岗位签订责任书，通过层层传递安全生产责任，层层落实安全生产职责，实现了横向到边、纵向到底的责任全覆盖，保证无监管死角。

【安全隐患整治】 制定全县2016年安全生产监督检查计划，在全县广泛开展事故隐患排查，对查找出来的隐患，制定清单逐一登记备案，要求企业及时落实整改措施，按照事故隐患的严重程度进行分类管理，把其中11处重大隐患列入四级挂牌督办，其中杭州市挂牌督办1处，县级挂牌督办10处。依法查处违法储存、销售、运输烟花爆竹行为，规范合法零售店的经营行为,落实实名制销售制度。共检查零售点960家(含经营许可证到期的896家及其他销售小店64家),签订守法经营承诺书960份,没收非法经营的烟花爆竹3881件,其中"三无"走私烟花爆竹798件,收缴过期烟花爆竹经营许可证842份、经营标志铁牌505块。加大危化品企业监管检查,对全县散装汽油、油性油漆、稀释剂、剧毒农药、工业气体销售均全面落实了实名制登记措施。配合住建、公安、经科、旅委、海事等相关部门全面开展液化气、成品油、旅游、建筑业及水上运输行业的安全专项整治。查处各类非法经营点23个,拆除1处地下非法柴油经营点,依法关闭生产经营单位3家,依法追究相关人员责任,拘留11人。

【宣传教育培训】 规范安全生产培训考核流程,三项岗位培训全面实现机考,已开展矿山、高危行业、一般性生产经营单位、特种作业等12个班次培训,累计培训生产经营单位负责人171人、安全管理人员220人、特种作业人员361人、其他人员14426人。组织开展安全生产月宣传教育活动。围绕"强化安全发展观念,提升全民安全素质"的主题,开展咨询日活动,发放宣传资料8000余份,接受现场咨询600余人,近千名群众参加现场安全生产知识有奖竞答。加强安全生产公益宣传。制作6档安全生产公益广告,在千岛湖屏媒、公交车载电视、华数数字电视本地栏目等平台轮回播放,每天累计播放近4000次。加大信息公开力度。建立安监局微博、微信公众号,定期发布安全生产信息,接受群众监督。

【行政审批改革】 重新梳理清查本部门行政审批事项,完善法律依据、资料要求、申报流程及途径等内容,按照"一事一单"的要求编制简单明了的《审批办事指南》进行张贴公示,方便群众和企业办事。厘清审批权力清单,将烟花爆竹、危险化学品审批办证、职业卫生许可、三项岗位培训发证等分布在各科室的审批职能整合到行政中心安监许可窗口办理,方便群众办事,提质提效。

【安全生产社会化服务】 在工矿商贸领域全面推广企业安全生产社会化服务,培育安全生产专业服务机构,每月对被服务企业上门开展一次以隐患排查及闭环整改为重点的安全生产服务。全年已有325家企业与3家中介机构鉴定协议,委托中介服务公司开展社会化服务,共排查出各类事故隐患3533个,现场整改1661处,下发整改意见书535份,已经完成整改3521个。

【智慧式用电试点工作】 率先在学校、医院等民生行业及宾馆、酒店等旅游行业开展"智慧用电"试点工作。安装智慧式用电终端300余套,初步建立起硬件安装、设备维护、隐患预警、闭环处置、总结提高等一系列制度。

【职业卫生安全监管】 对机动车修理、船舶修造、砖瓦制造、木制家具制造等职业病危害严重的行业领域以及近三年发生过职业病的用人单位进行了专项整治。整治机动车修理企业20家、船舶修造企业6家、木制家具企业5家、砖瓦制造企业10家和2家已确诊职业病病人的企业。对涉尘的千岛湖造船厂和涉毒的杭州天道实业有限公司创建尘毒治理示范企业,开展上门服务,帮助企业理顺日常管理,建立台账,并指导企业进行源头防范。建立淳安县职业病防治工作联席会议制度,强化部门间协调配合,完善政府统一领导及各部门各司其职、各负其责、密切配合、联合监管的长效工作机制。对往年发生职业病的企业的负责人和辖区乡镇分管领导进行约谈,开展宣传教育,警示用人单位高度重视职业卫生工作,加大职业卫生投入,积极整改违法违规行为,切实承担起职业病防治主体责任。

【安全生产执法】 加强日常监管,严肃查处各类安全生产违法行为,共立案查处非事故案件63起,执行罚款6.63万元。第一时间采集违法行为视频、照片,每季在全县安全生产工作会议上进行内部曝光,由相关责任单位认领整改任务,督促企业及时整改。每半月向淳安电视台《焦点时分》栏目报送一条安全生产非法信息,接受社会监督。

(鲁征浩)

(编辑　程志英)

建设　城管

·住房和城乡建设·

【概况】 2016年，淳安县住房和城乡建设局坚持以“问题导向、事业发展、行业领跑”为目标，锻造“五铁队伍”，深化“五精住建”，实施“八大工程”，开展“五提行动”，各项目标任务全部完成，获得了30余项先进荣誉称号，实现了住建事业“十三五”精彩开局。获得“杭州市G20峰会工作先进单位”“浙江省建设系统绿道和园林绿化工作先进集体”“浙江省建设系统城镇污水污泥处置设施建设先进单位”“杭州市棚户区改造和保障性安居工程建设先进集体”“杭州市‘五水共治’先进单位”“淳安县‘三改一拆’突出业绩奖”等荣誉，成功获得国家园林县城、联合国人居环境奖全球绿色城市等城市品牌。

【“一张蓝图”对接实施】 继续推进多规融合，县域总规修编成果稿已通过县四套班子评审和县人大常委会审议上报市政府，形成四规叠加图，完成《住房和城乡建设发展“十三五”规划》编制。编制《千岛湖城市风貌规划导则》《千岛湖镇城市设计整合》《千岛湖镇品质提升规划》《千岛湖镇城市夜景照明提升规划》《淳安县绿地系统规划》《千岛湖镇机动车维修厂与清洗站布局规划》。修编38个村庄规划，开展“按图施工最美农居”评选活动，编印2016年农民建房通用图集。成功创建3个省级美丽宜居示范村，推进2016年、2017年省级宜居示范村、9个省市县村庄设计和农房设计试点建设，加强对中国传统村落常青村和国家历史文化名村芹川村的保护。

【“一个口子”归口管理】 出台《淳安县城乡规划编制管理办法》，明确城规委统筹协调全县每年度的城乡规划编制，减少了资金浪费和规划重复。完善五项会议决策机制，组织对接45次会议，研究385个规划议题，强化用地性质、容积率、建筑密度、绿地率、建筑高度五大指标刚性管理。完成规划执法权力划转，修订批后管理操作细则，制定在建项目责任片区图和6个乡镇规划巡查责任分区图，实施联合巡查联动执法，强化建设项目批后监管。开展171次动态巡查、39个项目灰线和±00验核、4个项目外立面色彩材质检测。

【“一个平台”信息支撑】 完成《基础测绘“十三五”规划》编制、地理国情普查、测绘资质巡查等工作，测绘地形图78.89平方公里，国家级新农村测绘保障服务项目顺利通过验收。推进数字淳安运维推广，应用系统增加至11个，美丽淳安生态地理信息系统正式上线运行，天地图淳安被省测绘与地理信息局评估为五星级节点，数字淳安地理信息框架获得2016年中国地理信息优秀产业银奖。完成规划展览馆展陈更新，接待22批次11129人，被评为市级科学社会普及基地、市级环境教育基地、县级青年文明号。推进档案信息化建设，开展电子远程看档预约服务，荣获“省示范档案室”称号。

【洁化市容环境】 围绕“大街小巷一个样、白天晚上一个样、晴天雨天一个样”的目标，把握“湖面、路面、叶面、墙面”四面，一类道路实行18小时保洁，生活垃圾分类处置扩面，提高城市污水处理率，城区生活垃圾日产日清，城区生活垃圾分类覆盖率达75%，垃圾密闭清运率达100%，城区生活垃圾无害化处理率达100%。加强建筑工地扬尘管控，创新使用冲洗喷淋等新工艺，实行工程车辆洗澡、建筑工地淋浴、工地道路冲洗，有效保障城市环境空气质量。

【完善公建配套】 完成梦姑路、环湖南路沥青路面维修，13座公厕升级和双柏岭垃圾填埋场渗滤液处理改造；推进生活垃圾环保处理项目、汽车北站至阳光区块道路建设。完成排水管网清淤37公里，丽湖馨居小区成功创建省级节水型小区。修补沥青路面2.8万平方米、人行道3600平方米，修复更新井盖和雨水井172个，维修故障路灯和楼道灯3860余盏，城区亮灯率99%以上。规范道路开挖，强化地下管线管理。加强燃气行业管理，全县瓶装液化气钢瓶实行登记在册动态监管。

【美化景观风貌】 按照"开湖透气、添彩加色、返璞归真、回归自然、乡土元素"的理念，开展"两路两侧"、"四边三化"和城市节点美化，补植城区苗木35万株，更换鲜花500万株。完成杭千高速入城口、05省道收费站两侧、千岛湖大桥南端、鼓山入城口和环湖北路湖岸线、宏山公园提升改造，建成高铁新区60亩花圃和城区3个文艺角，提升供电大厦、千岛湖大厦、外高桥、西园大厦等夜景，全面启动小城镇环境综合整治。睦州大道入选浙江省十大最美入城大道。

【推进城市修补】 按照"整洁有序、提升配套"要求完成新塘二区、曙光新村、景湖花园等区块20万平方米的改造，惠及居民2478户，增加300个车位，整理绿化1324平方米，改造场地6300平方米。深化阳光征收，完成老汽车地块、城中湖景观飘带二期工程、骑龙巷18号旧城改造征收等"双清"工作。

【深入交通治堵】 编制《淳安县"十三五"治理城市交通拥堵专项规划》，谋划绕城北线和绕城旅游专线，建成停车位3000余个，交通拥堵明显改善。2016年，淳安县代表杭州市参加浙江省交通治堵考核。

【强化安居保障】 完成化工厂区块公共租赁房建设，建成茶苑小区幼儿园，辉照山二期和庄天岭安置房交付使用，改造汾口镇新民巷公房。修订《淳安县公共租赁房实施细则》，规范廉租房管理，完成公共租赁房和廉租房共830余户配租工作。争取棚户改造项目国家开发银行贷款8.8亿元，首笔3.6亿元专款顺利到位。出台《2016年农村困难家庭危房改造新一轮实施办法》，完成371户农村困难家庭危房改造和2000户农村住房改造。

【建筑业管理】 完成建筑业总产值26.88亿元。全年新增外地企业35家，总承包企业8家，5家企业入选杭州市政府投资建设工程项目预选承包商名录。抓好绿色建筑节能审查，科技大厦和千岛湖文化综合体项目分别获杭州市可再生能源建筑规模化应用示范和用能监管示范。

【建筑市场整治】 出台《淳安县建筑业人员守则》，修订《建筑施工企业考核办法》，出台《淳安县建筑监理企业诚信体系考核办法》，加强标后管理，实施诚信扣分1032分，建筑市场进一步规范。

【建筑工地管理】 推进文明工地、智慧工地建设，全面禁止现场搅拌砂浆，实现"施工现场围挡封闭整齐、立面密目网围护、现场道路硬化、裸土及散状材料覆盖、出场运输车辆冲洗"五个100%。32个工程项目被评为县级"双标化"工地，23个工程项目被评为市级

"双标化"工地，8 个荣获杭州市西湖杯工程奖。

【房地产管理】 围绕"保稳定、去库存、可持续、促转型"，积极推进供给侧改革。通过举办春秋两季房产会、每季度召开企业座谈会、每季度发布市场分析报告、外出组织考察、加强预售资金监管等措施，全年房地产固定资产投资约 40.3 亿元，住宅去化周期缩短至 12 个月。

【物业管理】 派遣 15 名专职物业管理人员入驻小区，实施年度经营性收益公示和月度服务考核公示，开展物业从业人员培训 1200 人次，协助解决投诉问题 300 余件和各类维修问题 360 余件，会同城市管理局等部门开展小区环境综合整治，主城区物业管理覆盖率 95%以上。

【创新沿湖沿线农民建房批建】 沿湖沿线敏感区域实行规划技术和外观风貌"双控"管理，实施带方案审批、"按图施工"、挂牌施工、中介免费修改图纸。该做法在全省村镇建设工作座谈会上得到肯定，被《中国建设报》报道。

【创新联合综合验收】 整合原分项验收事项，实行统一受理、统一踏勘、统一验收、统一反馈，缩短竣工验收时间。已有 33 个项目完成综合验收，得到建设单位一致好评。

【行政审批改革】 实施行政审批标准化，完善浙江政务网建设，制定权力清单 360 份、责任清单 21 份。制定《住建局行政服务指南》，强化窗口建设，全年办结 863 项审批事项，办结率 100%。

【无违建县创建】 完成旧住宅区改造 8.4 万平方米、旧厂区改造 2.2 万平方米、城中村改造 5 万平方米，完成市定任务的 173.5%。县"无违建"创建工作得到省、市领导的批示肯定，荣获 2015 年全省首批"基本无违建县"和"两路两侧""四边三化"整治优胜单位。2016 年，县淳杨公路成功创建为全省首批精品示范道路。

【服务 G20 峰会】 开展"大排查大整治"行动，完成工地彩钢棚拆除和屋面"蓝改灰"专项行动，抓好燃气行业管理、道路保洁、扬尘管控、危旧房管理、建筑工地安全生产、平安巡防等。加强信访工作，办理来电来信来访 367 个，积极化解光大环保能源等 6 个信访件，积极协调化解农民工工资拖欠问题。

【"两学一做"学习教育】 深入开展"两学一做"学习教育，创新"个人自学、集中讲学、党课领学、专题研学、典型引学、领导带学、督查导学、新媒体活学＋自选学习方式"的"8＋X"方式，全局 13 个党支部 192 名党员深入学习中共十八大系列会议精神、习近平总书记讲话、党内准则条例，做到政治素养全面提升。全面加强住建系统干部的思想、作风、纪律建设，始终坚持抓早抓小抓苗头，始终坚持局规挺在纪律前面，始终坚持每月工作完成纪律执行通报制，全年实现"想干事、能干事、干成事、不出事"的目标。县园林管理处被评为县级先进基层党组织和五星级党组织。

（高兴）

·建设集团·

【经营指标】 2016 年，建设集团实现收入 5.79 亿元、利润 3379 万元、入库税收 5587 万元，收入、利润两项指标在 2015 年基础上实现"双翻番"，再创历史新高。其中"玉兰花园"项目一期 332 套房屋提前 3 个月实现交付,全年销售收入3.3亿元;全年共承接姜家、汾口、威坪、梓桐、石林、里商、大墅、临岐等8个乡镇水厂、污水厂的建设任务,累计完成安装产值1.3亿元,同比增长13.7%。此外,全年累计完成工业销售产值4900万元、工业增加值3600万元、工业投入1.95亿元,分别完成目标的101.03%、100.28%、163.72%;招商引资完成到位县外资金3419万元、市外资金1587万元,分别完成目标的136.76%、132.25%,全面超额完成年初目标。

【固定资产】 2016年,建设集团共承担各类新建、续建项目40个,其中重点项目6个,总投资22.43亿元,年度投资任务6.6亿元。集团采用"每日一进度、每周一例会、每月一督查"的推进机制,快干、实干、苦干,于3月30～31日、4月21～22日、6月2日先后三次组织大规模强推,为高山支路、辉照山土石方、里联路至旅游码头接线等项目争取时间,提前一个月完成年度投资任务,全年累计完成固定资产投资6.89亿元。

【城区治污】 以"百日环保执法综合整治行动"为载体开展污水管网地毯式排查,先后三次出动员工累计600余人次,共排查污水主干管119公里、污水支管252公里、窨井15000座、化粪池1300座,确保"应纳尽纳"。全年实施新安大街等六大区块截污纳管查漏补缺项目40余个,累计新建污水管网5.2公里、泵站1座、化粪池8座、隔油池13座,城区污水纳管率在95%以上,污水处理率提高至94.56%。积极探索以纤维束生物滤池为主的深度处理工艺,将主要污染物排放指标在现有基础上再下减30%,打造高于国家一级A标的"千岛湖污水处理地方标准",努力实现污水排放水质"全国一流、浙江第一"的目标。

【物业招商】 致力城市有机更新,打造骑龙巷慢生活休闲街区。该项目作为县政府2016年城市品质提升重点工程,也是推动旧城有机更新、提升城市旅游品质的重要举措。2016年,项目陆续完成前期论证、方案设计、房屋征收、资产划转、立面改造等前期工作,以"城市记忆"为主题,以"形态、文态、业态"三者融合为引领,大力引进特色美食、主题酒吧、文创产业、手工作坊等休闲业态,努力将其打造成具有淳安历史底蕴和千岛湖风情的特色休闲街区。已引进多家知名品牌业态,招商正在洽谈中,力争2017年底招商率在80%以上,全面整街呈现。灵猫岛区块物业资产定位康美产业,2016年通过引入億美国际合作,共同认缴出资1.39亿元,打造千岛湖国际医学抗衰老中心项目,主要开展预防医疗、健康养生、抗衰老、高端体检、医疗美容等经营业务,2017年将建成对外营业。为了丰富城市业态,提高社区服务品质,进一步加深与绿城集团合作,随着"玉兰花园"一期的建成交付,以益智教育、养生保健、社区服务配套为核心,着力打造近1万平方米一站式休闲特色邻里生活中心,提升区域生活品质,项目招商整体方案正在深化完善。

【民生保障】 加快推进水厂次氯酸钠消毒工艺改进,提升供水安全保障,完成千岛湖水厂、坪山污水厂扩建,建成城区污水处理数据监控中心,在线监测实时数据,有序调度设施运行,全年累计供水1525万立方米,污水处理927万吨,消减COD1700吨、氨氮167吨、悬浮物897吨,出水达标率100%。果蔬市场全年累计检测3.5万批次,销毁不合格菜品500余千克,将自产自销经营户纳入考核范围,实施保证金制度,确保市民"菜篮子"安全。提升市场精细化管理水平,加大农贸市场停车秩序整顿,改善市场环境,千岛湖市场成功创建杭州市"诚信经营、放心消费"示范点。道路停车文明服务、规范服务、微笑服务意识不断增强,服务水平不断提升。公共自行车系统二期建成投入运行,新增站点21个,累计投放公共自行车1700辆,全年租借突破110万人次,日均3080次。

【服务大局】 围绕服务保障G20峰会圆心,以项目安全、生产安全、供排水安全、消防安全、维稳安全为重点,全面深入开展安全生产、综治维稳隐患排查和专项整治各项工作,确保峰会期间所辖范围无涉稳事件发生,荣获县"G20杭州峰会工作先进集体"称号。此外,建设集团还承接05省道入城口改造、旅游码头安保设施提升工程、淳开线汾口弃矿点治理、下姜村入口美化提升工程等应急项目建设任务,如期完成并投入使用。全年承担代建项目资金自筹任务总计8.8亿元,为高铁新区、高铁千岛湖站以及新农村公司提供担保融资9.11亿元,有力保障城市重大基础设施建设。

【"两学一做"学习教育】 召开"两学一做"专题推进会,邀请党校老师、纪委领导上专题党课、法制讲座;组织党员干部到红军北上抗日先遣队纪念馆重温入党誓词,重拾红色记忆,重走革命之路,并举行"两学一做"知识竞赛,营造浓厚氛围。进一步深化"党建+项目""党建+发展""党建+服务"模式,在加快项目建设、推动企业发展、深化社区服务等方面发挥基层党支部战斗堡垒和党员先锋模范作用,累计开展组团服务12次,到9个社区助老助残服务19家,食品检测212批次,清理社区卫生87幢256个单元,发放各类宣传资料1500份,参与人数达1092人次。

【党风廉政】 2016年,建设集团下属水务公司发生违纪违法案件,在社会上造成不良影响。事发后,集团党委高度重视,结合县委巡查反馈意见,以问题为导向,以制度为保障,深入推进问题整改。从集团层面新建、修订了工程建设、资金管理、物资采购、内部管理等方面21个内控制度,改革水务项目招标模式,全面实行公款竞争性存放,对工作满5周年以上财务人员全部交流轮岗;加大内部审计、正风肃纪和效能督察力度,累计开展正各类督察65次,纠正问题28个,对2名违纪党员进行立案查处,对8名违反劳动纪律员工给予通报批评及相应经济处罚。

【班子建设】 进一步完善财务管理、内部审计、物资采购等一系列内控管理规定,落实主要领导"五不直接分管"制度,每月开展下属企业"三公"经费专查,每季开展"三公"经费自查,每年开展下属企业资金审计。2016年,集团"三公"经费比上年下降45%,公车按要求统一张贴标识,定点停放,统一调度,专人驾驶,定点保养,节假日封存停放;项目管理严格实行"七步流程闭合审批法"和班子分离分管机制,确保项目资金使用廉洁高效。

(金海成)

·城市管理·

【概述】 县城市管理局有工作人员305人,其中公务员编制105人,全额事业编制19人。主要承担县城管监察大队和规划执法大队两支队伍的实体化运行。县城管监察大队内设综合科、督查科、投诉受理科3个职能科室和数字城管监督指挥中心,沿湖沿线综合巡查办,下设5个直属中队,分别是城东、城南、城西、机动、新城和规划中队。监察大队主要履行市容环境卫生、园林绿化、市政设施、公用事业、室内装饰装修、人行道占道等六大类执法,负责犬类、临时人行道占道、渣土运输处置、户外广告和店招牌等4项审批。规划执法大队于2016年5月划转并入并重新组建成立规划执法中队，主要履行城乡规划方面的执法职能。

城市管理局办公场所主要包括千岛湖镇南景路局机关、老城区派出所以及青溪新城3个办公场地。

城管执法装备主要包括执法车辆13台、特种洒水车辆1台、无人机1架、执法记录仪120台。

【沿湖沿线综合巡查办】 2016年3月，由城市管理局牵头成立千岛湖沿湖沿线综合巡查办公室，组成巡查管理科，明确专职人员6名，暂时从现有工作人员中调剂，设科长、副科长各1名。巡查科下设4个巡逻小组，按照中心湖区、西南湖区、东北湖区、东南湖区沿湖沿线区域划分小组。巡查办执法人员分别从10个相关部门抽调21名执法人员(渔政6名、公安3名、城管4名、交通2名，其他部门各1名)组成联合执法队伍。为弥补人手不足，招聘30名协管员(其中公安协警6名、环保协管3名，所有人员已全部到位)。巡查办配套建立沿湖沿线的日常巡查、交办督办、情况通报、媒体曝光、举报奖励和责任追究等六大机制。2016年，巡查办共派出巡查人员14900人次，行程123970余公里，共发现问题2642件，已完成2642件，完成率100%。其中自行处置2278件，自行处置率是86.2%；交办363件，完成率100%；督办1件，完成率100%。

【智慧城管指挥中心】 以城管综合改革为契机，以城管智慧化平台建设为载体，大力推进物联网、云计算、移动互联网等新一代信息技术应用，投入600万元打造智慧城管指挥平台，整合公安、旅委、环保等部门共计1788个监控资源，推动资源共享。以270部手持执法终端、80台“城管通”等设备，融合串联“96310”“12319”“110”等工作热线，组建智慧城管协同化网络，全县共47家网络协同单位纳入城市管理范围，实现了信息采集多维化、工作处置协同化、问题解决高效化、督察考评智能化、决策分析预警化的目标。借助手机APP，实现对一线队员去向进行GPS定位和智能签到的管理，并且能够在指挥中心查询巡查轨迹，避免缺岗漏岗现象出现，在处理应急事务时，可以就近协调队员，实现点对点、扁平化智慧调度，提高队伍应急快速反应能力。建立商铺信息，对各类违法事项可以通过温馨短信提示、电话通知等形式，及时告知管理对象。

【服务社区】 在千岛湖镇和青溪新城十大社区建立城管联络站，建立“122”型管理机制，即每个社区明确1名城管联络员，相对固定2名城管执法队员，聘用2名城市管理监督员。各社区城管联络站均已建成并投入运行。借助“党员集中活动日”、城管便民服务月、“两学一做”等载体平台，针对社区市容环境管理工作，要求领导班子成员、中队长等作为直接责任人，负责安排专职队员与所辖社区联络协调，并定期参加社区工作情况通报例会，动态掌握线索问题，深入交流，听取意见，抓好整改，提升服务。积极推进城管进社区各项工作落到实处，着力构建城管、社区共建共管服务环境。

【服务民生】 在千岛湖镇城区、青溪新城开辟4个常设性瓜果和8个季节性瓜果“自产自销点”，并通过各类媒体平台进行宣传告知。阳光农民自产自销瓜果销售市场已完成建设并向果农开放；城区10个临时瓜果销售点，自产自销果农已全面入驻经营，各项管理秩序良好，社会经济效应明显。2016年，继续推动城区36家机关事业单位1075个泊位在国家法定节假日期间、工作日周末时间免费对外开放，全年共免费接待社会车辆19820余辆次。此外，在城区环湖北路开辟一处大型停车场，全年共接收各类大型车辆1800余辆次。合理规划部分老旧小区新建电动车充电装置20余处，为广大市民充电提供便利。

【服务乡镇】 2016年，组织培训、指导9个乡镇，派出业务骨干、专家27批次，培训350余人次。组织24批次300余人执法队员前往姜家、汾口、文昌、枫树岭、梓桐、安阳等乡镇协助开展专项执法。抽调20名执法队员常态进驻汾口、梓桐、姜家、临岐、大墅、文昌、威坪、浪川、枫树岭等乡镇，实行双重管理，为今后综合执法向乡镇延伸打牢基础。2017年1月，大墅中队已按计划成立并展开工作。

【街面序化】 2016年，以实行“门前新三包”为载体，与商户签订“门前新三包”责任书，提升市民自觉维护街面秩序意识。先后出动执法人员1800余人次，签订责任书900余份，处罚无证摊贩821人次，共处罚金32800余元。拆除各类户外广告牌1142块，其中大型户外广告15块、高炮广告70余杆、单面体墙体户外广告356块、竖式灯箱527处、店招牌55块、道路指示牌129块，总面积为27040平方米。劝导人行道违停车辆4800余辆，贴单5600余辆。开展夜间整治行动86余次，出动整治人员2400余人次，暂扣烧烤物品140余件，处罚款40000余元。

【渣土运输】 全面推行“提前介入、关口前移”管理模式，实现渣土运输管理全流程、全覆盖。通过抓建筑工地出入口源头、抓工程渣土运输环节、抓工程渣土终端处置等手段结合从严要求，从实管理。全年共规范建筑工地出入口93个，劝导、纠正渣土运输车、农用车3700余次，查处违规工程渣土运输车780余辆，处罚11万余元。借鉴宁夏中卫市工程车防抛洒滴漏制度，安装密封条71辆，城区扬尘和道路污染大幅减小。

【毁绿种菜】 共发放违规种菜通告、通知18000余份，派出整治人员5400余人次，清理毁绿（林）违规种菜面积9万余平方米，复绿5万平方米。

【市民养犬】 共计发放文明养犬宣传单、册2300余份，规劝不文明养犬、遛犬行为2758次，抓捕违规犬只1510条，办理养犬证1191本，及时有效处理犬类投诉170余件，有效提升市民文明养犬意识和市容环境水平。

【违章建筑】 对城区以及沿湖沿线存量违法建筑进行逐一登记、拍照、锁定、签字、一户一档，分类整理，全力配合“无违建县”创建、“两路两侧”、“四边三化”联合整治执法相关工作。共派出执法队员800余人次，先后参与东庄村、文昌高铁新区搬迁拆违等多项工作。

【保障G20】 在保障G20方面，主要从对人员管控、瓶装燃气执法监督、集装箱等活动房安全监管、餐饮店隔油池专项整治、户外屏媒隐患排查、加强平安巡查建设等六方面开展工作。积极借助“110”联动机制、城管“12319”“96310”便民服务热线等，制定出台领导干部24小时值班值守制度，成立突发性应急事件处置分队，对突发性应急事件做到第一时间赶到现场、第一时间控制事态、第一时间处置事件。

【监督机制】 继续推行“两制一督查”制。“两制”，即推行一次告诫制和抄告单制，对所有列入的督查项目和重要工作，督查科在督查中发现的问题严格执行问责。“一督查”，即建立责任落实大督查机制。同时每月底以

《城管督查通报》形式将督查情况进行通报。落实“形象提升新计划”,对城管执法人员上岗、着装、履职、履责等情况进行实地检查,发现问题及时录像取证,记录在案,必要时当场指出并予以纠正。在督查科推行目视管理的基础上,尝试推进“目视量化”管理工程;在细分督查内容、项目、权重等基础上,尝试数字量化工作,并不断完善。

【党风廉政】 按照“谁主管,谁负责”的原则,制定2016年党风廉政建设责任状,层层签订落实,全面落实党风廉政建设责任制。以“两学一做”活动开展为契机,不断增强干部职工的廉洁意识和拒腐防变的能力。进一步完善财务审查、公务接待、公车管理、上下班签到等一系列管理制度,加强机关作风建设。严格按照《党政领导干部选拔任用工作条例》和《党政领导干部选拔任用工作责任追究办法(试行)》的要求选拔任用干部。2016年,通过竞争上岗形式,在县纪委第八巡视组的监督指导下,共调整任用了4名中层正职干部、11名中层副职干部。 (局综合科)

(编辑 程志英)

环保　国土

·环境保护·

【环境空气质量】 2016年，淳安县主城区全年空气质量指数AQI均值为43。环境空气质量优良天数为341天，空气优良率为94.7%。城区二氧化硫年均值0.006毫克/标立方米，二氧化氮年均值0.016毫克/标立方米，符合《环境空气质量标准》(GB 3095－2012)一级标准。可吸入悬浮颗粒物PM10年均值0.042毫克/立方米，PM2.5年均值0.03毫克/立方米，均符合《环境空气质量标准》(GB 3095－2012)二级标准限值要求。县环保局大楼设大气降水监测点1个，pH值范围为4.05～7.58，pH年均值为5.88，酸雨频率100%。

【水环境质量】 2016年，千岛湖总体水质符合《地表水环境质量标准》(GB 3838－2002)Ⅰ类标准，整体水质状况为优且基本保持稳定。在13个监测断面中，河流断面街口符合Ⅱ类标准，湖库断面中威坪林场、百亩畈、西园断面符合Ⅱ类标准，其余9个断面均符合Ⅰ类标准，所有监测断面中，Ⅰ类、Ⅱ类所占比例分别为69.23%和30.77%。对淳安县自来水厂、坪山自来水厂的集中式饮用水源地水质进行每月一次的常规监测，全年水质达标率为100%。全年开展12次乡镇交接断面水质监测工作，全县23个乡镇交接断面中，Ⅰ类水质断面18个，占78.3%，Ⅱ类水质断面5个，占22.7%，断面功能区水质达标率100%。

【声环境质量】 2016年，区域环境噪声、功能区噪声、道路交通噪声均符合国家声环境标准要求，声环境质量较好。区域环境噪声监测覆盖面积约20.5平方公里，共设监测点位165个，区域环境噪声监测统计值为53.3分贝。淳安县城区功能区噪声满足功能区声环境要求，其中交通干线两侧区昼夜等效声级平均值72.2分贝，居住文教区56.3分贝，混杂区60.1分贝，工业区59.8分贝。城区6条主干线交通噪声等效声级范围在65.6～71.2分贝之间，平均等效声级为69.5分贝，符合国家4类标准。

【五水共治】 全年全县共实施“五水共治”项目64个，总投资8.86亿元，市对县考核目标任务全面完成。千岛湖小金山、三潭岛、大坝前3个国家“水十条”考核断面，水质全部达到地表水Ⅰ类标准，完成国家考核任务。千岛湖整体水质达到湖库Ⅰ类，营养水平为中营养。环境空气优良率为94.7%，PM2.5均值为0.03毫克/立方米。“五水共治”断面水质考核全部满分，完成年度减排任务。2016年，淳安的环境质量列杭州地区排名第一，第二次实现了地表水出境断面水质和环境空气质量考核双优秀。

【G20峰会环境质量保障工作】 作为峰会环境质量保障的“严控区”，通过成立G20峰会淳安县环境质量保障工作领导小组，编制17个G20峰会淳安环境质量保障专项方案和淳安县2016年度大气污染防治实施计划，确定停限产管控清单、落实管控措施等一系列方式，全面落实G20峰会环境质量保障工作。加快推进“五气共治”，完成96台小型燃煤锅炉淘汰或改造，进一步淘汰黄标车及老旧车

456辆,关停8家高污染企业,5家混凝土企业清洁化改造,2家企业清洁审核,人工造林2500亩和实施工地扬尘“5个100%”管理等。G20峰会环境保障全县共出动各类人员52949人次,检查点位29476个,实现保峰会空气环境质量、饮用水安全的“双保”目标。

【百日环保执法专项行动】 会同16个部门,为期5个月,对企业排污、养殖业治理、农村治污、砂石等11类重点问题进行24小时巡查,每周一巡查、一汇总、一交办。累计出动2059人次,检查点位1843个,踏访村796个,共发现问题1046个,整改率100%。共立案32起,罚款90.93万元。责令关停企业2家,实施查封扣押5起,移送公安行政拘留2起,移送纪委案件线索12件。百日环保联合巡查开展以来,对全县乡镇自查自纠、巡查方式探索创新、畜禽养殖污染整治、农村治污运维规范、农村环境美化整洁、巡查制度建立健全等方面形成“六大推动”。

【农村治污】 进一步完善运维管理“1+X”系列政策,公开招标明确运维企业,建立管理主体、责任主体、实施主体、落实主体、受益主体“五位一体”的农村治污运维机制。同时安排运维专项资金4000万元,建立24个乡镇级运维工作站和165人全日制运维队伍,建立起第三方水质检测体系。按照运维管理考核办法,对乡镇每两月进行一次运维督查考核,排名情况在《今日千岛湖》上公示,接受全社会监督。2016年,全市农村污水设施运维管理工作现场推进会在淳安县召开,淳安县荣获全省农村生活污水治理设施运维管理工作考核优秀、杭州市第一。全县1863套污水处理设施(日处理能力5吨以上)运行正常率达100%,出水水质检测合格率约95.36%。

【清洁乡村及垃圾分类】 全年乡村现场督查198次,出动人数636人次,完成问题整改400余处。农村垃圾分类投资3435万元,实施10个乡镇农村垃圾分类。年底基础设施建设已基本完成,主要设备乡镇用垃圾运输车11辆、户用分类垃圾桶11.65万只、240升垃圾桶6000只、村用垃圾运输电动车98辆,政府采购已完成,并供货到位。

【“河长制”工作】 把小沟、小渠、池塘等“小微水体”作为“河长制”工作延伸,对全县875条小沟、小渠和89个池塘实行网格化管理,对每条小沟、小渠和每个池塘均落实第一责任人,负责日常监督管理。开展“河长制”河道水质监测,全县88个“河长制”河道,Ⅰ类水质53个,Ⅱ类水质35个。功能区达标率为100%。完成新设入河排污(水)口标识牌1135个,实现610块“河长制”公示牌沿河自然村全覆盖。

【污染物减排】 制定《淳安县2016年主要污染物减排计划》,共实施减排项目6项,其中污水处理厂减排项目4项,农业减排项目2项,城镇污水处理厂污水处理率和运行负荷率得到提高。进一步加强规上企业用煤量的控制,2016年,全县规上企业用煤量为0.5万吨,比2015年同期下降了0.52万吨,下降幅度达50%。通过预测,四项主要污染物指标完成年初市对县下达的任务。实施千岛湖综合保护工程,新(扩)建8座污水处理站(厂)、2家酒店截污纳管以及7家企业关停等;完成剩余47家企业排污口整治,截污水量76.3万吨/年。开展全县沿湖沿主溪地带生态保护和修复规划编制工作,启动汾口镇武强溪(一期)生态湿地保护示范试点建设。

【湖面垃圾打捞处置】 2016年是全面实施湖面垃圾打捞市场化运作的第一年,在“机制、人力、物力”三重措施之下，在巡查及时、应急打捞方案完善、联合打捞三重合力之下，充分发挥机械化打捞、市场化运作和湖面拦网的三大优势，进一步提高湖面垃圾打捞的效率，千岛湖湖面变得更加整洁。千岛湖湖面洁化工程配套设施项目推进顺利，已完成厂房建设、机器设备安装并已投入试生产。2016年湖面垃圾打捞出动打捞人员14700人次，每日出动机械打捞船8艘、小渔船30艘，打捞上岸垃圾16.5万立方米。2016年，总投资110余万元的第四道拦网浙皖交界处拦网在主汛期完成建设并投入使用。

【环境监管】 以新《中华人民共和国环保法》为抓手，通过零点行动、飞行监测、突击联合检查、夜间节假日执法检查等多形式多手段的执法活动，严厉打击各类环境违法行为。全年检查企业1639家，出动环保检查人员6539人次，立案40家，处罚35家，实施查封扣押5起，停产停业6家，处罚金额90余万元，行政拘留3人。重点对固体废物污染、未批先建、超标排放水污染物、不正常使用污染治理设施、违反“三同时”制度等行为进行严厉打击。

【环保审批】 2016年，共办理各类具体行政许可事项236件，其中登记表审批109个，备案29个，报告表项目64个，报告书项目10个，排污许可证22个，夜间施工许可证2个，“三同时”验收率100%。较好地完成坡地村镇试点等县重点项目审批服务工作。全面梳理县临湖项目环保审批情况，加快违法违规项目清理。根据新修订的环评法，对环境影响评价登记表项目实行备案制度，继续实施民宿民居的联合审批备案和验收制及“零土地”技改环评审批备案制。

【环境宣传】 开展“推进五水共治、服务保障G20”“六五”世界环境日暨万盆鲜花送市民、环境保护公益巡演、老干部环保书画展等形式多样的主题宣传活动。拓宽环境宣传途径，利用《中国环境报》《浙江日报》《青年时报》《杭州日报》等各级新闻媒体深入报道千岛湖环境保护工作。推进生态绿色创建，共创建省级绿色学校1家、市级环境教育基地2家、县级环境教育基地10家。（鲁　萍）

·国土资源管理·

【概况】 2016年，国土资源管理在耕地保护、保障发展、违法用地处置、维护群众利益等方面都取得了较好的成效。淳安县政府被评为2015年度市政府耕地保护责任制考核优秀单位，在浙江省对26个加快发展县耕地保护指标考核中，淳安县列第一。

【永久基本农田划区定界和耕地保护补偿试点工作】 全县落实永久基本农田1.415万公顷和永久基本农田示范区5833公顷，将保护耕地责任落实到村、组和承包户。同时在石林镇耕地保护补偿试点的基础上，开展全县27.08万亩耕地保护补偿工作。省、市级补偿为60元/亩，县财政补助40元/亩，补助款按100元/亩标准的直接发放到村和农户，实现了与杭州发达地区区县同一标准。

【土地整治】 2016年，完成垦造水田面积61.7公顷，建设用地复垦19.7公顷，均超额完成年度任务。同时还完成1733公顷高标准基本农田建设项目立项工作，这项工作也走在全杭州市前列。

【发展空间保障有力】 落实规划局部调整，全年核减基本农田1467公顷，新增城乡建设用地114.9公顷，为保障发展腾出空间。

2016年,全县重点建设项目73个(实施类项目60个,预备类13个),用地总面积506.7公顷,其中使用存量建设用地120公顷,使用新增建设用地386.7公顷。省厅"坡地村镇"建设用地试点项目已立项4个,共争取指标11.1公顷。争取全县新增建设用地指标125.5公顷,完成26个批次农转用报批,总用地面积110.8公顷。为缓解农村建房矛盾,全年实际安排农民建房指标12公顷,解决无房户862户、危房户160户的建房用地需求。

【土地出让】 完成批而未供土地消化81宗,82.7公顷,完成率148%;供而未用利用122宗,307.2公顷,完成率287.97%;低效用地再开发13宗,122.3公顷,完成率122.36%。三项指标列杭州七县(市)排名第一。2016年,供地工作已出让36宗、面积59.9公顷,划拨26宗、面积1757117.1公顷,收取土地出让金近10亿元。土地供而未用清理工作中,涉嫌供而未用的闲置土地约275.2公顷,项目70宗。

【土地收储】 完成县本级土地收储105.5公顷,平台、乡镇土地收储6.2公顷。已办理储备不动产权证5宗、11公顷。

【违章整治】 2016年,占用耕地图斑206个,面积17.4公顷,其中违法占用耕地3.65公顷,已经整改3.36公顷,违法用地耕占比达到1.61%,实现了耕占比在2%以下的目标。违法案件共立案查处24宗。土地违法案件23宗、矿山越界开采案件1宗,其中收缴罚款1027846元。清理临时用地到期共210宗,面积81.1公顷(耕地9.2公顷)。

【征地拆迁和回迁安置"双清"专项行动】 完成集体土地征地拆迁1069户,拆迁面积243904平方米;完成国有土地征地拆迁94户,拆迁面积24250平方米;完成回迁安置200户,回迁安置554人;完成征地29783平方米。已有12个责任主体完成清零项目42个。2016年度,获得杭州市"双清"专项行动三等奖。

【矿政管理】 开展矿山储量动态监测,完成石林镇西岭方解石矿废弃矿复绿治理。完成淳安五合矿业有限公司白沙畈锡矿、淳安县高鑫矿业有限公司萤石矿2个县级绿色矿山的复查工作。

【地质灾害防治】 2016年,共完成55处地质灾害隐患点的治理,其中应急排险完成24处,工程治理完成26处,县级避让搬迁完成5处。另有5处省级避让搬迁全部完成房屋评估和新安置点场地平整。通过治理,928户、3240人摆脱地质灾害隐患的危害,居住安全得到了保障。

【信访"三来件"办理】 2016年,共办理群众来信、来访、来电"三来件"176件,化解信访积案2件,开展领导接访12次,按时办结率100%,续报率低于1%。

【不动产登记改革】 2016年8月1日,淳安县颁发第一本不动产权证书,实现了国有土地的房产和土地权证"合二为一",也是杭州地区第二个颁发不动产登记权证的县(市),率先启动林权登记工作,全年总受理34371件,日均受理169件,发放证书证明13701件,注销办证2715件,查封解封594件,查档17361份。

【农村宅基地确权登记】 开展专项"服务季"活动,采取国土员主动上门、集中办理等形式,共办理农村宅基地登记权证1156件。

【基准地价更新】 11 月 4 日,淳安县基准地价更新成果通过市国土局批复,11 月 9 日,淳安县政府以文件形式向社会发布。

（朱建明　钱豪婧）

（编辑　程志英）

教 育

·综 述·

【概况】 2016年,全县有幼儿园36所、小学58所、初中17所(含民办1所)、普通高中5所(含民办1所)、职业高中2所(含民办1所)、电大教师进修学院1所、特殊教育学校1所。在校中小学生、幼儿41990人,其中在园幼儿7753人,小学生15699人,初中生9071人,普高学生6031人,职高学生3403人,特殊教育学生33人。全县有成人文化技术学校23所、村级成人学校(教学点)425所(处)、民办培训机构14所、县社区学院1所、乡镇社区教育中心23个。全县有教职工4647人,其中在职公办教职工3821人,专任教师3930人(含民办),专职成教干部58人。

·学前教育·

【概况】 2016年,全县共有幼儿园36所,其中公办幼儿园23所(下设16个分园、43个教学点),民办幼儿园13所。省一级幼儿园2所(其中公办1所、民办1所),省二级幼儿园31所(个)(其中公办中心幼儿园16所,分园6个,民办幼儿园9所),省三级幼儿园42所(个)(其中公办中心幼儿园3所,分园8个,教学点28个,民办幼儿园3所)。学前教育专任教师480名,其中大专以上学历476人,高中学历4人,专任教师学历合格率为100%,教师资格证持证率达99.4%。

【浙江省二级幼儿园创建】 2016年,火炉尖幼儿园被命名为浙江省二级幼儿园。

·义务教育·

【概况】 2016年,全县有小学58所,605个班级,在校学生15699人,专任教师1568人,学历达标率达100%,其中专科毕业以上达96.81%。初中17所,273个班级,在校学生9071人,专任教师1042人,专任教师学历达标率达99.9%,其中本科以上达95.87%。

【义务教育普及率巩固率】 2016年,全县小学入学率达100%,初中入学率达100%,小学巩固率达100%,初中巩固率达100%,“三残”适龄儿童、少年入学率达100%。

【解决上学难问题】 2016年,妥善解决了600名(初中230名,小学370名)符合条件的进城务工人员、外来务工人员子女在城区初中、小学就学问题。

·高中教育·

【普通高中教育】 2016年,全县有普通高中5所(淳安中学、淳安二中、汾口中学、威坪中学、淳安睿达实验学校),其中省一级重点学校1所(淳安中学),省二级普通高中特色示范学校2所(汾口中学、淳安二中),省三级重点学校1所(威坪中学),民办学校1所(淳安睿达实验学校)。

【职业高中教育】 2016年,全县有职业高中2所,其中公办职高1所(千岛湖中等职业学校,为省二级重点职业学校),民办职高1所(育才学校)。在校学生3404人,专任教师246人。千岛湖中等职业学校共设4个专业部、四大主体专业,其中电子专业为浙江省示范专业和浙江省实训基地，机械专业为省级骨干专业、杭州市示范专业，旅游专业、商贸专业为杭州市示范专业。

·成人教育·

【概述】 2016年，全县成人文化技术学校23所，村级成人学校(教学点)425所(处)，民办培训机构16所，电大进修学院1所，县社区学院1所，乡镇社区教育中心23个。全县专职成教干部58人。

【家政人才培养培训】 2016年，建立家政服务人才培训网络，有千岛湖中等职业学校和育才学校2所学校为家政服务人才培养培训骨干单位。淳安县常住人口为34.26万人，全年共培训家政服务人才869人，占全县常住人口的比例为0.254%。

【扫盲工作】 2016年，根据创建教育现代化县的指标要求，通过各乡镇成校和中心小学的共同努力，共完成3961人脱盲任务，使全县文盲率下降到3.5%以下。另外，通过与县公安局的多次沟通对接，在各辖区派出所的大力配合下，完成了近几年所有已脱盲人员户籍信息更改工作。

【民办教育】 2016年，淳安县共有民办学校3所、民办幼儿园14所、民办培训机构16所。新审批设立青溪新城坪山幼儿园，法人代表徐宝玉、园长徐小玉。新审批设立校外培训机构2所，为淳安县武强教育培训学校和淳安县维度教育培训学校。

·招生考试·

【高校招生】 淳安县2016年普通高考报名人数为2181人，普通高校共录取2057人，录取率为94.3%。三类生高职报名人数为359人，录取人数为336人，高职录取率为93.6%。

【高中招生】 淳安县2016年各类高中招生文化考试报名人数为3429人，淳安中学提前批、第一批分别录取161人、400人。淳安县睿达实验学校第一批和第二批分别录取80人、60人。淳安二中第二批录取480人。汾口中学第二批录取401人。威坪中学第二批录取320人。千岛湖中等职业学校各部招生计划高职预备班615人、职高班435人，合计1050人。育才学校招生计划为高职预备班150人、职高班300人，合计450人。

【普通中专】 2016年，通过中考，共录取普通中专31人。

【自学考试】 2016年，自考报名139科次，全年自考毕业生5人。

【成人高考】 2016年，成人高考总报名人数为358人，其中专升本报考218人，高起点专科报考140人。

·素质教育·

【淳安县第四届中小学生文化艺术节】 淳安县教育局举办的2016年淳安县中小学生文化艺术节以“迎峰会展风采——阳光下成长”为主题，活动共分体验展示、节目审查、县级比赛、市级选拔4个阶段，其中县级比赛阶段分别进行了音乐表演类和美术视觉类两大专场比赛以及宣传海报设计评选、诗歌征集评选、班班有歌声录像评比等艺术教育展演评选。此次艺术节活动内容涵盖绘画、书法、篆刻、工艺、摄影、戏剧、曲艺、讲故事、声乐、器乐、舞蹈等24个项目，共有3万多名学生参加了各学校组织的校级体验展示活动，近6

千名学生参加了县级 42 个场次的专项比赛活动。淳安县选送优秀节目参加 2016 年杭州市中小学生文化艺术节比赛，取得了 2 个市级一等奖、17 个市级二等奖、30 个市级三等奖、30 个市级优秀奖的好成绩，充分展示了全县中小学生朝气蓬勃、健康向上的精神风貌。

【淳安县中小学生主持人大赛】 3 月 23 日—5 月 9 日，县委宣传部、县教育局、县广播电视台、中国电信淳安分公司联合主办“助力 G20 主持我最行”——2016 淳安县“电信杯”中小学生主持人大赛决赛，历时一个半月，分为海选、初赛、复赛和决赛 4 个阶段，最终。千岛湖镇三小的宋依然和淳安中学的童红燕分别摘得小学组和中学组的桂冠，淳安中学、千岛湖建兰中学等 8 所学校获得优秀组织奖。

·教学研究·

【教学专题研究论文评选】 2016 年 2 月，举行淳安县第二十八届中小学(幼)教学专题论文评选活动，共评出获奖论文 362 篇，其中一等奖 60 篇，二等奖 121 篇，三等奖 181 篇。推荐送市参评的 29 篇获奖论文中，市一等奖 7 篇、二等奖 5 篇、三等奖 17 篇。

【教学调研】 完成 5 所普高高中的高三 1～2 轮复习调研，每个教研员超额完成每月 10 节的听课任务，积极参加淳中学科教研活动和学校阶段性教学反馈会，组织每学期 2～3 所学校的初三专项调研，积极开展对薄弱初中学校的跟踪调研。小学教学调研分层次分类别分步骤有计划开展，关注幼小衔接工作。

【学科培训】 抓好小学学科建设，培养一专多能的全科教师。各学科有计划开展教师教学基本功及课堂教学比武等活动。语文新教师师徒三级团队研训工作、新教材培训、数学新教师团队赛课、科学青年教师基本功比武、英语语音技能比武、品德新教材培训、劳技教师教学技能演练、音乐教师素养培训比武、美术教师技能比拼、体育教师基本功及各类比赛等开展得扎实有效、活泼生动。

【教研活动】 选择性地开展部分学校学科自主性学习的研究与实施，完成每学科的初三教学研讨活动。以“改变学习方式，提升学科核心素养”为课堂教学改革突破口，重点关注教学有效性、小规模学校、偏远学校、薄弱学校、新教师课堂教学、农村自然小班微班学校等，对教育教学的导向性、规范性、研究性、拓展性等做好引领与指导，对教学中的热点、难点、焦点等问题做专业的分析与梳理，对教学质量提升明显的学校的经验教学举措做提炼总结与推广，在 2015～2016 年“一师一优课、一课一名师”推评活动评审中，淳安县中小学共荣获市级优课 24 个，其中一等奖 15 个、二等奖 9 个，荣获省优课 9 个，荣获全国优课 3 个。

【课程建设】 推进普高选修课程开发，组织参加省和市课程建设培训。普高参加了杭州市普通高中第十批精品选修课程评审。其中，在市第九批普高精品课程评比中，淳中、二中、汾中、威中等开发的 4 门课程被评为精品课程。在市第十批普高精品课程评比中，淳中、威中等开发的 3 门课程被评为精品课程。在第五届市义务教育精品课程评比中，梓桐中小开发的课程“梓墨馨源”被评为精品课程。

·教育科研·

【科研活动】 举行中小学、幼儿园教科室主任工作例会和幼儿园教育科研骨干教师培训，举办省市教育科学规划立项课题负责人培训指导活动，开展小规模学校教育教学管理研讨活动，成立“小微教育”研究中心，举办“走进小微教育·富文论坛”。

【规划课题立项】 县级规划课题30项，教师小课题264项。市级规划课题13项、教师小课题26项。省级年度规划课题2项。

【科研成果获奖】 县级教育科研优秀成果31项，教师小课题优秀成果99项。市级教育科研优秀成果9项(其中一等奖1项、二等奖2项、三等奖6项)，教师小课题优秀成果19项(其中一等奖3项、二等奖9项、三等奖7项)。省级教育科研优秀成果二等奖1项。

【基础教育教学成果】 《区域推进小课题研究促进教师专业成长》《提高小学高段学生有效利用草稿的实践研究》获得杭州市第五届基础教育教学成果奖二等奖，《区域推进小课题研究促进教师专业成长》获得2016年浙江省基础教育教学成果奖二等奖。

【科研论文评审】 举行淳安县第17届教育科研优秀论文评审活动，共评出获奖论文253篇，其中一等奖39篇、二等奖85篇、三等奖129篇。16篇论文参加杭州市教育学会2016年中小学、幼儿园“我的教改试验”专题论文评选，14篇获奖，其中一等奖1篇、二等奖4篇、三等奖9篇。1篇获2016年“黄浦杯”长三角城市群“我的教改试验”征文优秀奖。

【先进荣誉】 姜家镇小被评为杭州市教科研先进集体。夏玉成、赵美月、蒋淑芳、胡群贤被评为杭州市教育科研先进个人。

·队伍建设·

【概述】 2016年，全县共有教职工4647人，其中专任教师3930人，公办在编教职工3821人。全县普高、职业学校、初中、小学、幼儿园专任教师合格学历占比分别为99.64%、95.93%、99.90%、100%、100%，高学历占比分别为2.89%、4.07%、95.87%、96.81%、99.17%。全县普高、职业学校、初中、小学、幼儿园专任教师高级职称教师比例分别为41.05%、41.87%、33.88%、5.99%和0.47%。千岛湖中等职业学校专业教师104人，其中双师型教师92人，占专业教师总数的88.46%。全县公办学校共有校级干部199人，其中校(园)长83人、副校(园)长116人，女干部48人。全县公办学校共有特级教师2人，省级教坛新秀10人、“131人才工程”第三层次培养人选1人、县拔尖人才16人、县级名校长6人、县级名师29人、县级学科带头人209人。在职全国模范教师2人、全国优秀教师2人。

【干部考察任用】 对197名中小学、幼儿园领导及班子成员全部进行考察评议。机关科室、直属单位中层干部开展述职评议工作。本年度共选拔提任中层干部31人，其中副职提正职15人，一般干部提副职16人，中层正职岗位转任12人，副职岗位转任13人，中层正副职免职5人，其中年龄到限退任1人。

【校长培养】 持续推进校长培养工作，全年共选拔4名校(园)长出国研修，15名校(园长)参加省级骨干校长培训，8名校长参加市级培训。6名中小学幼儿园副校长(副园长)参加任职资格上岗培训并结业，10名小学幼儿园副校长(副园长)参加与临安市合办的任职资格上岗培训。

【教师培训】 全力做好“十二五”教师专业发展培训收官准备工作,全年累计培训4355人次,其中县级项目36个,教师培训经费达545万元。全年参加“国培计划”——示范性项目3人,省级指令性骨干培训41人,其中“浙派名师名校长培养工程”培训4人,骨干培训4人,中职学校教师培训32人,特殊教育学校教师培训1人。实施精进培训,初中数学、科学学科带头人40人分别赴杭州师范大学、千岛湖初中参加培训;高中语文、政治、物理教师155人赴华东师范大学进行为期一周的精进培训;县中小学第二批学科带头人97人,赴浙江师范大学进行理论培训。1800多名教师参加浙江省心理健康c证培训。

【教师培养】 新增名师工作室6个,总量达到22个,扩聘学员30名。借力“百人千场”名师专家送教下乡机会,开展同课异构观摩活动,提升教学水平,受益教师400余人。实施上挂下派,择优安排5名骨干教师赴杭州名校进行为期半年的进修锻炼,35名新教师到县城中小学幼儿园委培挂职锻炼。

【教师交流】 下发《2016年淳安县义务教育学校教师校长交流工作实施方案》(淳教〔2016〕63号),继续深化教师交流工作。义务教育学校全年共交流教师144人,24名骨干教师参与交流,骨干教师交流比例达到符合交流条件人数的23%,城区骨干教师到农村学校支教8人。

【教师招聘】 全县公办中小学、幼儿园共招聘教师165名。其中统一招聘125名(普通高中9名、千岛湖中等职业学校1名、初中10名、小学95名、幼儿园10名),自主招聘13名(淳安中学6名、千岛湖中等职业学校7名),第二届幼儿园教师定向委培毕业生27名。全年共招聘硕士研究生9名。

【教育协作】 启动淳安中学、淳安二中分别与杭十四中、浙大附中紧密型合作工作,提出了编制跨县划转的具体思路。西湖—淳安教育协作持续深入,25名中小学校长高研班学员赴西湖区十三中、学军小学等9所名校开展为期一周的蹲点学习,西湖区派出3名教学骨干教师到千岛湖初中开展支教工作。邀请100余名省内外知名专家学者到淳安讲学,开设讲坛和进行教科研指导。

【评优评先】 2016年,共评出各类先进典型199人,其中浙江省农村教师突出贡献奖2人,浙江省师德楷模1人,浙江省第二十六届“春蚕奖”4人,杭州市优秀教师11人,杭州市优秀教育工作者3人,杭州市中小学育人工作先进个人5人,县首届“十大杰出教师”10人,县优秀教师62人,县优秀班主任47人,县“春蚕奖”34人,县师德先进个人20人。

【队伍建设保障】 县委常委会专题研究教育工作;县委办公室、县政府办公室下发《关于实施淳安教育“名校、名师、名校长”工程行动计划的通知》;县教育局下发4个具体实施办法的通知;县教育局、县人社局印发《〈关于对优秀教师给予嘉奖和记三等功的评定办法(试行)〉的通知》;全面启动“三名工程”建设,共投入资金1300万元。调整机关事业人员基本工资标准,教师工资收入水平有较大幅度提高。实施“一张床”工程,全县中小学、幼儿园首批37名农村单身青年教师入住千岛湖城区单身人才公寓。

【职评和资格认定】 全年职称评审初次定级198人,评定中级职称96人(申报115人)、中小学高级职称30人(申报42人)。全年共受理申请初中、小学、幼儿园教师资格130人,最终认定许可人数为 127 人，认定通过率为 97.7%。

·经费设施·

【概况】 2016 年，财政拨入教育事业费 88862 万元，比上年增长 2.53%。生均预算内教育事业费与上年相比，普通高中增长 307.65 元，职业高中增长 364.60 元，初级中学增长 1015.11 元，小学增长 1523.59 元，幼儿园增长 2754.23 元。

【校舍设施建设】 2016 年，投入 6270 万元，实施中小学、幼儿园校舍维修改造项目，其中幼儿园维修改造项目 22 项、师生生活条件改善项目 38 项、校舍维修改造项目 43 项。

【成立教育资产管理中心】 2016 年 8 月，成立淳安县教育资产管理中心，具体负责教育资产购置、登记、转让、报损、报废和设备维修等学校资产管理工作，中小学校和幼儿园教育资助、助学贷款、食堂及小店管理、小额公共交易信息公开及大宗物品采购等工作。

【教育资助】 2016 年，全县学前教育受助人数 217 人次，资助金额 17.94 万元。小学享受爱心营养餐和一类寄宿生生活费补助 3144 人次，占学生总数的 16.15%，资助金额 168.01 万元。初中享受爱心营养餐和一类寄宿生生活费补助 1675 人次，占学生总数的 15.46%，资助金额 101.70 万元。普通高中受助学生 1880 人次，占学生总数的 16.38%，资助金额 231.63 万元。中职免学费人数 6938 人次，资助金额 589.73 万元，享受国家助学金人数 2349 人次，资助金额 234.90 万元。

·教育装备·

【教育装备总投入】 2016 年，由省、市、县财政拨款和乡镇及学校自筹资金，共计 1508.7603 万元投入教育技术装备。

【教育现代化县装备建设】 2016 年，县财政安排和乡镇及学校自筹资金共计 1209.36 万元，用于教育装备配置和更新，具体项目包括更新多媒体 22 套，新建录播教室 12 个，添置教师办公电脑 326 台，改造 30 所学校有线网络，改造无线网设备 333 个，更新校园广播系统 2 套，添置课桌椅 2242 套，购置学生床 699 张、宿舍柜 2573 格，为 49 所学校购置音体美阅览等专业设备 5000 余种(件)。2016 年，浙江省教育技术中心安排 2452185 元资助淳安县教育装备建设，具体包括为 5 所学校添置移动学习终端 827 台，改造教室照明灯 2890 套，建设创新实验室 6 个，建设淳中学科教室 5 个，添置数字图书终端系统 2 套。

【校园书香工程】 2016 年，配合省、市教育技术中心认真实施义务教育学校书香工程建设。全县共新增图书 14577 册，各校共筹措资金 5 万余元用于征订音像教材。

【电脑制作评选】 组织中小学开展电脑制作活动，遴选 20 件作品参加第十七届浙江省中小学生电脑制作活动。1 件作品获二等奖，3 件作品获优秀奖。发动和组织教师积极参与 2016 年浙江省中小学优秀自制教具评选活动，汾口中学教师郑建文的共振摆获省三等奖，汾口中学学生蒋超的电压互感实验获鼓励奖。组织教师参加 2016 年杭州市小课题申报工作，1 项被市里立项。

【现代教育技术培训】 2016 年 3 月、5 月、11

月,分3次组织12所第一批移动学习终端受益学校校长和部分骨干教师参观学习和应用管理培训。2016年11月,组织全县40名教师参加了淳安县中小学创新实验室教学研讨培训。2016年,先后4次组织开展县教育公共服务平台应用培训,包括组织局机关及直属单位全体工作人员培训办公系统和智能上报系统。组织全县中小学、部分幼儿园的系统管理员开展了公共服务平台、新办公系统电脑端手机端、平台管理相关功能等内容的培训。组织全体教研员和全县教导主任进行成绩分析系统培训。组织30所学校的校长和网站负责人进行网站建设培训。2016年10月,组织全县中小学80余名学校教育技术中心主任(负责人)开展教育技术维护和应用管理培训。

【智慧教育示范校创建】 2016年,共计有五所学校(汾口镇小、汾口镇中、县实验幼儿园、千岛湖初中、文昌镇小)通过杭州市智慧教育示范校创建验收。

·教育督导·

【浙江省教育基本现代化县创建】 2016年10月,淳安县人民政府教育督导室汇总县政府办、财政局等各部门教育基本现代化县台账资料,汇总县教育局各科室41条三级指标台账、数据,校对各项数据。11月,完成淳安县教育基本现代化台账资料的整理。对照《浙江省教育现代化县(市、区)评估操作标准》自查自评,自评结果为41项三级指标中,达标的有35项,基本达标的有6项。前41项总分为1000分,自评得分约920分;"改革创新"自评得分12分,总分932分。2016年11月,淳安县教育基本现代化县自查自评报告《坚持教育优先发展全面建设教育现代化县》及各项申报材料,通过浙江省教育现代化网络申报平台向省政府提出申报评估,同时报杭州市人民政府和杭州市人民政府教育督导室。

【浙江省标准化学校评估】 2016年12月,千岛湖镇第一小学、千岛湖镇第三小学、千岛湖镇淡竹小学、千岛湖镇汪宅小学、千岛湖建兰中学顺利通过浙江省标准化学校现场评估。淳安县标准化学校覆盖率达98.15%。

【浙江省特色示范高中创建】 2016年11月,浙江省淳安中学、浙江省淳安县第二中学通过浙江省教育督导评估院的省级特色示范高中现场评估。12月,浙江省淳安中学、浙江省淳安县第二中学被评为浙江省普通高中二级特色示范学校。

【淳安县教育资源整合优化方案实施】 2016年下半年逐步实施《淳安县教育资源整合优化方案》。普通高中2016年招生班级数从50个降为48个,班额控制在40人以下。初级中学组建试行5个初中教育集团。小学组建试行10个小学教育集团,减少部分乡镇完小学制,归并4～6年级,保留中低段。启动青溪小学迁建工程。2016年启动建设以东庄幼儿园为主体的千岛湖镇中心幼儿园,建设部分普惠性幼教点,满足偏远农村入园需求,提高学前教育入园率。改善相应乡镇成校办学条件。

【专项督导工作】 完成国务院督导委员会开展的"关于落实中小学教师待遇保障政策"的专项督查。完成国务院督导委员会办公室"关于开展2016年春季开学工作"专项督导工作。完成杭州市教育局开展的"校园安全稳定"专项督导工作。完成省、市对淳安县省三等级幼儿园的复查。

【学校发展性督评】 指导完善义务教育学校第三轮、高中教育第二轮、学前教育第一轮三年发展规划制定工作，督导各校三年发展规划第一年的实施工作。

【规范办学督导工作】 开展了2次全县规范办学行为的督导与检查。重点对学校安全维稳，体育艺术“2+1”、阳光体育锻炼一小时工作进行督察。

【责任督学区与督导队伍建设】 按照国务院督导委员会的统一要求，结合淳安县资源整合优化方案，对责任区督学、兼职督学进行调整，所有建制小学以上全部挂牌，同时不断完善、健全挂牌督导工作机制，不断提高挂牌督导的实效性。

·安全管理·

【安全设施建设】 截至2016年年底，全县120所中小学校、幼儿园及民办学校均实现安全监控全覆盖，各类监控录像保存时间均达到30天。为各校（园）总共增配保安人员116人，已经陆续到位（2016年年底，共有保安227人）。

【安全教育活动】 联合公安、消防、交警等部门在全县范围内开展校园安全整治教育工作，并结合综治安全月、交通安全月、安全生产月、安全教育日等专项安全活动对中小学校、幼儿园师生职工进行安全教育。利用杭州市安全教育平台组织师生及家长开展相关专题教育活动，对课程完成率进行定期通报，确保安全教育课程落实到位。

【隐患排查整改】 根据“等级平安校园”创建要求及G20峰会安保、乌镇互联网大会安保要求，组织全县学校积极开展平安校园创建及隐患排查治理，并组织开展全县教育系统平安巡防行动。安保处每月、每季常态化督查，8月及11月各分6个检查组对全县120所中小学、幼儿园的校园“三防”、食堂与饮用水卫生、校园周边环境、交通及消防安全等各方面工作进行了全面、细致的检查，年底对申报“等级平安校园”的85所学校（幼儿园）进行考核，其中84所被命名为“平安校园”（完小及乡镇幼儿园不列入创建范围，故未进行申报）。

【组织安全演练】 2016年5月，县教育局安保处联合临岐派出所在临岐镇初级中学开展学校极端事件应急处置救援演练，共有临岐派出所8名干警及临岐镇初中师生793人参加演练。全县各中小学校、幼儿园也在每个学期各自组织各类安全演练，牢固树立了学校师生的应急自救及安全防范意识，切实提高了师生面对各类灾害及安全事件的快速反应和应急处理能力，最大限度地确保校园环境安全稳定。

·工会活动·

【组织建设】 2016年3月和10月分别举行基层工会主席培训会。全县乡镇中心幼儿园和建兰、睿达2所民办学校完成工会组建。全年有枫树岭镇中工会等23家基层教育工会按期换届，已有青溪初中工会等42家基层教育工会建成规范化标准化达标工会，临岐镇初中和汾口初镇中工会成功创建杭州市先进职工之家。6月评选和表彰了工会工作先进集体12个、优秀工会工作者20名、优秀工会积极分子36名。12月，召开县教育工会第十一次代表大会，完成县教育工会十一届委员会换届工作。

【活动开展】 编撰《最美淳安教师》一书，组织全县中小学、幼儿园教师开展读书征文活动,评选出一等奖10篇、二等奖20篇、三等奖30篇、优秀奖50篇。4月,举行全县教职工乒乓球比赛,共有21支代表队和94名男选手、53名女选手参加团体和男女单打3个比赛项目。组队参加市教育系统乒乓球比赛,获13个区(县、市)组第五名的历史好成绩。6月,组织教育局合唱队在县"七一"建党纪念大会暨"颂歌献给党"大型演唱会上精彩压轴。12月,举办县初高中教职工男子篮球比赛。举行全县中小学班主任班会课大比武,共决出一等奖10名、二等奖20名、三等奖30名、优秀奖28名、优秀组织奖9个。

【关心关爱】 积极宣传教育系统劳模,县中职校校长唐革进被评为2016年杭州市劳动模范。积极参加全省第二届最美教师评选,教师汪绪华光荣当选省第二届"十佳最美教师"。扎实做好教职工暑期疗休养工作,各基层教育工会共组织了1148名教职工参加疗休养。9月初,开展外县籍教师和优秀教师走访慰问工作。县教育工会及各基层教育工会在"五必访"中慰问教职工360人次。按程序规定,由本级工会拨出专项慰问款10.3万元,对全县116名困难教职工进行慰问。顺利完成杭州市职工医疗互助保障工作,全县各级各类学校参保率100%。

·学校品牌·

【高中学校品牌创建】 淳安中学、淳安二中成功创建浙江省二级特色示范高中。

【美丽学校创建】 淳安中学、大墅镇中心小学成功创建杭州市第一批"美丽学校"。淳安二中、千岛湖初中、临岐镇小成功创建为淳安县首批"美丽学校"。汾口初中、郭村小学等14所学校确定为淳安县首批"美丽项目"名单学校。

【绿色学校创建】 千岛湖镇南山学校被评为浙江省第八批绿色学校。千岛湖中等职业学校、汾口初中、临岐镇小、千岛湖镇一小、大墅镇小、明珠幼儿园被评为杭州市绿色学校。

【标准化学校创建】 淳安县千岛湖镇第三小学、千岛湖镇第一小学、建兰中学、汪宅小学、淡竹小学5所学校创建省标准化学校,并通过省评估院验收,全县省标准化学校覆盖率达98.1%。

(徐　升)

(编辑　程志英)

文化　体育

【概况】 2016 年，创建省一级乡镇综合文化站 6 个、省文化示范村 1 个、杭州市文化特色社区 1 个。完成第七轮、第八轮 20 处农村历史建筑修缮工程并启动第九轮农村历史建筑修缮前期准备工作。完成 49 处农村大会堂修缮及 6 处村级文化设施整合工程。组织睦剧《南山种麦》参加省地域特色文化符号（民间戏曲）代表性作品展演，睦剧小戏《心愿》荣获全国小戏小品大展银奖，《小脚媳妇赶十八》荣获杭州市第八届“风雅颂”民间艺术展演铜奖。淳安县凭借“三角戏”表演艺术项目获“浙江省民间文化艺术之乡”称号。全县拥有文化馆（站）24 个、公共图书馆 21 个（含乡镇分馆）、艺术馆 1 个、农家书屋 435 个、数字化多厅电影院 3 个。县图书馆有藏书 42.7 万册。业余文艺团队 800 余支，其中杭州市星级示范团队 10 支，示范团队 18 支。

·文化政策·

【出台宣传文化工作“四张清单”实施意见】 7 月 14 日，县委常委会第 89 次会议审议通过《关于全面落实宣传文化工作“四张清单”加快构建现代公共文化服务体系的实施意见》。9 月 7 日，《关于全面落实宣传文化工作“四张清单”加快构建现代公共文化服务体系的实施意见》（县委办〔2016〕106 号）正式下文。计划到 2018 年年底，全县基本公共文化服务基本达到省市标准，到 2020 年，基本建成城乡一体、乡镇均衡、人群均等、主客共享的现代公共文化服务体系。

【出台乡村综合性文化服务中心建设意见】 12 月 9 日，《关于推进乡村综合性文化服务中心建设的通知》（淳政办发〔2016〕132 号）正式下文。总体目标是到 2020 年，全县乡镇、村（社区）普遍建成综合性公共文化设施和场所，形成布局合理、功能齐全、服务规范、保障有力、群众满意度较高的乡村综合性文化服务中心网络，建立规范有序、科学高效的运行管理机制，培养具有较高专业素养、扎根基层的专兼职文化队伍，使乡村综合性文化服务中心成为文化建设的重要阵地、提供公共文化服务的综合平台、弘扬社会主义先进文化的精神家园，为提升基层公共文化服务水平、实现“秀水富民”提供重要支撑。

【公共文化活动专项资金管理】 为加强公共文化活动专项资金（以下简称专项资金）管理，提高资金使用效益，6 月 1 日正式出台行政规范性文件《淳安县公共文化活动专项资金管理办法》（淳文广新〔2016〕32 号）。

·文化建设·

【县级文化设施建设】 推进县级文化设施建设，加快县图书馆新馆建设进度，做好人员配置及搬迁方案等配套工作；开展县博物馆展陈设计、文物征集等工作，完成县博物馆展陈概念性方案设计。在千岛湖镇建成群众文艺角 23 个。

【公共图书馆服务体系建设】 推进图书馆总分馆制建设，加快乡镇图书分馆、电子阅览室建设步伐，新建鸠坑乡、临岐镇、瑶山乡、宋村乡 4 个乡镇图书分馆，并在千岛湖镇城区新建 1 个无人值守自助图书馆。建成石林镇等 20 个乡镇电子阅览室和 22 个村资源共享工程建设,实现了176个乡村二级wifi覆盖。

【文化示范工程创建】 推进乡镇综合文化站建设,成功创建威坪镇、汾口镇、姜家镇、界首乡、文昌镇、枫树岭镇等6个省一级综合文化站,鸠坑乡、浪川乡、千岛湖镇、大墅镇、富文乡、石林镇、梓桐镇等7个省二级综合文化站,屏门乡、里商乡、王阜乡、瑶山乡、左口乡、金峰乡、中洲镇、临岐镇、安阳乡、宋村乡等10个省三级综合文化站。

【省级文化示范村创建和复评】 成功创建1个浙江省文化示范村和1个杭州市文化特色社区,分别是威坪镇汪川村和千岛湖镇火炉尖社区。汾口镇赤川口村被复评为浙江省文化示范村(社区)。

【应急广播管理】 拟定《淳安县农村应急广播系统运行使用管理办法(试行)》,进一步明确相关部门的职责分工,应急使用、日常使用、日常运维管理要求以及奖励和惩罚的办法等。完成了农村应急广播体系建设的运维护费用支付。举办应急广播村级操作员培训15期,涉及全县23个乡镇423个行政村。

·文化活动·

【2016年民营剧团展演】 2月18日—2月21日,“唱大戏·闹元宵”全县民营剧团展演在千岛湖镇水之灵剧场举行,上演越剧《宝莲灯》《天道正义》《夜明珠》《血手印》,睦剧《生死牌》《花为媒》等传统剧目。

【全县文化广电新闻出版工作会议召开】 3月18日上午,2016年全县文化广电新闻出版系统工作会议在县文化馆召开。会议认真总结回顾2015年全县文化广电新闻出版工作,研究部署2016年工作目标任务。县文广新局系统全体干部职工、各乡镇分管文化工作的领导和文化员、县广播电视台、千岛湖传媒中心、县华数数字公司等单位领导参加会议。会后,进行了为期两天的2016年县文化干部业务培训,培训内容包括摄影基础知识、基本公共文化服务标准化建设、公共图书服务体系建设等课程。

【庆祝建党95周年暨纪念红军长征胜利80周年“颂歌献给党”大型演唱会】 6月30日,在水之灵剧场与宣传部联合举办庆祝建党95周年暨纪念红军长征胜利80周年“颂歌献给党”大型演唱会,共有10个单位参赛。

【“唱响千岛湖”原创歌曲大赛】 “唱响千岛湖”原创歌曲大赛于4月启动,分原创歌曲、歌词征集两个阶段。收到歌词作品903首,评出20首获奖歌词,其中一等奖1个、二等奖3个、三等奖6个、优秀奖10个;收到歌曲作品533首,评出20首获奖歌曲,其中一等奖1个、二等奖3个、三等奖6个、优秀奖10个。

【“秀水富民·舞动淳安”排舞大赛】 10月14日下午,淳安县“秀水富民·舞动淳安”排舞大赛在千岛湖秀水广场举行。大赛由县委宣传部、县文广新局主办,县文化馆承办,共有18支乡镇代表队参赛。经过激烈角逐,姜家镇代表队、威坪镇代表队、千岛湖镇代表队等9支队伍荣获金奖,石林镇代表队、瑶山乡代表队、大墅镇代表队等9支队伍荣获银奖。

【文化干部才艺大赛】 “秀水富民,幸福淳安”基层文化干部才艺大赛分初赛、复赛、决赛3个阶段。其中复赛分别在临岐镇、威坪镇、汾口镇3个片区举行。决赛于11月11日下午在水之灵剧场举行,由县委宣传部、县文广新局举办,县文化馆承办,共有18支代表队参赛。王阜乡代表队《八都麻绣情》等9

个参演节目荣获金奖。

【淳安县第二届睦剧演唱大赛】 11月12日下午，淳安县第二届睦剧演唱大赛（决赛）在水之灵剧场举行。比赛由淳安县文广新局举办，县文化馆、县戏剧家协会承办。共有成人组18支代表队、少儿组4支代表队参赛。成人组孙华表演的《白蛇传》选段（《想当年清明节西湖春游》）、方莎莎表演的《白蛇传》选段（《恨煞你这无情无义薄情人》），少儿组卢怡芳、叶晨曦表演的《牧牛》选段（《五月初五端午节》）荣获金奖。

【文化走亲】 全年共组织赴松阳、遂昌、温州瓯海、武义等地开展了8场文化走亲。江山、松阳等9地到淳安进行走亲演出。

【乡镇节庆文化活动】 全年共举办第三届杭州·千岛湖王阜纳凉节、第九届贺齐庙会、“大墅底下好乘凉”乡村田园节开幕式、第二届千岛湖斗茶大会、鸠坑乡第八届茶文化节、界首乡第二届乡村旅游节暨第九届柑橘节、金峰乡2016千岛湖山谷音乐节等30余场乡镇节庆文化活动，有力地推进了全县景区化，提升了乡村旅游文化内涵。

【文艺创作】 组织睦剧《南山种麦》参加省地域特色文化符号（民间戏曲）代表性作品展演，睦剧小戏《心愿》荣获全国小戏小品大展银奖，《小脚媳妇赶十八》荣获杭州市第八届“风雅颂”民间艺术展演铜奖等，睦剧小戏《牧牛》获市级第一、省级第三的成绩。

·文化惠民·

【“百千万”送文化下乡】 全年完成送戏下乡160余场，送电影下乡3100余场，送图书下乡40000余册。还组织开展了送春联下乡、送故事进文化礼堂等活动。

【“百姓系列”公益活动】 开展“百姓系列”公益培训，举办戏曲教学、绘画、商务礼仪等公益培训50余期，受训人员3000余人次。在全县23个乡镇设立培训点，举办排舞师资推广等培训。组织赴南山社区、松城饭店等地进行公益教学活动。开展“文化五进”公益培训项目，即文化进校园、进乡村（社区）、进景区、进企业、进机关。

【业余文艺团队培育】 全县共有各类业余文艺团队800余支，其中杭州市星级示范团队10支，杭州市示范团队18支。

【基层文化队伍建设】 新录用公务员2人、事业干部2人、乡镇专职文化员4人。全年举办乡镇文化员、村级宣传文化员、文化市场经营业主等培训20余次，培训人次达1200余人次。方有禄、施桂英、潘咏霞被评为淳安县“十佳文艺人才”，潘咏霞被评为县“百佳干部”。正式成立县文化志愿者大队，下设28个中队，包括4个直属中队、23个乡镇中队和青溪新城中队，负责全县文化志愿服务活动的规划、协调、指导、培训、管理、表彰等。

【城市电影惠民工程】 开展电影进广场、企业、医院等城市电影惠民活动，共在秀水广场、高铁新区、敬老院等地免费放映电影30余场。

【广电惠民工程】 建成室内固定放映点10个，开展纪念建党95周年红色影视放映月活动，展映红色电影30余场。全县3565户低保户和2403户一、二级残疾人等家庭减免有线电视视听费。

·文化传承·

【农村历史建筑保护修缮】 全面完成第七轮、第八轮20处农村历史建筑修缮任务，并启动第九轮农村历史建筑修缮前期准备工作。

【狮城水下古城保护】 划定保护范围和建设控制地带，委托渔政部门对狮城水下古城水域开展日常巡查监管，完成“四有”档案编制工作。

【第一次全国可移动文物普查】 完成县第一次全国可移动文物普查工作，县文保所共收藏可移动文物1204件(套)。

【芹川王氏宗祠入选省级文物保护单位】 淳安县浪川乡芹川村王氏宗祠被列为第七批省级文物保护单位。

【王阜乡马山村段古墓葬抢救性发掘】 2月至6月，杭州市考古研究所专业人员会同县文保所对潭唐线王阜乡马山村的一处小土包进行抢救性发掘。经考古发掘，发现该段地下埋藏一处较大型的明代墓葬(四棺合葬)。该墓葬坐西南面东北，结构复杂，布局严谨，由地上封土、墓室、平台、排水沟、拜坛和地坪组成，左、右两侧排水渠环绕，整个墓地平面呈椭圆形，总长约32.2、宽18米，面积约580平方米，共出土文物20余件。

【非遗保护工作】 完成12期《钱江晚报》《老底子》专栏刊登，9期县电视台《睦州非遗》专栏、12期县电视台《睦州戏苑》专栏摄制播出。组织八都麻绣、青溪龙砚参加市民协工艺精品展等。鼓励协助青溪龙砚在文渊狮城开设销售点，推进产业化发展。完成浙江省非物质文化遗产名录、浙江省民间文艺之乡、杭州市第二批非遗濒危项目保护申报工作，启动县第四批非遗名录申报和县首批非遗传承人申报工作。完成省级以上项目数据完善、各级非遗项目名录清单表及非遗项目地理信息等上报工作。做好县非遗展示厅的方案设计。

【加大民间工艺人才培养】 出台《淳安县乡土人才“双百工程”燎原计划实施办法》，制定民间工艺人才“燎原计划”申报指南，编制年度资金预算，启动相关实施细则的制定、申报及资金兑现等工作。

【睦剧保护】 完成国遗淳安三角戏国家级专项资金申报工作，争取国家级资金60万元。淳安县凭借“三角戏”表演艺术项目获“浙江省民间文化艺术之乡”称号。业余睦剧团与专业睦剧团顺利融合，积极配合县睦剧团开展新剧创作、演职员培训、演出活动等，专业睦剧团已走向舞台。挂牌成立睦剧工作室，开展睦剧史料收集、创作等，整理编辑出版《睦剧唱腔精选》一书和睦剧伴奏音乐1套(15首)。做好睦剧教学传承基地建设，开展中小学生睦剧乡土教材编写。

【第十一个文化遗产日系列宣传活动】 6月11～19日，淳安县第十一个文化遗产日系列宣传活动在千岛湖镇旅游码头举行，展览淳安传统艺术石雕、木雕、砖雕。组织开展非遗图片进景区、学校和文化礼堂活动，共举办图片展览7场。

【《文化志》等书籍编纂工作】 出版《睦州印迹·淳安非遗图册》《淳安民俗卷》《淳安民间文学卷》《淳安文化志》《唱响千岛湖——2016年全国原创歌曲征集大赛优秀歌词集》《睦剧唱腔精选》等部分淳安文化类书籍的编撰工作。

·文化管理·

【行政审批事项办理】 全年共办理审批事项38件，其中法定职责的25件(出版物零售12件，表演团体1件，网吧5件，其他演业性演出4件，娱乐场所变更2件)，委托审批事项7件(印刷类4件，从事广播电视节目制作经营单位的许可3件)，其他权力类共6件，涉外演出备案3件，考级备案3件。提前办结率和群众满意率达到100%。

【审批规范化建设】 从审批主体、审批事项、审批程序、档案管理等12项内容对照检查并进行完善，使审批工作进一步规范化。开展审批对口检查，完成审批优秀案卷的演讲比赛，此外，淳安县法制政府工作被省文化厅评为全省(文化)文物系统“六五”普法工作先进单位，审批规范化工作被省文化厅列为行政审批示范点并已报文化部。

【规范性文件监管】 按照《淳安县人民政府办公室关于行政规范性文件由法律审查改为备案审查的通知》(淳政办发〔2016〕3号文件要求，进一步健全规范性文件监管制度。强化制度监管，建立规范性文件备案登记、公布、情况通报、监督检查、评估和定期清理制度。按规定制定下发规范性文件《淳安县公共文化活动专项资金管理办法》(淳文广新〔2016〕32号)。

【文化市场监管】 全年共出动检查1954人次，1882家次，举报受理5件，行政处罚立案调查52件，办结案件52件，警告50家次，罚款28000元，停业整顿2家次。共受理审批事项38件，新增文化类经营单位22家，满意率和提前办结率均达100%。

【服务G20】 以“文化线上，管辖的范围不出事，管理的人不添乱”为目标，制定护航G20峰会工作方案及应急预案，成立局工作小组，设立安全播出、文化市场、信访维稳、群众文化、平安巡防等5个专项组。加强重点上访人群监管，对各广播电台、屏媒安全播出和歌舞娱乐场所、网吧、公共文化场所、群文活动场所等人员密集场所消防、防恐防暴等安全生产工作开展日常走访检查。严厉查处印刷企业、书店、报刊亭等涉政涉黄涉非印刷品以及歌舞娱乐场所、网吧等违法违规行为。专项行动以来，共出动检查514人次，检查各经营场所360家次，行政处罚立案调查9件，警告7家，罚款23000元，停业整顿1家次。县文广新局被评为淳安县服务保障G20杭州峰会先进集体，唐军、方剑等5名党员干部也分别被评为省、市、县服务保障G20工作先进个人。

【广播电视安全播出】 开展打击非法境外卫星电视接收设施专项整治工作，举行广电系统安全演练5次。与播出机构、相关单位签订安播责任书，加强户外大屏、车载、楼宇等公共视听载体监管，确保安全播出。

·公共图书·

【图书馆免费开放服务】 积极做好图书馆免费开放服务，县图书馆全年新增图书4万余册(1万余种)，订购期刊300余种，报纸62种，特种文献10余种。全年接待读者384727人次，外借文献210907册次，接待人数比上一年增长近40%。

【公共图书流通服务】 积极开展送书下乡活动，全年共送书下乡46375册，形成以物流配送为主的图书配送网络，创新使用图书流通箱实现村级农家书屋的图书配送，流通箱书籍年借还量近 9 万册,流通箱使用次数为 1142 次,取得了良好的社会效果。

【地方文献工作】 全年共收集纸质地方文献 70 余种,制作数字化老家谱 20 套 115 册,打印家谱 55 套、397 册,装订家谱 90 套、694 册、127 盒。地方文献室接待读者查询、借阅 300 多人次,提供各类书籍 600 多册,为读者复印拍照 200 多张。完成对《淳安地方文化》数据库的改进,重新上传地方文化数据约 1G。

【读者活动】 全年共组织各类活动 60 余项。其中专题展览 32 次,专题讲座 16 次,其他阅读活动 12 项,全年参与读者共计 26000 余人次,获得杭州市"第十届西湖读书节先进单位"称号。 (张　昂)

·广播电视·

【宣传报道】 2016 年,县广电台宣传报道亮点纷呈:党代会直播和重播打破常规,电视、广播、网站等第一时间进行实时现场报道,在全县造成了很大影响,取得了非常好的效果。会前的《喜看五年新成就》挖掘深入,《我想对党代会说》互动吸人,《直通党代会》片头大气精炼,报道采写鲜活,直播一开始就按省台标准规范进行,成为淳安县重大活动宣传报道的里程碑标志。在办好《我是美丽淳安人我家就在千岛湖》《焦点时分》栏目的基础上,首次开办了反映淳安县非物质文化遗产的专题节目《睦州非遗》和反映淳安县法治建设的电视专栏《以案说法》,把打造品牌栏目从新闻节目向社教、广告中心的节目延伸。作为宣传淳安、宣传千岛湖的着力点,积极配合县委、县政府中心工作,聘请省、市台专家指导,在专题片的制作上先后摄制《我家就在千岛湖》《水秀天下永争一流》《将绿道经济进行到底》等一批县重点专题片。

【外宣工作】 在电视外宣中,全年在中央电视台《新闻联播》播出新闻 2 条,在浙江卫视播出新闻 72 条,比上年增加了 21 条。在杭州电视台新闻综合频道播出新闻 115 条,位列杭州七县(市、区)台第三位。广播外宣全年进步尤为明显,全年在中央台用稿 36 篇,省台用稿 152 篇,用稿在浙江广播新闻协作网全省 67 家县级广播电台考核中排名第 15 名(二等奖),比 2015 年的 53 名进位 38 名,实现了大的突破,取得了历史最好名次。

【广播改革】 为服务千岛湖蓬勃兴起的绿道自驾旅游,县广电台着手对广播电台进行改革,争取把广播改革列入全县 2016 年深化改革项目。明确改革后广播电台的特色及定位,先后组织人员前往临安、富阳、景宁、桐乡等广电台考察学习,并与杭州西湖之声合作,形成《中国自驾 101 新锐广播媒体概念方案》和《节目理念及设计体系解析》两个方案,明确改革方向是把 FM101 从传统电台转向服务旅游的专业电台,办成省内首家自驾游广播特色电台。先后投入 300 万元推进广播无线信号覆盖工程,基本实现广播无线信号县域交通主干道全覆盖;投入 100 万元对广播机房的直播、录播及总控设备进行全方位升级更新。多次邀请专家对自驾游广播的总体定位和包装商讨,并面向社会有奖征集形象宣传语,在此基础上,完成节目版块策划、宣传语包装、片头片花录制、音效库筹建等各项工作。将主持人大赛中脱颖而出的选手送到浙江传媒学院培训后选拔 2 名优秀人员充实到电台主持人队伍中。建立千岛湖之声的微信公众账号,为主持人与听众之间的互动提供平台。推出大板块直播节目《上班路上》《一路欢唱》《下班快乐》《一路自由行》等,加强节目的互动性和服务性。举办浙江之声

"金牛奖"(淳安站)公众投票评选活动,广电台推荐选送的新农村带头人典型应满红获得"金牛奖"提名奖,广电台在"金牛奖"评选中被评为优秀组织奖。

【新台建设】 新大楼专业设备的各项技术方案细化论证和招投标工作有序推进,完成高清直播车、高清播出系统、演播室灯光吊挂系统、800平米演播室LED大屏系统的招标,其中高清直播车还在县党代会期间成功进行了开、闭幕式直播。完成工程类项目平移,把新大楼广电工艺建设中工程类项目移交给千岛湖绿城建设管理,确保新大楼广电工艺建设和土建工程的无缝衔接。面向全国公开征集新台标设计方案,经过初评、专家评、大众评、终评等环节选出作品《淳安之窗》作为广电台新台标,新台标将于2017年新大楼启用之时启用。

【队伍素质提升】 以新大楼建设和建台60周年为契机,加强干部队伍建设,开展以师带徒"结对子"活动,让资历深、业务能力强的骨干结对"帮扶"年轻新手,通过手把手指导、经验分享、同步学习等方式,使新手尽量掌握岗位业务技能,从而提升队伍整体素质。通过"实战培训"提升干部职工业务技能,特聘杭州台孙雪健担任特聘老师,长期为台摄像人员开展技术培训;邀请省音乐调频台的老师对广播自驾游的主持人进行实战操作培训;多次组织业务骨干外出参加播音、技术、微信等各类型的业务培训。抓住"电视活动"增强素质,协助浙江康盛集团举办第二届大型职工文艺晚会;推出汽车文化展、家装建材展等商业类广场活动;参与举办"大墅底下好乘凉"乡村田园节、梓桐书画文化节等乡镇节庆活动。　(邵金莲)

·传媒中心·

【概况】 2016年《今日千岛湖》出版254期,发稿11000多篇。千岛湖新闻网上传国内外新闻46656篇、淳安新闻6428篇、图片852组,日点击率15万人次,千岛湖论坛会员52.54万名,总发帖量157万个。千岛湖屏媒播出原创新闻1700条。淳安手机报编发彩信365期2796条、快讯730条。淳安发布刊发微信1222条、微博近7000条。千岛湖微报发布微博3294条、微信600条。"掌上千岛湖"发布新闻9763条。

【"四端"齐发,发挥全媒体报道效应】 "四端"指纸媒端、电脑端、手机端和户外端,"六大宣传"是主题宣传、民生宣传、热点宣传、典型宣传、公益宣传、监督宣传。主题宣传主要由《今日千岛湖》、千岛湖新闻网和千岛湖屏媒三大媒体承担,《今日千岛湖》发挥栏目优势和专版优势,一版开设栏目26个,三、四版开设专版30多个。千岛湖新闻网发挥网络首页优势和专题优势,《今日千岛湖》一版稿件和二版重要稿件及其他重要稿件均在首页展示,制作网络专题18个。千岛湖屏媒的《千岛湖新闻》栏目开设主题宣传栏目8个,推出系列报道24个,《图说淳安》栏目刊播主题报道22个。民生宣传主要是发挥各媒体自身优势,尤其发挥好"一老一新"媒体的作用"一老"即传统媒体《今日千岛湖》,除了一二版的动态宣传外,三版的《民生百事》《法治时空》《青溪文化》《美丽乡村》《五彩生活》等已形成品牌。"一新"即淳安发布,70%以上的报道是民生类信息。此外,淳安手机报、千岛湖微报、掌上千岛湖、千岛湖屏媒等也以各种形式发布大量的民生信息。热点宣传主要是在做好传统媒体宣传的同时,突出发挥新媒体优势。比如权威发布、中高考、垂钓管理、防洪抗汛、抗台风、抗冰雪、绿道经济、“五水共治”、拆违拆旧等，这些热点在淳安发布、淳安手机报、千岛湖新闻网论坛等新媒体中进行宣传，取得很好的宣传效果。典型宣传注重各媒体协同作战，互相配合。比如《今日千岛湖》推出胡海燕、余延安、姚春妹及“最美淳安人”等先进典型，千岛湖新闻网、千岛湖屏媒、淳安发布、掌上千岛湖、微千岛湖等媒体同时跟进，形成强大的宣传氛围。公益宣传要求各媒体不分你我、强势推出。如《今日千岛湖》用大版面、大专题，千岛湖屏媒用大时段滚动播出，千岛湖新闻网用显著位置，各媒体刊发社会主义核心价值观、“秀水富民”、“五水共治”、“无违建县”创建、服务保障G20、重点项目建设、安全生产、环境保护、文明出行、自行车联赛、禁放烟花爆竹、夏季征兵和气象预警等宣传专题和标语400多条，千岛湖屏媒每天滚动刊播公益广告6小时以上。监督宣传主要通过《今日千岛湖》开展，如一版的《曝光台》，二版的《记者巡查》和《立此存照》，三版的《记者观察》，《记者之见》和《百姓呼声》等栏目，对现实中的一些不良现象进行舆论监督，全年发稿100余篇。

【六大行动，提升全媒体品牌】 《今日千岛湖》邀请《浙江日报》编辑中心版式总监指导改版，3月1日起，《今日千岛湖》改为瘦长型版面，形成“大气、清新、悦读”的办报风格，读者反响很好。淳安发布粉丝量从年初的2万人，增至现在的10万余人，影响力也越来越大，姜家文渊狮城活动、最美庭院、最美治水人和最美农居等微信阅读量均为10万以上，王阜、大墅等活动阅读量也都在3万以上。据权威数据库清博指数统计，淳安发布在全国政务宣传微信发布平台排行榜稳居前20名，其中3月达到第11名，这些排名含省级政务微信发布平台。浙江省政务微信每半月排名一次，2016年淳安发布稳居前5名，获评2016年浙江政务新媒体综合影响力十强。杭州发布“双微”考核排名名列前茅，10月位居第1名。为提高千岛湖屏媒原创新闻质量，对千岛湖屏媒和千岛湖新闻网视频新闻进行改版，公开招聘女播音与主持1名，6月初，正式出镜，7月，男、女主播全面亮相，9月，全新推出《今日千岛湖》新闻、《千岛湖民生新闻》和《图说淳安》三档原创新闻栏目，走在全省县级媒体前列。6月，“掌上千岛湖”推出V3.0升级版，页面更加时尚，操作更为简便，新闻资讯也更为丰富，得到用户的喜爱。千岛湖新闻网升级及论坛经过改版升级，安全性明显提高，运行也更为安全。论坛版块精简为五大栏目十八大版块，顺应手机用户需求，又开发手机版论坛，并与微信公众号实现互动。首次采用微信、VR直播县第十四次党代会，第一时间直击大会，实现多渠道分享和互动，开创全省党代会直播先例，两大直播“利器”深受网友热捧。据杭州网统计，微信直播页面浏览量突破2000万，创造了县级媒体的奇迹。

【七个“着力”，加强人才队伍建设】 2016年，严格按照党员发展流程，预备党员转正1名，发展预备党员1名，发展入党积极分子2名，3名员工提交入党申请书。加大全能型技能培训，每年都要举办业务比武、摄影比赛和论文评比三项活动。7月23～24日，举办全县新闻业务知识培训，乡镇宣传委员、社区党委书记、《今日千岛湖》评报员、论坛版主、乡镇(部门)通讯员等230人参加，切实提高全媒体新闻业务能力。安排4名人员前往青岛学习微信直播和VR全景播报技术，全方位、立体式报道县第十四次党代会。每月开展好文章、好标题、好图片、好版面、好话题、好帖子、好微博、好微信等“八好”作品评选，营造创新创优工作氛围，不断提升新闻宣传质量。实施ABC稿件评选制度，优化评选范围、评选标准及评选程序，并形成一套完整考核机制，激发采编人员的工作积极性和创造力。推出新老结对子举措，按照“一年成长，两年成骨干”的要求，制定切合可行的培养计划，“师父”手把手指导业务工作，助推“新手”快速成长。

【六项举措，提高全媒体服务质量】 6月，《今日千岛湖》扩大发行5000份，发行总量突破2万份，赠阅对象包括县级老干部、离退休干部、部分老党员、“两代表一委员”、机关部门、乡镇、行政村、社区、医院、学校、重点工业企业、宾馆饭店、重点优抚对象和提出申请的个人等，报纸已覆盖全县各个层面，读者群还在持续扩容。分三批给县四套班子领导、县级老干部、县管干部、“两代表一委员”、部门办公室主任、重点企业领导、中小学校校长、城区医院领导、村组织书记、村委会主任赠送《淳安手机报》，赠阅总数近3000人。主动与有关乡镇联合开展活动。比如汾口客运中心启用暨公交车开通、王阜纳凉节、姜家“狮城归来”文渊狮城开园、威坪河村白桃节和下姜村葡萄采摘活动等，《今日千岛湖》推出专版、淳安发布刊发微信，千岛湖新闻网制作专题，千岛湖屏媒现场录播，主持人出镜，还动用航拍等设备，各大媒体打出“组合拳”，全方位宣传报道。电商平台千岛GO购立足本土，推出本土特色服务项目，深受用户喜爱。媒美购作为全省首个县级媒体微信众筹电商平台，按县级地域设置版块，突出展示当地农旅产品，以特色活动打造千岛湖样板，20余家县级媒体有意向加入，被评为2016中国传媒最具投资创新TOP100。制定“淳商回归”宣传报道方案，班子成员带队赴上海、宁波、杭州、深圳千岛湖商会采访，推出系列报道20余篇，全面展示淳安子弟兵风采，传播社会正能量。提高稿酬调动通讯员积极性。2016年，进一步提高《今日千岛湖》、千岛湖屏媒、淳安发布等主要信息采集平台的稿酬，稿费的增长幅度走在全省县级媒体的前列。完善《今日千岛湖》评报员和论坛版主考核制度，提高网络管理水平和新闻宣传质量。

【三个坚持，提升全媒体经营水平】 以《今日千岛湖》、千岛湖屏媒等龙头媒体带动淳安发布、千岛湖新闻网、千岛GO购、媒美购等新媒体的创收，实现经营收入773.77万元，比2015年增加了50万元，上缴税金40余万元。其中《今日千岛湖》383万元，比上年增长53万元，淳安发布实现经营收入50万元，比上年增长39万元，在业内经营收入普遍下降的情况下，实现7%的增长率。 （王朝峰）

（编辑 程志英）

·体 育·

【概况】 以深化淳安国家体育产业基地为核心，积极搭建体育产业发展平台，出台《淳安县人民政府关于加快发展体育产业促进体育消费的实施意见》，促进体育产业与其他产业深度融合。依托优质户外运动资源，启动飞神集团投资建设的集房车露营、房车体验、房车租赁、房车销售等内容于一体的大墅房车营地项目，启动北京露营之家投资建设的以露营装备展示、露营产品体验、露营技能培训等为主要内容的露营之家千岛湖服务中心项目，拓展城市运动休闲空间。高规格承办2016年全国户外运动俱乐部年会，307名全国户外运动企业负责人及104名全国各地市登山协会及高校团队齐聚千岛湖共谋发展。

全面推进为民办实事工程，完成景秀区块综合球场、芳菲影珠阳光体育公园网球场综合改造及汾口、威坪两个综合球场等全民健身基础设施建设，满足群众多元化健身需求。同时，推动群众体育组织的发展壮大，支持开展乒乓球、羽毛球、登山、网球等各类全民健身活动40余次，提升群众幸福健康指数。编制《千岛湖国家登山健身步道规划》，完成37公里(精品线路7公里)的安阳国家登山健身步道。

成功举办全国自行车联赛、斯柯达HEROS中国自行车系列赛、中国千岛湖皮划艇嘉年华、千岛湖国际毅行大会、全国赛艇锦标赛、千岛湖国际铁人三项赛、中国千岛湖龙舟赛、浙江省青少年体育传统项目学校短式网球比赛、千岛湖国际武术邀请赛、国际泳联10公里马拉松游泳世界杯赛、全国10公里马拉松游泳锦标赛、中国千岛湖公开水域游泳公开赛、中国千岛湖方腊故里户外三项赛、第十届中国杭州环千岛湖国际公路自行车赛、第12届中国大学生健康活力大赛、千岛湖马拉松、全国篮球主播大赛等国际性、全国性大型赛事，参赛运动员36000余人。

【2016中国自行车联赛淳安千岛湖站】 3月26～27日，由中国自行车运动协会主办，淳安县人民政府承办，中国风景名胜区协会、浙江省风景名胜区协会共同协办的国内规格最高的全民自行车积分制联赛——中国自行车联赛(CCL)2016年首站比赛在千岛湖打响。来自全国各省、市、自治区以及港澳台地区的1300余名运动员和自行车骑行爱好者参加了男子专业组、男子公开组、全民健身组3个项目的比赛。

【2016千岛湖国际毅行大会】 4月16～17日，由淳安县人民政府主办，淳安县体育局、淳安县体育总会承办的2016千岛湖国际毅行大会在淳安县举行，共有来自北京、哈尔滨、广州、上海等地近3000名毅行者参加比赛。

【2016斯柯达HEROS中国自行车系列赛千岛湖·格兰枫度嗨单车公路自行车赛】 5月14～15日，由淳安县人民政府主办，淳安县体育局承办的2016斯柯达HEROS中国自行车系列赛千岛湖格兰枫度嗨单车公路自行车赛千岛湖站在千岛湖举行，来自全国各地的800余名运动员和骑行爱好者参加比赛。

【2016千岛湖大铁113铁人三项赛】 5月29日，由淳安县人民政府主办，淳安县体育局承办的2016千岛湖大铁113铁人三项赛在千岛湖举行，来自美国、英国、法国、加拿大、日本、中国等30余个国家和地区的700余名运动员参赛。

【2016年千岛湖龙舟赛】 10月23日，由淳安县人民政府主办，淳安县体育局承办的2016年千岛湖龙舟赛在千岛湖举办，共有24支代表队，200余名运动员、教练员参加比赛。

【2016中国·千岛湖公开水域游泳公开赛】 经国家体育总局批准，2016中国·千岛湖公开水域游泳公开赛于10月8日在千岛湖镇城中湖举行。大赛由国家体育总局游泳运动管理中心、中国游泳协会和浙江省体育局主办，淳安县人民政府、杭州市体育局和浙江省游泳协会联合承办，是全国计划内群众性游泳比赛的顶级赛事。比赛设2000米、1000米和500米畅游3个大项，分男、女9个组别，共有来自浙江、广东、安徽、河南、湖北、云南、福建等省、市和香港、澳门的1000余名运动员参与比赛。

【2016年国际泳联10公里马拉松游泳世界杯赛(中国千岛湖站)】 10月9日，2016年国际泳联10公里马拉松游泳世界杯赛(中国千岛湖站)在千岛湖举行。10公里马拉松游泳世界杯赛是国际长距离游泳最高水平的专业赛事，每年在8个不同国家举行，是奥运会的

正式比赛项目。2016 年，该比赛在中国、阿根廷、墨西哥、葡萄牙、加拿大等国家举行，千岛湖是国内唯一站，比赛分男子 10 公里和女子 10 公里两个组别。此次赛事由国际游泳联合会主办，国家体育总局游泳运动管理中心、中国游泳协会、浙江省体育局、杭州市人民政府、淳安县人民政府承办，共有来自中国、美国、德国、巴西、意大利等 14 个国家和地区的 100 余名教练、运动员参加。同时，来自北京、上海、广东等 15 个省、市代表队的 150 余名教练员、运动员参加了 2016 年全国 10 公里马拉松游泳冠军赛。

【2016 中国·杭州第十届环千岛湖国际公路自行车赛】 10 月 29～30 日，2016 中国·杭州第十届环千岛湖国际公路自行车赛在千岛湖举行。该赛事由浙江省体育局、杭州市体育局、淳安县人民政府联合主办，淳安县体育局、千岛湖风景旅游委员会联合承办。环千岛湖国际公路自行车赛从 2006 年开始举办，已成为国内业余自行车选手参加的顶尖赛事，有“北有青海湖，南有千岛湖”的美誉。此次自行车赛有来自中国、美国、英国、法国、德国、荷兰等 16 个国家的 52 个车队 324 名运动员参加，设有公路自行车团体计时赛、大组赛两个大项，男子团体计时赛、男子精英组个人、男子精英组团体、男子大众组个人、女子组个人 5 个小项，并首次设置“冲刺王”和“爬坡王”奖项。

【CSARA 第 12 届中国大学生健康活力大赛暨 2017 年世界大学生运动会艺术体操选拔赛】 由中国大学生体育协会主办，淳安县人民政府承办，中国大学生体育协会健美操艺术体操分会执行的 CSARA 第 12 届中国大学生健康活力大赛暨 2017 年世界大学生运动会艺术体操选拔赛于 2016 年 11 月 14～19 日在淳安体育馆举行。赛事有来自北京大学、清华大学、中央民族大学、北京师范大学、同济大学、上海大学、首都师范大学等 130 余所高校代表队近 2000 名运动和教练员参加健美操、艺术体操、健身健美、校园健身操舞等 4 个大项的比赛。

【2016 千岛湖马拉松】 由中国田径协会、淳安县人民政府联合主办，淳安县体育局承办的 2016 千岛湖马拉松于 11 月 27 日在千岛湖举行。本次赛事是千岛湖举办的第二届马拉松赛，共有来自美国、日本等 17 个国家和地区近 7000 名选手参加全程马拉松、10 公里湖乱跑以及家庭迷你马拉松 3 个赛组别的比赛。

（李　群）

（编辑　程志英）

卫生　计生

·综　述·

【概况】 全县有各类医疗机构316家，其中县级医院4家(综合性医院2家，中医院1家，妇幼保健院1家)，结核病防治所1家(挂靠在县疾控中心)，计生指导站1家，中心卫生院4家，乡镇卫生院17家，社区卫生服务中心2家，社区卫生服务站15家，乡镇卫生院分院32家，急救中心(站)4家，民营医院5家，民营门诊部6家，个体诊所、厂矿学校医务室51家，村卫生室175个。全县病床数1518张，千人床位数为3.3张。全县卫技人员总数2648人，其中公办医疗卫生机构卫技人员2341人(包括村卫生室177人)，每千人口卫技人员5.77人。其中医生1136人，每千人口医生数2.48人，护士(师)802人，每千人口护士(师)数1.75人。

2016年，全县医疗机构(含村卫生室)完成门诊305.14万人次，全县出院病人总数5.91万人次，公立医疗机构总收入10.01亿元。

2016年县级医院业务情况表

表6

单位	门诊(人次)	出院病人(人次)	床位使用(%)	平均住院日	总收入(万元)
县一医院	336351	24335	102.9	9.2	38069.7
县二医院	177668	8001	99.4	8.1	10570.1
县中医院	377926	12744	99.88	11.3	21078.8
县妇保院	166740	7680	81.8	5.7	7882.6
合　计	1058685	52760			77601.2

2016年中心卫生院业务情况表

表7

单位	门诊(人次)	出院病人(人次)	床位使用(%)	平均住院日	总收入(万元)
威坪中心卫生院	145354	1220	63.4	6.8	3248.3
临岐中心卫生院	74814	928	65.0	7.2	2026.6
大墅中心卫生院	25000	222	46.2	6.1	1016.7
姜家中心卫生院	45801	231	55.3	7.0	1311.5
合　计	290969	2601			7603.1

【医疗卫生改革】 2016年8月，县政府常务会议和县委常委会专题研究卫生工作，9月出台《关于加快推进我县医疗卫生事业发展的若干意见》(县委〔2016〕44号)和《关于加强卫生人才队伍和学科建设的实施意见》(县委办〔2016〕103号)两个政策意见，明确淳安卫计事业今后5年的发展方向、目标要求、工作重点和政策保障，明确从2016年到2020年，淳安县新增卫生事业投入6.76亿元。淳安县2016年被列入浙江省13个综合医改先行先试县之一。

【医疗资源下沉】 全年柔性引进50余名省市医学专家长期在淳安服务，实现23个乡镇县级医疗资源下沉全覆盖。组织开展了重点学科遴选，出台学科建设支持培育政策，已成功创建省级龙头学科1个、市级重点专科1个、省级中医名科1个、市级中医名科2个，近两年申报省级医学科研课题4项、市级课题 7 项。县一医院利用数字减影血管造影(DSA)设备开展冠脉造影 300 余例，支架植入 40 余例，提高了冠心病、急性心肌梗死患者救治成功率，高压氧舱已为 7000 名患者开展了专业治疗，新开展肌电图检查 400 余例，为一些不明原因肌肉疾病患者明确诊断提供了依据。

【医疗资源整合】 在完成临床技能培训中心，影像、心电、病理会诊中心建设的基础上，2016 年完成临床检验中心建设，并于 6 月正式运行。截至 12 月底，影像会诊中心已开展会诊 2.9 万例，技能培训中心每年培训 30 余批次，2000 余人次，通过转诊平台向县外转诊病人达 9000 余人次，临床检验中心每月标本送检量在 1.5 万份以上，充分节约并合理利用了医疗资源。在前期卫生信息化建设的基础上，重点推进临床路径、合理用药、移动医疗、自助机功能提升改造、医疗影像云和全科签约等系统的医疗机构互联互通服务平台建设，实现了市民卡“智慧医疗”服务城乡全覆盖。

【基础设施建设】 2016 年，县一医院人才综合楼完成装修，2 号病房楼改建工程完工。县二医院住院手术综合楼续建工程正在做拆迁准备。县中医院环境整治项目完工。千岛湖镇社区卫生服务中心改建装修工程完工。汾口镇社区卫生服务中心、梓桐镇卫生院、文昌镇卫生院完成异地新建，已全部投入使用。县一医院购置了 DSA 设备，县政府已核准购置进口磁共振设备，并已报省市卫计委审批。县中医院采购了国产磁共振和 16 排 CT 设备已投入使用。按设备标准化的要求，为乡镇卫生院更新了彩超、DR、心电监护仪、生化仪、除颤仪等设备。鼓励民办医疗机构做大做强，落实支持社会办医政策，推进新富中医骨伤医院扩建，新引进千湖口腔医院、元澍堂中医门诊部 2 家民营医疗机构。

【创新创建工作】 2016 年，“责任医生签约服务”被列入县级创新工作，并获得杭州市副市长陈红英的批示肯定。淳安县卫计局被淳安县委、县政府授予“G20 杭州峰会工作先进集体”称号。2016 年，淳安县第一人民医院和淳安县中医院全面启动“三乙”医院创建，淳安县妇幼保健院启动“二甲”医院创建。姜家镇“国家卫生镇”创建高分通过省考核组验收，已上报国家爱卫会予以命名。姜家中心卫生院和大墅中心卫生院成功创建国家 2015～2016“建设群众满意乡镇卫生院”。

·医政管理·

【公立医院改革】 推进“双下沉、两提升”工程，继续深化县级医院与省、市三甲医院的合作办医，完成县一医院与省人民医院托管第四轮专家派驻对接，其他县级医院与上级医院的合作均按协议要求落实。推进县级公立医院医疗资源下沉乡镇卫生院，全年县级医院共下派医疗骨干 96 人，诊治基层病人 10354 人次，会诊及疑难病例讨论 276 次，开展手术 38 例，开展学术讲座 185 次。进一步规范药品平台采购行为，各医疗机构统一使用资金流、商流和信息流“三流合一”的药品采购新平台，完成新旧平台的切换工作。继续推进社会资本办医，2016 年、批准民营资本办医 4 家，其中，民营医院 2 家、门诊部 2 家。淳安新富中医骨伤医院扩建工程基本完工，淳安黄锋康恩医院的二期选址确定，并已进入装修改造期。

【医疗质量管理】 制定《全县医疗机构医院感染管理专项督导工作方案》，成立县院感专项督导工作领导小组和专家组，3～4 月、对全县 277 家医疗机构医院感染管理工作进行全面的检查,除学校、企业医务室外,达到全覆盖。4月,接受杭州市医院感染管理抽查,抽查到的3家医疗机构得分位列中上水平。制定《淳安县公立医院巡查工作方案》,组织对全县4家县级医院反腐倡廉建设、落实医疗卫生行风建设"九不准"、医院管理和经济管理四方面进行全面检查。利用年终综合目标考核契机,组织县各质控小组成员先后对各县、乡、村级医疗机构以及民营院进行医疗质量大检查,促进医疗机构医疗质量和医疗安全管理的进一步提升。组织开展全县基层卫技人员急救技能竞赛、中医药适宜技术操作技能竞赛、卫生综合岗位技能竞赛。举办了全县院感知识培训班、全县抗菌药物临床应用管理和合理使用培训班、全县基层急救知识培训班。

【医疗机构及人员准入】 2016年,共批准设立医疗机构9个(口腔医院1个,一级综合医院1个,中医门诊部2个,诊所1个,中医诊所1个,口腔诊所3个),变更地点设置诊所2个。完成医疗机构年度校验工作。完成155人医师资格考试报名审核,233名医师和231名护士注册(变更)工作。

【医疗服务保障】 制定出台《完善县域急诊急救体系建设实施方案》,对全县急诊急救网络布局、规范运行进一步细化,对急救网点人员、设备配置进一步明确,加强基层医疗机构急救设施的配备和人员的培训,为卫生院增添了除颤仪、心电监护、呼吸气囊等急救设备,组织开展急救技能操作培训,进一步提高基层急救能力。全年完成2016千岛湖马拉松、国际铁人三项等各类体育赛事,县强拆,重大节假日,中高考等34项活动的医疗保障,共出动救护车110余车次,派出保障人员360余人次。

【科教工作】 结合G20峰会保障要求,成立局生物安全管理领导小组和专家组,开展对实验室生物安全管理的专项督导,举办全县病原微生物实验室生物安全管理培训班,在各备案实验室单位组织开展实验室生物安全事件应急演练和风险评估工作。继续实施卫生院卫技人员到县级医院轮训工作,全年共完成60人的轮训。按要求做好住院医师规范化培训的日常管理工作,完成规培基地和学员的年度考核等。做好初级继教的考务工作,完成中高级学分证申领资料审核137人。开展县级重点学科评选,制定出台《淳安县医学重点学科管理办法》,通过评审命名为县级重点学科的有5个,列入2017～2019年重点学科建设计划的共10个。开展名医评选活动,制定县级名医评选办法,评选出县级名医10名、县级基层名医5名、县级名中医5名。积极组织推荐市基层名中医候选人,县第一人民医院黄健戈、县中医院姜成军和叶正茂3人荣获"杭州市基层名中医"称号。

【中医工作】 威坪、临岐、姜家、大墅中心卫生院完成中医服务区建设。完成淳安县基层中医药服务能力提升工程的总结评估,接受杭州市对淳安县的终末评估,接受市卫计委对县基层中医药健康管理的专项督导。承办国家公共卫生服务项目中医健康管理的培训工作,共培训中医类别医师、全科医师以及乡村医生等124人。组织开展基层卫生院中医药适宜技术推广应用培训班,培训骨干人员50余人。

·人事管理·

【干部队伍建设】 因机构改革,1月,按竞聘上岗程序对局机关15个科室进行了中层干部竞聘上岗。任命中层正职15名、副职1名,其中新提拔中层正职2名、副职1名。10

月对县卫生监督所所长岗位进行公开竞聘，新产生县卫生监督所所长1名。11月，因个人申请，并经省人民医院、医院托管委员会和县委宣传部、县委组织部研究后批准，免去一名同志的淳安县第一人民医院、浙江省人民医院淳安分院院长职务，医院工作暂时由常务副院长主持。2016年，后备干部中选拔为县管领导干部2名，其中王红丽提为县卫计局党委委员、副局长，余阿鹏提为临岐镇党委委员。

【人才工作】 2016年，县级医院自主招聘30名紧缺专业本科以上学历毕业生，其中淳籍毕业生12名，硕士研究生6名，研究生数量为历年来最多。刚性引进副高以上职称高层次人才3人，并与另外3名副高以上职称和2名硕士以上学历人才达成引进意向。开展大专以上学历事业单位公开招聘工作，招录30名专业技术人才。全年安排45名医疗技术骨干到省、市三级医院进修培训，并安排3名专业骨干参加市区单位培养锻炼，47名基层卫技人员到县级医院进行专业技能轮训。继续开展定向培养工作，招生定向委培农村社区医生27名。组织市县优秀拔尖人才遴选和“县级名医”“十大杰出医生”等评选活动。

【技术职称工作】 2016年，全县共有188人取得卫生专业技术职称，其中通过杭州市卫生高级专业技术职务任职资格评审委员会评审取得卫生正高级技术职称11人，取得卫生副高级技术职称44人，通过全国统一考试取得中级技术职称71人、初级62人。

·公共卫生·

【责任医生签约服务】 2016年9月，在杭州四县市中率先启动责任医生签约服务工作，县政府下发了《关于推进责任医生签约服务工作的通知》（淳政办发〔2016〕98号），出台配套的社保等相关政策。县卫计局制定下发责任医生签约服务实施方案、责任医生签约服务工作考核办法等文件，推行以慢性病人群、60岁以上人群等重点人群为主的签约服务。同时编印责任医生签约服务宣传折页，并将签约中发现的一些感人故事通过微信、微博等新媒体进行推送。全县累计签约10.4万人，签约率达23%，超额完成省、市下达的目标任务，下拨签约服务经费199.93万元。主要慢病管理效果稳中有升，高血压病、糖尿病患者规范管理率分别为63.62%和63.25%，控制率分别为51.61%和48.20%。淳安县责任医生签约服务工作分别得到副市长陈红英和省卫计委主任杨敬的重要批示，先后两次在全市基层卫生工作会议上作典型经验交流。

【基本公共卫生服务项目】 4月6～7日，邀请了省卫计委基层处副处长顾亚明等5位省市资深专家对业务骨干进行培训，对规范各项内容进行深入解读，用实际案例对工作中存在的问题进行深入剖析，通过骨干的“传、帮、带”形式，贯彻执行好基本公共卫生服务规范，达到“人人知规范，人人懂规范，家家有老师”的效果。修订完善《淳安县基本公共卫生服务项目工作考核办法（2016年）》，建立以服务质量和服务数量为核心、以岗位责任和绩效为基础的考核和激励机制，对公共卫生评比优秀的单位实行1～3万元的奖励，对年度考核分在85分以下的单位负责人进行问责。在6月、7月、8月份组织开展了公共卫生服务“百日提升”活动，通过开展结核病管理技能、窝沟封闭操作技能、妇幼技能比武等技能竞赛和公共服务项目能力培训活动，进一步提升基层公共卫生队伍业务素质和服务能力。通过卫生监督协管、慢性病管理、精神卫生等十大宣传服务项目，引导广大居民主动参与公共卫生服务项目,提升人民群众的获得感,使公共卫生政策更加惠及百姓。组织开展以片为单位的交叉督导工作,通过互相交流、自查自纠等方法,培养一批基层学与做相结合的业务型骨干。

【公共卫生保障】 建立传染病联防联控机制,完善由20个部门组成的联防联控组织,完善县突发公共卫生事件应急预案,落实工作会商制度,扎实推进各项防控措施。强化G20峰会保障措施,开展蚊媒密度监测、H7N9外环境监测等各类疾病监测,提升疾病发现能力。强化卫生应急队伍建设,开展卫生应急基本技能训练,提升整体卫生应急处置能力。加大卫生监督管理监管和处罚力度,对4家无证口腔诊所取缔并立案,对1家餐具消毒企业和2家民营医疗机构立案处罚,对6家宾馆酒店等公共场所的公用品消毒和控烟工作立案处罚。累计开展日常性卫生监督检查共325次。起草下发《淳安县G20峰会严重精神障碍患者综合管理方案》,按照“属地管理”和“谁主管谁负责”的原则,坚持“条块结合、以块为主”,全力推进精神卫生综合管理工作,层层落实责任,实现“零出事、零惹事、零漏管”。

【重大公共卫生服务项目】 落实农村孕产妇住院分娩补助、孕前和孕早期免费服用叶酸、农村妇女“两癌”筛查等国家和省市重大公共卫生服务项目,农村孕产妇住院分娩补助3120人次,完成率135.65%。孕前和孕早期免费服用叶酸6805人次,完成率194.43%。农村妇女宫颈癌筛查25803人,完成率100%。农村妇女乳腺癌筛查25803例,完成率140.69%。

【城乡居民健康管理】 严格按城乡居民健康体检工作要求开展体检工作,确保项目齐全、体检规范。全年累计体检158123人,其中60岁以上老年人53794人,体检率68.80%,0～6岁儿童23280人,体检率99.5%,中小学生35372人,体检率99.01%,其他成人45677人。在此基础上,加快推进居民健康管理和诊疗等信息的互通共享,完善电子健康档案的内容,全县城乡居民规范化电子健康档案388389份,建档率达97.19%,合格率达92.31%。

【疾病预防控制】 在县卫计局的统一协调下,联合民政、公安、宗教等多个部门,5月规范实施新的医学死亡推断书政策,为全县死亡信息的采集、分析和期望寿命的计算,提供科学的基础保障。全年共开展4次慢性病培训和业务督导,通过督导培训,2016年,全县高血压规范管理率达到64.15%,糖尿病规范管理率达到64.99%。2016年度新发现一例从刚果打工返乡后发生的“间日疟”病例,通过规范诊治和监测,病人康复重返国外,未造成本地疫情的扩散。

【青少年口腔保健】 抽调22名医疗技术骨干组建县一医院、县二医院、县中医院3支医疗队,覆盖全县中小学校81所,学校覆盖率首次达100%,学生覆盖率达92.44%。历时2个月,3支医疗队顺利完成封闭任务,实施窝沟封闭3239人、7644颗牙齿,封闭率达95.21%。同时,对2015年封闭对象4006人进行复查,复查率90.41%。

【H7N9禽流感疫情防控】 县政府于12月23日下发《关于暂停活禽交易、暂时关闭活禽交易市场的紧急通知》(淳政发〔2016〕13号),从2016年12月26日零时起,全县范围内农贸市场暂停活禽交易,暂时关闭农贸市场活禽交易市场及鸟类经营市场。12月27日,确诊了县首例人感染H7N9禽流感病例。接到报告当天就组织开展了密切接触者流行病学调查，共有35人接受医学观察。对患者家庭和工作单位食堂进行终末消毒处置。对患者家属及单位同事开展H7N9禽流感防控知识宣传教育，指导正确做好自我防护，消除恐慌心理。借助“淳安电视台”媒体，结合当前防控形势，融入县禽流感防控工作情况及宣教知识，专题做了一期《民情热线》栏目。同时在电视台黄金播放时间段，采取滚动字幕方式播放人感染H7N9流感防治知识，提醒广大市民注意防范。借助《健康教育专刊》，发放到全县每个家庭，向公众进行人感染H7N9流感防治知识宣教。借助《今日千岛湖》、微信等媒体，向公众进行人感染H7N9流感防治知识宣教，正面引导公众科学认知，理性应对，消除恐慌，同时，倡导市民形成健康的禽类消费习惯。县政府分管领导2次带队检查农贸市场管理情况和定点医院防控落实情况。同时由防控办成员单位带队对全县乡镇的防控情况进行督查。

【妇幼保健管理】 建立危重孕产妇抢救基金，县财政每年预算10万元专项用于危重孕产妇抢救。通过发放免费服务券的方式，打破乡镇辖区限制，使孕产妇、儿童在县内任何一家医疗机构均能免费享受基本公共卫生服务项目。推行动态管理机制和信息沟通机制，实现流动人员妇幼保健信息的“无缝对接”。2016年，全县剖宫产率42.75%，保持在较为合理的比率，5岁以下儿童死亡率控制在5.09‰，婚检率达91.62%，产前筛查率94.74%，新生儿疾病筛查率99.49%，新生儿访视率99.23%，产后访视率达98.52%。

【精神疾病管理】 全县有精神疾病患者2216人，其中严重精神障碍患者1881人，重性精神病患者发现率为4.18‰，治疗率65.5%。全年无重大肇事肇祸发生，各项指标达国家规范要求。G20期间建立应急处置机制，避免不良事件发生，建立双向转诊制度，提供无缝隙服务。全年列入特困免费治疗资助重性精神疾病患者694人，住院救助对象153人，落实住院救助资金87.4万元。协调落实严重精神障碍患者监护人以奖代补政策。

【食品安全风险监测】 2016年，县疾控中心实验室顺利通过省级计量认证复评审工作，通过复评审，食品类项目达到了82项，非食品类项目达到了183项，为食品安全风险监测工作奠定了基础。全年共完成食品中化学污染物和有害因素监测样品128份，食品微生物及其致病因子监测样品131份，合计完成食品安全风险监测样品259份(市级任务250份)，完成率104%，出具977个检测数据，超额圆满完成杭州市下达任务。开展食源性疾病主动监测上报腹泻病例415例(市级任务360例)，完成率115%，超额完成省、市下达任务。

·人口和计划生育·

【目标责任制考核】 根据县政府与各乡镇及有关部门签订的《淳安县2016年度计划生育目标管理责任书》要求，经全面考核，综合评定全县23个乡镇全部达标，公安局等11个责任制部门全部达标。

【一票否决制】 根据县政府与各乡镇、有关单位签订的《淳安县2016年度计划生育目标管理责任书》和浙委办〔2007〕27号《浙江省人口和计划生育“一票否决制”实施办法》的精神，2016年全年共审查各类先进和相关资格87批次，其中审核村(社区)、单位358家，个人8229人。同时对石林镇玳瑁村等31个村(社区)和22名个违法生育的个人予以计划生育“一票否决”，并以人口与计划生育领导小组文件形式公开否决单位和个人名单。

【计生主要指标执行】 2016年,全县计划生育主要指标执行情况良好,全县共上报出生5299人(男孩2759人,女孩2540人;一孩2892人,二孩2332人,多孩75人),同比增加1574人,增幅达42.26%;违法生育130例(其中补报76例),计划生育率97.55%;2016年出生上报及时率96.91%;多孩违法生育30例,多孩违法生育发生率0.57%;出生人口性别比105.84;国家免费孕前优生健康检查人群覆盖率达108.37%;流动已婚育龄妇女登记管理率达90.02%,流动已婚育龄妇女生孕信息通报率达94.78%。上述指标均达到市政府考核要求。

【"全面两孩"政策实施】 稳妥有序推进"全面两孩"政策实施,认真落实生育登记服务制度,进一步深化实施生育登记"全程代办制"和"个人承诺制",在县婚姻登记处、县属医院等设立了计生相关证件办理须知温馨提示牌,进一步优化办事流程,为群众提供便捷高效服务。2016年,全县共办理生育登记4626例,其中一孩2408例,二孩2218例,生育管理地不在本县的283例,办理再生育审批173例。

【计生统计信息化建设】 互联互通计生统计信息管理平台已于11月正式运行,真正实现了卫计信息互通共享,切实提高孕情掌握率和出生上报及时率。同时严把计生"一票否决"审核关,特别是在"两代表一委员"推荐人选资格审查过程中,严格审查标准,确保审查工作按进度和要求完成。全年共审查各类先进和相关资格87批次,其中审核村(社区)、单位358家,个人8229人。

【计生奖励优惠政策落实】 2016年,确认奖扶对象5083人,其中当年新增1127人,发放资金487.96万元。确认可享受特扶政策对象390人,当年新增48人,发放资金278.4万元。确认可享受并发症补助50人,其中新增6人,发放资金24.12万元。申报市级公益金10户17人,发放资金4.5万元。申报县级公益金151人,发放资金25.5万元。可享受农保补贴27659人,发放金额276.59万元。给农村独生子女父母、城镇失业职工和个体工商户独生子女父母共870人,发放奖励金额12.24万元。

【性别比治理工作】 2016年度(统计时间段2015年10月1日～2016年9月30日)全县出生人口性别比为105.84,其中淳安县户籍出生男婴2326人,女婴2197人,户籍人口出生性别比为105.87,流动人口婴儿性别比为105.34,完成市对县考核指标。

【省"三优"中心创建】 2016年,在县妇保院启动省"三优"(优生、优育、优教)中心建设,至年底,硬件和配套投入完成,并投入使用。结合杭州市开展的科学育儿公益巡回讲座,安排8场由省市人口早期发展教育专家主讲,面向0～3岁婴幼儿抚养人科学育儿知识讲座,530余名抚养人接受了培训。结合"7·11"世界人口日,组织各乡镇、相关部门开展形式多样的"三优"主题宣传服务活动。

【流动人口服务管理】 2016年2月,作为浙江省16个试点区县之一,启动了电子婚育证明的改革,逐步用电子婚育证明代替纸质婚育证明,不需要流动人口外出时再携带纸质证明。5月,千岛湖镇新北社区、南山社区开展2016年国家流动人口卫生计生动态监测调查工作,调查工作总误差率及排名位列全省第一。5月20日,省卫计委副主任徐润龙到淳安县专题调研流动人口计划生育服务管理工作，对淳安县流动人口工作给予充分肯定和高度评价。12月，千岛湖镇新北社区被杭州市卫计委确定为2016年度流动人口社会融合示范社区。

【计划生育协会工作】 选调一名副局级领导干部任协会专职副会长，通过竞聘上岗，落实局机关协会综合科科长，调整原理事会小组成员，明确了各分组组长、副组长、成员及具体分工。春节和“5·29”协会会员活动日宣传服务月期间，组织开展走访慰问计生特殊家庭、独生子女户、手术并发症、留守老人和儿童等计生困难家庭300户，发放慰问金(品)共计22万余元。在富文乡针对留守老人和儿童共40余人开展“微心愿”活动，发放慰问品共计1.5万元。为全县407户独生子女伤(病)残和死亡家庭792人统一参保了计生特殊家庭综合保险，落实财政资金6.33万元。为全县2.8万户独生子女家庭统一参保意外伤害保险，落实财政资金98万元，参保独生子女年龄从18周岁延长至25周岁。培植县级致富发展帮扶项目4个，落实县财政项目资金10万元。争取市计生协项目12个，其中致富发展帮扶项目7个，大学生创业项目1个，项目资金37万元，青春健康项目2个，补助资金5万元，计生特殊家庭帮扶项目1个，补助资金10万元，流动人口服务项目1个，补助资金5万元。以“关爱流动人口健康”为主题，深入潭塘公路改建工地、杭黄铁路施工现场以及千岛湖饭店、洲际酒店等地开展健康知识讲座12场，培训近1200人次。组织开展青春健康技能、家长培训30场，培训3000余人次。

·爱国卫生·

【“国家卫生镇”创建】 2016年是姜家镇“国家卫生镇”创建考核年，5月3～4日，省爱卫办组织浙江省“国家卫生镇”创建考核专家组对姜家镇国家卫生镇创建工作进行全面检查考核。由海宁市爱卫办副主任、卫生局副局长吴方带队的考核专家组分成综合检查组、病媒生物防制组、镇辖村卫生组等7个小组，深入姜家镇进行全面细致的现场检查，听取了姜家镇关于创建国家卫生镇工作的情况汇报，查阅了姜家镇关于创建国家卫生镇工作的台账资料，并对姜家镇创建“国家卫生镇”进行了群众满意度调查。省考核专家组充分肯定了姜家镇在“国家卫生镇”创建中取得的成效，一致认为，姜家镇党委政府高度重视“国家卫生镇”创建工作，集镇干净、靓丽、有序，工作亮点多、群众满意度高，“国家卫生镇”创建工作成效显著，建议浙江省爱卫会正式上报全国爱卫会予以命名通过。姜家“国家卫生镇”创建的机制、形式得到省市爱卫办的充分肯定和高度评价，并作为“国家卫生镇”创建的先进典型，先后在市爱卫办、省爱卫办举办的全市“国家卫生镇”创建培训会和全省“国家卫生镇”创建现场会上作经验介绍和交流。

【G20峰会病媒生物防制】 3月23日，县爱卫办在千岛湖饭店举办G20峰会病媒生物防制技术培训班，来自全县各乡镇、部门以及社区、农贸市场、星级宾馆饭店、医疗机构的负责人共150多人参加培训。5月24日下午，县爱卫会组织召开淳安县G20峰会保障病媒生物防制工作部署会，就G20峰会期间病媒生物防制和消除蚊媒孳生地及灭蚊专项活动进行专题部署。成立由县卫计局党委书记、局长、县爱卫会副主任邵全胜担任组长，县卫计局党委委员、副局长王红丽担任副组长，成员由县文明办、县直机关党工委、县住建局、县市场监管局、县城管局、县环保局、县旅委、县交通运输局、县发改局、县机关事务局、县教育局、县水利水电局、县农业局、县文广新局、县安监局、县广播电视台、千岛湖传媒中心、县科协、团县委、县妇联、千岛湖镇、千岛湖建设集团、千岛湖旅游集团等部门分管领导组成的G20峰会病媒生物防制保障工作领导小组。研究制定G20峰会病媒生物综合防制保障方案,组建病媒生物防制应急控制保障队伍,并明确各乡镇、各部门G20峰会病媒生物防制职责分工和保障工作时间节点。组织做好全县病媒生物孳生地的摸排清理整治工作,定期开展“四害”密度监测,强化PCO监管,督促消杀公司做好除“四害”消杀工作。12月底,县卫计局被市政府授予“G20杭州峰会爱国卫生保障工作先进集体”称号。

【乡镇“市卫”成果巩固】 2016年,安阳、宋村两个乡接受“市卫”复评。为确保复评顺利通过,县爱卫办多次赴乡镇进行现场督查指导,做好对接工作,帮助查找差距和问题,提出指导意见。6月16日,市爱卫办组织考核组对安阳、宋村2个乡进行考核检查,考核组对两个乡市卫巩固工作高度肯定,安阳乡和宋村乡顺利通过“市卫”复评,考核得分分别为89分和95分。

【农村改水改厕工作】 2016年,淳安要完成农村三格式无害化厕所改建任务1000座。为确保改厕工程质量和进度,淳安县把改水改厕工作列入乡镇精神文明建设考核内容,将农村三格式无害化厕所改建纳入“五水共治”内容之一,做到统一图纸、统一施工、统一验收。继续实施全县农村饮用水水质卫生监测,将农村日供水20吨以上的385座集中式供水厂(站)列入项目监测范围,按照要求完成丰水期、枯水期的水质监测任务。汾口镇红旗村、石林镇茶园村的农村饮用水改水项目,列入市爱卫办的农村饮用水改造项目,12月底,两个农村改水项目顺利通过市爱卫办的现场验收。

【全国爱国卫生月活动】 2016年4月是第28个全国爱国卫生月。4月15日,县爱卫会、团县委、县妇联、千岛湖镇政府、县疾控中心、县卫生监督所、千岛湖镇社区卫生服务中心、杭州欧萨检测技术有限公司等单位在千岛湖广场联合举办以“清洁家园除‘四害’、安全健康保峰会”为主题的第28个爱国卫生月大型宣传活动。活动现场设立集中宣传点,通过宣传展板、发放宣传资料、“四害”防控咨询、健康知识竞答、“健康淳安”微信公众号有奖扫描等形式,向大众普及灭蚊防病相关知识等。据统计,此次活动共发放《市民健康生活读本》《健康教育科普专刊》《喜迎G20美化家园我先行倡议书》等宣传资料5000余份,接受咨询1200余人次。淳安县人大委员会副主任何建法、县政府副县长章传强、县政协副主席徐月焕出席了活动。4月17～31日为全县统一环境整治周,全县开展环境专项治理24000平方米,参加人数6600人次,清除卫生死角465处,清除孳生地540处,清除小型积水1300处,治理脏乱道路4500平方米,清除垃圾1200多吨,在全县掀起爱国卫生运动新高潮。

【第29个世界无烟日活动】 第29个世界无烟日的主题是“拒绝烟草的危害”。5月31日上午,县爱卫办组织县市场监管局、县烟草专卖局、县卫生监督所、县疾病预防控制中心、千岛湖镇社区卫生服务中心等单位,在千岛湖广场联合举办第29个世界无烟日宣传活动。活动当日,县爱卫办、县卫生监督所、县市场监管局、县烟草专卖局等部门联合对千岛湖镇城区大型商场超市、车站码头等公共场所的控烟执行情况进行专项执法检查,未发现销售卷烟、雪茄烟和烟丝等现象。为鼓励更多市民群众参与控烟、宣传控烟,县爱卫办、县预防医学会在“健康淳安”微信公众号平台上开设控烟有奖知识问答活动。据统计，此次活动共发放《无烟峰会、健康杭州》等控烟宣传资料2400余份，接受现场咨询280余人次。

【首届市民健康技能大赛】 7月8日，淳安县举办了以“喜迎G20、健康我先行”为主题的第一届市民健康技能大赛。大赛由淳安县爱卫会、县卫计局、县总工会、县科协等4家单位联合主办，淳安县预防医学会、县疾控中心、县一医院承办，千岛湖镇9个社区和青溪新城，汾口、威坪、临岐、姜家、大墅等中心镇为单位的15支代表队共70余人参赛。大赛主要包括“身心健康大考验”和“健康技能大演练”两个项目。比赛体现竞赛性、趣味性、团结协作性，结合运动技能考验市民的健康知识知晓率，通过模拟生活场景考验市民的基本急救技能。经过激烈的角逐，最终威坪镇荣获团体一等奖，临岐镇、大墅镇获二等奖，千岛湖镇望湖社区、千岛湖镇西园社区获得三等奖，3位“健康运动达人”则由汾口镇代表队获得。

·疾病预防控制·

【疫情概况】 2016年，全县无甲类传染病报告，共报告乙类传染病12种918例，报告发病率271.89/10万，同比下降5.76%，死亡3例，年死亡率0.89/10万(2例肺结核，1例艾滋病)。前五位病种为梅毒、肺结核、淋病、病毒性肝炎、痢疾。报告丙类传染病4种1290例，报告年发病率382.07/10万，同比下降4.93%。

【卫生应急】 全年未发生突发公共卫生事件。共发生聚集性疫情12起，涉及学校幼托机构9起、福利院1起、医疗机构1起、旅游团队1起，均为丙类和其他传染病，累计发病125例，共波及6500人。县疾控中心均及时赴现场调查处置并有效控制疫情。为提升卫生应急人员基本技能水平，5月中旬对所有应急人员集中开展卫生应急基本技能培训，开展了寨卡病毒病疫情应急处置演练和全县传染病信息报告管理知识竞赛。

【疾病监测】 继续在全县医疗机构肠道门诊初诊病人和餐饮行业、公共场所、旅游服务及其他重点行业从业人员中开展霍乱监测，均未检出霍乱和O157:H7阳性病例、带菌者。手足口病采集61份标本检测，肠道病毒总阳性率77.05%，其中EV71占2.13%、CoxA16占42.55%。加强人感染H7N9禽流感外环境监测，为政府防控工作落实提供科学依据。8月，在汾口镇采集鼠肾、蛙肾各100对，鸭血清10份，继续开展钩端螺旋体病现场监测，结果其中1份黑线姬鼠鼠肾样本01群钩端螺旋体阳性，1份鸭血清06群钩端螺旋体抗体阳性。

【结核病防治】 全年共发现登记结核病460例，其中肺结核382例，均予查痰，发现涂阳病人201例，其中新发147例。对肺结核和胸膜炎病人予以免费检查治疗和健康随访管理。2016年，全县非定点医疗机构新报疑似肺结核病人247人，经追踪后转诊到位率97.98%。2016年，共检查涂阳病人密切接触者316人，未发现病人。对县一院、县二院痰检2次室间质控，符合率均达100%。开展痰分枝杆菌培养205例，检出176份阳性标本，发现耐多药肺结核病例15例。继续对全县防保医生和保健医生进行结核病防治管理知识培训。

【艾滋病防治】 全县23个乡镇艾滋病检测点实现了全覆盖，继续开展对外来婚嫁女、监管场所羁押人员、男男性行为人群、暗娼人群、外出返乡人员、外来务工人员、老年男性等7类重点人群以及产前术前病人艾滋病筛查和艾滋病自愿咨询检测，累计检测53623人次。全年医疗机构新报告HIV感染者均进行了阳性告知和流调，并对其配偶进行了告知和检测。规范开展免费抗病毒治疗、随访、CD4数量和病毒载量检测。落实“四免一关怀”制度，协助9户艾滋病病人、感染者家庭申请低保并开展上门慰问和关怀工作。继续在公共场所推广安全套和宣传资料放置工作，共干预人数5236人次，检测3414人次，发放宣传资料7670份，发放安全套7900个。对全县公共场所和娱乐场所业主开展了一次艾滋病防治知识培训，与县教育局联合举办了一次学校预防艾滋病健康教育师资培训。

【免疫规划】 全县预防接种门诊按规范开展预防接种工作，2016年常住儿童免疫规划疫苗接种率调查适龄儿童1260名，乙肝疫苗、卡介苗、脊髓灰质炎疫苗、百白破疫苗、麻苗(麻风或麻腮疫苗)、流脑疫苗、乙脑疫苗、麻腮风疫苗、甲肝疫苗、白破疫苗，“五苗”全程合格接种率99.52%，流脑和乙脑疫苗12月龄内完成接种率分别为99.05%、98.57%。开展春节期间儿童免疫规划“九苗”查漏补种，完成接种3655人次。全年报告麻疹1例，为外地感染病例到淳安后发病。继续巩固规范化预防接种门诊建设成果，围绕预防接种单位设置和人员配置、适龄儿童预防接种管理、预防接种告知和宣传行为规范、入托、入学儿童预防接种证查验工作、疫苗和冷链管理规范、脊髓灰质炎和麻疹防控工作、疑似预防接种异常反应监测处置等方面开展全县所有接种门诊督导检查。5月1日起，全国实施新的脊髓灰质炎疫苗免疫策略，淳安县迅速开展脊灰疫苗转换工作，按时完成了全部23家接种门诊的旧疫苗回收、新疫苗配送、督导、工作人员培训、疫苗封存销毁等工作。

【慢性病防治及死因统计】 2016年，全县共报告死亡总数为3136人，其中男性1774人，女性1359人。2016年总粗死亡率681.68/10万，其中男性762.03/10万，女性599.08/10万，平均期望寿命80.74岁，其中男78.67岁，女83.02岁。前5位死因死亡顺位依次为恶性肿瘤、心血管、脑血管、损伤与中毒、呼吸系统疾病。

全年报告糖尿病752例、恶性肿瘤1267例、冠心病急性事件255例、脑卒中急性事件1445例。落实社区责任医师对高血压、糖尿病、肿瘤、脑卒中、冠心病等重点慢性病病人随访管理工作。10月，在全市率先规范实施新的医学死亡推断书政策。

【地方病和寄生虫病防治】 开展碘盐监测和碘缺乏病查病工作，抽检加工、批发企业食盐54份，盐碘全部合格。抽检居民(农户)家庭食盐300份，对300名8～10岁学生开展甲状腺触诊检查，Ⅰ度肿大率为3.00%，同时对其进行尿碘监测。开展学生、妇女、孕妇碘盐知识问卷基线调查并进行宣教。4月7～8日，首次在开化县举办领导干部查螺日暨联合查螺比赛。在汾口镇开展春季查螺活动，共投工42人，共查面积16005平方米，人均查螺面积381平方米。2月7日，报告一例刚果(布)返乡的输入性“间日疟”病例，完成抗疟疾药物正规治疗后又继续出国务工。继续在全县医疗机构开展“三热”病人血检，查出阳性1例。完成甲状腺癌危险因素调查。开展了全国第四次钉螺调查。启动慢病漏报和危险因素调查、双生子调查项目。

【健康教育与健康促进】 积极开展世界防治结核病日、预防接种日、碘缺乏病日、全国学生营养日、世界无烟日、世界肝炎日、全民健康生活方式日、世界精神卫生日、全国高血压日、糖尿病日、肿瘤宣传周、艾滋病日等主题宣传活动。开展健康单位创建指导工作，2016年共培育杭千高速千岛湖站一家世界卫生组织健康单位。开展各类健康素养的调查工作，完成浙江省重点传染病素养调查项目，启动并开展浙江省居民健康素养和烟草监测项目、淳安县居民健康素养监测项目。

【检验检测和实验室管理】 2016年，顺利通过检验检测机构资质认定复评审工作，并借此契机完成了15个检测项目的扩项。通过资质认定的检测项目（参数）共265项（其中食品82项，非食品183项），涵盖食品、食品中农药残留、食（饮）具、公共场所与室内环境、工作场所、生活饮用水、消毒质量监测、一次性医疗/卫生用品、病原微生物等类别。

【疾病控制应用研究】 开展鼻喷流感减毒活疫苗3期临床研究项目，为浙江省疫苗研究领域最大项目，淳安县成为浙江省疫苗研究工作站。

·卫生监督·

【基本概况】 2016年，全县有各类监管对象1400户。全年受理办结审批办件827件，查处投诉举报5件，答复信访2件，行政处罚80件，处罚金额共计70053元。全年抽检产品、非产品493件，合格率93.91%（463/493）。全年未发生行政复议和行政诉讼案件，也未发生公共场所、生活饮用水污染等突发公共卫生事件。

【法治工作】 2016年，共查办各类行政处罚案件80件，处罚金额共计70053元。其中一般程序34件，罚没款69053元（公共场所类处罚案件27件，罚没款38303元，医疗类处罚6件，罚没款20750元，餐饮具处罚1件，罚没款10000元），简易程序46件，罚没款1000元（公共场所类处罚案件27件，罚没款1000元，医疗类处罚17件，餐饮具处罚1件，职业卫生处罚1件），适用听证程序2件，自觉履行74件，全年未发生行政复议及行政诉讼案件。2016年，共受理投诉举报5起，其中公共场所卫生4件、餐饮具卫生1件，查处投诉举报5件，答复信访2件。依据投诉举报线索立案处罚3起，均已送达处罚决定书，罚没款共11000元。2016年，在全市G20峰会传染病防控和生物安全应急演练大比武中，淳安县获得团体二等奖和个人三等奖。项志强获G20峰会卫生监督保障成员传染病防治业务技能比赛个人三等奖。获全市卫生计生行政许可优秀案卷奖等荣誉称号。

【窗口建设】 2016年，共8个月获得“五星窗口”荣誉称号，获得季度明星2人次。许可办件创下新高，公共场所卫生许可证发证量较上一年增长1.4倍，全年共受理办结各类案件732件。其中放射诊疗建设项目竣工验收8件，公共场所卫生行政许可596件，设置医疗机构审批11件，医疗机构执业许可10件，母婴保健专项技术服务许可5件，母婴保健专项技术服务许可（人员许可）102件。全年无举行听证许可案件，无被依法认定为错案的许可案件，无行政复议及行政诉讼案件。

【队伍建设】 以开展“三比三提升”活动为平台，全面提升卫生监督执法能力、服务能力和业务能力，获得2016年全国卫计综合监督行政执法微课大赛二等奖，被评为市级卫生单位，获全市G20峰会传染病防控和生物安全应急演练大比武团体二等奖和个人三等奖、G20峰会卫生监督保障成员传染病防治业务技能比赛个人三等奖、全市卫生计生行政许可优秀案卷奖，获市卫监所“我为峰会作贡献”微信创作大赛二、三等奖。县卫生监督所余阿鹏、胡朝霞等人获得淳安县“百佳干部”“十佳政协委员”“最美淳安人”等荣誉称号。开展卫生监督协管技能竞赛活动，全县23家协管单位25名协管员参加竞赛，通过理论测试、执法装备配备等综合比武，充分检验了卫生监督协管队伍的综合素质和业务能力。淳安县卫生监督所是全市唯一一家开展此项工作的县级单位。全县12家单位通过省卫生监督协管示范单位创建，12月初，淳安县代表杭州市接受省卫计委“协管示范单位回头看”考核，高分通过考核。

【环境卫生监督】 2016年，淳安县有各类公共场所近千家，其中新增公共场所近500家(大部分为民宿民居)。在乡镇卫生监督协管员的大力协助下，公共场所监督覆盖率达到100%，结合日常监督工作，开展量化分级管理和公共场所卫生监督监测工作，全年对包括游泳场所在内的公共场所监督采样181件，合格率95.6%，对存在问题的公共场所除责令限期整改外，还对存在严重卫生违法行为的33家单位予以立案调查，实际处罚23家，处罚款19695元。加强公共场所卫生管理，努力推动住宿场所“五常法”管理和杯饮具消毒间规范化管理。强化卫生管理宣传培训，2016年培训约120余人次，发放《公共场所卫生管理员工作手册》。积极开展《杭州市公共场所控制吸烟条例》实施六周年宣传日活动和"5·31“世界无烟日主题活动，对文化娱乐场所、住宿场所及车站等公共场所110余家开展控烟普法宣传和监督检查，对违反法律规定的行为及逾期不改正的行为依法严肃查处，责令整改59家，处罚违反公共场所控烟管理案件12起。

【生活饮用水卫生监督】 淳安县持有有效卫生许可证的集中式供水单位4家(1家市政水厂、3家乡镇水厂)、二次供水单位12家(5家酒店、6家高层住宅、1所学校)、自建供水设施酒店4家。根据省、市年度计划任务和量化分级要求，2016年，对4家水厂开展生活饮用水卫生监督检查共12家次，监督覆盖率100%。检查二次供水单位24家次，监督覆盖率100%。检查自建供水设施单位7家次，监督覆盖率100%。对未取得卫生许可证的4家乡镇水厂，在2016年年初、由县政府组织召开了协调会议，指出存在问题，提出卫生规范要求，并结合日常监督检查进行了现场检查指导。对3家取得卫生许可证并供水一年以上且日供水大于1000吨的集中式供水单位进行了量化分级评定工作，量化分级率100%。全年共采样检测水源水4份、出厂水4份、管网末梢水16份、二次供水12份、酒店自备水4份，共计40份，对其中检测不合格的1家自建设施供水酒店进行了约谈和督促整改；选择3个社区的居民用水(龙头水)进行每季一次现场快速检测，共45份，检测结果在政府网站和社区进行公示。

【学校卫生监督】 在春、秋季开学及中高考期间，对辖区78所学校(包括普高4所，职高2所，初中19所，小学53所)进行卫生监督专项检查，内容涵盖学校教学环境卫生、饮用水卫生、传染病和常见病防治措施等各个方面。对30所学校开展了教学环境监测，综合评价10所。淳安县仍有13家偏远山区学校采用分散式供水，因水源保护措施不力、水处理工艺简陋、消毒设施落后及管水人员消毒操作不规范，经监督抽检17份，合格率仅为23.52%。8月初，该所联合县教育局召开分散式供水学校饮用水管理工作会议，针对水源保护、制水工艺的改造、蓄水池清洗消毒及日常水质消毒管理等方面进行了深入的讲解，提出了整改要求。

【餐具及消毒产品卫生监督】 每季对3家餐

具企业开展常规检查，在节假日期间开展突击检查，2016年共对2家企业进行了行政处罚。每季对消毒企业的碗、杯、筷子、茶盅、勺等餐具进行抽检，2016年抽检90份，合格率100%。8月18日，开展“你点我检”活动，邀请县人大政协代表参与餐具检测，对2家企业生产全过程进行了视察，并由县人大代表抽取了送检的样品进行检验。2016年，在淳安县君子兰餐具保洁消毒服务部试点推进“五常法”管理法，规范企业日常生产加工过程。在2家正常生产的企业实施远程监控管理工作，在餐饮具集中消毒的清洗、消毒、包装、质检等重点环节安装电子监控，各级卫生监督部门可通过互联网进行远程观看。对3家单位负责人和质量管理员开展新的《中华人民共和国食品安全法》相关知识培训，重点对餐具生产经营的新的法律要求作了讲解，提高法制意识。

【医疗与传染病卫生监督】　对历史遗留非法行医重拳出击，2016年是“打非”力度最大、成效最显著的一年，采取堵疏结合、取缔与规范办证（聘请有资质人员）相结合的方式，对历史遗留5家无证口腔诊所全部作出查处。3家口腔诊所通过变通的方式取得执业许可证合法经营，2家办不了证的诊所已停止诊疗活动。

【职业放射卫生监督】　全县17家放射诊疗单位全部实行信息公示工作。在机房门口统一张贴二维码公示牌，就诊者通过扫描二维码可以全面了解放射诊疗许可办理、放射机器设备检测和机房防护、放射人员信息、卫生执法检查结果等信息，既让群众有知情权，也让群众共同参与对医疗机构放射卫生的监督管理。同时开展职业健康检查机构重点监督检查、疑似职业病报告专项检查及职业病防治情况分析、完成放射工作人员放射防护知识培训等活动。

【卫生保障工作】　2016年全县，未发生突发公共卫生事件。

·妇幼保健·

【免费婚检】　2016年，全县共登记结婚6322人，婚前检查5792人，婚检率91.62%，查出疾病1485人，疾病检出率25.64%，查出指定传染病30例。

【妇保指标】　孕产妇死亡率“0”，围产儿死亡24人，死亡率5.53‰，与上年相比上升1.67‰。产妇总数4487人，活产数4523人，其中双胎55人，死胎死产19人，早期新生儿死亡5人，产前检查4477人，产检率98.98%，早孕建卡4264人，早孕建卡率94.27%，孕产妇系统管理4245人，系管率93.85%，较上年下降3.13%。产后访视4456人，产后访视率98.52%。住院接生4523人，住院接生率100%。孕妇中重度贫血人数39人，中重度贫血发生率0.87%，比上年下降0.06%。高危孕产妇管理2674人，住院分娩率100%。孕妇县级水平高危筛选4363人，筛选率97.24%，艾滋病、梅毒、乙肝检测率均为100%，无艾滋病感染孕产妇，梅毒产妇9例，乙肝表面抗原阳性163人。出生低体重儿237人，发生率5.24%，与上年相比上升0.81%。流动人口管理中（分娩单位），浙江省外流进活产269人，无孕产妇死亡和5岁以下儿童死亡，流入产妇建卡75人（服务人口），回卡60人，系统管理54人，系管率90.00%。出生缺陷（辖区医院）34例，出生缺陷发生率10.94‰，与上年相比上升0.09‰，与上年相比上升0.09‰，≥孕28周行治疗性引产7例，<孕28周治疗性引产14例（不计出生缺陷率）。出生缺陷（户籍人口）40例，出生缺陷发生率8.81‰，与上年相

比上升0.61‰,≥孕28周行治疗性引产7例,<孕28周治疗性引产14例(不计出生缺陷率),有效降低出生缺陷的发生。孕产妇产前筛查4251人,筛查率94.74%,较上年提高1.76%,产前筛查随访率100%。其中高风险236人,转诊236人,羊水穿刺81例,无创DNA检测101人,确诊异常医学终止妊娠6例,孕28周前终止妊娠19例,低风险异常行医学终止妊娠18例。20~64岁妇女110650人,妇女病健康促进检查44270人,普查率40.00%,查出疾病9683人,疾病检出率21.87%,尖锐湿疣2例,宫颈癌5例,乳腺癌2例,卵巢癌1例。危重孕产妇抢救25例,其中产科并发症23例、产科合并症2例,全部抢救成功。产科单位剖宫产率42.75%,与上年相比上升0.43%,巨大儿发生率4.39%。出生医学证明2016年出生发证率97.93%,较上年下降0.38%;废证率0.16%,与上年相比下降0.11%。

【儿保指标】 5岁以下儿童死亡23人,死亡率5.09‰,婴儿死亡15人,死亡率3.32‰;新生儿死亡7人,死亡率1.55‰。0~6岁儿童23465人,保健覆盖率96.17%。3岁以下儿童标准系统管理率94.35%,2016年系管率95.92%。新生儿疾病筛查3084人,筛查率99.58%,可疑异常95人,召回95人,召回率100%,确诊异常儿童13例。产科听力筛查3092人,听力筛查率99.84%,确诊异常2例。

【孕产妇管理】 坚持每年两次对全县危重孕产妇、围产儿死亡和5岁以下儿童死亡评审,总结抢救经验,制定有效干预措施。县妇保院于1月29日适时开办再生育咨询门诊,评估育龄妇女孕前身体状况,达到优生目的。开设"产前诊断咨询"和"孕期营养"门诊,降低出生缺陷发生率,2016年巨大儿发生率比上年有所下降。2016年11月2~3日,淳安县迎接国家专家组对出生医学证明管理工作的专项督导考核,专家组充分肯定在此项工作上所取得的成绩。9月30日成功举办2016年度全县妇幼保健技能竞赛,进一步规范全县妇幼健康服务行为,提升妇幼保健工作服务质量和技术水平。6月26日和30日分批举办全县基层高危孕产妇保健管理市级继续医学教育培训班,对全县从事围产保健的医务人员进行系统培训,同时进行了母婴保健知识理论测试,对全县从事母婴保健的医务人员进行了换证,做到母婴保健服务执证上岗、优质服务。在2015年12月排出全县23个乡镇普查安排表,确定具体筛查日期,提前完成23个乡镇的筛查任务。按照年初考核督导计划,定期(至少每季1次)开展基层卫生院妇儿保工作考核。县级4家产科单位均将新筛信息录入杭州市产时信息系统,与产时信息对接,确保信息准确性、完整性。2016年,新生儿疾病筛查可疑异常95人,确诊异常13人。新生儿听力筛查初筛可疑162人,确诊异常2例。 (赵红香)

(编辑 程志英)

社会

·人力资源和社会保障·

【概况】 淳安县人力资源和社会保障局内设办公室、政策法规科、计划财务科、公务员管理科、就业培训科、人才开发科、工资福利科、社会保障科、劳动关系科 9 个科室。局属单位含社会保险服务中心、就业管理服务处、人才市场管理办公室、人才市场、劳动和社会保障监察大队、劳动仲裁院、市民卡服务中心、企业退休人员管理服务中心 8 个单位。

【就业服务管理】 2016 年,城镇新增就业人数 2986 人,失业人员再就业 2109 人,其中就业困难人员再就业 574 人,分别完成全年目标任务的 101.22%、118.88% 和 153.89%,城镇登记失业率稳控在 2.63%。共为 113 家企业 306 名城镇就业困难人员发放用工和社保补贴 112.01 万元,为符合条件的 2457 名就业困难人员落实灵活就业补贴 452.52 万元。

【人才交流会】 成功举办 2016 淳安"重民生、谋发展"促进就业创业交流大会,县内岗位需求数量比上年度增加 58.7%,达成就业再就业意向 2626 人次。《人民日报》报道了正月初九招聘会盛况,正月初九成为淳安人民心目中的"就业赶集日"。积极推进城乡统筹就业,先后组织"谋城乡发展、促充分就业"的乡镇系列招聘会、"留守妇女增收入"的来料加工招聘会及社区招聘会,首次举办村级专场招聘会,全年组织乡镇层面招聘会 16 场。首届校园招聘会成功举办,有 114 名学生与企业达成实习意向,占实习总人数的 26.6%。高校毕业生人才交流大会圆满完成,达成就业意向人数同比增长超过 50%。圆满完成县高校毕业生人才交流大会,达成初步就业意向 541 人,同比增长 50%。

【创业培训及服务】 率先在杭州市县(市、区)出台就业创业新政,新政在平台建设、支持农村电子商务创业及创业担保贷款贷前风险控制等三个方面特色亮点明显,其中创业担保贷款贷前风险控制机制为杭州地区首创。历时 8 个多月,完成大学生创业园各项建设。9 月开园启用,经评审的两批 32 个优秀淳安籍大学生创业项目入园创业,并成功创建为淳安县首个市级大学生创业园。成功承办 2016 年"沃土杯"杭州市大学生网络创业大赛(旅游休闲专场),淳安县推荐的创业项目"驴营地"和"千岛湖拾得·水石间民宿"分获大赛二、三等奖。组队参加 2016 年"奇思妙想浙江行"创业大赛杭州选拔赛,荣获优胜奖和组织奖,创业团队活力不断激发。

【高校毕业生就业服务】 全年共引进高校毕业生 300 人,其中紧缺急需专业人才 38 人、硕士研究生 28 人。

【外国专家项目引进】 新推介 2 个项目(希尔顿酒店的提升国际化管理水平、明昊农业的汾口韩国精品奇异果示范园)成功入选市 115,争取资助资金 20 万元。

【高层次专业技术人才培养】 推荐县文化馆潘咏霞和杭州千岛湖啤酒有限公司郭泽峰申报省"151"人才培养工程第二层次人选;推荐 29 人申报市"131"人才培养工程。完成继续教育培训班5个。

【人才公共服务】 牵头出台“1+8”人才新政，在人才住房保障、高层次人才服务保障等方面增加引育留才的筹码。狠抓各类高端项目和平台建设，创新成立全市首个人才引进中打破企事业身份壁垒的高层次人才工作驿站。实施体现县委、县政府于细微处尊重人才理念的人才绿卡服务制度并颁发淳安县第一张高层次人才“绿卡”。开发启用方便人才和用人单位申报享受各类人才政策的网上申报系统。

【流动人员档案管理】 完成高校毕业生档案接收、转出、开具证明等工作，共接收毕业生人事档案1709卷。

【公务员队伍建设】 全县公务员2764人，其中县级机关2074人(含参公552人)、乡镇机关690人。完成2015年度考核工作，其中公务员2165人、参照公务员法管理事业单位548人、事业单位7448人。对42名获三等功和449名年度考核优秀公务员进行奖励。

【招考工作】 2016年，共招考录用公务员142名，其中乡镇机关工作人员39名、县直机关部门103名。招录事业单位357人，其中县教育局下属农村中小学招录教师166人、县卫生局下属事业招录86人、乡镇及其他县属事业单位105人。完成2016年度大学生村官招录29人及分配工作。

【军转干部安置】 全年完成1名军队转业干部安置工作。

【机关事业单位工资福利】 圆满完成两次全县面上的基本工资调标和津补贴托低为内容的工资调整工作，涉及2.7万人次，人均增加1500元/月。建立激励先进、关心干部的优秀公务员疗休养制度，全县110余名优秀公务员赴四川、云南等地疗养，满意率达100%。出台并实施乡镇工作补贴、驻村干部经济补助、干部住夜值班补贴3项补贴政策。

【干部职工退休】 全年共办理2224人的退休手续，其中机关公务员81人，事业人员177人，企业职工1966人。

【技能人才队伍建设】 扎实开展“服务G20·技能让我更精彩”职业技能竞赛年活动，共组织10场，带动岗位练兵6216人次。完成职业技能培训122期5683人次，培养高技能人才660人，涉及工种34个，为历年之最。新增技能大师工作室省级1家(章晓红高频焊管工)、市级1家(叶志清淡水捕捞)、县级2家(章霞物流师、宋建仁中式烹调师)，县级以上技能大师工作室达6家。

【五费合征】 2016年，全县职工基本养老保险参保人数为80244人，比2015年年底增加3508人，被征地保障累计参保4877人，城镇社会保障17人。职工基本医疗保险参保人数为97313人，比2015年年底增加3824人。工伤保险参保人数为88375人，比2015年年底增加1372人；建筑工伤参保220家，折合工伤参保人数10582人。生育保险参保人数为46242人，比2015年年底增加1720人。失业保险参保人数为48835人，比2015年年底增加3046人。办理跨省养老转出160人，转出金额224.83万元；办理跨省养老转入101人，转入金额210.15万元；办理省内养老转出926人，转出金额631.28万元；办理省内养老转入1353人，转入金额1564.38万元；办理医疗转移874人，转移金额45.27万元。

【两费收缴】 截止2016年年底，办理城乡居民基本养老保险动态参保4126人，全县城乡居民养老保险参保率达96.5%。

【城乡居民医保门诊报销】 城乡居民医保门诊报销比例由40%提高到50%，受益人员达73.6万人次，享受金额266.1万元。

【低保家庭成员住院救助】 低保家庭成员住院救助比例由50%提到70%，受益人员达14万人次，享受金额2171.36万元。

【大病医疗保险】 将15种药品纳入到大病保险基金支付范畴，全年共有114人次享受金额178.17万元。将戈谢病等3类罕见病种纳入医疗保障体系。

【城乡居民基本养老保险政策】 城乡居民基本养老保险基础养老金从130元提高至150元，惠及8万人。

【机关事业单位养老保险制度改革】 稳步推进机关事业单位养老保险制度改革，分4批对全县机关事业单位进行培训和数据采集，10月底，将270家机关事业单位15018人纳入机关事业养老保险新系统结算，改革进程走在省、市前列。

【工伤保险体系改革】 探索预防、补偿、康复“三位一体”工伤保险体系改革，通过工伤浮动费率、安全生产宣传等措施，从制度上堵住用人单位在工伤预防方面的漏洞。完善单独工伤保险政策，将单独工伤保险参保人员纳入到五险参保范围。

【政保合作】 探索引入商保机构参与医保经办监管，推行“政保合作”改革，杜绝基金“跑、冒、滴、漏”。

【被征地农民社会保障】 扎实推进失地农民社会保障工作，及时督促相关乡镇摸清2016年度本乡镇被征地情况，全年被征地领导小组核定3个乡镇965名被征地农民指标，并完成2015年4个乡镇4650名被征地农民的参保手续工作。

【基金监管】 调整2017年城乡居民基本医疗保险筹资标准，个人部分从200元提高到300元，总的筹资标准由原先的1000元提高至1100元。在杭州市率先实行定点医药机构协议管理，全县335家医药机构纳入协议管理，获省、市高度肯定。全年新纳入医药服务单位29家，基本满足所有参保人员“10分钟就医圈”的医疗需求。首次启用医保智能审核系统，对所有定点医药机构结算数据全部通过智能审核，共审核出违规单据106万条，扣除违规费用121.5万元。成立基金稽核科，稽核社保业务资料3574份，发现整改问题20余项，完成整改14项，进一步强化基金安全。

【“12333”咨询服务】 强化“12333”咨询服务平台建设，全年共接听来电咨询35550个，其中人工服务量达15850个，接听率达94.15%。

【企退人员管理服务】 完成企退人员第12次增资，人均增资169元，惠及1.7万人。

【双爱活动】 在淳安电视台和《今日千岛湖》上推出“同心谋发展、‘双爱’促和谐”系列报道，重点宣传了鱼味馆等10家企业“企业关爱职工，职工热爱企业”的典型做法。落实劳动合同制度，大力推进工资集体协商、行业性集体协商，健全企业职工工资正常增长机制。稳妥推进特殊工时审批制度，按要求圆满完成企业薪酬试调查工作。浙江先芯科技有限公司被评为杭州市工资集体协商示范单位，杭州清正生物科技股份有限公司被评为2015年度省级和谐劳动关系暨双爱先进企业。

【劳动监察执法】 强化“属地行业”原则，通过健全用工规范机制、出台防欠薪考核办法等措施进一步提高维权响应能力和劳资处置能力。开展日常巡查和劳动用工执法专项检查，其中日常巡查企业1185家，专项检查用人单位1554家。全年共受理举报投诉案件191件，同比增长17.2%，结案率100%，工资清欠率达98.3%，专项行动获国家部委表彰。县劳动监察大队春雷专项行动获国家人社部、国家工商总局表彰，成为杭州地区唯一一家受到通报表彰的劳动保障监察机构。

【劳动人事争议仲裁调处】 首次在千岛湖镇开展“三位一体，一站式服务”劳动关系和谐平台建设。通过将千岛湖镇“监察中队、劳动争议调解委员会、劳动保障站”三大劳动纠纷调处职能融入一个统一平台，并与综治、司法、工会等部门职能科室合署办公，形成开放式劳动纠纷化解网络。2016年共受理劳动者咨询194件，涉及70家用人单位和238名劳动者，调解纠纷120件，为劳动者挽回经济损失68万元。在全市率先开展人事争议调解组织建设。在重点企业中推行调解组织规范化试点建设，淳安长运发展有限公司获省级“劳动争议预防调解示范单位”荣誉称号。仲裁院实体化建设取得实质性进展，被确定为全省首批15家示范仲裁庭之一。劳动人事争议案发率低于0.5%，规模以上企业劳动争议调解组织组建率达100%，劳动人事争议案件结案率96%。

（王春莲）

·民　政·

【概况】 2016年的淳安民政工作，在县委、县政府的正确领导和上级民政部门的有力指导下，以“两学一做”学习教育为抓手，加快养老服务、救灾救济、双拥优抚安置、基层社会治理、专项事务管理等五大体系建设，助推民政各项事业取得新成效。先后获得杭州市民政工作目标考核良好单位、杭州市老龄工作优秀单位、杭州市市级“平安示范单位”、县级机关绩效评价单位综合考评优胜（满意）单位等荣誉。

【养老机构建设及服务补助】 全年完成2家乡敬老院建设和4家敬老院提升改造，下拨改造补助金1000余万元，依法、按程序开展了6家乡镇敬老院和2家民办机构的设立许可工作，新增床位300张，其中公办98张、民办202张，增加护理型床位214张。共建成“五位一体”功能的照料中心160家，实现正常运营105家，共发放建设补助750万元、运营补助410万元。县综合社会福利院完成阳光厨房建设。“逸和源·千岛湖康养中心”一期项目按规范投入试运营。1月21日，下发淳财社〔2016〕43号文件，下拨里商乡养老服务中心（敬老院）建设补助资金10万元。2月1日，下发淳财社〔2016〕135号文件，下拨石林镇敬老院消防改造资金10万元。5月10日，下发淳财社〔2016〕271号文件，下拨里商乡养老服务中心（敬老院）建设补助资金95.37万元；下发淳财社〔2016〕272号文件，下拨乡镇敬老院消防设施整改补助资金371.28万元。7月12日，县民政局、县财政局联合制定《淳安县居家养老服务照料中心运营补助办法（试行）》，对全县符合条件的城乡社区居家养老服务照料中心，按照所在村（社区）老年人数每年给予资金补助，其中120人以下补助3万元，300人以上补助5万元，其他补助4万元。7月29日，下发《关于组织开展居家养老服务照料中心等级评定的通知》（淳民〔2016〕41号），发动178家居家养老服务照料中心参与等级评定，其中138

家达到“三星级”建设标准。9月18日，县财政局、县民政局联合下发淳财社〔2016〕511号文件，下拨千岛湖镇敬老院改造工程补助资金33万元。12月19日，县财政局、县民政局联合下发淳财社〔2016〕780号文件，下拨乡镇敬老院管理经费57.2万元，经费按供养人员每人每年1000元标准补助。12月20日，县财政局、县民政局联合下发淳财社〔2016〕811号文件，下拨第一批居家养老服务照料中心建设补助资金623万元，补助照料中心136家。12月20日，县财政局、县民政局联合下发淳财社〔2016〕812号文件，下拨第一批居家养老服务照料中心运营补助资金363万元，补助照料中心89家。

【县政协视察养老服务体系建设工作】 11月10日，县政协主席会议成员视察淳安县养老服务体系建设情况，县政协主席刘小松，副主席王晓林、徐月焕、占志明、胡敏等参加视察，副县长章传强陪同视察。

【养老机构消防安全整治】 指导养老机构按“一院一策”要求实施消防整治，先后争取1600万元政府投资项目资金用于整治，至2016年9月底，提前完成了24家养老机构消防验收许可，是全市完成整治数量最多，且唯一没有因整治不到位而关停养老机构的区县。

【政府购买居家养老服务】 全年为5588位空巢、独居、高龄、孤寡等困难老人提供月均60元的居家服务，下拨政府购买经费375万余元。6月21日，下发淳财社〔2016〕332号文件，下拨2016年1～6月政府购买居家养老服务经费1829250元。11月28日，下发《关于做好政府购买居家养老服务问题整改和对象调整工作的通知》（淳民〔2016〕58号），初步构建养老服务对象动态调整机制。

【老龄工作】 全年投入190万元为全县9.5万名老人购买意外伤害保险，并通过乡镇主动配套、居民自主增投等方式，共购买保险23万余份、支付保费460.55万元，全年理赔1446件，赔付金额424.02万元。成功创建市级“敬老文明号”9家、省级“敬老文明号”1家，评选出县级十佳孝星10人、市级十佳孝星2人。新建乡镇级老年书画队2支、老年太极拳队6支，举办基层老年书画展、摄影讲座、表演赛等8场，赴乡镇开展老年体育轮训15次。全县老年协会实现村（社区）全覆盖，老年电大入学率达10.29%，同比提高2个百分点。9月30日，县民政局、汾口镇政府、县康民综合服务中心携手，在汾口镇举行“淳安县农村留守老人关爱和陪护技能提升”公益活动启动仪式。10月9日，淳安县举行全国第四个老年节庆祝活动，命名表彰“敬老文明号”创建单位和“十佳孝亲敬老之星”，县委副书记、常务副县长董毓民参加会议。10月9日，县委书记朱党其看望慰问了百岁老人，向他们致以节日的问候，并送去慰问金和“颐养天年”牌匾。

【养老工作机制创新】 4月26日，县民政局印发《关于通过第三方开展养老服务需求评估及养老服务满意度测评的通知》（淳民〔2016〕22号），引入第三方专业机构完成养老服务需求评估和满意度测评。共指导5家乡镇敬老院推行“公建民营”模式，2家已正式实施。红枫颐养院成功实施微型养老模式，建筑面积620平方米，核定床位22张。以“民办公助”形式开展集平台建设、终端提供和落地服务为一体的智慧养老试点，覆盖姜家和中洲2个镇，43个村，并延伸到千岛湖镇部分社区，服务对象超过1100人，其中政府购买对象500余人。

【护理员（助老员）培训】 安排4人参加全市

养老护理员职业技能比武，获得二等奖1人、三等奖3人。11月18日，举办首届县级养老护理员技能大赛，15支代表队、50余名护理员参加，共有7人获得高级职业资格、21人获得中级职业资格，新增高级证5人、中级14人。会同人社局和蓝天职业学校，举办3期养老护理员职业技能培训，经考核，131人取得初级养老护理员职业资格证书，61人取得中级资格证书。联合县委宣传部，以中心村、人口大村为重点，分时分片开展“养老护理知识技能进农村文化礼堂”活动15场，辅导培训村级助老员和家庭护理员1880人。

【保障“五保”供养对象基本生活】 1月25日，下发《关于下拨敬老院五保供养对象和管理人员及机构慰问金的通知》(淳民〔2016〕5号)，向20家敬老院以及县福利院五保老人、工作人员发放慰问金共计38.65万元。3月7日，下发淳财社〔2016〕184号文件，下拨1～6月农村“五保”供养对象最低生活保障资金209.64万元，保障581户596名“五保”对象的基本生活。7月18日，下发淳财社〔2016〕383号文件，下拨2016年第一季度农村“五保”供养对象基本生活价格补贴53311元。7月29日，下发淳财社〔2016〕402号文件，下拨7～12月农村“五保”供养对象最低生活保障资金208.98万元。12月19日，县财政局、县民政局联合下发淳财社〔2016〕781号文件，下拨2016年农村“五保”和城镇“三无”集中供养对象生活补助经费68.8498万元，补助标准为在院集中供养对象每人1000元。

【困境儿童分类保障】 4月20日，县民政局、县教育局、县公安局联合下发《关于全面开展农村留守儿童排查及信息录入工作的通知》(淳民〔2016〕16号)，全面开展农村留守儿童排查及信息录入工作。严格开展孤儿及困境儿童的认定和资金社会化发放工作，按每人每月1090元、654元的标准分别为福利院、社会散居孤儿发放补助，累计发放补助资金53.4万元。10月14日，县残联、财政、民政、教育、人社、卫计、市场监管局联合下发《关于印发淳安县残疾儿童基本康复服务与补贴制度实施办法》(淳财社〔2016〕37号)。

【低保残保】 全年新增低保、残保对象2398人，发放低保金5869.32万元、残保金697.32万元，截至12月底，全县低保、残保对象达18885人，低保占比达3.88%。5月26日，下发《关于认真做好城乡低保和残保对象续保工作的通知》(淳民〔2016〕31号)。7月18日，下发淳财社〔2016〕381、382、383、384号文件，下拨2016年第一季度困难群众基本生活价格补贴163.65万元，共惠及各类对象18067人。其中，城乡低保对象9430户15394人共计发放137.63万元；残保对象1134人，发放10.26万元；农村“五保”对象599人，发放5.33万元；重点优抚对象940人，发放10.43万元。9月13日，下发淳财社〔2016〕505号文件，下拨2016年第二季度困难群众基本生活价格补贴55.826万元，共惠及各类对象18271人。其中，城乡低保对象9504户15513人，共计发放46.922万元；残保对象1168人，发放3.56万元；农村“五保”对象599人，发放1.78万元；重点优抚对象925人，发放3.32万元；孤儿和困境儿童66人，发放2442元。10月17日，下发《关于调整城乡居民最低生活保障标准的通知》(淳民〔2016〕50号)，城镇居民低保标准由每人每月600元调整为660元，农村居民低保标准由每人每月480元调整为594元，确定农村“五保”和县综合社会福利院“三无”对象的生活标准每人每月800元。12月2日，县财政、县残联、县民政联合下发淳财社〔2016〕710号文件，下拨2016年度第一批困难残疾人生活补贴12380868元，补助符合条件对象8772

名。12月12日，县财政、县残联、县民政联合下发淳财社〔2016〕711号文件，下拨2016年度重度残疾人护理补贴17437675元，补助符合条件对象5947名。12月13日，县财政、县残联、县民政联合下发淳财社〔2016〕750号文件，下拨2016年度第二批困难残疾人生活补贴2083179元，补助符合条件对象1552名。

【救灾防灾减灾】 全年共新建避灾场所32个，成功创建全国综合减灾示范社区1个、省级综合减灾示范社区2个。1月20日，下发《关于切实做好强寒潮和雨雪冰冻极端天气应对工作的紧急通知》（淳民〔2016〕2号），要求积极应对强寒潮和雨雪冰冻极端天气。3月21日，县财政局、县民政局联合下发淳财社〔2016〕204号文件，下拨2015年度75个避灾安置场所和1个综合减灾示范社区建设补助资金147万元。5月6日，下发《关于开展“防灾减灾日”宣传周活动和汛期检查工作的通知》（淳民〔2016〕26号）。5月11日，以“减少灾害风险，建设安全城市”为主题的防灾减灾宣传周系列活动正式启动，当天下午，在新北社区隆重举行“5·12”防灾减灾知识进社区活动启动仪式，授予文昌镇王家源村“浙江省综合减灾示范社区”称号。5月12日上午，县民政局联合气象、科协等单位在千岛湖广场开展第八个防灾减灾日宣传活动。

【临时救助】 4月26日，县财政局、县民政局联合下发淳财社〔2016〕248号文件，下拨冬春生活救助资金60.42万元，救助1007户3025人，资金实行社会化发放。修订《淳安县临时救助实施办法》，将救助标准提高到最高5000元，并将持证困难对象救助线降至自负医疗费5000元起，非持证对象求助线降至20000元起。全年共为960户临时性突发性困难家庭发放临时救助资金211.49万元。

【困难家庭危房改造】 完成全县汛期因灾倒房调查摸底及救助工作，全年共为235户因灾倒房家庭下拨补助资金105.865万元。3月7日，下发淳财社〔2016〕183号文件，下拨2015年因灾倒房补助资金25.221万元，救助受灾户68户。9月13日，下发淳财社〔2016〕504号文件，下拨2016年因灾倒房补助资金39.109万元，救助受灾户69户。12月27日，下发淳财社〔2016〕834号文件，下拨2016年因灾倒房补助资金41.535万元，救助受灾户98户。

【春风行动】 1月8日，县两办下发《关于开展2016年“春风行动”的通知》；1月11日上午，组织召开了淳安县2016年“春风行动”动员大会，县委书记朱党其作了动员讲话。第16次“春风行动”共收到了社会各界捐款808万元，下拨“春风行动”专项救助资金826.26万元，共慰问救助全县各类困难户14299户。全年发放市“春风行动”延伸助医配套救助金324.9万元，有效减轻了全县609名因病困难户的医疗负担。发放市“春风行动”配套助学金100.2万元，对334名持证困难大学生每人给予3000元的资助。

【慈善救助】 5月18日下午，召开县慈善总会三届四次常务理事会议，会议审议并通过了总会2015年工作报告和2016年工作意见。深入开展“慈善大学”、“慈善高中”助学活动，县慈善总会本级共资助困难大学生、高中生265名，累计发放资助金69.3万元。成功举办第十一季“复兴助学”、万向“四个一万”等社会结对助学活动，共资助困难学生256名，发放助学款71.39万元。开展慈善总会配套临时救助和移植专项救助，7月发放上半年的非持证户配套临时救助款5.4万元，资助54人；12月发放下半年的非持证户配套临时救助款 33.5 万元，救助 335 人；器官移植专项救助 12 人，每人给予 2 万元的专项救助，发放移植专项救助款 24 万元。移植专项救助 2016 年由县烟草公司全额出资资助。经县养老服务指导中心建议，结合县养老服务机构建设及运营情况，慈善总会出资 20 万元，资助了 1 家乡镇养老服务中心和 5 家村居家养老服务照料中心。

【流浪乞讨人员救助管理】 G20 峰会前，民政局救助站提前向各社区下发流浪乞讨人员调查摸底表，并一一落实联络员。依托公安、城管、社区等部门合力开展平安巡防。组建了以民政牵头的平安巡逻小分队，全年共依法实施救助流浪乞讨人员 97 人次，其中安置精神残疾人员进行康复治疗的 18 人，救助危重病人 1 人，护送因肢体残疾或峰会期间因车辆停开而无法返乡的 7 人回乡，解决生活无着人员食宿、衣物等基本生活保障 31 人，劝导救助自行返乡 40 人。

【精减退职职工生活困难补助】 12 月 7 日，下发《关于调整精减退职职工和麻风病人生活困难补助费标准的通知》(淳民〔2016〕59 号)，从 2016 年 1 月 1 日起，符合国务院〔1965〕224 号文件规定，由民政部门管理的享受原工资 40%救济的精减退职职工的生活困难补助费标准由每人每月 1340 元调整为 1440 元；享受定期生活困难补助的精减退职职工的生活困难补助费标准由每人每月 1200 元调整为 1290 元；麻风病人的生活困难补助费标准由每人每月 820 元调整为 880 元；享受原工资 40%救济的精减退职职工医疗费补助参照浙组〔1987〕1 号新中国成立前参加工作的精减退职人员待遇执行，由每人每月 270 元调整为 300 元。

【优待抚恤】 11 月 21 日，县民政局、县财政局联合下发《关于做好 2015 年退役士兵自主就业经济补助金和生活补助费发放工作的通知》(淳民〔2016〕57 号)文件，为全县 200 余名 2015 年退役士兵发放自主就业经济补助金 404 万元。11 月 21 日，县民政局、县财政局联合下发《关于调整部分优抚对象抚恤和生活补助标准的通知》(淳民〔2016〕61 号)，具体标准如表 8。

无工作单位残疾军人的残疾抚恤金、护理费和门诊医疗费补助标准表

表 8 单位:元/年

残疾等级	残疾性质	抚恤金(2016 年 1 月 1 日起执行)	护理费(2017 年 1 月 1 日起执行)	门诊医疗费(2017 年一次性补助)
一级	因战	61207	30604	
	因公	58147	30604	
	因病	55086	18362	
二级	因战	55086	30604	
	因公	52026	30604	
	因病	48966	18362	
三级	因战	48966	24483	
	因公	45905	24483	
	因病	42845	18362	

续表 8

残疾等级	残疾性质	抚恤金（2016 年 1 月 1 日起执行）	护理费（2017 年 1 月 1 日起执行）	门诊医疗费（2017 年一次性补助）
四级	因战	42845	24483	
	因公	39785	24483	
	因病	36724	18362	
五级	因战	36724		
	因公	33664		
	因病	30604		
六级	因战	30604		
	因公	27543		
	因病	24483		
七级	因战	24483		2448
	因公	21422		2142
八级	因战	21422		2142
	因公	18362		1836
九级	因战	18362		1836
	因公	15302		1530
十级	因战	15302		1530
	因公	12241		1224

伤残人民警察、伤残国家机关工作人员、伤残民兵民工、有工作单位残疾军人的残疾抚恤金和护理费补助标准表

（从 2016 年 10 月 1 日起执行）

表 9　　　　单位:元/年

残疾等级	残疾性质	抚恤金	护理费(2017 年 1 月 1 日起执行)
一级	因战	66230	30604
	因公	64140	30604
	因病	62040	18362
二级	因战	59940	30604
	因公	56780	30604
	因病	54660	18362
三级	因战	52590	24483
	因公	49420	24483
	因病	46290	18362

续表 9

残疾等级	残疾性质	抚恤金	护理费(2017 年 1 月 1 日起执行)
四级	因战	43100	24483
	因公	38910	24483
	因病	35750	18362
五级	因战	33670	
	因公	29440	
	因病	27340	
六级	因战	26310	
	因公	24890	
	因病	21030	
七级	因战	19990	
	因公	17890	
八级	因战	12620	
	因公	11550	
九级	因战	10480	
	因公	8420	
十级	因战	7360	
	因公	6300	

烈属、因公牺牲军人遗属、病故军人遗属的定期抚恤金和门诊医疗费补助标准表

(从 2016 年 10 月 1 日起执行)

表 10　　单位:元/年

类　别	抚恤金	门诊医疗费	合　计	备　注
烈属	21030	2103	21225	
因公牺牲军人遗属	18050	1805	18209	
病故军人遗属	16980	1698	18676	

在乡老复员军人、带病回乡退伍军人、两参人员、农村老年退伍军人、抗战老兵的生活补助和门诊医疗费补助标准表

(从 2016 年 10 月 1 日起执行)

表 11　　单位:元/年

类　别		月生活补助标准(元/月)	年终一次性增发补助	门诊医疗费	年补助合计	备　注
在乡老复员军人	抗战时期入伍	1130	1690	1356	16606	
	解放战争时期入伍	1066	1690	1279	15761	
	新中国成立后入伍	1061	1690	1273	15695	
退伍孤老人员		1066	1690	1279	15761	参照解放战争时期入伍

续表 11

类　别		月生活补助标准(元/月)	年终一次性增发补助	门诊医疗费	年补助合计	备　注
带病回乡退伍军人		854	1200	1025	12473	按上年农村常住居民人均可支配收入的 70%执行(从 2016 年 1 月 1 日起执行)
两参人员		700		840	9240	
自费参加职工养老保险并已领取基本养老金人员	复员军人	按上述补助标准执行				
	带病回乡退伍军人	465			5580	
	两参人员	500			6000	
农村退伍军人老年生活补助		每服一年义务兵役每月补助 25 元				
部分原国民党抗战老兵		1130			13560	参照抗战时期入伍复员军人标准发放生活补助

12 月 19 日,县财政局、县民政局联合下发淳财社〔2016〕782 号文件,发放 2016 年度义务兵家庭优待金 816.1445 万元。

【烈士褒扬和烈士纪念日】 2 月 1 日,县财政局、县民政局联合下发淳财社〔2016〕136 号文件,下拨部分烈士纪念设施修缮补助资金 1721205 元。9 月 30 日,在中国工农红军北上抗日先遣队烈士纪念碑前(中洲镇厦山村)举行第三个烈士纪念日活动,县领导朱党其、柴世民、刘小松、董毓民、董文吉、郑志光、王军、姚伟明、李卫东、吴东明、童小威、章传强等参加公祭活动。

【退伍军人安置】 组织 3 名符合政府安排工作条件的退役士兵参加事业单位招聘考试,通过考试及考核相结合的办法,择优录取,其中 1 名安置到乡镇,1 名安置到国有企业,1 名选择自谋职业。11 月 21 日,县民政局、县财政局联合发文,发放 2015 年退役士兵及转业士官自主就业经济补助金共 4040563 元。

【双拥工作】 1 月 28 日,县领导朱党其、董文吉、王军、童小威、郭东晓、方建裕、吴仙菊等一行慰问县消防大队全体官兵。2 月 5 日,县领导董毓民、童小威、章传强、徐月焕在县府办、县民政局负责人的陪同下,赴舟山参加“千岛湖舰”返航欢迎仪式。2 月 24 日,副县长章传强、县民政局局长王苏宝、副局级组织员汪鹏为赴舟山参加千岛湖舰授称命名大会。经县政府同意,将县武警中队和和消防大队官兵伙食标准提高至每人每天 25 元,千岛湖舰慰问经费由每年 25 万元提高至 45 万元,同时新增浙江省预备役师和杭州消防支队慰问经费各 15 万元/年,合计增加“双拥”经费 68.7 万元/年。与南山社区合作建立县首个双拥共建示范点。

【烈军属、特困户、三老一特党员慰问】 1 月 22～23 日,县领导朱党其、王军、童小威、郭东晓、吴仙菊一行率相关部门负责人,走访慰问农村烈军属、特困户、三老一特党员以及城区困难职工、困难劳模。1 月 22 日,县领导柴世民、凌军、李卫东、何建法、王晓林率县有关部门负责人,来到安阳乡黄川村、下栖梧村、山下村、外畈村以及安阳乡敬老院,走访慰问农村烈军属、特困户、三老一特党员。1 月 22 日,县领导赖明诚、鲁连美、江华平、徐月焕一行到千岛湖镇李家坞社区、江滨社区,走访慰问城区困难职工。1月22~23日,县领导董毓民、姚伟明、王建民、章传强一行到姜家镇敬老院、郭村村、石颜村、霞社村、狮石村、姜家村等地看望慰问了部分农村烈军属、特困户、三老一特党员。1月22日,县领导董文吉、章渭美、宋立新、占志明先后慰问了城区困难职工、困难劳模王金娣、邵美花、孙玉功。1月24日,县领导一行前往威坪镇慰问了王理泳、徐仙风、唐礼明等农村烈军属、特困户、三老一特党员,以及威坪镇敬老院的老人。1月22日,县领导郑志光、管国良、方建裕、胡敏一行慰问城区困难职工,送上党和政府的温暖与关怀。1月27日,县领导一行到中洲镇养老服务中心看望老人,并到南庄村、余家村、双许村看望并慰问了农村烈军属、特困户、三老一特党员。

【城乡社区建设】 出台《淳安县城乡社区治理和服务创新试点工作方案》,对千岛湖镇、汾口镇、威坪镇3个乡镇开展创新试点,创建品牌服务9个,"55688社区管理新模式""五步分类走访法""7110便民工作室""社会工作五个一新模式"等创新做法得到省、市民政部门的认可。推进农村社区建设,全年共打造农村社区重点建设项目37个,争取市级福彩公益金114万元。完成全县13个市级社区减负监测点的设置。在充分调研的基础上,先后向县政府上报临岐镇、千岛湖高铁新区拟新成立社区的调研意见。力推杭州市智慧社区公共服务平台在淳安县12个社区运行,完成县"96345"社会公共服务信息平台的全省联网工作。指导全县20余个社区(村)与西湖区、滨江区开展结对共建,成效显著。开展村(社区)组织换届选举摸底调查3次并完成调研报告,开展村务监督委员会运行情况调研3次。新增社区服务业单位15家,成功培育千岛湖镇明珠幼儿园为限上单位,完成两家服务业限上单位现价增加值18%的任务,扶持服务业重点单位20家,争取资金40万元。

【社会工作人才培育】 全年共组织各类培训教育6场,轮训社会工作者410余人,有5名社工师荣获省、市荣誉称号。3月18日,下发《关于做好2016年度社会工作者职业水平考试工作的通知》(淳民〔2016〕13号),积极发动社区社工、民政干部、村干部参加考试,全年累计培养社工师3人、助理社工师15人,考试通过人数创历年新高。8月12日,县社会工作者协会组织50余名社工,到枫树岭镇下姜村开展"助力G20,社工在行动"活动。12月26日,淳安县社会工作者协会召开第一届第二次理事会扩大会议。

【殡葬管理与服务】 5月6日,召开2016年度全县民政工作会议暨殡葬专项整治工作动员会,章传强副县长出席会议并作重要讲话。通过搬迁一批、拆除一批、绿化一批的整治举措,对全县公墓安葬秩序进行集中整顿。8月4日,下发《关于同意汾口镇新建杨旗社区公墓的批复》(淳民〔2016〕42号),将生态公墓补助标准从350元/穴提高至500元/穴,全年新建村级生态公墓13处、总穴数770个。10月18日,县殡葬改革领导小组下发淳殡改〔2016〕1号、淳殡改〔2016〕2号文件,对各乡镇殡葬整治工作进行督察。11月14日,下发《关于淳安县新建殡仪馆启用相关工作的通知》(淳民〔2016〕8号)。12月5日,县财政局、县民政局联合下发淳财社〔2016〕729号文件,下拨威坪镇三洲村等8个行政村生态公墓建设补助资金18.75万元。12月8日,县财政局、县民政局联合下发淳财社〔2016〕758号文件,下拨乡镇殡葬专项整治补助资金33.52万元。12月8日,县殡仪馆新馆正式启用,并将县第二殡仪馆遗体火化、殡仪服务业务归并到新殡仪馆集中统一开展。认真落实“四免费两赠送”政策，全年共减免殡葬费用188.8万元。

【社会组织管理】 成立乡镇级社会服务中心24家、村(社区)社会工作室435家。2月29日，下发《淳安县民政局关于开展2015年度社会组织年度检查及换证工作的通知》(淳民〔2016〕8号)。全县社会组织应检213家，参检率100%。其中合格单位165家，基本合格单位20家，不合格单位28家，2016年应换证总量213家，已换证211家，除了有2家提出注销申请无需换证外，至2016年12月底，全面完成存量社会组织的赋码和换证工作。7月22日，县财政局、县民政局联合下发《关于印发〈淳安县社会组织扶持发展资金管理办法(试行)〉的通知》(淳财社〔2016〕400号)，主要从社会组织开办扶持、品牌建设和项目补助等方面对社会组织进行政策资金支持。据统计，2016年度县本级共支出财政资金61万元用于社会组织扶持发展。10月31日，由县民政局主办、县社会组织服务中心承办的社会组织公益服务在千岛湖广场开展，全县20余家社会组织参与服务。11月15日，县民政局举办了全县首届社会组织公益创投项目评审会，来自全县各社会组织的负责人、相关业务单位工作人员和专家评委50余人出席了会议，共有10家单位入围，补助资金25万元。11月18日，经县直机关工委批复同意，成立县社会组织联合党支部。

【地名和区划管理】 编撰完成了《淳安县地图册》(2016版)，并印刷3000册。编制完成淳安县首批地名文化保护名录，配合省、市做好《浙江地名大辞典》淳安篇的编纂工作，完成新版《淳安县地名志》送审稿。有序开展第二次全国地名普查，多次组织18个普查部门和各乡镇召开普查协调会，完成全县6000余个地名的照片采集和信息核对、更新以及地名标牌设置等工作，照片采集率在90%以上，地名标志采集率在40%以上，达到了地名普查要求。完成浙皖线、杭衢线边界年检。完成千岛湖镇路牌和老旧小区户室门牌整治工作，共设置道路门牌67块，制作安装地名标牌5000余块。认真做好地名命名更名、地址核编和门牌业务办理工作，共命名住宅区、商业区、道路、桥梁等23个，更名道路8条，地址核编30余项，办理门牌证3000余个，制作安装零散地名标牌1000余块，处理数字城管案卷26项。1月29日，中共杭州市委创建“平安杭州”领导小组《关于命名2015年度市级“平安示范单位”的决定》(杭平安〔2016〕2号)，淳安县民政局被命名为市级“平安示范单位”(平安边界)。4月12日，淳安县民政局和安徽省休宁县民政局联合制定《淳休线联合检查工作方案》，开展淳休线联合检查工作。4月25日，淳安县民政局和衢江区民政局联合下发《关于印发杭衢线淳衢段行政区域界线联合检查工作实施方案的通知》(淳民〔2016〕23号)，淳安县民政局和开化县民政局联合下发《关于印发杭衢线淳开段行政区域界线联合检查工作实施方案的通知》(淳民〔2016〕24号)，淳安县民政局和常山县民政局联合下发《关于印发杭衢线淳常段行政区域界线联合检查工作实施方案的通知》(淳民〔2016〕25号)。5月6日，召开淳安县第二次全国地名普查工作部署暨培训会议，全县23个乡镇、青溪新城(开发区)管委会及民政、住建、交通等22个地名普查领导小组成员单位的地名普查分管领导及联络员(普查员)共计90余人参加。5月19日，下发《关于印发淳安县“平安护航G20深化平安边界建设活动实施方案”的通知》(淳民〔2016〕28号)，下发《关于成立淳安县平安护航G20深化平安边界建设工作领导小组的通知》(淳民〔2016〕29号)。10月28日，下发《关于公布淳安县首批地名文化遗产保护名录的通知》(淳民〔2016〕

51号)。

【福利企业管理】 发放11家福利企业2015年度用工补助和社会保险补贴资金50.40万元,惠及280名残疾职工。为县11家福利企业争取超比例奖励资金12.89万元,有力减轻了福利企业负担。

【中福在线】 2016年"中福在线"新安大街销售厅销售额为1081.80万元,与2015年相比提高211.6万元,增幅达24.3%,累计筹集公益金108.18万元。

【婚姻登记】 全年共办理结婚登记3780对、离婚登记1250对,补发婚姻登记1159件,出庭无过错行政诉讼案件2起,整理、装订档案6189卷,婚姻登记合格率达到100%。积极开展婚姻家庭辅导和离婚劝导工作,共劝导调解准备离婚的夫妇406对,其中成功劝退82对,暂缓离婚102对。完成1950~2004年度的10万余条婚姻登记信息系统数据库核查确认工作,将2015年的1万余份纸质婚姻档案归档整理,并及时移交县档案馆。

【人事变动】 1月18日,下发《关于印发〈淳安县民政局中层干部竞争上岗和交流实施意见〉的通知》(淳民党组〔2016〕1号),1月19日举行中层干部竞争上岗演讲。经县委组织部批复,2月29日,16人被任命为中层正职,6人被任命为中层副职。经县妇联同意,任命新一届妇委会成员。同日,召开县民政局工会委员会、局党总支、老干部支部、机关党支部换届选举会议,选举出新一届局工会、总支、机关支部、老干部支部委员。

【党建工作】 5月18日,局党组下发《关于在全体党员中开展"学党章党规、学系列讲话,做合格党员"学习教育的实施意见》(淳民党组〔2016〕14号),明确学习教育总体要求、主要内容、主要举措和组织领导,正式启动"两学一做"学习教育。5月19日,召开县民政局"两学一做"学习教育专题党课暨动员部署会,全体机关党员参加。5月24日,局党组下发《关于深入推进"党建+贴心民政"工作的通知》(淳民党组〔2016〕15号)。5月27日,县"两学一做"学习教育第四督导组到县民政局督导"两学一做"学习教育工作情况。7月1日,邀请县委党校吕志明作"两学一做"专题报告,下午组织党员干部赴大墅开展"1+X"结对帮扶和"一户一策一干部"结对帮扶走访慰问活动。7月15日,召开机关支部全体党员会议,讨论通过了王振华预备党员转为正式党员,并举行了淳安县民政局"两学一做"知识竞赛。8月16日,县民政局代表队在县纪委、县委组织部、县委宣传部和县直机关工委联合举办的2016年淳安县直机关"两学一做"学习教育知识竞赛中荣获三等奖。9月26日,召开全体党员会议,开展"两学一做"第二次专题学习讨论,围绕践行"四个人"要求,深入开展主题研讨。

【G20峰会保障工作】 7月26日,召开紧急会议,传达全市领导干部会议精神,要求全体干部职工要遵守纪律,不信谣,不传谣,积极做好当前各项工作,尤其是养老机构和殡仪馆安全管理,流浪乞讨人员救助等工作,确保G20峰会顺利召开。8月3日,召开局中层干部例会,认真学习县委十三届十九次全体(扩大)会议精神,明确和部署下步工作重点,并就G20峰会期间应急维稳安保值班值守工作作动员部署。8月9日,县纪委书记赖明诚、副县长刘秀丽到局督察G20峰会维稳安保工作情况,在听取了县民政局局长王苏宝的工作汇报后,给予充分肯定,并要求县民政局认识务必到位、动作务必到位、责任务必到位,同时就党风廉政建设工作提出意见。8月26日,上午召开党组会议,研究G20峰会平安巡防等工作。下午召开局全体干部职工会议，动员和部署G20峰会城区公交站点和局属重点部位平安巡防工作。

【上级领导调研】　3月3日，杭州市副市长戚哮虎专程赴淳安县千岛湖镇江滨社区调研指导社区建设工作，杭州市民政局副局长程华民陪同调研。3月29日，省民政厅副厅长、移民办主任王忠志到淳安调研社会救助和移民工作。4月14日，市民政局副局长、老龄办主任杨英英到淳安调研指导养老工作，并实地走访检查了千岛湖镇江滨社区、施家塘社区居家养老服务照料中心以及金峰乡敬老院。6月2～3日，省民政厅厅长尚清、市民政局局长徐小林及相关处室负责人一行到淳安调研淳安县养老服务和社区建设工作，尚清一行实地考察了千岛湖镇养老服务中心、红枫居家养老照料中心和江滨社区，并查看了在建的千岛湖养老服务中心和千岛湖逸和源颐养中心项目，副县长章传强陪同调研。6月7～8日，市民政局余岱副局长一行7人，到淳安对全县婚姻登记工作规范化和“两路两侧”坟墓整治工作进行专项督察。12月1日，市民政局副局长余岱、社会事务处处长陈珺等一行5人到淳安县婚姻登记处进行督察，并就淳安县婚姻登记处创建国家民政部3A等级机关评定工作进行现场指导。12月30日，浙江省民政厅副厅长江宇到淳安县调研“三社联动”工作，县人大常委会副主任王建民和县府办副主任余平等陪同调研。

【综合考评】　1月25日，市民政局印发《2015年全市民政工作目标考核结果通报》(杭民发〔2016〕29号)，淳安县民政局为“良好单位”。2月2日，县委办公室、县政府办公室下发《关于2015年度县级机关、直属单位综合考评结果的通报》(县委办〔2016〕18号)，县民政局在26个县级机关、直属单位绩效评价单位中名列第15位，为先进单位，得95.075分。　(王振华)

(编辑　程志英)

乡　镇

·千岛湖镇·

【概况】 2016年,千岛湖镇总面积356平方公里,辖17个行政村、9个社区、202个居民组、157个村民小组。全镇总户数28819户,总人口83618人。山林面积10505公顷;耕地面积481.2公顷,其中,水田392.5公顷。

全年实现现代服务业增加值63.6亿元,比上年增长20.9%;完成固定资产投资6.05亿元;实现工业销售产值30.33亿元,增长4.66%;实现农村经济总收入66.66亿元,农业总产值2.83亿元,农村集体经济可分配收入560万元,农村居民人均纯收入17050元,同比分别增长18.61%、4.8%、12.22%和11.03%;实现乡镇地方财政收入1.37亿元;实现招商引资实际到位资金2.6亿元。

服务经济高速增长。以现代服务业为龙头,积极抢抓服务经济发展新机遇。莫拉红文化创意、淳果小镇、乡隐民宿等一批大项目成功落地。以示范村、示范点建设为引领,以各类乡村节庆活动为纽带,推动乡村游迅猛发展,形成了屏湖、富泽、青溪3个相对集中的农家乐、民宿板块,屏湖村成功创建杭州市农家乐休闲集聚体和省级农家乐特色示范村,成为全县农家乐发展的样板标杆。电商发展蓬勃兴起,野娇娇、天鑫实业在全县电商领域中优势明显,2016年,全镇电商销售产值突破2亿元大关。

生态工业稳步发展。积极应对宏观发展形势,推动工业转型升级。全年实现工业销售产值30.23亿元,全镇规上企业达12家,亿元企业5家。永通电缆被评为中国驰名商标,野娇娇被认定为国家重合同守信用企业,海洋仪器和天鑫实业成功创建高新技术企业。全年实现来料加工费3300万元,从业人员稳定在5500人,始终在全县保持领先。

招商引资成绩斐然。深入实施淳商回归工程,突出服务业招商。天天快递、莫拉红文化创意、养生古镇、渡贤山文化创意、淳果小镇、中国水之梦、青溪山乡小筑等一批总部经济、文化创意、农旅结合大项目先后落地,成为该镇经济持续快速增长的源动力。

都市农业提质扩规。坚持“果园、菜园、乐园”三园经济,大力实施“精品农业、设施农业、能人农业、景观农业”四大农业,逐步形成十大景观园区、百家精品民宿、千亩高山蔬菜、万顷生态水果的“十百千万”产业发展格局。全年实现农业总产值2.83亿元,农民人均纯收入17050元。果蔬两大产业牢牢占据主导地位。突出农家民宿发展,共发展农家乐和民宿民居100余家。大力推进土地流转,注重园区建设,五年共建设省、市、县各类农业示范园区8个、基地9个。扶持农业龙头企业和专业合作社建设,创建县级以上农业龙头企业7家,专业合作社8家,农业服务体系建设实现新跨越。

撤村建居攻坚破难。集全镇之力强势推进撤村建居,基本完成东庄、排岭两个行政村的房屋征收拆除、集体土地征收和安置房的选房分房工作。特别是在最后签约攻坚和已签约拒腾空农户的突破上,多次开展集中攻坚行动,强势推进,不断破难。在小产权户矛盾调处和31户信访化解上,积极应对,勇于担当,不断突破。同时,集体资产股权量化、村改社区、村级留用地开发、养老保险等工作顺利推进。

电子商务整镇推进。积极引导企业转型

发展，发动农户利用线上销售做大做强自主产品营销，将营销主战场转向线上网络，整镇推进电子商务发展。全镇实现电商销售额1.4亿元，超额完成年初制定的电商销售额破亿元的任务。其中野娇娇公司再次领跑全县电商领域，仅“双十一”一天即实现180余万元电商销售额。全年新发展电商企业6家、个体户15家、网上新增商城6家。完成周坑等13个村“村邮乐购”网店建设。积极在村、社区、企业、个体户群体间开展电商宣传，全年共完成16场电商业务骨干培训。开展电商示范村、示范企业和示范带头人的评选。

富丽乡村魅力彰显。茂畈中心村建设基本完成，富泽富丽乡村建设顺利实施，屏湖、进贤精品村项目全部启动，一批环境优美、整洁有序的富丽乡村展露新姿。已累计共实施各类项目505个，投入资金2.1亿元。

综合环境整镇提升。强力推进“三改一拆”和“五水共治”，实现农村综合环境整镇提升。累计完成城中村改造33.8万平方米，拆除违法面积14.3万平方米，收缴有偿使用费326万元。全面完成农村治污项目建设和运维管理，常态推进农村综合环境整治工作。在全县率先关停小规模畜禽养殖场37家，整治非法采砂点1家。大力开展“两路两侧”“四边三化”专项整治，全面提升杭千高速、05省道、06省道等主干道周边的综合环境。广泛开展“庭院装扮”活动，打造特色农家院落。落实“河长渠长”制，抓好常态巡查工作，有效提升农村环境。

民生事业保障有力。实施城乡居民养老和医疗保险“两费合征”银行代扣代缴，收缴比例逐年提高。高度重视残疾人工作，成功创建杭州市爱心乡镇和施家塘社区省级康复示范站。大力推进养老事业，共创建居家养老照料中心11家，完成镇养老服务中心提升改造，先后创建省“三星”、市“四星”级养老服务中心和全国模范农村五保供养服务中心。深入开展“春风行动”，做好困难群众帮扶工作，有效保障困难群众生活，累计发放各类救助慰问金360万元，完成53户农村困难家庭危房改造。强化农民素质培训，共完成各类培训3750人次。

社会治理不断加强。大力开展矛盾纠纷大排查大化解，突出做好撤村建居、“三改一拆”、“五水共治”等重点工作中的矛盾纠纷调处，共化解各类矛盾纠纷和不稳定因素2000余起。积极开展信访化解。出色完成G20峰会、世界互联网大会、“两会”等重要时段的维稳安保工作。

社区建设亮点纷呈。按照“整洁有序、温馨文明”要求，创新管理，优化服务，打造社区建设新亮点。共投入7000万元，完成130万平方米老旧小区物业改造任务。开展花园小区、精品小巷、文化楼道、绿色阳台“四大创建”活动，深入实施城区卫生精细化管理，社区环境得到有效提升。探索创新爱满工作室、海燕工作室、梦韵艺术社、百姓微讲坛、智慧养老平台等服务载体，深化巩固绿茵学吧、“96345”便民服务热线等品牌项目，有效提升社区服务水平。强化小区管理服务，推行小区业主自治，共成立小区业主委员会22个。完成近1万平方米的社区办公用房建设，社区工作环境逐步改善。

【首个油橄榄试验区落户马路村】 3月上旬，油橄榄种植试验区落户马路村。试验区面积为1公顷，试验区内有来自西班牙、意大利、希腊的油橄榄品种5个，分2年、3年、4年生苗356株，筛选出对淳安当地气候和土壤条件的适应性强并且具有较高丰产潜力的品种。油橄榄的果实可用于榨取橄榄油。

【千岛湖镇农民合作经济组织联合会成立】 3月31日，千岛湖镇农民合作经济组织联合会挂牌成立，来自千岛湖镇片区的千岛湖镇、文昌镇、石林镇、里商乡、左口乡、富文乡、金峰乡等7个乡镇辖区内的54个农民合作社、供销合作社、农民互助会、农业大户、家庭农场、行业协会、涉农企事业单位成为第一批会员。该联合社为实行“农有、农治、农享”的非营利性社会团体,按照“稳步推进、扎实有效”的总体要求,构建好生产合作、供销合作、信用合作三大体系,为农业经营主体提供更加优质、高效的服务。他的成立更标志着千岛湖镇片区7个乡镇的农民合作经济组织体系框架基本构建,农业生产经营体制改革步入了新阶段,为推进农民合作经济组织联合发展,加快构建集生产合作、供销合作、信用合作“三位一体”的新型农民合作经济组织体系搭建起一个新的平台。

【汪家源道路拓宽工程竣工】 8月2日,汪家源道路拓宽工程竣工并通车。2014年6月,千岛湖镇为改变汪家源道路狭窄,路面坑洼破损,严重影响行人安全,制约当地经济发展的问题,投资3368万余元启动汪家源道路拓宽工程。改造后的道路总长11.3千米、宽6.5米,并同步建设了10处生态停车场、20余处景观堰坝和廊桥、牌楼等人文景点。工程的竣工为把汪家源打造成“城郊十里生态长廊”,真正成为青溪新城的“生态沟”和千岛湖镇的“后花园”提供了基础。(许 昱)

2016年千岛湖镇各行政村基本情况

表12

村名	村党支部书记	村委会主任	人口(人)	年人均收入(元)
屏湖	缪发春	宋美君(女)	642	16015
进贤	方武中	宋小芳	714	15761
金家	吴长发	金元洪	839	12691
茂畈	吴卫群(副书记主持工作)	方涛(主持工作)	1890	14663

续表12

村名	村党支部书记	村委会主任	人口(人)	年人均收入(元)
东汉	郑国华	方小明	563	11834
井塘	方国亮	方森	693	14234
青溪	蒋金辉	吴早祥	889	17295
周坑	王有根	吴会根	843	17933
东庄	邵爱军	邵裕恒	1093	18705
宋家坞	方明强	方勇	566	19147
排岭	仇小富	徐国庆	487	20958
富城	王法成(副书记王红星主持工作)	王小树	572	18168
汪家	宋钟来	宋治华	1057	11482
联丰	叶玉定	徐碧荣	1381	13116
富泽	方来山	蓝国军	715	15909
农林	方成会	朱建军	537	15829
淡竹	邵江洪	徐顺忠	727	15609

2016年千岛湖镇社区领导干部名录

表13

社区名称	党委书记	居委会主任
李家坞	潘文红	潘文红
西园	胡淑莲	胡淑莲
施家塘	汪建红	汪建红
火炉尖	邵双凤	邵双凤
江滨	胡海燕	胡海燕
新北	汪泳涛	汪泳涛
南山	戴学华	戴学华
南苑	徐新华	徐新华
望湖	汪智贤	汪智贤

2016 年千岛湖镇社区楼道党支部书记名录

表 14

社区名称	楼道党支部名称	党支部书记
李家坞	风暴巷	葛月红
	李家巷	方朝圣
	高志弄	余昌明
	桃树湾	钱业山
	向阳巷	董小春
	枇杷园	童苏州
	新　安	方建强
	金岗殿	徐梦根
	个体联合	常新营
西园	景　秀	
	湖　畔	严雪祥
	广　场	管卫国
	山　水	郑西林
	城　山	徐玉木
	淳建新村	于雅琴
	贸易弄	蒋春英
	二轻苑	夏江北
	市　心	钱樟树
	骑龙巷	方贺才
	平安巡防	
施家塘	塘　边	邵七英
	红　楼	王杏春
	旱　塘	黄瑞祥
	湖　山	吴国栋
	炉　峰	朱莲香
	知　林	宋玉本
	天　桥	王志福
	初　阳	李志兰
	知　丰	程苏英
	丰　岭	刘培生
火炉尖	金鸡弄	陈海洋
	金　民	杨树生
	行岗路	朱成香
	金　岗	宋永年
	如意巷	邵光成
	新安西路	宋春水
	云　杉	汪建国

续表 14

社区名称	楼道党支部名称	党支部书记
江滨	园林村	吴振文
	四马巷	童武荣
	秀　水	孙洪根
	人民路	方爱满
	清　风	邵斌超
新北	新　塘	余祝华
	清　波	程山崇
	清　雅	方仁周
	清　圆	卢承祝
	湖　滨	洪　阳
	千　岛	胡焕章
	阳　光	姜常松
	塘　岭	周国钧
南苑	开　发	吴希章
	南　苑	王润奎
	南　山	胡水平
	南　屏	方发传
	紫　荆	吴　勇
	景　湖	张奎新
	美饰家建材市场	张俭苏
南山	柏树湾	夏火梅
	南　景	严克华
	曙　光	童火旺
	绿　园	童可忠
望湖	明　珠	吴孝斌
	滨　湖	徐穆迪
	温　馨	李春泉
	龙　门	余功祥
	再就业	陈卯生

·文昌镇·

【概况】　2016 年，文昌镇总面积 221 平方公里，辖 16 个行政村、119 个自然村、128 个村民小组。全镇总户数 4172 户，总人口 1.4 万人。有外来人口 654 人。人口自然增长率 3.6‰。山林面积 17332 公顷;耕地面积 428 公顷,其中,水田 364 公顷。

全年实现工业总产值 83146 万元,比上年增长 6.5%;农村经济总收入 313547 万元,增长 12%;村级集体经济可支配收入 493 万元,增长 6.5%;农民人均收入 16886 元,增长 11%。

精品农业成效显著。全镇累计流转山林土地 1256 公顷,流转率 35%。完成光昌边村 6.9 公顷、西河村 6.7 公顷铁皮石斛特色中药材种植基地建设;下潘村流转土地 7.2 公顷,王家源村流转土地 10.9 公顷用于引进精品水果项目;潭头、下潘粮食生产功能区块种植面积达 23.3 公顷,年产值 50 万元。功能区生产的"千岛湖富硒米"被评为 2016 年浙江好稻米金奖;小酉坞村香榧基地种植面积达 33 公顷;农业龙头企业龙冠公司茶园面积 25.3 公顷,年销售产值达 2300 万元,2016 年该公司龙井茶荣获千岛湖龙井茶金茶王奖。

工业经济稳步增长。全年实现工业销售产值 12.23 亿元,其中规上工业销售产值 8.24 亿元,完成工业投入 1.08 亿元。实施宁淳矿产品有限公司项目建设,已累计投资 1.2 亿元;完成龙宇板材和晨光玻璃生产线技改项目 4550 万元;完成西河村工业园区(一期)建设 5.9 公顷,总投资 5000 万元。

三产融合势头强劲。利用杭黄高铁千岛湖站坐落文昌的区位优势,加快产业转型,大力发展民宿民居,栅源、文屏、西阳形成集聚效应,已发展农家乐 44 家、民宿民居 27 家。积极引导农家乐向特色主题民宿转型,塔心村乡非云舍民宿开张运营;王家源村花墅集、雅居乐动工建设;西阳村浪岭精品度假酒店已完成两期 2.8 公顷土地招拍挂手续。电子商务稳中有进,电子商务企业、村邮乐购网点、赶街网点等达 46 家(个)。完成总投资 800 万元、面积 2100 平方米的文昌农贸电商中心建设,以吸纳更多电商爱好者前来创业。

城乡统筹快速推进。完成下潘精品村、王家源富丽乡村(精品村)和潭头中心村等城乡统筹项目建设;完成西阳新村农居点和潭头中心村农居点一期建设。投资 460 万元全面实施集镇环境提升工程,其中 05 省道两侧景观提升工程已完成,二期潭头桥两侧道路改造工程正在实施。王家源村在精品村的基础上继续深化实施富丽乡村建设,已累计投资 850 万元。东树坑村、西河村、小酉坞村等村实施综合环境整治、美丽庭院建设效果显现,村容村貌大幅改观。

科教文卫事业长足进步。深入实施两所学校食宿改善和幼儿园提标工程,完成中小学的田径场扩建和完小的操场改建。中心小学的国画获得了淳安县第一批"美丽校园"重点建设项目。投资 1400 万元新建文昌镇卫生院于 6 月投入使用,受益人口达万人。科技文化呈现新特色。各村文化队伍健全,村里的春晚逐渐开花,农民自编自导自演其乐无穷,在千岛湖广场成功举办文昌专场文艺会演,参加省、市、县组织的各项文艺赛事,均取得较好成绩。

社会民生保障体系日趋完善。全面完成"两保"收缴任务,医疗参保、城乡居民养老保险实现全覆盖。加大社会救助力度,通过大病救助、临时救助、春风行动、春荒救助等形式救助对象达 3500 多人次,发放救助品、慰问资金近 800 万元;完成危房改造农户共计 200 户,累计补助资金 360 万元;实现全镇农村家庭人均年收入 4600 元以下的贫困人口全部脱贫。养老服务持续优化。新建高标准的文昌镇养老服务中心,成功探索公办民营路子,安置养老户 23 人。完成东树坑、卢家庄、西河、潭头等 4 个村的居家养老运营中心创建工作。

平安创建成效显著。在全县率先建立文昌警务站,深入推进社会综合治理网格化全覆盖，开通“64982345”民情热线。圆满完成G20峰会维稳安保任务，确保文昌范围内社会秩序的和谐稳定。

【首届乐享农趣旅游节】 10月29日，以“高铁时代 休闲文昌”为主题的首届乐享农趣旅游节在文昌镇王家源村拉开序幕。此次活动是文昌镇政府携手腾讯大浙网共同打造，通过农趣嘉年华、乡村美食节、无人机大赛、定向登山赛、达人采风行等活动让游客体验文昌独特的美食美景和民风民俗，以期促进旅游业发展，推进产业转型升级。

【“五水共治”工作】 在2013年成功创建国家级生态镇，2014～2015年投资2000余万元完成16个村及集镇污水处理设施建设的基础上，2016年实施6个村污水设施整改提升工程，为污水运维工作奠定坚实的基础。深化清洁乡村工作，包干包户，明确责任，2016年，全镇清洁乡村工作都得到较大提升，每月检查名次靠前。完成6个村小流域开发项目、4个村的清水河道项目、3个村的河道整治和沟渠配套工程。严格落实镇、村“河长制”，对镇流域范围内的潭头溪、王家源、琅洞源3条河道实施集中整治和日常巡查，确保必要施工短期影响外其他天数河道的干净、清澈，水质达标。完成镇域内41户网箱养殖户的上岸签约工作，完成钟林坞万头养猪场、市畈万羽种禽养殖退出、36户10头以上畜禽养殖场关停转产工作。

【“无违创建”工作】 “无违创建”工作于2013年启动，三年来共拆除违章建筑93705平方米，收缴有偿使用费419万元。建立健全“路长制”巡查、违法建筑有奖举报、农村建房“四到场”和“挂牌施工”等防违控违机制，落实沿湖沿线农民建房带方案审批。开展05省道沿路沿线、昌文线、村道等“两路两侧”、“四边三化”整治行动，在全县两路两侧推进会上，下潘村作为建设示范点现场介绍经验。实施彩钢棚喷色4万平米，拆除违章彩钢棚528.6平米，集中整治乱堆乱放，电子档案建设为全县试点先行乡镇，做到集镇美观美化、成效明显。 （汪春娟）

2016年文昌镇各行政村基本情况

表15

村 名	村党支部书记	村委会主任	人口（人）	年人均收入（元）
浪 洞	李贵良	黄希平	817	14890
市 畈	汪早法	何晓明	1018	15011
文 昌	何金福	何樟民	1818	15485
文 屏	王法成	王建军	356	14461
小西坞	江桥贵	何万福	353	15372
栅 源	余卫平	张东生	1172	13336
丰 茂	江先军	王庆平	526	12918
西 阳	邓建林	方永平	810	14163
下 潘	王成生	方红亮（副主任主持工作）	868	16353
潭 头	朱建平	刘子兵	1278	16513
西 河	余淳茂	巫年发	772	15392
卢家庄	卢飞	卢向阳	924	14037
东树坑	方国旗	蓝希林	391	14925
王家源	王归全	赖圣泰（副主任主持）	1117	15743
富 山	方贞	方树全	1380	15359
光昌边	刘小华	刘荣华	511	12583

·石林镇·

【概况】 2016年，石林镇总面积144平方公里，辖8个行政村、43个村民小组。全镇总户数1456户，总人口4955人。有外来人口236人。人口自然增长率0.4‰。山林面积7952

公顷;耕地面积174公顷,其中,水田53公顷。

实现农村经济总收入7.95亿元,农业总产值8646万元,服务业增加值6036万元,乡镇财政总收入271万元,增长6.59%;其中地方财政收入150万元,增长35.4%;农民人均纯收入16942元,增长11.5%。

风情小镇新姿展现。坚持集镇带动方略,抢抓城乡统筹、风情小镇建设机遇,紧扣休闲运动主题,大力推进集镇建设。筹资近5000万元,相继完成集镇立面改造、景观防洪堤、电力上改下、农民集聚区、道路改造、污水截污纳管、自来水厂、沿湖景观整治等系列工程建设,集镇设施日臻完善。

港湾运动效应凸显。深入开展解放思想大讨论活动,全面剖析资源条件和现实基础,凝聚形成了打造"港湾运动小镇"共识。按照景区标准,着手开展港湾运动小镇总体规划编制,加强配套服务,启动休闲运动中心建设,吸引了河北队、沈阳队、大连队等省市皮划艇队常年驻镇集训,港湾运动特色日益汇聚。

休闲产业加快兴起。建成公共物流中心、电商一条街,成功引进漂流主题酒店、水上俱乐部、老食堂地块休闲运动部落等主题项目。建成环白小线自行车旅游骑行系统,成功举办了公路自行车爬坡挑战赛、龙舟赛等系列赛事活动。港湾运动逐渐成为石林对外宣传的一张金名片。

"清洁乡村"扎实有效。以创建"国家卫生镇"为总目标,调整完善考核奖励办法,强化环境网格化管理,全面实施农村垃圾分类试点,组织最美村道、河道、庭院、鸡舍、村庄"五美"石林评选活动,创设治污大整改、枯枝大清理、"六边"大绿化等有效载体,深入开展环境系列整治行动,村民环保意识不断增强,村庄整洁、文明、温馨度进一步提升。

"五水共治"纵深推进。按照"确保质量、确保管用、确保老百姓满意"要求,累计投入1300余万元,全力推进以治污水为重点的"五水共治",建成了覆盖各个自然村的污水处理设施。严格落实"河长制",坚持村级负责和专业运维相结合,常态化开展窨井清理、终端美化、问题整改等工作。交界断面水质始终保持在Ⅰ类标准。

"防违控违"常抓不懈。按照"应拆尽拆,应改尽改,拆改结合"的要求,强化联合攻坚,铁腕整治,共拆除违章建筑3.62万平方米,注重拆后利用,成为全县首批所有村被命名为"无违建村"的乡镇。严格落实沿湖沿线带方案审批、农村私人建房挂牌施工和"四到场"制度,建立零死角巡查、零容忍整改、零懈怠推进、零误差冲刺的"四零"机制,即查即改,无违建创建工作得到省、市、县充分肯定。

乡村旅游引领发展。依托绝版山水和生态资源,注重挑商选资,相继引进茶园风情港湾、九龙源度假养生庄园、优宿、水石间等一批旅游休闲项目,完成石林、桂花岛景区改造提升,AAA级景区仙人谷漂流建成开放,毛竹源摄影主题酒店、风情街建成。茶园富丽乡村示范村培育项目加快建设。改造民居民宿32家,果儿熟了等精品民宿建成开放。成功举办石文化节、"寻找石林最美印象"摄影大赛、石林港湾运动休闲旅游节等系列节庆活动,乡村旅游逐步串点成线。

特色农业提质增效。加快毛竹、茶叶、水果等传统产业扩规、低改,力推"一竹二鸡三笋"精品毛竹示范基地建设。强化规模经营,完善交易平台和扶持政策,引导土地连片流转经营,积极引进社会资本成立家庭农场、农业园区、专业合作社,鼓励发展以黄精、三叶青、七叶一枝花、山桠皮等中药材基地建设为重点的林下经济。注重农旅融合,建成玳瑁花海、双岭果蔬、棠高石斛等农业基地。

生态工业稳步推进。按照工业集聚、产业集群的思路,主攻竹木产品加工、水饮料业,完成竹木加工园区一期建设,3家企业年底前可搬迁入园。乡情山泉实现资源盘活，投资7000余万元的袋装水生产线即将启动建设。大力发展以扫把、竹制品、套笔等为重点的来料加工，填补了来料加工空白。

民生事业持续改善。强化民本意识，千方百计筹措资金，加大民生领域的政府投入，学校修缮、联村联网公路、村道大中修、农村饮用水、康复中心、居家养老中心、文化礼堂等一大批项目建成使用。成功创建省级慢性病综合防控示范镇。深化城乡低保、残保动态监管，全面启动低收入农户收入倍增计划。“全面两孩”政策稳妥实施，人口计生主要指标执行良好。有序推进“两保”代扣代缴、春风行动、结对帮扶等工作，民生服务有效提质。

灾后重建见行见效。面对五十年一遇的暴雨洪灾，全镇范围内掀起了义务投工投劳热潮，村庄整治、杂物清理、绿化美化、简易工程修复成为村民自觉行动。积极争取上级支持，投资300万元的9条交通水毁道路基本建成，投资近600万元的水利水毁工程完成招投标，即将启动建设。

社会治理有力加强。结合“三认”全面开展矛盾纠纷排查专项行动，实行重点问题跟踪化解机制，探索镇干部包村、村干部包组、党员包户的“三包”机制，严格落实群众问题一周见面制，建立信访矛盾问责办法，群众信访量稳定下降，连续多年被评为“信访三无”乡镇。积极开展企业职工“双爱”活动，加强防欠薪联动处置。高度重视公共安全，全面完成G20维稳任务。加强地质灾害隐患治理，加大安全生产、食品药品安全工作力度，社会保持和谐稳定。

2016年，该镇被评为杭州最值得到访的街镇、浙西“十佳”旅游风情乡镇；石林镇茶园村荣获2016年度淳安县带富好班子荣誉称号；茶园村被评为浙江省农家乐特色村。

（潘丽珍）

2016年石林镇各行政村基本情况

表16

村　名	村党支部书记	村委会主任	人口（人）	年人均收入（元）
茶　园	张福根	黄志红	595	16174
千岛湖	陈开泉	刘树高	479	14960
富　德	邵小平	邵勇忠	937	16009
棠　高	何加富	项华堂	393	16226
双　西	邵建星	吴六荀	1158	13756
岭　足	方贵军	方贵军	427	15310
玳　瑁	练志洪	叶永林	537	11313
西　岭	项国昌	项德庶	386	11297

·里商乡·

【概况】　2016年，里商乡总面积276平方公里，辖16个行政村、100个自然村、123个村民小组、3466户，总人口11281人；地域面积276平方公里，有耕地面积250.47公顷，山林面积19740.27公顷，其中生态公益林7232.20公顷；茶园面积1175.20公顷，产茶496吨，产值5320万元。实现农村经济总收入16473万元，农民人均纯收入15941元。

有中心学校1所、完全小学2所，学龄儿童入学率、巩固率100%。有乡卫生院3所，邮电所、信用社各1所。有文化活动中心1个、成人技术学校1所，文化站图书馆1个，藏书12000余册。

经济实力增强。做大传统支柱产业，茶叶、毛竹、山核桃、油茶种植面积分别达到1217.2公顷、165公顷、67公顷、200公顷。扶持发展新兴经济，引入套种技术，分别试种中药材、大金丝皇菊、莼菜等新品。扶持农村电商销售产业，成立农产品电商销售企业2家、网上商城2家、淘宝店铺1家。引进茶叶新品种5个，研制新茶产品2个，引进精深加工企业1家。抢抓上江埠通车和环湖绿道经济发展机遇,推进乡村旅游开发,增加农民三产收入。成功创建1家精品民居民宿云里雾里山庄,新增2家民居民宿,6家农家乐集体转型为民居民宿。里阳特色民宿群和紫云尖摄影基地一体化打造,点线成串,整村推进。

乡风乡貌改变。借力城乡统筹机遇,全面实施"跨湖拓展"集镇建设,激发集镇生机和活力。完成滨湖道路和环湖景观带建设,基本完成大千古街项目,加快推进千岛碧水湾项目,形成集镇环湖集聚效应。

生态品质提升。出台多项"五水共治"配套政策,落实民心工程普惠于民,投入2220万元进行村级污水设施建设。石门村污水处理工程被评为县级优良工程。开展"四边三化"和"清三河"综合治理工作,结合"路长制""河长制"对辖区内道路、河道、沟渠进行排查和整治,乡村面貌得到进一步改善,群众生活环境更加优美。

民生基础改善。开放16个行政村的农家书屋,组建村级排舞队,排舞节目在县级比赛中屡获大奖。完成塔山、武源、石门等3个村文化礼堂建设,完成江村、向阳等村大会堂修缮和石湾村方判府祠等历史建筑修缮。养老保险覆盖率在92%以上,医疗保险基本全覆盖,有效缓解了"因老致贫、因病返贫"问题。不断改善教学条件和师生住宿、用餐条件,投入15万元在全县第一个实施农村学生免费课间餐,各年级教育水平始终排在全县同类学校前列。稳步实施生育政策,积极兑现各项奖扶政策,不断强化计生服务,逐步实现由管理向服务转型。深入开展矛盾纠纷排查调处工作,健全人民调解网络,开通书记、乡长热线电话。

【乡级组织换届】 10月,全乡22个党支部进行中共里商乡第十五次代表大会代表选举,选举产生51名党代表。10月28日,举行中共里商乡第十五届党员代表大会,听取并审议了中共里商乡第十四届委员会的工作报告和中共里商乡纪律检查委员会的工作报告;选举产生了中共里商乡第十五届委员会和中共里商乡纪律检查委员会。12月23日,召开里商乡第十七届人民代表大会第一次会议,审查和通过了里商乡第十六届人民代表大会的工作报告;选举产生了新一届乡政府班子。

【2016年茶叶节和年味节】 3月27日,举办2016年里商茶体验节。体验节包括开幕式、采茶、踏青、品茶、茶仙子品选等。吸引2000余名游客、摄影爱好者、茶叶爱好者参与。12月24日,举办首届里商乡年味节。主要推广里商十余家民宿及特色农家年味,吸引游客300余人。 (王 玲)

2016年里商乡各行政村基本情况

表17

村 名	村党支部书记	村委会主任	人口(人)	年人均收入(元)
塔 山	邓满莲	朱顺根	855	17726
燕 窝	解同康	汪苏明	532	14510
村 坑	方建新	方建新	548	15673
江 村	江志宏	江永龙	668	16235
里 阳	许合喜	商发庆	474	19004
架子岭	项勇军	项连恒	381	17101
向 阳	向树来	向新朝	701	18501
武 源	於阿高	叶志明	1003	14928
鱼 泉	王茂华	商懂军	521	18243
五 兴	胡胜利	杨怀栋	593	18275
里 商	商国山	叶代根	1398	15298
郎 范	郎共伟	詹文龙	1064	13744
大 叶	程宝元	叶雪峰	481	14709
洞坑口	解顺道	姚发根	635	15264
石 门	叶世广	叶映红	662	14498
石湾村	王丁信	解华明	765	14821

·富文乡·

【概况】 2016年,富文乡总面积151平方公里,辖10个行政村、79个村民小组,全乡总户数2462户,总人口8390人,人口自然增长率-1.67‰。山林面积1.24万公顷;耕地面积303公顷,其中水田226公顷。

全年实现农村经济总收入6.78亿元,比上年增长11%;村级集体经济总收入273万元,增长7.5%;农民人均收入15075元,增长11.81%;财政总收入3411.20万元,增长7.39%,其中,地方财政收入96.23万元。

全年实现农业总产值11184万元,增长20.17%,粮食复种面积363.26公顷,粮食总产量1504吨,平均亩产285千克。茶叶产量159吨,水果产量459吨。

集镇改造提升品位。紧抓集镇改造契机,聚焦乡政府立面改造、金富线沿线环境整治、石头埠入乡口沿湖序化亮化和朱村农村道路改造等重点项目进行有力推动。石头埠沿湖5幢房子全部拆除,石头埠区域环境卫生情况得到有效整治,大大提升了入乡口的形象品味;完成乡政府立面改造工程;完成朱村农村道路拓宽和金富线3条衔接路工程;金富线沿线"两路两侧""四边三化"工作强力推进,环境整治成效显著,集镇面貌大大改善。

社会管理创新有效。以G20峰会大排查大整治工作为契机,关口前移,乡村干部一线开展瓶装液化气、民宿等重点物件和留宿场所的滚动式督察。重点围绕查林村和章坑村杭黄高铁项目做好农户房屋爆破补偿和矛盾纠纷调处工作,协调完成近48万元补偿款的发放,涉及农户134户。全年未发生影响恶劣的阻工事件,保障了项目顺利推进。强化对重点人员的稳控,强化对重点矛盾积案的化解。坚持纠纷矛盾提前介入、源头化解,信访量同比下降26.32%,全乡社会秩序井然。

招商引资成绩斐然。全年实现固定资产投资到位资金3200万元,完成任务数的107%;招商引资到位3010万元,完成任务数的168%,特色招商项目3个,均为淳商回归项目,分别为治真谷精品民宿、绿合林旅游开发和邦泰针织。

民宿经济异军突起。积极推进农家乐向精品民宿转变,致力打造农家乐"升级版"。全乡43家农家乐改造提升为民宿,投资500万以上的精品民宿3家,其中"美客爱途"已实现有效投入600万元,并于7月初正式对外营业,已在县内外享誉盛名;茂山高端民宿于3月启动建设,一期的建设工程投入近1000万元;乡庐怡陌特色民俗即将进场实施,此外还有2家高端民宿意向在谈。以民宿经济为引领,探索"民宿+文创""民宿+绿道""民宿+康美"的发展模式。

社会事业普惠民生。投资190万元完成青岭线大中修项目,极大改善了青田岭后的出行条件。完成了富文乡中心卫生院和村卫生院的监控安装,并投资6万元对青田村卫生室进行维修提升。投资近40万元建成查林、重坑等4个村的村级养老服务中心,惠及近800名老年人。投资30万元建成查林村文化礼堂,投资40元万对聚璧村大会堂进行修缮,进一步夯实了村级文化阵地。

【乡级组织换届】 10月27日,中国共产党富文乡第十五次党员代表大会隆重召开,来自全乡各界的47名党员代表和17名列席代表参加了大会,选举产生了新一届党委和纪委领导班子。12月23~24日,富文乡第十七届人民代表大会第一次会议胜利召开,46名乡人大代表和27名列席人员参加了会议,选举产生了新一届乡人大主席团和乡人民政府班子。

【首届“白云深处有人家”民宿体验节】 8月13日,由淳安县委宣传部、中国摄影报社、千岛湖风景旅游委员会、富文乡人民政府等单位主办的“‘白云深处有人家’民宿体验节暨中国摄影报走进富文联谊活动”在富文乡青田村乡村旅游咨询服务中心举行。活动当天,开幕式和单车畅游、走进民宿、乐淘果园、摄影沙龙等精彩纷呈的活动吸引了来自全国各地的摄影协会会员以及众多游客的积极参与,并得到了社会各界的广泛好评。活动得到了中国新闻网、今日头条、浙江电视台、《杭州日报》、杭州电视台等18家新闻媒介的广泛宣传推广,富文乡的山水人文和以民宿为主体的产业发展进入了全国视野。

(余美娟)

2016年富文乡各行政村基本情况

表18

村　名	村党支部书记	村委会主任	人口(人)	年人均收入(元)
青　田	陈长寿	胡拥根	691	15762
富　文	王佳明	邵长根	2021	15520
漠　川	方福东	方成汉	672	14769
聚　壁	王竹根	王立新	550	13196
燕　坑	方国梅	方钢群	626	13455
章　坑	方有汉	方有汉	731	13863
方家畈	方田中	方田中	622	13560
查　林	乐伟刚	邵月亮	781	13285
重　坑	方万朝	方世红	718	13333
六　联	刘樟达	胡桂香(女)	905	13503

·左口乡·

【概况】 2016年,左口乡总面积175平方公里,辖11个行政村、85个自然村、136个村民小组。全乡总户数3315户,总人口11704人。人口自然增长率0.37‰。山林面积13253公顷;耕地面积379公顷。

实现农村经济总收入46183万元,增长9.4%;村级集体经济总收入329万元,增长8.6%;农民人均收入14391元,增长11.3%。

粮食复种面积530公顷,粮食总产量2154吨,平均亩产266千克。生产油菜子438吨、茶叶114吨、山核桃186吨。

乡域经济实现跨越。乡村旅游发展势头迅猛,年接待游客突破33万人次,实现旅游总收入3680万元。积极引导农家乐向特色主题民宿转型,同时突出农旅融合,挖掘民俗土货,打造“民宿+”产业,乡村休闲度假为主导的服务经济发展导向日渐明晰。

生态环保得到提升。创新二线干部督查巡查制度,11个村污水运维状况良好,实现生活垃圾资源化利用全覆盖,推进垃圾分类工作,发放分类垃圾桶近4000只,河道交界段面始终保持Ⅰ类水质。

休闲度假产业不断发展。始终坚持生态比较优势,注重康美产业的发展,以乡村旅游为主导的产业导向形成共识,着力打造全县乡村度假养生首选地。2016年毛岭自然村的民宿已达13家,基本实现民宿发展的满堂红。桥西村被评为市级民宿示范村,蓝马驿站被评为杭州市十大精品民宿,老田庄被国家旅游局评为中国乡村旅游金牌农家乐。在毛岭村的带动下,全乡11个行政村中有7个村发展了农家乐(民宿),共开办农家乐(民宿)63家,实现群众增收1200余万元。金紫尖登山、丰坪观岛、赏花采风等特色运动休闲项目的打造成效初显,多渠道宣传推介左口的特色产品和人文生态,活动吸引了5000余人次参加,上海东方早报、时代周刊、中国旅游报、中华户外网等30余家媒体进行了高强度的宣传。

农旅产业继续融合。围绕“五基地一合作社”建设,结合各村资源禀赋和产业基础,塘边至石岭后的精品果园、石岭后至雌龙源的中药材、左口以里4个村的坚果种植等“一村一品、一片一特色”块状产业逐步形成。同时，结合乡村旅游，强化网上网下互动，果园休闲产业也得到了快速发展，完成千岛湖奥龙一翠悦湾休闲生态农业项目前期规划；投资300万元完成睦州果蔬基地的标识标牌、排水系统和停车场建设；三和百果园开发面积超20公顷，积极通过网络宣传、微信营销销售杨梅和桃子，上年销售收入200余万元。

集镇建设稳步推进。田园湖畔精品酒店已完成主体工程及室外基础设施建设，华伟置业翠湖湾房地产项目也已经动工开建，丰坪自然村下山移民搬迁工作在有序推进。此外，电商物流公共中心、龙坑坞民宿提升、桥西富丽乡村建设等项目均在快速推进，集镇建设如火如荼。

百源经济积极培育。谋划培育以十八都源、光左线沿湖地带为重点的“一源一带”产业发展，重点发展民宿民居、精品农业、来料加工等“百姓经济”，真正带动群众增收致富。加强与在外淳商的对接联系，深入推进淳商回归工程，引进农业企业杭州昱天苗木，当年产生税收40余万元。

民生事业取得新发展。交通条件进一步完善，河道整治、山塘加固、林相改造等工程有序推进，村风祖训家风得到弘扬，养老、就学、就业等环境得到快速提升，乡村面貌焕然一新。

农村社会保持和谐稳定。圆满完成G20杭州峰会等重大活动维稳安保任务，开展入户大排查，落实平安巡防机制，特别重视初信初访的面对面交流化解，全年未发生群体性事件和重大事故。全年民宿发展、党建带团建以及高铁炮损处置等三项工作得到县主要领导的批示肯定，党员带头亮家风工作得到了《人民日报》的宣传报道。

【2016千岛湖左口金紫尖登山节】 10月15～16日，由左口乡人民政府举办的2016千岛湖左口金紫尖登山节在金紫尖脚举行。开展了金紫尖登山音乐晚会、挑战金紫尖、航拍、摄影大赛、露营大会等一系列丰富多彩的活动，旨在进一步对外展示在口一流的自然生态资源，人文景观，加强对外交流，以促进全乡旅游经济、民宿产业健康快速发展。来自杭州、上海等地的游客，及本地群众近万人参加活动。（胡凯俊）

2016年左口乡各行政村基本情况

表19

村　名	村党支部书记	村委会主任	人口（人）	年人均收入(元)
桥　西	宋新才	洪伟贤	746	16851
瑶　村	余华熠	余文中	1094	15746
显　后	方　亮	方建平	1399	15026
左　口	夏苏华	方向东	1518	14286
芳　桥	胡百成	夏来顺	899	14112
田　里	洪世文	洪世文	802	13679
方　家	方立忠	方立忠	505	14589
石岭后	方保华	方采军	536	14304
雌龙源	方子贵	刘发贵	771	14237
塘　边	毛剑君	洪有景	1528	14019
龙源庄	洪贺平	洪小根	1906	13031

·金峰乡·

【概况】 2016年，金峰乡总面积150平方公里，辖11个行政村、46个自然村、84个村民小组。全乡总户数2022户，总人口5948人。人口自然增长率1.3%。山林面积5252公顷；耕地面积258公顷。

全年实现工农业总产值15985万元，比上年增长13.7%；农村经济总收入37481万元，增长15%；村级集体经济总收入136万元，增长9.7%；农民人均收入14630元，增长11.8%。

结合“金峰蜜”的产业发展方向，明确“朱峰百花谷、金峰百果园”的产业格局，深度挖掘各村资源,促进三产融合发展。安上村推介“粉皮节”和古香榧群乡旅资源;百照村完成21.4公顷蓝莓基地建设;金源村新发展樱桃、枇杷、覆盆子12.5公顷;蒋岭上与杭州市西湖区梅家坞村签订三年结对协议,成立马铃薯合作社,开荒种植,将直供西湖名胜区;五龙村、锦溪村沿锦砂溪流转土地植树栽花增加蜜源植物。淳安锦溪果蔬专业合作社方国春选送的翠冠梨荣获杭州市优质蜜梨金奖;淳安县金峰茅坪果蔬专业合作社叶根根选送的翠冠梨荣获杭州市优质蜜梨银奖;殿峰徐宏春选送的银针茶在全县第二届斗茶大会上被评为银针类“金茶王”。

以精品线路为纽带,推出36个最佳摄影点、12个月的行摄菜单、山谷音乐节、萤火虫之旅等,开通二微码微官网。对景山村春晚、安上村请石矶娘娘、朱家赛猪头、蒋岭上抢县官等非遗和民俗文化活动进行有效整合、强力营销,延长游客消费周期。朱家历史文化村落挖掘弘扬朱氏文化底蕴,展示理学渊源,建成杭州市十佳文化礼堂,进一步做好朱氏祭祖文章。五龙村在泽峰庄修缮中共淳遂工委展示馆,保护茶园山党支部历史和红色文化,实现党建和旅游的融合,打造党建教育阵地。景山中心村村集体物业房拍租,康玺德宝公司借助金峰农中在淳安的影响,把酒店的名称定为“农中印象·生态家”,已开始试营业。完成金峰旅游形象宣传片的拍摄,成功举办第七届千岛湖乡村摄影节。首届千岛湖国际摄影大赛的“千岛湖专题组”金奖作品在百照村产生。

建成金峰乡公共物流中心,外部配套设施和招商工作同步推进;完成千威线珍坞段改造项目的征地拆迁并已启动建设;金源山省级地质灾害点已全部完成搬迁避险,中心村联排房8户已入住,公寓房首批3户已分配到户,其余户已完成临时避险,新农居点正在规划设计;千黄高速公路征迁农居点建设的征地、设计等前期工作已提前启动。完成全乡地名普查工作;完成敬老院的消防综合验收,提升农村居家养老服务站服务水平。大力宣传“全面两孩”政策及修订后的《浙江省人口与计划生育条例》。做好安全生产、食品药品安全宣传。

全力保障G20峰会,深入推进“平安金峰”建设,进一步加大监控基础设施投入,维护好各村的综治监控设备,形成对违法犯罪行为的有力震慑。进一步深化网格化管理,发挥网格员作用,及时排查化解信访和矛盾纠纷。完善重大决策风险评估、舆情研判引导机制,强化源头预防化解。严格落实安全生产责任制,加强乡域范围内重点行业、重点领域、重点时期的安全监管和防灾减灾,有效预防安全事故和自然灾害发生,保障人民群众生命财产安全。

2016年,该乡荣获“服务保障G20杭州峰会先进集体”称号;五龙村荣获“浙江省民主法治村”称号;百照村荣获“杭州市卫生村”称号。

【“五水共治”工作】 为了保障农村生活污水处理设施正常运行,实现“建好管用”的目的,全面启动全乡农村生活污水处理设施运行维护工作,制定《金峰乡农村治污运维考核管理办法》,出台细则进行运维长效管理考核,进行农村治污运维大排查大整治,运维工作正常开展。深化清洁乡村工作,制定村保洁员奖惩办法,配齐村保洁员保洁工具设施,召开白蚁湾和安上村两次村庄整治现场会,开展卫生死角清理,全乡清洁乡村工作水平不断提升。

【“无违创建”工作】 以防违控违为重点巩固深化“无违建”创建成果,开展“两路两侧”“四边三化”整治,对沿湖沿线的广告、垃圾、违章建筑等开展综合环境整治。2016年,全乡共完成拆除面积494平方米,共审批建房57户。

【浙江省中华蜂保护区创建】 2015年启动的中华蜜蜂保种和省级保护区创建，列入全县三大农业原种保护工程。已成功注册“千岛金蜂”蜂蜜产品商标，并依托蜂蜜产品开发、蜂文化旅游产业策划等项目，切实做大中华蜂保护发展文章。出台《关于中华蜜蜂产业发展的实施意见》，扶持792户低收入农户发展中华蜂792桶，聘请养蜂技术员，对养殖大户和低收入农户进行一次全面回访，实行技术跟踪服务和指导，成功创建了杭州市首个中华蜜蜂一级种蜂场。2016年11月中央电视台《走遍中国》栏目到金峰拍摄中华蜂专题片，并在中央电视台播出。

【金峰乡中心学校初中部撤并】 金峰乡中心学校初中部在9月秋季开学前完成撤并，辖区内初中生统一到千岛湖镇青溪中学就读，原金峰乡中心学校变更为金峰乡中心小学。有学生17人，其中四年级9人，六年级8人；专职教师12名。 （宋玲妹）

2016年金峰乡各行政村基本情况

表20

村 名	村党支部书记	村委会主任	人口(人)	年人均收入(元)
金 源	吴年卿	吴建平	468	15768
景 山	吴奕军	王建红	396	16360
金 峰	江学政	吴跃钊	770	14735
殿 峰	徐小勤	徐小勤	595	13566
山 后	江银宝	江志龙	449	15312
百 照	方文海	李发本	691	12499
安 上	李君竹	李志卫	467	15649
朱 家	朱金万	朱永红	346	15708
锦 溪	江国新	王凤鸣	862	12390
蒋岭上	方雷震	方江南（主持工作）	391	15932
五 龙	方声华	叶志青	513	16717

·临岐镇·

【概况】 2016年，临岐镇地域面积222平方千米，辖17个行政村，139个自然村，人口2.1万人。山林面积18634公顷，耕地面积868公顷。实现工农业总产值14.01亿元，实现财政总收入1100万元，农民人均纯收入16540元。

实现农业总产值2.64亿元，其中茶叶产值3666万元，蚕茧产值542万元，山核桃产值3420万元，山茱萸产值2600万元。在此基础上，以中药材产业为龙头的农业经济发展势头良好，特色主导产业优势突出，以土地流转和规模经营为抓手，大力发展中药材种植基地2330余公顷，并形成了山茱萸、覆盆子、黄精、白芨、重楼等“淳六味”为主要品种的中药材产业，仅覆盆子一项就为农民增收5000万元以上；传统优势产业常抓不懈，茶园面积突破750余公顷，山核桃面积突破2130余公顷，高山蔬菜面积突破93公顷，食用菌突破60万袋，农业高效化发展到达高潮；产业组织优化程度不断提升，有效推动了全镇农产品加工转化率，提高了农产品附加值，全镇共发展农业企业34家、农民专业合作社61家、家庭农场17家，其中千岛湖岐云山茶叶合作社、猴宝宝山核桃专业合作社被评为国家级示范农民专业合作社。

实现工业总产值11.37亿元，其中销售产值11.12亿元，规上工业销售产值4.91亿元，限上工业投入9990万元。以高新技术企业为带动的工业经济发展成效显著。企业生产规模和创新实力不断提升，以科光照明、浙江贝欧、皓坚汽配、盈铭深冷为代表的规上企业成为引领临岐工业发展重要引擎，实现规上工业产值4.9亿元，新增科技创新企业3家，获得国家发明和实用新型专利50余项；工业发展环境和基础平台不断优化，五年累计投资6700万元,完成景观提升、边坡治理、道路建设、污水处理、通电通水等园区基础设施项目,使对山园区成为全县设施最完善、服务最到位的乡镇产业功能园区之一。

以休闲康美产业为代表的现代服务业发展崭露头角。一方面,打造淳北特色旅游目的地,全县乡村旅游推进年启动仪式和"乡村记忆·休闲养生"覆盆子采摘节的举办为临岐乡村旅游发展拉开序幕;投资800万元打造的贝欧绿道和速降赛道项目成为运动休闲游的重要载体;投资300万元的五庄康美村建设开启了中医药文化游的大门;外公山民居、谷岭精品酒店、对山房车营地、十里长坪野花香体验店项目加快推进拉起淳北乡村游的主体框架。另一方面,大力发展电商换市,创建了临岐镇电商服务中心,截至年底,共发展电商网店41家、电商商城13家、电商企业16家,电商销售额已经突破了4000万元。

完成招商引资协议资金1.7亿元,以全员招商为抓手的临岐招商模式逐渐成熟。通过组建招商小分队,以班子成员带队,全镇干部参与的形式,推进招商引资"全员化",五年共引进各类项目29个,到位资金1.7亿元,其中工业项目10个、农业项目15个、服务业项目4个。

城乡面貌发生新变化。空间布局进一步优化。在城乡统筹发展政策和"无违创建"工作的有力支撑下,2014～2016年共拆除违章建筑11.07万平方米,收缴有偿使用费564.7万元,同时,投资7700万元,完成入城口景观改造、街道立面改造、人行道绿化铺装、管线入地等项目建设,城区向溪口方向沿湖发展,集镇面积由原先的0.6平方公里扩大到4平方公里,进一步拉大城市建设框架;同时,投资2亿元建成了三期504套农民集聚房,共集聚人口642人。基础设施进一步完善。在集镇配套设施建设上,投资9400万元,先后实施了中国千岛湖中药材交易市场、集镇新自来水厂、集镇农贸市场、集镇市民广场等重点项目,集镇功能得到提升完善。在交通建设上,投资1420万元,先后完成了13个联村联网和康庄工程大中修工程,特别是2016年正式启动的330国道临岐至湍口段改建项目,将大大缩短临岐至杭州的距离。在水利建设上,投资2537万元,完成项目70余个,大大改善农村饮用水和防洪防涝的水平。美丽乡村建设进一步推进。以"整镇推进,全域提升"工作为抓手,投入500万元,重点从村庄环境、产业发展、村务管理等方面推进各村全面协调发展,同时,紧紧抓住城乡统筹发展的有力契机,因地制宜地推进溪口中心村和临岐、梅口、仰韩精品村建设,村庄发展环境得到进一步提升。土地经营方式进一步转变。全面开展农村土地确权和农村股份制改革工作,进一步促进农村土地规模经营,通过租赁、入股等形式鼓励进行土地规模流转,2016年土地流转面积达66公顷,并成功创建仰韩省级粮食功能区。

生态建设取得新成效。狠抓治水攻坚。牢固树立"绿水青山就是金山银山"的理念,全面开展"五水共治"工作,一方面,在全面完成17个行政村和集镇污水治理工程项目的同时,建立全县首个农村污水运维工作站,配备村级污水设施运行维护专职巡查员,对各村污水处理设施进行不间断巡查维护;另一方面,严格落实"河长制",对全镇范围内县、镇、村三级河道实现湖区、河道管理全覆盖,并出台全面禁止河道机械采砂和河道保洁长效机制等管理措施,确保河道两岸生态自然,水流清澈畅通。狠抓环境整治。强势推进"四边三化"工作,严格落实"两路两侧"整改,共开展专项整治30余次,处理彩钢瓦5万平方米,清理建筑垃圾2000余吨,拆除违章广告800余处。高度重视养殖污染和农业面源污染工作,建立有害垃圾统一回收、统一清运、统一处理机制。狠抓集镇管理。投入

2500万元，完成集镇交通信号灯、公共停车场建设，规划设置非机动车停车点和公交车站点，进一步优化城市管理硬件基础，同时，通过成立城市管理综合执法中队，依托数字城管指挥平台，加大摊外摊、店外店和卫生死角的整治，集镇面貌得到较大提升。狠抓清洁乡村。出台新的清洁乡村考核办法，完善监督检查机制，每月组织各村进行交叉检查并排名通报，清洁乡村工作在全县位居前列。全面启动农村生产生活垃圾分类收集和资源综合利用试点工作，划片区配备收集员和监督员，做到每天上门评比，每月积分亮晒。扩大清洁乡村外延，丰富内涵，进一步落实好门前“三包”和“美丽庭院”创建工作。生态建设工作始终位居全县前列。

和谐进程迈出新步伐。社会保障更加有力。认真落实“两保”代缴工作，“两保”代扣代缴签约率达100%，走在全县前列，持续开展“春风行动”“慈善一日捐”等慈善活动，累计发放各类民政救助款1000余万元，建成居家养老服务中心17个，农村“五保”对象和城镇“三无”人员集中供养基本实现全覆盖，落实低保户476户，残疾人救助710人，农村医疗参保率达到100%，农村基本养老保险参保率达96.99%。社会事业蓬勃发展。教育投入持续加大，投入2400余万元建成了临岐镇中心幼儿园、第二幼儿园、卸岭幼儿园和临岐镇教师宿舍楼，改造了临岐镇初级中学和卸岭完小的操场，极大地改善了办学条件，临岐镇中心小学教学质量和临岐镇初级中学中考重点中学录取率一直排在全县农村学校的前列。公共卫生能力和医疗水平得到提高，积极开展基本公共卫生服务，投入580余万元新建医院值班楼及病房楼装修，临岐卫生院成功创建浙江省甲等卫生院。严格执行人口计生相关法律法规，健全村级管理服务网络，使低生育水平得到进一步巩固。基层文化事业不断壮大，投入150万元建成吴峰、梅口、仰韩等5个文化礼堂和镇综合文化站、镇图书分馆，文化场所硬件设施进一步改善，文化活动氛围进一步浓厚。社会秩序和谐稳定。“平安临岐”建设扎实推进，强化“一张网”建设，依托42个网格，不断优化和完善网格员管理和网格建设；完善矛盾纠纷和信访排查调解机制，把矛盾解决在萌芽时期，有效减少了重复访和群体访；进一步完善群防群治防控体系，全力抓好重点人群、重点时期的稳控工作，完满完成G20峰会期间维稳安保工作。经常性地抓好安全生产隐患排查、森林消防安全、食品药品安全等工作，全年来没有发生重特大人员伤亡事故，安全生产形势持续稳定。

【浙西中药材交易市场竣工】 该项目于2015年12月动工，2016年12月竣工。由临岐镇新农村建设有限公司投资建设，总投资3800万元，建设建筑面积15000平方米，上下三层共有商铺78间。市场内部已建成专业冷藏设施2000立方米。市场投入使用后将由临岐镇新农村建设有限公司负责管理，镇政府药材办负责市场交易和产品质量的监管。

（宋明芝）

2016年临岐镇各行政村基本情况

表21

村　名	村党支部书记	村委会主任	人口（人）	年人均收入（元）
范　村	郑嫩来	郑嫩来	618	13266
叶家畈	叶玉平	徐六平	761	15440
临　岐	郑有根	鲁志扬	2922	14336
梅　口	方发根	童永友	931	15711
吴　峰	何淳安	方长福	979	13442
仰　韩	—	童云鹏	996	15957
新　华	鲁卫东	何爱民	913	13703
高　峰	鲁为良	童国富	1087	13838

续表 21

村　名	村党支部书记	村委会主任	人口(人)	年人均收入(元)
新　溪	何顺平	何顺平	493	14335
里　口	童小平	刘小牛	749	15118
审岭脚	鲁普恒	童指平	1230	16900
夏　中	郑平汉	姚玉霄	1461	14661
半　夏	鲁东河	谢明光	1509	15434
溪　口	张福生	万才根	1425	15539
左　源	鲁金顺	童江华	1461	13346
右　源	方卫东	姜为秋	1595	13103
五　庄	汪国君	夏发义	648	14501

·屏门乡·

【概括】 2016 年,屏门乡总面积 163 平方公里,辖 15 个行政村、86 个村民小组。全乡总户数 3964 户,总人口 12590 人。农民人均纯收入 15062 元,增幅 11%。村级集体经济总收入 333 万元,增长 8.8%。全乡农村经济总收入 11.21 亿元,其中第一产业收入 5.16 亿元,第二产业收入 3.32 亿元,第三产业收入 2.73 亿元。

农业产业以山核桃和茶叶为主,山核桃产量 910 吨,产值 5584 万元;茶叶产量 155 吨,产值 2046 万元。此外,秀珍菇、山茶油等农特产品和山茱萸、覆盆籽等中药材也具备一定的规模。

全乡有 13 家小型的电站和炒货厂。有来料加工点 37 个,全年实现来料加工费 725 万元。

重点项目稳步推进。完成杭黄铁路项目征租用土地 8.7 公顷,主要集中在弃渣场、施工便道补征等方面,累计完成土地征租用 93 公顷,山核桃树 15000 余株。潭唐线屏门段改建工程共完成土地征用 15.5 公顷,山核桃树 2400 余株,涉及补偿款项 966 万元。完成杭黄高铁民房爆损工作,共涉及 3 个村 357 户,总计补偿金额 110 万元。加大重点项目施工受损道路修复力度,完成屏门集镇街道大中修项目,齐金线、秋屏线大中修项目已列入 2017 年为民办实事工程。

农业经济持续发展。土地确权完成测量并进行第一轮公示,进度位居全县前列。新增土地连片流转面积 29 公顷。全力推进临岐片区域协作,发展中药材 35 公顷。生态农业发展水平显著提高,金狮峰专业合作社被评为国家级示范合作社,“千名佳园”被评为省级著名商标。完成茶叶、粮油蔬菜统防统治 53 公顷。完成薄弱村集体经济发展任务、年度政策性农业保险任务和农村“三资”管理及农业普查工作。

工业经济稳步推进。招商引资完成县外到位资金 1600 万元,完成产业投资 1500 万元。新发展高新技术企业、科技型企业培育各 1 家,申报 5 项实用型专利。新培育小微信息经济企业 1 家。来料加工有经纪人 49 人,新增 7 人,辐射带动 2801 人,实现加工费 606 万元,第三方支付 444 万元,新培育专业村 1 个。新开办网店 9 家、网上商城 2 家、电商企业 2 家。

打实乡村旅游基础。将乡域范围内的所有旅游项目整合,推出“华东氧吧·养生屏门”旅游品牌,通过打造,建立起了一条独具屏门特色的精品旅游线路。一是打造“休闲养生区”,启动花盈原乡·屏门休闲养生村建设项目,该项目面向高端人士、白领精英等客户群体;完成 12 家民宿改造提升,客户群体定位于普通游客,从而打造客户群体更广的民宿民居产业。二是打造“户外运动区”,完善千亩田登山基地、金屏峡谷游步道、龙潭三叠风景区等乡村旅游景点建设,打造以面向“驴友”群体为主的户外探险旅游区和山地运动项目。三是打造“山水观光区”,加大对九咆界风景区、金屏峡谷瀑布奇观、隐将红花油茶基地等景点建设，将之培育成为“纳凉、观瀑、赏花”胜地。四是打造“果蔬采摘区”，完善生态草莓园配套设施，启动秋源水稻基地、西红花农业观光项目建设，培育集种植、加工、销售、旅游观光为一体的农业园区。

基础设施品质提升。完成齐坑、佛岭后、堪头3个村农用桥建设和隐将、齐坑2个村停车场建设；完成堪头、隐将、童家坪3个村市级生态修复建设任务；完成齐坑、佛岭后2个村环境整治提升建设任务；完成屏门村“美丽庭院”培育村建设项目。完成集镇污水处理站和治污设施运维提升、河道综合整治、幸福水库除险加固等“五水共治”项目。通过改地、宅基地复垦，新增耕地1.8公顷，完成隐将地质灾害点28户农户安置工作。严控新增违法建筑，新建房屋审批139户，农村困难家庭危房改造12户，完成城中村改造3300平方米，拆违600平方米。

社会事务协调发展。城乡养老保险参保率达到96.92%，城乡居民基本医疗保险参保率达到100%。新建居家养老照料中心9家，正常运营2家，开展殡葬专项整治行动。人口和计划生育工作评价指数、安全生产综合指数、食品药品安全综合指数任务均圆满完成。受理交办信访总量69件，同比下降40%，化解率98.6%。圆满完成G20峰会安保任务。完成农民转移集聚资料归档和放弃资产管理工作。有效改善办学条件，投入390余万元实施秋源完小师生宿舍楼新建等5个教育项目。小额公共资源交易中心受理工程建设项目61个，涉及金额1420.57万元，节约金额110.72万元，中心工作规范、程序到位。设立戏曲表演教学点，由国家一级演员王姝苹亲自执教，培养睦剧表演专业学生32名，组建睦剧表演剧团1个，全乡剧团总数达5个。

【电商产业】 乡政府制定出台电商相关扶持政策，安排20万元专项资金，用于发展电商事业。先后举办乡村两级电商培训班20期，多次组织人员到杭州、桐庐等地考察学习，积极引导现有“掌柜”做大做强，形成品牌。同时积极探索农旅结合模式，引进淳安千岛湖清屏电子商务有限公司，依托九咆界风景区和上西农家乐资源，将景区门票和农产品销售有机结合，带动周边百姓增收致富。至年底，全乡有电商企业4家、个人淘宝店28家，建立了16个赶街服务点和2个村邮乐购站，实现农村电商服务全覆盖。形成山核桃、红花茶油、山茱萸酒等10个具屏门地方特色的网货产品。　（王　旭）

2016年屏门乡各行政村基本情况

表22

村　名	村党支部书记	村委会主任	人口（人）	年人均收入（元）
将　坑	童盛华	方林贵	868	12294
屏　门	王竹平	王　宏	1507	12991
秋　口	黄盘红	黄冬军	470	12163
佛岭后	郑永忠	郑水林	1278	12545
堪　头	方蒋林	方蒋林	589	12197
项　家	项文贵	项贤竹	443	11998
丁家畈	王忠华	郑国荣	468	12452
齐　坑	方银来	方银来	780	11988
童家坪	张兴春	张有财	784	12225
金　陵	项田贵	项奎富	639	12254
屏　前	童红根	洪屏建	628	12131
上　中	章朱军	章祥来	879	12309
秋　源	章嫩荣	章贤梅（女）	1008	13442
小　陵	童祥贵	童祥贵	747	12099
隐　将	汪文祥	章祥生	1546	13406

·瑶山乡·

【概况】 2016年，瑶山乡总面积112平方公里，辖11个行政村、90个村民小组。全乡总户数2845户，总人口9711人，有外来人口126人。人口自然增长率0.3‰。山林面积9970公顷；耕地面积264公顷，其中，水田35公顷。

全年实现农业总产值是18295万元，增长8.2%；财政总收入183.9万元，增长17%，其中，地方财政收入121.6万元；年均递增26%；社会固定资产投入1860万元，年均递增11.6%。农村经济总收入83180万元，增长11.09%；村级集体经济总收入606万元，增长8.6%；农民人均收入15743元，增长11.06%。年末银行存款余额274万元，增长21.7%。

建立乡院合作框架，签约“同心·知联服务团”合作协议和云溪景观规划设计协议，助推田野上花卉苗木市场建设。合力推动“山核桃+黄精”项目建设，加强林地流转，全面扶持、推动淳安县众民农业开发有限公司黄精、白芨、重楼覆盘子、三叶青育种茎基地建设，协助日本返乡二次创业党员青年发展壮大。复苏红枣皮产业、前胡、覆盘子等一些现有中药材。对接临岐镇中药材市场建设，加快名贵中药材基地建设，扶持白芨、黄精、三叶青种植大户、创业青年和企业，打造“一亩山万元钱”的多重林地效益，实现“抬头摇钱树、遍地黄金甲”的良好景象，将绿水青山变成”金山银山“，“土地银行”到处开花。

加快瑶山山货山贸一条街建设，协助引进电商企业2家、电商个体5家。统筹规划培育建设本地物产加工集散地，积极引进山核桃深加工企业2家，杭州千岛湖绿瑶食品有限公司和淳安千岛湖瑶香清农业开发有限公司，技术全都来自临安。做精来料加工，打造一乡一品。通过多次带经纪人赴义乌考察，学习经验，开办了宏逸来料加工厂，主要以袜子为主，全年接单，从裁缝到包装整个流程都在当地完成，实现不同层次都有加工，不同年龄都能加工。

邀请浙江农林大学对山林资源的开发进行保护性公益林、小竹笋园区、山核桃园区、红花油茶园区“分类经营”全盘规划。合力推动村民和社会资本组团精品民宿民居建设，一方面支持鼓励本地村民发挥自身主体作用，参与乡土民宿民居发展，另一方面积极推动引进社会资本参与民宿民居经营。老庵基高山民宿民居项目正在规划设计，第一期投入2000万元。

积极探索清洁乡村工作新突破，组织村两委、村妇代会主任三次奔赴浦江、桐庐考察美丽乡村工作，举办了“自觉成良好习惯，共建美丽瑶山”的签名活动。投资5万元对11个村的垃圾桶进行了更换。2016年，还联合组团单位到乡开展大排查、大整改活动，查找问题652个问题，发放整改督办单216个，从源头上推进农村环境综合整治。建立“三汇一会”制，以民为中心促运维，通过分析研究，将具体的情况交办给运维公司。水质检查都是Ⅰ类水质，考核为优秀。完成城中村改造2100平方米，拆违902平方米。以“四边三化”为重点，全力做好“彩化瑶山”。春节以来，重点对佑瑶线主干道以及瑶山集镇街道进行了重点整治，开展了“幸福花开美丽瑶山”为主题的庭院创意大赛。对公路两侧乱搭乱建、乱堆乱放、脏乱差等问题进行集中整治。

依托何家秋千、富岩青狮、幸福乐队、天坪剪纸等传统文化成立了5家文创公司，完成了图书分馆建设，成立了3个摄影基地和诗词楹联协会，大力提升文化建设，丰富群众文化生活。扎实推进广播电视“村村通”工程和送电影、送戏下乡活动，村村办起农家书屋。与时间赛跑，拯救红色记忆、收集民间故事，多方协助出版《红色瑶山》《五彩瑶山》，积极做好文保和非物质文化遗产保护工作，完成淳昌分工会遗址修缮工程。建何家村老年门球队，是全县唯一基层门球队，并代表县参加全市门球比赛。组建少年速滑轮队进行为期45天集中训练，为省市体校输送速滑轮队员6名，幸福村方慧燕在2016年的世界锦标赛和亚洲滑轮锦标赛中，荣获3金4银2铜，岭后源村童嘉俊荣获1枚铜牌，为家乡争光。

2016年，瑶山乡获杭州市“五水共治”先进乡镇称号。

【山核桃文化节】 10月16日，由县委宣传部、瑶山乡人民政府主办的瑶山乡山核桃文化节暨摄影采风活动在瑶山乡何家村文化公园正式启动。瑶山乡是闻名全省的山核桃主产区，拥有山核桃林4000公顷，山核桃收入占林农全部收入的60%。同时境内民俗文化底蕴和历史资源丰厚，有明太祖朱元璋屯兵的“高山湿地千亩田”，明代嘉靖年间建造的石木结构廊桥“云溪桥”等一批人文资源。本次文化节旨在推广以山核桃为主的瑶山土特产品，宣传特色旅游资源，促进瑶山乡村经济大发展，早日实现“山区经济发展和农民增收致富示范乡”这一目标。　（鲁慧珍）

2016年瑶山乡各行政村基本情况

表23

村　名	村党支部书记	村委会主任	人口（人）	年人均收入（元）
琅坑源	方四才	方红建	1664	15355
爱　国	顾发春	邵东苟	677	14354
张　家	汪小蓉	王全贵	649	14865
琅　洞	姜赟锋	洪祝生	853	14237
幸　福	洪茂君	郑庭喜	1153	16029
贡　坑	胡小媚	方国福	582	15853
何　家	方献花	何来成	1244	16125
富　岩	占永庆	潘益人	893	12774
双　共	洪明汉	洪明汉	332	10827
天　坪	唐建鹏	潘柏根	473	11973
岭后源	方才云	方法根	1191	16240

·威坪镇·

【概况】 2016年，威坪镇总面积301平方公里，辖44个行政村、6个居民组、437个村民小组。全镇总户数17820户，总人口5.3万人，有外来人口5000人。山林面积20472公顷；耕地面积1040.4公顷，其中，水田524.4公顷。

全年实现工业总产值21.47亿元，比上年增长5.4%；农业总产值4.78亿元，比上年增长6.72%。财政总收入1.612亿元，增长27%，其中，地方财政收入1110万元；上缴国税、地税502万元，增长66.4%。村级集体经济总收入775万元，增长11.5%；农民人均收入13726元，增长11%；实现规上工业销售产值14.2亿元，增长7.33%；实现现代服务业增加值44794万元，增长15.46%。年末银行存款余额0.455亿元，下降16.40%。

全镇共有桑园总面积1330公顷，2016年投产面积1200公顷，发放蚕种23758张，产蚕969.28吨，实现产值4272万元。继续做好无性系良种茶基地的发展工作，完成蔗川、横塘33公顷茶园统防统治项目建设任务；完成方宅村78公顷粮食功能区建设项目；完成河村、唐村两个村农田提升项目申报立项工作。现代农业快速推进。完成科兰公司与方腊生态两个现代农业示范园区和德尧白桃与彪鑫基地两个现代农业园区建设工作；推进西山高山水果基地、叶家蓝莓基地和茶合白桃基地等发展观光旅游，推出采摘游、摄影游等产品。品牌农业阔步向前。“桑都”“红姑娘”无核柿农民专业合作社被农业部等部委评为国家级首批农民专业创新示范社；“桑都”黑木耳荣获中国农产品品牌评比金奖；“红姑娘”无核柿荣获义乌国际森博会金奖。

扎实推进工业园区建设。全镇有产值在8000万元以上企业6家，其中产值达亿元的企业2家。全年实现产业投资24494万元，比上年增长10.85%;完成工业投入13428万元,比上年增长9.8%。企业技改成效明显。商辂丝绸先后投资5000万元进行技改提升，成功推进亚麻生产线扩规增量,亚麻纱年产量提升30%,效益、税收全面增长,成功创建省级名牌产品;盛唐丝业开发桑黄、虫草等生态高效农业种养项目,蓝色天使食品生产技改完成,企业效益实现进一步提升;新型建材关停传统污染产品线,转型发展三产。招商引资捷报频传。完成招商引资到位资金15422万元。完成杭州睿蓝生物科技有限公司等新注册特色招商6家,引入“时代商贸城”“水墨威坪”等“淳商回归”项目3个。来料加工形势喜人。全年新发展来料加工经纪人16人,新发展来料加工企业3家,实现来料加工费收入1963万元,全镇来料加工从业人员稳定在4300人左右。

以新安文化“都”文化、民俗乡土文化挖掘和旅游环境设施提升为抓手,投资1800万元完成东方桥至方腊洞通景公路建设,投资300万元完成凤凰山游步道提升工程,投资800万元完成虹桥旅游接待中心等2个驿站硬件建设。乡村旅游初显成效。农家乐、民宿民居等旅游配套进一步完善,“怡鲜居”生态农庄顺利通过市级“三星级”农家乐验收，近两年新发展林语、海峡、方腊洞、蟠谷、凉坑民宿5家。举办元宵龙灯会、“在那桃花盛开的地方”摄影大赛、“五月的花海、开放的威坪”农旅活动、“情暖叶家、一路向蓝”、“龙腾河村、大白恬夏”采摘体验活动、“这美、那美、威坪都美”农旅体验活动暨户外三项和毅行大赛,辐射周边县、市和上海、杭州等城市,国内外多家主流媒体相继报道,上百万人通过活动了解威坪,打响了“威坪都美”的乡村旅游品牌。推出以“七彩八景九碗十村”为代表的威坪乡村旅游新热点,初步形成农旅融合的乡村旅游发展新模式。电子商务快速发展。2000余平方米的电商产业园全面建成，投入70万元,完成一期1400平方米园区装修,吸引24家网店、5网上商城、15家电商企业签署入驻协议。截至年底,全镇共有C店40多家、电子商城8家、电子商务公司25家，电商经济蓬勃发展。

投资3亿元完成三都花园农民转移集聚区建设,共新建一、二期住宅楼24幢,含住宅756套、车库296个、柴间382套,总建筑面积89600平方米,转移农户600余户。道鹰山整治全面完成。总投资1.8亿元,完成道鹰山地质灾害治理拆迁和建设用地整理20公顷，为集镇发展腾出空间。商业街项目稳步推进。投资2.8亿元,完成商业街、街道立面、道路改造等,已完成109户房屋征收、14幢安置房建设,进一步丰富集镇业态,提升集镇人气。城区路网顺畅有序。完成杆线序化、市政道路、污水处理厂建设,配套新增道路车位280余个、公厕4个,智能化交通系统有序运行。中心广场圆满收官。投资3600万元,建设用地约2.2公顷,包含喷泉、游艇码头、古威坪浮雕、山水景观墙雕等休闲元素,集运动休闲、观光游览、健身娱乐、活动举办等多种功能于一体,已成为威坪集镇新的地标性建筑。花海项目增光添彩。建成占地4公顷的威坪花海项目,与广场相得益彰,进一步丰富集镇内涵,提升城市品位。

村级民俗文化得到进一步挖掘和保护，累计新建村级文化礼堂5个,连续举办两届广场舞大赛、五届最美威坪摄影比赛。河村板龙、汪川罗神竹舞等非物质文化得到较好的传承和发扬。鼓励支持农民书画协会开展活动,定期举办乡土农民书画家创作交流和作品展览。

创新救助模式,首创“民生直通车”制度，共发放临时救助资金52万元,帮助360余人解决临时生产生活困难。积极开展扶贫工作,每年安排专项资金20余万元用于扶持省、市低收入农户脱贫。创新居家养老服务体系，在全县范围内率先创建了居家养老中心，实现全镇覆盖。建立安康和夕阳红助老服务中介机构，对全镇的580余名孤寡体弱老人进行服务，取得良好的社会效益。

推进环境治理。培育以茶合、五星、横石、汪川为代表的一批农村环境示范村。借力村书记论坛，举办农村环境综合整治现场会，掀起农村环境整治热潮。建立环境整治排名通报机制，实行“梯队分层”奖惩，共发放“以奖代补”资金11.5万元，扣罚村两委主要干部年终绩效奖金4410元，通报批评村两委主要干部9名。举办“美丽威坪万人行动”“美丽庭院万户竞赛”等活动，发动全体党员对镇域范围内垃圾死角、乱堆乱放进行彻底清理，对庭院进行洁化、绿化、序化、美化。受到《浙江日报》《杭州日报》《今日千岛湖》等媒体报道。

完成44个村和集镇污水工程建设，镇村污水基本实现零排放。投资200万元，开展农村生活污水处理设施运行维护，运维工作考核连续4次位列全县前三名，乡镇交界断面水质基本稳定在Ⅰ类水平。实施山塘水库除险加固、重点堤防加固、农村河道综合整治等项目。完成青山、楼厦等5个村农村饮用水安全提升改造工程，受益村民25000余人。

借助“G20杭州峰会”契机，综治维稳推出组合拳。首创“仲规依”民间和事团机制，配备律师服务团、综治调解联调中心，化解了一大批初信初访问题。开通威坪人自己的民情热线“64891890”，切实减少越级上访数量。搭建社会稳定防控平台，建成平台55个、安装摄像头853个，实现“天眼”系统全覆盖。

（余登辉）

【淳安县威坪农民合作经济组织联合会成立】 3月23日，淳安县威坪农民合作经济组织联合会正式授牌成立，成为淳安县首家片区农民合作经济组织联合会，此举标志着淳安县整合生产、供销、信用“三位一体”要素资源，构建“三位一体”农民合作经济组织体系，改革进入实质性的实施阶。来自威坪、王阜、鸠坑、宋村4个乡镇的34家合作社成为威坪农合联首批会员。威坪农合联的成立是片区“三农”工作的一个重要里程碑，标志着威坪片区四乡镇农民合作经济组织体系框架基本构建。

【威坪镇第二届广场舞比赛】 为丰富全镇人民群众业余文化生活，倡导健康文明的社会新风，9月30日，威坪镇政府在威坪广场隆重举办“舞动威坪与和谐同行、快乐健身与祖国同庆”威坪镇第二届广场舞比赛，来自全镇各村（社区）的29支代表队、350余名广场舞爱好者参加比赛，经过3个多小时紧张有序的比赛，叶家、青山、社区、驮岭脚等4支代表队分获一等奖。此次活动旨在通过开展全民健身活动，提高广大人民群众主动参与舞蹈健身的意识，调动社会各方参与体育健身、参与群众体育事业发展的积极性，为建设“运动休闲福地”营造良好氛围。

2016年威坪镇各行政村基本情况

表24

村名	村党支部书记	村委会主任	人口（人）	年人均收入（元）
合富	叶红日	方胜旺	1003	13032
黄石潭	潘根娥（女）	潘根娥（女）	435	12513
流湘	方文庆	方文庆	504	12752
横石	方新贵	方新贵	602	12729
新茂	方文财	钱建生	796	13515
西山	徐红正	叶嫩良	563	12637
长岭	方明	方爱忠	1178	12616
五星	唐春丰	庄亚辉	1102	12834
楼厦	方建成	唐诗琴	743	12592
新联	朱剑飞	唐国胜	509	13060

续表 24

村 名	村党支部书记	村委会主任	人口(人)	年人均收入(元)
笔 锋	童小红	童小红	1003	12757
唐 村	方宗华	—	2566	12702
坑 下	童小军	童小军	1025	12903
凤 凰	徐 验	徐立武	1392	13465
河 村	徐东汉	徐红辉	2485	13466
茶 合	徐文礼	徐东风	1071	13022
洞 源	唐立勤	唐立勤	643	12897
妙 石	徐红文	徐玉强	872	12762
贤 茂	方国良	方宗新	1029	13028
叶 家	叶如红	王勤建	1963	12875
三 坦	吴鼎木	吴鼎木	570	13038
安 川	王宗来	方风华	863	12914
杨家畈	王有堂	王小锋	756	13182
岭 脚	王明清	徐连生	510	13467
洪 圻	王仁志	王巧峰	1291	13024
旗 山	王有根	陆成本	1027	12657
琴 坑	王东大	王东大	1286	12724
横 塘	王如胜	王红旺	2552	12719
五 丰	王伟民	王中祥	809	12929
株 林	汪克军	汪红新	515	13067
三 洲	王小江	方培礼	1395	12727
邵 宅	邵明达	—	667	13532
方 宅	方升利	方国洪	1679	12815
青 山	方武凤	朱调军	771	12965
联 合	杨建忠	叶坤丙	790	12631
蔗 川	钱四放	钱红建	2017	12619
厚 屏	余绿水	徐高有	782	12868
考 川	徐小飞	徐小飞	702	12769
杜 川	吕兆双	徐晓艇	1081	12996
黄 金	胡梦芳(女)	徐玉雷	695	13072
汪 川	徐道军	徐有忠	1504	13033
屏 村	徐建凤(女)	郑建平	726	12741
蜀 阜	徐建辉	周长年	755	13155
驮岭脚	徐南明	—	759	13626

·王阜乡·

【概况】 2016 年,王阜乡总面积 168 平方公里,辖 18 个行政村、173 个村民小组。全乡总户数 6173 户,总人口 18139 人。人口自然增长率 1‰。山林面积 15620 公顷;耕地面积 281 公顷,其中,水田 119 公顷。

实现全乡农村经济总收入达 9.01 亿元;农业总产值达 1.75 亿元;农民人均收入达 11134 元;工业销售产值 1.2 亿元,财政总收入 148 万元;完成招商引资协议资金 5000 万元,县外资金 1100 万元,市外资金 500 万元,固定资产实际到位资金 1528 万元。

推进土地流转,强力推动林下经济发展,在山核桃林地发展油茶、前胡和黑麦草等 200 公顷;扩大野菊花种植规模及产业链发展,依托金紫尖和板桥基地,种植面积近 33 公顷,同时,建立菊花产业协会,实现“金紫尖”品牌统一经营管理,发挥胡家坪村的高山蔬菜基地示范作用,扩大种植面积,实现了产销一体化。

全乡完成工业销售产值 1.2 亿元。成功引进知名药企桐君堂,为茶叶及中药材产业发展注入了活力,增添了动力,已完成杭州千岛湖驮姆尖农业开发有限公司 170 万元到位资金,已落地并种植水果、西瓜,已完成淳安敬存仁农业科技有限公司 500 万元,资金已到账,厂房修建动工建设中。严家大方茶业有限公司 500 万元到位。乡有从事农特产品的电子商务网店 27 家、电商企业 1 家,电商总交易额突破 3000 万元,启动农产品电商中转中心建设,已基本竣工。线上与线下的互动为农副产品更多更好地走出大山开辟了新的途径。逐步发展以套笔、口罩为主的来料加工业,已发展来料加工专业村 1 个,经纪人 20 名,来料加工企业 3 家,让 1200 人实现在家门口就业。

依托金紫尖、金岙幽谷、严家水库、县委旧址等特色资源，积极推介培育特色乡村游。全年投入200万元，完成了金紫登山驿站建设；龙潭峡谷漂流成功创建AA级景区，基础设施和服务水平得到完善，知名度和游客量不断提升；在金家岙村建立了八都麻绣馆，加强省级非物质文化遗产八都麻绣传承意识和保护措施；统一金紫尖菊花形象设计，建设东篱馆，打造"高、大、上"品牌；启动并建设完成板桥县委旧址改造提升和板桥、胡家坪民宿民居开发利用工程；举办了三届纳凉节，进一步提升王阜的知名度。

潭唐线屏门至郑中按期施工，杭黄高铁项目强势推进；完成乡政府、荷花坪、胡家坪、何坪、柳塘、新畈等6个农村饮用水安全提升改造工程和黄家坪、外岙等重要山塘的整治维修工程，完成农村河道(云源港)综合整治3公里；启动3.5万伏变电站建设项目，完成管家、长川、郑中、柳塘、新合、郑中等10个村的农村电网改造项目。

加大对教育等基础工程的投入力度，启动建设王阜社区卫生服务楼建设；启动并完成了卫生院改建项目，完成了妇幼儿保五星级门诊创建工作；计生服务得到优化，1300余人次得到了上门服务，500多对夫妻得到了孕前免检，每年安排为流动育龄妇女提供技术服务活动，近600人受益。科学落实计生奖励扶助，1382人得到奖扶，落实奖扶特扶资金160万元，征收社会扶养费185万元。在文化上，完成了金家岙、管家村等4个村的文化礼堂建设。

全乡医保参保人数12491人，医保参保率100%，养老保险参保人数5257人，参保率为96.67%；继续落实残疾人救助工程，600余人次享受护理补贴和生活补贴；强化计生"村为主"机制，积极参与牵手服务，科学落实计生奖励扶助政策；社会救助力度加大，继续开展"春风行动""慈善一日捐"等慈善活动；社会环境稳定和谐，G20峰会期间整体平稳有序，实现了"王阜人零上访、零惹事"的目标。

是年，该乡获"杭州市无邪教乡镇"称号。

【中国共产党王阜乡第十五次代表大会】 10月26日，召开中国共产党王阜乡第十五次代表大会，会议听取和审查了张日军代表乡党委所作的《开启新征程　争当五示范　全力开创王阜发展新局面》工作报告，努力打造"山区经济发展示范""民风向善社会和谐示范""文明富丽绿色生态示范""民生事业统筹推进""保障有力党建引领示范"。

【王阜级第十七届人民代表大会第一次会议】 12月22日上午，王阜乡召开第十七届人民代表大会第一次会议。会议听取和审查了徐新平代表乡人民政府所作的政府工作报告，按照"生态美、人文美、产业美、工作美"要求，扎实推进生态环境、特色产业、基础设施、社会民生工程，全力打造山区特色经济强乡。

（范棚翔）

2016年王阜乡各行政村基本情况

表25

村　名	村党支部书记	村委会主任	人口(人)	年人均收入(元)
金　紫	潘永林	潘永义	453	12825
龙　头	方志成	王爱国	861	12377
管　家	管辉东	管圣春	1078	12474
长　川	徐拥军	徐鹏飞	947	12427
柳　塘	王和武	王春四	945	12726
何　坪	翁爱新	包新华	377	12196
郑　中	邵道醒	邵　光	1372	13627
新　畈	翁一新	翁立武	796	13000
华　坪	王传明	王树高	1098	12306
王　阜	王永华	王传四	1973	12319

续表 25

村　名	村党支部书记	村委会主任	人口(人)	年人均收入(元)
山　川	管忠于	王丽玲(女)	831	12538
马　山	王小英(女)	王亮庆	1158	12636
新　合	毛卫兵	王贤军	1483	11262
荷花坪	方应春	王福胜	497	11007
横　路	章林美(女)	吕东辉	1053	10964
金家岙	詹智明	詹德政	1183	11063
闻　家	闻申唐	罗贤山	1042	11034
胡家坪	罗长木	罗长木	532	11042

·鸠坑乡·

【概况】 2016 年,鸠坑乡地域总面积 104 平方公里,辖 9 个行政村、86 个村民小组。全乡总农户数 2591 户,总人口 7784 人。山林面积 7579 公顷,耕地面积 112.5 公顷。

实现农村经济总收入 60680 万元,农民人均纯收入 13117 元。茶叶和柑橘是鸠坑乡的两大主导产业,全乡有茶园面积 374 公顷,茶叶产量 327 吨,产值 4048 万元;橘园面积 423 公顷,产量 8826 吨,产值 2889 万元。有桑园面积 143.8 公顷,产量 44 吨,产值 179 万元;山核桃树面积 214 公顷,产量 35 吨,产值 230 万元。

"鸠坑茶"和"南浦橘"两大产业迎来新的发展机遇。茶叶产业方面:全年产茶 327 吨,产值 4048 万元,产值比上一年增长 21.3%,完成茶园"统防统治"100 公顷;在淳安县第二届斗茶大会上,鸠坑唐圣茶叶有限公司夺得千岛湖毛尖茶和千岛湖红茶两项金茶王奖;万岁岭鸠坑茶成功争创省级著名商标 1 个。柑橘产业方面,经历年初的寒潮后,乡村两级积极开展自救。先后邀请省、市、县柑橘专家到田间地头指导农户灾后自救 6 次,培训人数 500 余人,发放资料 1000 余份。同时,组织中联村农户 100 余户到临岐考察中药材和覆盆子种植,橘农信心逐步恢复。依托中联村靠山临湖的优越地理条件,正在积极探索"柑橘＋中药材"的橘旅发展新模式。

积极对外招商引资和淳商回归,全年引进招商项目 5 个,实际到位资金 7118 万元,完成全年任务的 647%。完成产业投资 3029 万元,完成全年任务的 201.9%。全年完成税收 196 万元,其中地方财政收入 109 万元,分别是上一年度的 222.7%和 181.7%。

对全国首家乡镇级的茶博馆进行改造提升,并举办以"一叶知千岛,问茶鸠坑源"为主题的第八届"鸠坑茶文化节"活动,中国新闻网、腾讯网、浙江电视台、杭州电视台纷纷报道,茶旅氛围再浓厚。电子商务实现行政村赶街网点全面覆盖,2016 年新培育网店 21 家、网上商城 2 家,新注册电子商务企业 12 家,全年组织电商培训 11 场次,培训人员达 600 余人。

完成 9 个行政村的农村生活污水提升工程,实施常青、翠峰、十二坝 3 处自来水提升工程和中联、乳洞、赋置等村的河道综合整治工程,健全"河长制"、卫生保洁机制和巡查监督机制等长效保洁机制建设,加强保洁、清运人员的业务培训和考核管理。中联晨光自然村"美丽庭院"示范户建设顺利通过验收。

继续深化无违建乡创建成果,完成城中村改造 2200 平方米,拆除违建 490 平方米。2016 年新建房屋 67 幢,未出现新增违建,为"无违建乡"创建工作夯实了基础。

金塔村中心村项目建设全面完成,并完成审计工作。农民异地转移方面,2016 年完成 67 户农户异地转移集聚资料核对、资产登记造册、资产评估和协议、承诺书签订等工作。

抓住乡街协作、联乡结村等帮扶机遇,重点改善基础设施,提升产业发展,实施关心关爱等。全年共实施帮扶项目 17 个,其中市、县联乡结村帮扶项目 16 个,镇街协作项目 1

个，帮扶资金达618万元。

投入468万元，完成郑双线、金凤线、金塘线村道5.53公里大中修；投入47万元，完成水毁道路修整工作；投入42万元，完成金塔、刘家两处边坡治理，改善了出行交通条件。社会保障方面，完成低保续保、新增低保共265户，政府购买居家养老服务100人，举办养老服务培训60人次，完成敬老院的消防改造提升工程；继续推行"两费"信用社代扣代缴，城乡养老保险参保率为96.66%，医疗保险参保率为100.07%。文化方面，完成常青、星光两个村文化礼堂建设，为村民提供文化娱乐场所。教育事业方面，完成鸠坑中小操场塑胶跑道改造和幼儿园校舍翻修工程。

严格落实安全生产责任制，与全乡9个行政村、21家企业、学校、卫生院签订安全生产责任状。完成烟花爆竹销售点的规范工作，全年无一起安全生产及食品安全事故发生。综合治理方面，有效化解社会矛盾纠纷186起，化解率达到100%；共受理各类信访件21件次，办率100%，全乡无一起群体性事件和越级上访事件发生。计划生育方向，全年共出生人口92人，计划生育率99%。

【第八届鸠坑茶文化节】 为进一步挖掘鸠坑茶历史文化，弘扬鸠坑毛尖品牌，促进农业增效、农民增收，4月8日，举办了以"一叶知千岛，问茶鸠坑源"为主题的第八届鸠坑茶文化节。活动分为三部分：一是参加淳安县第二届斗茶比赛；二是品尝茶宴；三是采茶体验。文化节吸引了杭州、南京、江苏、上海等地游客400余人参加，促进了鸠坑毛尖的品牌宣传、区县协作和城乡互动，并且推动了鸠坑茶产业与乡村旅游业的融合发展，茶文化节已经成为宣传鸠坑的一个新窗口。

（方红娟）

2016年鸠坑乡各行政村基本情况

表26

村　名	村党支部书记	村委会主任	人口（人）	年人均收入（元）
中　联	吴有祥	胡万星	1289	15167
乳　洞	钱金放	钱文威	802	12494
星　光	洪竹茂	洪　涛	670	12687
赋　置	余宏勤	余运彬	1194	13568
金　塔	唐晟	管士勤	1196	11647
青　苗	严华翠（女）	方淼华	720	13180
严　村	严章顺	严建祥	590	11508
翠　峰	胡社运	陆发田	613	11778
常　青	严志华	严志华	710	12577

·宋村乡·

【概况】 2016年，宋村乡地域面积80.16平方公里，辖8个行政村，21个自然村，59个村民小组。全乡总户数2150户，总人口6935人，人口自然增长率2‰。山林面积6975公顷，耕地面积218公顷。

全乡农村经济总收入达到3.12亿元，增长12.9%；农民人均纯收入达到12515元，增长10.8%；服务业增加值4295万元，增长14%；完成招商引资3400万元，完成任务数的300%；完成固定资产投入1700万元，完成任务数的113%；乡总财政收入140万元，比去年增长150%，乡地方财政收入108万元，比上年增长170%，都为历史最高值。

形成绿色发展新气象。传统农业焕发新机。茶叶产量达到180余吨，产值突破3000万元。新发展山核桃107公顷、香榧20公顷、油茶13公顷，呈现以茶叶、山核桃为主打，香榧、油茶等为辅助的现代农业新格局。服务经济快速发展。以宋村溪水文化旅游节为平台，依托白云溪漂流，促进农家乐、民宿民居产业发展，全乡农家乐、民宿民居达24家，有床位215个，2016年接待游客21万人次，旅游服务经济收入2200万元。来料加工稳中有升。通过政策扶持、精心培育，全乡来料加工经纪人达19名，年发放加工费560余万元，已形成以渔网、家纺、口罩加工和套笔为主导的来料加工产业，成为农村群众致富的“百姓经济”。招商引资增速提效。以农旅融合为重点，积极引进兰川民宿民居、土腥人影视制作有限公司、杭州千岛湖叠泉塆农业休闲开发等项目，其中兰川民宿民居注册资金达1000万元，项目总投资约2000万元。2016年，云港口村被评为县文旅融合示范基地。

统筹规划集镇建设。品牌意识不断强化。在提升“华东第一漂”“吃鱼在宋村”等传统品牌基础上，完成“宋村印象”商标申报注册，整合“写意宋村”资源，设计具有宋村特色“song”的LOGO，统一制作安装乡域村标、民宿民居标识，打造个性化候车亭和垃圾临时中转点，塑造具有宋村特色的品牌新形象。实施集镇改造工程。投入1700余万元实施云港口精品村、美丽乡村精品线路(游步道)、美丽宜居村、农贸市场等项目，完成公园改造、运动区块开发等配套设施，建成绿化、美化、序化、亮化示范点，打造沿湖飘带休闲区块。下一步还将实施小城镇环境综合整治，努力使宋村成为千威线上的精品节点。

打造村级建设新面貌。“无违创建”全力推进。重点抓好防违控违工作，落实“网格长”负责制，把建房“四必到”监管机制、防违控违动态巡查分解到每个干部身上，确保违章建筑“零发生”。着力抓好拆改用工作，利用拆后土地，建设青山口农居点、云港口美丽宜居村等项目，拆出空间，拆出美丽。“五水共治”成效明显。以“美丽白云溪”专项行动为抓手，认真落实“河长制”，2016年乡镇交接断面水质始终保持在Ⅰ类水体。加大农村污水运维投入，建立施工、监理、运维和乡、村、农户六位一体的污水运维机制，2016年污水运维检查始终排名在全县前五名。深化农村环境综合整治，建立农村保洁员、水务员考核机制，清洁乡村水平维持在全县中上游。

社会事业取得新发展。社会服务不断进步。宋村是“竹马之乡”，宋村竹马曾获县群众文化艺术节竹马大赛金奖，为了更好地保护和继承竹马文化，在宋村小学组建宋村小芽儿竹马班，并聘请省非物质文化遗产传承人作为专职辅导员。投资550万元建设的宋村乡养老服务中心，是全县第一家具备电梯功能的乡镇敬老院。同时，高分通过市级卫生乡的复评。社会治安平稳和谐。围绕G20峰会这个圆心，乡、村两级干部一户一户上门摸排，对重点对象采取逐一分析、个别对待、干部包干、乡村联动、齐抓共管的方式，圆满完成G20峰会服务保障工作，实现“宋村零出事、宋村人零惹事”目标，被评为县服务保障峰会先进集体。健全乡、村、组三级信访网络，实行重大矛盾纠纷领导包案制，有效化解，信访率年年下降。2016年，全乡共有33件信访件，比上年下降40%。

【第三届溪水文化旅游节】 7月23日，第三届宋村乡溪水文化旅游节开幕，以非物质文化表演、溪水漂流体验为主线，有拉狮、睦剧、跳竹马的非物质文化表演，有神仙豆腐、农家酱、石盆景等农特产品展示，还有农家乐厨神争霸、游客猜茶、掂鱼猜分量等互动环节，集中展示了宋村的水文化、鱼文化、石文化、美食文化和传统文化，杭州电视台、《杭州日报》、腾讯快报等20余家新闻媒体作了宣传报道。

【全县农村土地确权试点工作】 宋村乡作为全县农村土地确权试点单位，5月正式开始外业测量工作，通过宣传部署到位，明确工作职责，乡、村干部、农户联动，做到收集资料高效、指界测量准确、矛盾纠纷解决及时，按时圆满完成全乡 2179 户、4462 亩土地测量工作。

【云港口村通过省级美丽宜居村验收】 以“风情云港口、美丽新墙里”创意大赛为平台，在云港口村全面推开“美丽庭院”建设，建成“美丽庭院”示范户 19 户；开展房屋外立面改造、美食一条街提升，完善文化广场等功能设施配套，加强综合治理，注重绿化保洁，努力做到“街面序化、路面洁化、水面净化、两侧美化”，顺利通过省级美丽宜居村验收。

【通过杭州市卫生乡镇复评】 通过“五水共治”、集镇综合整治、村环境整治、庭院整治等，宋村乡大力提升环境卫生面貌，经杭州市卫生乡镇复评检查小组验收，高分通过杭州市卫生乡镇复评。

【中国共产党宋村乡第十五次代表大会】 10 月 25 日，召开中国共产党宋村乡第十五次代表大会，会议听取和审议了方文田代表乡党委所作的《原生云港　印象宋村　为共同构建滨湖休闲度假之乡而努力奋斗》工作报告，并圆满完成乡党委换届选举工作。

【宋村乡第十七届人民代表大会】 12 月 23 日，召开宋村乡第十七届人民代表大会，会议听取和审议了陆新辉代表乡人民政府所作的政府工作报告、方旭峰代表乡人大所作的人大工作报告，并圆满完成乡人大、乡人民政府的换届选举工作。（蓝公伟）

2016 年宋村乡各行政村基本情况

表 27

村　名	村党支部书记	村委会主任	人口（人）	年人均收入（元）
何祥有	何江辉	482	11443	
青山口	章自由	余翠桂	779	13765

续表 27

村　名	村党支部书记	村委会主任	人口（人）	年人均收入（元）
胡家畈	夏植红	宋日生	720	11627
镜　洪	张三木	张三木	767	11854
宋　村	宋泽民	宋东风	1512	12002
白云溪	王建明	王德木（主持工作）	1250	11931
常锦里	胡志红	方里民	360	11488
云港口	余长茂	—	1065	14168

·姜家镇·

【概况】 2016 年，姜家镇地域面积 206 平方公里，辖 28 个行政村、1 个居民区，133 个自然村、337 个村民小组，8674 户，总人口 26784 人，其中有外来人口 575 人，人口自然增长率 1.6‰。有耕地 830 公顷，其中水田 156 公顷；山林面积 15691 公顷，森林覆盖率 81%。

全年实现农村经济总收入 25.43 亿元，比上年增长 10.0%；工农业总收入 17.17 万元，比上年增长 8.55%，其中农业总收入 3.13 万元，工业总收入 14.04 万元；农民人均纯收入 15066 元，比上年增长 11.8%；村集体经济人均可支配收入 316 元，比上年增长 46.3%。

全镇实现农业总产值 2.76 亿元，比上年增长 7.0%。农作物播种总面积 2707 公顷，其中粮食作物总计 1259 公顷，包括谷物 742 公顷、豆类 287 公顷、薯类 230 公顷等，油料 719 公顷，其他经济作物 730 公顷；粮食总产量 6238 吨，每亩年平均产量 330.4 千克。桑园总面积 715 公顷，桑蚕饲养 10494 张，蚕茧全年总产量 386 吨，总产值 1640 万元。茶叶种植面积 545 公顷，总产量 249 吨，总产值 3911 万元。生猪饲养 26545 头，家禽年末存栏 54097 只。始终坚持“农业围绕旅游做”大方向，龙源溪流域已建成八大精品水果基地，占地133公顷。2016年成功举办2个水果采摘节,水果采摘直接收入700余万元,同比增长40%。

全镇工业总产值14.04亿元,比上年增长4%。有销售收入达到亿元以上的企业4家,实现规上工业销售产值87652万元,同比增长4.7%;规上工业增加值为15944万元,同比增长7.3%;服务业增加值为18763万元,同比增长28.5%。完成招商引资协议资金20000万元,完成年度任务的100%;实际到位资金14500万元,完成年度任务的161%。形成"一区两点"的工业发展格局。"一区"即石颜三产融合园区。该园区占地47公顷,已有丰源建材、爱可环保、狮城循环有机肥等6家生态工农业企业。另外,建成6000平方米标准厂房,多家企业有意入驻。"两点"即桂溪和银峰两个点。坐落在桂溪村的星宇炭素是一家亿元高新技术企业,启动新三板上市工作;银峰大型"猪厂",已改造成小微企业创业园,4家企业已经入园。全镇有来料加工专业村4个、来料加工企业22家(含电商),固定从业人员2600余人,每年实现来料加工费3000余万元。成功建成全县乡镇层面最大的电商产业园,园区10家企业以"服装基地+电子商务"为主要经营模式,自主设计生产加工服装,通过电商平台销售。全镇税收首次突破千万元大关,达1380余万元,位居全县第2位,其中,星宇炭素、丰源建材等成为纳税大户。

绿道经济样板建设全面推进。按照县委"将绿道进行到底"的要求,着力做好绿道和经济融合文章,着重突出绿道对沿线经济发展的带动作用,全面吹响发展绿道经济的新号角。一是继续举办水果采摘节。2016年十里水果长廊绿道连续举办2个水果采摘节,吸引采摘游客1万余人次,带动水果采摘收入1000万元以上。各大果园都建有农产品自产自销售卖点,带动农副产品销售1000万元以上。二是丰富绿道经济产品。绿道沿线的炉形村近200亩改田造地项目吸引上海阳光果蔬品牌,进一步丰富十里水果长廊水果品种,填补无冬季水果采摘的空白。基本建成双溪蚕桑主题餐厅、天子口瀑布乡村旅游景点,开发农事体验、溪水垂钓等参与性项目。三是搭建百姓经营平台。环墨香湖绿道已建有综合型驿站2座,其中墨香湖驿站已具备自行车租赁、餐饮、住宿及乡村旅游咨询服务等功能,预计每年吸引骑行游客2万余人次。另一家狮石美食驿站占地面积600余平方米,建筑面积约800平方米,已完工,与洱海一家户外旅行精品民宿初步达成合作意向。十里水果长廊已建有7个水果驿站,将逐步成为沿线农户自产自销的售卖亭。

旅游特色日趋鲜明。一是以文渊狮城旅游综合体为代表的文化旅游成为最大特色。文渊狮城项目是遂安文化的地标性建筑,于6月9日正式开园迎客;知青文化积淀深厚的龙川湾、全面展示移民文化的狮城博物馆等都是非常成熟的文化旅游产品。二是以龙川湾国际垂钓中心为代表的休闲运动旅游产品不断完善。龙川湾国际垂钓中心已建成开放,绿道经济样板段工程也将于2017年初建成开放,能为游客提供垂钓、骑行等休闲运动旅游产品。三是形成精品民宿酒店集群。36都木屋乡宿酒店已于"五一"前正式营业;千岛湖首家中式风格五星级酒店——铂瑞酒店已开始试营业;国际品牌安麓酒店7月完成样板房建设,力争2017年下半年建成开业;西坡精品民宿项目已于3月正式启动建设。四是旅游业态不断丰富。22000平米风情商业街招商工作全面铺开,已有3家特色餐饮、1家特色酒店等业态入驻。同时,大学校区一期三幢教学楼框架主体已完成,墨香湖东侧景观(二期)工程正在建设推进中,老虎岛魔幻灯光秀项目已签订意向性协议,大型水主题乐园项目正在深化方案,枕湖沙洲、机床厂文创园等一大批旅游项目正在洽谈招商。

基础设施日趋完善，实施新建道路、改造街区，集镇路网全面形成。实施了部分中心镇基础设施的配套项目，一是姜家石颜产业综合园区环境整治工程，完成边坡整治、给水整治回填土方、排水渠道及道路连通。二是特色小镇创建工程(集镇提升改造)，新建停车场3处，狮城路、语石路破损路面及人行道维修，东、西主入口改造提升，主路外侧、码头周边、镇政府及中学周边绿化整治，并添加洒水车等环卫设施，总项目总投资1350万元。推进姜家集镇污水管网提升工程项目，完成外围管网和老城区支管网改造提升，共安装污水管24公里，新建提升泵站5座，周边姜家村、霞社村和石颜产业园区的污水进入污水处理厂集中处理。

全镇有文化艺术团体3个，演职人员60人；综合文化站1个，建筑面积1410平方米；公共图书馆(室)1个，建筑面积225平方米，藏书32500册；“农家书屋”28个，平均藏书量1500册。辖区内县级以上文物保护单位3处，一类历史建筑37处，2016年修缮保护古建筑1处，总投资30万元。经常开展文化活动，文艺队伍不断提升，2016年获得县排舞大赛、基层文化员才艺展2项金奖，还荣获2016年杭州市“欢乐农家·美丽乡村”乡镇文艺会演银奖。农村文化礼堂正逐步形成以点拓面的格局，成功创建章村、双溪村2个三星级文化礼堂，其中章村文化礼堂连续举办5届忠孝文化节，广受社会欢迎和好评。国家级卫生镇创建工作成效明显，高分通过省级验收，等待全国爱卫会命名确认。姜家镇初级中学继续保持农村初中升重点高中前列，已成为姜家教育的响亮品牌。

城乡居民养老保险参保人员7586人，其中中高档参保人数1581人，超额完成县人社局下达任务。新型合作医疗参保人数18834人，其中个人缴费人数14157人，免缴人数4677人，总金额368.57万元。民生保障日益完善，1626户享受低保对象应保尽保，对135位残疾人发放生活补助，2016年正常运营居家养老照料中心16个，逐步做到从生活保障到基本保障全覆盖。成功搭建全县首个智慧养老服务平台和首个机居服务一体化乡镇，姜家敬老院在全县率先构建智慧养老服务体系信息平台，打造没有围墙的养老院。基本消除人均纯收入低于4600元以下的贫困户。

2016年，姜家镇列入浙江省特色小镇第二批创建名单，被列为杭州市中心镇转型升级示范镇、2016杭州·浙西休闲度假旅游目的地，被评为杭州市信息工作先进单位、杭州市征兵工作先进单位、县服务保障G20杭州峰会先进集体。

【文渊狮城开园庆典暨第二届狮城庙会】 6月9日端午节，2016年千岛湖乡村旅游推进年之“狮城归来”文渊狮城开园庆典暨第三届狮城庙会在姜家镇举办。活动期间，姜家镇街头人头攒动、人气爆棚。据统计，端午节当天吸引县内外游客3万余人次，刷新姜家镇单日旅游人数之最。端午三天小长假共计吸引各地游客5万余人，同比增长350%，旅游收入达183万元，同比增长320%。借助文渊狮城开园暨第三届狮城庙会活动的举办，姜家镇全面打响千岛湖旅游副中心品牌，旅游服务经济呈现蓬勃发展的良好态势。

【“国家卫生镇”创建】 姜家镇是淳安县首个启动“国家卫生镇”创建工作的乡镇，紧紧围绕创建目标要求，以“势在必行”的决心全面规划部署，以“志在必得”的信心落实创建责任，以“持之必久”的恒心整治盲点难点，把全民参与、集中整治和健全机制有机结合、统筹推进。5月4日，高分通过“国家卫生镇”省级考核验收，等待正式上报全国爱卫会予以命名通过。

(邵航锐)

2016 年姜家镇各行政村基本情况

表 28

村 名	村党支部书记	村委会主任	人口(人)	年人均收入(元)
球 山	章迁宝	章迁宝	503	14747
桂 溪	姜有福	洪兆炎	14734	14747
双 溪	汪红球	汪红球	1691	15145
孙家坞	洪国发	洪国发	448	14658
上玉泉	毛积良	汪可全	864	14981
下玉泉	洪理坤	方兰英(女)	480	14746
姜 家	姜维金	姜英杰	820	16425
狮 石	余发建	余士坤	725	14841
龙 川	刘虎明	方苏建	452	14700
霞 社	洪顺建	洪有财	1712	14706
黄村桥	洪花枝	鲍红传	1336	14698
石 颜	洪日财	张小红	600	14712
炉 形	方东旺	方敦林	439	14693
木 旺	唐升寿	徐霄祥	570	14887
伊家坞	章引隽	杨凤英(女)	403	14637
银 峰	徐明新	方大樟	1749	14682
巨 源	方长青	方百洋	535	14682
郭 村	张恭旭	洪功理	2008	14724
庄 源	龚康娟(女)	汪伟利	596	14872
霞 五	胡小海	胡水信	1376	14790
赤 城	余国红	余国锡	1136	14710
浮 林	姜良来	詹声林	1320	14771
章 村	章宁汉	章华平	1396	14694
潘 家	章有功	章小佬	430	15030
沈 畈	章夏龙	章引明	938	14691
夫 畈	章勇频	章晓明	843	14698
双溪口	程朝锋	章仙桃(女)	484	14677
白 坪	王东大	章建华	539	14830

·梓桐镇·

【概况】 2016 年,梓桐镇总面积 153.6 平方公里,辖 19 个行政村、185 个村民小组。全镇总户数 6101 户,总人口 19096 人,其中,农业人口 18786 人,有外来人口 310 人。人口自然增长率 1.6‰。山林面积 11708 公顷,耕地面积 730 公顷。

全镇实现农村经济总收入 29.63 亿元,比上年增长 12.4%;工农业总产值 14.38 亿元,增长 10.7%;服务业增加值 11473 万元,增长 15%;社会消费品零售总额增长 12%;农民人均纯收入 15762 元,增长 11%。全镇农业总产值达到 3.48 亿元,增长 39.2%。巩固提升茶叶、蚕桑、山核桃三大传统产业,共发展桑园 541 公顷、茶园 547 公顷、山核桃 301 公顷,成为县内六大山核桃主产区之一。实施“番薯革命”,出台番薯产业转型升级扶持政策,争取省农科院技术支持,完成 1 公顷省农科院试验基地及 20 公顷新品种示范基地种植。推动玉米深加工,梓桐玉米粿在全县打响品牌。现代农业园区快速涌现,文佳农业、千枝农业等项目在梓桐落地生根。

全年完成规上工业销售产值 61181.6 万元,规上工业增加值 9926.3 万元。加快平台建设,改善投资环境,建成占地面积 2000 平方米的梓桐镇工业孵化园,进驻企业 6 家。拓宽招商领域,实施全员招商,积极引进符合本地特点和具有发展潜力的绿色项目,共到位资金 3.59 亿元。发展信息经济,鼓励电子商务,共培育电商企业 4 家、网店 36 家、网上商城 3 家,实现年销售额 610 万元。投资 368 万元的电商大楼建成正式启用。共培育电商企业 4 家、网店 28 家、网上商城 3 家,实现年销售额 610 万元。培育来料加工经纪人 39 人,辐射带动从业人员 2027 人,实现来料加工费收入 1108 万元。大力推进“番薯革命”,成为省农科院和淳安县“院县合作”的重要基地。涌现了文佳农业、千枝农业等一批现代农业园区。招商引资、产业投资、财政税收、高新技术等指标任务全面完成。

在服务经济上,完成《梓桐镇旅游总体规

划》编制，开展乡村环溪绿道风情带项目策划和书画特色小镇规划编制。尹山古道、云岭古道、杜井前山登山营地及游步道等户外设施项目相继完工，朝美山庄、梓琴鱼庄等民宿项目渐出成效，宜居宜游的乡村风貌不断显现。成功举办峡湾文化节、书画文化节、乡村休闲体验节等活动，富有梓桐特色的乡村旅游蓬勃发展。加快内涵建设，开展农民书画家评选和书画联谊等活动，为乡村旅游发展生发内力，积蓄后劲。

交通环境全面改善。姜宅至桐岭脚、富石至界首、郑鸠线至叶家庄等联村联网公路建成通车，杜石线、坑西线等公路大中修项目顺利实施。建成唐家村环村道路，有序推进并峰村环村道路、结蒙村环村道路建设。程家源村农用桥梁和胡江、唐家 2 个村的停车场建设即将完工。

文教体卫事业全面提升。加快书画特色小镇建设，荣获“杭州书画之乡”称号。完成黄村等 10 个村的村级文化设施修缮，建成 4 个农村文化礼堂，常态化组织开展“家家飘墨香、户户送春联”等文化惠民活动，农村精神文化生活不断丰富。投入 300 多万元，加快梓桐初中、小学、幼儿园相关设施建设升级，不断改善教学育人环境。投资 800 多万元的镇中心卫生院建成并投入使用，村级卫生室有效运行、发挥作用。联合浙江省眼科医院为全镇 60 周岁以上老人免费进行白内障筛查及救治。开展“鲜花换烟花”等工作，推动乡村移风易俗。

社会保障全面覆盖。深入推进农村养老服务体系建设，投入 1000 万元建成镇中心敬老院和农村五保供养服务中心，实现全镇农村居家养老照料中心全覆盖，为 238 名独居、孤寡老人购买居家养老服务。努力推进农村医疗保险和养老保险全覆盖。实施精准扶贫，开展电商、种养殖等实用培训 2600 余人次，实现低保户动态管理、应保尽保。出台“温暖快递”政策，两年共救助 30 人。全面实施农村住房保险。发放困难残疾人生活补贴和重度残疾人护理补贴。积极为在外育龄妇女提供优质服务，实现孕前优生检测率 100%。

2016 年，梓桐镇先后荣获“G20 杭州峰会工作先进集体”、“服务保障 G20 杭州峰会先进集体”、“国家级生态镇”、“省级档案工作示范性乡镇”、“市城乡社区卫生应急管理规范化乡镇”、淳安县“平安乡镇”等荣誉称号。

【2016 年杭州千岛湖梓桐第二届书画文化节】 12 月 24 日，2016 年杭州千岛湖梓桐第二届书画文化节在梓桐镇杜井村举行，先后开展了文艺演出、文化踩街、书画楼揭牌、笔会、赛春联、游客 DIY 玉米馃体验赛、农特产展销、文佳农业园观园等活动。近年来，梓桐镇作为杭州市民间书画之乡，专门请浙江大学的专家进行“书画特色小镇”规划编制，并投入 1000 多万元实施集镇综合改造，尽量增加书画元素，造浓书画氛围。举办文化节，为使该镇通过集镇环境综合整治的深入开展，推动经济转型，加快产业发展，实现富民强镇，并积极加快绿道经济发展，以集镇为核心，以梓桐源为串联，串点建设乡村旅游服务经济产业，努力打造百源经济示范带。

【“五水共治”工作】 全面落实“河长制”，全镇主要河流均达到 I 类水质标准，梓桐源入选全县十佳最美河道。顺利完成 19 个村污水处理工程，建立“四位一体”治污运维监管体系，促进设施运维长效化。完善镇域生活垃圾收集机制，实现集中清运、集中处置。开展黄村省级农村垃圾分类处理试点工作。建设 14 个村级建筑垃圾填埋场。出台实施加快村庄环境综合整治提升的“三三制”规定，创建练溪、唐家两个美丽庭院示范村，投入 130 余万元用于各村环境整治补助。

（李　垒）

2016 年梓桐镇各行政村基本情况

表 29

村 名	村党支部书记	村委会主任	人口(人)	年人均收入(元)
西 湖	王有军	汪的富	806	16962
练 溪	胡国生	余水法	524	15856
慈 溪	方红星	胡有才	706	15941
富 石	王林法	王林法	866	15072
并 峰	徐永红	胡作义	901	16427
叶 家	叶光建	叶月祥	787	15974
黄 村	黄笑卫	黄春祥	1189	15708
杜 井	胡跃华	胡淑琴(女)	1705	16390
杏 富	程建人	胡为电	744	15173
胡 江	徐红梅(女)	胡连财	1086	14108
常 宁	胡发荣	胡宝进	1576	16197
姜 桐	姜新华	胡洁余	822	13043
唐 家	唐海燕(女)	唐陆毅	1031	17271
卢 家	胡苏爱(女)	卢有清	1612	15767
结 蒙	徐剑平	徐小平	1446	15845
河 联	王法祥	余上友	886	15139
三 联	姚红升	汪明祥	720	16150
程 家	程连喜	程爱民	959	14786
尹 山	严早发	严早发	420	16189

·浪川乡·

【概况】 2016 年,浪川乡总面积 105.1 平方公里,辖 19 个行政村、217 个村民小组。全乡总户数 6164 户,总人口 20429 人,人口自然增长率 11.2‰。山林面积 7930.5 公顷,耕地面积 759.6 公顷,其中,水田 473.5 公顷。

全年实现三大产业总产值 16.73 亿元,比上年增长 10.42%;财政总收入 373.30 万元,减少 2.85%,其中,地方财政收入 252.57 万元;上缴国税、地税 90.02 万元,减少 28.56%。农村经济总收入 167259 万元,增长 10.3%;村级集体经济总收入 549 万元,增长 8.7%;农民人均收入 15460 元,增长 11.03%。

生态农业高效发展。积极发挥以大联、联欢、鲍家为中心的万亩省级现代蚕桑示范园区功能效应,实现桑园统防统治全覆盖,推进蚕桑种养规模化经营,开展新蚕种培育试点,全年共饲养蚕 11949 张,产茧 433 吨,产值 1854 万元,蝉联市级蚕桑状元乡镇。积极推动土地流转,出台农业产业扶持政策,发展茶园 6.7 公顷,销售名茶 105 吨,实现产值 1540 万元。恒温大棚、喷滴灌等现代农业设施得到广泛运用,食用菌、大棚蔬菜、中药材等产业快速发展,沪阳农业的杏鲍菇凭借品质优势,被 2016 年杭州峰会指定为专供食品。

工业经济稳步提升。完成汾口浪川城乡统筹产业集聚示范区征地 167 公顷,土地全部平整到位,为淳安新兴工业发展拓展了新平台。坚持工业兴乡,积极引导企业加大技改和投入,茂源网业、波菲特电子等企业扩规提质,波菲特电子公司销售产值突破一亿元,实现乡亿元企业零的突破。沪阳农业、方鼎生物科技、沃润农业、联欢农业、峰川生物等企业先后落户浪川,累计引进项目 14 个,实际到位资金 1.8 亿元。积极引进电子产品加工、套笔、编织等来料加工项目,发展经纪人 80 余名,累积发放加工费 5000 余万元,培育县级来料加工专业村 2 个,有效促进农民增收致富。

服务经济快速兴起。依托"古色、红色、绿色"的乡村旅游资源,以芹川、狮古山村、浪川街为点,将村庄、园区、企业、景点、合作社串成线。成功举办红色文化节、乡村旅游年等系列旅游节庆活动,主动融入全县景区化发展格局。至 2016 年年底,全乡共有农家乐 30 余家,带动农民增收 2000 余万元。围绕芹川古村保护与开发,推进古民居修缮、景观提升、旅游接待设施和新农居点建设等工作,成功引入浙江隐居集团旗下精品民宿芹川乡宿，并通过省、市媒体及“古村芹川”微信公众号平台推广，不断提升影响力，该村先后被评为中国历史文化村落、AA级景区。推进农村电子商务快速发展，实现赶街站点全覆盖，成立电商产业园，成功引进星奇意等电商企业6家，培育网上商城6个，发展淘宝C店15家。

“五水共治”向纵深推进。深入实施河道整治与长效管理，完成包括河道整治、农村饮用水工程、小农水重点县项目、山塘及水库除险加固、水库渠系配套工程、山塘清淤、重要防洪堤建设等各类水利工程项目，确保了度汛安全和农用水保障。投入1160余万元的乡自来水厂新建及标准化建设已完成。投入资金4500余万元，完成18个村和集镇污水处理工程项目建设，配备专职运维人员，确保已建污水工程运维正常。按照“定人定岗定责”要求，建立清洁乡村专项考核机制和月度督查制度，强化环境卫生日常监管，农村环境面貌焕然一新。

无违创建常抓不懈。严格落实基本农田占用审批，强化土地规范管理和保护。扎实开展“四边三化”“两路两侧”巡查监管，规范农村私人建房，严格按照“一户一宅”原则落实建房审批，共计审批178户，面积14514.74平方米，其中沿湖沿线带方案审批34户，面积3496.41平方米，无新增违建。结合“四边三化”大整治行动，拆除千汾沿线商铺乱搭乱建彩钢棚等面积1000平方米左右。

城乡统筹协调推进。以精品村建设和富丽乡村建设为抓手，不断优化农村环境。以小城镇街面整治为契机，全面改造街面秩序，拆除沿线彩钢棚，禁止车辆乱停放，禁止摊位乱摆放。通过路面改造，有效序化、美化街面环境，村镇面貌大幅提升。投入2000余万元，完成芹川村明清建筑物抢救性保护，游步道、停车场及旅游接待服务中心建设，河道清理、堰坝修护以及景观、绿化工程等建设。投入800余万元，完成大塘村墙体美化、拆违拆旧、污水处理、祠堂修缮、道路改造、庭院改造、公园及绿化等11个项目建设。投入1000万元，完成狮古山村停车场、游步道、旅游接待服务中心、文化馆整修、道路加宽及硬化等五大工程建设。2016年，启动集镇环境综合整治，投入1400万元，扎实推进街道改造、立面整治、网线上改下等项目，有效提升集镇综合品位。

民生保障持续加强。积极推进村级文化事业发展，实现农家书屋全覆盖。组建“花儿”舞蹈队，积极参与县市文艺活动并获多项殊荣，其中歌曲《芹川情》荣获创作金奖和中国村歌十大金曲奖，排舞串烧获县排舞大赛金奖。完成中心幼儿园和中心小学塑胶操场、中小学宿舍楼改造等项目建设。完成乡卫生院综合楼及双源社区卫生服务站建设，成功创建杭州市卫生强乡。建成3420平方米乡养老服务中心和19个村居家养老服务中心，全面实现低保残保托底、抚恤优待、养老服务等城乡统筹，社会保险、医疗保险实现全覆盖。

社会环境稳定有序。建立重大事项社会稳定风险评估机制，推行“四联单”矛盾纠纷和信访问题化解机制，完善乡村两级治安防控体系，推行一线工作法，落实领导包案，一些历史遗留问题和群众关心关注问题得到妥善解决。落实食品药品安全监管及企业安全生产责任制。抽调18名应急排党员民兵参加了杭州西湖区、上城区G20安保工作，受到上级军事主管部门高度好评。G20期间，全乡稳定有序，实现“双零”。

2016年，浪川乡被评为服务保障G20杭州峰会先进集体，获2016年度“‘两路两侧’‘四边三化’整治业绩突出单位”等荣誉。

（章安东）

2016 年浪川乡各行政村基本情况

表 30

村 名	村党支部书记	村委会主任	人口(人)	年人均收入(元)
桃 源	叶归秀	叶别英	901	15460
占 家	杨建威	占建军	1184	14980
杨 家	杨汉民	杨贤生	984	15546
峰 川	汪思建	汪思平	886	15005
洪 家	洪芬芳(女)	徐国良	1132	15632
大 联	曹 塘	孙华明	1505	15727
联 欢	陆璐(女)	张苏成	1032	16505
鲍 家	鲍建庭	鲍建东	1502	15329
马 石	王瑞梅(女)	张泽红	1531	16575
芹 川	王樟和	王旭辉	1612	15352
新 桥	王建铭	—	783	15532
大 塘	王 春	—	1054	15086
全 朴	何小妹(女)	王文财	1111	15263
汇 源	王启洋	王昌壮	968	15860
源 峰	许家瑞	王建旺	402	14786
狮古山	洪洋洲	洪洋洲	358	14214
浯 溪	胡丹青	鲍芳贤	768	15063
裕 丰	洪设德	洪设德	725	15028
芳 梧	王文平	王文平	1332	14248

·界首乡·

【概况】 2016 年,界首乡总面积 121 平方公里,辖 13 个行政村、105 个村民小组。全乡总户数 3035 户,总人口 9460 人。人口自然增长率 4.9‰。山林面积 8311.47 公顷;耕地面积 319.5 公顷,其中,水田 212.2 公顷。

全年实现工农业总产值 2.42 亿元;财政总收入 276 万元,其中地方财政收入 145.2 万元。农村经济总收入 6.52 亿元,增长 13.3%;村级集体经济总收入 251 万元,增长 19.5%;农民人均纯收入 1507Q 元,增长 11.2%。年末银行存款余额 1 亿 8922 万元。

全乡实现农业总产值 1.98 亿元,比上年增长 7%。粮食总产量 2029 吨,果园面积 1076.4 公顷,桑园面积 259 公顷,茶园面积 211.8 公顷。新发展新品橘园 33 公顷,优质茶园面积 25 公顷,完成低产果园、茶园改造 53 公顷(含土壤改良),其中 673 公顷柑橘、茶叶通过无公害农产品生产和认证。对洋田村实施旱改水项目,共造田 3.4 公顷。完成造林 37 公顷,森林彩化 19.5 公顷,森林覆盖率达 83.6%。完成生产便道 4 公里、林道 4.6 公里建设。完成严家、玛瑛、桐子坞 3 个村农村饮用水提升工程;完成了松源、燕源溪 2 公里农村河道综合整治工程建设;完成云濛、玛瑛、姚家、施家坪 4 个村小型农田水利渠系配套工程;完成姚家 1 座万立方米以上山塘除险加固工程施工任务。土地承包经营权确权登记颁证工作有序开展,完成农村"三资"管理并全面稳步推进第三次农业普查工作。新培育发展农业企业 4 家。

实现服务业增加值 4826 万元,增长 15.98%。招商引资完成实际到位资金 4280 余万元,协议资金 1.5 亿元。新引进实际到位资金 3000 万元的"淳商回归"项目 1 个;新引进实际到位资金 500 万元特色招商项目 1 个。新培育网店 8 家、电商企业 6 家,19 家民宿、农家乐实现网上销售,共开展民宿、农家乐业主培训 8 次,电商发展水平有效提升。培育巩固来料加工经纪人 7 名,新培育经纪人 3 名;辐射带动从业人员 374 人;实现来料加工费收入 208.3 万元;专业村培育 1 个,消灭空白村 10 个。

城乡统筹成效显著。成功创建鳌山富丽乡村、省级美丽宜居示范村。全力打造鳌山淳乡居、岩下栗园小村、多彩玛瑛 3 个民宿示范点,实现社会投入 3000 万元。投资 1500 万元,建设竹里观景平台、松源骑行绿道网、千汾线一漫栖岛骑行绿道以及岩下民宿配套项目。鳌山富丽乡村、淳乡居民宿、岩下栗原小村、多彩玛瑛精彩亮相,全省乡村旅游提升发展、全县乡村旅游、全县民宿提升推进等三大现场会均在该乡举办，深受省、市县好评。

环保基础设施日益完善。农村生活污水处理设施运维正常率达100%；乡镇断面水质高锰酸盐指数、氨氮、总氮及总磷4项指标正常。积极开展垃圾分类工作，投入180万元，推进乡垃圾中转站、13个村垃圾收集点建设和燕山、施家坪、勘上3个自然村太阳能普通堆肥处理站建设，配备村级垃圾收集车。

文化事业不断繁荣。投入近50万元，完成界首乡中心小学及幼儿园维修建设。圆满承办全县文化礼堂建设现场会。严家村成功创建市级四星级文化礼堂。鳌山村和严家村选送的村歌分别摘得全县村歌大赛的金奖和银奖。

顺利开展"两保"工作，实现城乡居民参加各类养老保险比率96.66%，城乡居民参加各类医疗保险比率100.12%。建成姚家、玛瑞、燕上、施家坪、新燕等5个村的居家养老服务照料中心，实现13个行政村的全覆盖，其中严家、云濛实现正常运营。对全乡290名残疾人发放爱心手机；开展各类残疾人服务工作12人次。结合本乡特色及主导产业发展，开展农业专业技能培训。组织严家村开展杨式太极拳培训工作。完成审批建房80户。对7户困难农户进行危房改造。完善村级危旧房的全面普查并录入系统。完成了新燕村荷树坞地质灾害治理工程并通过了杭州市的验收。

营造良好社会环境确保稳定。启动严家、姚家村的小城镇环境综合整治工作，严家村已完成了规划修编的初稿，姚家村现场踏勘工作已完成。完成城中村改造0.5万平方米，拆除违章建筑507.32平方米，并且利用到位，完成任务数的101.5%。建立综合巡查机制，形成专项工作组，初步完成对"四边三化""两路两侧"的重点区域乱搭乱建、乱堆乱放、广告牌等情况的整治。开通界首乡"一拨就灵"民情热线、办公大厅增设群众联系接待站，提高服务质量，提升群众办事效率。

2016年，被评为县G20杭州峰会工作先进集体、县"五水共治"业绩突出单位、县"平安乡镇"。

【界首乡第九届柑橘节暨第二届乡村旅游节】 11月8日至12月底，界首乡人民政府举办了第九届柑橘节暨第二届乡村旅游节，活动持续近两个月，吸引了全国各地游客到美丽界首观光体验、休闲采摘。柑橘节期间，全乡柑橘销售4000余吨，柑橘价格同比增长约30%。乡村节庆真正实现了农民增收、产业增效。

【全县乡村旅游暨绿道经济工程推进现场会】 9月13～14日，界首乡岩下栗园小村精品民宿、界首乡鳌山村作为全县乡村旅游暨绿道经济工程推进现场会参观点，承接了县领导及各乡镇负责人，青溪新城主要负责人，精品民宿、农业园区旅游企业代表等一行人的考察。

【中共淳安县界首乡第四次代表大会】 10月27日，中共界首乡第四次代表大会召开，应到代表47人，实到45人。大会选举产生中共淳安县界首第四届委员会，余旻樟为书记，章伶俐、洪运明为副书记，姜崇平、江干妹、余国民、方建勋、吕仙梅为委员。

【界首乡第四届人民代表大会第一次会议】 12月20日，界首乡第四届人民代表大会第一次会议召开。48名乡人大代表全部到会，各行政村书记、主任，县人大代表及全体乡干部员列席会议。经过选举，新一届政府、人大班子当选：章伶俐当选为乡长，钱江锋当选为乡人大主席，姜崇平、江干妹、徐兵权、方光清当选为副乡长。 （鲍　静）

2016年界首乡各行政村基本情况

表31

村 名	村党支部书记	村委会主任	人口(人)	年人均收入(元)
洋 田	姜小生	姜庙合	702	12490
玛 璜	周本建	周忠移	600	18148
姚 家	姚建君	姚东华	1116	15052
松 源	方汾征	余小刚	1234	16101
康 源	姚桂平	王东波	439	12640
燕 上	余有华	—	898	12921
鳌 山	严政军	章新军	680	15369
周 家	周春煌	周元坤	514	15670
严 家	严宏芳	严宏武	1023	15739
云 濛	胡玮明	胡纯来	590	15581
桐子坞	王国正	徐根法	406	16301
施家坪	黄红卫	陆世贵	520	15550
新 燕	王建德	洪国平	505	11551

·汾口镇·

【概况】 2016年,汾口镇总面积237平方公里,辖51个行政村及1个社区,10个居民组、499个村民小组。全镇总户数17837户,总人口56598人,有外来人口2921人。人口自然增长率0.5‰。山林面积14510公顷;耕地面积1542公顷。

全年实现农村经济总收入61.58亿元,比上年增长5.79%;工农业总产值41.81亿元,增长4.84%;农民人均纯收入13615元,增长12.22%;村集体人均可支配收入194元,增长8.38%。2016年,入选淳安县首个全国重点镇。

全镇有茶叶面积669公顷,省级认定的无公害茶园200公顷,采摘茶园面积590公顷,生产各类茶叶123.9吨,产值1704.9万元,其中名优茶产量80.9吨,产值1334万元。有蚕桑面积1046.5公顷,养蚕村47个,养蚕农户1565户,饲养蚕种11240张,生产蚕茧283吨,总产值1186万元,产量比上年下降27.8%,产值下降40%。

全镇共完成基地造林632公顷,其中,油茶基地218.8公顷,林相改造及彩化工程182.2公顷,珍贵树种基地173.2公顷,毛竹42.5公顷,山核桃基地8公顷,湿地造林7.2公顷;完成林道建设主干道35公里,辅助道21公里;生态公益林建设8028.6公顷,其中国家级7155.3公顷。森林消防基础设施建设方面,新建公墓燃烧房120只,安装防火水桶110只,新建水池10只,组建森林专业消防队5支,有队员100余人。

全镇共发展水果基地102公顷。建成精品水果基地2处,分别是荷塘蓝莓基地、寺下奇异果基地。2016年,蓝莓基地接待采摘人数5000余人次,奇异果基地2016年迎来了中央4台国际频道、《浙江日报》、杭州生活频道、淳安电视台等新闻媒体的专题报道。该基地还引进了猕猴桃脱毛、选果机一体机。百亩畈、射墩水果基地已经初具规模,预计2018年投产。丰富了汾口镇水果产品,为汾口镇旅游产业打下基础。推广有机肥8500余吨。

美丽乡村建设方面,完成三畈、西村、鲁村3个村农用桥梁建设和富塘、射墩、西村、祝家、简门5个村停车场建设;完成交界、龙门、龙源、峰溪、湛川、翁川源、石畈7个村市级生态修复建设任务;完成仙居村环境整治提升建设任务;完成汾口界川产业发展规划和乡村旅游打造及节庆活动、汾口寺下猕猴桃园提升工程、界川产业片农家乐水果带建设;完成岭后、荷塘、红星、强川、宋祁、郑家6个村淳杨线整治任务;完成横沿村县级"美丽庭院"示范村建设。中心村建设方面,2016年,茅屏村共争取中心村项目资金590万元,主要用于村庄环境整治与项目提升、农居点至农业产业园区道路、静心谷休闲旅游基地、村内外标识标牌和旅游接待中心加固工程。通过努力，茅屏村农居点(即杭派民居一期)、村内环境提升、旅游接待中心加固、茅屏双联环境整治及路灯建设等项目已开工建设，并完成形象进度60%以上。

基础设施建设方面，全镇共争取水利补助资金约3463.2万元。其中武强溪三底段堤防加固2公里，补助资金320万元；农村河道综合整治8.5公里，补助资金272万元；万方以下山塘除险加固10座，补助资金约290万元；"一高五小"水利项目、补助资金544万元；农田水利渠系配套项目，补助资金约45万元；洪涝灾害补助资金120万元；农村饮用水安全提升改造工程9个村，补助资金311.9万元；界川溪水保项目，补助资金290万元；龙源溪小流域综合治理项目，补助资金984.4万元；万里清水河道8.5公里，补助资金255万元；高效节水灌溉项目1个，补助资金30.9万元；已全部启动建设，完成形象进度80%以上。

完成汾口镇水南畈现代农业园区1.3公顷莲藕基地、5.3公顷七彩花基地、6.7公顷稻田养鱼基地、13.3公顷粮食功能区(机械化)、2000平方米生态停车场、1000平方米花田餐厅、民宿民居、中间配套游步道、观景平台、栈道等建设；启动茅屏村西湖畈现代农业园区建设，预计2017年完成有机生态茶园33公顷、茶叶加工厂3885平方米建设，项目完工后年产值达600万元，将进一步带动本地经济。完成喷滴灌面积131公顷，完成钢架大棚440000平方米、连栋大棚28000平方米、平顶棚架23公顷。

完成工业销售产值375162.1万元，占计划的101.01%，其中，完成规上工业销售产值316212.1万元，占计划的101.15%，同比增长5.7%。完成产业投资49547万元，占计划的110.1%，同比增长34.1%。完成工业投资22453万元，占计划的100.6%，其中技改20883万元，占计划的137.57%。

新引进招商引资项目7个，其中淳商回归项目3个；完成招商引资到位资金20940万元，占计划的155.11%，同比增长13.8%，其中，完成市外到位资金17776万元，占计划的209.13%，同比增长176.6%，完成浙商到位资金10043万元，占计划的334.77%。

城镇建设方面，投资3300万元，完成污水处理厂二期扩建、一期提标改造及集镇(雨)污水管网改造工程；大力实施工地围墙美化等多个项目，投资186万元，用于集镇17.9万平方米街道(含6个公厕)的保洁，向社会购买服务工程，城市保洁、污水运维等顺利托管；新增800余只垃圾箱；结合淳安县"五水共治"农村环境综合整治行动，以清洁乡村、污水运维为主要抓手，结合无违建与相关政策，积极开展农村环境整治工作，不断探索长效机制。建成乡镇第一块室外大型屏媒，设立交通指示灯和城市公交线路。

完成全镇沿街立面、人行道及路面改造和强弱电电缆"上改下"管道工程；完成农贸市场改造工程、汾口一桥改造工程和自来水厂扩建工程；实施白胡山公园、城镇交通整治、城东及城南入城口改造；实施武强溪亮灯工程，提升武强溪两岸景观改造，扮靓汾口夜景，打造"夜汾口"；建成汾口大道与三桥，改善城市交通；完成老汽车站征收、新汽车站(客运中心)装修及配套工程，建成公共交通换乘中心，开通城镇公交；新建二院手术综合楼、社区卫生服务中心、畹墅小学及幼儿园；建设汾口行政服务中心并启用；完成杨旗文化广场一期、汾口镇综合市场配套工程、老镇区改造提升工程，打造汾口商贸圈；完成武强溪生态湿地工程一期，建成国家级湿地公园，打造汾口人民的特色旅游新目的地。

完成镇村规划修编。按照现代生态田园城市的建设要求，建成汾口镇规划展示馆，拍摄汾口专题宣传片，编制完成汾口镇交通组织管理规划及重要节点交通改善设计、汾口镇老镇区环境提升规划、汾口镇景观农业方案设计，并将淳安县汾口镇控制性详细规划方案、汾口镇田园城市设计、湖德塘公园规划纳入评审程序；完成射墩、郑家等 20 余个村庄规划，旨在通过完善规划形成合理的规划体系，为建设工作提供科学依据。按照县委《关于推进中心镇扩权强镇工作的实施意见》精神，完成汾口社区卫生服务中心等多个工程项目的建设项目选址、建设用地规划许可、建设工程规划许可、临时用地规划、乡村建设规划许可、方案审查、竣工验收规划确认等事项。同时严把建设项目规划审批关，对镇村实行"一证""二证"制度，完善农民建房审批程序。数字城管指挥中心运行正常，城建中队和保洁员队伍建设有序，添置垃圾箱，对镇区违章建筑进行强制拆除，改善城镇卫生环境。

民生保障方面，低保做到应保尽保，应退尽退。低保占比在 4.8%以上；春风行动年均受益户数在 100 户以上；完成了全镇 51 个行政村和 1 个社区的居家养老照料中心建设，并于 2016 年完成正常运营 10 家。敬老院完成消防改造，达到初步合格。完成 51 个行政村社区工作室、老年协会的备案登记。完成残疾人康复中心的建设，开设县二院残疾评定点方便村民，完成困难残疾人二项补助。完成被征地农民保障工作。"两保"从人工收款到银行扣款的转换。得到省市科普示范乡镇称号。

【汾口客运中心站启用】 6 月 7 日，汾口客运中心站正式启用。该站位于汾口啤酒厂边侧、淳开公路旁，占地面积 3.04 万平方米，总建筑面积 5237 平方米，投资 3000 万元，由站前广场、停车场、站务用房、生产辅助设施、生产服务设施及商业用房组成。设计发车位 13 个，售票窗口 10 个，客车停车位 98 个，日平均旅客发送量约 7000 人次。该中心站是按二级客运站设计建造，集长途客运、城市公交、出租车、旅游集散等综合功能于一体。启用后不但能缓解经济增长及客运车辆迅速增加带来的集镇交通拥堵问题，还能推动汾口中心镇建设。

【汾口大道竣工】 12 月 6 日，汾口大道顺利通过竣工验收。该工程为杭州市 2015 年、2016 年重点建设项目，总投资 17900 万元，于 2015 年 3 月开工。项目分为北段和西段两部分，其中北段工程西起汾口城乡统筹产业示范园一期东侧，东至淳开公路，长 3092 米，路宽 24 米；西段工程北起汾口城乡统筹示范园一期南侧杨璜公路，南至淳开公路，长 578 米，路宽 24 米。主要建设内容包括道路改造、桥涵、给排水、照明、绿化、交通设施、边坡及土石方工程。汾口大道建成通车后，将极大地改善该镇的城市交通，真正拉开集镇发展框架，对推动全国重点镇建设起到积极作用。 （卢　萍）

2016 年汾口镇各行政村基本情况

表 32

村　名	村党支部书记	村委会主任	人口（人）	年人均收入（元）
交　界	汪腾飞	郑新建	560	11547
宏　鲍	余洪中	鲍芳金	704	11795
山　头	姜生生（女）	程良军	651	11745
赤川口	余文斗	余　佼	1645	11152
龙　门	夏祯理	张礼圣	986	12255
汪家桥	汪双春	汪继富	911	12798
汪家村	余文吉	余雄华	497	12112
三　渡	余本亚	余文权	830	12316
富占源	郑　伟	郑衍义	905	12521
三　底	姜红祥	姜立顺	617	14807
经　门	郑名诚	郑家仁	874	14641
简　门	郑家义	郑衍法	574	13483

续表 32

村　名	村党支部书记	村委会主任	人口（人）	年人均收入(元)
郑　家	郑平源	郑建军	1813	13898
天林庄	宋庆美	汪爱民	862	13734
舒　翠	郑伟明	郑名树	1046	15013
杨旗坦	郑军建	郑新华	767	15757
宋　祁	余文信	余利富	1623	14767
祝　家	祝泽华	祝泽永	848	18152
汾　口	毛长丽	余建平	2347	12504
寺　下	余志富	余绵棕	1253	12093
章　姚	陈国富	蒋樟林	976	12374
仙　居	张凯华	张良伟	1605	11928
石　畈	余伟军	余红艳	898	12449
翁川源	余家军	余仕来	1681	11979
龙　山	徐建权	徐衍军	1238	12497
射　墩	余学良	余尚成	1168	14266
三　畈	余善平	余海淳	519	11580
程　店	程和平	程金泽	654	12783
强　川	汪菊银(女)	余荣杨	684	12413
红　星	余新忠	周恒发	797	11744
西　村	徐杭南	徐顺建	946	12882
茅　屏	汪文映	汪成钢	1191	14616
云　林	余来泳	余建良	1521	11913
鲁　村	詹君建	卢湖顺	1742	11994
巧　塘	卢良良	卢承君	558	11921
桃林畈	余三明	程樟锋	917	12401
龙　姚	许文军	王建明	569	12260
栗园里	余长岭	汪军社	1171	11241
毛　家	杨苏华(女)	毛善忠	1539	11578
百亩畈	汪国平	汪秋卫	1205	13090
岭　后	汪　军	余绍忠	813	11470
荷　塘	卢　鹏	卢海平	1015	11447
横　沿	余君毅	余新军	923	15211
陆　乡	蒋建林	陆建令	985	13219
龙　源	姜贤飞	姜文明	1167	12207
红　旗	余竹花	高赐洪	1549	10809
宋　京	余生雨	余必亮	1295	11741

续表 32

村　名	村党支部书记	村委会主任	人口（人）	年人均收入(元)
湛　川	余钱起	余上海	1223	11544
富　塘	汪建伟	蒋有生	717	11798
石　峰	郑田军	郑红忠	1056	11439
峰　溪	汪小明	汪炳春	732	12080
杨旗社区	洪　琛		4210	502

·中洲镇·

【概况】 2016年，中洲镇总面积166平方公里，辖19个行政村(232个村民小组)。全镇总户数6104户，总人口20418人，耕地面积544公顷，其中水田470公顷；山林面积1.49万公顷，其中生态公益林面积0.76万公顷。

全年实现工农业总产值6.95亿元，比上年增长83.9%；农村经济总收入12.422亿元，增长11.5%；农民人均纯收入12691元，增长11%。

全年新发展良种茶基地13.5公顷，茶叶总产量287.9吨，产值5022.56万元，比上年增长49.5%。新发展高山蔬菜基地17.3公顷。全年培育了科技示范户32户，其中水果10户，茶叶14户，粮油8户。全年完成绿化造林158公顷，其中，新种毛竹20公顷，珍贵树种24公顷，一般造林13公顷。完成土地流转9.5公顷，统防统治120公顷。新成立畈头可口家庭农场、乘风源初源家庭农场2家二维码追溯体系建设单位。以余家瓦洱登家庭农场为代表的中洲现代农业园区样板已形成。

实现工业销售产值1.51亿元，利润总额205万元，与上年相比基本保持稳定；招商引资协议资金5400万元，完成年计划的381.7%，实际到位资金5150万元，完成目标任务的418%。引进的美光照明LED灯高新技术企业,成为中洲首家规上企业。来料加工方面,继续以打造来料加工特色一条街、扶持来料加工企业规模化发展为重点。新增经纪人2位,经纪人总数达到43名,来料加工企业12家,从业人员达1800余人,带动了全镇173位低收入农户从事来料加工,全年实现发放低收入扶持资金20余万元,来料加工费1270万元,其中通过第三方支付的达810余万,全年完成来料加工费任务数的150%。

县中国工农红军北上抗日先遣队纪念馆于9月23日开馆,红色茶山AAA级景区于12月底成功创建。全年到镇团队近800个,游客近10万人次。新建镇入口处景观、红色主题公园,启动修缮茶山古道、临时战地医院及粟裕、刘英临时住所和方志敏临时住所。9月,在霞童村举办中秋“舞香龙”民俗文化活动,吸引周边村民和众多摄影爱好者2000余人参加。11月初,在厦山村举办了第四届古道文化节,举行《乡愁中洲》新书发布会,并为第三届摄影大赛获奖者颁奖,吸引1000余人参加,其中包含新华网、腾讯、新浪、浙江卫视、《钱江晚报》、都市快报等十多家媒体,进一步提高了红色中洲的知名度。11月,在札溪村如期举办“九相公”民俗文化活动,吸引了周边县、乡4.5万人参加。新发展农家乐18家。全年共接待游客近10万人,团队近800个,比上年同期增长60%,涉及乡村旅游的收入超过1000万元目标。瓦湃登家庭农场新建游步道200米。

完成中洲、樟村、乘风源、南庄等4个村4条灌溉渠道1840米,双许村新建防洪堤175米,苏家畈及叶村重要堤防建设858.3米,修复防洪堤25米,砼压顶429米,总投资达到310.27万元;完成余家村河段疏浚、清淤工程土石方2万立方米,总投资43万元。完成札溪、木瓜、左川、叶村、中洲集镇等5个村的饮用水工程,埋设管网31376米,新建蓄水池4座,蓄水量250立方米,工程总投资220.98万元。新建木瓜、札溪、樟村、乘风源4个村的生态水电建设,完成12座生态堰坝、堤防护脚824米,总投资546.43万元。实施项目多、投入资金大、成绩效果显著是过去一年水利建设的特点。联乡结村帮扶方面。2016年,市级帮扶资金实际到位519.0542万元,共实施项目21个;县级帮扶资金86万元,实施项目15个。市、县帮扶项目涉及经济发展、民生保障、基础设施等各个领域,有力地促进了镇经济和社会各项事业的发展。

扎实推进南庄村富丽建设,沿溪游步道、特色景墙已经建成。民宿经济、土地流转等一大批产业发展得到快速发展。完成厦山关隘修建、双许村庭院改造两个精品示范线工程建设。左川村、徐家村、长埂村等4座农用桥建成并投入使用,札溪村、木瓜村、乘风源村的停车场相继建成。投资600多万元的中洲集镇工程全部完成,投资近800万元的物流、农贸、电商大楼结顶。

杨件线联村联网工程总计投资251万元,叶银线大中修工程总计投资211万元,提升公路品质,改善村民出行道路交通条件,方便村民出行。完成杨璜线樟村部分路段拓宽工程和路面铺设工程,投资资金达310万元。硬件设施的提升,为中洲镇乡村旅游的发展奠定了基础。2016年,结合“两路两侧”专项整治工作,扎实做好全镇72公里的村道养护工作。

新建余家村、徐家村文化礼堂,培育南庄村文化礼堂。筹完成畈头村的宗祠修缮工作,枫林坞大会堂修缮工程。组建了一支16人的舞蹈队赴县城参赛并获金奖,举办余家村春晚受到群众一致好评。积极开展茶、桑、果等农业技术培训班以及农村电子商务、农家乐、就业、普法等培训,全年累计培训2000余人次。

投入200余万元,完成了中心幼儿园室外配套设施工程和扩建室内深化工程,初中教学楼及附房、叶村小学教学楼改造。完成中心幼儿园及余家幼儿园入园工作，在各个学校开展了校园文化建设，继续发扬镇中心小学作为淳安县红色教育基地学校的优势，把红色教育融入教学，让校园环境更加层次丰富，培养学生爱国情怀，促进教学水平的提升。

完成公共卫生考核，落实精防专项工作经费，配合G20峰会保障工作，强化对精神病人监管力度，加强村干部的食品卫生安全知识培训；积极开展无偿献血活动，全镇132人参加，献血量达到4.4万毫升；开展孕前优生检测164人；全年做好清洁乡村、水质断面监测等工作。

全镇城乡居民社会养老保险参保人员6316人，新农合医保参保人员14936人。做好农村居家养老服务站、农村居家养老服务照料中心的申报和提升工作。申报低保家庭危房改造13户，新申报低保家庭36户。2016年，新评定各类残疾人62人，申报重度残疾人生活补助15人，全年通过“春风行动”等各类捐助活动，募集资金2.135万元。

【淳安县中国工农红军北上抗日先遣队纪念馆正式开馆】　9月23日，位于中洲镇厦山村的淳安县中国工农红军北上抗日先遣队纪念馆举行开馆仪式。浙江省委常委、杭州市委书记赵一德等各级领导，方志敏之女方梅、粟裕之子粟寒生等特邀嘉宾等共计150余人参加了开馆仪式活动。该纪念馆为县政府重点项目，占地8公顷，总投资6000余万元，于2014年1月动工，主体建筑面积7274平方米，分为展览馆、研究中心、革命旧址三大板块。该纪念馆的建设将党史遗址保护利用与红色旅游的开展相结合，拓宽了旅游经济范围，对中洲镇发展红色旅游经济起到巨大的推动作用，对镇域经济的发展起到明显的带动作用。

【建成两家二维码追溯体系单位】　2016年建成畈头可口家庭农场和乘风源初源家庭农场两家二维码追溯体系单位。该建设项目以市场为导向，以科技为依托，有效解决食品的安全追溯问题，打造安全食品体系。两家单位硬件设施总投资200余万元，占地面积14.7公顷。2016年，可口家庭农场年产水蜜桃9吨，产值30万元；初源家庭农场全年出售高山蔬菜10万公斤，产值60万元。

（余娇艳）

2016年中洲镇各行政村基本情况

表33

村　名	村党支部书记	村委会主任	人口（人）	年人均收入（元）
畈　头	汪崇初	汪中武	796	13112
双　许	许时坂	姜仁福	540	11341
南　庄	汪华北	—	598	12530
洄　溪	汪社平	汪正安	528	12988
木　瓜	洪中文	洪盆成	639	11889
枫林坞	吴飞鹏	—	502	10761
徐　家	徐光放	徐承福	1572	11334
长　埂	胡远军	—	1070	10679
余　家	程名山	余名要	1529	11904
樟　村	姜向勇	—	1640	10852
乘风源	李诗军	余昌根	664	11209
苏家畈	余芳文	余新师	533	12141
霞　童	童益平	童世红	1366	10783
李家畈	余东北	李小河	738	11140
中　洲	余中平	程厚恕	2230	14969
厦　山	汪亨敏	金太师	809	12987
左　川	宋谷林	唐民芝	773	11405
札　溪	吴下坞	李庆林	865	11688
叶　村	余荣来	余建华	2803	11429

·大墅镇·

【概况】 2016年,大墅镇总面积163平方公里,辖17个行政村,120个村民小组。全镇总户数4325户,总人口13929人,其中农业人口13590人,外出劳动力3979人。山林面积11611公顷,耕地面积628公顷,其中,水田521公顷。

全年实现工农业总产值20亿元,与上年持平;财政总收入10175.33万元,增长17%,其中,地方财政收入664.89万元;上缴国税、地税247.19万元。农村经济总收入41.95亿元,增长1.4%;村级集体经济总收入460万元,增长8.7%;农民人均纯收入14811元,增长2.7%。

实现农业总产值1.459亿元,比上年增长7.26%。紧紧抓住土地流转这个发展的“牛鼻子”,积极引进社会资本发展高效农业、彩色农业和生态农业。近年来,共流转山林土地近万亩,成立县级以上农业园区4家、家庭农场21家、专业合作社5家。兰纳农业园区、建树农场等成为全县彩色农业的标杆,吸引众多游客慕名而来。同时,通过建设“三个一千”彩色农业基地造美沿途风景,形成了“四季有花、四季有果”的镇域农业大景观,全镇的彩色农业和体验农业在全县有了很高的知名度,成为全县景区化、全域大旅游的一个重要节点。

实现工业总产值20.2亿元,其中规上工业销售产值14.75亿元。工业投入2.1亿元,招商引资到位资金1.5亿元。加大对现有企业改造提升的力度,新兴纺织、荣华纺织、莱克竹业等一批镇重点企业先后投入2.5亿元成功技改,实现产业有效升级,增强了市场竞争力。充分利用收储的旧厂房和农民转移集聚区店面房等闲置资源建立小微企业孵化园、创业(电商)一条街及总部经济园,锦雅服饰、新华大宗、千济方等一批总部经济和谦美水饮料等新兴产业项目相继落地。大力推进来料加工,全面消除来料加工空白村,新增来料加工经纪人14人、来料加工点14个,目全我镇经纪人总数29人,来料加工企业和作坊8家,带动90余户低收入农户就业,全镇来料加工从业人员1500余人,全年发放加工费达540万元。

服务业增加值16615万元,比上年增长22%。紧抓淳杨线开通、绿道经济推进的有利契机,编制大墅镇乡村旅游规划,培育和发展沿路沿线休闲旅游业态,完成公山尖游步道建设,启动千岛湖大峡谷景观改造提升、畲头古村落工程。成功举办毛竹文化节、儒洪“赶十八”、“大墅底下好乘凉”乡村田园节、“桃源杯”竹工艺品大赛等系列节庆活动,固化节庆品牌和标签。引导孙家畈、桃源凌家和栗月坪3个沿湖沿线村农户发展农家乐和民居民宿13家。全镇乡村游客达8.65万人次,比上年增长62%。积极发展电子商务,全力打造电商一条街,积极培育电商能手,全镇有电商34家,交易收入500余万元。

加快镇村建设步伐。紧紧抓住中心镇建设机遇,完善配套设施,提升服务功能,集镇面貌发生了翻天覆地的变化,也为中心镇产业和人口集聚提供了基础保障。2016年,投入4000余万元资金实施并建成了集镇业态改造、枫林溪环境改造提升、入城口改造及接线工程、体艺馆、桥头休闲广场、自来水厂老水源利用等22个基础设施项目。大力提升大墅、上坊、寺林、桃源凌家和孙家畈等5个中心村、精品村和富丽乡村的建设,内容涵盖基础设施、产业发展、环境整治等方面,村庄面貌实现了大变样,居住环境得到明显改善。按照“处处是景点和村村有特色”的要求,组织各村庄集中开展环境卫生综合整治、造林绿化和景观打造工程,努力实现了美丽乡村建设全覆盖。

继续加大民生基础设施建设力度。投入

551万元，完成4条7.1公里村道大中修。投入47万元，完成下坑村贯庄0.6公里联村联网公路建设。投入122万元，完成7个村的村道水毁修复。投入38万元，完成洞坞花石源桥梁改造，完成完成大坞、孙家畈等村主干道7.8公里和辅助道3公里建设。投入160万，完成4个村和镇自来水水厂的农村自来水提升工程。投入110万元，完成大墅镇农村五保供养服务中心消防设施改造。下拨危旧房改造资金20.4万元，完成危旧房改造12户。

深化城乡低保、残保动态监管，确保“应保尽保，应退尽退”，全镇有低保户263户358人，残保户123户123人。第十六次春风行动发放慰问金20余万元；2016年春季生活救助55户，救助资金33000元。同时，关心关注低保户家庭的子女学习情况，帮助8人争取到相关助学资金。开展救助和帮扶结对，救助金额2.4万元。加强就业和再就业培训工作，鼓励创业带动就业，共培训660余人。深化实施低收入农户收入倍增计划，完善居家养老政府购买服务机制，新增居家养老政府购买服务人数11人，总人数已达191人，金额13余万元。积极开展残疾人两项补贴动态申请和残疾人需求调查、康复、政策宣传、教育与就业等工作，认真做好残疾人信访接待，完成残疾人无障碍设施建设等工作。推进全镇殡葬专项整治，高质量、高标准完成生态公墓300穴。圆满完成农村“两保”参保工作，全镇医疗保险参保人数9837人，参保率为101.17%，养老保险参保人数3979人，参保率为96.86%。

【“无违创建”工作】 强化镇村干部主体责任，健全问责机制，确保违建问题第一时间发现、第一时间处置。自“无违创建”工作开展以来，全镇共拆除违章建筑7.7万平方米，收缴有偿使用费206万元。严格落实沿湖沿线带方案审批、农村私人建房挂牌施工和“四到场”制度，加大防违控违力度，高质量完成760宗拆后利用工作，优化美化洁化农村环境，无违创建连续两年获得优秀。

【“五水共治”工作】 全面完成17个行政村的农村污水处理设施建设，总投入3558万元，建成59套终端运行系统，建成大小窨井8802只，主管网铺设120.57千米。成立了污水运维公司和运维队伍，并建立长效运维制度，确保治污实效。严格落实立体式“河长制”，启动实施全流域禁渔，镇域内主要河流水质均达到一类标准。以更高要求更严考核抓好“清洁乡村”工作，创新机制，健全保洁员队伍，每年均投入100万元以上资金用于各村村庄环境整治、已完成治污设施建设的村的日常运维工作。　（方　芳）

2016年大墅镇各行政村基本情况

表34

村　名	村党支部书记	村委会主任	人口（人）	年人均收入（元）
大　墅	方华祥	方江华	1815	17019
孙家畈	余贤生	余建苏	648	16615
桃　源	凌海	凌银生	810	16348
大　坞	余良玉	王建平	811	15063
凤　山	胡青田	余其日	545	15257
西　园	王海仁	王海仁	701	16215
殊　塘	郑文清	郑文清	452	14886
高　山	余世新	余世新	539	16800
下　坑	方建成	方建成	685	16816
洞　坞	王金仙（女）	王金仙（女）	384	15382
上　坊	方胜华	胡西凉	856	16150
寺　林	余光初	魏江龙	604	17355
老　岭	郑双龙	何庆法	393	15817
桃　林	余英杰	余英杰	940	15480
岭　干	方苏华	余常春	1027	16026
儒　洪	余富林	余江苏	1564	16556
栗月坪	王小彩	王昌顺	1155	15158

·枫树岭镇·

【概况】 2016年,枫树岭镇总面积308平方公里,辖28个行政村、188个村民小组。全镇总户数5842户,人口18215人,山林面积22717公顷,耕地面积902公顷,水田面积766公顷。

实现农村经济总收入221812万元,比上年增长9.87%;财政收入319万元,增长8%;农民人均可支配收入18014元,增长11.5%。全镇规上工业销售产值6.86亿元,完成工业投入5877万元,完成招商引资到位资金1.08亿元,完成服务业增加值12828万元。

全镇共土地流转296.5公顷,引入品夫农业、丸薪柴本、青林科技、乐乐农业、九方生物等农业企业,大力发展现代化设施农业产业。全镇培育农业合作社27家、家庭农场14家,有油茶面积1667公顷、毛竹面积2800公顷,茶叶面积610公顷,地瓜干种植面积153公顷,中药材种植面积1000公顷。注重农业品牌建设,注册各类农业商标8个,培育有机农产品11个,9个农产品产地7330公顷基地通过无公害认证。

立足"淳商回归",成功引进下姜、白马旅游开发公司、白马小学夏令营基地等项目。先后关停林煌丝业、永宏纺织两家规上企业,推动"腾笼换鸟",功能转型。加快电子商务发展,全镇共发展网店32家,电商企业8家,白马番薯干、油茶成为网络热销产品。培育来料加工经纪人36名,实现农户家门口就业。

开发五狼坞登山、汪村茶海、白马清凉度假等自驾、骑行、探险项目。成功举办下姜民俗文化节、萤火虫节、葡萄采摘节和白马首届地瓜节等节庆活动,不断扩大市场知名度。加大农家乐与民宿培育力度,截止年底,全镇挂牌农家乐27家,民居民宿26家。接待游客达10万人次。

全面推进"富丽下姜"建设。下姜村挂牌成为浙江省委党校现场教学示范基地、杭州市三色教学基地、省妇女干部培训基地、市休闲运动基地;三大农业园区成功转型。由淳安乐乐农业开发公司整体承包,每年为下姜村带来至少35万元的集体收入。农业彩化项目持续推进,落地蚕桑体验园项目,完成下姜—五狼坞沿线森林彩化。新建1700平方米葡萄餐厅,集餐饮、会议、农特产品展销于一体;下姜—白马旅游精品线路、花石源—五狼坞绿道项目顺利推进。成功创建下姜村AAA级景区,成立下姜景区管理公司,实行统一管理、统一规划、统一营销、统一分客、统一结算的"五统一"运作,极大激发农户发展热情,到年底,下姜村农家乐及民宿达到23家395个床位,包括2栋投入上百万元的精品民宿;打麻糍、黄牛耕田、溪滩摸鱼等农事体验项目受到市场青睐。全年下姜村接待省市各类培训班64期6600余人次,接待游客10万余人次,其中住宿游客12859人次,入住率达33%,实现旅游收入662万元。引入泽润百草园农特产品展销点,开发"下姜红"竹笔筒,受到游客的欢迎。此外,安排专项资金对"下姜"牌农特产品包装进行统一设计、生产。

生态保护不遗余力,全面完成2014年度农村治污项目提升改造,完成白马、铜山、知心坑3个新农居点污水处理设施建设,确保污水全部纳管。在全镇推行农村新建房屋"带方案审批"机制,严格落实建房监管"四到场"、挂牌施工等制度,切实强化防违控违力度。发挥退二线老同志作用,组建镇级综合巡查办,落实四级联防联控机制。全年,全镇下发停止违法行为通知书和拆除通知书12份,拆除违建16宗,合计面积849平方米。镇财政安排专项资金,全面推进拆后利用、清洁乡村、美丽庭院等工作。开展垃圾分类试点，镇财政投入100余万元，用于购买垃圾分类桶、改建垃圾收集点、新建垃圾分类房，并在全镇7个村推进垃圾分类试点。镇人大会以决议的形式，在全镇推行两个“严禁”，即严禁河道非法采砂采石，严禁河道捕鱼。

省级地质灾害点搬迁整治、自来水水质改善等一批民生项目稳步推进。完成丰家源和铜山两个省级地质灾害点搬迁安置地块土地征用和“三通一平”，基本完成地基分配和房屋腾空等工作。窄坑村农居点土地平整工程排除种种困难，顺利进场施工，群众期盼多年的建房地基问题得到解决。民生水平显著提高，先后完成3个村级文化活动场所改建、白马小学和镇中学校舍维修，完善通村道路、水毁工程、农村停车场等村级基础设施。新建窄坑黄莲坑自来水引水管道，着力解决干旱季节集镇自来水供水不足等问题，完成下姜、源塘、上江、枫树岭中学、夏峰小学自来水提升改造。

2016年，枫树岭镇先后获得“杭州市服务保障G20杭州峰会先进集体”、“杭州市法治乡镇创建先进单位”、“杭州市‘五水共治’工作先进乡镇”、淳安县森林消防技能竞赛二等奖等荣誉。

【“两山”实践受到主流媒体关注】 以下姜村为示范，始终践行“两山理论”，真正让绿水青山变成老百姓的金山银山，让“生态致富”成为农民共识。2016年，枫树岭镇先后成功举办“归园田居雅墅下姜”下姜民俗文化旅游节、萤火虫节、葡萄采摘节和白马首届地瓜节，受到省内外主流媒体关注。特别是“归园田居雅墅下姜”下姜民俗文化旅游节，活动期间吸引游客20000余人次，日营业收入达7万余元，民宿入住率高达98%。卖米羹、粽子、冷饮烧烤等当日获利在7000元以上，在“我最喜爱的乡村旅游节庆”评选中进入前三甲，中央电视台第2套《经济半小时》栏目专题录制下姜《青山如何变金山》节目，掀起讨论热潮。（张 盛）

2016年枫树岭镇各行政村基本情况

表35

村名	村党支部书记	村委会主任	人口（人）	年人均收入（元）
下姜	杨红马	姜祖见	768	19468
源塘	陈文平	陈文平	481	16056
枫树岭	胡宝元	余五生	515	14757
窄坑	王樟华	王樟红	788	12574
横坑	徐朋来	汪带相	439	12804
铜山	余义贵	余自荷	1256	12661
鲁家田	汪丽和	—	801	14733
木花坑	方建军	方建军	310	13532
大源	江樟龙	江雪英	740	14714
薛家源	王华明	汪玉红	531	14237
上江	许能富	江平忠	1049	14465
夏峰	方功良	汪明书	767	12317
丰家源	丰世标	丰奕建	574	12674
红光	汪明代	汪明代	543	12938
夏村	戴儒宝	戴衍有	846	12743
陈家源	汪维根	沈旭明	518	13165
伊川	汪永全	汪永全	397	12650
汪村	王胜水	王红昌	1212	16086
衍昌	胡志新	黄沫云	864	14580
横山	魏桂花	吴柳根	540	13488
知心坑	余衍祥	吴长江	408	14780
白马	俞竹青	俞社成	716	14021
乳洞山	吴约木	吴约木	306	14889
大桥头	汪锋彩	余苏平	718	13556
凤凰庙	蒋有能	廖龙建	428	14123
周家桥	余土旺	姜关胜	536	14354
陈村	唐爱平	郑明发	503	12400
官川	钱清林	余海元	661	13501

·安阳乡·

【概况】 2016年,安阳乡总面积146平方公里,辖15个行政村,125个村民小组。全乡总户数3692户,总人口11690人,有外来人口37人。人口自然增长率0.5‰。山林面积10342公顷;耕地面积514公顷,其中,水田425公顷。

全年实现工农业总产值37770万元,比上年增长6.05%;财政总收入507.89万元,下降3.8%,其中,地方财政收入347.01万元,增长36.62%;农村经济总收入100830万元,增长9.66%;村级集体经济总收入462万元,增长8.7%;农民人均收入15416元,增长11.5%。

在巩固提升茶叶、毛竹、油茶等传统农业的基础上,大力发展设施农业,通过招商引资、政策扶持等途径,农业产业化水平不断提升。同时,加快推进农业结构调整,扶持壮大水果、中药材等新兴农业,"四季水果"基地进一步扩张。农旅结合及发展现代设施农业,实现增产增收,全年实现农业总产值达18740万元,比上年增长5%。

积极服务规上工业。千圣实业有限公司顺利完成搬迁并恢复生产,销售产值达4854万元,纳税145万元。支持发展来料加工。投资近100万元,将原佳坞小学改建成安阳乡来料加工园区。乡来料加工点累计达23个,稳定从业人员842人,年加工费350余万元。

发展民宿民居产业。"乡井茅庐"等5家民宿落地并相继开业,"慢生活"等2家签订意向书,民宿产业实现零的突破,且呈现良好的发展势头。发展运动休闲产业。投资1400万元建设"千岛湖·安阳国家级登山健身步道",工程已近尾声。"国字号"项目的落地必将持续吸引全国各地游客到安阳乡运动休闲和登山健身。发展房地产产业。天香华庭一期房产基本销售完,二期房产2016年销售产值达1200万元。2016年发展电子商务12家,总数达到37家。

投资6500余万元,先后完成五都源道路主干道、六都源黄川至外畈等道路拓宽改造,乡域两条源环线环境大幅改善;投资2800万元,建成长4.2公里、路面宽6米的山上线公路;投资170万元,建成长2公里、路面宽5.5米的佳坞至外畈公路。水利建设实现巩固提升,投资3000余万元,先后完成了1座小型水库和7座山塘除险加固工程;完成了黄家源等5个村共5公里重要堤防的加固;完成15公里渠道和6座堰坝的修建,乡域防洪抗洪能力得到大幅加强。投资156万元,对五保供养服务中心的宿舍楼和食堂进行消防改造、新建配电线路和两路供水项目。

投资1130万元进行集镇改造提升,建设健身休闲公园、三个入镇口拓宽改造、电路线杆上改下、人行道改造等。

推进"无违创建"工作。完善农村建房审批监管办法和动态长效巡查机制,加大违法建筑拆除力度,通过落实源头踏勘、强化审批管理、加强巡查责任"三位一体"工作机制,严防新增违法建筑的出现,巩固无违创建"2015年度县业绩突出单位"工作成果。2016年,全乡共审批101户,建成95户。

推进"五水共治"工作。完成重要堤防加固1公里,山塘水库修建1座。全面实施农村饮用水有偿使用制度,完成农业统防统治113公顷。确保农村治污工程正常运行,县巡查交办和乡巡查发现的328处问题全部整改到位,出水达到设计排放标准,河流交接断面检测均为I类水质。

幼儿园入学率达100%,创建了市级学前教育先进乡。完成黄家源、范家、红山岙等6个村文化礼堂建设,文化场地不断增多,农村健身舞蹈日益繁荣。乡卫生院认真开展农民体检、无偿献血等工作,创建了省级规范化卫生院。公共卫生水平不断提高,2016年高分通过市卫复评。

全乡参加城乡居民各类养老保险3405人，参保率达97.01%，参加城乡居民各类医疗保险8227人，参保率达100.12%。全乡纳入低收入户1119户、低保户265户、结对帮扶168户。2016年全乡实施危房救助22户，其中低保户11户，因灾毁房户11户，重建16户，修缮6户，重建救助面积1100平方米。

【千岛湖安阳国家登山步道项目启动】 9月，启动千岛湖安阳国家登山步道项目建设。该项目于2015年5月获中国登山协会正式批复，总投资约1550万元，拟建设步道里程41.2公里，一期修建约40公里，涉及8个行政村，分ABC三个等级。A级步道11.2公里，对体能要求较低，适用于普通市民。路面由石板、木头、瓦片、瓜子石片等铺成，建有凉亭、板凳等休息设施；B级步道16.4公里，同样适用于普通市民，路面以原生态为主；C级步道13.6公里，主要以古道修复为主，以极限探险为主，体能要求高，适用于专业户外人士。

【五都源农业综合开发项目】 年初，乡政府投资1200万元，实施五都源农业综合开发项目，新建防洪堤14条、3337米，机耕路29条、7299米，灌水渠25条7079米，排水渠19条、6394米，堰坝4座、45米，机耕桥5座，治理面积433.3公顷，其中水田313.3公顷，旱地120公顷，涉及10个村。至年底，全部完工。

（王传君）

2016年安阳乡各行政村基本情况

表36

村名	村党支部书记	村委会主任	人口（人）	年人均收入（元）
昌墅	章胜昌	程银顺	901	16003
山下	吴英富	吴英红	708	15130
五堡	林连生	陈小鹏	668	15417
下栖梧	姜鲍放	吴崇俊	997	15885
黄家源	余银池	余银池	521	16246
上梧	吴建军	吴红明	913	15457
陈家门	潘樟贵	陈人柱	628	15112
乌龙	储士荣	徐长富	522	15517
范家	余贤军	范友富	535	15031
红山岙	占高华	占高华	480	15033
崀岭	余家茂	王日昌	950	15279
桐川	王海昌	王朝有	880	14720
外畈	王仙宝	吴金成	751	15418
黄川	余国建	陈志鹏	1009	15483
安阳	余的华	汪文明	1062	15362

（编辑 刘东山）

名录和获奖成果

·2016年淳安县党政机关、群众团体主要负责人名录·

【县委和县委机关】

县　委

书　记　　朱党其(～2016年11月)
　　　　　黄海峰(2016年11月～)

副书记　　柴世民(～2016年11月)
　　　　　余力行(～2016年1月)
　　　　　董毓民(2016年3月～)
　　　　　董文吉(2016年12月～)

常　委(书记、副书记均为常委,略)
　　　　　赖明诚
　　　　　郑志光
　　　　　王　军(～2016年11月)
　　　　　姚伟明
　　　　　凌　军(～2016年11月)
　　　　　郭素梅(女,中央三部委挂职干部,～2016年1月)
　　　　　李卫东(～2016年12月)
　　　　　刘秀丽
　　　　　吴东明(省下派挂职干部,2016年6月～)
　　　　　徐恒辉(2016年11月～)
　　　　　鲁连美(女,2016年12月～)
　　　　　宋立新(2016年12月～)
　　　　　许海波(2016年12月～)

委　员(书记、副书记、常委均为委员,略)
　　　　　方　阳
　　　　　方开银
　　　　　方必盛(2016年12月～)
　　　　　王苏宝
　　　　　王昌迪(～2016年12月)
　　　　　王跃平(2016年12月～)
　　　　　毛善智
　　　　　叶春晖(～2016年12月)
　　　　　刘小松
　　　　　江灵强
　　　　　杨　勇(2016年12月～)
　　　　　柯尚逵(～2016年12月)
　　　　　胡　敏(～2016年12月)
　　　　　胡红宝(2016年12月～)
　　　　　胡相旗(～2016年12月)
　　　　　胡慧璋(～2016年12月)
　　　　　何小林(2016年12月～)
　　　　　何宇富(2016年12月～)
　　　　　余永青
　　　　　汪爱祥(2016年12月～)
　　　　　洪永鸿(～2016年12月)
　　　　　洪余良(2016年12月～)
　　　　　祝云祥(～2016年12月)
　　　　　郭东晓(～2016年12月)
　　　　　姜小旺(2016年12月～)
　　　　　姜西方(～2016年12月)
　　　　　陈东来(～2016年12月)
　　　　　陈奇策
　　　　　张飞燕(2016年12月～)
　　　　　张宏光(2016年12月～)
　　　　　邵全胜(2016年12月～)
　　　　　费林建(2016年12月～)
　　　　　钱　铖(～2016年12月)
　　　　　钱立华(2016年12月～)
　　　　　徐军飞(2016年12月～)
　　　　　徐晓东(2016年12月～)
　　　　　黄红婷(女,2016年12月～)
　　　　　章传强(2016年12月～)
　　　　　商松懋

商建军(2016年12月～)
童友军(～2016年12月)
管国良(～2016年12月)

纪律检查委员会

书　记　赖明诚
副书记　徐军飞
方四雷(～2016年7月)
方爱民(2016年7月～)

县委办公室

主　任　许海波

政策研究室

主　任　管峰华(2016年4月～)

综合考评委员会办公室

主　任　鲍永红

县委县政府信访局(县长公开电话受理中心)

局　长　方振华
主　任　方振华

机关服务效能投诉中心

主　任　方振华

县委县政府农业和农村工作办公室

党组书记　张飞燕
主　任　张飞燕

组织部

部　长　姚伟明

新经济与新社会组织工作委员会

书　记　徐宗政

机构编制委员会办公室

主　任　方　辉

老干部局

局　长　方武彬

宣传部

部　长　董文吉(～2016年12月)
徐恒辉(2016年12月～)

文化创意产业办公室

主　任　洪善富

统战部

部　长　胡　敏(～2016年12月)
鲁连美(2016年12月～)

侨　办

主　任　方为宾

县委台湾工作办公室(县政府台湾事务办公室)

主　任　解佑星

政法委员会

书　记　余力行(兼,～2016年1月)
董毓民(兼,2016年4月～)

县直机关党工委

书　记　余运德

党　校

校　长　余力行(兼,～2016年1月)
姚伟明(兼,2016年4月～)
党委书记　商建军(2016年4月～)

行政学校

校　长　董毓民(兼)

党史研究室(县志办)

主　任　朱华民

【县人大常委会和人大机关】

人大常委会

主　任　余永青
副主任　童小威
何建法
王建民
章湑美
鲁连美(女)
管国良
党组书记　余永青

人大办公室

主　任　王武杭

法制工作委员会

主　任　童火忠

农业和农村工作委员会

主　任　余樟来

城建环保工作委员会

主　任　姜宜海

代表工作委员会

主　任　　　陈国法

教科文卫工作委员会

主　任　　　洪明亮

财政经济工作委员会

主　任　　　姜玉梁

委　员(主任、副主任及各工委主任均为委员,略)

许海波
叶春晖
余红英(女)
方四雷
汪建敏
陈汉康
胡慧璋(～2016年1月)
王昌迪(2016年1月～)
余小兰(女,2016年1月～)
牟　剑(2016年1月～)

【县人民政府和政府机关】

县人民政府

县　长　　　柴世民(～2016年11月)
董毓民(2016年11月～)

副县长　　　董毓民(～2016年11月)
郑志光
刘秀丽(女,省下派挂职干部,2016年7月～)
吴东明(省下派挂职干部,2016年7月～)
郭东晓(～2016年11月)
江华平
章传强
宋立新(～2016年12月)
方建裕(省下派挂职干部,～2016年7月)
费林建(2016年11月～)
张宏光(2016年11月～)

县府办公室(法制办、外事办)

党组书记　　洪永鸿

主　任　　　洪永鸿

档案局(档案馆)

党组书记　　邵吉明

局(馆)长　　邵吉明

县级机关事务管理局

局　长　　　严建国

发展和改革局

党委书记　　胡相旗

局　长　　　胡相旗

经济信息化和科学技术局

党委书记　　姜小旺

局　长　　　姜小旺

教育局

党委书记　　商松懋

局　长　　　商松懋

民族宗教事务局

局　长　　　姜作军

公安局

党委书记　　凌　军(～2016年11月)
张宏光(2016年11月～)

局　长　　　凌　军(～2016年11月)
张宏光(2016年11月～)

政　委　　　何　慧

社会治安综合治理委员会办公室

主　任　　　缪宝根

监察局

局　长　　　徐军飞

民政局

党组书记　　王苏宝

局　长　　　王苏宝

司法局

党组书记　　吕瑞琴(女,～2016年4月)
方四雷(2016年7月～)

局　长　　　吕瑞琴(女,～2016年9月)
方四雷(2016年9月～)

财政局
党委书记　毛夏平(2016 年 4 月～)
局　长　毛夏平
地税局
局　长　毛夏平
国有资产管理委员会办公室
党工委书记　唐诗谷
主　任　唐诗谷
人力资源和社会保障局
党组书记　江灵强
局　长　江灵强
国土资源局
党委书记　徐宗强
局　长　徐宗强
住房和城乡建设局
党委书记　何宇富
局　长　何宇富
交通运输局
党委书记　何小林
局　长　何小林
农业局
党委书记　储苏银(2016 年 9 月～)
局　长　储苏银
林业局
党委书记　陈东来
局　长　陈东来
水利水电局
党组书记　陆发平
局　长　陆发平
商务局
党组书记　黄红婷(女)
局　长　黄红婷(女)
千岛湖风景旅游委员会
主　任　方　阳
文化广电新闻出版局
党组书记　王圣慧
局　长　王圣慧
卫生和计划生育局
党委书记　邵全胜
局　长　邵全胜
审计局
党组书记　杨仁宽
局　长　杨仁宽
统计局
党组书记　钱尼万
局　长　邵文涛
环境保护局
党组书记　童友军
局　长　童友军
市场监督管理局(食品药品监管局、工商局、质监局、食安办)
党委书记　汪爱祥
局　长　汪爱祥
城市管理局
党委书记　汪荣富
局　长　汪荣富
安全生产监督管理局
党组书记　童丰平
局　长　童丰平
供销合作总社
党委书记　邵爱群
主　任　邵爱群
行政审批管委会办公室
党工委书记　董毓民
主　任　徐建球
淳安千岛湖旅游集团有限公司
党委书记　王光贵
董事长　王光贵
经　理　管三平
淳安千岛湖建设集团有限公司
党委书记　柯尚逵
董事长　柯尚逵
经　理　童德根
水利水电投资有限公司
党委书记　滕建平
董事长　滕建平

经　理　　余世明

新安江开发总公司

党委书记　　方震凡

董事长　　方震凡

经　理　　何光喜

工贸资产经营有限公司

党委书记　　方南民

董事长　　方南民

总经理　　张　伟

茧丝绸总公司

党委书记　　姜西方

董事长　　姜西方

经　理　　方　杰(2016 年 4 月～)

【县政协和政协机关】

县政协

主　席　　刘小松

副主席　　吴仙菊(女,～2016 年 2 月)

王晓林

徐月焕

占志明

胡　敏

党组书记　　刘小松

秘书长　　汪林星

常　委(主席、副主席、秘书长均为常委,略)

王木香(女)　　王阳春(女)

钱尼万(～2016 年 1 月)

王新华(2016 年 2 月～)

方为宾　　方伟文

方新女(女)　　方福水

朱　健　　刘志贵

孙家杰　　李枕戈

吴丁洪(～2016 年 1 月)

杨珠香(2016 年 2 月～)

肖建宏　　吴立新

吴雪源　　余文生

汪雪梅(女)　　陈华进

邵文涛　　郑　斌

郑晓峰

王瑛姣(女,～2016 年 1 月)

祝云祥(2016 年 2 月～)

徐东燕(女)　　徐丽萍(女)

徐新勇(～2016 年 1 月)

徐宗政(2016 年 2 月～)

徐香枝(女)　　徐夏冰(女)

唐春兰(女)　　鲁耀华

政协办公室

主　任　　徐丽萍(女)

提案委员会

主　任　　姚樟树

委员工作委员会

主　任　　姚宏韬

经济科技委员会

主　任　　王根标

城建和人口资源环境委员会

主　任　　翁永忠

社会法制和港澳台侨委员会

主　任　　姜　旭

文史和教文卫体委员会

主　任　　余利归

【法院、检察院机关】

人民法院

党组书记　　陈奇策

院　长　　陈奇策

人民检察院

党组书记　　钱　铖(～2016 年 11 月)

杨　勇(2016 年 11 月～)

检察长　　钱　铖(～2016 年 11 月)

杨　勇(2016 年 11 月～)

【军事组织】

人民武装部

部　长　　吴伯进

政　委　　李卫东

【群众团体】

总工会

党组书记　王昌迪

主　席　鲁连美(女)

团县委

党组书记　牟　剑

书　记　牟　剑

妇　联

党组书记　余小兰

主　席　余小兰

科　协

党组书记　余建成

主　席　余建成

文　联

党组书记　余书华(～2016 年 4 月)

邵红卫(2016 年 4 月～)

主　席　余红英(女,～2016 年 4 月)

邵红卫(2016 年 4 月～)

残　联

党组书记　祝云祥

理事长　祝云祥

工商联

党组书记　王新华

主　席　王新华

侨　联

主　席　方为宾

红十字会

专职副会长(主持工作)　商越明

【事业单位】

浙江淳安经济开发区

党工委书记　毛善智

管委会主任　毛善智

青溪新城

党工委书记　毛善智

管委会主任　毛善智

淳安千岛湖旅游度假区

党工委书记　方开银

管委会主任　方开银

体育局

党组书记　周光华

局　长　周光华

移民局(投资公司)

党组书记　周一帆(～2016 年 3 月)

吕瑞琴(女,2016 年 4 月～)

局长(经理)　周一帆(～2016 年 3 月)

吕瑞琴(女,2016 年 4 月～)

千岛湖传媒中心

党组书记　宋士和

主　任　宋士和

广播电视台

党组书记　王建才

台　长　王建才

淳安姜家产业区块

党工委副书记(主持工作)

方必盛

管委会主任　江华平(兼)

江东杭千(扶贫)开发区

管委会主任　董毓民(兼)

杭州住房公积金管理中心淳安分中心

主　任　邵万贤

【其他行政事业机构】

国税局

党组书记　蒋建明

局　长　蒋建明

邮政公司

党委书记　高　星

总经理　姚志宏(～2016 年 1 月)

高　星(2016 年 1 月～)

电信公司

党委书记　孙叶雾

总经理　孙叶雾

国网浙江淳安县供电公司

党委书记　徐祥海

总经理　洪　洲(～2016 年 10 月)

杨　峰(2016 年 10 月～)

气象局

局　长　　王华卿(女,～2016 年 8 月)

李　倩(女,2016 年 8 月～)

中国人民银行淳安县支行

党组书记　　王云祥

行　长　　王云祥

中国银行业监督管理委员会浙江监管局淳安办事处

主　任　　吴传海

中国工商银行淳安县支行

行　长　　张晓华

中国农业银行淳安县支行

党委书记　　李昌杰

行　长　　李昌杰

中国建设银行淳安县支行

行　长　　沈　震(～2016 年 8 月)

余武平(2016 年 8 月～)

农村信用合作社联合社

党委书记　　陈全水

理事长　　陈全水

中国银行淳安县支行

行　长　　方世彦

中国农业发展银行淳安县支行

行　长　　何　鹏

中国人民财产保险公司淳安县支公司

党组书记　　王爱国

总经理　　王爱国

中国人寿保险公司淳安县支公司

经　理　　余九昌(～2016 年 11 月)

临时负责人、党支部书记

唐四萍(2016 年 11 月～)

烟草专卖局(公司)

党组书记　　陆英豪(～2016 年 3 月)

傅建国(2016 年 3 月～)

局长(经理)　　陆英豪(～2016 年 3 月)

傅建国(2016 年 3 月～)

【乡镇负责人名录】

千岛湖镇

党委书记　　徐晓东

人大主席　　张家兵

镇　长　　王红娟(女)

文昌镇

党委书记　　余　飞

人大主席　　梅丽军

镇　长　　王丽娟(女)

石林镇

党委书记　　徐新勇

人大主席　　徐新勇(～2016 年 12 月)

王伟霞(女,2016 年 12 月～)

镇　长　　汪思强(～2016 年 4 月)

钱　江(2016 年 4 月～)

里商乡

党委书记　　方朝晖

人大主席　　方朝晖(～2016 年 12 月)

滕淑燕(女,2016 年 12 月～)

乡　长　　钱红建

金峰乡

党委书记　　方海珍(女)

人大主席　　方海珍(女,～2016 年 12 月)

乡　长　　黄永平

富文乡

党委书记　　方爱民(2016 年 6 月～)

何小武(～2016 年 6 月)

人大主席　　方爱民(2016 年 7 月～)

钱建柱(～2016 年 12 月)

乡　长　　方　丽(女)

左口乡

党委书记　　谢吉荣

人大主席　　谢吉荣(～2016 年 12 月)

章新华(2016 年 12 月～)

乡　长　　汪雪梅(女,～2016 年 11 月)

储菜仙(女,2016 年 11 月～)

临岐镇

党委书记　　王跃平

人大主席　　管香花(女)
镇　长　　程剑明

屏门乡

党委书记　　吴韶建
人大主席　　吴韶建(～2016年9月)
　　　　　　徐红星(2016年12月～)
乡　长　　方　杰(～2016年4月)
　　　　　　王慧英(2016年4月～)

瑶山乡

党委书记　　洪志峰
人大主席　　洪志峰(～2016年12月)
　　　　　　王圣祥(2016年12月～)
乡　长　　储菜仙(女,～2016年11月)
　　　　　　叶俊军(2016年11月～)

威坪镇

党委书记　　洪余良
人大主席　　严国栋(～2016年4月)
　　　　　　余龙飞(2016年12月～)
镇　长　　徐明主

王阜乡

党委书记　　张日军
人大主席　　闻云发
乡　长　　徐新平

鸠坑乡

党委书记　　徐国建
人大主席　　徐国建(～2016年9月)
　　　　　　王华强(2016年12月～)
乡　长　　陆红伟

宋村乡

党委书记　　方文田
人大主席　　方文田(～2016年12月)
　　　　　　方旭峰(2016年12月～)
乡　长　　陆新辉

姜家镇

党委书记　　方必盛
人大主席　　余维初
镇　长　　方立华

梓桐镇

党委书记　　罗宝华
人大主席　　余期信(～2016年4月)
　　　　　　季小飞(2016年12月～)
镇　长　　余红英(2016年4月～2016年11月)
　　　　　　牟　剑(2016年11月～)

浪川乡

党委书记　　邵红卫(～2016年4月)
　　　　　　徐建明(2016年4月～)
人大主席　　钱建柱(～2016年12月)
　　　　　　程王镇(2016年12月～)
乡　长　　徐建明(～2016年4月)
　　　　　　严国栋(2016年4月～)

界首乡

党委书记　　余旻樟
人大主席　　余旻樟(～2016年12月)
　　　　　　钱江锋(2016年12月～)
乡　长　　詹　浩(～2016年4月)
　　　　　　章伶俐(2016年4月～)

汾口镇

党委书记　　钱立华
人大主席　　徐小忠(～2016年4月)
　　　　　　钱贤君(2016年12月～)
镇　长　　余顺明

中洲镇

党委书记　　杨武军
人大主席　　章伶俐(女,～2016年4月)
　　　　　　章迁新(2016年12月～)
镇　长　　徐宗祥

大墅镇

党委书记　　胡红宝
人大主席　　章旭华
镇　长　　何小武(～2016年4月)
　　　　　　程　军(2016年4月～)

枫树岭镇

党委书记　　商建军(～2016年4月)
　　　　　　汤燕君(女,2016年4月～)

人大主席　王顺民
镇　长　汤燕君(女,~2016 年 4 月)
　　　　徐小忠(2016 年 4 月~)

安阳乡

党委书记　王武祥
人大主席　王武祥(~2016 年 12 月)
　　　　方有根(2016 年 12 月~)
乡　长　汪发通

(王卫华)

(编辑　王玉华)

·2016 年度淳安县先进名录·

【国家及国家部门级先进集体】

表 37

获奖单位	奖项名称	授奖单位
县看守所	一级看守所	公安部
县劳动和社会保障监察大队	全国清理整顿人力资源市场秩序专项行动取得突出成绩单位	国家人社厅　国家工商总局办公厅
大墅中心卫生院	群众满意的乡镇卫生院	国家卫计委
姜家中心卫生院	群众满意的乡镇卫生院	国家卫计委
县茧丝绸总公司	农业产业化国家重点龙头企业	农业部　国家发改委　财政部　商务部　国税总局
县蚕茧产业协会	全国科普惠农兴村先进单位	中国科协　财政部
淳安县	全球绿色城市	全球人居环境论坛(GFHS)
淳安县	《车神驾到》节目拍摄基地	央视财经频道
淳安县	PSA 千岛湖摄影基地	PSA 摄影学会
淳安县	全国摄影创作基地	中国摄影报
千岛湖国家森林公园	第一批全国森林康养基地试点单位	中国林业产业联合会
千岛湖西南景区公司	全国城市俱乐部筏钓巡回赛"CAA"全国筏钓会员战略合作钓场	中国钓鱼协会

【省及省级部门级先进集体】

表 38

获奖单位	奖项名称	授奖单位
青溪新城马路村	省先进基层党组织	省委
淳安县	省"平安县"创建工作"连续 11 年平安县"	省委　省政府
淳安县	省"五水共治"工作优秀县(市、区)"大禹鼎"	省委　省政府
县公安局	省 G20 杭州峰会工作先进集体	省委　省政府
县交通运输局	省 G20 杭州峰会工作先进集体	省委　省政府
县信访局	省 G20 杭州峰会工作先进集体	省委　省政府
政法委	省 G20 杭州峰会工作先进集体	省委　省政府
千岛湖镇	省 G20 杭州峰会工作先进集体	省委　省政府

续表 38—1

获奖单位	奖项名称	授奖单位
县司法局	2011～2015 年全省法治宣传教育先进单位	省委　省政府
县委防范和处理邪教问题领导小组办公室	2014～2015 年度全省社会治安综合治理先进集体	省委　省政府
富文乡	第三批省级无邪教乡镇(街道)	省委　省政府
淳安县	省政务服务网考核优秀单位	省政府
县农业局	2015 年度省“五水共治”工作先进集体	省委办
淳安县	森林浙江建设目标责任制考核优秀单位	省府办
淳安县	浙江政务服务网建设绩效考评优秀单位	省府办
新安江开发总公司	省国有林场改革工作先进集体	省府办
千岛湖初级中学	省心灵港湾工作坊示范点	省委宣传部
淳安县	省农村文化礼堂建设先进县	省委宣传部　省农村文化礼堂建设领导小组
淳安县	省经济和信息化工作优秀县	省经信委
淳安县	生态工业发展省级试点单位	省经信委　省财政厅
淳安县	省农村信息化示范区	省经信委　省财政厅
淳安县	省农家乐休闲旅游工作考核优秀县	省农办
淳安县	省山区经济发展项目绩效评价优秀	省农办
淳安县	省新农村建设优秀县	省新农村建设领导小组
淳安县	省农村生活污水治理设施运维管理考核优秀县	省住建厅　省农办　省环保厅　省财政厅
淳安县	省农村生活污水治理工作优胜县	省“千村示范万村整治”工作协调小组办公室
淳安县	省十大最美绿化县道	省绿化与湿地保护委员会
县财政局	国有资产管理工作县级优秀单位	省财政厅
县地税局	残疾人就业保障金征管工作成绩突出单位	省地税局
县地税局	省地税系统法治税务示范基地	省地税局
县劳动和社会保障监察大队	省劳动保障监察工作目标管理成绩突出单位	省人社厅
县公安局	2015～2016 年度全省政法系统先进集体	省政法委　省人社厅
县公安局 G20 杭州峰会安保工作组	二等功	省公安厅
县公安局	全省公安队伍正规化建设示范单位	省公安厅
县公安局	全省公安队伍正规化建设优秀单位	省公安厅
县公安局交警大队	全省一等县级车管所	省公安厅
县公安局	全省执法质量优秀单位	省公安厅
千岛湖景区公司	2015 年度全省创建治安安全单位活动成绩突出单位	省公安厅　省综治委　省社会治安综合治理协会
中国工商银行股份有限公司淳安支行	省治安安全优胜单位	省公安厅　省综治委办公室　省社会治安综合治理协会
县司法局汾口司法所	四星级规范化司法所	省司法厅

续表 38—2

获奖单位	奖项名称	授奖单位
威坪镇司法所	五星级规范化司法所	省司法厅
县司法局威坪司法所	五星级规范化司法所	省司法厅
浙江泽道律师事务所	全省法律服务“三改一拆”“五水共治”工作成绩显著单位	省司法厅
千岛湖传媒中心新闻部	省三八红旗集体	省妇联
中国电信淳安分公司千岛湖营业厅	省巾帼文明岗	省巾帼建功和双学活动协调小组
县妇幼保健院综合科护理组	2015 年度省巾帼文明岗	省巾帼建功和双学活动协调小组
临岐镇中心小学	省中小学“书香校园”	省教育技术中心
淳安中学	省二级普通高中特色示范学校	省教育厅
淳安二中	省二级特色学校	省教育厅
淳安中学	省中小学美丽学校提名学校	省教育厅
千岛湖镇南山学校	省绿色学校(第八批)	省教育厅办公室　省环保厅办公室
临岐镇中心小学	省义务教育课程改革先进学校	省教育厅教研室
县交通运输局	G20 杭州峰会交通运输服务保障工作先进集体	省交通厅
临岐镇仰韩村	省综合减灾示范社区	省减灾委员会　省民政厅
杭州淳安长运发展有限公司	基层调解优秀单位	省劳动人事争议仲裁委员会
新安江开发总公司	省现代国有林场	省林业厅
富文乡	省第九批(2015)平安农机示范县(市、区)和示范镇(乡、街道)	省农业厅
县疾控中心	省麻风病防治工作先进集体	省皮肤病防治研究所
金峰乡五龙村	省民主法治村	省普法办
县财政(地税)局	2011～2015 年全省法治宣传教育先进集体	省普法教育领导小组
大墅镇大墅村	省级气象防灾减灾标准化村	省气象局
县审计局	省内审协会一等奖	省审计厅
县中医院内三科	省癌痛规范化治疗示范病房	省卫计委
汾口中学	食品卫生等级 A 级单位	省卫生厅
界首乡综合文化站	省第六次乡镇综合文化站评估一级	省文化厅
国网淳安县供电公司	省五一劳动奖状	省总工会
杭州淳安长运发展有限公司	省五一劳动奖状	省总工会
县综合社会福利院	省卫生先进单位	省爱卫会
中洲镇	省级示范数字档案室	省档案局
县老干部局	省关心下一代工作先进集体	省关工委
县广电台	省广播电视新闻协作县级电视三等奖	省广电集团
县广电台	省广播电视新闻协作县级广播二等奖	省广电集团
县广电台	省新农村建设带头人评选优秀组织奖	省广电集团
县农业局	全省海洋与渔业系统政务信息工作优秀县级单位	省海洋与渔业局

续表 38—3

获奖单位	奖项名称	授奖单位
县渔业船舶检验站	全省渔业船舶检验系统先进单位	省海洋与渔业局
县农业局	渔船安全生产目标管理责任制考核一等奖	省海洋与渔业局
县市政园林管理处	省城市道路照明行业"先进单位"	省市政行业协会城市照明专业委员会
县移民局	水库移民工作优秀单位	省水库移民安置办公室
新安江开发总公司	G20 杭州峰会森林消防安保工作先进单位	省政府森林消防指挥部　省林业厅
千岛湖旅游集团团委	省 G20 峰会志愿服务工作先进集体	省志愿者协会
梓桐镇中心小学	省陶行知研究会直属实验学校	省陶行知研究会
千岛湖镇第六小学	省课外阅读先进集体	浙江教育报刊总社

【市及市级部门级先进集体】

表 39

获奖单位	奖项名称	授奖单位
枫树岭镇下姜村	第三批杭州市党史教育基地	市委
富文乡	市法治乡镇(乡、街道)创建先进单位	市委
千岛湖镇青溪初级中学	市平安示范学校	市委
临岐镇吴峰村	市先进基层党组织	市委
县渔政渔港监督管理局党总支	市先进基层党组织	市委
渔政局党总支	市先进基层党组织	市委
汾口镇龙源村	市先进基层党组织	市委
淳安县	市城乡区域统筹发展(新农村建设)工作优秀单位	市委　市政府
安阳乡	2015 年度市无邪教创建先进单位	市委　市政府
汾口镇	2015 年度市无邪教创建先进单位	市委　市政府
枫树岭镇	2015 年市法治乡镇(街道)创建先进单位	市委　市政府
枫树岭镇	服务保障 G20 杭州峰会先进集体	市委　市政府
金峰乡	服务保障 G20 杭州峰会先进集体	市委　市政府
经济开发区(青溪新城)管委会	服务保障 G20 杭州峰会先进集体	市委　市政府
浪川乡	服务保障 G20 杭州峰会先进集体	市委　市政府
里商乡	服务保障 G20 杭州峰会先进集体	市委　市政府
临岐镇	服务保障 G20 杭州峰会先进集体	市委　市政府
石林镇	服务保障 G20 杭州峰会先进集体	市委　市政府
威坪镇	服务保障 G20 杭州峰会先进集体	市委　市政府
县环保局	服务保障 G20 杭州峰会先进集体	市委　市政府
县人社局	服务保障 G20 杭州峰会先进集体	市委　市政府
县市监局	服务保障 G20 杭州峰会先进集体	市委　市政府
县委宣传部	服务保障 G20 杭州峰会先进集体	市委　市政府

续表 39—1

获奖单位	奖项名称	授奖单位
县卫计局	服务保障 G20 杭州峰会先进集体	市委　市政府
梓桐镇	服务保障 G20 杭州峰会先进集体	市委　市政府
县住建局	服务保障 G20 杭州峰会先进集体	市委　市政府
县旅委	服务保障 G20 杭州峰会先进集体	市委　市政府
临岐镇	平安示范乡镇	市委　市政府
富文乡	市“无邪教”乡镇(街道)	市委　市政府
里商乡	市“无邪教乡镇(街道)创建工作先进单位”	市委　市政府
枫树岭镇	市 2015 年度平安综治维稳“示范乡镇(街道)”	市委　市政府
县信访局	市 2015 年度平安综治维稳工作先进集体	市委　市政府
县交通运输局	市 2015 年度平安综治维稳工作先进集体	市委　市政府
县司法局	市 2015 年度平安综治维稳工作先进集体	市委　市政府
大墅镇	市反邪教先进乡镇	市委　市政府
县一医院	市模范集体	市委　市政府
大墅镇	市人武工作先进集体	市委　市政府
威坪镇	市 2015 年度平安综治维稳工作先进集体	市委　市政府
淳安县	市工业和信息化目标责任制考核一等奖	市政府
县国土局	市耕地保护责任目标考核优秀单位	市政府
临岐镇	2015 年度杭州“五水共治”工作先进乡镇	市政府
汾口镇	2015 年度市征兵工作先进单位	市政府
大墅镇	2015 年度市征兵工作先进单位	市政府
姜家镇	2015 年度市征兵工作先进单位	市政府
姜家镇	市政务信息工作先进单位	市府办
临岐镇	市政务信息工作先进单位	市府办
富文乡	市政务信息工作先进单位	市府办
汾口镇人民武装部	先进基层武装部	杭州警备区
中洲镇人民武装部	先进基层武装部	杭州警备区
新安江开发总公司	先进基层武装部	杭州警备区
淳安县	市“五水共治”优胜县	市“五水共治”领导小组办公室
淳安县	市农村生活污水治理设施运行维护管理工作优秀县	市建委
县委　县政府	市信访(“12345”)工作目标管理考核优秀单位	市信访工作领导小组
县民政局	2015 年度市“平安示范单位”	市委创建“平安杭州”领导小组
县水利水电投资有限公司	市级平安企业	市委创建“平安杭州”领导小组
千岛湖景区公司	市级平安景区	市委创建“平安杭州”领导小组
县地方海事处	市“五水共治”工作先进集体	市“五水共治”领导小组
淳安千岛湖建设集团有限公司	市“五水共治”工作先进集体	市“五水共治”领导小组

续表 39－2

获奖单位	奖项名称	授奖单位
汾口镇赤川口村	市农村文化礼堂“十佳特色文化团队”	市委宣传部
千旅集团文化传播公司	市文化精品	市委宣传部
王阜乡管家村	市星级农村文化礼堂	市委宣传部
王阜乡金家岙村八都麻绣馆	十佳特色文化展陈	市委宣传部　市农村文化礼堂建设工作领导小组办公室
文昌镇潭头村“油菜花”组合艺术团	市农村文化礼堂“十佳特色文化团队”	市委宣传部　市农村文化礼堂建设工作领导小组办公室
县农业局机关党支部	服务 G20 机关作表率先进基层党组织	杭直委
中国工农红军北上抗日先遣队纪念馆及茶山会议旧址	市第十五批爱国主义教育基地	市文明委
文昌镇王家源村	市文明村	市文明委
文昌镇西阳村	市文明村	市文明委
文昌镇	市文明乡镇	市文明委
富文乡	市文明乡镇	市文明委
中洲镇	市百佳网格	市综治委
临岐镇初级中学	市先进职工之家	市总工会
旅游度假区	市先进职工之家	市总工会
千岛湖景区公司	市先进职工之家	市总工会
千岛湖旅游交通公司	市先进职工之家	市总工会
汾口镇初级中学	市先进职工之家	市总工会
姜家镇总工会	市先进职工之家	市总工会
临岐镇初级中学团支部	市先进团支部	团市委
千岛湖旅游交通公司	青年文明号	团市委
县环保局监测站	青年文明号	团市委
县二医院	市先进团支部	团市委
县中医院内二科护理组	市“建功 G20”优秀青年文明号集体	团市委
县妇保院产科护理组	2014 年度市级“青年文明号”	团市委
千岛湖旅游交通公司	市级青年安全示范岗	团市委　市安监局
富文乡中心小学	市红十字示范学校	团市委　市教育局　市红十字会
金峰乡百照村	市卫生村	市爱卫会
汾口镇	省卫生镇(确认)	市爱卫会
县财政局	市财政国库管理工作县级优秀单位	市财政局
县公安局姜家派出所	全市优秀公安基层单位	市公安局
县公安局打击通讯(网络)诈骗工作组	三等功	市公安局
县公安局汾口派出所	三等功	市公安局
县公安局经侦大队	三等功	市公安局
县公安局千岛湖派出所	三等功	市公安局
千岛湖中等职业学校	市经文保保卫工作先进集体	市公安局

续表 39-3

获奖单位	奖项名称	授奖单位
县环保局监测站	市环境监测系统大比武团体一等奖	市环保局　市人社局　市总工会
淳安二中	美丽学校之美丽教师	市教育局
姜家镇中心小学	市首批深化课程改革实验学校	市教育局
临岐镇中心小学	市小班化教育实验学校	市教育局
汾口镇初级中学	市智慧教育示范校	市教育局
临岐镇中心小学	市中小学艺术节戏剧二等奖	市教育局
临岐镇中心小学	市中小学幼儿园“示范教科室”	市教育局
姜家镇中心小学	市第十届教育科研先进集体	市教育科学规划领导小组办公室
临岐镇梅口村妇代会	市基层妇女工作先进集体	市妇联
威坪镇茶合村妇代会	市基层妇女工作先进集体	市妇联
梓桐镇妇联	市基层妇女工作先进集体	市妇联
千岛湖秀水街经营公司	市三八红旗集体	市妇联
县中医院内二科护理组	市三八红旗集体	市妇联
县中医院内二科护理组	巾帼文明示范岗	市巾帼建功和双学双比活动协调小组
县一医院检验科	临床检验质量考核优秀单位	市临床检验质控中心
县检验质控中心	优秀质控中心	市临床检验质控中心
县妇幼保健院	2015 年度妇幼保健管理单项奖	市妇幼保健院
县妇幼保健院	2015 年度妇幼保健管理工作三等奖	市妇幼保健院
县商务局	市市场运行监测工作先进单位	市商务委员会(杭州市粮食局)
千岛湖秀水街经营公司	最佳人气奖	市商务委员会(杭州市粮食局)
县司法局社区矫正科	“市社区矫正工作二级安全单位”称号	市社区矫正暨安置帮教工作委员会办公室
县食品安全监督协会	市食品安全监督协会 2016 年度优秀工作站	市食品安全监督协会
千岛湖景区公司	“诚信经营树形象　放心消费迎峰会”示范景区	市市管局　市消委
县一医院	市医疗器械不良事件监测工作先进单位	市市监局
县司法局	全市司法行政系统服务保障 G20 峰会先进集体	市司法局
县司法局汾口司法所	全市司法行政系统服务保障 G20 峰会先进集体	市司法局
县司法局姜家司法所	全市司法行政系统服务保障 G20 峰会先进集体	市司法局
县司法局	司法行政工作综合督导优秀单位	市司法局
石林镇	杭州最值得到访的十大街镇	市委党刊《杭州》杂志社
县卫生和计划生育局	信息宣传综合先进单位三等奖	市卫计委
县精神卫生防治技术办公室	市精神卫生综合管理技能大比武二等奖	市卫计委　市总工会
县二医院	放射技术质量质控检查二等奖	市卫计委医政医管处
王阜乡文化站	市乡镇文化站文艺会演银奖	市文广新局
县图书馆	市第十届西湖读书节先进单位	市西湖读书节组委会
汾口镇消防安全管理办公室	市 2015 年度先进消防安全管理办公室	市消防安全委员会

续表 39—4

获奖单位	奖项名称	授奖单位
县卫生和计划生育局	先进消防联防中队	市消防安全委员会
县渔政渔港监督管理局	渔船安全生产和渔业行政执法工作目标管理优秀单位	市渔政渔港渔船监督管理总站
中洲镇	G20 杭州峰会森林消防先进单位	市政府森林消防指挥部
临岐镇	G20 杭州峰会森林消防先进单位	市政府森林消防指挥部
临岐镇	志愿服务先进街道(乡镇)	市志愿服务工作委员会
县市监局	2016 年度创新单位	市质监局
县一医院	中药代煎质量检查工作优胜单位	市中药药事质量控制中心
县法院立案庭	标杆集体	市中院
县法院威坪法庭	集体三等功	市中院
县法院立案庭	全市法院保障 G20 杭州峰会先进集体	市中院
县交通运输局	2015 年度市级“平安示范单位”	市创建“平安杭州”领导小组
县交通运输局	市春运工作先进集体	市春运工作领导小组
青溪市场监管所	打击传销工作成绩突出集体	市打击传销工作联席会议办公室
县市监局稽查大队	打击传销工作成绩突出集体	市打击传销工作联席会议办公室
县打击走私综合治理办公室	市反走私综合治理目标考核优秀单位	市打击走私综合治理领导小组办公室
杭州淳安长运发展有限公司	2015 年度道路运输企业安全管理目标考核优秀单位	市道路运输管理局
千旅集团客运公司	2015 年度道路运输企业安全管理目标考核优秀单位	市道路运输管理局
杭州淳安长运发展有限公司	支援春运工作先进单位	市道路运输管理局
旅游度假区	市现代服务业重点类集聚区	市发展现代服务业领导小组办公室
千岛湖秀水街经营公司	市水上交通运输行业服务保障 G20 杭州峰会工作先进集体	市港行管理局　市地方海事局
千岛湖秀水街经营公司	安全示范码头	市港行管理局　市港口行业协会
县交通工程质量与安全监督站	目标考核优秀单位	市交通工程质量安全监督局
国网淳安县供电公司带电作业班	市“高技能人才创新工作室”	市金融信息工会
国网淳安县供电公司变电运维班	市工人先锋号	市金融信息工会
国网淳安县供电公司	市示范职工之家	市金融信息工会
威坪中心卫生院	第二届市“敬老文明号”	市老龄委
县老龄工办	市老龄工作优秀单位	市老龄委
中洲镇茶山森林古道	杭州最美森林古道	市林业水利局
千岛湖旅游交通公司	杭州特色休闲示范点	市旅委　市休闲发展促进会
红色茶山	国家 AAA 级旅游景区	市旅游景区质量等级评定委员会
县农业局农村能源办公室	市农村能源工作先进集体	市农村能源办公室
县农业机械管理总站	市农机信息宣传工作先进单位	市农业机械管理站

续表 39—5

获奖单位	奖项名称	授奖单位
县委宣传部	2011～2015 年市法制宣传教育先进集体	市普法教育依法治理领导小组
县城市管理局	先进集体	市普法教育依法治理领导小组
县城市管理局	优秀稿件	杭州建设编辑部
王阜乡	市无邪教乡镇	杭州市防范处理邪教办
县人力资源和社会保障局	“六五”普法先进集体	杭州市普法教育依法治理领导小组
宣传部(文创办)	第十届杭州文化创意产业博览会最佳策展奖	杭州文化创意产业博览会组委会办公室
县救助管理站	服务保障 G20 杭州峰会先进集体	市城市生活无着的流浪乞讨人员救助管理工作协调小组
千岛湖旅游营销公司	十佳创新营销旅游景区	同城旅游网
石林镇	杭州・浙西“十佳”旅游风情乡村(镇)	浙西旅游合作组织

【县委、县政府表彰的最佳乡镇班子】

千岛湖镇、临岐镇

【县委、县政府表彰的“平安乡镇”】

千岛湖镇　文昌镇　石林镇　里商乡　金峰乡　富文乡
左口乡　临岐镇　屏门乡　瑶山乡　威坪镇　王阜乡
鸠坑乡　宋村乡　姜家镇　梓桐镇　浪川乡　界首乡
汾口镇　中洲镇　大墅镇　枫树岭镇　安阳乡

【县委、县政府表彰的服务保障 G20 峰会先进集体】

县委统战部　县人武部　机关事务管理局　县直机关工委　县旅游度假区
旅游集团　县人民检察院　县人民法院　县司法局　县消防大队　县武警中队
县卫生和计划生育局　县教育局　县文化广播电视新闻出版局
千岛湖传媒中心　县广播电视台　县城市管理局　县海事处
县经济信息化和科学技术局　县商务局　县安全生产监督管理局
县水利水电投资有限公司　县建设集团　县农业局　县水利水电局　县林业局
县民政局　县财政地税局　中国人民银行淳安支行　文昌镇党委政府
富文乡党委政府　左口乡党委政府　屏门乡党委政府　瑶山乡党委政府　王阜乡党委政府
鸠坑乡党委政府　宋村乡党委政府　姜家镇党委政府　界首乡党委政府　汾口镇党委政府
中洲镇党委政府　大墅镇党委政府　安阳乡党委政府　千岛湖景区综合管理处　交警大队
县公安局姜家派出所　县公安局临岐派出所　县公安局大市派出所
县城市管理局巡查管理科　县林业局姜家林业中心站　千岛湖供电所
千岛湖镇环境卫生管理所　千岛湖风景旅游委员千岛湖导游服务中心
县市场监督管理局千岛湖市场监管所　县市场监督管理局青溪市场监管所
浙江居易建筑工程有限公司　淳安第二建筑有限公司

南通市通盛建筑安装工程有限公司　浙江坤兴建设有限公司
浙江汇成建设工程有限公司　浙江康盛股份有限公司
杭州天道实业有限公司　淳安千岛湖恺乐建材有限公司
杭州商铬丝绸有限公司　淳安华科建材有限公司
淳安千岛湖农贸市场有限公司　淳安千岛湖公共自行车服务有限公司
中国石化销售有限公司浙江杭州淳安石油支公司　道路运输管理处
司法局千岛湖司法所　千岛湖景区旅游有限公司
千岛湖旅游交通有限公司　劳动和社会保障监察大队
枫树岭水力发电有限责任公司　千岛湖镇新北社区　千岛湖镇李家坞社区
千岛湖镇望湖社区　千岛湖镇汪家村　千岛湖镇进贤村　文昌镇文昌村
文昌镇文屏村　石林镇茶园村　里商乡里阳村　里商乡向阳村
金峰乡山后村　富文乡燕坑村　左口乡左口村　临岐镇临岐村
临岐镇审岭脚村　屏门乡佛岭后村　屏门乡项家村　瑶山乡幸福村
威坪镇叶家村　威坪镇联合村　威坪镇汪川村　王阜乡横路村
王阜乡马山村　鸠坑乡中联村　宋村乡宋村村　姜家镇霞社村
姜家镇银峰村　梓桐镇杜井村　梓桐镇练溪村　浪川乡芹川村
浪川乡大联村　界首乡严家村　汾口镇杨旗社区　汾口镇汾口村
汾口镇茅屏村　中洲镇霞童村　中洲镇左川村　大墅镇大墅村
大墅镇寺林村　枫树岭镇白马村　枫树岭镇汪村村　安阳乡桐川村
安阳乡上梧村　千岛湖镇坪山村

【县委、县政府表彰的“重才爱才单位”】

浙江康盛股份有限公司
杭州千岛湖啤酒有限公司
杭州清正生物科技股份有限公司
锐拓(杭州)互联网金融信息服务有限公司
浙江省淳安中学
杭州千岛湖建兰中学
淳安县第一人民医院

【国家及国家部门级先进个人】

表40

单位	获奖人	奖项名称	授奖单位
县纪委	毛勇锋	优秀通讯员	《中国纪检监察报》
县千岛湖传媒中心	宋士和	全国县市区域“百佳优秀报人”	中国县市报研究会

【省及省部门级先进个人】

表 41

单位	获奖人	奖项名称	授奖单位
县纪委	胡晓明	省 G20 杭州峰会工作先进个人	省委　省政府
县纪委	邱谊滨	省 G20 杭州峰会工作先进个人	省委　省政府
县纪委	余绍银	省 G20 杭州峰会工作先进个人	省委　省政府
县交通运输局	方建东	省 G20 杭州峰会工作先进个人	省委　省政府
县经科局	徐新华	省 G20 杭州峰会工作先进个人	省委　省政府
县农业局	鲁卫军	省 G20 杭州峰会工作先进个人	省委　省政府
县市监局	汪爱祥	省 G20 杭州峰会工作先进个人	省委　省政府
县市监局	徐梦淑	省 G20 杭州峰会工作先进个人	省委　省政府
县司法局	汪信文	省 G20 杭州峰会工作先进个人	省委　省政府
县司法局	余秋华	省 G20 杭州峰会工作先进个人	省委　省政府
县委宣传部	涂继伟	省 G20 杭州峰会工作先进个人	省委　省政府
县委宣传部	余国富	省 G20 杭州峰会工作先进个人	省委　省政府
县委宣传部	张志鹏	省 G20 杭州峰会工作先进个人	省委　省政府
县卫计局	王雪峙	省 G20 杭州峰会工作先进个人	省委　省政府
县文化市场行政执法大队	唐　军	省 G20 杭州峰会工作先进个人	省委　省政府
县信访局	方振华	省 G20 杭州峰会工作先进个人	省委　省政府
县信访局	金　斌	省 G20 杭州峰会工作先进个人	省委　省政府
县信访局	徐志卫	省 G20 杭州峰会工作先进个人	省委　省政府
县信访局	周　杰	省 G20 杭州峰会工作先进个人	省委　省政府
县一医院	方　晔	省 G20 杭州峰会工作先进个人	省委　省政府
县政协办	鲁杭春	省 G20 杭州峰会工作先进个人	省委　省政府
县政协办	徐小琴	省 G20 杭州峰会工作先进个人	省委　省政府
县直机关工委	余运德	省 G20 杭州峰会工作先进个人	省委　省政府
县委政法委	胡永全	省 G20 杭州峰会工作先进个人	省委　省政府
县委政法委	罗德华	省 G20 杭州峰会工作先进个人	省委　省政府
县委政法委	缪宝根	省 G20 杭州峰会工作先进个人	省委　省政府
县委政法委	滕乡里	省 G20 杭州峰会工作先进个人	省委　省政府
县安监局	张　辉	省 G20 杭州峰会工作先进个人	省委　省政府
县地方海事处	翁献忠	省 G20 杭州峰会工作先进个人	省委　省政府
县地税局	潘贡槐	省 G20 杭州峰会工作先进个人	省委　省政府
县公安局	陈保勇	省 G20 杭州峰会工作先进个人	省委　省政府
县公安局	方华春	省 G20 杭州峰会工作先进个人	省委　省政府
县公安局	胡金河	省 G20 杭州峰会工作先进个人	省委　省政府
县公安局	李金宝	省 G20 杭州峰会工作先进个人	省委　省政府
县公安局	凌　军	省 G20 杭州峰会工作先进个人	省委　省政府

续表41—1

单位	获奖人	奖项名称	授奖单位
县公安局	汪　晖	省G20杭州峰会工作先进个人	省委　省政府
县公安局	吴林涛	省G20杭州峰会工作先进个人	省委　省政府
县公安局	夏利新	省G20杭州峰会工作先进个人	省委　省政府
县公安局	徐　林	省G20杭州峰会工作先进个人	省委　省政府
县公安局	徐晓新	省G20杭州峰会工作先进个人	省委　省政府
县公安局	朱建强	省G20杭州峰会工作先进个人	省委　省政府
县国土局	钱江华	省G20杭州峰会工作先进个人	省委　省政府
县环保局	方志发	省G20杭州峰会工作先进个人	省委　省政府
县环保局	汪红赞	省G20杭州峰会工作先进个人	省委　省政府
县人民法院	姜德英	省G20杭州峰会先进个人	省委　省政府
县人民法院	鲁拥民	省G20杭州峰会先进个人	省委　省政府
县人社局	徐　沛	省G20杭州峰会先进个人	省委　省政府
县人民检察院	洪晓亮	省G20杭州峰会工作先进个人	省委　省政府
县人民检察院	王鸿琪	省G20杭州峰会工作先进个人	省委　省政府
安阳乡	王武祥	省G20杭州峰会工作先进个人	省委　省政府
淳安中学	洪伟民	省G20杭州峰会工作先进个人	省委　省政府
大墅镇	陈贤成	省G20杭州峰会工作先进个人	省委　省政府
汾口镇	徐　涌	省G20杭州峰会工作先进个人	省委　省政府
枫树岭镇	何来仙	省G20杭州峰会工作先进个人	省委　省政府
富文乡	方加余	省G20杭州峰会工作先进个人	省委　省政府
富文乡	余美娟	省G20杭州峰会工作先进个人	省委　省政府
姜家镇	方必盛	省G20杭州峰会工作先进个人	省委　省政府
界首乡	钱江锋	省G20杭州峰会工作先进个人	省委　省政府
金峰乡	黄永平	省G20杭州峰会工作先进个人	省委　省政府
浙江淳安县经济开发区(青溪新城)管委会	毛善智	省G20杭州峰会工作先进个人	省委　省政府
鸠坑乡	洪永流	省G20杭州峰会工作先进个人	省委　省政府
里商乡	程志润	省G20杭州峰会工作先进个人	省委　省政府
淳安千岛湖旅游度假区	方开银	省G20杭州峰会工作先进个人	省委　省政府
石林镇	徐新勇	省G20杭州峰会工作先进个人	省委　省政府
宋村乡	徐毅鹏	省G20杭州峰会工作先进个人	省委　省政府
王阜乡	张日军	省G20杭州峰会工作先进个人	省委　省政府
威坪镇	王　斌	省G20杭州峰会工作先进个人	省委　省政府
中洲镇	章迁新	省G20杭州峰会工作先进个人	省委　省政府
县委政法委	胡永全	2014～2015年度全省社会治安综合治理先进个人	省委　省政府
鸠坑乡	杨约顺	省“五水共治”先进个人	省委　省政府
县财政(地税)局	毛夏平	省国有林场改革工作先进个人	省政府

续表 41—2

单位	获奖人	奖项名称	授奖单位
县农业局	陈志坚	省畜牧业转型升级先进个人	省委办　省府办
县市监局	唐小梅	省第二批“万名好党员”	省委组织部
王阜乡	王贤华	省第二批“万名好党员”	省委组织部
新安江开发总公司	江明霞	省第二批“万名好党员”	省委组织部
县人民法院	程英凤	G20 杭州峰会先进个人	省高院
县人民法院	席维花	省法院刑事审判工作先进个人	省高院
县人民检察院	李韩英	平安护航 G20 峰会先进个人	省检察院
临岐镇临岐村	占美秀	2015 年度省最美妇女主任	省妇联
安阳乡安阳村	余的华家庭	省“绿色家庭”	省妇联
梓桐镇黄村村	黄美珍家庭	省“绿色家庭”	省妇联
鸠坑乡中联村	高团花	省“最美妇女主任”	省妇联
县公安局	钱学智	二等功	省公安厅
县公安局	吴好良	二等功	省公安厅
县公安局	刘　丰	全省公安机关 G20 杭州峰会安保先进个人	省公安厅
县公安局	马晓旭	全省公安机关 G20 杭州峰会安保先进个人	省公安厅
县公安局	唐红波	全省公安机关 G20 杭州峰会安保先进个人	省公安厅
县公安局	余小阳	全省公安机关 G20 杭州峰会安保先进个人	省公安厅
县委老干部局	程文仙	省关心下一代先进个人	省关工委
县渔政渔港监督管理局	胡莉莉	全省海洋与渔业系统政务信息工作先进个人	省海洋与渔业局
杭州淳安长运发展有限公司	张锡标	2015 年度省“交通运输行业百名最美人物”	省交通运输厅
县公路段	余荣安	省交通运输系统 G20 杭州峰会交通运输服务保障工作先进个人和“最美交通人”称号	省交通运输厅
姜家镇中心小学	汪绪华	第二届浙江省最美教师	省教育工会
汾口镇初级中学	詹秋生	省农村教师突出贡献奖	省教育厅　省人社厅
千岛湖镇青溪小学	余勇建	省农村教师突出贡献奖	省教育厅　省人社厅
枫树岭镇白马小学	余炳香	省中小学师德楷模	省教育厅　省人社厅
县妇联	方慧连	省“巾帼建功”标兵	省巾帼建功和双学活动协调小组
临岐镇吴峰村	周文英家庭	第十届浙江省文明家庭	省精神文明建设委员会
千岛湖镇西园社区	蒋春英家庭	第十届浙江省文明家庭	省精神文明建设委员会
千岛湖镇新北社区	郑菊妹家庭	第十届浙江省文明家庭	省精神文明建设委员会
左口乡	洪建华	G20 杭州峰会安保工作先进个人	省林业厅
左口乡	洪春庚	省农业技术推广贡献奖	省林业厅
县司法局	舒　清	2011～2015 年全省法治宣传教育先进个人	省普法教育领导小组
淳安中学	叶新来	第二十六届省“春蚕奖”	省人民教育基金会
大墅镇初级中学	余功鹏	第二十六届省“春蚕奖”	省人民教育基金会
临岐镇中心小学	徐素珍	第二十六届省“春蚕奖”	省人民教育基金会

续表 41－3

单位	获奖人	奖项名称	授奖单位
威坪镇小学	童红波	第二十六届省“春蚕奖”	省人民教育基金会
姜家镇	章铁汶	G20 杭州峰会森林消防安保工作先进个人	省政府森林消防指挥部　省林业厅
宋村乡	卢灶有	G20 杭州峰会森林消防安保工作先进个人	省政府森林消防指挥部　省林业厅
新安江开发总公司	罗小华	G20 杭州峰会森林消防安保工作先进个人	省政府森林消防指挥部　省林业厅
县委老干部局	方文婷	全省老干部先进工作者	省人社局　省老干部局
县人社局	王鑫马	省 2016 年度劳动保障监察工作成绩突出个人	省人社厅
县编委办	凌公平	全省编办系统先进工作者	省人社厅　省编委办
县财政(地税)局	方万里	全省地税系统先进个人	省人社厅　省地税局
县市监局	余　玙	全省食品药品监督管理系统先进工作者	省食品药品监督管理局
县司法局	汪向华	省明星司法所长	省司法所
县司法局	汪信文	省明星司法所长	省司法所
杭州淳安长运发展有限公司	钱四万	杭州市交通运输行业服务保障 G20 杭州峰会先进个人	省道路运输管理局
县地税局	王　寅	“金税三期”工程优化版推广工作表现突出个人	省地税局
县地税局	何沐阳	纳税服务之星	省地税局
临岐镇	张　斌	优秀研究生干部	省委党校
县委宣传部	管卫亮	全省网信系统信息报送工作先进个人	省委网络安全和信息化领导小组办公室
县文广新局	夏曙升	G20 峰会保障先进个人	省文化厅
县妇幼保健院	管亚琴	2015 年度新生儿遗传代谢病筛查先进工作者	省新生儿疾病筛查中心
县广电台	王　南	省广播电视技术能手竞赛调频和电视广播类三等奖	省新闻出版广电局
县信访局	余世权	G20 杭州峰会信访工作先进个人	省信访工作联席会议办公室
临岐镇	鲁　君	省 G20 杭州峰会城市志愿服务优秀志愿者	省志愿者协会
县中医院	叶青槐	省 G20 杭州峰会城市志愿服务优秀志愿者	省志愿者协会
中洲镇	姜　维	省 G20 杭州峰会志愿服务先进工作者	省志愿者协会
县市监局	杨　利	G20 杭州峰会服务保障突出贡献个人	省质监局
县五水共治指挥部	王丽萍	省“五水共治”信息工作先进个人	省治水办
县城市管理局	余秀丽	省智慧城管先进个人	省住建厅
千岛湖镇南山学校	宋志军	2015 年度浙江省导读先进工作者	浙江教育报刊总社
威坪镇初级中学	汪朝辉	省导读先进工作者	浙江教育报刊总社
县纪委	詹龙飞	省十佳纪检生活达人	浙江日报报业集团《反腐败导刊》
千岛湖镇青溪初级中学	谢根委	省援疆指挥部系统先进个人	省对口支援新疆阿克苏地区指挥部委员会
千岛湖法律服务所	吴文书	专门(专业)委员会工作先进个人	省基层法律服务工作者协会

【市及市部门级先进个人】

表42

单位	获奖人	奖项名称	授奖单位
县人民法院	王　华	市劳动模范	市委
县审计局	章明晓	服务保障G20杭州峰会工作先进个人	市委　市政府
县委宣传部	方　耀	服务保障G20杭州峰会工作先进个人	市委　市政府
县委宣传部	余霞腾	服务保障G20杭州峰会工作先进个人	市委　市政府
安阳乡	方有根	服务保障G20杭州峰会先进个人	市委　市政府
安阳乡	汪发通	服务保障G20杭州峰会先进个人	市委　市政府
县人民检察院	钱波波	服务保障G20杭州峰会先进个人	市委　市政府
姜家镇	叶利剑	服务保障G20杭州峰会先进个人	市委　市政府
界首乡	方琳飞	服务保障G20杭州峰会先进个人	市委　市政府
界首乡	余炎炜	服务保障G20杭州峰会先进个人	市委　市政府
金峰乡	宋　宏	服务保障G20杭州峰会先进个人	市委　市政府
金峰乡	詹胜春	服务保障G20杭州峰会先进个人	市委　市政府
金峰乡(信访局)	汪鹏飞	服务保障G20杭州峰会先进个人	市委　市政府
经济开发区(青溪新城)管委会	张　杰	服务保障G20杭州峰会先进个人	市委　市政府
鸠坑乡	王　彬	服务保障G20杭州峰会先进个人	市委　市政府
鸠坑乡	徐国建	服务保障G20杭州峰会先进个人	市委　市政府
里商乡	滕淑燕	服务保障G20杭州峰会先进个人	市委　市政府
千岛湖初级中学	童纪华	服务保障G20杭州峰会先进个人	市委　市政府
千岛湖旅游集团	王光贵	服务保障G20杭州峰会先进个人	市委　市政府
石林镇	朱小根	服务保障G20杭州峰会先进个人	市委　市政府
宋村乡	宋泽民	服务保障G20杭州峰会先进个人	市委　市政府
宋村乡	杨建伟	服务保障G20杭州峰会先进个人	市委　市政府
王阜乡	闻云发	服务保障G20杭州峰会先进个人	市委　市政府
王阜乡	章林美	服务保障G20杭州峰会先进个人	市委　市政府
威坪镇	徐明主	服务保障G20杭州峰会先进个人	市委　市政府
县安监局	方杨斌	服务保障G20杭州峰会先进个人	市委　市政府
县残联	鲁耀华	服务保障G20杭州峰会先进个人	市委　市政府
县地方海事处	祁　蓬	服务保障G20杭州峰会先进个人	市委　市政府
县法院	郑志娟	服务保障G20杭州峰会先进个人	市委　市政府
县国土局	徐宗强	服务保障G20杭州峰会先进个人	市委　市政府
县环保局	方　辉	服务保障G20杭州峰会先进个人	市委　市政府
县纪委	徐军飞	服务保障G20杭州峰会先进个人	市委　市政府
县茧丝绸总公司	方　杰	服务保障G20杭州峰会先进个人	市委　市政府
县委老干部局	吴志义	服务保障G20杭州峰会先进个人	市委　市政府
县民政局	宋瑞平	服务保障G20杭州峰会先进个人	市委　市政府

续表 42—1

单位	获奖人	奖项名称	授奖单位
县千岛湖传媒中心	吴立新	服务保障 G20 杭州峰会先进个人	市委　市政府
县人社局	詹　浩	服务保障 G20 杭州峰会先进个人	市委　市政府
县商务局	章　涛	服务保障 G20 杭州峰会先进个人	市委　市政府
县市监局	夏仁军	服务保障 G20 杭州峰会先进个人	市委　市政府
县市监局	严　颖	服务保障 G20 杭州峰会先进个人	市委　市政府
县市监局	余上平	服务保障 G20 杭州峰会先进个人	市委　市政府
县水利水电投资有限公司	周好军	服务保障 G20 杭州峰会先进个人	市委　市政府
县司法局	方　贝	服务保障 G20 杭州峰会先进个人	市委　市政府
县司法局	方宗仁	服务保障 G20 杭州峰会先进个人	市委　市政府
县司法局	余娟娟	服务保障 G20 杭州峰会先进个人	市委　市政府
县卫生和计划生育局	童建红	服务保障 G20 杭州峰会先进个人	市委　市政府
县卫生和计划生育局	汪建林	服务保障 G20 杭州峰会先进个人	市委　市政府
县卫生和计划生育局	王红丽	服务保障 G20 杭州峰会先进个人	市委　市政府
县文化市场行政执法大队	方　剑	服务保障 G20 杭州峰会先进个人	市委　市政府
县信访局	胡月秀	服务保障 G20 杭州峰会先进个人	市委　市政府
县信访局	汪鹏飞	服务保障 G20 杭州峰会先进个人	市委　市政府
县信访局	吴勇军	服务保障 G20 杭州峰会先进个人	市委　市政府
县移民局	吕瑞琴	服务保障 G20 杭州峰会先进个人	市委　市政府
县渔政渔港监督管理局	王向红	服务保障 G20 杭州峰会先进个人	市委　市政府
县政协办	严黎琳	服务保障 G20 杭州峰会先进个人	市委　市政府
县直机关工委	姜　塨	服务保障 G20 杭州峰会先进个人	市委　市政府
县中医院	陈　剑	服务保障 G20 杭州峰会先进个人	市委　市政府
新安江开发总公司	方中平	服务保障 G20 杭州峰会先进个人	市委　市政府
县委政法委	胡永军	服务保障 G20 杭州峰会先进个人	市委　市政府
县委政法委	姜　芊	服务保障 G20 杭州峰会先进个人	市委　市政府
县委政法委	汪仁发	服务保障 G20 杭州峰会先进个人	市委　市政府
县委政法委	吴易鸿	服务保障 G20 杭州峰会先进个人	市委　市政府
中洲镇	洪之满	服务保障 G20 杭州峰会先进个人	市委　市政府
中洲镇	余中平	服务保障 G20 杭州峰会先进个人	市委　市政府
左口乡	宋晓女	服务保障 G20 杭州峰会先进个人	市委　市政府
县公安局	胡国宏	服务保障 G20 杭州峰会先进个人	市委　市政府
富文乡	何勇军	服务保障 G20 杭州峰会先进个人	市委　市政府
富文乡	乐伟刚	服务保障 G20 杭州峰会先进个人	市委　市政府
淳安千岛湖旅游度假区	许冠钧	服务保障 G20 杭州峰会先进个人	市委　市政府
县公安局	韩柏友	服务保障 G20 杭州峰会先进个人	市委　市政府
县公安局	王　武	服务保障 G20 杭州峰会先进个人	市委　市政府

续表 42—2

单位	获奖人	奖项名称	授奖单位
县公安局	吴国华	服务保障 G20 杭州峰会先进个人	市委　市政府
县公安局	吴建富	服务保障 G20 杭州峰会先进个人	市委　市政府
县公安局	周　洋	服务保障 G20 杭州峰会先进个人	市委　市政府
县公安局	胡炜剑	服务保障 G20 杭州峰会先进个人	市委　市政府
县公安局	余建军	服务保障 G20 杭州峰会先进个人	市委　市政府
县公安局	占晓军	服务保障 G20 杭州峰会先进个人	市委　市政府
县公安局	王昌华	服务保障 G20 杭州峰会先进个人	市委　市政府
县公安局	徐　毅	服务保障 G20 杭州峰会先进个人	市委　市政府
枫树岭镇	汤燕君	服务保障 G20 杭州峰会先进个人	市委　市政府
枫树岭镇	王红军	服务保障 G20 杭州峰会先进个人	市委　市政府
大墅镇	张玲华	服务保障 G20 杭州峰会先进个人	市委　市政府
临岐镇	鲁　君	服务保障 G20 杭州峰会先进个人	市委　市政府
临岐镇	张　斌	服务保障 G20 杭州峰会先进个人	市委　市政府
县地税局	余坚强	服务保障 G20 杭州峰会先进个人	市委　市政府
县级机关事务管理局	汪定文	服务保障 G20 杭州峰会先进个人	市委　市政府
千岛湖镇社区卫生服务中心	唐卫芳	市劳动模范	市委　市政府
县信访局	赵予东	市劳动模范	市委　市政府
千岛湖中等职业学校	唐革进	市劳动模范	市委市政府
县委政法委	吴易鸿	平安先进个人	市委　市政府
里商乡	滕淑燕	社会治理综合治理先进个人	市委　市政府
县委政法委	罗德华	市“十佳公务员”	市委　市政府
县委政法委	滕乡里	市综治维稳先进个人	市委　市政府
姜家镇	唐升寿	护航 G20 先进个人	市政府
威坪镇	徐明主	市 G20 森林消防安保先进个人	市政府
县农业技术推广中心	汪末根	享受市政府特殊津贴	市政府
临岐镇	宋明芝	市政务信息工作先进个人	市府办
富文乡	余美娟	市政务信息工作先进个人	市府办
县发改局	方　林	市扩大有效投资推进重点项目建设先进个人	市府办
中洲镇	余凯政	G20 杭州峰会安保优秀个人	杭州警备区
姜家镇	姜文杰	优秀专武干部	杭州警备区
浪川乡	陆　健	优秀专武干部	杭州警备区
县人民检察院	洪晓亮	G20 杭州峰会记功表彰	市检察院
县人民检察院	王鸿琪	G20 杭州峰会记功表彰	市检察院
县人民检察院	项明火	全市侦查办案能手	市检察院
县人民检察院	管圣全	三等功	市检察院
县人民检察院	齐青林	三等功	市检察院

续表 42－3

单位	获奖人	奖项名称	授奖单位
县人民检察院	项明火	三等功	市检察院
县人民检察院	吴琦倩	市法治教育进校园工作先进个人	市人民检察院
县人民法院	程少博	个人三等功	市中院
县人民法院	徐金生	个人三等功	市中院
县人民法院	程英凤	市法院保障 G20 杭州峰会先进个人	市中院
县人民法院	叶苏荔	市法院保障 G21 杭州峰会先进个人	市中院
县人民检察院	裴红霞	市优秀兼职法治辅导员	市综治委
县公安局	方鑫之	全市公安机关优秀政工干部	市公安局
县公安局	黄　敏	全市公安机关执法办案能手	市公安局
县公安局	鲁晓峰	全市公安机关执法办案能手	市公安局
县公安局	张　健	全市优秀军转民警	市公安局
县公安局	胡立新	全市优秀人民警察	市公安局
县公安局	包淑伟	三等功	市公安局
县公安局	程建祥	三等功	市公安局
县公安局	方　彬	三等功	市公安局
县公安局	方建华	三等功	市公安局
县公安局	方娟红	三等功	市公安局
县公安局	方鑫之	三等功	市公安局
县公安局	方旭明	三等功	市公安局
县公安局	何　慧	三等功	市公安局
县公安局	何腾云	三等功	市公安局
县公安局	洪可兴	三等功	市公安局
县公安局	洪学进	三等功	市公安局
县公安局	胡立新	三等功	市公安局
县公安局	胡泽全	三等功	市公安局
县公安局	胡志章	三等功	市公安局
县公安局	胡子军	三等功	市公安局
县公安局	黄　敏	三等功	市公安局
县公安局	黄忠武	三等功	市公安局
县公安局	解宏强	三等功	市公安局
县公安局	林叶民	三等功	市公安局
县公安局	鲁慧文	三等功	市公安局
县公安局	钱学智	三等功	市公安局
县公安局	邵　威	三等功	市公安局
县公安局	邵新华	三等功	市公安局
县公安局	邵勇红	三等功	市公安局

续表 42—4

单位	获奖人	奖项名称	授奖单位
县公安局	唐建兵	三等功	市公安局
县公安局	童立荣	三等功	市公安局
县公安局	童献国	三等功	市公安局
县公安局	汪胜宏	三等功	市公安局
县公安局	汪新明	三等功	市公安局
县公安局	汪燕伟	三等功	市公安局
县公安局	王　聪	三等功	市公安局
县公安局	王　慷	三等功	市公安局
县公安局	王陈平	三等功	市公安局
县公安局	王代武	三等功	市公安局
县公安局	王国锋	三等功	市公安局
县公安局	王国辉	三等功	市公安局
县公安局	王国军	三等功	市公安局
县公安局	王路祥	三等功	市公安局
县公安局	吴崇伟	三等功	市公安局
县公安局	吴好良	三等功	市公安局
县公安局	吴建新	三等功	市公安局
县公安局	项聪聪	三等功	市公安局
县公安局	徐碧清	三等功	市公安局
县公安局	徐建平	三等功	市公安局
县公安局	徐建社	三等功	市公安局
县公安局	徐梦发	三等功	市公安局
县公安局	徐伟立	三等功	市公安局
县公安局	徐鑫峰	三等功	市公安局
县公安局	徐旭辉	三等功	市公安局
县公安局	徐长森	三等功	市公安局
县公安局	严澎涛	三等功	市公安局
县公安局	叶　翠	三等功	市公安局
县公安局	叶　翔	三等功	市公安局
县公安局	叶建华	三等功	市公安局
县公安局	余　进	三等功	市公安局
县公安局	余端康	三等功	市公安局
县公安局	余金刚	三等功	市公安局
县公安局	余玮锋	三等功	市公安局
县公安局	余小平	三等功	市公安局
县公安局	余永璟	三等功	市公安局

续表 42—5

单位	获奖人	奖项名称	授奖单位
县公安局	詹伟君	三等功	市公安局
县公安局	占联平	三等功	市公安局
县公安局	张　骏	三等功	市公安局
县公安局	张大明	三等功	市公安局
县公安局	张建平	三等功	市公安局
县公安局	郑国平	三等功	市公安局
县公安局	祝明炜	三等功	市公安局
县一医院	江宏斌	三等治安荣誉奖章	市公安局
县育才学校	陈顺良	三等治安荣誉奖章	市公安局
县妇幼保健院	钱　军	2015 年度全市经济文化保卫工作三等治安荣誉奖章	市公安局
王阜乡	张日军	二等治安荣誉奖章	市公安局
千岛湖镇富泽村	蓝小丽	市“‘十佳’最美女村官”	市妇联
临岐镇临岐村	郑鑫芳	市“十佳贤妻”	市妇联
石林镇茶园村	孙永菊	市“十佳贤妻”	市妇联
金峰乡蒋岭上村	方英国家庭	市“最美家庭”	市妇联
梓桐镇叶家庄村	江红梅家庭	市“最美家庭”	市妇联
安阳乡妇联	邵　瑜	市基层优秀妇女干部	市妇联
临岐镇五庄村妇代会	何来香	市基层优秀妇女干部	市妇联
千岛湖镇妇联	叶　虹	市基层优秀妇女干部	市妇联
临岐镇五庄村	何来香	市基础优秀妇女干部	市妇联
临岐镇五庄村	何来香	市三八红旗手	市妇联
县一医院	叶妙满	市三八红旗手	市妇联
汾口镇山头村	姜生生	市“最美女村官”	市妇联
姜家镇庄源村	龚康娟	市“最美女村官”	市妇联
屏门乡童家坪村	项桂香	市“最美女村官”	市妇联
王阜乡马山村	王小英	市“最美女村官”	市妇联
梓桐镇胡江村	徐红梅	市“最美女村官”	市妇联
临岐镇里口村	郑鑫芳	十佳贤妻	市妇联　市文明委
千岛湖镇青溪初级中学	陆芳木	市教育工会优秀工会工作者	市教育工会
临岐镇初级中学	童卫军	市教育系统优秀工会工作者	市教育工会
县青溪新城小学	余君兰	市教育系统优秀工会工作者	市教育工会
里商乡中心学校	樊丽梅	市教育系统优秀工会积极分子	市教育工会
淳安中学	汪晓翠	市第二十届青年教师基本技能竞赛三等奖	市教育局
汾口镇横沿小学	赵美月	市第十届教育科研先进个人	市教育局
淳安中学	禹慧芬	中小学班主任基本功大赛优秀奖(普高组)	市教育局

续表 42—6

单位	获奖人	奖项名称	授奖单位
临岐镇中心小学	徐素珍	最美教师	市教育局
淳安二中	刘华飞	市优秀教师	市人民教育基金
淳安中学	徐冠彪	市优秀教师	市人民教育基金
大墅镇中心小学	王意茱	市优秀教师	市人民教育基金
汾口中学	张文章	市优秀教师	市人民教育基金
姜家镇初级中学	李建刚	市优秀教师	市人民教育基金
里商乡中心学校	方伟群	市优秀教师	市人民教育基金
千岛湖初级中学	郑美玲	市优秀教师	市人民教育基金
千岛湖镇南山初级中学	邵叶军	市优秀教师	市人民教育基金
千岛湖镇青溪初级中学	方　芳	市优秀教师	市人民教育基金
文昌镇中心幼儿园	管晓华	市优秀教师	市人民教育基金
县实验小学	储　粮	市优秀教师	市人民教育基金
安阳乡中心小学	余百顺	市优秀教育工作者	市人民教育基金
汾口镇中心幼儿园	吴丽霞	市优秀教育工作者	市人民教育基金
威坪中学	宋长康	市优秀教育工作者	市人民教育基金
屏门乡初级中学	徐军明	市中小学育人工作先进个人	市人民教育基金
千岛湖中等职业学校	邵建红	市中小学育人工作先进个人	市人民教育基金
县青溪新城小学	江美玲	市中小学育人工作先进个人	市人民教育基金
中洲镇中心小学	郑凯亮	市中小学育人工作先进个人	市人民教育基金
梓桐镇初级中学	胡少华	市中小学育人工作先进个人	市人民教育基金
县司法局	童　雪	全市司法行政系统法治政府建设先进个人	市司法局
县司法局	余红卫	全市司法行政系统服务保障 G20 峰会个人嘉奖	市司法局
县司法局	赵华军	全市司法行政系统服务保障 G20 峰会个人嘉奖	市司法局
县司法局	方四雷	全市司法行政系统服务保障 G20 峰会个人三等功	市司法局
千岛湖律师事务所	张承进	全市司法行政系统服务保障 G20 峰会先进个人	市司法局
县司法局	陈晓柳	全市司法行政系统服务保障 G20 峰会先进个人	市司法局
县司法局	项卫红	全市司法行政系统服务保障 G20 峰会先进个人	市司法局
县司法局	徐银根	全市司法行政系统服务保障 G20 峰会先进个人	市司法局
县司法局	姚志刚	全市司法行政系统服务保障 G20 峰会先进个人	市司法局
县司法局	汪永康	市第四届“十大金牌和事佬”	市司法局
信仁律师事务所	季宏岩	市十佳法律援助工作者	市司法局
县司法局	余红卫	市司法行政系统信息工作先进个人	市司法局
县委宣传部	方　耀	市 2016 年度业绩突出舆情信息工作者	市委宣传部
县委宣传部	方　耀	市 G20 峰会舆情信息工作先进个人	市委宣传部
县一医院	余威英	市“优秀护士”	市卫计委
姜家中心卫生院	王兰英	市基层卫生综合技能竞赛三等奖	市卫计委

续表 42—7

单位	获奖人	奖项名称	授奖单位
县二医院	余建梅	市县级及以上公立医院卫生机构死因信息报告技能比武三等奖	市卫计委
县卫计局	赵红香	信息宣传工作先进个人	市卫计委
县一医院	黄健戈	市第二批市级基层名中医	市卫计委　市人社局
县中医院	姜成军	市第二批市级基层名中医	市卫计委　市人社局
县中医院	叶正茂	市第二批市级基层名中医	市卫计委　市人社局
县中医院	周　敬	全市卫生计生系统(立足岗位作贡献,青春立功G20)青年演讲比赛三等奖	市卫计委机关委员会　共青团市卫计委工作委员会
县中医院	李　焘	市第二届男护士操作比赛优胜奖	市卫计委医政医管处　市护理学会　市护理质控中心
县城市管理局	吴　勇	市好人榜	市文明办
县环保局	徐建新	市"五水共治"工作先进个人	市"五水共治"领导小组办公室
县环保局	徐振华	市"五水共治"工作先进个人	市"五水共治"领导小组办公室
县环保局	尤日福	市"五水共治"工作先进个人	市"五水共治"领导小组办公室
县地税局	汪丽华	岗位业务技能比武能手	市财政局　市地税局
县地税局	汪正红	岗位业务技能比武能手	市财政局　市地税局
县地税局	徐　奔	岗位业务技能比武能手	市财政局　市地税局
县地税局	何沐阳	纳税服务之星	市地税局
县地税局	王培蓉	纳税服务之星	市地税局
县地税局	郑巧巧	纳税服务之星	市地税局
县地税局	郑裕哲	纳税服务之星	市地税局
县城市管理局	余建新	服务保障G20杭州峰会先进个人	市城市生活无着的流浪乞讨人员协助管理工作协调小组
县人社局	詹水娣	全市劳动人事争议案件处理先进个人	市劳动人事争议仲裁院
县中医院	吴丽娟	优秀青年岗位能手	市"青年文明号　青年岗位能手"活动指导委员会办公室
县城市管理局	姜剑华	市城管系统"三改一拆"(查处、防控违法建筑)工作先进个人	市城管委
县城市管理局	吴　勇	市最美城管人	市城管委
县城市管理局	姜　磊	市城管委优秀通讯员	市城市管理局
县公路段	方晓翔	市春运工作先进个人	市春运工作领导小组
县中医院	周　敬	市第一人民医院集团"健康好声音"科普宣讲大赛优秀奖	市第一人民医院集团
县发改局	陈显锋	市发展改革系统"六五普法"先进个人	市发改局
县委政法委	滕乡里	市国家安全人民防线建设	市国家安全领导小组办公室

续表 42－8

单位	获奖人	奖项名称	授奖单位
县环保局	尤日福	环境监测工作先进个人	市环保局
县纪委	王　超	服务 G20 机关作表率先进个人	市机关工委
县一医院	洪暑骏	市急救中心“急救先锋”	市急救中心
杭州淳安长运发展有限公司	钱四万	市交通运输行业服务保障 G20 杭州峰会工作先进个人	市交通运输局
县交通工程质量与安全监督站	徐相泉	市交通运输行业服务保障 G20 杭州峰会工作先进个人	市交通运输局
县文物保护管理所	王　文	市文物工作先进个人	市历史文化名城保护委员会
县农业局农村能源办公室	余北疆	市农村能源工作先进个人	市农村能源办公室
县农业机械管理总站	冯玉琴	市农机信息宣传工作先进个人	市农业机械管理站
县农业机械管理总站	郭宝江	市农机信息宣传工作先进个人	市农业机械管理站
县司法局	肖殿伟	市“六五”普法先进个人	市普法教育依法治理领导小组
县二医院	汪敏捷	市“131”中青年人才	市人社局
新安江开发总公司	方震凡	G20 杭州峰会森林消防先进个人	市森林消防指挥部
县商务局	黄红婷	服务保障 G20 杭州峰会先进个人	市商务委员会(市粮食局)
县商务局	王晓波	服务保障 G20 杭州峰会先进个人	市商务委员会(市粮食局)
县商务局	何樟勇	市市场运行监测工作先进个人	市商务委员会(市粮食局)
千岛湖镇第六小学	郑建仙	市少先队工作先进个人	市少工委
临岐镇	童建淳	市食品安全监督协会“优秀会员”	市食品安全监督协会
威坪镇	陆力明	市食品安全监督协会 2016 年度“优秀会员”	市食品安全监督协会
县妇幼保健院	徐丽娟	市优生优育协会先进个人	市优生优育协会
金峰乡	孙玉权	市征兵工作先进个人	市政府征兵办
威坪镇	余登辉	2015～2016 年杭州市优秀志愿者	市志愿服务工作委员会
经济开发区(青溪新城)管委会	王曙光	2015 年度市治理城市交通拥堵工作先进个人	市治理城市交通拥堵工作领导小组
姜家中心卫生院	鲍永宝	市基层卫生综合技能竞赛“主持人赛”优秀奖	市总工会
千岛湖旅游集团	汪红良	市优秀工会工作者	市总工会
姜家镇人民政府	汪建祖	市优秀工会工作者	市总工会
新安江开发总公司	方晓明	市优秀工会工作者	市总工会
县环保局	王裕成	市争当“环保志愿者”积极分子	团市委　市环保局　市志愿者工作指导中心
县城市管理局	姜　磊	杭州建设编辑部优秀通讯员	杭州建设编辑部
千岛湖镇青溪初级中学	谢根委	阿克苏地区第六批双语支教工作优秀援疆教师	中共阿克苏地区委员会　阿克苏地区行政公署

【县委、县政府表彰的服务保障 G20 杭州峰会先进个人】

解佑星	余平国	郑发根	宋建国	方加鹏	刘 晓	范军建	方向玉
王淑萍	翁永忠	姜 旭	俞 丹	郑苏坤	余思一	方秀珍	袁 君
洪嘉仁	王 鹏	徐建平	吴勇昌	陈 航	管卫亮	姜作军	汪志红
郑纯利	张有红	江国庆	徐开颜	王 令	余慧芳	贾桂海	钱 炜
凌公平	蔡茂恒	方文婷	王昌迪	罗贤亮	徐金飞	章镇波	方慧连
陈杭菊	余胜平	程建凤	方雅倩	余世权	余取亮	胡雪娟	王丽仙
余建成	胡慧敏	刘东山	程志平	王鼎海	徐富荣	何 伟	章明晓
邵雄飞	王卫民	徐国红	吴坚平	倪淑娟	胡建志	鲁福春	方勇飞
王 干	张富根	方群基	朱卫星	钱 民	徐 祥	汪和平	唐友庆
包卫兵	吴易鸿	余 双	黄平彩	郑德生	童利建	余文驰	向善亮
徐缙云	伍建伟	方 选	孙 超	余中文	方鑫之	吴 韬	齐 心
严 磊	叶代航	姜金北	方银山	汪立龙	黄彤德	武国平	周建发
余永忠	吕贤显	方志长	管圣全	王国军	肖殿伟	徐 军	王晓婷
李树庆	徐志来	胡善帅	江宏斌	徐丽娟	余志勇	徐 升	余 强
程建法	夏曙升	潘金均	徐跃进	李 群	叶良喜	邵振平	王朝峰
范亚民	童卫军	孙志军	田 萃	汪 彪	潘平平	陈显锋	邵新根
严卫华	徐素琴	王晓军	唐 明	蒋利明	钱 虎	姜剑华	吴 勇
吴世明	余武财	方晓翔	严华根	徐 宏	徐豪杰	李明勇	徐海涛
王秀华	吴 彰	郑 红	汪祥瑛	汪佳琦	彭飞蜻	蒋尔利	朱国新
陈 君	王茂根	方腾华	郑名让	汪万明	鲍志高	周琦平	程芝君
汪永烛	王玉珍	倪文进	严海建	王学电	方泽文	王其佳	童苏标
刘根生	周选能	汪 强	余文海	黄茂良	严华建	张华建	程仁团
徐筱君	余剑锋	郑建友	郑如成	陈华进	卢强军	蒋念亮	郑 钧
王 超	黄武祥	邵德钰	刘大伟	邵泉峰	翁前华	王武军	章灵华
沈 鹏	王腾军	曾建平	叶方鹏	姜 昕	吴福军	王红群	洪 滨
吴 勇	叶建华	王海华	徐 成	金 雯	叶琦婧	章丽敏	方建勇
汪武生	吴晓云	徐靓华	凌珊珊	高 星	翁其艳	王 勇	姜浩强
姜秀英	程英凤	王圣珠	徐建强	余昌松	胡 斌	刘小宁	方建峰
刘 恺	方 瑛	方国明	徐大立	胡奕锋	钱 江	王绍基	方建新
徐良军	方有汉	周建平	洪建华	王国桢	潘 颖	管海波	王中华
王军杰	汪顺有	方宗华	方树林	王和武	潘永林	陆红伟	史红明
方立华	汪鹏程	王林辉	吴春木	陆 健	洪年生	姚建君	严 鑫
夏祯理	汪菊银	王桂冠	余建华	章新华	夏 祺	宋建喜	余北京
金华娃	夏国元	徐高建	余剑国	袁 涛	方发传	胡志新	

【县委、县政府表彰的“十大杰出教师”】

洪伟民　淳安中学副校长(正校级)、中学高级教师
方玉全　淳安中学中学高级教师
储建忠　淳安中学中学高级教师
宋建华　淳安中学中学高级教师
黄康静　淳安县第二中学校长、中学高级教师
汪永成　千岛湖中职校省特级教师、中学高级教师
宋志军　千岛湖镇南山学校校长、中学高级教师
王年进　千岛湖初级中学中学一级教师
徐素珍　临岐镇中心小学中学高级教师
李彩仙　汾口镇小学中学高级教师

【县委、县政府表彰的“十大杰出医生”】

蔡茂华　淳安县第一人民医院常务副院长、主任医师
郑成根　淳安县第一人民医院副院长、主任医师
方仁桂　淳安县第一人民医院主任医师
黄健戈　淳安县第一人民医院主任中医师
陈旭萍　淳安县第一人民医院主任医师
徐东燕　淳安县第一人民医院主任医师
王水泉　淳安县第二人民医院副院长、副主任医师
王剑锋　淳安县中医院院长、主任医师
蔡栋伟　淳安县中医院主任中医师
方晓峰　淳安县临岐中心卫生院副院长、副主任医师

【县委、县政府表彰的“十佳首席技师”】

徐玉会　杭州千岛湖丰凯实业有限公司机修钳工、高级技师
张秋云　杭州千岛湖开元度假村花卉园艺师、技师
叶志清　杭州千岛湖发展集团有限公司淡水捕捞工、技师
王鸿军　杭州千岛湖啤酒有限公司物流师、技师
程丽忠　淳安千岛湖苑景酒店中式烹调师、高级技师
徐小红　淳安育才学校中式面点培训师、技师
洪盟忠　淳安县供电公司配网线路带电作业技师
程小爱　浙江康盛股份有限公司焊工、技师
马国萍　淳安县蓝天职业技能培训学校餐厅服务员培训师、高级技师
陆四川　淳安县航运有限公司船舶驾驶员、技师

【县委、县政府表彰的“十佳农村实用人才”】

姜先进　杭州千岛湖姜记农产品专业合作社董事长、技师

张　清　汾口镇仙居村村委主任、助理技师
汪贵华　淳安县鸠坑万岁岭茶叶专业合作社理事长
朱小土　淳安县千岛小土家庭农场有限公司总经理、助理技师
李君竹　金峰乡安上村村党支部书记
向建华　淳安石林农产品专业合作社理事长、助理技师
郑升瑶　千岛湖野桦香食品有限公司董事长、技术员
何来香　千岛湖水月湾葡萄专业合作社理事长
吴小标　淳安小标农业开发有限公司总经理
宋德元　淳安县金狮峰茶果专业合作社理事长、评茶师

【县委、县政府表彰的“十佳科技人才”】

吴浩发　杭州紫光网络技术有限公司高级工程师
吕吉鸿　杭州千岛湖啤酒有限公司研发经理、高级工程师
夏永涛　千岛湖鲟龙科技股份有限公司副总经理、副研究员
周晓政　浙江谷神能源科技有限公司副总经理、工程师
赵凤刚　杭州千岛湖培生船艇有限公司总工程师
宋德富　威坪镇农业公共服务中心主任、高级农艺师
汪末根　淳安县农业技术推广中心果树技术推广站站长、高级农艺师
洪旭光　杭州旭光照明电器有限公司总经理
唐礼荣　杭州千岛湖天鑫有限公司董事长、主管药师
陈来生　杭州千岛湖发展集团公司渔业管理部副部长、高级工程师

【县委、县政府表彰的“十佳文艺人才”】

詹黎平　淳安县国税局收入核算科科长、县作家协会副主席兼秘书长
施桂英　淳安县文化馆副馆长、县戏剧家协会主席
方有禄　淳安县文化馆馆长、县音乐舞蹈家协会主席
潘咏霞　淳安县文化馆副馆长、县音乐舞蹈家协会副主席兼秘书长
吴德昌　淳安县第二中学音美教研组组长、县美术家协会主席
王北苏　淳安中学教师、县美术家协会副主席
汪银贵　淳安县煦明书画院院长、县书法家协会副主席
汪黎明　千岛湖传媒中心图片总监、县摄影家协会主席
欧阳小惠　千岛湖镇前坞村、浙江省根艺美术家
蔡　斌　淳安县广播电视台总编室主任、县影视家协会副主席兼秘书长

【县委、县政府表彰的“十佳民间工艺师”】

方江鸿　千岛湖文渊狮城方江鸿大师工作室高级工艺美术师
刘　毅　千岛湖镇知鱼堂艺术品公司艺术总监、中国鱼拓协会理事
洪发军　淳安县千岛湖淳砚堂工作室负责人、青溪龙砚传承人

商振洲　里商乡里商村里商仁灯传承人
闻冬香　王阜乡闻家村八都麻绣、绣花帽传承人
朱　会　金峰乡朱家村木雕手工艺人
姜祖解　枫树岭镇下姜村竹编手工艺人
余允省　大墅镇凤山村竹编手工艺人
厉良德　临岐镇个体经营户、民间铜艺师
洪善祥　石林镇茶园村民居营造工匠

【县委、县政府表彰的“十佳金牌导游”】

钱林红　千岛湖航运旅行社高级导游
吴慧珍　千岛湖青年旅行社初级英语导游
江军琴　千岛湖导游服务中心中级导游
郭春丽　千岛湖森林旅游公司高级导游、旅游经济师
叶　倩　千岛湖青年旅行社办公室主任、高级导游
邵　玲　千岛湖金色假日旅行社初级导游
方菊雯　千岛湖快乐旅行社初级导游
胡中平　千岛湖导游服务中心初级导游
陆　君　千岛湖蓝天旅行社初级导游
方王华　千岛湖国际旅行社初级导游

·各类获奖成果·

【国家及部门级】

表43

获奖单位(姓名)	获奖作品	奖项名称	授奖单位
县纪委　张芳	《十载春秋为普法润物无声促和谐》	全国普法工作30周年征文活动“普法那些事”主题类优秀奖	司法部　全国普法办
鸠坑乡　郑水花	《淳安在建筑保护与当地经济社会发展的思考》	《文化大视野》编委优秀论文奖(最高奖)	文化部
新安江开发总公司　徐高福	一种消落带植树固土防冲刷保护网	实用新型专利证书	国家知识产权局
新安江开发总公司　徐高福　严世峰	一种用于消落带的抗冲刷植生拦挡环	实用新型专利证书	国家知识产权局
新安江开发总公司　章德三　徐高福	一种用于岩质消落带绿化的链接式竹筏	实用新型专利证书	国家知识产权局
县纪委　毛勇锋	《没违纪,纪委为什么找我谈话?》	全国纪检监察系统网络舆情和评论“好信息”	中央纪委宣传部　中央网信办网络评论工作局
县一医院　牟虹	《生命礼赞》	全国卫生计生系统摄影大赛全国总决赛铜质收藏作品	全国卫生计生系统摄影大赛组委会
县一医院　牟虹	《三查七对的胎教》《爱》《忙碌的急诊室》《背影》	全国卫生计生系统摄影大赛全国总决赛最具传播力入围作品	全国卫生计生系统摄影大赛组委会

续表 43－1

获奖单位(姓名)	获奖作品	奖项名称	授奖单位
富文乡	—	第八届“中绿杯”中国名优绿茶金杯奖	中国茶叶协会
县文化馆	睦剧小戏《心愿》	全国小戏小品大展银奖	中国民间文艺家协会戏曲分会
中洲镇方长建	《绝招》	中国第16届国际摄影艺术展入展奖	中国摄影家协会
国网淳安县供电公司	《10千伏绝缘导线端末绝缘层剥除器的研制》	第十四届“海洋王杯”全国QC小组成果发表赛优胜奖(特等奖)	中国质量协会主办

【省及省属部门级】

表 44

获奖单位(姓名)	获奖作品	奖项名称	授奖单位
县地税局　毛夏平　方万里　王宝军	后营改增时代的淳安地税征管实践	优秀论文	省地税局
县人民检察院　王国军　方明波	《淳安县人民检察院建议县人民法院执行罪犯陆伟国名下一辆别克轿车案》	全省检察机关财产刑执行检察优秀案件	省人民检察院
县人民检察院　余云璐　吴晓敏　胡浩然　王超	《食品安全监管的困境与出路》	全省检察机关普通期刊优秀成果	省人民检察院
县人民检察院　洪晓亮　朱丹萍	《全媒体背景下职务犯罪惩治转型策略研究》	全省检察机关普通期刊优秀成果	省人民检察院
县人民检察院　王国军　唐宋	《社区矫正法律监督疑难问题及对策思考》	全省检察机关刑事执行检察理论研究征文三等奖	省人民检察院
县人民检察院	《汪美香盗窃案》	省首届羁押必要性审查精品案件	省人民检察院
淳安县姜家镇中心小学	伙伴学习:乡村小学提升小学生学习力的校本实践	2015年度省优秀教科研成果二等奖	省教育科学规划领导小组办公室
杭州千岛湖建兰中学	省义务教育标准化学校	省义务教育标准化学校	省教育厅
县一医院　方菁	省“同盛杯”病理冷冻切片技能竞赛	三等奖	省临床病理质控中心
淳安县农业技术推广中心与临安市农业技术推广中心等9家单位	“杭州市桃优新品种与提质增效集成技术推广”项目	2015年度省农业丰收奖一等奖	省农业厅
杭州千岛湖建兰中学	浙江外国语学校联盟常务理事单位	浙江外国语学校联盟常务理事单位	省师干中心
县卫生监督所　王南京	全省卫生计生综合监督行政执法微课大赛	二等奖	省卫生监督局
县一医院　方菁	省常规HE制片技能比赛	二等奖	省医学会
县一医院	降低非计划性拔管发生率	省医院品管大赛佳作奖	省医学学术交流管理中心　省医疗质量控制与评价办公室
千岛湖传媒中心　叶青　李杰	《淳安山乡,就是这么凉》	省县市区域报好新闻奖版面类一等奖	省记协县市区域报工作委员会
千岛湖传媒中心　王筱倩	《平凡的纪检干部本色的忠诚卫士——县优秀纪检干部余延安先进事迹》	省县市区域报好新闻奖典型报道类一等奖	省记协县市区域报工作委员会

续表 44－1

获奖单位(姓名)	获奖作品	奖项名称	授奖单位
千岛湖传媒中心　徐岳林	《只道寻常》	省县市区域报好新闻奖副刊类二等奖	省记协县市区域报工作委员会
千岛湖传媒中心　宋士和	《尊师重教，弘扬传统美德》	省县市区域报好新闻奖评论类三等奖	省记协县市区域报工作委员会
千岛湖传媒中心　邵建来　周雅婷	《让文明礼让成为城市新风尚》	省县市区域报好新闻奖热点引导类二等奖	省记协县市区域报工作委员会
千岛湖传媒中心　汪黎明	《人欢鱼跃》	省县市区域报好新闻奖摄影类一等奖	省记协县市区域报工作委员会
千岛湖传媒中心　李维维	《无眠坚守只为万家灯火——千岛湖供电所农电党支部在风雪之夜的故事》	省县市区域报好新闻奖通讯类一等奖	省记协县市区域报工作委员会
千岛湖传媒中心　章晶　李维维　徐岳林	“我是美丽淳安人，我家就在千岛湖”之淳商回归系列	省县市区域报好新闻奖系列报道类一等奖	省记协县市区域报工作委员会
千岛湖传媒中心　江晓帆	《群众“点赞”农村客运减免政策》	省县市区域报好新闻奖消息类二等奖	省记协县市区域报工作委员会
千岛湖传媒中心　储珊	《解构新闻采访技巧的运用》	省县市区域报好新闻奖新闻论文三等奖	省记协县市区域报工作委员会
千岛湖传媒中心　程贤高　方俊勇　邵建来　周雅婷　严月玲	《条条溪河可畅游——走近最美河道》	省县市区域报好新闻奖重大主题类一等奖	省记协县市区域报工作委员会
县纪委　毛勇锋	《平凡的纪检干部本色的忠诚卫士——优秀纪检干部余延安先进事迹》	省县市区域报好新闻奖一等奖	省记协县市区域报工作委员会

【市及市属部门级】

表 45

获奖单位(姓名)	获奖作品	奖项名称	授奖单位
千岛湖中等职业学校　汪永成　蒋军海　方春霞　何宇锋　朱伟	校企生共导教学做一体——构建中职专业课“三师共导”教学模式的实践研究	第五届市优秀职业教育教学成果二等奖	市政府
县纪委	漫画《余延安小故事》	漫画类一等奖	“廉洁杭州你我同行”廉政文化微作品征集评选活动委员会
县纪委	微电影《天眼》	微电影二等奖	“廉洁杭州你我同行”廉政文化微作品征集评选活动委员会
县纪委	微电影《揽权》	微电影优秀奖	“廉洁杭州你我同行”廉政文化微作品征集评选活动委员会
县纪委	微电影《房事》	微电影优秀奖	“廉洁杭州你我同行”廉政文化微作品征集评选活动委员会
县纪委	微电影《牌局》	微电影优秀奖	“廉洁杭州你我同行”廉政文化微作品征集评选活动委员会
县一医院　方菁	市常规 HE 制片比赛	三等奖	市病理质控中心　市医学会病理分会

续表 45－1

获奖单位(姓名)	获奖作品	奖项名称	授奖单位
县一医院　方菁	市快速冷冻切片技能竞赛	一等奖	市病理质控中心　市医学会病理分会
县国资办	《国有企业法人治理结构存在的问题及对策浅析》	市国资系统优秀调研成果三等奖	市国资委
县一医院　余威英　方婷	市儿科心肺复苏操作技能竞赛(新生儿组)	二等奖	市护理学会
县一医院	市品管圈经验交流与成果评奖	三等奖	市护理学会市护理质控中心
县环保局　尤日福	市环境监测系统大比武	优胜奖	市环保局　市人社局　市总工会
威坪中学　王瑾	《我的未来不是梦——高中生生涯规划》	市普通高中第十批精品选修课程	市基础教育研究室
石林镇　余乐	唱响计生好声音	三等奖	市计生协会
县纪委	市党章党规党纪知识竞赛	组织奖	市纪委
县人民检察院　王国军　唐宋	《社区矫正法律监督疑难问题及对策思考》	全市检察机关刑事执行检察理论研究征文优秀奖	市人民检察院
县人民检察院　余云璐与厦门大学童航合著	《案例指导制度:历史、现实与展望》	市检察机关优秀调研成果	市人民检察院
县人民检察院	《陆伟国财产刑执行监督案》	财产刑执行检察优秀案例	市人民检察院监所处
县人民检察院	《汪美香盗窃案》	市羁押必要性审查优秀案例	市人民检察院监所处
县人民检察院	《杨兴稳妨害信用卡管理案》	市羁押必要性审查优秀案例	市人民检察院监所处
县青溪新城建设投资发展公司	千岛湖建兰中学 1＃2＃4＃5＃楼工程	2015 年度杭州市建设工程“西湖杯”(建筑工程奖)	市建筑业协会
临岐镇中心小学　何冬琴　徐素珍	依托“生活”，踏上识字快车道——低年级学生生活化识字教学策略的研究	市 2015 年教师小课题优秀成果市三等奖	市教育局
县实验小学　余仙娣	悦读·阅读·越读——小学数学阅读方法指导的实践探索	市 2015 年教师小课题优秀成果二等奖	市教育局
千岛湖镇第一小学　何丽香	《“聊天日记”一种提升作文教学的有效策略》	市第 31 届教育科研优秀成果三等奖	市教育局
千岛湖镇第一小学　徐素琴　方孝彬	《读书·感悟·践行——基于“活教育”理念的书香德育模式的实践探索》	市第 31 届教育科研优秀成果三等奖	市教育局
临岐镇中心小学　徐慧红　徐素珍　方红香　方美娟　王红娣	岐山小星——基于小学生学业成长的微评价研究	市第 31 届教育科研优秀成果三等奖	市教育局
汾口镇横沿小学	《指尖上的行动:基于小学生心智协同成长的碎撕贴画训练实践》	市第 31 届教育科研优秀成果二等奖	市教育局
临岐镇中心小学　徐慧红　徐素珍	反思互助共同体:农村小学教师专业成长的载体设计与实施	市第九届、第十届教育科研课题一等奖	市教育局
淳安二中　陈新明　王建华	人文讲坛:培养高中生责任感的载体研究	市教师小课题优秀成果二等奖	市教育局
县培智学校　方祝发　方柳莺	校园吉尼斯:有效提高智障学生运动能力的载体研究	市教育科研优秀成果	市教育局
梓桐镇中心小学	梓墨馨源	市义务教育精品课程	市教育局
文昌镇中心小学	智慧校园	市智慧校园教育示范校	市教育局

续表 45—2

获奖单位(姓名)	获奖作品	奖项名称	授奖单位
威坪中学　毛瑞升	“两师”联动,“三案”导学——基于“以学定教”理念的农村普高英语教学创新研究	市规划课题三等奖	市教育局办公室
千岛湖镇第一小学　余璐	《弯弯的月儿》	市“一师一优课”评选二等奖	市教育局教研室
富文乡　杭州千岛湖金紫尖铁皮石斛有限公司	—	市科技企业	市科技局
富文乡杭州千岛湖硕园农业有限公司	—	市科技企业	市科技局
金峰乡　方旗琰	基层老年协会与农村健康养老	市老年学学会年会暨“健康养老老龄事业”研讨会二等奖	市老龄委　市老年学会
县农业局　詹恩平	浅淡新常态下基层农业部门内部审计转型的意义及方法	市“经济新常态下内部审计如何更好地发挥作用”审计论文三等奖	市内部审计协会
县审计局　方倩	国有企业下属二级单位经济责任同步审计案例	市内部审计案例三等奖	市内部审计协会
新安江开发总公司　邵德钰　潘兰贵　徐高福	《千岛湖库区万亩柑橘提质增效示范》	2015 年度市农业丰收项目奖三等奖	市农业经济发展奖评审委员会
县实验小学　储粮　徐素珍　方伟	两类草稿三种对话——提高小学高段学生有效利用草稿的实践研究	市第五届基础教育教学成果二等奖	市人民教育基金会　市教育局
县人社局	市第二届职业指导人员技能竞赛	团体三等奖	市人社局
县一医院　牟虹	《医务工作者的献血队伍》	“服务 G20 献血我先行”摄影比赛一等奖	市摄影家协会　市献血管理中心
县一医院　牟虹	《献血报名》《背影》	“服务 G20 献血我先行”摄影比赛优秀奖	市摄影家协会　市献血管理中心
县一医院　汪桂花	市第二届体育大会女乒中年团体项目	第六名	市体育局
鸠坑乡	鸠坑茶博馆	市农村文化礼堂“十佳特色文化展陈”	市委宣传部
县中医院　吴丽娟	市首届基层中医药适宜技术推广应用标兵	三等级	市卫计委
姜家中心卫生院　王兰英	市基层卫生综合技能竞赛	三等奖	市卫计委
汾口社区卫生服务中心　余丽红	市首届基层中医药适宜技术推广应用标兵评比	二等奖	市卫计委　团市委
县一医院　方毅琦	市青年医师演讲比赛	优胜奖	市卫计委　团市委
县一医院　吴佩娴	市卫生计生系统青年演讲比赛	特别奖	市卫计委机关委员会　共青团市卫计委工作委员会
县卫生监督所　童晓光	市级微信大赛	二等奖	市卫生和计划生育监督所
县卫生监督所　王南京	市级微信大赛	三等奖	市卫生和计划生育监督所
县卫生监督所　项志强	G20 峰会卫生监督保障(传染病防治)业务技能竞赛	三等奖	市卫生和计划生育监督所
县卫生监督所　项志强	市 G20 峰会卫生监督传染病防控和生物安全应急演练大比武	三等奖	市卫生和计划生育监督所

续表 45—3

获奖单位(姓名)	获奖作品	奖项名称	授奖单位
姜家镇综合文化站	排舞《鱼欢》	市“欢乐农家·美丽乡村”乡镇文艺会演	市文广新局
县文化馆	《小脚媳妇赶十八》	市第八届“风雅颂”民间艺术展演铜奖、组织奖	市文广新局
姜家镇文化站	排舞《鱼欢》	市乡镇文艺会演银奖	市文广新局
王阜乡文化站	排舞《家乡美》	市乡镇文艺会演银奖	市文广新局
县广播电视台	《花样年华季之“宝贝不孤单”》	电视对农活动二等奖	市文广新局市广播电视学会
县广播电视台	《新田野 747 期》	电视对农栏目三等奖	市文广新局市广播电视学会
县广播电视台	《兄弟》	电视文艺艺术片三等奖	市文广新局市广播电视学会
县广播电视台	《石林家族歌》	电视文艺音乐节目二等奖	市文广新局市广播电视学会
县委宣传部(文明办)	《新安文化》	市 2016 年“讲话中国故事·展现杭州魅力”墙景美化活动最佳人气奖	市文明办
鸠坑乡钱述鏐	《月亮公公》	市第六届新童谣大赛成人组三等奖	市文明委　市教育局　市文广新局　杭州日报报业集团　市文联
石林镇　方水年	儿歌三则(二)稻见花	市第六届新童谣大赛成人组“三等奖”	市文明委　市教育局　市文广新局　杭州日报报业集团　市文联
县委政法委	化解酒店式公寓群体矛盾的思考——以淳安县“阳光水岸”楼盘为例	课题结项暨获优秀奖课题	市政法委市法学会
县委政法委	做好新形势下维稳安保工作的实践与探索——以淳安县 G20 杭州峰会维稳安保工作为例	三等奖	市政法委　市法学会
文昌镇中心小学	竹马《百花出征》	第十届市中小学文化艺术节“综艺大舞台”展演最佳表演奖	市中小学生文化艺术节组织委员会
千岛湖初级中学	《sing.sing.sing》	市中小学生文化艺术节初中组合唱市三等奖	市中小学文化艺术节组委会
千岛湖初级中学	《牧牛》	市中小学生文化艺术节初中组戏剧二等奖	市中小学文化艺术节组委会

（编辑　王玉华）